法学叢書 13

法学叢書
刑法各論

橋本　正博

新世社

はしがき

　本書は，先の『刑法総論』に対応する『刑法各論』の教科書である。そもそも各論で述べるべき事項は多く，体系書・概説書は刑法総論より刑法各論の方が大部になりがちである。それだけでなく，多様な犯罪類型を対象とし，時代の動向も反映しやすい各論分野に関わる学説・判例の発展は著しい。このような状況をふまえ，現在における標準的内容にふさわしい質と量とを考慮したつもりである。記述にあたっては，法科大学院での教授経験をふまえ，学び始めの読者を想定して，できるだけ犯罪類型の具体的なイメージを喚起するように努める一方で，発展的な学習・研究の土台となるよう，各論にも「考え方の論理」があることを示そうとした。それが十分に成し遂げられたかどうかはこころもとないが，刑法を知ろうとする際に何がしかの役に立つものとなっていれば幸いである。

　刑法のように歴史の長い分野では，教科書の構成は，おおむね伝統的に固定しており，本書も，刑法各論の本体部分について，基本的にそれを踏襲している。ただ，若干の工夫を付け加えることとした。

　まず，「法情報へのアクセスについて」と「条文の基礎知識・判例集の掲載形式」という項目を置くことにした。「刑法」の教科書としては異例ではあろうが，刑法が法学自体の学習の早い段階で学び始める分野でもあること，裁判員裁判制度等をきっかけに，刑法単独で学び始められるようにすることなどの点において，このような試みにも意味はあるのではないかと考えた。

　また，刑法総論から読まなくても一応の見通しがつくように，犯罪論の基本的な考え方を「序編」として説明することにした。直接には，各論から導入するカリキュラムに対応しようとしたことが契機となったものであるが，読者が刑法各論から刑法の学習を始める場合だけでなく，刑法各論の説明自体に，刑法総論の知識を前提とせざるをえない部分がある。さらにいえば，全体を知って初めて個々の論点が理解できるのが法学，とくに刑法学であろう。同一著者の『刑法総論』・『刑法各論』がそろうことになった以上，両者を相互に参照すれば足りるともいえるが，体系性の勝る総論に依ると大量の文章を読まなければならなくなりがちである。短ければわかりやすいというものではないとしても，刑法各論の説

明に早速登場する「故意」や「不作為」,「未遂」といった問題に展望を与えておくことで,刑法各論の理解の助けとなることを期待したのである。

　さて,拙いながら刑法に関するまとまった著作をなすに際しては,随所で自らの刑法学に対する姿勢を確認することとなり,今回も,福田平先生の学恩を思わないわけにはいかなかった。『刑法総論』のはしがきに続き,改めて,福田平先生に深甚の謝意を表する。また,私事ながら,本書の完成を目前にして父が世を去った。気持ちの上では,この本を父に献げることをお許しいただきたい。

　『刑法各論』についても,株式会社新世社編集部長の御園生晴彦さん,編集部員の谷口雅彦さんには,滞りがちの作業に丁寧にご対応いただき,『刑法総論』以上にお世話になった。ここに改めてお礼を申し上げる。

　　2016年12月

　　　　　　　　　　　　　　　　　　　　　　　　　　橋本　正博

目　次

法情報へのアクセスについて──刑法関係を中心に──　xiv

序　編　　　　　　　　　　　　　　　　　　　　　　　　　　1

第 1 章　刑法各論の課題　　　　　　　　　　　　　　　　　2

1.1　刑法学とその構成……………………………………………… 2
　　刑法総論と刑法各論／刑法解釈学
1.2　「法益」とその保護…………………………………………… 4
　　刑法の目的と「法益」／刑法による法益の保護／刑法各論の構成と罪の分類
1.3　刑法の解釈……………………………………………………… 8
　　解釈の意義／解釈手法とその分類
1.4　刑法各論と構成要件解釈……………………………………… 10
　　犯罪論の概略／実行行為／構成要件的結果と因果関係／故意・過失・目的／未遂犯・共犯／犯罪の個数と競合

第 1 編　個人的法益に対する罪　　　　　　　　　　　　　17

第 2 章　殺 人 の 罪　　　　　　　　　　　　　　　　　　18

2.1　総　説…………………………………………………………… 18
　　殺人の罪の保護法益と客体／「人」の始期／「人」の終期／臓器移植法
2.2　殺 人 罪………………………………………………………… 23
　　総説／行為（作為と不作為）／被害者を利用する間接正犯／殺人罪と不能犯／故意／殺人罪の個数
2.3　殺人予備罪……………………………………………………… 27
　　総説／行為／目的
2.4　自殺教唆罪・自殺幇助罪……………………………………… 29
　　総説／行為／自殺の違法性／自殺関与罪と殺人罪との区別
2.5　同意殺人罪……………………………………………………… 32
　　総説／保護法益と自己決定／嘱託・承諾／故意

第 3 章　堕 胎 の 罪　　　　　　　　　　　　　　　　　　36

3.1　総　説…………………………………………………………… 36
　　保護法益／客体／行為／堕胎後の殺害／胎児性傷害
3.2　堕胎の罪の諸類型……………………………………………… 42
　　自己堕胎罪／同意堕胎罪・同意堕胎致死傷罪／業務上堕胎罪・業務上堕胎致死傷罪／不同意堕胎罪・不同意堕胎致死傷罪
3.3　堕胎罪の共犯…………………………………………………… 43

第4章 遺棄の罪　　45

4.1 総　　説 …………………………………………………………… 45
保護法益 ／ 遺棄 ／ 保護義務と作為義務 ／ 抽象的危険犯
4.2 単純遺棄罪 ………………………………………………………… 49
総説 ／ 客体 ／ 行為
4.3 保護責任者遺棄等罪 ……………………………………………… 50
総説 ／ 主体 ／ 客体 ／ 行為
4.4 遺棄等致死傷罪 …………………………………………………… 54
総説 ／ 保護責任者遺棄致死罪と不作為による殺人罪

第5章 傷害の罪　　57

5.1 「傷害の罪」総説 ………………………………………………… 58
保護法益と客体 ／ 刑法上の暴行概念 ／ 暴行罪における暴行 ／ 結果としての傷害 ／ 行為としての傷害
5.2 暴行罪と傷害罪との関係 ………………………………………… 65
故意 ／ 傷害罪の構造
5.3 傷害の罪の諸類型 ………………………………………………… 67
傷害罪 ／ 傷害致死罪 ／ 現場助勢罪 ／ 暴行罪
5.4 同時傷害の特例 …………………………………………………… 70
5.5 自傷行為・同意傷害 ……………………………………………… 72
5.6 凶器準備集合および結集罪 ……………………………………… 74
保護法益・罪質 ／ 凶器準備集合罪 ／ 凶器準備結集罪

第6章 過失傷害の罪　　78

6.1 過失犯 ……………………………………………………………… 78
6.2 「過失傷害の罪」の諸類型 ……………………………………… 80
過失傷害罪 ／ 過失致死罪 ／ 重過失致死傷罪 ／ 業務上過失致死傷罪
6.3 自動車の運転により人を死傷させる行為等の処罰に関する法律 ……………… 85
立法に至る経緯 ／ 概要

第7章 自由に対する罪　　89

7.1 脅迫罪 ……………………………………………………………… 89
脅迫罪と強要罪 ／ 脅迫の概念 ／ 脅迫罪 ／ 強要罪
7.2 逮捕および監禁の罪 ……………………………………………… 94
保護法益 ／ 逮捕・監禁の罪の保護する「自由」 ／ 逮捕及び監禁罪 ／ 逮捕等致死傷罪
7.3 略取，誘拐および人身売買の罪 ………………………………… 99
略取・誘拐の罪の保護法益 ／ 罪質 ／ 行為 ／ 未成年者略取及び誘拐罪 ／ 営利目的等略取及び誘拐罪 ／ 身の代金目的略取等罪 ／ 被拐取者受取者身の代金要求罪 ／ 所在国外移送目的略取及び誘拐罪 ／ 人身売買罪 ／ 被略取者等所在国外移送罪 ／ 事後幇助罪 ／ 身の代金目的略取等予備罪 ／ 解放による刑の減軽 ／ 親告罪

第 8 章　強制わいせつおよび強姦の罪　　115

8.1　総　説 ………………………………………………………… 116
　　個人的法益に対する性犯罪 ／ 強制わいせつ・強姦罪の保護法益
8.2　強制わいせつ罪 ………………………………………………… 117
　　客体と行為態様 ／ わいせつな行為
8.3　強　姦　罪 ……………………………………………………… 119
　　客体と行為態様 ／ 着手時期・既遂時期
8.4　準強制わいせつ罪・準強姦罪 ……………………………… 121
8.5　集団強姦等罪 ………………………………………………… 122
8.6　強制わいせつ等致死傷罪 …………………………………… 123
　　総説 ／ 死傷結果を生じさせる行為 ／ 傷害結果発生につき認識・予見があった場合 ／
　　死亡結果発生につき認識・予見があった場合
8.7　親　告　罪 …………………………………………………… 125
8.8　性犯罪に関する改正 ………………………………………… 126

第 9 章　住居を侵す罪・秘密を侵す罪　　131

9.1　住居を侵す罪 ………………………………………………… 131
　　住居侵入等罪
9.2　秘密を侵す罪 ………………………………………………… 138
　　刑法における秘密の保護 ／ 信書開封罪 ／ 秘密漏示罪 ／ 親告罪

第 10 章　名誉に対する罪　　142

10.1　名誉の意義 …………………………………………………… 142
　　保護法益 ／ 名誉毀損罪と侮辱罪の区別
10.2　名誉毀損罪 …………………………………………………… 144
　　総説 ／ 客体 ／ 行為 ／ 死者の名誉毀損
10.3　侮　辱　罪 …………………………………………………… 147
10.4　事実証明による違法性阻却 ………………………………… 148
　　総説 ／ 要件 ／ 230条の2の法的性質 ／ 「事実の真実性」説 ／ 「証明可能な程度の
　　真実性」説 ／ 過失名誉毀損罪説 ／ 責任原理説
10.5　正当行為としての違法性阻却 ……………………………… 156
10.6　親　告　罪 …………………………………………………… 157

第 11 章　信用・業務に対する罪　　158

11.1　信用毀損罪 …………………………………………………… 158
　　総説 ／ 保護法益 ／ 行為 ／ 危険犯
11.2　業務妨害罪 …………………………………………………… 160
　　総説 ／ 保護法益 ／ 客体——業務の意義 ／ 業務と公務 ／ 行為 ／ 危険犯
11.3　電子計算機損壊等業務妨害罪 ……………………………… 167
　　総説 ／ 行為 ／ 手段行為の客体

第12章　財産罪総説　169

12.1　財産関係と刑法 ……………………………………………………… 169
総説　／　民事法と刑事法

12.2　財産罪の分類 ………………………………………………………… 170
客体による分類（1）——財物と財産上の利益　／　客体による分類（2）——個別財産と全体財産　／　法的財産と経済的財産　／　行為態様による分類——領得罪と毀棄罪

12.3　「財物」の意義 ……………………………………………………… 173
有体性説と管理可能性説　／　エネルギーの財物性　／　情報の財物性　／　財産的価値　／　人の身体　／　禁制品

12.4　財産上の利益 ………………………………………………………… 178
財産上の利益の概念　／　財物罪と利得罪との関係

第13章　窃盗の罪　181

13.1　窃盗罪（財物罪）の保護法益 ………………………………………… 181
総説　／　保護法益——本権説と占有説　／　中間説　／　状態犯

13.2　占有（客体） ………………………………………………………… 186
占有の意義　／　占有の有無（窃盗と占有離脱物横領との区別）　／　占有の帰属（窃盗と委託物横領との区別）　／　預金の占有　／　死者の占有

13.3　行　為 ………………………………………………………………… 191
窃取　／　故意と不法領得の意思

13.4　不動産侵奪罪（235条の2） ………………………………………… 195
総説　／　構成要件

13.5　自己の財物に関する特則 ……………………………………………… 196
13.6　親族間の犯罪に関する特例（親族相盗例） ………………………… 197
13.7　電気についての準用規定 ……………………………………………… 198

第14章　強盗の罪　199

14.1　強盗罪総説 …………………………………………………………… 199
強盗罪　／　窃盗罪・恐喝罪との異同　／　保護法益　／　客体　／　行為（1）——暴行・脅迫　／　行為（2）——強取　／　不法領得の意思，着手・既遂時期　／　不法利得

14.2　事後強盗罪 …………………………………………………………… 209
準強盗罪　／　事後強盗罪の性質　／　身分犯説　／　加減的身分説と構成的身分説　／　結合犯説　／　構成的身分犯　／　行為　／　目的　／　事後強盗の未遂

14.3　昏睡強盗罪 …………………………………………………………… 218
14.4　強盗致死傷罪 ………………………………………………………… 219
総説　／　主体　／　死傷結果とその原因　／　故意　／　傷害・殺人の故意がある場合　／　240条の罪の未遂

14.5　強盗強姦罪・強盗強姦致死罪 ……………………………………… 227
強盗強姦及び同致死罪の意義　／　殺意のある場合

14.6　強盗予備罪 …………………………………………………………… 229

第15章　詐欺の罪　230

- 15.1　詐欺罪総説 …… 230
  詐欺罪の構造 ／ 保護法益 ／ 不法領得の意思 ／ 国家の利益
- 15.2　財産上の損害の発生 …… 233
  形式的個別財産説 ／ 実質的個別財産説 ／ 損害の内容 ／ 法益関係的錯誤説 ／ 二重抵当
- 15.3　客体 …… 239
  財物 ／ 財産上の利益 ／ 財産上の利益の捉え方
- 15.4　行為 …… 244
  「欺く」行為 ／ 錯誤 ／ 交付・財産的処分行為 ／ 欺かれる者と財産的被害者 ／ 財物・財産上の利益の取得
- 15.5　着手時期・既遂時期 …… 263
- 15.6　権利行使と不法原因給付 …… 264
  権利行使と詐欺罪 ／ 不法原因給付と詐欺罪
- 15.7　電子計算機使用詐欺罪 …… 267
- 15.8　準詐欺罪 …… 268
- 15.9　親族間の犯罪に関する特例 …… 269

第16章　恐喝の罪　270

- 16.1　恐喝罪 …… 270
  総説 ／ 行為
- 16.2　権利行使と不法原因給付 …… 273
  権利行使と恐喝罪 ／ 不法原因給付と恐喝罪

第17章　横領の罪　276

- 17.1　横領の罪総説 …… 276
  横領罪の類型 ／ 横領罪の性質・保護法益
- 17.2　横領罪 …… 278
  主体 ／ 客体 ／ 行為 ／ 「横領後の横領」
- 17.3　業務上横領罪 …… 292
  業務上横領罪の性格 ／ 業務の意義 ／ 業務上横領罪に関わる共犯
- 17.4　遺失物等横領罪 …… 294
  占有離脱物横領罪 ／ 客体 ／ 行為

第18章　背任の罪　296

- 18.1　背任罪総説 …… 296
  背任罪の罪質 ／ 背任罪と横領罪との区別
- 18.2　主体 …… 301
  他人の事務 ／ 信任関係 ／ 事務の内容
- 18.3　主観的要素 …… 303
  故意 ／ 目的 ／ 行為
- 18.4　他罪との関係 …… 307
- 18.5　共犯 …… 308

viii　目　次

第19章　盗品等に関する罪　310

19.1　「盗品等に関する罪」の性質……………………………………310
　　　総説　／　追求権説　／　違法状態維持説　／　追求権と本犯助長
19.2　盗品等関与罪………………………………………………………313
　　　主体　／　客体　／　行為　／　故意
19.3　盗品等に関する罪の犯人と本犯に対する共犯…………………318
19.4　親族等の間の犯罪に関する特例…………………………………319

第20章　毀棄および隠匿の罪　320

20.1　毀棄・隠匿の罪の保護法益………………………………………320
20.2　公用文書等毀棄罪…………………………………………………320
　　　総説　／　客体　／　行為
20.3　私用文書等毀棄罪…………………………………………………321
20.4　建造物等損壊罪・建造物等損壊致死傷罪………………………322
　　　建造物等損壊罪　／　客体　／　行為　／　建造物等損壊致死傷罪
20.5　器物損壊等罪………………………………………………………325
20.6　信書隠匿罪…………………………………………………………326
20.7　境界損壊罪…………………………………………………………328

第2編　社会的法益に対する罪　331

第21章　騒乱の罪　332

21.1　騒乱の罪の性質……………………………………………………332
21.2　騒乱罪………………………………………………………………333
　　　総説　／　行為　／　主観的要素
21.3　多衆不解散罪………………………………………………………335

第22章　放火および失火の罪　337

22.1　総　説………………………………………………………………337
　　　「放火および失火の罪」の諸類型　／　保護法益　／　放火罪における行為
22.2　現住建造物等放火罪………………………………………………347
　　　総説　／　客体
22.3　非現住建造物等放火罪……………………………………………350
　　　総説　／　客体
22.4　建造物等以外放火罪………………………………………………352
　　　総説　／　客体　／　公共の危険　／　故意
22.5　延焼罪………………………………………………………………354
　　　総説　／　客体　／　故意
22.6　放火予備罪…………………………………………………………356
22.7　消火妨害罪…………………………………………………………356
22.8　失火の罪……………………………………………………………357
　　　過失犯　／　失火罪　／　業務上失火罪　／　重失火罪　／　激発物破裂罪　／　ガス漏出等罪・ガス漏出等致死傷罪

第23章　出水・水利に関する罪　362

23.1　保護法益・罪質 …………………………………………… 362
23.2　出水の罪 …………………………………………………… 363
　　　現住建造物等浸害罪／非現住建造物等浸害罪／過失建造物等浸害罪／出水危険罪
23.3　水防妨害罪 ………………………………………………… 365
23.4　水利妨害罪 ………………………………………………… 366

第24章　往来を妨害する罪　367

24.1　往来の危険に関する罪・総説 …………………………… 367
24.2　往来妨害罪および往来妨害致死傷罪 …………………… 368
　　　往来妨害罪／往来妨害致死傷罪
24.3　往来危険罪 ………………………………………………… 369
24.4　汽車転覆等罪・汽車転覆等致死罪 ……………………… 371
　　　汽車転覆等罪／汽車転覆等致死罪
24.5　往来危険による汽車転覆等罪 …………………………… 373
　　　総説／客体／致死結果の発生と126条3項
24.6　過失往来危険罪 …………………………………………… 376

第25章　公衆の健康に対する罪　377

25.1　総説 ………………………………………………………… 377
25.2　あへん煙に関する罪 ……………………………………… 377
　　　総説／あへん煙輸入等罪／あへん煙吸食器具輸入等罪／税務職員によるあへん煙輸入等罪／あへん煙吸食及び場所提供罪／あへん煙等所持罪
25.3　飲料水に関する罪 ………………………………………… 381
　　　浄水汚染罪／水道汚染罪／浄水毒物等混入罪／浄水汚染等致死傷罪／水道毒物等混入罪・同致死罪／水道損壊及び閉塞罪

第26章　文書偽造の罪　385

26.1　偽造の罪 …………………………………………………… 385
26.2　文書偽造の罪・総説 ……………………………………… 385
　　　文書の機能と文書偽造の罪の保護法益／形式主義と実質主義／客体——文書の意義／原本性と写真コピー／名義人／作成者／その他の客体／行為——「偽造」の概念／偽造の程度／有形偽造の意義——作成権限から人格の同一性へ／「名義人の人格同一性に関する欺罔」の意味／代理・代表名義／名義人の承諾／変造／行使の目的——主観的違法要素
26.3　詔書偽造等罪 ……………………………………………… 402
26.4　公文書偽造等罪 …………………………………………… 403
　　　総説／客体——公文書・公図画／客体——有印・無印／行為——偽造
26.5　虚偽公文書作成等罪 ……………………………………… 405
　　　総説／主体／行為／間接正犯
26.6　公正証書原本不実記載等罪 ……………………………… 408
　　　総説／客体／行為
26.7　偽造公文書行使等罪 ……………………………………… 411

総説　／　客体　／　行為　／　罪数
　26.8　私文書偽造等罪……………………………………………………412
　　　　総説　／　客体——私文書
　26.9　虚偽診断書等作成罪………………………………………………414
　26.10　偽造私文書等行使罪………………………………………………415
　26.11　電磁的記録不正作出罪・同行使罪………………………………416
　　　　電磁的記録不正作出罪　／　不正作出電磁的記録供用罪　／　他罪との関係
　26.12　不正指令電磁的記録に関する罪…………………………………419
　　　　趣旨と保護法益　／　不正指令電磁的記録作成等罪　／　不正指令電磁的記録取得等罪
　26.13　印章偽造の罪………………………………………………………422
　　　　保護法益と機能　／　「印章」・「署名」の意義　／　御璽偽造及び不正使用等罪　／　公印偽造及び不正使用等罪　／　公記号偽造及び不正使用等罪　／　私印偽造及び不正使用等罪

第27章　支払手段に関する偽造の罪　　426

　27.1　通貨偽造の罪…………………………………………………………426
　　　　保護法益　／　通貨偽造及び同行使等罪　／　外国通貨偽造及び行使等罪　／　偽造通貨等収得罪　／　収得後知情行使等罪　／　通貨偽造等準備罪
　27.2　有価証券偽造の罪……………………………………………………432
　　　　保護法益　／　客体——有価証券　／　有価証券偽造等罪　／　偽造有価証券行使等罪
　27.3　支払用カード電磁的記録に関する罪………………………………436
　　　　保護法益　／　支払用カード電磁的記録不正作出等罪　／　不正電磁的記録カード所持罪　／　支払用カード電磁的記録不正作出準備罪

第28章　風俗に関する罪　　443

　28.1　性的風俗に対する罪…………………………………………………443
　　　　社会的法益に対する性犯罪　／　わいせつ犯罪の保護法益　／　公然わいせつ罪　／　わいせつ物頒布等罪　／　淫行勧誘罪　／　重婚罪
　28.2　賭博および富くじに関する罪………………………………………453
　　　　保護法益　／　賭博罪　／　常習賭博罪　／　賭博場開張図利罪・博徒結合図利罪　／　富くじ発売等罪
　28.3　礼拝所および墳墓に関する罪………………………………………456
　　　　保護法益　／　礼拝所不敬罪　／　説教等妨害罪　／　墳墓発掘罪　／　死体損壊等罪　／　墳墓発掘死体損壊等罪　／　変死者密葬罪

第3編　国家的法益に対する罪　　463

第29章　国家の存立に対する罪・国交に対する罪　　464

　29.1　国家的法益に対する罪………………………………………………464
　29.2　国家の存立に対する罪——内乱に関する罪………………………465
　　　　国家の存立に対する罪の保護法益と罪質　／　内乱罪　／　内乱予備罪および内乱陰謀罪　／　内乱幇助罪　／　自首による刑の免除
　29.3　国家の存立に関する罪——外患に関する罪………………………470
　　　　「外患に関する罪」の罪質　／　外患誘致罪　／　外患援助罪

29.4 国交に関する罪···471
　「国交に関する罪」の保護法益 ／ 外国国章損壊等罪 ／ 私戦予備罪・私戦陰謀罪 ／ 中立命令違反罪

第30章　公務執行妨害の罪　474

30.1 公務執行妨害罪··474
　公務執行妨害罪
30.2 公務の執行を妨害する罪——その他の類型···································482
　職務強要罪 ／ 封印等破棄罪 ／ 強制執行妨害目的財産損壊等罪 ／ 強制執行行為妨害等罪 ／ 強制執行関係売却妨害罪 ／ 加重封印等破棄罪 ／ 公契約関係競売等妨害罪

第31章　国の司法作用に対する罪　490

31.1 逃　走　罪··490
　保護法益等 ／ 単純逃走罪 ／ 加重逃走罪 ／ 被拘禁者奪取罪 ／ 逃走援助罪 ／ 看守者等による逃走援助罪
31.2 犯人蔵匿および証拠隠滅の罪···495
　保護法益 ／ 犯人蔵匿等罪 ／ 証拠隠滅等罪 ／ 親族による犯罪に関する特例 ／ 証人等威迫罪
31.3 偽　証　の　罪···503
　保護法益 ／ 偽証罪 ／ 虚偽鑑定等罪 ／ 自白による刑の減免
31.4 虚偽告訴等の罪···507
　保護法益 ／ 虚偽告訴等罪 ／ 自白による刑の減免

第32章　汚職の罪（職権濫用罪・賄賂罪）　511

32.1 汚職罪（瀆職罪）総説···511
32.2 職権濫用の罪··511
　保護法益 ／ 公務員職権濫用罪 ／ 特別公務員職権濫用罪 ／ 特別公務員暴行陵虐罪 ／ 特別公務員職権濫用等致死傷罪 ／ 付審判請求・裁判上の準起訴手続
32.3 賄　賂　の　罪···518
　保護法益 ／ 贈収賄罪と必要的共犯 ／ 収賄罪の主体（贈賄罪の相手方）／ 客体——賄賂 ／ 賄賂性の認識 ／ 収賄罪 ／ 受託収賄罪 ／ 事前収賄罪 ／ 第三者供賄罪 ／ 加重収賄罪 ／ 事後収賄罪 ／ あっせん収賄罪 ／ 贈賄罪 ／ 賄賂罪と恐喝・詐欺罪 ／ 没収・追徴

事　項　索　引···537
判　例　索　引···546

凡　例

【法　令】

　おおむね 2016 年 10 月 1 日現在の法令に基づき，法令の略称は慣用に従った。刑法の条文は条文番号のみで引用した。なお，刑法改正の計画・予定があるものについては，執筆時点で公表されている範囲で説明を付加した。

【判　例】

　おおむね 2016 年 10 月 1 日までに最高裁判所刑事判例集・判例時報・判例タイムズに掲載された裁判例を参照した。引用に際して，最高裁判所を「最」（大法廷は「最大」），戦前の大審院を「大」（連合部は「大連」），高等裁判所を「高」，地方裁判所を「地」，支部を「支」，判決を「判」，決定を「決」と略した。年月日は「平成○・○・○」のように表記するほか，通例に従い，下記のような略称を用いた。

刑録	大審院刑事判決録
刑集	大審院刑事判例集，最高裁判所刑事判例集
裁判集刑	最高裁判所裁判集刑事
高刑集	高等裁判所刑事判例集
高刑裁特	高等裁判所刑事裁判特報
高刑判特	高等裁判所刑事判決特報
高刑速報	高等裁判所刑事裁判速報集
下刑集	下級裁判所刑事判例集
刑月	刑事裁判月報
判時	判例時報
判タ	判例タイムズ
新聞	法律新聞

【参考文献】

　文献の引用は，近時の学生が参照しやすいものを中心に，教科書類は代表的な単著のものに限った。各著者のご了解をお願いしたい。引用方法は，下記文献表にあるものは，著者名（姓）とページ数のみとし，分担執筆にかかる注釈書については，書名とページ数に続き執筆者名を示した。その他，学術論文，研究書については，脚注に書誌情報を合わせて明記した。

〈教科書等〉

井田良『講義刑法学・各論』2016，有斐閣
伊東研祐『刑法講義　各論』2011，日本評論社
内田文昭『刑法各論』第3版・1996，青林書院
大塚仁『刑法概説（各論）』第3版増補版・2005，有斐閣
大谷實『刑法講義各論』新版第4版補訂版・2015，成文堂
川端博『刑法各論講義』第2版・2010，成文堂
佐伯仁志『刑法総論の考え方・楽しみ方』2013，有斐閣
佐久間修『刑法各論』2012，成文堂
曽根威彦『刑法各論』第5版・2012，弘文堂
高橋則夫『刑法各論』第2版・2014，成文堂
団藤重光『刑法綱要各論』第3版・1990，創文社
中森喜彦『刑法各論』第4版・2015，有斐閣
中山研一『刑法各論』1984，成文堂
西田典之『刑法各論』第6版・2012，弘文堂
林幹人『刑法各論』第2版・2007，東京大学出版会
平野龍一『刑法概説』1977，東京大学出版会
福田平『全訂刑法各論』第3版増補・2002，有斐閣
藤木英雄『刑法講義各論』1976，弘文堂
前田雅英『刑法各論講義』第6版・2015，東京大学出版会
松原芳博『刑法各論』2016，日本評論社
松宮孝明『刑法各論講義』第4版・2016，成文堂
山口厚『刑法各論』第2版・2010，有斐閣
山中敬一『刑法各論』第3版・2015，成文堂

〈注釈書〉

団藤重光編『注釈刑法　総則(1)-(3)』1964-69，『補巻(1)』1974，『補巻(2)』1976，有斐閣
大塚仁・河上和雄・佐藤文哉・古田佑紀編『大コンメンタール刑法』第2版・1999-2006，青林書院
大塚仁・河上和雄・中山善房，古田佑紀編『大コンメンタール刑法』第3版（刊行中）2013-，青林書院

〈判例解説〉

山口厚・佐伯仁志編『刑法判例百選II 各論』第7版・2014，有斐閣

法情報へのアクセスについて
―刑法関係を中心に―

　法を学び始めた初学者を念頭に，いわゆる「法情報」へのアクセスの手引きとして，学習の基礎となる情報の種類とその存在形態・調査に関するごく初歩的な案内をまとめた。

1　法　　律

　「法」はいくつかの階層をなしている。たとえば，民法や刑法は国会が制定した「法律」である。その「法律」を受けて法執行機関が「規則」を定めている場合がある。たとえば，「法律」である刑事訴訟法の内容にそって最高裁判所が制定した「刑事訴訟規則」がある。このほかに内閣や省の発する「命令」が決めていることがらもある。ただし，刑法ではいわゆる罪刑法定主義の要請から，「法律」の内容を学ぶことがほとんどになる。これら階層をなす「法」の内容を知る源，簡単にいえば，法の存在形式を「法源」という。日本では，文で書かれたもの，「成文法」が法源である。（条文の読み方の基礎知識を後掲4に示した。）

> **Resource**　現行法令に関する情報

　法律は，「公布」を経て「施行」される。公布は「官報」（国立印刷局）に掲載することによって行われるが，現行の法を調べるには，通常，まずは民間の出版社が用途に応じて編集した法令集を参照することになる。政府が提供するポータルサイトからオンラインのデータベースを利用することもできる。

・総合的な法令集の例：『六法全書』＊各年版（有斐閣）
・電子政府の総合窓口（総務省）「法令データ提供システム」
　http://law.e-gov.go.jp/cgi-bin/idxsearch.cgi
　　＊なお，現在までに制定された法令の改廃経過等と法案の審議経過等の情報については，国立国会図書館「日本法令索引」http://hourei.ndl.go.jp が有用である。

2　法の解釈と運用の実際

　刑法という法律の規定に基づく効果（人の処罰など）を実現するためには，必ず裁判所の判断を経なければならない。そこで，実際に法がどのように解釈され運用されているかを知るためには，裁判の先例（判例）を知ることが重要である。なお，「判例」という術語は，種々の意味で使われるが，ここでは，過去の判決・決定等そのものと「裁判所の判断内容」の両方を指す。

判例は法そのものを示すもの（法源）ではないので，それ自体は法のような拘束力はもたない。たとえば，裁判所が先例と異なる判断をしても，さしつかえない。しかし，審級制を採っている日本では，事件が上訴されて上級裁判所が判断する際には，上級裁判所が既に示した先例と異なる考え方は否定される可能性が高い。この意味で，上級の裁判所が判断を統一する機能を果たしている。また，基礎事情に大きな相違がないのに以前とは異なる判断がなされれば，公平性・安定性の観点からの問題も指摘されるかもしれない。上級の裁判所が以前の判断を変更することもあるが，先例に従った運用がなされる場合が多いことは事実なのである。以下，このような事情をも考慮しつつ，留意すべき事項をいくつか述べておく。

　裁判所の法的判断のうち，後続事件の解決に対し拘束力を有するもの，これが「判例」の厳密な定義である。実務上の法令解釈を統一するという事実上の拘束力の問題であるから，最も上の審級にある裁判所の判断が重要である。刑事訴訟法においては，最高裁判所の判決に対する上訴（上告）の理由として，憲法違反とならんで最高裁判所の判例と相反する判断がなされたことを規定している（刑訴405条2号）ので，制度上もこの趣旨が確認されていることになる。なお，刑事訴訟法は，最高裁判所の判例がない場合には，大審院（現行制度以前の最上級裁判所）もしくは上告裁判所たる高等裁判所の判例，または，現行法施行後の控訴審裁判所たる高等裁判所の判例と相反する判断をしたことを上告理由とする（刑訴405条3号）。

　リーディングケースとよばれる判例は，文字通り，その後の判断の指針となった判例である。ある問題に関し，新しい判断を最初に示した先例，初めて包括的な内容を示した先例が，このような役割を果たす。もっとも，判例は，法解釈に関する基本的な一般論を述べている場合であっても，あくまで個々の事件に対する判断の結果であるから，判例から，解釈・運用の実際や，今後の進む方向を知るためには，個々の判例の想定する範囲や先例としての重要度を意識しなければならない。最上級裁判所の判断でも，後の事件解決に対し拘束力が認められない部分が含まれていることは少なくなく，これは「傍論」とよばれる。個別事件に関する裁判所の判断内容のうち，どれが判例でありどれが傍論であるかは，結局は受け取る側の解釈の問題であり，ときに議論の対象になる。

3　各種情報源について

①　判決・決定等の存在，傾向・現状等を知る

　情報をまとめて提示する書物が第一の参照対象となる。具体的には，注釈書（コンメンタール）・教科書・参考書・判例速報誌などである。とくに新しい情報を知るためには，オンライン情報を利用することが便利である。

〈注釈書（コンメンタール）〉

　学説およびとくに判例に関する網羅的情報源として

　　『注釈刑法』（全6巻＋補巻2）団藤重光編（有斐閣，1964年～76年）

　　『大コンメンタール刑法』（全10巻＋別巻1）大塚仁ほか編（青林書院，1988年～91年）

xvi　法情報へのアクセスについて

　　＊『大コンメンタール刑法』は，その後も，第二版（1999年〜2006年），第三版（2013年〜）が刊行されている。

『注釈刑法』（第1巻）西田典之・山口厚・佐伯仁志編（有斐閣，2010年〜）

【参考】
・「法律時報」（日本評論社）毎号の「文献月報」「判例評釈」により文献の所在を一覧できるほか，毎年12月号の「学界回顧」では，1年分の文献が概観的に紹介される。
・学習上のポイントとなる問題点に関するコンパクトな解説としては，『刑法の争点』西田典之・山口厚・佐伯仁志編（「ジュリスト」増刊，新・法律学の争点シリーズ2，有斐閣，2007年）がある。

② **判決・決定等そのものの内容を調べる**

　個々の裁判例について，その内容を知るためには，判例情報をまとめた資料にあたることになる。具体的には，判例集・判例速報誌・データベースなどが対象となる。現在のところ，判例の典拠としては紙媒体資料が優先されるので，オンラインで獲得可能な判例についても引用元としては以下の公式判例集・判例速報誌等を示す必要がある。判例集未搭載のものは，適宜オンラインデータの資料番号等により引用することになる。

〈判例集〉

　裁判所が主体的に関わってまとめられた，いわゆる公式判例集を挙げる（角カッコ内は，出典引用の際などに一般的に用いられる略称である）。

・最高裁判所刑事判例集［刑集］
・最高裁判所裁判集刑事［裁判集刑］
・高等裁判所刑事判例集［高刑集］
・高等裁判所刑事裁判特報［高刑裁特］
・高等裁判所刑事判決特報［高刑判特］
・高等裁判所刑事裁判速報集［高刑速報］
・下級裁判所刑事判例集［下刑集］
・刑事裁判月報［刑月］
・大審院刑事判決録（大正10（1921）年まで）［刑録］
・大審院刑事判例集（大正11（1922）年から昭和22（1947）年まで）［刑集］

なお，最高裁判所刑事判例集を例にとって，その掲載形式を後掲5に示した。

〈判例速報誌〉

　速報誌は，オンライン検索が普及した現在では速報自体の意義は後退したとはいえ，関連する論考や解説記事を掲載しているほか，信頼できる判例情報媒体として，依然として重要な役割を果たしている。とくに公式判例集に登載されない判例が掲載されることも少なくなく，これらについては速報誌が典拠として用いられる。また，古くから刊行されてきたこともあり，資料的価値も大きい。

・「判例時報」（判例時報社）旬刊［判時］
・「判例タイムズ」（判例タイムズ社）月2回刊［判タ］

〈裁判所の判例情報検索システム〉

裁判所Webサイトでも，公式判例集掲載判例を中心にオンラインの判例情報を提供している。

http://www.court.go.jp/

〈法律総合データベース（有料・契約型）〉

多くの大学や図書館その他の組織では，商用のデータベースが使えることも多いであろう。速報性，検索の便宜はもちろん，収録件数も紙媒体資料よりも多いことが一般的である。代表的なものを挙げておく。

- LEX/DBインターネット（株式会社ＴＫＣ）
- Lexis® AS ONE（レクシスネクシス・ジャパン株式会社）
- LLI統合型法律情報システム（株式会社エル・アイ・シー）
- TKCローライブラリー（株式会社ＴＫＣ）
- Westlaw Japan（ウェストロー・ジャパン株式会社）

③ 判例の内容や他の判例との関係を詳しく知る

個々の判例について，「判例解説」・「判例評釈」が書かれていることがあり，当該判例の意義や判断内容の検討等をするときの参考とすることができる。

〈判例紹介・解説〉

定期刊行物

- 「刑法判例百選Ⅰ総論」第7版　別冊ジュリスト　有斐閣（2014年）
- 「刑法判例百選Ⅱ各論」第7版　別冊ジュリスト　有斐閣（2014年）
- 「ジュリスト」月刊　有斐閣
- 「法学教室」月刊　有斐閣
- 「重要判例解説」（「ジュリスト」増刊）各年度版　有斐閣
- 「判例回顧と展望」（「法律時報」臨時増刊）各年版　日本評論社
- 「判例セレクト」（「法学教室」別冊付録）各年版　有斐閣
- 「法曹時報」月刊　法曹会

書籍

- 『最高裁判所判例解説・刑事編』（昭和29年度〜）法曹会
  最高裁判所の判例について，最高裁判所調査官が解説したもの（いわゆる「調査官解説」）である。「法曹時報」に掲載されたものをまとめて各年度版として刊行される。
- 『刑事判例評釈集』（昭和13年度〜昭和63年度：全50巻）　有斐閣

4　条文の基礎知識

例：刑法の一部

　　　第二十六章　殺人の罪　——————————①

（殺人）　——————————②
第百九十九条　人を殺した者は，死刑又は無期若しくは五年以上の懲役に処する。　——————————③
　　　　　　　　　　　　　　　　　　　　　④

第二百条　削除
　　　　　　　　　　　　　　　　　　　　　⑤
（予備）
第二百一条　第百九十九条の罪を犯す目的で，その予備をした者は，二年以下の懲役に処する。ただし，情状により，その刑を免除することができる。
　　　　　　　　　　　　　　　　　　　　　⑥

（自殺関与及び同意殺人）　——————————⑦
第二百二条　人を教唆し若しくは幇助して自殺させ，又は人をその嘱託を受け若しくはその承諾を得て殺した者は，六月以上七年以下の懲役又は禁錮に処する。
　　　　　　　　　　　　　　　　　　　　　⑧

（未遂罪）　——————————⑨
第二百三条　第百九十九条及び前条の罪の未遂は，罰する。

- -

（強盗）　——————————⑩
第二百三十六条　暴行又は脅迫を用いて他人の財物を強取した者は，強盗の罪とし，五年以上の有期懲役に処する。
２　前項の方法により，財産上不法の利益を得，又は他人にこれを得させた者も，同項と同様とする。
　　　　　　　　　　　　　　　　　　　　　⑪

【解説】
① 日本の法律は「法典」として体系的に構成されている。「刑法」は、「第1編　総則」、「第2編　罪」から成り、第1条から第264条までの「条」が全40「章」に分けて規定されている。
② 成文法の基本単位は「条」である。各条の前の（　）内には「見出し」が付けられる。古い法典には付けられていないが、このような法令についても、法令集では編集者が見出しを補う場合が多い。ただし、もちろん公式のものでなく、原文にあるものと区別できるようにしている。ちなみに、刑法第2編「罪」において各犯罪類型を定める条の見出しは、基本的には「罪名」を示すものとなっている。
③ 刑法の原文は、漢数字で「第百九十九条」であるが、一般には、縦書きで漢数字を用いる場合にも「一九九条」などと書かれ、横書きでは算用数字を用いて「199条」と表記される。
④ 法令においては、択一関係を示す表現である「又は」と「若しくは」を区別して用いる。基本的には「又は」が使われ、選択肢の中でさらに下位の選択を示す際に「若しくは」が使われる。
⑤ 法律改正で「条」を廃して消去する際、「削る」という方式と「削除」という方式がある。「削る」では、その条が法典に存在しなくなる。「削除する」では、「○○条　削除」と表現される。この場合には、その後の条の番号を繰り上げる必要はない。また、条を追加する際、新しい「条」に前条からの連番を与えると玉突き式の変更が生じて不都合なときは、前条の番号に枝番号を付けて「○○条の2」のようにする方法がとられる。章などが削除・追加される場合にも同様である。
⑥ 原則と例外とを規定する条文では、原則部分を「本文」、例外部分を「ただし書」という。
⑦ 条や項（⑩参照）が本文・ただし書関係でない2つの部分から成るとき、これらを「前段」と「後段」とよんで区別する。3部分から成る場合に「中段」が使われることもある。
⑧ 死刑・懲役・禁錮は、「刑罰」の種類である。懲役・禁錮は施設に収容することを内容とする刑で、無期と有期とがある。なお、刑罰については刑法第2章（9条以下）に規定がある。
⑨ 未遂を処罰するときは、必ずその旨の規定を置く（刑法44条）。罪名は「殺人未遂罪」となる。
⑩ 条の中で改行された段落が複数ある場合には、それらを順に第1項、第2項のようによんで指示する。刑法の原文においては、2項以下にのみ冒頭に数字が付されているが、数字がなくても同様である。また、数字の有無にかかわらず、項に分かれているときは最初の項を「（第）236条（第）1項」という。もっとも、段落が1つのみの条について「（第）1項」とはいわない。
⑪ 編集法令集では1から数字を付すのが普通であるが、原文にある数字と区別した表記になっている。このほか、項の中で数字を付して事項を列挙するような場合（たとえば、刑法第1編総則では、刑法2条ないし4条、29条1項、32条、68条、72条などにみられる。）、それらを「号」といい、「刑法68条1号」のように指示する。

5　判例集の掲載形式

刑法２４４条１項と内縁の配偶者

○窃盗被告事件（平成１８年（あ）第３３４号　棄却
　　　　　　　同年８月３０日第二小法廷決定）　　　　← 事件名，事件整理のための記号番号（「あ」は刑事上告事件），決定の年月日，裁判をした裁判所（この場合は小法廷），裁判の種類（判決／決定など），判断内容（棄却など）の表示。

【上告申立人】　被告人
【被　告　人】　甲野太郎　弁護人　近藤広明
【第　１　審】　東京地方裁判所　平成１７年９月２７日判決
【第　２　審】　東京高等裁判所　平成１８年１月１８日判決

　　　　　○　判　示　事　項

刑法２４４条１項と内縁の配偶者

　　　　　○　決　定　要　旨

刑法２４４条１項は，内縁の配偶者に適用又は類推適用されない。

　　【参照】　刑法２４４条１項　配偶者，直系血族又は同居の親族との間で第２３５条の罪，第２３５条の２の罪又はこれらの罪の未遂罪を犯した者は，その刑を免除する。

　　　　　○　主　　　文

本件上告を棄却する。
当審における未決勾留日数中１１０日を本刑に参入する。

　　　　　○　理　　　由

　　弁護人近藤広明の上告趣意は，違憲をいう点も含め，実質は単なる法令違反，事実誤認，量刑不当の主張あって，刑訴法４０５条の上告理由に当たらない。

要旨　　なお，所論にかんがみ職権で判断すると，<u>刑法２４４条１項は，刑の必要的免除を定めるものであって，免除を受ける者の範囲は明確に定める必要があることなどからして，内縁の配偶者に適用又は類推適用されることはないと解するのが相当である。</u>したがって，本件に同条項の適用等をしなかった原判決の結論は正当として是認することができる。

　　よって，刑訴法４１４条，３８６条１項３号，１８１条１項ただし書，刑法２１条により，裁判官全員一致の意見で，主文の通り決定する。
　　（裁判長裁判官　津野　修　裁判官　滝井繁男　裁判官　今井　功　裁判官　中川了滋　裁判官　古田佑紀）

刑集60巻　479（279）

判示事項・決定要旨：これらは，判例集編集上の表示であり，決定文の一部ではない。なお，「決定要旨」については，本文中の該当箇所に下線があり，欄外にも指示がある。

参照（条文）

主文・理由：これが決定文の本体，裁判所の判断を述べた部分である。

裁判官名

「479」は，60巻の通算ページ，「(279)」はこの号（6号）のページである。判例の引用は，裁判所名（最高裁判所については，必要に応じて大法廷・各小法廷の別，支部については支部名も表示），判決・決定等の年月日と出典（判例集名と掲載開始ページ）を示す。号を表記しつつ通巻ページで引用するのが慣習である。

上記決定引用時の表記　最［２］［小］決平成18年8月30日刑集60巻6号479頁

序　編

■第1章■
刑法各論の課題

1.1 刑法学とその構成

1.1.1 刑法総論と刑法各論

　刑法学は，刑法に関する知見を体系的に蓄積する学問分野である。法源が成文法であるときには，条文に表わされたルールを具体的な事件に適用する際の橋渡しとなるための条文解釈が刑法学の主要な課題になる。法に規定されたさまざまな犯罪について，その成立のために必要な条件を明らかにしていくことの重要性は論を俟たない。個々の犯罪について，それが成立するかどうかを決定する因子を記述するのが刑法各論であり，各個別の類型にとどまらない因子を論じる部分が刑法総論となる。日本の刑法（刑法典）は，第1編「総則」と第2編「罪」に分かれており，第2編「罪」には，**犯罪となるべき事実**が記述されている。したがって，刑法各論とは，刑法第2編の解釈論を主たる内容とすることになる。

　犯罪の成立が認められると，犯罪を行った者に対し，国家権力による強制的不利益処分である刑罰が科される。刑罰は多大の苦痛と不利益を内容とし，また公的な不名誉宣告を含意するので，主権者かつ処罰対象である国民の側からすれば，権力による刑罰権を適切に制御しておきたい。近代刑法は権力による恣意的刑罰を抑止する意義を有してきた。このために，国家が刑罰を科すためには，法律でその内容をあらかじめ確実に規定しておくこと，および，実際に国家刑罰の行使が承認されるために厳格・適正な手続に則って事実を確定することが要求される。これが，実体刑法における「**罪刑法定主義**」と手続法における「**適正手続（デュープロセス）の原則**」である。罪刑法定主義は，犯罪となるべき行為を法律で定めておき，それ以外の行為を行っても刑罰を科すことはできないとする原則

をいう。この原則を保障するものとして，刑法は，犯罪と刑罰に関する国家刑罰権発動に関し，いわば「厳密な仕様」を定めているのである。

1.1.2　刑法解釈学

　刑法各論の課題は，個別の犯罪を規定した法律の条文の意味内容を明らかにすることである。条文は，言語で書かれているというだけでも抽象化が避けられない。そもそも，ひとつとして同じものはない現実の事件解決に対応すべく，一般的・普遍的な適用可能性を備える必要からも包括的にならざるをえない。これを具体的事実に適用していくためには，その実質的な内容・適用の限界を明らかにしておくことが必要である。こうして，刑法学の実践的な側面において，とくに「刑法解釈学」がその意義を有することになる。ここにいう「**解釈**」とは，書かれた法の実質的な意味内容を確定することである。とりわけ，日本の刑法は規定ぶりが簡潔であり，生の事実に適用しようとする際には，文の意味するところをより詳細に読み解いた形で示しておかなければ実用にならない。あるいはむしろ，日本刑法は，解釈に委ねる部分を多くして，柔軟で実質的に妥当性の高い判断を可能にするという態度をとっている法律だ，ということすらできるであろう。

　個々の犯罪類型に関する解釈論は，それぞれに固有の成立要件を考察するので，各類型の独立性が比較的高い。しかし，たとえば同じく暴行・脅迫を手段として財産を奪うという事実についても，刑法には，少なくとも強盗罪（236条）と恐喝罪（249条）とがある。現実の事件がどちらの犯罪として処理されるべきであるのかは，両犯罪の異同・関係を整理しておかないと判断がつかない。あるいは，家の中に3人の人がいることを知りながら，この家を全焼させようとして放火した者は，現住建造物放火罪（108条）のほかに殺人罪（199条）にもあたるのか，あたるとすれば殺人罪は1個か3個かなどという問題もある。このように，刑法各論は，犯罪類型ごとの個別検討の集積であるだけでなく，犯罪類型相互の関係や「総論」の観点からの調整を含むものである。

1.2 「法益」とその保護

1.2.1 刑法の目的と「法益」

　刑法の究極の目的が「**法益**」の保護にあることは，今日では普遍的な了解事項である。社会生活上の利益（付加的な利益だけでなく，現に存在している生活状況そのものを意味する）が，立法者によって法という手段で保護されることになっているとき，その利益が法益だということになる。

　法益概念をめぐってもさまざまな議論があるが，ひとまず，法益とは，それとして把握可能な，対象化された現実の利益であるといえる。利益は「物」ではないので，感覚によって直接に認識されるものではないが，その保護のために人を処罰する以上，法益の侵害が客観的に確認可能な対象であることが求められたのである。たとえば，生命や財産といった利益は，人や所有物といった対象においてその存在を認識することが容易にできる。公共の安全や公共の信用，あるいは国家の存立のようなものとなると，個物に即して利益を捉えるのは困難であるが，それが侵害されている状態およびその前提としての利益の存在を認識することは可能であろう。逆に，その確認が困難なものは（刑法における）法益とはしがたい。たとえば，保護が考えられて然るべき利益だとしても，社会が秩序だっていることそれ自体，または，純粋な倫理的価値観などは，刑法の保護法益とはされていない。

1.2.2 刑法による法益の保護

　刑法以外の法も法益保護の機能を担っている。財産に関しては，刑法より民事法がその保護の中核的な役割を演じているといえる。そもそも法益侵害者を処罰しても，侵害された当の利益が保護されるわけではない。刑法による法益保護は，法益侵害ないし侵害の危険が生じた後から，その侵害（危険）を引き起こした行為を処罰するという事後的な処理により，将来の法益侵害を予防するという形で機能するにすぎない。刑法の法益保護は二次的・補充的役割を担うものと考えるべきであり，その対象もあらゆる法益侵害ではなく，断片的なものとなることが認識されている。

なお，財産的利益のような法益に関しては，民事法による保護のあり方と刑事法による保護のあり方とが矛盾することは避けるべきである[1]との議論が成り立つ。とくに，法益保護に関する刑法の補充的性格からすれば，民事法上保護を与えない利益について刑法上の保護を与える（その利益侵害に関する犯罪成立を肯定する）ことは，刑法の謙抑主義に反する。

とはいえ，財産関係に紛争が生じている状況で，紛争当事者間で財産の争奪が行われ，あるいは，問題となっている財産を第三者が侵害したとき，少なくとも実際の事件処理の次元では，形式的に民事法優先をいうだけでは不都合も生じるであろう。民事的権利義務関係は，私的自治の原則により，場合によっては，実体とは異なる内容で確定したり，あるいは事後的な処分の如何によって遡及的に法律関係を整理したりすることがある。このとき，それにより刑事的処理が変動を来たすとすれば，法的安定性を害し，不公平などの不都合も生じうる。それだけではなく，そもそも，民事的な法律関係の保護においては，取引に関わる第三者の利害を考慮する調整的考慮が不可欠であるのに対し，刑事的な利益保護は，端的な利益侵害を契機とするもので，必ずしも複数の取引関与者の利害調整だけが問題ではない。同一の社会的事実についても，法の趣旨・関心によって何を利益と捉えるかは異なりうるのである。

1.2.3　刑法各論の構成と罪の分類

法益保護を刑法の基本的機能とする以上，刑法各論の最初の仕事は，それぞれの犯罪の保護法益が何であるかを明らかにすることである。また，保護法益が犯罪の体系的整理のための重要な観点となる。法益による犯罪の分類については，次のような法益の三分類を土台にするのが通説的見解であり，一般的な刑法の教科書はこのような**法益三分説**に基づいて構成されている[2]。

---

[1] 本文では，刑法の謙抑主義と民事法との関係を述べているが，そもそも，国家法のすべての領域において，違法性は同じ基準ではかられるべきだとする議論を違法一元論という。

[2] 刑法第2編の構成も，おおむね法益三分法で理解できるが，その配列は，国家的法益に対する罪・社会的法益に対する罪・個人的法益に対する罪の順である。個人的法益は，個人の尊厳を重視する近時の法的価値基準（憲法13条参照）からいっても，典型的で想像しやすいという理解の便宜，現実に生起する件数の多さ（財産に対する罪が代表である）に対応する実践的意義からいっても，第一に検討する意味があると思われる。そこで，今日では，個人的法益・社会的法益・国家的法益の順に記述することが通例となっている。もっとも，法典における規定順序を法益の重要度と連動させることが必然であるわけではない。

個人的法益：生命・身体・自由・名誉・財産など，個人に属する利益
社会的法益：公共の安全・信用など，非個人利益かつ国家制度とも直接の関係がない利益
国家的法益：国家の存立・作用など，近代国家のあり方と結びついた利益

　法益による分類は，犯罪の成立要件を確定する際に考慮されるべき重要な因子に基づく分類として，実際的意義を有する。
　たとえば，放火罪（刑法108条以降）の保護法益をどう捉えるかによって，放火罪の既遂時点の判断が変わってくる。仮に，放火罪が財産（個人的法益）の保護を旨とするものなら，客体が財産として毀損されたといえる段階で既遂とすべきであろう。これに対し，公共の安全（社会的法益）が問題であるとすれば，客体の状況だけでなく公共の安全が脅かされる状況が生じたかという観点から既遂時期を決定すべきである。
　人に処罰を受けさせる目的で捜査機関に対し虚偽の申告をすると，虚偽告訴等の罪（刑法172条）に問われうる。では，虚偽告訴の相手方がそれを承諾しているとき，たとえば，真犯人の身代わりとなることに同意しているときには，この罪が成立するだろうか。本罪の保護法益が，「虚偽告訴によっては処罰されない」という個人の利益であるとするなら，法益の主体がその利益を放棄するとき，あるいは法による保護を求めていないときには，法益の侵害を問題にする必要はなく，したがって，虚偽告訴等の罪は成立しないとすべきである。ところが，虚偽告訴等の罪を，犯罪事件の処理（刑事司法）が適切に円滑に進められるという国の利益を保護する趣旨のものだと考えると，刑を受けることになる個人の意思に関わらず，誤った捜査等の職務が行われる（その危険がある）限りでは，やはり法益侵害（侵害の危険）を考慮する必要があるのであって，罪が成立するとしなければならないであろう。
　もっとも，まさに上で例に挙げた罪において問題となるように，ある犯罪の保護法益が単純に1個に絞られると限られるわけではない。放火罪の保護法益に個人の財産が含まれないとまではいえないであろうし，虚偽告訴の対象となった人の不利益は疑うべくもない。このような複数の法益やその優劣関係なども解釈で明らかにされるべき内容なのである。

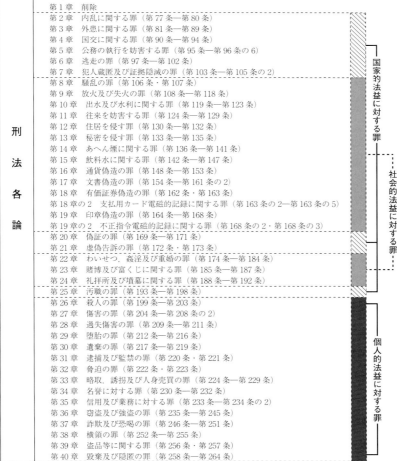

1.3 刑法の解釈

1.3.1 解釈の意義

　先に述べたとおり，言語により記述されている成文法は，多かれ少なかれ抽象的にならざるをえず，読みとられるべき内容を一義的に定めることは，究極的な意味では不可能だといわなければならない。つまり，同一の文言から異なった内容，異なった適用限界が導き出される可能性がある。その限りで，相違する複数の解釈がそれぞれの正当性を主張して争う余地が存在する。法律家の役割は，自己のおかれた立場で，社会の正義を実現するためにふさわしいと信じる目標を，法という手段を使って現実に達成することだといえる。

　ただし，法による問題解決は，あくまで「法」の「適用」の形をとらなければならない。そこで，法的主張は，あらかじめ共通了解となっている大前提たる「法」の内容を確認し，その「法」を「具体的事実」に適用し，そこからの必然的結論として，特定の「法律関係」を主張しなければならない。これが，いわゆる「法的三段論法」である。法的効果の条件として要求されている性質をもった事実が現実に存在するからこそ，規定されている法的効果が現実のものになる。このような構造把握が，法的主張の基本形式となっているのである。

　実際，実体法の条文においては，Aという事実の存在からBという効果（法律関係）が生じる旨を規定するものが大きな部分を占めている。事実Aが現に存在したかどうかを確かめるためには，実体法上のAとは具体的には何のことか，どのような状況を表現したものか，どのような事実が包含される概念なのかを明らかにしておくことが必要である。それが「解釈」という作業である。実体刑法は，**犯罪事実**を「**法律要件**」とし，それに応じて科される**刑罰**を「**法律効果**」として規定する。犯罪の成立は，国家刑罰権の実体的発動要件である。ただし，「刑罰」は，その種類と内容の定義も別途規定されており，性質上明確性が高いので，解釈の余地は少ない。これに対し，「**（犯罪）構成要件**」とよばれる法律要件の方は，千差万別の事象を対象とするので，解釈による結論の相違が大きく，それだけ解釈の如何も重要になる。そこで，（付加的なさまざまな条件についても解釈する必要があるのはもちろんであるが）刑法各論の解釈論にとっての主な課題は，「構成要件」の解釈だということになる。

1.3.2 解釈手法とその分類

　条文の記述から引き出しうる意味理解には，場合によると相当の幅がある。見解が分かれたとき，合理的な議論のもとで相手に自らの主張を認めさせることが必要になる。とくに，刑法のもたらす効果は，国家による「刑罰」という重大な不利益処分であるから，できるだけ処罰の妥当性が検証可能になる形で，根拠を示しつつ主張されなければならない。そこで，まず，文言の解釈において伝統的に承認されてきた論理的・実際的方法論を示しておこう。

《形式に重点をおいた分類》
　文理解釈：文言の日常的意味の範囲で理解する
　拡張解釈：文言の日常的意味より広い意味で理解する
　縮小解釈：文言の日常的意味より狭い意味で理解する
　類推解釈：直接規定対象にない類似事項についても，規定されている事項と同様だと理解する
　反対解釈：直接規定対象にない事項は，規定対象事項と同様には扱わない趣旨だと理解する

《方針に重点をおいた分類》
　文理解釈：客観的な法の存在・認識根拠である「言語」（のみ）を考慮する
　歴史的解釈：立法者の意思をはじめ，その後，歴史的に形成されてきた解釈を考慮する
　論理的解釈：他の規定との関係，法典全体，法秩序全体との関係を考慮する
　目的論的解釈：法や条文が求めている目的・法の趣旨を考慮する

　このうち，類推解釈は，類推の根拠である事実の類似性の判断について不確定性が大きい。「蚊を撃ち殺す行為は殺人罪にあたる」という結論は受け入れがたい。虫や動物は人ではなく，虫の生命を奪うことを人の生命を奪う犯罪と同じだと類推評価することはできないからである。では，ペットの犬・猫だったらどうであろうか。類人猿を殺す場合なら，人との類推が可能だと思う人があるかもしれない。このように，類推を認めると判断に不確定・不安定が生じてしまう。そもそも，類推に基づいて処罰を肯定することは，明示的に法が処罰対象として規定していない行為を処罰することになるので，この意味で「罪刑法定主義」に反

する。刑法において類推解釈は禁止されるのである。

ただし，拡張解釈は許容される。拡張解釈は，文言の意味の範囲内だと考えられるので，国民が言葉の意味を了解することができる。その限り，処罰の予測可能性は奪われず，許される解釈手法だと考えられている。しかし，類推と拡張の境界がかなり微妙なこともある。言葉の通常の意味がどのようなもの自体が曖昧であるし，拡張にも幅がありうることには注意が必要である。刑法各論においても，具体的な行為や結果を問題にするので，できるだけ明確な解釈を求めなければならない。

1.4 刑法各論と構成要件解釈

1.4.1 犯罪論の概略

刑法各論の解釈論を述べる際にも**犯罪論**（犯罪の成立如何に関する議論）全体の考え方が前提となるので，刑法総論で体系的に論じられる内容ではあるが，ここで概略を説明しておくことにする。

現在の通説的な犯罪論は，3層[3]をなす体系として構成される。犯罪とされるために必要とされる事情，すなわち犯罪の成立要件を要素として取り出した上，各要素の性質に応じてこれらを3つの段階に配置するものである。

構成要件該当性	構成要件：実行行為・主体・結果・因果関係
違法性	正当化要素・違法性阻却事由・可罰的違法性
有責性	責任：責任能力・故意/過失・違法性の意識・期待可能性

もっとも，個々の要素に先だち構成要件該当性の判断対象となる何らかの実体が認識されているはずである。それは「行為」である。刑法は，内心の心情や思想を処罰するものではなく，外界を不良変更しうる行為を処罰対象とする。行為（およびそれにより生じる事態・結果）が，犯罪成立要件を（順次・すべて）充足すれば

---

[3] 犯罪論の「層」構造は，ある行為についてまず構成要件該当性を吟味し，構成要件該当性が肯定された行為について違法性を備えているかどうかを検討する，という形で，前段階の判断を前提としつつ犯罪成立要件を整理したことを反映している。

「犯罪」となり，それを行った者について国家の刑罰権が認められることになる。

犯罪論の第一段階は構成要件該当性[4]である。「構成要件」のさしあたりの定義をしておけば，犯罪として規定された行為類型（特定の行為・事実属性を示す要素を記述して指示される）である。それは，刑罰を予告するに足りる（可罰的といえる）違法性を備えたものだと立法者が評価して記述した行為の類型だと捉えられる。条文に表れる部分でいえば，殺人罪の「人を殺す」(199条)，窃盗罪の「他人の財物を窃取する」(235条)といった記述が構成要件を指示するものである[5]。

刑法各論の主たる課題は，各犯罪の構成要件の具体的内容を明らかにすることに存する。構成要件に該当する事実は，違法性をも有すると推定される（違法性を有すると思われるものを記述したのであれば当然のことである）。したがって，第2層である違法性は，その推定を破る事情の存否として考慮されることになり，しかも，そもそも法が禁ずる行為かどうか，という価値（規範的）判断であることから，犯罪ごとに固有の考慮をする余地があまりない。責任についても，個々の犯罪行為から相対的に独立した，行為者の事情を問題にするので，やはり，個別犯罪に固有の問題は限られる。このような事情から，違法性と有責性は，主に刑法総論の課題となるのである。

そこで，以下では，構成要件該当性判断を中心に，刑法各論の議論に関係する事項について若干の説明を加えておくことにする。

1.4.2 実行行為

構成要件はさらにいくつかの要素（構成要件要素）に分析される。

核となるのは，「**実行行為**[6]」である。構成要件に類型的に記述された行為であり，構成要件的行為ともいわれる。罪刑法定主義の原則からすると，実行行為の具体的意義を明らかにする際には，現実の具体的行為を客観的に観察して，形式的な判断ができることが望ましい。たとえば，刑法235条の窃盗罪の「他人の財物を窃取する」という記述の指示する行為態様は，他人の事実的支配（「占有」と

---

[4] 日本の刑法学が多くを学んできたドイツ刑法学における Tatbestandmäßigkeit の訳語（構成要件は，Tatbestand）である。
[5] 概念規定の如何にもよるが，より正確には，そのような記述から読み取られ（解釈され）て，犯罪を構成する要素とされるもの，あるいはその総体が構成要件である。
[6] ドイツ刑法学の Ausführung という術語に対応する。

いう）下にある財物を自己の事実的支配下に移す行為という「外形」をしていることを意味する。他人の財物を支配領域から移動させる行為としてあらかじめ想定される行為の類型に属するかどうかが問題になる。

　しかし，純粋に形式的な側面だけで実行行為を記述し尽くすことはできない。たとえば，「名誉を毀損する」「欺いて財物を交付させる」といった行為を，その外形の記述だけで表現することは無理である。そこで，多くの見解は，実行行為を「構成要件的結果」発生の危険性との関係で定義する。たとえば，行為が占有移転を典型的に引き起こす外形をしていることではなく，占有移転を引き起こす現実的危険を有する（生じさせる）ことが決定的であると考える。

　実行行為は，「作為」である場合も「不作為」である場合もある。作為とは，積極的に因果の流れに介入する通常の犯罪行為である。これに対して，不作為というのは，既存の因果の流れに介入せずそのまま進行させる態度をいう。法的には，不作為は，単なる「非」動作ではなく，規範論的に捉える必要がある。法は，規範として，ある態度を命令する。法が動作の禁止の形で命令し，したがって「動作しない」ことを期待するときに，その動作を行うことが作為である。法がある「動作をする」ことを命じるときに，その動作をしない態度が不作為である。たとえば，普通なら死亡する可能性がきわめて低い状態にある人に対し，その心臓を包丁で刺すことは，その人を死亡させる危険性の大きい行為であって，刑法199条に規定される「人を殺す」という構成要件に該当する行為（＝実行行為）にあたる。そしてそれは，積極的に因果事象に介入して構成要件的結果の惹起に向かわせる作為である。他方，自分の運転する自動者を衝突させて重傷を負わせた人を救護せずに立ち去る態度は，不作為による殺人罪の実行行為となりうる。放置すればその人が死亡する可能性が高く，適切な措置をとれば高確率で救命が可能であるような事情のもとでは，法は，危険を生じさせた者に然るべき救命措置をとることを命令すると考えられる。このときに，救命措置を行わない態度は，法的に義務づけられた作為をしないという不作為の実行行為性を帯びるのである。

1.4.3　構成要件的結果と因果関係

　法益保護のため，法益侵害行為を犯罪として，その行為者を処罰するのが刑法の目的であるから，構成要件は，何らかの法益侵害の事態を含む「結果」を記述するのが通例である[7]。構成要件に記述された結果を「**構成要件的結果**」という。

たとえば，199条の殺人罪における構成要件的結果は「人の死」であり，235条の窃盗罪における構成要件的結果は「財物の占有移転」である。

構成要件の客観的要素としては，現に行われる「実行行為」を核として，その行為「主体」と行為「客体」，さらに客体の状態変化である「構成要件的結果」が挙げられる。さらに，これらの感覚的に認知可能な要素のほか，実行行為と構成要件的結果との間の「因果関係」がある。因果関係とは，具体的事件における実行行為が現実の構成要件的結果の原因となっている関係をいう。上述のとおり，実行行為とされる行為は，既に一般的・類型的な次元では構成要件的結果を引き起こす現実的危険を包含する（ないしそのような危険自体を引き起こす）が，構成要件該当性を肯定するためには，実際に生じた結果がその実行行為を原因とするものであることが改めて確認されなければならない。

1.4.4　故意・過失・目的

構成要件要素に数えるかどうかには議論がある[8]が，刑法各論の議論において，各犯罪における主観的要件にも注意しておく必要がある。

第一は，「故意」である。刑法38条1項は，「罪を犯す意思」があることを処罰の条件としている。「罪を犯す意思」が，刑法学上は「故意」といわれているものに対応する。「故意」とは，現に生じた「構成要件該当事実」を「認識」していたことを意味する。故意を欠く場合，すなわち，実際に生じた構成要件該当事実（それはまた，行為の客体や実行行為，因果関係等を要素とする）の全部または一部を認識していなかったならば，犯罪は成立しないのである。

第二は，「過失」である。38条1項には「ただし書」があり，「特別の規定がある」ときは，「罪を犯す意思」がない場合も処罰されうるとしている。刑法典の中では，「過失による」行為を処罰する規定が，この例外にあたる。過失についても多くの議論の積み重ねがあるが，一般的にいえば，（過失犯の）構成要件的結果が発生してしまった場合であって，その原因となった行為を行う際に結果が発

---

[7] ただし，放火罪のように「公共の安全」を保護法益とする犯罪類型もあり，このような犯罪の構成要件は，法益侵害の「危険」が生じるところまでで犯罪完成としていることになる。これらは，「危険犯」とよばれる。

[8] 故意を構成要件の要素に位置づけ，故意を欠くことにより構成要件該当性が否定される結果，犯罪不成立となるとする立場と，故意を構成要件該当性の段階ではなく有責性の段階で判断される責任の要素に位置づけ，構成要件には該当するが，責任がないために犯罪不成立となるとする立場がある。

生じないようにする注意を欠いていた場合である。法が行為時に注意することを命令していると構成するわけであるから，名宛人である国民には注意義務が課され，注意義務を怠った状態が過失であるとしていることになる。

　第三は，「**目的**」である。たとえば，113条，201条，237条などの予備罪にみられる「罪を犯す目的」をはじめ，148条以降の偽造罪にみられる「行使の目的」や，225条の略取誘拐罪に定める「営利」等の目的など，例は少なくない。目的は，行為者の内心的表象であるが，表象する対象は，構成要件該当事実を超える事実，いいかえれば，客観的に実現しなくても犯罪が成立することになる事実である。148条1項の通貨偽造罪が成立するためには，偽造された通貨を行使する目的が必要であり，行使の目的がない場合は偽造罪の構成要件に該当しない。しかし，実際に行使する必要はない（行使した場合は，同条2項の偽造通貨行使罪が別途成立する）のである。

1.4.5　未遂犯・共犯

　構成要件に関しては，総則の規定による修正が問題になる場合もある。そのような修正の形式としては，**未遂犯**（43条・44条）と**共犯**（60-65条）とが認められている。

　未遂犯の規定は，43条である。「実行に着手してこれを遂げなかった」ときには，「その刑を減軽することができる[9]」という。ただし，未遂犯を処罰する旨を「各本条[10]で定める」（44条）必要がある。未遂犯処罰規定は，ほとんどの場合，単一または複数の条文を指示して，「○○条の未遂は罰する」と規定するので，規定のしかた自体が（既遂犯）構成要件の修正という形式になっている。たとえば，203条により，199条の殺人（既遂）罪の構成要件が修正され，死の結果が生じなかった場合である殺人未遂罪の構成要件が形成されるのである。

　共犯は，単独で犯罪行為を行う場合を想定している各構成要件の実現に，実行行為以外の形で関与した者を（も）処罰対象とするものである。共犯には，共同

---

[9]　未遂罪の刑は，裁判所の裁量によって減軽することができるという意味である。これを任意的減軽という。未遂減軽は法律上の減軽事由であって，68条に従って既遂罪の法定刑を減軽修正して宣告される刑の範囲（処断刑）を形成する。宣告刑を定めるときに未遂を理由に減軽するわけではない。

[10]　「各本条」は，それぞれの行為を処罰する旨を定める（構成要件を記述する）条文ということであり，逆からいえば，処罰されるのは，未遂犯を処罰する旨の規定があるときに限られる。

正犯 (60条), 教唆犯 (61条), 幇助犯 (62条・63条) がある。もっとも, 複数人による行為を前提とする類型 (たとえば, 211条の2の凶器準備集合罪) もあり, それらは, 必要的共犯とよばれる。また, 判例・学説上, 自ら手を下さずとも, 他人を道具のように利用して犯罪を実現した者を正犯とすることが認められており, これは間接正犯[11] (『総論』[12] 232頁) とよばれる。

1.4.6 犯罪の個数と競合

1個の爆弾を破裂させて2人の人を殺した場合, 成立する殺人罪は1個なのか2個なのか。連続殺人犯の行った複数の殺人行為について, どう処罰すべきか。これらは, 犯罪の個数の問題と, 複数の犯罪が同じ人に成立する場合 (競合) にどう処理するかという問題である。広義で罪数論といわれることが多い。

この問題領域に関係する条文としては, まず, 「併合罪」(45条以下) がある。併合罪は, 複数の罪が成立するが, 1回の裁判で処理できる条件がある場合には, 単純にそれらの罪の刑罰を合計して処罰するのではなく, 重い罪について科される刑罰の1.5倍の範囲で処罰する (加重主義) などとするものである。

次に, 54条に規定されている科刑上一罪がある。同条1項前段が観念的競合 (『総論』313頁), 後段が牽連犯 (『総論』315頁) とよばれる。観念的競合は1個の行為が2つ以上の構成要件に該当する場合であり, 牽連犯は, 単純にいえば2つの構成要件の関係が深いときである。各犯罪の各論的解釈の一環として科刑上一罪になるかどうかを検討する場面は少なくない。科刑上一罪の処理では, もっとも重い刑により処罰する形で, 刑罰を一つにまとめる方法 (吸収主義) が採用されている。ただし, もっとも重い刑を定めた犯罪だけが成立し, その刑を科するという意味ではない。一般に, 条文に決めてある刑罰の範囲 (法定刑) の上限どうし, 下限どうしを比較して重い方を採用する (刑の軽重に関しては10条参照) ものと解されている。

なお, 各条文の定める刑罰 (法定刑) は, 幅をもって定められているのが通例である。実際に行為者を処罰する際には, 特定の刑種・刑量を決定しなければならない。これを「量刑」という。たとえば, ある罪の法定刑が「10年以下の懲

---

[11] 間接正犯は, 間接的構成要件実現過程が実行行為遂行にあたるという問題にほかならないが, 「正犯と共犯」という問題設定で論じられることも多い。
[12] 以下, 橋本正博『法学叢書 刑法総論』(2015, 新世社) を単に『総論』として参照引用する。

役または 50 万円以下の罰金」であるとき，この罪について有罪判決を言渡す際には，具体的な行為の悪質さや行為者がどの程度非難に値するか，または，反省しているか，被害弁償をしているか，あるいは被害者にも非があって同情の余地があるか，などといった事情をも考量して，懲役7年とか罰金50万円といった刑を宣告することになる[13]。

---

[13] なお，初歩の学習者のために注意しておくと，いわゆる事例問題において，「罪責を述べなさい」などとされていても，それは，言渡すべき宣告刑を求めるものではない。そもそも量刑上考慮すべき事情は問題文中にほとんど記述されていないのが通例であるから，判断のしようもない。犯罪の成否と法律上の刑の減軽・免除事由の存否までを判断することで足りる。

第1編
個人的法益に対する罪

■第2章■
殺人の罪

> **設例1** Aは，Bを恨んで殺そうと考え，Bが飲もうとするコーヒーの入っているカップにひそかに致死量の毒薬を入れ，事情を知らないBがそれをそのまま飲んだため，Bは毒薬の作用で死亡した。
>
> **設例2** Cは，恋人Dとの交際を周囲から反対されていたところ，Dから「心中」をもちかけられたが，自分は死ぬつもりはなく，Dが自殺する形で死亡すれば面倒も解消されるから幸いだと考え，Dに対し，あたかも自分もすぐ後を追って自殺するように装ってDに致死量の毒薬を渡し，事情を知らないDがこれを飲み，毒薬の作用で死亡した。

2.1 総　説

　殺人の罪は，人の生命を保護法益とし，その侵害を内容とする類型である。人の生命を奪う重大犯罪であるが，刑法に規定されている類型は比較的単純である。すなわち，殺人罪（199条）と自殺関与・嘱託殺人罪（202条）だけが規定されている。とくに199条の殺人罪は，ごく一般的に殺人行為を処罰する包括的な規定であり，この類型に含まれうる事象が多様であることから法定刑も幅広い。外国の立法においては，殺害行為の計画性・悪質性などにより，いわゆる「謀殺」等の類型を設ける例も多いことと比較すると，構成要件が包括的であることが日本刑法の特徴として指摘できる。殺人罪類型の細分化には，残虐性など行為態様によるほか，殺害客体によって類型を区別すること（たとえば親殺し・子殺しなどの分類）も考えられ，日本でも尊属殺人罪規定（旧200条）が存在していたが，1995年の刑法改正の際に削除された。

このほか，203条は，199条と202条の罪の未遂を処罰する旨を規定する（43条・44条参照）。さらに，201条では，殺人の予備を処罰することとしている（殺人予備罪）。**予備罪**は，総則には規定がなく，各則で個別の犯罪類型として規定されるものである。犯罪実現過程を時系列で観察するときには，「**実行の着手**」時を境に，その後を対象とするが未遂罪であるのに対し，それ以前の行為を処罰対象とするのが予備罪であると位置づけられる。人の生命という法益は重要であり，いったん侵害されると回復不能であるという性質にかんがみ，侵害の危険を生じさせる早い段階から刑罰威嚇の対象とし，刑法としても事前予防的な機能を期待しているものと理解できる。

2.1.1　殺人の罪の保護法益と客体

殺人の罪の保護法益は，**人の生命**である。刑法199条以下の殺人の罪で，客体（行為の対象であり結果が生じる対象である）が「人」とされているのは，生命の座という意味においては当然のことといえる。そうすると，より具体的には「生命ある人」が客体である[1]。他方で，刑法は，母体内にあって後に人となるであろう生命体である「胎児」を客体とする「堕胎の罪」（212条以下）を規定する。そこで，生命の保護について「人」という客体と「胎児」という客体とを区別することが必要となる。この際，法定刑の重さからいっても「人」を客体とする殺人罪が基本類型に位置づけられるので，区別は，胎児の側からではなく，「人の始期」問題として論じられることになる。すなわち，胎児が「人」となり殺人罪の客体性を獲得する時期の問題である。他方，既に「死亡している人」は，保護されるべき法益（生命）を有しておらず客体とならないのであるから，人が死亡する時期，すなわち「人の終期」も議論される。

2.1.2　「人」の始期

殺人の罪における「人」を考えるに際し，民法上の権利（義務）の主体としての「人」概念を参照してみると，民法3条1項の権利能力の規定では「私権の享有は，出生に始まる」とされている。刑法的な関心からも，さしあたり法が独立

---

[1] 保護法益と客体とは区別されなければならない。殺人罪で保護される利益（保護法益）は（人の）「生命」であるが，殺人罪の客体は（生命ある）「人」である。

した人としての権利を認める「出生」を「人の始期」としてよいであろう。

問題は「出生」の意義にある。人の始期を画する目印（メルクマール）をめぐって伝統的に説かれてきた代表的な説には，①**陣痛開始説**（生物学的に母体と胎児との分離開始を意味する規則的な陣痛の開始により人となる），②**一部露出説**（胎児の体の一部が母体外に露出したときに人となる），③**全部露出説**（胎児の体の全部が母体外に出て分離したときに人となる），④**独立呼吸説**（独立して肺呼吸を開始したとき，俗にいう産声を上げて泣いたときに人となる）がある[2]。外形として母体と分かれ独立した存在となった時点を出生と解する全部露出説が自然ではあるが，刑法上は，法益保護の必要性が重視され，外部から直接の攻撃対象となりうる段階に至れば人として保護すべきであるとの理由で，一部露出説が判例（大判大正8・12・13刑録25輯1367頁）であり，また，通説[3]となっている。

一部露出説によると，胎児の身体の一部が母体外に露出する以前に器具や薬品等で攻撃する行為は，胎児に対する攻撃として堕胎罪が論じられるべき行為であって，これについて殺人罪は成立しない。しかし，産道が開くなどして露出した部分があれば，空間的には母体内にある時点でも「人」となる。

注意すべきことは，殺人の罪で問題にしている「人」の始期は，とくに傷害致死罪（205条）を媒介に生命の侵害と隣接する傷害の罪（204条以下）における「人」の身体という客体に関しても同様に解されることである。すなわち，胎児に傷害を負わせても，「人」の身体を客体とする傷害罪や傷害致死罪，過失傷害罪，過失致死罪などは成立しない。

2.1.3 「人」の終期

生命活動を停止した後の人体は，人の死体を客体とする死体損壊罪（190条）等よって保護される。殺人罪の客体である「人」の終期は，生命がなくなるとき，すなわち「死」であるが，その時期を確定するのは難しい。社会生活上は，通夜・葬儀などの儀式の過程が他方で蘇生不能を確認する意味合いをもち，これに

---

[2] このうち，陣痛開始説は生物学的には妥当な定義であるかもしれないが，母体内にあっても「人」とされることになって一般的な認識からすると出生時期としては早すぎる上，実際に時期を確定することも難しいであろう。独立呼吸説は，逆に遅すぎる印象が否めず，胎児と人との間に出生直後の嬰児のような客体の類型がない日本の刑法においては，処罰の間隙が生じる問題があろう。

[3] 団藤・372頁，西田・8頁，山口・9頁，高橋・10頁以下等。

対して，「死」が確定するという見方ができる．しかし，犯罪の客体となるか否かは，そのように段階を踏んで最終的に納得されればよいものではなく，端的に定められなければならない．しかも，他方では，生物としての死という次元で捉えても，終末期医療の進歩により，生命維持治療が続けられることから，生命活動のレベルが低下していく「過程」が引き延ばされてみえるようになった．さらに，原理的には別の問題ではあるものの，臓器移植が現実的な治療方法として確立してくるのに伴い，臓器移植法によって臓器摘出が正当と認められる状況が生じたことも，人の死の考え方に影響を及ぼしている．たとえば，心臓を移植するためにある人の体から摘出する行為が，摘出される人の死亡を来たすことは明らかであるから，心臓摘出時のドナー（臓器提供者）が依然として「人」であるとすれば，摘出行為は殺人の罪にあたりうる．このとき，移植には「新鮮な」臓器が望ましいという考慮が独り歩きすると，解釈論上・死亡判定上，臓器摘出を可能にするために死亡時期を早めるという，本末転倒が生じる可能性も否定できないのである．

　人の終期を画する死の概念ないしその判定をめぐっては，臨床的には，いわゆる三徴候を中心とした総合判定によるものと理解され，法的にもこれが受け入れられてきた．**総合判定説**[4]は，心拍の永久的停止・自発的呼吸の停止・光に対する瞳孔反応の消失（瞳孔散大）を目印（徴候）として死を判断するものである．これは，死の「実体」を概念規定するものではなく，死の「判定方法」による操作的定義というべきであるが，人の体内の状況に依存する複雑な「現象」を生命と名づけている上，時期を明確にするためにこのような手法がとられること自体は受け入れられる．問題は，その判定方法の妥当性・現実性・信頼性である．たとえば，明らかな実際問題としては，レスピレーター（人工心肺装置）を用いて呼吸・循環機能を維持している状況では，三徴候による死の判定手続自体が生命維持治療の中断（それによる死の惹起）を含意しかねないというジレンマがある．

　そこで，種々の死の判定方法が提案されたが，もちろん，判定方法は判定対象である死の概念規定と不可分であり，結局は，人の死に関するいわゆる**脳死説**[5]の主張に至ることにならざるをえない．脳死に関する現在の大方の考え方は，脳幹だけでなく全脳の不可逆的機能停止（全脳死）をもって人の死を画するものであるが，脳という人体の一部組織の死亡が個体死と同一視されるかという原理的

---

[4] 福田・147頁，大塚・10頁等参照．
[5] 平野・156頁，林・23頁，伊東・18頁，井田・19頁等．

な問題はさけられない。また、脳死についても臨床的「判定方法」によって定義されることになるので、その妥当性をめぐり医学上の議論がある。死の概念が純粋に医学的・生物学的であることを貫けるか、社会的文脈も無視できないのではないかという指摘もあり、従来型の死の把握、いわゆる「心臓死」を人の始期とすべきだとする主張も依然として力をもっている。

わたくしは、概念規定上は、脳死を人の死とすることに合理性があると考える。人の生命というものが、生命維持活動の次元でいっても脳の統括作用を必須としていると考えられること、われわれが「人」として共感し「人」を固有の客体として保護しようと考える所以たる精神活動が脳の所産であると思われること、などを考慮するからである。しかし、とくに機能の停止の不可逆性（回復不可能性）を生理学的検査のしづらい脳組織の死亡によって判定することには、原理的な困難があるように思われる。脳死をそのまま脳死状態として判断することには慎重であるべきで、「脳死」を死とするとしても、その判定方法は、さしあたり歴史的にその確実性が納得されてきた三徴候を核とする総合判断によるほかないのではないか、と考えている[6]。

2.1.4 臓器移植法

既に言及したように、臓器移植と脳死判定とは理論的に別の問題であるが、その両者が絡み合うことも否定できない。この点に関し、臓器の移植に関する法律6条1項は、「死体（脳死した者の身体を含む）」からの臓器摘出を認めることとし、同条2項で「脳死した者の身体」を定義する形になっている。ただ、この規定は妥協の産物ともいわれており、その趣旨は法律的に不分明なところを残している。たとえば、この法律によって、一般に「死」の定義が与えられたことになり、したがって「脳死」者は端的に死者であって殺人罪の客体ではなくなるのか。あるいは、脳死した者であっても客体性は失われず殺人罪の構成要件には該当し、臓器移植との関係で違法性が阻却されることを意味するのかは、一義的に明らかではない。さらに、被害者や家族の意思如何によって死の概念自体が相対化することを認めているのだとすれば、これも問題である。

---

[6] 松原・10頁参照。臓器移植法との関係で、二元的思考を示唆するのは、団藤・380頁、中森・7頁、高橋・12頁等。

2.2 殺人罪

2.2.1 総説

　殺人罪（199条）は，人を殺した者を，死刑または無期もしくは5年以上の懲役に処するものである。
　本罪は，未遂が処罰される（殺人未遂罪，203条）。さらに，本罪を犯す目的で予備をする行為が処罰される（殺人予備罪，201条）。
　特別法として，政治目的の予備・陰謀・教唆・せん動を加重処罰する破防法39条，組織的な殺人に関する加重規定をおく組織的な犯罪の処罰及び犯罪収益の規制等に関する法律3条1項7号などがある。
　殺人罪の主体に法文上の限定はない。ただし，後述するとおり，自殺者は主体になりえない。
　人という客体が死亡することが構成要件的結果である。客体は，生命法益の座であることが当然の前提となるので，自然人の意味の「人」である。
　行為者自身が客体となる場合（自殺）については殺人罪が成立しないとされる。客体から行為者本人を排除するという議論もできるが，わたくしは，自殺者は，自己の生命をなきものにするという自己言及的状況にあるため，法益侵害過程を完全に支配統制することが不可能であることから，事実上（とはいえ性質上の制約である）「殺す」行為を完全な形で行うことができない，したがって，主体になりえないと解している。
　自殺の場合，法益主体が保護を求めていないので，生命はもはや法益として保護すべき必要がないことを理由に，殺人罪の構成要件に該当しないとする考え方もありうるが，そもそも，生命が財産のように個人の自由処分（利益放棄）の対象となるとは思われない。自殺者は，尋常ではない精神状態であって，責任を問うことができないとする考え方は，自殺を一律に責任無能力類型とする擬制か，さもなければ個別的な責任能力判断の問題に帰着するはずであるが，擬制するには根拠が十分でなく，他方で自殺固有の類型的特質があると考えられるので，支持しがたい（自殺については202条との関係で後述する）。
　いわゆる安楽死・尊厳死の事例は，構成要件該当性の次元では，199条の罪，または202条の罪に該当しうる。現在の解釈論上の趨勢は，これらの罪の構成要

件該当性を肯定した上で,「安楽死(尊厳死)」にあたるという事情が,違法性判断の段階において違法性阻却事由となるか,あるいは,責任判断の段階において責任阻却事由にあたるか,という形で議論されている。

なお,200条には,自己または配偶者の直系尊属を殺した場合を死刑または無期懲役に処する尊属殺人罪の規定があった。最高裁大法廷(最大判昭和48・4・4刑集27巻3号265頁)が200条を憲法違反とした後,実務上は,尊属殺人事例にも199条が適用されることとなり(法定刑に「死刑・無期懲役」が含まれているので,不都合はなかった),200条は役目を終えた形になっていたところ,刑法全体の口語化改正の機会(1995年)に,尊属を客体とする場合を加重処罰する他の規定と合わせて削除されたものである。

2.2.2 行為(作為と不作為)

「殺す」とは,当該行為者の行為とは無関係に訪れるはずの客体の死期[7]に先立って生命を断絶させることである。通常は,人の死を惹起する原因を客体に対しもたらす行為である。死の結果を惹起するに相当なものであれば,手段・方法を問わず,銃で撃つ,刃物で刺す,首を絞めて窒息させるなどの物理的な方法はもちろん,毒薬を飲ませるといった化学的方法や,(それにより死亡をもたらす十分な危険性がある事情のもとでは)精神的なショックを与えるような無形的行為も排除はされない[8]。

「殺す」行為は,作為による場合だけでなく,**不作為**による場合を含む。ただし,殺人罪の構成要件該当行為の記述は,直接には**作為**を想定している。このように形式的には作為の形で行為が記述されている構成要件に該当する事実を不作為の形で実現したとして処罰される場合を**不真正不作為犯**という[9]。不作為は,外界の事象に積極的作用を与えるものではなく,およそ物理的事象の原因にはならないのであるから,これを処罰することはできないように思われる。それにもかかわらず不作為犯が処罰されるのは,作為に出るべき法的義務を怠ることに「不法」が認められるからである。そこで,不作為が実行行為となるためには,

---

[7] 「自然の死期」ともいわれるが,「自然」も一義的ではないので,このような表現を試みた。

[8] 実行行為とされるに足りる「構成要件的結果発生の現実的危険」を包含する必要がある。

[9] これに対し,構成要件の行為記述自体において不作為を処罰する犯罪が真正不作為犯である。「解散しない」(107条),「退去しない」(130条後段),「保護しない」(218条)などがその例である。

前提として法的作為義務が必要である。殺人罪は，法益の重大性から生命保全に向けた作為への義務が比較的に認められやすく，判例で不真正不作為犯が認められる代表的な犯罪類型である。要するに，不作為による殺人は，生命を保全するような作為に出ることが法的に義務づけられている者が，あえて作為に出ないことにより死亡結果を生じるにまかせた場合に認められる。たとえば，実の子が溺れているのをみた親が，容易に助けられるのに，その子が死ねばいいと思ってことさら助けないでいるような場合が，「殺す」行為と評価されるであろう。もっとも，一般的に，法的作為義務の存否，作為義務発生の根拠が何かについては，種々の議論がある[10]。

2.2.3　被害者を利用する間接正犯

被害者を道具のように利用して，自己の思いどおりに行動させて死に至らせることも「殺す」行為となる。外形的には被害者が自殺したようにみえるが，「自殺させた」（202条の自殺関与罪）のではなく「殺した」とされる場合があるということである。両者の区別は，被害者が「道具のように利用」されたか否かによる。たとえば，相手に自己の生命を失わせるような行為をすることを「強制」する場合には，被害者は，強制する行為者のいうとおりにふるまうほかはなく，行為者の道具になぞらえることができるので，その行為は殺人にあたる。相手をだまして死に至る行為をさせる場合にも，被害者は，自分が死亡する危険に気づかず，とくに抵抗することもなく行動するであろうから，被害者は，事情を知る行為者の道具のように利用されたものといいうるので，自殺関与罪ではなく殺人罪が問題となる。

2.2.4　殺人罪と不能犯

殺人罪は，不能犯が議論される典型的な類型のひとつである。人を死亡させる可能性がないかきわめて低い（仮に結果が発生したとしても例外的な偶然といえるような）行為によって人を死亡させようとする場合は，殺人の実行行為が存在しない。

---

[10] たとえば，親の子に対する監護義務（民法820条）のような「法律」や，子の保護を内容とする「契約」などを根拠に作為義務が生じると考えることもできるし，より実質的に，客体の法益がある人の支配領域内にあるときに，その法益を保全すべき作為義務が生じる，とする見解もある。

たとえば，飛行機が墜落して乗客が死亡することを期待して，殺害したい相手に飛行機の切符を渡して飛行機に乗せるような場合は，「殺す」行為そのものが否定されるべきである。たしかに，客体の死亡の危険はゼロではないが，今日の航空機墜落事故の確率や日常的な交通手段としての普及度を考慮すれば，「殺す」手段としては不相当であろう。あるいは，呪術的手段で人を殺すことはできない（それが可能だとするのは迷信にすぎないと考えられている）ので，本人がいかに本気であっても，夜中に藁人形に五寸釘を打ち込む行為は，殺人罪の実行行為ではない。このような場合を不能犯というのである[11]。

2.2.5 故　　意

殺人罪は故意犯であり[12]，殺人罪の構成要件として記述された要素事実について認識を必要とする。客体が死亡することはもちろん，人であること，行為と死亡結果との間に因果関係が存在することも構成要件の要素となる事実であるから，人であること，因果関係の本質的部分（細かいところまで正確な認識を要求するのは非現実的である）も認識する必要がある。判例・通説によると，故意を認めるためには，構成要件該当事実が実現することの「認識」とともに，その「認容」が必要とされる。「認容」とは，そのような事実が実現することを受け入れる精神的態度である。「死亡させたい」というような積極的な意図がなくても，客体が死亡することを認識した上，客体が死亡しても「かまわない」，死亡しても「しかたがない」といった心理状態があれば，故意は認められる（未必の故意）。

2.2.6 殺人罪の個数

殺人罪の保護法益である生命は，各客体について一身専属的であることから，客体（法益）ごとに構成要件該当性が認められる。一般に，犯罪の個数は，構成要件該当性が認められる回数によって決められる（**構成要件標準説**）とされており，

---

[11] ここで挙げたような，手段が結果を実現しえないものである場合は「手段の不能」であるが，客体が存在しない（客体が行為時に既に死亡している場合も含まれる）という「客体の不能」の場合もある。不能犯になるかどうかは，行為の内包する結果発生の危険判断に左右されるので，その基準が議論される。

[12] 故意がない場合で人を死亡させる類型として，傷害致死罪（205条），過失致死罪（210条），遺棄致死罪（219条）等がある。

殺人罪の罪数は，死亡する客体（侵害される生命法益）の数によって決まることになる。同一機会の連続する攻撃により1人の人を殺害するときは1個の殺人罪が成立する。1個の行為で複数の人を殺す場合は，殺人罪について複数回の構成要件該当性が認められ，それら複数の殺人罪は観念的競合（54条1項前段）となる[13]。殺人に続いて死体を遺棄・損壊した場合は，別に死体遺棄罪・損壊罪（190条）が成立しうる。殺人罪と死体遺棄・損壊罪とは併合罪（45条）の関係にある[14]。

2.3 殺人予備罪

2.3.1 総　説

　第199条（殺人罪）の罪を犯す目的で，その予備をした者は，2年以下の懲役に処せられる。ただし，情状により，その刑を免除することができる（201条）。

　殺人の予備をした者は，それだけでも処罰される。人の生命は刑法の保護法益の中でも最も重要なものに属するので，199条の罪については実行以前の予備の段階から当罰性が認められたものだといえる。

　201条ただし書は，裁判所の裁量により刑を免除してもしなくてもよいという意味で，**任意的免除**という。刑の免除は犯罪成立を前提とする処分であり，刑の免除の判決は有罪判決の一種と解されている。

2.3.2 行　為

　「予備」とは，実行のための準備のことである。殺人罪の場合，殺害手段である凶器や毒物を調達する行為，あるいは殺すつもりで相手を追跡するなどの行為があれば，予備となりうる。これらの中には，その行為から殺人罪を経て人の死亡に至る危険性をもたないもの（たとえば，料理用の刃物を買う行為）と外形上区別

---

[13] なお，54条1項は，もっとも重い刑罰で処罰することや，最も重い犯罪一罪として処罰することを意味するわけではなく，処断刑の定め方を規定するものである。この場合，いずれも殺人罪であるから，処断される刑は殺人罪の刑の範囲ということになるが，当然ながら，客体の数が多ければ実際の量刑は重くなるのが順当である。

[14] 併合罪は，独立した複数の犯罪の成立が認められることが前提である。

できない行為が含まれるが，後述するような「目的」という要素によって殺人の実行準備に限定されるようになっている。

　殺人罪の予備をした後に「殺す」行為（199条の実行行為）を開始すれば，203条により199条の未遂罪となり，さらに死亡結果が発生すれば殺人（既遂）罪（199条）が成立する。このような場合には，殺人予備の事実は「殺人未遂罪」・「殺人（既遂）罪」で包括的に評価され，別途本罪は成立しない。

　なお，主題的には刑法総論の課題ながら，自己が行う殺人罪の準備のほか，他人の犯す殺人罪の準備も予備にあたるか，という問題（「他人予備」）がある。他人と意思を通じて準備をすれば，予備罪の共同正犯（60条）が成立するとする議論は不可能ではないが，わたくしは，他人予備は，他人の実行を促進する性質の行為であるから，予備ではなく「幇助」（62条）の成否の問題として考慮すべきであると考える。

　また，「予備の中止」という問題もある。43条ただし書で，「実行に着手して」これを遂げなかった場合であって「自己の意思により」やめたときには，刑が減軽されるか免除される[15]かのいずれかになる旨の規定があり，このただし書の類型を中止犯という。予備を行った上，実行に着手することなくそれ以降の犯罪遂行をやめた場合は，「予備罪の中止犯」とされるかが問題である。形式的に考えると，予備行為は「実行に着手する」以前の行為であり，43条本文で要件となるはずの「実行の着手」を欠くため中止犯にあてはまらない。したがって，原則どおり201条が適用され，2年以下の懲役（ただし，刑の免除の可能性がある）ということになる。ところが，予備行為に続き殺人の実行行為に着手してからやめた場合には，中止犯となって，199条の法定刑である「死刑または無期もしくは5年以上の有期懲役」から減軽または免除が必ずなされる。いずれが行為者にとって有利であるかは一概にはいえない[16]が，少なくとも必要的「免除」の可能性がある点で，いったん着手まで進んでから中止する方が着手以前に中止するより有利な面がある。多数説は，これを不均衡と考え，「殺人予備の中止」にも43条ただし書を「準用」する[17]ことを認めている。

---

[15] 刑の減軽か免除かのいずれかは必ず受けられるという意味で，これを必要的減免という。

[16] 刑の減軽の方法については，68条以下に規定があり，死刑は無期または10年以上の懲役に（68条1号），無期懲役は7年以上の有期懲役に（同条2号），5年以上の懲役はその長期及び短期を2分の1にして半月以上2年6月の懲役（同条3号・14条）となる。

2.3.3 目　　的

　本罪では「第199条の罪を犯す目的」でその予備をすることが必要である（このような罪を目的罪・目的犯という）。「目的」は主観的な要素であって，客観的事実として実現することまでを要しない。目的を遂げなくても予備罪自体は成立するのである。反面，たとえば，刃物を購入して準備する行為が殺人予備となるのは，「殺人罪を犯す目的」をもって行った場合だけである。

2.4　自殺教唆罪・自殺幇助罪

2.4.1 総　　説

　人を教唆し，もしくは，幇助して，自殺させた者は，6月以上7年以下の懲役または禁錮に処せられる（202条前段）。
　本罪は，未遂が処罰される（203条）。
　自殺者を教唆したり幇助したりする行為を処罰する類型である。自殺関与罪ともいわれる。「教唆」・「幇助」は，いずれも刑法総則の共犯規定（61条・62条）に規定される行為態様である。自殺が構成要件に該当する違法な行為であるならば，それに対する教唆犯・幇助犯という総則上の共犯として処罰されるはずであるが，202条は，そのような形ではなく，独立した犯罪類型として自殺の教唆・幇助行為を規定したもの（独立教唆罪・独立幇助罪）である。

2.4.2 行　　為

　行為は，202条においても総則の共犯規定と同義に解される。
　「教唆」とは，未だ決意していない他人をそそのかして犯罪の実行を決意させ，実行させることをいう。「幇助」とは，（既に実行を決意している）正犯の実行を容易にすることをいう。いずれもその手段・方法に制限はなく，たとえば，暗示的

---

[17] 中止犯の要件を充足しないので「適用」はできないのである。なお，このような処理は，原則どおりの処理に比べて行為者にとって有利になるので，類推的ではあるが罪刑法定主義に反するものではない。

なものも教唆に含まれ，精神的な促進行為も幇助になりうる。

総則の共犯は，正犯の実行に従属して成立すると解されていることに対応し，本罪の「自殺させ」るという要件も，教唆・幇助の相手方（すなわち自殺者）が，教唆・幇助の対象となった自殺行為を開始したときに，本罪が成立するという趣旨に解されるべきである。

2.4.3　自殺の違法性

総則の共犯に関する解釈との関係では，いわゆる要素従属性も考慮する必要がある。共犯従属性に関する制限従属性説・極端従属性説によれば，共犯の成立のためには，正犯に相当する被教唆者・被幇助者の行為が違法でなければならない[18]。違法でない行為に関与しても処罰対象にはならないという考え方である。この理によれば，自殺教唆・幇助が処罰される前提として，正犯にあたる自殺は違法だとされていることになる。しかし，そもそも199条の殺人罪においては，客体である「人」を自己以外の他人であると解するのが自然かつ妥当であり，実際にも自殺（未遂）者を殺人（未遂）罪に問うことは行われていない。この点からは自殺は，違法でないと考えられているのではないかと思われる。そうだとすると，違法でない行為に関与する行為を処罰する自殺関与罪がどのように正当化されるのかを，正犯の行為の違法性を前提とする共犯の解釈と整合的に説明することが要請されていることになる。

この問題に解答を与えるのは容易でない。わたくしは，先に殺人罪に関して述べたように，自殺者は，「殺人」の客体であって，自己の死亡に至る事象を全体として完結的に支配・制御することができない，いいかえれば，「単独犯としての自殺行為」によっては殺人罪の構成要件を充足することができないという意味で，自殺者は殺人罪の主体になりえないと考える。一方，自殺関与罪の構成要件は，自殺者の違法行為に加担する不法を問題とするものではなく，正犯とはなりえない自殺者の寄与と一体となって構成要件的結果発生の危険を惹起する点で共犯的（正犯への従属的）性質をもつと同時に，関与者が他人を死亡させるという性質をもつ。この意味で，文字通り独立共犯としての構成要件結果惹起の不法を内

---

[18] 極端従属性説は，さらに正犯の有責性を要求するが，違法性が必要だとする点では制限従属性説と同じである。これに対し，最小限従属性説では，正犯は構成要件に該当するだけでよい。

容とするものだと解されるのである[19]。

2.4.4　自殺関与罪と殺人罪との区別

　本罪は，あくまで「自殺」に対する共犯的関与を実質とするのであり，相手方が，教唆行為により自律的に自殺の決意を生じる場合，あるいは既に自律的に自殺を決意している者に対する幇助の場合でなければならない。上述のとおり，強制したりだましたりして他人を自殺させたときは，自殺者（被害者）は「道具」にすぎないとみられるので，行為者（自殺に追い込んだ者）に199条の殺人罪の成立を認めるべきである。

　裁判例には，犯人によって自殺させられた場合，それが物理的強制によるものであるか心理的強制によるものであるかを問わず，自殺者の意思決定に重大な瑕疵を生じさせ，自殺者の自由な意思に基づくものと認められない場合には，もはや自殺教唆とはいえず，殺人に該当するとしたもの（福岡高宮崎支判平成元・3・24高刑集42巻2号103頁）がある。自殺の意思の有無をめぐる比較的最近の例として，暴行・脅迫を交えつつ車ごと海に飛び込んで自殺するよう迫られたので，被害者は何としても助かるつもりでいわれたとおり車ごと海に飛び込み，意図したとおり被害者は車から脱出し，死亡しなかったという事案で，殺人未遂罪の成立を肯定した判例（最決平成16・1・20刑集58巻1号1頁）がある。ここでは，被害者の側において自殺を遂げることは意図されていなかったが，被害者に「自分が死亡する危険性の高い行為」に出るように行為者が強制している場合を，殺人行為（被害者の行為を道具のように利用する間接正犯）とみていることになる。

　本罪の法定刑は，6月以上7年以下の懲役または禁錮であり，殺人罪に比し法定刑を減軽している。これは，次の同意殺人罪ともども，被害者の死亡が被害者本人の意思に基づくという事情が，客体の法益を保護する必要性を減じるからである。また，これにより本罪の「破廉恥さ」が減少することが，禁錮が選択可能になっている理由だと説明できよう[20]。

---

[19]　大谷・17頁参照。
[20]　禁錮刑は，政治犯や過失犯など「非破廉恥犯」に対する刑罰として位置づけられてきた。しかし，その正当性は疑わしい。

2.5 同意殺人罪

2.5.1 総　　説

　人を，その嘱託を受け，または，承諾を得て，殺した者は，6月以上7年以下の懲役または禁錮に処せられる（202条後段）。
　本罪は，未遂が処罰される（203条）。
　本罪は，他人を「殺す」類型であり，広義で被害者の同意のもとで殺人を行う場合にあたるので，**同意殺人罪**とよばれる。ただし，被害者が自己の生命法益の侵害に同意していることから，殺人罪より減軽された処罰がなされる。自殺関与罪と合わせて規定されていることは，被害者が法益侵害を受容しているという両者の共通性が考慮されているものと解される。

2.5.2　保護法益と自己決定

　生命という個人の一身専属的な法益を法益主体が処分（放棄）する意思を有しているときに，それをなお保護する（その侵害行為を処罰する）ことの根拠が問題となる。本来，個人的法益については，法益主体である個人の意思に従った自由な処分が認められて然るべきである（自己決定の尊重）[21]。同意殺人を処罰するということは，反面で生命の処分に関してはその自由に制約を与えることになる。法益主体の自己決定を尊重し，同意によって法益ないしその保護の必要性が失われていると考えるのであれば，その侵害行為は法益侵害として違法とされることはないはずである。そもそも刑法が同意殺人を処罰対象としているのはおかしい，という疑問さえ生じる[22]。
　この点に関し，自己決定の尊重のためにこそ生命維持が図られているのである

---

[21] たとえば，自分の財産である所有物を自分の意思決定に基づいて処分（売り払ったり，壊したり，捨てたり）することは，もちろん自由である。
[22] 自殺は，法益主体が処分行為まで自分で行う類型であり，同意殺人の類型は，処分行為は他人に任せる類型であるが，法益主体の自己決定による選択の結果だという意味では，自殺関与罪と同意殺人罪とは共通する。同一条文に合わせて規定されているのも自然なことである。ただ，同意殺人罪の場合，他人による法益処分と自己決定の尊重という価値基準とが正面から対立する形で問題にされることになる。

から，自己決定ができる状態を保護するという限りで生命法益の処分には原理的・内在的な制約があるという考え方もできる。しかし，そもそも，不特定・一般のいわば観念的な自己決定というようなものはなく，自己決定は事実たる「個々の意思決定」において初めて意味をもつ。自己決定権や自己決定可能な状態という自己決定の前提をパターナリスティックに保護することは，生命法益の処分という当の自己決定内容そのものを制約する意味を含意するので，この意味で自己決定尊重思想との矛盾を含むであろう。

　同意殺人の場合には，自己の生命を放棄する自己決定が完全に自由に行われるものとの前提をおきえない（同意を迫る圧力等の影響で不本意な決意がなされている）ので，法が人の生命保護のためパターナリスティックに介入することに合理性がある，と説かれることもある。しかし，事実認定の問題を超えて，類型的にそのような事情が擬制を根拠づけられるとまではいえないように思われる。

　わたくしは，生命法益の処分を他の個人的法益の処分と同等の自己決定として把握すること自体が現実に即していないと考える。生命の放棄（処分）は，自己決定の活動をも含む生命活動一切の放棄を内容とする終局的・包括的なものだという特殊性はあるが，生命を放棄するという自己決定自体は，「生きている人」の生命活動の一環にほかならない。生命の保護は，生きているからこそ可能な「個々の」自己決定を保護することの不可欠の要素であり，したがって，自己決定保護と相対的な関係におかれるものではない。いわば，生命の保護と自己決定の尊重とは同じことに帰するというべきなのである。自己決定の制約（本人が処分したいものの処分を認めない）のようにみえる現象は，「生命」という法益の保護に不可避的に随伴するにすぎず，生命保護を第一に目指すことから当然に帰結するものである。

2.5.3　嘱託・承諾

　本罪の実行行為自体は，殺人罪と同じく他人を「殺す」ことであるが，被害者からの嘱託を受けて，あるいは，被害者の承諾を得て行われなければならない。この嘱託・承諾は，殺される本人自身により，行為者の殺害行為に先立って存在することが必要である。事後承諾では既に行われた行為の違法性を減じることはできない。また，嘱託・承諾は任意かつ真意に出たものでなければならない。相手をだまして嘱託を受ける場合，強制的に真意に基づかない承諾を得る場合など

は，もちろん本罪の類型に含めるべきではなく，強制・欺罔による同意は無効として，199条の殺人罪に問うべきである。最高裁判例には，その気がないのに追死するとみせかけて心中の決意を生じさせ被害者を死亡させた場合は，真意に基づかない承諾を得たものであるとして殺人罪が肯定された事例（最判昭和33・11・21刑集12巻15号3519頁，偽装心中事件）がある。

　もっとも，強制を手段とする場合は，自由な意思決定が妨げられているとしやすいが，欺罔による同意の場合には，任意の意思決定のような外形を呈する上，意思決定に関わる因子には打算等さまざまなものがありうるので，その有効性判断は複雑になる。

　以前からの有力説としては，人の判断内容にも法益処分に決定的な意味をもつものとそうでないものがあるという事情を考慮し，場合によるとする見解がある。また，この考え方に基づき，一般に「動機の錯誤は同意の有効性に影響しない」という主張もなされる。しかし，これらの説に対しては，法益処分にとって重要な事情が何かを示さない限り，結局，被害者の意思決定の有効・無効を判断する明確な基準を提供できていないとする批判がある。

　いわゆる法益関係的錯誤の理論[23]によると，だまされて思い違い（錯誤）が生じた場合のうち，法益を処分すること自体に関する錯誤（法益関係的錯誤）がある場合に，その同意が無効とされる。たとえば，ある薬物を飲むと死亡する（自分がそのような薬物を飲んで死亡する）こと自体について錯誤がある場合は，生命という法益に関係する錯誤があるので，死への同意は無効である。これに対し，相手がすぐに追死してくれるという点に錯誤があっても，毒を飲み死亡するのだという事実認識に誤りがなければ，法益処分に関する錯誤はないので，同意は有効であると判断するのである。しかし，死を選択する理由は，深刻な決断であるだけに，そもそも複雑に入り組んでいるのが通常であり，法益に関係するか否かで一元的に死の決意の有効・無効を決めることは難しいであろう。また，法益に「関係する」領域の画定に明確な基準が求められるかについても疑問がある。

　わたくしとしては，自己の生命という法益処分に至る決意にとって重要な事項についての錯誤がある場合にはその同意（決意）は無効だと解するほかはないと考える。一般論でいえば，死の決断をすることが客観的に了解可能な状況で現にその決断があったときには，その意思決定は尊重される（有効）。これに対し，当

---

[23] 西田・17頁，山口・15頁等参照。

該状況において本人が死を選択することもありうると客観的に了解できるための決定的因子について正確な認識を欠いているような場合には，意思決定は無効であり，自殺関与でなく殺人が論じられるべきである。何が重要な事項かは，具体的な事実によって相対的であることを受容し，実質的な判断をすることにならざるをえないであろう。

2.5.4　故　　意

　本罪における被害者の同意は構成要件要素であるから，その認識を欠く場合は，故意を否定することが原則である（38条1項参照）。同意の存在に関する錯誤としては，第一に，実際には存在しない同意を存在すると認識した場合，たとえば，有効な嘱託・承諾ではないのに有効だと思って殺害行為に及んだときがある。普通殺人罪に該当する事実であるのに同意殺人罪に該当する事実であると誤認している場合である。第二に，逆に，同意が存在するのに存在しないと認識した場合，たとえば，同意があるのにそれに気づかずに殺害に及んだときがある。同意殺人罪に該当する事実であるのに普通殺人罪に該当する事実であると認識している場合である。

　このような錯誤があるときにも，人を殺すということに関しては事実を認識しつつ実現している以上，殺害について犯罪不成立とすることは妥当でないであろう。一般には，いずれの場合にも同意殺人罪が成立すると解されている。その理由は，199条の殺人罪と202条の同意殺人罪とは，生命という共通の法益を保護するため，外形としてほとんど重なる行為を処罰対象としており，その意味で，両方の構成要件該当事実は，普通殺人罪の構成要件該当事実の一部をなす同意殺人罪の限度で重なり合う。この重なり合う部分については認識していたので，その故意を肯定するのである（『総論』109頁）。

■第3章■
堕胎の罪

3.1　総　　説

3.1.1　保護法益

　堕胎の罪は，殺人の罪の客体である「人」になる前の，いわば萌芽的段階に位置づけられる「胎児」の生命を保護するものである。殺人の罪と同様，「生命」の保護という性質を含むが，「胎児」の生命保護については，「人」の生命保護を旨とする殺人の罪とは別個の類型として規定されている。ただし，胎児は，母体と不可分の形で生命活動を営んでいるので，母という「人」の生命や身体の保護をも包含することになる。具体的には，胎児の生命・身体と，これに加えて妊娠中の女子の生命・身体との双方についてその安全を保護するものであり，法益の侵害に至る場合に限らず，それらの具体的危険を生じさせることを内容とする[1]。すなわち，堕胎の罪は，「胎児の生命・身体，および，母体の生命・身体に対する危険犯」である。

---

[1] 本罪は，具体的危険を発生させることを明文で構成要件要素としていないが，後述するとおり，胎児の生命保護を実質的に考慮する必要があるところから，生命の危険のない状態で母体外に排出された場合までを堕胎とするのは妥当でないであろう（団藤・446頁以下，大谷・65頁）。堕胎罪を危険犯と解するときには，危険を生じさせること自体で堕胎罪は成立し，堕胎により母体外に出た胎児（人）を殺害したり，放置して死亡させたりすれば，堕胎罪に加えて，侵害犯である殺人罪（後掲・大判大正11・11・28）・保護責任者遺棄致死罪（最決昭和63・1・19刑集42巻1号1頁）の成立を認め，死亡させた部分を別に評価する（判例は併合罪とする）ことになる。

3.1.2 客　　体

　堕胎の罪における客体は「胎児」である。受精卵が着床した後，刑法上の「人」となるまでの間の生命体を意味する。この定義からは，人工授精等のために試験管内にある受精卵は胎児ではないとすることになる。ヒトの「胚」は，それ自体の性質として未だ胎児とはいえないと思われるが，この問題を別としても，堕胎という用語が既に，母体から離れて存在する客体を想定していないというべきである。上述の定義が妥当であろう。なお，母体保護法上，人工妊娠中絶が認められる場合があり，省令で中絶可能な胎児の妊娠週数が示されている[2]が，堕胎罪における胎児にあたるか否かは，この期間と直接には関係しない。

3.1.3 行　　為

　堕胎の罪の諸類型では，「堕胎する」「堕胎させる」ことを構成要件的行為として規定している。「堕胎」とは，「自然の分娩期に先立って人為的に胎児を母体外に排出させる行為」だとするのが判例（大判明治42・10・19刑録15輯1420頁）である。その手段としては，物理的な方法（搔把術）による場合も薬物によるなど科学的な方法による場合も含まれる。さらに，通説は，母体外に出す行為だけでなく，「胎児を母体内で死亡させる行為」も堕胎行為だとしている[3]。堕胎行為により胎児に「傷害」をきたした場合も，堕胎罪の不法内容として評価されるが，端的に胎児を傷害する行為（胎児傷害）は，204条以下の傷害の罪の規定が「人」の身体を客体としているところから，処罰されない。客体が母体外に出た以上は，体外における胎児の生存如何によらず，胎児の時点で行われた堕胎行為が既遂となる。

　ただし，堕胎の罪の保護法益が胎児の生命であるとする立場からすれば，「堕

---

[2] 平成2年3月20日の厚生事務次官通知において「通常妊娠満22週未満」とされている。

[3] 保護法益との関係では，胎児殺害は，侵害犯だということになる。堕胎罪を危険犯ではなく侵害犯として捉え，胎児に攻撃を加え，母体内または母体外死亡させることこそが堕胎であると解する説（平野・161頁，西田・22頁，山口・20頁，林・35頁以下，松原・20頁等）も有力な主張である。しかし，現行法の文言が「殺」や「死」の概念を用いていないこと，未遂処罰が不同意堕胎罪に限られていることなどからみて，危険犯の類型を排除することは妥当でないと思われる（中森・36頁，高橋・25頁参照）。

胎」概念においても，胎児が母体外に排出されること自体に決定的な意義があるのではなく，類型的な意味で胎児の生命を危険にさらすことが重要になるはずである。すなわち，胎児の生命に対する危険の発生が認められるような行為が必要であると解される。母体外への排出は，胎児の生存を脅かす行為であって，ほとんどの場合に堕胎にあたるが，胎児の生育程度や未熟児ケアのあり方によっては，直ちに胎児の生命に対する危険を認めることができない場合もあろう。そこで，堕胎行為によって排出された胎児が生存可能な状態であり，そのため母体外でこれを殺害したときには，「人」となった者の殺害として殺人罪が成立しうる（大判大正11・11・28刑集1巻705頁。両罪は併合罪（45条以下）となる）。

　なお，「堕胎させる」という表現がなされている場合にも，「胎（児）を堕ろす」こと，すなわち堕胎術自体を施術するという趣旨であって，「他人に堕胎術を施させる」という意味ではない。

3.1.4　堕胎後の殺害

　上述のように，堕胎行為により生存した状態で母体外に出た子を死亡させた場合，殺人罪が成立する。しかし，いったん堕胎罪の客体として堕胎罪が成立した後に，同一の個体を「人」として殺人の客体とすることは不合理かもしれない。だからといって，殺人罪を適用する余地を認めず，母体外に出す行為につき堕胎罪（のみ）の成立を認めることも問題である。一部露出したときから客体は「人」であり，かつ，客体が生存している以上，生命体として保護の必要性もあると考えられるからである。

　こうしたジレンマは，出生＝一部露出という形式論で胎児と人とを分け，胎児としての保護と人としての保護（堕胎罪の成立と殺人罪の成立）とをこの形式論に従って決定することから生じるといえるであろう。実質的な考慮からすると，胎児が母体内で死亡することと母体外で死亡することとには本質的な差がないとも考えられる。それどころか，母体内で死亡させる方が母体に対する危険性も高く，より悪質だともいえる。そうすると，連続性のある生命体の殺害を，一部露出の前後で堕胎罪と殺人罪（より重く処罰される）に分ける処理は，合理的な区別であるかどうか，疑問が生じるのである。

　胎児とそれが母体外に出た「人」とは同一の個体であるから，胎児の段階での生命の保護は，人となるはずの個体の生命保護として一体をなしている。本来，

堕胎罪で評価すべき生命の保護と，それでは尽くされない「人」の生命の保護とを，構成要件の法益保護趣旨に沿って解釈すべきであるように思われる。そこで，母体外に出された胎児は堕胎罪の保護客体として既に評価済みである（堕胎罪がある以上，胎児は胎児として保護されるに尽きる）とするのではなく，人としての保護が与えられる根拠をより実質的に捉える見解が有力になる。たとえば，生命保続可能性・生育可能性がない状態で生まれた胎児を放置するようなときには，その後の死亡結果も堕胎罪で評価された範囲に含まれるが，生命保続可能性・生育可能性がある状態で母体外に出た場合には，これを死なせることについて別途殺人罪・保護責任者遺棄致死罪の成立を肯定する余地を認めた方がよいというのである。

確かに，母体外で生命保続可能性・生育可能性がある状態である場合であれば，作為・不作為を問わず，殺人罪・保護責任者遺棄致死罪の成立を認めることが妥当であろう（客体は「人」である）。これに対し，生命保続可能性・生育可能性がない状態で母体外に出た場合には，その客体が死亡したとしても，結果は堕胎からの帰結にほかならず，堕胎罪のみの成立を認めるべきである。たしかに作為によっても死亡結果の回避ができないので，不作為による殺人罪等の成立は認められないであろう。ただ，作為によるときには，先行する堕胎行為の因果経過に積極的に介入して死亡に至らせるものであって，死亡結果を堕胎のみに帰属させることはできない。客体が「生命ある人」である以上は，生命保続可能性等の有無にかかわらず，殺人罪等の成立を認めるべきである。

また，母体保護法により適法とされる人工妊娠中絶を行った結果，生命保続可能な状態で胎児が母体外に出されたとき，これを殺す行為の扱いも問題になる。人工妊娠中絶が適法であって，人工妊娠中絶行為そのものについて堕胎罪は成立しないとしても，生存して排出された人を殺す行為がある限り，これについては殺人罪の成立を認めるべきであるという考え方が，上述したところと整合する。しかし，人工妊娠中絶は，胎児（人）の生存を目的としない場合が現実には多いと思われ[4]，その際に胎児が母体内で死亡した（死亡して排出された）ときと，母体内では死亡せず生存して排出された後にこれを殺したときとで異なる扱いをす

---

[4] 強姦等の被害者について行われる人工妊娠中絶（母体保護法14条1項2号）は，胎児を死亡させることを前提とするから，体外に出た胎児を殺害する行為を別途殺人罪に問うことは妥当でないという指摘がある。ただ，それ以外の適応例で人工妊娠中絶が行われた場合に胎児の死亡が必然であるわけではない。

る積極的な理由に乏しく，堕胎が適法である以上は，その後の殺害を処罰する必要はないとも考えられる。その是非はともかく，法が生存を前提としない中絶を容認している状況であることを前提にすると，母体内における死亡と母体外における死亡とを区別して母体外での殺害を処罰するのは建前論にすぎるところがあるのではないかという疑問をぬぐうことはできない。

　立法論的には，文字通りの胎児排出と胎児殺害とを合わせて「堕胎」とする概念規定，あるいは，「人」と「胎児」との区別を「出生」という形式概念によって規定すること自体に再考が必要であると考えられる。堕胎の罪を危険犯ではなく胎児殺という侵害犯として捉えることにも，生命倫理の問題との関連や人工妊娠中絶が相当に緩やかに許容されている実情もあって，実態と理念との整合に困難を残しているといわざるをえない。

3.1.5　胎児性傷害

　故意または過失で胎児を傷害し，その胎児が傷害結果をもって（生存して）出生し人となった後，この胎児性の傷害が原因となってその人が死亡した場合の取り扱いが問題となる。胎児を客体とする傷害が処罰されないことは，既に触れたとおりである。胎児が死亡したときは堕胎罪の領域の問題になるが，その場合でも過失堕胎罪の規定はないので，過失で胎児を死亡させた場合には処罰されない。「人」ではない「胎児」を傷害しても，過失傷害罪は成立しない。

　では，胎児に対し傷害行為が行われて胎児に傷害結果が生じ，その胎児が人となった後でその人が死亡した場合。つまり，胎児に対する傷害行為を原因として出生した人の死が生じた場合は，過失致死罪（210条・211条）の構成要件に該当するであろうか。この問題について特徴的な判断を示したのが，**胎児性水俣病**に関する最高裁決定（最決昭和63・2・29刑集42巻2号314頁）である。事案は，犯行時には胎児であった客体に対し，母体を通じて有毒物質が作用を及ぼし，その胎児がこの物質の作用を原因とする病変をもって出生し，その後，当該病変により死亡したというものである。

　解釈論上，まず，傷害（致死）の客体としての「人」の意義が問われる。傷害罪の構成要件においては，結果が発生する場が「人」であるだけでなく，攻撃・作用の対象も「人」である。胎児を攻撃する行為は，「傷害した」に該当しないはずである。しかし，この決定は，おおよそ次のような論理で「人」の身体

傷害を肯定した。まず，胎児は母体の一部として「人（母）の身体」であるから，作用は「人（母）の身体」に対して加えられた。そして，当該胎児が出生した後に「人（子）の身体」に傷害結果が発生した。したがって，人に対して作用を与えて人に傷害結果が発生したことになるから，作用の点でも結果の点でも「人の身体を傷害した」といえるというのである。これは，「人」を抽象的に把握して，母も子もいずれも「人」であるという論理で，具体的構成要件該当事実と構成要件の枠とを対応させたものだとみることができる。行為（作用）においても結果においても「人に対する傷害」だと評価したとみられる点で，錯誤論にいう法定的符合説に類似した議論だといわれる（『総論』98頁）。

しかし，作用客体である「胎児」と結果発生の場である「人」とは，刑法上区別して扱われているものである。また，厳密には，母である「人」と結果が発生した客体である「人」，すなわち出生によって直接の攻撃から保護されるべき客体として評価される「人」とは，生物として同一個体ではないであろう。さらに，刑法は，自己堕胎行為を処罰する（212条）が，胎児を母体の一部とみるならば，自己堕胎行為は，母親が自己の身体に対して行う侵害であって，危険を生じるようなものであれば格別，法が一般的にこれを処罰対象にするのは矛盾だという批判がある。

加えて，本判例は，胎児時代の作用と死亡との因果関係もはっきりしないという指摘もある。本事例においては，胎児時代の作用による障害をもって出生した後，人となってからも胎児時代以来の作用が持続し，生後年単位の期間にわたり状況が悪化して死亡している。人となった後の作用が死因となったのであれば，過失傷害罪が成立することに上述のような問題は生じないはずであるが，そう判断したわけではない。あるいは，胎児の作用から人となった後にも作用が継続したことが過失傷害罪成立に関して決定的なのかもしれない。いずれにしても，裁判所の判断やその論理に対しては，少なからぬ批判が向けられており，最高裁の解釈による処罰は，理論的にも無理があるように思われる。胎児傷害を処罰するためには，現行法の枠組を修正する必要があるといわざるをえない。

3.2 堕胎の罪の諸類型

3.2.1 自己堕胎罪

自己堕胎罪（212条）は，妊娠中の女子が，薬物を用い，または，その他の方法により，堕胎したときに，1年以下の懲役に処するものである。

母親自ら堕胎する類型であり，保護法益に含まれる母体の生命・身体に関して，自己による加害とみられる点が，違法性・責任の両面で減軽方向の事情とされるため，堕胎の罪の中でも軽い処罰が予定されている。

「薬物を用い」は例示であり，堕胎の効果を有する限り方法に限定はない。化学的・物理的手法を用いるほか，他人に施術させるなどの場合をも含む。

3.2.2 同意堕胎罪・同意堕胎致死傷罪

同意堕胎罪は，女子の嘱託を受け，または，その承諾を得て堕胎させた者を，2年以下の懲役に処するものである（213条前段）。また，同意堕胎罪を犯し，よって女子を死傷させた者は，3月以上5年以下の懲役に処せられる（213条後段）。

後者は同意堕胎致死傷罪であり，同意堕胎罪の結果的加重犯である。

堕胎自体が女子の身体に傷害を生じさせる場合も少なくないと想定されるので，本罪が予定する傷害は，堕胎に必然的に伴う傷害を超えた傷害が生じる必要があろう。基本犯である同意堕胎罪は既遂に至っていることを要すると解される。

3.2.3 業務上堕胎罪・業務上堕胎致死傷罪

業務上堕胎罪は，医師，助産師，薬剤師，または，医薬品販売業者が，女子の嘱託を受け，または，その承諾を得て，堕胎させたときは，3月以上5年以下の懲役に処せられるものである（214条前段）。また，業務上堕胎罪を犯し，よって女子を死傷させたときは，6月以上7年以下の懲役に処せられる（214条後段）。

後者が業務上堕胎致死傷罪であり，業務上堕胎罪の結果的加重犯である。いずれも業務者以外を主体とする類型より法定刑が加重されている。

業務上堕胎罪は，条文に列挙された主体（医師・助産師・薬剤師または医薬品販売

業者）による場合の同意堕胎行為を処罰する罪であり，主体が限定される「身分犯」の類型である。これにも結果的加重犯が規定されている。傷害の程度については，同意堕胎致死傷罪の場合と同様に解するべきであろう。

3.2.4　不同意堕胎罪・不同意堕胎致死傷罪

不同意堕胎罪は，女子の嘱託を受けないで，または，その承諾を得ないで，堕胎させた者を，6月以上7年以下の懲役に処するものである（215条1項）。

本罪は，未遂が処罰される（同条2項）。

不同意堕胎致死傷罪は，215条の罪（不同意堕胎罪・不同意堕胎未遂罪）を犯し，よって女子を死傷させた者を，傷害の罪と比較して，重い刑に処理処断するものである（216条）。

不同意堕胎罪は，女子の嘱託も承諾もなしに堕胎させる類型である。不同意堕胎致死傷罪は，不同意堕胎罪の結果的加重犯であり，基本犯（不同意堕胎罪）が未遂である場合にも成立する。傷害結果の程度については，同意堕胎罪致死傷罪・業務上堕胎致死傷罪の場合と同様に解するべきであろう。

なお，「傷害の罪と比較して，重い刑により処断する」とは，問題となる罪の法定刑と，傷害結果を生じたときは傷害罪（204条），死亡結果を生じたときは傷害致死罪（205条）の法定刑とを比較し，上限・下限とも重い方をとって，この罪の法定刑とする，という意味である。

3.3　堕胎罪の共犯

判例は，妊娠中の女子（妊婦）が第三者と共同して堕胎させた場合には，妊婦には自己堕胎罪，第三者には同意堕胎罪（213条）が成立し，共同正犯となるとしている（大判大正8・2・27刑録25輯261頁）。妊婦は自己堕胎行為（他人に施術させることを含む）を自ら実行し，第三者は，妊婦の嘱託を受けて堕胎させており，かつ，両罪は，同意堕胎罪の限度で重なり合うということであろう。

第三者が業務上堕胎罪の主体であった場合はどうか。妊娠中の女子が医師に依頼して堕胎術を施してもらった場合，医師には業務上堕胎罪が成立する。このとき，妊婦の依頼行為は，医師に対する業務上堕胎罪の教唆にあたるようにもみえ

るが、上述のような、第三者と共同正犯が成立する場合に妊婦に自己堕胎罪が成立する旨の判例との均衡からは、業務上堕胎罪の共犯とはしがたい。それだけでなく、そもそも、現実にはまさにこのような行為こそが自己堕胎の典型だともいわれる。わたくしは、妊娠中の女子は「その他の行為」による自己堕胎罪の（共犯ではなく）正犯とするのが妥当であると考える。すなわち、妊婦には自己堕胎罪、医師には業務上堕胎罪が成立し、自己堕胎罪の限度で共同正犯となるものと解する。

　第三者が妊娠中の女子による自己堕胎罪に共同正犯以外の形で関与する場合は、自己堕胎罪の共犯となる（大判昭和10・2・7刑集14巻76頁など）。この考え方によると、妊娠中の女子に依頼されて堕胎施術者を紹介する行為、堕胎費用を負担してやる行為などは、自己堕胎罪の幇助犯（62条1項）とされる。

　これに対しては、施術者を紹介する場合、施術者が妊娠中の女子本人ではなく、したがって自己堕胎罪を幇助するものとはいいがたいので、自己堕胎罪の幇助犯ではなく、施術者が業務者であれば業務上堕胎罪の幇助犯となり、施術者が業務者でない場合には、65条2項により213条の同意堕胎罪の幇助犯とすべきであるという批判がある。

　その解釈は、213条を212条との関係で65条2項にいう行為者の「身分により刑の軽重がある」場合だとする前提をおいている。しかし、212条はあくまで妊娠中の女子の支配下で堕胎させるのに対し、213条は堕胎させるかどうかの主導権ないし制御が第三者の手に握られている場合だと解される。そこで、わたくしは、両者は「身分により刑の軽重があると」いう関係ではなく、類型として異なるものとみるべきであると思う。妊婦が堕胎術の施行につき支配・制御を失わない限りは、上述のとおり、施術を他人に依頼する類型を含めて妊婦に212条の自己堕胎罪の成立が認められると解し、その幇助者には端的に62条の適用で自己堕胎罪の幇助犯の成立を認めるべきであろう。

■第4章■
遺棄の罪

> **設例** Aは，夜間に自動車を運転して走行中，通行人Bに不注意で自車を接触させてBに入院治療3か月を要するけがを負わせた。Aは被害者が出血し骨折している状況を認識したが，事故が発覚するのを恐れ，Bに対して格別の救護・通報等の措置をとることなく，医者を呼んでくるとうそをいって，Bを降雪中の暗い車道上に放置して車で走り去った。Bは，出血のほか，骨折の痛みと寒さによる全身ショックが原因で死亡した。

4.1 総　説

4.1.1 保護法益

　遺棄の罪（217条から219条まで）は，典型的には，現在の生活環境（保護が必要な人の場合には保護されている状態を含む）にいる人を生命・身体の危険がある環境に放置する（遺し・棄てる）犯罪である。法益主体の現在の環境を生命・身体の危険の大きい状況へと悪化させること，つまり，生命・身体を危険にさらすことを内容とする犯罪であると捉えることができる。一般に，法益侵害を内容とする犯罪を**侵害犯**といい，法益侵害の危険を生じさせることを内容とする犯罪を**危険犯**という。遺棄の罪は，生命・身体に対する危険犯である[1]。したがって，保護法益は人の生命・身体またはその安全である。

---

[1] 大判大正4・5・21刑録21輯670頁。これに対応する「侵害犯」にあたる類型は，生命に関しては殺人の罪，身体に関しては傷害の罪（いずれも既遂犯）であることになる。

「身体」の安全を保護法益に含めると，遺棄罪の成立範囲が不明確になり拡大しすぎる一方，218条が「生存」を問題にしていることから，生命（のみ）に対する危険犯と捉えるべきであるとする見解[2]もある。しかし，条文のおかれた位置（傷害の罪の後である）や，219条の罪に「傷害」結果の場合が含まれることなどから，通説は，保護法益に身体の安全も含めている。確かに，生命のみの安全を保護すると解するときには成立範囲は限定されるが，身体の安全の保護を除外するほどの理由があるとは思われず，また，成立範囲の不明確性を保護法益の限定によって緩和すべきと考えることにも必然性が乏しいので，わたくしも，通説を支持する。

4.1.2 遺　棄

217条・218条に共通して規定されている行為は「遺棄」である。これは，保護法益に対応して，抽象的には客体の生命・身体の危険を増加させる行為と定義される。したがって，現在の生活環境より危険が少ない状態に移行させる行為は，本罪にいう遺棄にはあたらない。

旧来の通説は，遺棄の概念を**広義の遺棄**と**狭義の遺棄**とに分け，217条の「遺棄」を狭義の遺棄と解し，218条の遺棄を広義の遺棄と解釈する。すなわち，遺棄は，その外形から，危険な場所への移転である「**移置**」と，危険な場所においたまま立ち去る「**置去り**」とに区別することができる。そして，移置は，積極的に状況の変化を作り出す「作為」であり，置去りは，危険状態をそのまま維持する「不作為」である。これを前提に，広義の遺棄とは，この作為と不作為とを含む概念であり，狭義の遺棄とは作為による遺棄のみを意味すると解するのである。なぜなら，217条の単純遺棄罪の場合には，主体に限定がなく，客体との関係が希薄な者でも主体になりうるので，とくに客体の法益を保護する作為に出るべき義務は認められないのに対し，218条の保護責任者遺棄罪の場合には，保護の必要な人を保護する義務のある人が行う場合に限って成立するので，行為主体には保護責任に基づく作為義務違反が認められ，218条の「遺棄」は，この作為義務違反に相当する不作為を含むと理解するからである。

ただし，「移置」・「置去り」の区別と作為・不作為の区別とは一致せず，また，

---

[2] 平野・163頁，西田・27頁，山口・31頁，高橋・30頁等。

「移置」・「置去り」は明瞭に分けられるものではない。被害者が自ら移動する場合には、主体の態度と無関係に客体の場所的離隔が生じうる。たとえば、認知症の者が保護の得られる場所から立ち去るのにまかせるような場合は、客体を現在の場所より危険な場所に移すので移置というべきであるが行為は不作為である。幼児がついてこようとするのを橋を破壊して妨害する場合は、客体を危険な場所においたままにすることになるので置去りにあたるはずであるが、客体の移動を積極的動作によって妨げる作為である。そこで、狭義の遺棄と広義の遺棄とは、「移置」と「置去り」という態様によって区別するより、端的に、217条の遺棄は作為による遺棄を意味し、218条の遺棄は作為の場合も不作為の場合も含まれる、と理解する方が適切である。もっとも、そもそも、作為と不作為という区分をして、218条の遺棄は不作為を含む（217条の遺棄より広義）と解することが妥当であるかには疑問がある。

4.1.3　保護義務と作為義務

　218条の「遺棄」には不作為が含まれると解する根拠は、218条にいう保護責任者は、作為に出ることを法的に義務づけられていると解する点にある。この場合には、保護責任者の地位に基づくいわゆる「保護義務」と不真正不作為犯一般の成立根拠である法的「作為義務」[3]とを同視、あるいは重なるものと理解していることになる（『総論』54頁）。

　作為義務と保護義務との関係は218条の解釈から考えるべきことになるであろう。保護責任者の場合には、遺棄だけでなく「その生存に必要な保護をしない」（以下「不保護」という）こと、すなわち（法的に義務づけられている）保護を「しない」という不作為態様が正面から規定されている。217条の場合とは違って218条の場合には保護義務があるからこそ不保護（不作為）が構成要件的行為とされているのではないか。保護義務と作為義務とを同視するならば、不作為による遺棄とされてきたものは、保護義務違反に相当する不保護にあたるはずである[4]。しかし、通説は、（広義の）遺棄は、客体との間に場所的離隔を生じさせる場合を

---

[3]　たとえば、既に述べた殺人罪（199条）の場合にも、不作為による実行が認められる。作為の形で実行行為が記述されている場合にも、構成要件は不作為によって実現することができると解されているのである。ただし、作為に出ることが法的に義務づけられている場合の不作為のみが実行行為性を帯びる。この作為義務の根拠論は、刑法総論の重要課題のひとつである。

意味し，不保護は主体・客体間に場所的離隔があるかどうかを（本来的には）問わないものだと解し，不作為でも離隔があれば遺棄になり，場所の離隔がない場合が不保護である，との解釈を採っているのである。

そもそも，217条の罪の成立を認める根拠となる作為義務と218条の保護責任とは，文言からして別物であって，これらを同視する必然性には乏しい。「不保護」が明文で構成要件該当行為とされた実質的根拠は，「保護責任」者に「保護義務」があるからであって，保護義務は一般的な作為義務とはその根拠が異なる。あるいは，少なくとも，218条の保護責任は，いわゆる一般的作為義務に尽きるものではないより強い義務であるように思われる[5]。したがって，理論的には，不真正不作為犯一般の理解に従って，217条の遺棄にも不作為の場合が含まれると解するべきであろう。その上で，実際には，保護責任を欠く者が客体の法益保全にとって第一次的な作為義務者となることは，ほとんど想定しがたいので事実上不作為による遺棄が認めがたい，ということではないだろうか。こうして，217条・218条のいずれにおいても，概念上，遺棄は不作為で実現する場合を排除しないが，主体が保護責任を有するかによって作為義務の内容・程度に差が生じる，と解するのが相対的に妥当な解釈であると考える。

4.1.4 抽象的危険犯

遺棄罪は，危険犯と解釈されている。危険犯には，現実に危険が生じていることを要件とする**具体的危険犯**と，行為が類型として内包する危険が（行為を遂行することによって）顕在化していれば足りるとされる**抽象的危険犯**とがある。判例（大判大正4・5・21刑録21輯670頁）・通説は，本罪を抽象的危険犯としている。遺棄の罪においては，行為が類型として「遺棄」に該当すること，すなわち，危険を増大させる性質の行為がなされれば，それによって直ちに成立が認められる趣旨と解される。個別の事実として危険が生じたことまでは必要がない。この意味では，抽象的危険犯ということができる。

ただし，形式的には遺棄にあたるとしても，類型化・抽象化のレベル如何によって危険の有無の評価は変わりうる。たとえば，扶助を必要とすべき者を病院

---

[4] 日高義博「遺棄罪の問題点」『現代刑法講座・第4巻』（1982，成文堂）167頁以下，西田・30頁等参照。

[5] 林・43頁，山口・36頁，高橋・36頁等参照。

の玄関外まで運んでそこに遺棄した場合，病院の玄関内待合室に運んでそこに遺棄した場合，病院のベッドの上において立ち去った場合などを想定してみると，危険の相対性は否定できないであろう。

このような考慮から，さらに進んで，本罪を具体的危険犯と解するべきであるとする見解も主張されている。具体的危険犯と解したとしても，客体が現在いる場所と運ばれた先とで，どちらが生命・身体に対する危険が大きいかの具体的判断は難しい。細かい事情の考慮はかえって判断を不安定にする意味もあるのではないかと思われる。わたくしも，基本的には抽象的危険犯として行為の類型としての危険で判断することが妥当であると考える。

4.2 単純遺棄罪

4.2.1 総　説

単純遺棄罪（217条）は，老年，幼年，身体障害，または，疾病のために，扶助を必要とする者を，遺棄した者について，1年以下の懲役に処するものである。

本罪は，遺棄罪のうち主体に特段の限定がない類型であり，保護責任者遺棄罪と明瞭に区別するときは，単純遺棄罪という（「遺棄罪」は両者を含む広義に用いられることが少なくない）。

4.2.2 客　体

本罪の客体は，「老年，幼年，身体障害又は疾病のために扶助を必要とする者」である。

「扶助を必要とする者」とは，他人の助けがなければ日常生活を営むことができないような者をいう。経済的な側面を含む自活能力などとは関係がない（大判大正4・5・21刑録21輯670頁）。扶助を必要とする事由が「老年，幼年，身体障害又は疾病のため」として列挙されており，幼児や高齢のため，身体や精神の障害があるため，あるいは病気のために，1人では日常生活上必要とされる動作ができないか，その動作が著しく困難である者がこれに該当する。217条の文言は，「その他」の理由を許容しない限定列挙[6]であるため，列挙された事由のいずれか

が原因となっていなければならない。外傷による場合は，疾病に含めて考えることに問題はないであろう。酩酊している状況は一時的なもので通常の病変とはいいがたいので，飲酒酩酊者は，酩酊しているというだけでは客体とならないと解されるが，原因が飲酒であっても，身体的不調を来し現実に扶助が必要な状態であれば，疾病のため扶助を必要とする客体とするのが妥当であると思われる。判例には，泥酔し，高度の酩酊状態にある者を「病者」として客体に含めたものがある（最決昭和43・11・7判時541号83頁）。また，妊娠は病気ではないが，生理的なものとはいえ妊婦が身体的不調に陥り，現に扶助が必要な状態になったときには，「疾病」を広めに解することにはなるが，同様に客体に含めるべきであろう。

4.2.3 行　為

行為については，217条・218条の罪に共通する問題として上述したところを参照されたい。遺棄には不作為も含まれるが，不作為が遺棄にあたるとする前提として一般的意味の作為義務を要し，217条の作為義務が認められる場合は218条の場合より狭くなること等，既に検討したとおりである。

4.3　保護責任者遺棄等罪

4.3.1 総　説

保護責任者遺棄等罪（218条）は，老年者，幼年者，身体障害者，または，病者を保護する責任のある者が，これらの者を遺棄し，または，その生存に必要な保護をしなかったときは，3月以上5年以下の懲役に処せられるものである。

---

[6] 一般に，列挙に続いて「その他」を包摂する趣旨の明文がない場合は，列挙されたものだけが構成要件に該当すると解される。この場合を「限定列挙」という。「その他」の場合を含む文言である場合，列挙された事項はより一般的な定義を理解しやすくするための例に相当するので，この場合は「例示列挙」という。

4.3.2　主　　体

　行為主体の属性が構成要件要素として記述されており，主体は「保護責任者」に限られる。主体の属性を「**身分**」といい，身分を構成要件要素として主体が限定される犯罪を「**身分犯**」という[7]。保護責任者でない（身分のない）者も 217 条によって作為の「遺棄」罪に問われうるので，本罪は，身分により加重処罰される（3 月以上 5 年以下の懲役）場合[8]にあたる。

　保護責任が生ずる根拠は，通説によれば，不真正不作為犯における作為義務の根拠と共通することになる。一般的には，法令・契約・事務管理・慣習・条理などが挙げられる（『総論』54 頁）[9]。

　法令の代表例としては，親権者の監護義務（民法 820 条）・親族の扶養義務（民法 877 条以下）がある。契約は，幼児や老人を預かって保護する契約など直接に保護責任を内容とするものはもちろん，病気になった住み込みで働いている雇人について，雇主との間に保護の暗黙の合意があると認められる場合には，雇主に保護義務が認められる（大判大正 8・8・30 刑録 25 輯 963 頁）。事務管理（民法 697 条以下）の例としては，行き倒れの者をいったん自宅に引き取った場合（大判大正 15・9・28 刑集 5 巻 387 頁）がある。

　慣習・条理は，その存在形態・内容ともさまざまであって，ある事態に対応して一般的に期待される保護義務を慣習・条理から実質的に判断するほかない。とくに，実務上問題となったのは，過失による自動車事故でけがをさせた運転者の被害者に対する保護責任である。このような事例のうち，いわゆる「轢き逃げ」の場合，道路交通法 72 条の負傷者救護義務違反を根拠に保護責任を認めること

---

[7]　刑法 65 条との関係で，同条 1 項にいう「犯罪を構成する」身分（身分により犯罪となったりならなかったりする）を**構成的身分**といい，そのような犯罪を**真正身分犯**（構成的身分犯）という。同条 2 項にいう身分は，**加減的身分**といい，そのような犯罪を**不真正身分犯**（加減的身分犯）と称する。

[8]　わたくしは，保護責任者以外による不作為による遺棄を肯定するので，遺棄については不作為の場合を含め身分者を加重処罰する不真正身分犯，不保護については身分者のみを処罰する真正身分犯と解することになる。不作為による「遺棄」・「不保護」を保護責任者についてだけ肯定する通説によれば，これらの場合の保護責任者遺棄・不保護罪は，真正身分犯である。

[9]　保護責任の基礎にある保護義務が，不作為犯である「不保護罪」の成立根拠ともなりうるところから，保護責任は作為義務の根拠でもあることとなるので，わたくしの考えでも，保護義務と不保護の前提たる作為義務の根拠は共通することになる。結論的には両者を分けるのは「義務の程度」と解される。ただし，本文で後述するように，そもそも一般の作為義務の根拠自体を，従来のように形式的な事情に求めることには疑問がある。

ができるか（判例として，最判昭和34・7・24刑集13巻8号1163頁）が問題となる。しかし，道交法などの行政取締法規は，直接に人の生命・身体に対する安全を保護する趣旨のものではないため，道交法上の義務の存在により本罪の保護責任が自動的に根拠づけられるわけではない。

　なお，堕胎手術後，生存して生まれた嬰児を放置して死亡させた場合に，業務上堕胎罪のほか保護責任者遺棄致死罪の成立を認めた例（最決昭和63・1・19刑集42巻1号1頁）がある。しかし，先行行為に相当する堕胎がそれ自体処罰対象となった上，仮に，堕胎行為により胎児を母体内で死亡させていたならば成立しなかったであろう保護責任者遺棄致死罪の成立を肯定した点には，疑問もある[10]。また，ホテルの客室で覚醒剤を注射したところ急性中毒症状が進んで錯乱状態に陥った少女を放置して死亡させた場合に，先行行為に基づく作為義務を認めて保護責任者遺棄致死罪の成立を肯定した例（最決平成元・12・15刑集43巻13号879頁）がある。この事件では，自己の行為から死亡の危険を惹起した者には，その危険を除去すべき作為義務があるとされたことになる[11]。

　学説上は，保護責任と不真正不作為犯における作為義務の根拠論との同質性を前提に，たとえば，「自動車で轢いた」という先行行為から保護責任（作為義務）が生じるとする見解（作為義務の根拠論における先行行為説）や，被害者（法益主体）の法益が行為（不作為）者に具体的依存する場合であるとし事実上の引き受け（たとえば，被害者を救助する行為に着手するなど）といった事実をメルクマールとする見解（具体的依存性説・事実上の引き受け説），あるいは客体を自己の支配領域においたこと（たとえば，被害者を自車内に入れるなど）を作為義務の根拠とする（（排他的）支配領域説）などの議論がある。

　わたくしの考えは，保護義務を一般の作為義務と同一とはみず，保護義務はより立ち入った作為介入を義務づけるべき場合であるというものである。ただし，保護義務・作為義務は，いずれにせよ事実的単一根拠から演繹することは困難であると考える。いま，やや抽象的に述べるとすれば，保護義務は，当該法益の保

---

[10] 堕胎後の殺害に関する3.1.4も参照せよ。

[11] このほか，不作為は物理的に事象の進行を左右するわけではないので，実行行為と構成要件的結果との間の因果関係が問題となる。作為犯において「実行行為がなければ死亡しなかった」という関係（いわゆる条件関係）に対応するのは，不作為は作為義務懈怠であるから，「作為義務を履行していたならば死亡しなかった」という関係であるといえる。この判例では，行為者が直ちに救急医療を要請していれば，合理的疑いを超える程度の確実さで救命が可能であったことから，当該不作為と死亡結果との間の因果関係を肯定した趣旨であると解される。

全について継続的かつ優先的に保護すべきであると社会的に合意ができているような関係性が存在する場合に認められるというべきである。実は，作為義務一般についても，行為当時における社会的関係性の文脈の中で，行為者自身を含む社会構成員の法益保護分担に関する共通了解[12]を考慮するほかはないと考えられる（『総論』59頁）。

4.3.3 客　体

客体は，「老年者，幼年者，身体障害者又は病者」である。名詞として表現されているものの，217条において「老年，幼年，身体障害又は疾病のために扶助を必要とする者」と同義である。すなわち，これらの者を「保護すべき責任がある」ということは，扶助を必要とする状況が前提となっていると解される。

4.3.4 行　為

本罪の行為は，「遺棄」または「生存に必要な保護をしないこと」である。保護責任者の場合に不作為による遺棄がありうることには，ほぼ異論がないが，作為義務と保護責任との関係については議論の余地がある。「遺棄」については，保護義務と作為義務との関係を含めて上述した。

保護責任者の場合に固有の行為として「その生存に必要な保護をしないこと」（「不保護」）が規定されている。「不保護」とは，上述のように，通説によれば，（可能かどうかはともかく）離れた場所で保護が成り立っている状態である場合などを除き，原則として客体との間に場所的離隔を伴わない場合を意味する。わたくしの考えでも，不保護は，必然的に場所的離隔のない場合に限られるものではなく，一般的な作為義務以上の保護義務に基づき，厚い保護を与えるべき義務を怠る場合をいうことになる。乳幼児に食事を与えずに栄養障害を生じさせたり，疾病のため起居不能な老母を放置したりする場合（大判大正14・12・8刑集4巻739頁。ただし，これは，むしろ作為の部分も大きい極端な事例である）がこれにあたる。この

---

[12] 一般論としていえば，法益主体のおかれた状況から，法益主体の周辺で関与可能な人々の間に「法益保護のために手を下すべき立場」に関する了解が存在すると認められる場合に，そのような立場にあり，かつ，その者自身がその了解を共有する者に，特定の作為の可能性・容易性に応じた作為義務が課される。

ほか，昨今，児童虐待の一類型として，子の世話を放棄する，いわゆるネグレクトが問題となっている。伝統的には「刑法は家庭に入らず」のような思想があったものの，これについて不保護の刑事責任が問題となることもある。

4.4 遺棄等致死傷罪

4.4.1 総説

遺棄等致死傷罪（219条）は，217条（遺棄）・218条（保護責任者遺棄等）の罪を犯し，よって，人を死傷させた者を，傷害の罪と比較して，重い刑により処断するものである。

単純遺棄罪・保護責任者遺棄等罪の結果的加重犯である。法定刑は，傷害の罪（204条・205条）の法定刑（15年以下の懲役50万円以下の罰金・3年以上の有期懲役）との比較で規定されている。その意義については，不同意堕胎致死傷罪（216条）について述べたところ（3.2.4）を参照されたい。

本罪は，重い死傷結果の原因となった「基本犯」（本罪の場合は，217条・218条の罪）と非故意（過失）による死傷結果の惹起（209条・210条の罪）とを単純加算[13]した以上の重大な不法内容と評価されている。一般に，結果的加重犯の法定刑は，それを故意犯・過失犯に分解した犯罪の法定刑を加算した場合より（相当に）重いので，刑法総論の課題として結果的加重犯の本質・構造が論じられる。

結果的加重犯の構成要件該当性を認めるためには，基本犯と結果との間の因果関係が必要であることはもちろんである。基本犯の被害者が助かろうとして動いたために死傷結果が生じた（たとえば，山道を這って行って崖から落ちてけがをした）場合などは基本犯と因果関係が認めやすいが，被害者が移動した結果第三者の行為により死傷結果が生じた（たとえば，車道に出て行って自動車に轢かれた）場合など限界的事例においてはその存否が争点になりやすい（『総論』67頁）。

他方，主観的要件に関して，判例は，重い結果に関する主観的な帰責根拠として過失を必要としていない。学説の多数は，単純な結果責任を問うことは刑法における責任主義と相容れないとして，重い結果発生について過失を要求する。

---

[13] このとき，行為は1個であるから，1個の行為が2個以上の罪名に触れる場合（54条1項前段，観念的競合）となり，結果的に，重い基本犯の法定刑が処断刑となる。

もっとも，刑法上の因果関係が認められる場合に過失は否定されるという場合は事実上少なく，両者の結論に大きな差はないとはいえる。過失は，構成要件該当事実，なかんずく構成要件的結果発生の認識がない場合であるが，注意すれば予見可能であり，結果発生を回避可能であった場合に認められる（この意味で，過失は「注意義務違反」である）が，これも詳細は刑法総論にゆずる（『総論』186頁）。

4.4.2　保護責任者遺棄致死罪と不作為による殺人罪

　行為が不作為による遺棄または不保護による保護責任者遺棄致死罪の外形をもっていても，殺意をもって行われた場合には，その不作為は殺人の手段にほかならない（不作為による殺人罪に該当する）こともありうる。不作為による殺人罪と保護責任者遺棄致死罪との区別が問題となる。単純に殺意の有無（殺意のあるときが殺人罪）によって区別する見解[14]も有力である。それは実際的ではあるが，理論的には問題がある。殺人罪の成立が認められるのは，殺人罪の構成要件に該当する行為（実行行為）の存在が前提であるから，保護責任者の場合には「遺棄・不保護」行為がそのまま殺人罪の「殺す」行為だとされ，区別がつかないことになる。両者の客観面における相違を論じるべきであるように思われる[15]。

　これについては，生じた生命に対する具体的危険という事実的要素とそれに関する認識（故意）とによる区別[16]が考えられるが，行為が不作為である場合にそれによる死の危険を適切に判断することは難しいであろう。作為と不作為との同価値性の問題として論ずる立場もあるが，わたくしの考えでは，同価値性は，不真正不作為犯論の課題そのものであるし，感覚的な判断になりやすい難点がある。わたくしは，「殺人」の場合と「保護責任者遺棄致死」の場合とで，端的に，作為義務の内容（要求される具体的作為）が異なると考えている。殺人罪との関係で求められる作為と遺棄致死罪で要求される作為とには差があると考えるべきだということである。両作為義務の内容が何であるかを確定することに手がかりが乏しいことは否定できないものの，不作為による殺人罪が「救命義務」懈怠を内容とするのに対し，保護責任者遺棄致死罪における作為義務は「生命の危険を惹起しないような作為をなす義務」となるはずであるから，そこに質的・量的相違が

---

[14]　団藤・456頁等。
[15]　高橋・39頁。なお，松原・43頁を参照。
[16]　西田・36頁。

あることまでは認めることができるのではないか。いずれの構成要件に該当するかは，不作為という態度が，生命の危険を防除する作為の反面をなすことから，このような観点から判断される作為義務の相違によって決まると考えられる。

■第 5 章■
傷 害 の 罪

　本章では，人の身体の保護を趣旨とする類型を中心にその周辺に位置づけられる犯罪類型を考察する。ここには，狭義の傷害罪のほか，そこから死亡に至った場合である傷害致死罪，暴行をしたが傷害に至らない場合である暴行罪が含まれる。このほか，補充的類型として，現場助勢罪，凶器準備集合罪がある。

　　暴行罪（208条）　→　傷害罪（204条）　→　傷害致死罪（205条）
　　　凶器準備集合罪（208条の2）
　　　現場助勢罪（206条）　　　　　※同時傷害の特例（207条）

> **設例1**　Aは，Bの態度を不快に思い，その日の夜になって，Bが熟睡している間にBの
> 　　頭髪をハサミで根元から切り，丸坊主にした。
> 　　頭髪をカミソリで根元からそり落とし，丸坊主にした。
> 　　眉毛をカミソリでそり落とした。
> **設例2**　Cは，凹面鏡を使って日光を集め，Dの皮膚に光線を当てて重度のやけどを負わせた。
> **設例3**　Eは，スピーカーで大音響を鳴らしてFの聴力を低下させた。
> 　　Eは，スピーカーで大音響を鳴らしてFをノイローゼにさせた。

5.1 「傷害の罪」総説

5.1.1 保護法益と客体

　本章で扱う犯罪類型は，総体的には，人の身体の機能を核心とする現在の状態，およびそれらの安全を保護法益とするものであると理解される。ただし，人の身体に関する具体的な法益の捉え方については見解の相違があり，それが後述の「傷害」概念や「暴行」概念そのものに反映していることには注意が必要である。なお，凶器準備集合罪については，人の身体だけでなく，より広い公共的社会の安全との関連が考慮されるか否かに議論がある。
　狭義の傷害罪・暴行罪の客体は「人」の身体である。殺人の罪に関して述べたとおり，胎児の身体は「人」の身体とは別に保護される。したがって，（人に結果が生じるいわゆる「胎児性傷害」については議論もあるが，）胎児そのものの傷害は，傷害罪ではなく堕胎罪の範囲で論じられる行為となる。
　人の身体に「傷害」という結果を生じさせる罪が**傷害罪**（204条）であり，傷害によりさらに人を死亡させた場合には**傷害致死罪**（205条）が成立する。手段としての傷害行為がなされたが結果としての傷害が生じなかった場合は，傷害未遂を処罰する規定がないので，一般論としては不可罰行為だと解される。しかし，傷害の手段の典型である「暴行」を行った場合には，傷害結果が生じなかったときでも**暴行罪**として処罰される（208条）。

5.1.2 刑法上の暴行概念

　「暴行」の基本的な定義は，「有形力（＝物理力）の行使」と定義されている。刑法上の暴行概念をめぐっては，これを4種に分けて理解することが行われてきた。

　　①最広義：不法な有形力の行使であれば，対象は人でも物（対物暴行）でもよい。
　　　　　　例：騒乱罪（106条），多衆不解散罪（107条）
　　②広　義：人に対する不法な有形力の行使。人の身体に対する影響力をもつ場合
　　　　　（間接暴行）

　　　　　例：公務執行妨害罪（95条），特別公務員暴行陵虐罪（195条），
　　　　　強要罪（223条2項）
　③狭　　義：人の身体に対する不法な有形力の行使
　　　　　例：暴行罪（208条）
　④最狭義：人に対する相手の抵抗を抑圧するに足りる程度の有形力の行使
　　　　　例：強盗罪（236条），強制わいせつ罪（176条），強姦罪（177条）
　本罪では，人の身体に対する有形力の行使に限られることになるので，狭義
の暴行に分類される。

　このうち①から③は，客体・対象による分類であり，④は程度に基づく分類であって，統一的な基準に基づくとはいえないが，同一法典中の同一文言で表される概念も，それぞれの犯罪の性質・処罰趣旨から異なって解釈されることを整理したものとしての意義はある。もっとも，最狭義の暴行のうち，強制わいせつ罪・強姦罪の手段たる暴行については，犯罪の性質上，強盗罪にほどに強力なものでなく，相手方の反抗を著しく困難にする程度のものでよいとされている。

5.1.3　暴行罪における暴行

　暴行罪（208条）における暴行は，一連の「傷害の罪」の保護法益が人の身体であると解されることから，狭義の暴行，すなわち「人の身体に対する不法な有形力の行使」とされる。たとえば，人の身体を殴る，あるいは蹴るなどの行為や，体や着衣を引っ張る，押し倒すなどの場合が典型的である。もっとも，どのような質・量のものが暴行罪における暴行に含まれるかについては議論もある。
　暴行罪が傷害結果を生じなかった場合として規定されているので，類型的に傷害惹起の危険を包含するものに限るという考え方[1]があるが，暴行罪は，物理力行使から身体を守る意味があり，傷害の危険を要求することは保護の範囲が狭すぎるであろう。判例によれば，暴行であるためには，その性質上当然に傷害の結果を引き起こすものである必要はない。下級審裁判例には，塩を投げつけた行為で暴行としたものがある（福岡高判昭和46・10・11判時655号98頁）。傷害の危険と暴行とを直接的に結びつけることはできないように思われる。

---

[1] たとえば，野村稔「暴行罪・傷害罪」芝原邦爾・堀内捷三・町野朔・西田典之編『刑法理論の現代的展開 各論』（1996，日本評論社）38頁。

しかし，物理力の程度を問わないとすると，挨拶の握手や激励の趣旨で背中をたたく行為なども有形力の行使にほかならず暴行とされることになって不合理である。かといって，これらを物理的な力の大小によって概念上の暴行から除くことは困難である。その限界について具体的な基準を立てることは難しいものの，ひとまずは，暴行とは，身体への有害な影響の程度が社会生活上一般に受容されている範囲を超える程度の物理力の行使に限ると解するべきであろう。定義において「有形力の行使」に「不法な」という限定をつけることには，このような実質的な考慮を含意させる意味がある。

即物的な行為の質については，「**有形力**」と表現されている。有形力とは，基本的には物質を変形させたり移動させたりする力学的な仕事をする力のことである。音波は，空気の疎密波であってそれ自体が力学的な物理力の伝播過程だといえる。しかし，光を含む電磁波の作用は暴行に含まれないとすべきであろう。また，わたくしの考えでは，その作用の過程でいわゆるエネルギーの変換が介在し，力学的な仕事の結果とはいえない影響を受ける場合を含めるのは妥当ではない。たとえば，強力な光が照射されて客体に熱を生じたり，化学変化を生じたりする場合があっても，これを大音響による鼓膜破裂などと同様に解することには躊躇がある。ただし，傷害罪の手段は暴行に限らないので，故意をもってこのような手段を用い，かつ傷害結果を生じたとき（暴行罪以外の傷害未遂罪は存在しない），傷害罪が成立するのはもちろんである。意図的に強力な光を当てることによって目に異常を生じさせるのは傷害罪に該当する。有形力の作用が実現するためには，原則として作用物体が客体に物理的に接触することが必要であるが，物理力の上のような性質から，作用の伝達過程自体が物理力の波及とみられる場合には，その全体を有形力の行使と把握すべきであろう。

判例には，狭い四畳半の室内で脅し目的で日本刀の抜き身を振り回す行為につき，それ自体が暴行に該当し，したがって，行為者が積極的に刺突したのではなくとも，振り回された刀が刺さって相手が死亡したならば，暴行の意思で暴行し，これにより傷害を加え死亡させたのだから，傷害致死罪にあたるとしたもの（最決昭和39・1・28刑集18巻1号31頁）がある。これは，暴行とされるためには作用点が客体に接触する必要がないとしたものとも説明されるが，単純に接触を要しないとしてしまうと，刃物による脅迫や勢力を示して威圧するような場合との区別ができなくなるおそれがある。わたくしとしては，上述のように，作用物体の接触までは必要がないが，客体に物理作用が及ぶことまでは必要と解するべきで

あると考える。そして，刃物による傷害を背景とした物理力行使においては，直接刃物が接触しなくても傷害の危険がある領域にはその限りで物理作用が及んでいると解することができるので，判例の事案においても物理力の伝達があったといえるのではないかと思う。

また，職場交渉に際し相手の耳元近くでブラスバンド用の大太鼓や金を連打して大音響を立てて相手の意識を朦朧とさせ，脳貧血を起こさせた場合に，音による暴行を肯定した例がある（最判昭和29・8・20刑集8巻8号1277頁）。この事例では，意識障害・脳貧血を起こすような物理作用が音波で伝達され，鼓膜等において力学的な力が身体に接触していると解することができると思われる。たしかに，音波が後に体内で生理的な変調に転換して傷害結果が生じたのではあるが，行為（作用）自体は客体への接触が認められるような暴行だといってよいであろう。もっとも，上述のとおり，仮に手段が暴行にあたらないとしても，傷害結果に故意がある場合なら傷害罪の成立は認めうる。

5.1.4 結果としての傷害

傷害罪の行為は「傷害」であり，それは「傷害」という結果を生じさせる行為である（「傷害行為」と「傷害結果」がある）。まず，構成要件的結果としての「傷害」の意義を検討する。「傷害」については，大別して3つの説がある。第一は，身体の完全性を害することであるとする**完全性説**[2]，第二は，人の生理的機能に傷害を与えることであるとする**生理的機能説**[3]，第三に，生理的機能の侵害および外観に著しい障害を与えることであるとする**折衷説**[4]である。第二の生理的機能説が通説である。第一説のいう「身体の完全性を害する」とは，生理的機能に限らず，現に存在する身体の状況を悪化させることを広く含む概念であるが，ドイツ刑法の規定を前提とする意味合いが強く，日本刑法のもとでは必然性に乏しい。生理的機能の侵害に限定する見解と身体の完全性や外観を考慮する見解との実際的相違は，とくに，人の生理的機能に直接に影響しない身体部分の毀損，たとえば，頭髪やひげ，装飾的にのばされた爪を切断する場合などに現れる。完全性説によるとこれらも傷害とすることになり，折衷説では，「著しい障害」の理

---

[2] ドイツの通説である。
[3] 後述するように，判例は，基本的にこの立場であると思われる。
[4] 福田・151頁，大塚・26頁等。

解により幅はありうるものの，たとえば，女子の頭髪を根元から切り取るような場合は傷害にあたるとする。

　いずれにせよ，生理的機能侵害が傷害にあたることには問題がないであろう。他方で，外貌や「身体の完全性」の侵害は「傷害」という文言の意味から離れる面が否定できず，このような解釈からは必要以上に処罰範囲が拡大するおそれがあるように思われる。通説が妥当である。もっとも，生理的機能侵害説に対しては，次のような疑問も出されている。すなわち，刑法は，暴行をしたが傷害に至らない場合を独立の類型（暴行罪，208条）として規定している。他方，暴行が加えられれば何がしか身体に影響があるのが通常であり，それらをすべて生理的機能侵害であるからといって傷害であると解すると，傷害にあたらない暴行罪の成立範囲がきわめて狭くなり，その存在意義が疑わしくなるというのである。たとえば，殴打行為により軽い痛みや軽微な一時的発赤を生じたような場合も傷害だとすると，本来は暴行罪とすべき事例を傷害罪として重く処罰するきらいがあるのではないか。また，風邪に感染している者が意図的に他人に風邪を伝染させて軽い風邪にかからせると傷害罪になる可能性が出てくることになるが，これは妥当でないとの指摘もある[5]。

　傷害罪の法定刑は，確かに，下限として罰金を含むので，相当軽微な侵害までを想定する面はあるが，他方で，最長15年の懲役が予定されていることを考慮すると，傷害罪という類型としては軽微犯罪ではない。仮に，法定刑から傷害罪が身体法益に対する広範な保護を旨とすることを認めるとしても，暴行罪が別の構成要件となっていることからすれば，傷害罪がきわめて軽微な場合を包含するとは考えにくい。したがって，生理的機能説を採った上で，さらに障害の程度によって限定し，軽微なものは結果としての傷害から除外することが妥当であろう。障害の程度に関する限界づけも容易でないものの，さしあたり，傷害とは，生理的機能の侵害であるとの解釈を基本に，必ずしも医師の治療を要するほどである必要はないが，日常生活上特別の考慮が必要と考えられる程度のものと解しておく。なお，心身状態は，身体・精神領域双方を明確に区別できるものではないと考えるので，精神的なものであっても，障害の存否・具体的状態が医学的に対象化され診断されている場合であって，上述のような程度のものと認められるものについては，傷害にあたると解される。他方，毛髪の切除等は，それだけでは傷

---

　[5]　これに対してさらに，「軽い風邪」は軽微な病ではないと反論もされるが，軽微か否かをめぐる議論は生産的とは思われない。

害にあたらないが，切除に伴う皮膚の損傷を伴うときなどは，その生理的機能の侵害により傷害となりうると考える。

判例には，外観上打撲傷がなくとも胸部に疼痛を生じさせれば傷害であるとしたもの（最決昭和32・4・23刑集11巻4号1393頁）がある。外傷はもとより，病気の罹患も傷害であり，精神衰弱症が生じること（東京地判昭和54・8・10判時943号122頁）や病菌の感染（最判昭和27・6・6刑集6巻6号795頁）も傷害とされた。他方，女性の頭髪を根元からかみそりで切断した場合は，生理的機能の毀損がないことから暴行罪にとどまるとした（大判明治45・6・20刑録18輯896頁）。

近時の判例では，睡眠薬等により約6時間または約2時間にわたり意識障害および筋弛緩作用を伴う急性薬物中毒の症状を生じさせたこと（最決平成24・1・30刑集66巻1号36頁）が傷害とされた。本決定は，病院で勤務ないし研究中であった被害者に睡眠薬等を摂取させて約2時間にわたり意識障害および筋弛緩作用を伴う急性薬物中毒の症状を生じさせた場合についても傷害罪が成立するとしたものである。弁護人は，昏酔強盗や心神喪失を手段とする準強姦において刑法239条や刑法178条2項が予定する程度の昏酔を生じさせたにとどまる場合には強盗致傷罪や強姦致傷罪の成立を認めるべきでないから，204条の傷害にもあたらないはずだと主張した。これに対し，本件のような場合にも被害者の健康状態を不良に変更し，その生活機能の障害を惹起したものであるから，傷害にあたるとされたのである。ここからは，身体の生理的機能の悪化をもって傷害とする基本姿勢がうかがわれる。

さらに，相対的には身体と区別されうる精神状態についても，医学的な診断基準において求められている特徴的な精神症状が継続して発現していることなどから外傷後ストレス障害（PTSD）を発症したと認められる場合を傷害とした判例（最決平成24・7・24刑集66巻8号709頁）がある。最高裁は，精神疾患の診断名である「（心的）外傷性ストレス障害（PTSD）」を傷害に含まれるとした。事案そのものは，傷害罪ではなく監禁致傷罪の事件であるが，結果としての傷害について判断を示した意味がある。このような精神的機能の障害を惹起した場合も刑法にいう傷害にあたることになる。

5.1.5　行為としての傷害

行為，すなわち，結果としての傷害を生じさせる方法も傷害（傷害行為）とよ

ばれる。傷害に至らせる行為は，物理的な力（暴行）を行使することが典型ではあり，208条の規定ぶりも「暴行を加えた者が人を傷害するに至らなかったとき」としている。しかし，行為としての傷害は，暴行に限らず，結果としての傷害の性質に応じ，言動によって精神的障害を惹起する場合も考えられるし，いやがらせ行為のような無形的な方法になることもありうる。放置すればけがをする状況で，それを防止するための介入をしないなど，不作為によることも考えられるであろう。ただし，もちろん，実行行為一般の要請に従って，そのような結果を惹起する危険性が類型的に認められるような行為でなければならない。

　裁判例には，数か月間，ほぼ毎日相手の自宅に無言電話をかけて精神衰弱症になった事例（前掲・東京地判昭和54・8・10）で，直接の暴行はないものの傷害罪の成立が認められた。被害者側は，電話に出るという物理的動作を余儀なくされているので，被害者の行為を利用した暴行がなされたという構成も考えられなくはないが，それは技巧的にすぎるだけでなく，結果としての傷害が「精神衰弱症」であることを考慮すると，長期に及ぶ多数回の無言電話の心理的作用こそが攻撃の実質であるはずで，やはり無形的手段による場合だというべきである。

　暴行は，有形的（物理的）作用をいうものと解され（→5.1.3），暴行を手段とする場合には，傷害結果が発生しないときにも暴行罪が成立しうる。しかし，無形的な傷害行為が用いられた場合には，傷害結果が発生しないときには，傷害罪の未遂を罰する旨の規定がないため，不可罰となる。

　なお，音（音響・音波）も傷害の手段になりうることは問題ないであろう。音を手段とした傷害の事例としては，近隣に居住する者にラジオや目覚し時計を大音量で長期間鳴らしてストレスを与え，慢性頭痛・睡眠障害などを生じさせた場合に傷害罪の成立を認めた判例（最決平成17・3・29刑集59巻2号54頁）がある。問題は，音による作用が「暴行」にあたるか，であるが，上述したように，音は空気の粗密波による物理作用であるから，とくに大音響を発することは振動という物理力として「暴行」に含まれると解する余地がある。そこで，音波の物理作用による人の生理的機能の障害を来した場合，たとえば，鼓膜破裂や聴神経の変調，頭痛などが音響の物理的作用による場合には，暴行による傷害に含めて考えることができる。本判例の事案でも暴行による傷害とすることが可能であろう。しかし，音量がそれほどに大きくなく，精神的な影響による心身の不調をきたしたような場合には，先の無言電話の事例と同様，物理力ではなく心理的作用と解すべきであるから，暴行にはあたらないと考える。

5.2 暴行罪と傷害罪との関係

5.2.1 故　意

　傷害罪も故意犯であるから，傷害結果を生じさせる意思で，それに足りる手段であることを認識しつつこれを用いた場合に成立する。ただし，208条の暴行罪との関係を論理的に解釈しなければならない。暴行罪も当然ながら故意犯である。208条の文言を文字通り受け取れば，「暴行の故意で暴行して，傷害に至らなかった」場合が暴行罪とされることになる。つまり，暴行罪が成立するのは，暴行の故意があったが傷害については故意がない。そして，傷害に至らなかった場合である。他方，傷害罪の条文は，傷害を惹起する行為態様を暴行に限っていないので，傷害の故意で傷害結果を生じさせた以上は，手段が暴行であっても暴行でなくても傷害罪となるはずである。傷害未遂を処罰する規定はないので，一般的には，傷害の故意をもって手段としての傷害をなしたとしても傷害結果が生じなかったときには不可罰となる。

　　傷害の故意　→　傷害結果　　：　傷害罪
　　暴行の故意　→　傷害結果　　　　　　　　暴行の故意で暴行行為
　　　　　　　　　　　　　　　　　　　　　　（＝暴行罪）⇒　傷害結果
　　暴行の故意　→　傷害が生じない　：　暴行罪

　では，文言上，正面から規定がない「暴行の故意で暴行を行い，その結果傷害結果が生じたがこれについては非故意である」場合はどうか。判例・通説は，このような場合にも傷害罪が成立する（傷害罪はこのような事例をも包含する）と解している。いいかえれば，傷害罪の故意としては，傷害結果を惹起する意思がある場合（本来的・典型的な事例）のほかに，暴行を手段とし暴行の故意があるとき，その暴行の意思だけでも足りるとする。
　後者の類型の傷害罪は，故意で傷害を惹起する故意犯と異なり，構成要件に規定されている結果である傷害については故意が及んでいない。すなわち，暴行罪の結果的加重犯[6]であることになる。つまり，通説は，204条が傷害罪の故意犯と暴行罪の結果的加重犯とを合わせて規定するものと解している。判例も，傷害

罪の成立には暴行の故意で足りるとしてこの場合にも 204 条の罪の成立を認めており（最判昭和 25・11・9 刑集 4 巻 11 号 2239 頁），同様の判断である。ただし，もちろん，結果的加重犯においても，暴行と傷害との間に因果関係[7]が必要である。わたくしも同様に解する。

5.2.2　傷害罪の構造

このような解釈がとられる理由は，法定刑の均衡を考慮する点にある。

たしかに，傷害罪の規定の文言は，通常の故意犯と異なるわけではない以上，傷害罪の成立のためには，単なる暴行の意思ではなく傷害の意思が必要だとするのが自然な解釈である。しかし，こう解するときには，（傷害の故意ではなく）暴行の故意による暴行行為から傷害結果が生じた場合を傷害罪に問うことはできない。この場合は，暴行罪と過失傷害罪（209 条）との観念的競合（54 条 1 項前段）にあたるとすることが考えられる。ところが，そうすると，208 条が「傷害するに至らなかったとき」と規定するのに，これを「傷害するに至ったとき」に適用することになって，明文に反するという問題が生じてしまう[8]。

結局，暴行（のみ）の故意で傷害を生じさせた場合は，208 条の適用を断念して過失傷害罪だけが成立するとしなければならないことになる。ところが，過失傷害罪の法定刑は「30 万円以下の罰金または科料」である一方，暴行の故意で暴行し傷害結果が生じなかった場合（暴行罪）の法定刑は，「2 年以下の懲役もしくは 30 万円以下の罰金または拘留もしくは科料」である。そうすると，同じ故意で同じ行為をしたときであるのに，傷害結果が生じた場合の方が，結果が生じなかった場合より法定刑が軽くなるという矛盾を来たしてしまうのである。

その他の見解として，本罪を 208 条との関係から暴行罪の結果的加重犯たる傷

---

[6] 「暴行罪の結果的加重犯としての傷害罪」において，故意犯として独自に処罰対象となっている暴行罪の部分を「基本犯」という。重い結果が発生することの予見可能性ないし過失が必要かをめぐっては議論がある。判例は，結果的加重犯の重い結果については過失を必要としないという態度をとっている。

[7] なお，5.3.2 の傷害致死罪の項を参照。刑法上の因果関係一般については，刑法総論の課題として扱う。

[8] ここで少々無理をして，「傷害するに至らなかった」という傷害未遂の事実は傷害既遂の事実に包摂されると解釈して，208 条の適用に矛盾はないとする説明も考えられなくはないが，それは結局，暴行罪ではなく傷害未遂罪に該当するという主張にほかならない。傷害未遂罪ではなく暴行罪のみが規定されている日本刑法においては，傷害未遂として処罰することはできないといわざるをえない。

害罪に限る（故意傷害罪は含まない）とする立場もある。この説からは，傷害罪の成立の前提として必ず基本犯たる暴行罪が成立していなければならないことになるから，傷害罪の手段は暴行に限られる。しかし，そもそも，204条の文言からは傷害行為を暴行に限ると解することは不自然である。また，精神障害を含む病気を傷害であると解するのであれば，そのような傷害は，暴行を手段としなくても生じることが容易に想定されるにもかかわらず，暴行以外の手段を用いるものを傷害罪から除くことになり，妥当でないであろう。

5.3 傷害の罪の諸類型

5.3.1 傷 害 罪

傷害罪（204条）は，人の身体を傷害した者を，15年以下の懲役または50万円以下の罰金に処するものである。

暴力行為等処罰法1条の2・1条の3に特別規定がある。

本罪には，上述のとおり，通常の故意犯と暴行罪を基本犯とする結果的加重犯という2類型があることになる。通常の故意犯では，結果としての傷害をもたらす類型的危険を有する行為であれば暴行に限らず，手段としての傷害に含まれ，結果としての傷害・行為としての傷害を含む構成要件該当事実についての認識・認容がある場合に成立する。暴行を手段としない場合の傷害未遂は不可罰となる一方，暴行を手段とする場合には別途暴行罪（208条）の成立する可能性がある（この限りで，暴行罪は傷害未遂を処罰するものとなる）。結果的加重犯としての傷害罪は，基本犯である暴行罪に該当すること，結果としての傷害に関する故意がないことが前提になるので，暴行の故意をもって暴行行為を行ったところ，認識していなかった傷害結果が発生した場合に成立する。

いずれの場合にも，手段と結果との間の因果関係が認められなければならないことはもちろんである。さらに，わたくしの考えによれば，結果的加重犯における重い結果（ここでは傷害）発生については，基本犯の行為に内包される傷害結果発生の重大な危険性の認識があることを要し，この限りで，傷害結果発生の予見可能性・回避可能性が存在することを要求すべきである。すなわち，重い結果発生について過失が必要であると考える。

5.3.2 傷害致死罪

　傷害致死罪（205条）[9]は，身体を傷害し，よって人を死亡させた者を，3年以上の有期懲役に処するものである。
　本罪は，傷害罪を基本犯とする結果的加重犯である。傷害から死亡に至ることも少なくないこと，傷害には人の死を惹起する危険を含む場合も少なからず含まれることから，死亡結果の発生を別個の過失犯として捉えるのではなく，全体を1個の加重類型としたものである。重い結果（死亡）は，傷害が原因となって生じること，すなわち傷害と因果関係があることが必要である。この因果関係について，判例は，とくに限定的に解する旨を述べず，いわゆる条件関係（前件がなければ後件が生じないという関係）のみがあれば因果関係を肯定しているようにも思われるが，必ずしも明確ではない（最判昭和25・3・31刑集4巻3号469頁，最判昭和49・7・5刑集28巻5号194頁）。学説では，一般に，条件関係よりは狭い範囲に限る「相当因果関係」（因果経過が経験則上通常であること）が必要であるとする見解が支持されてきた。最近では「基本犯に内包されている重い結果発生の危険性が現実の結果として実現しているという関係」を因果関係の内実と解する見解が有力になっている（「危険の現実化」説，または「客観的帰属」論）。他方，客観的因果関係に加えて，主観的な要素として，重い結果の発生について過失が必要だとする説が有力であるが，判例は過失を要件としていない。
　基本犯である傷害罪自体が暴行罪の結果的加重犯である場合もある（5.2.1）。このときには，暴行の故意で傷害を生じ，この傷害を原因として死亡するという構造，すなわち，暴行の意思で被害者を死に至らせたという，二重の結果的加重犯となる。そもそも結果的加重犯に責任主義の観点からの問題が指摘されるところで二重に結果責任的な帰責を認めることに抵抗があるかもしれないが，ともかく構成要件該当性を認める以上，基本犯が結果的加重犯構造であるか否かによって扱いを異にする理由はないであろう[10]。

---

[9]　なお，205条2項として尊属傷害致死罪（客体が行為者の尊属である場合の加重規定）があった。侵害に対する加重処罰は，尊属をとくに厚く保護することを意味するので，法の前の平等に反するとして違憲性が問題となったが，旧200条の尊属殺人罪に関する違憲判決の後にも，本罪は尊属殺人罪のような過度なものではなく不合理な加重ではないので合憲であるとされていた（最判昭和49・9・26刑集28巻6号329頁）。しかし，尊属殺人罪違憲判決においても，加重程度ではなく類型加重自体を問題とする意見もあったところであり，結局，1995年の改正で削除された。

手段として暴行が用いられ中間結果として傷害を生じ，これを経由して死亡すること（客観的には傷害致死と同じ）について故意がある場合，これが殺人罪とされるのはもちろんである。故意は，結果惹起を確定的に意図した場合だけでなく，結果発生を認識しつつそれを認容する（そうなってもかまわないと思う）場合にも認められる（未必の故意）ので，傷害により死亡するかもしれないと認識しつつ，死んでもかまわないと思っていた（認容）ならば，殺人既遂罪が成立しうる。

5.3.3　現場助勢罪

204条（傷害）・205条（傷害致死）の犯罪が行われるにあたり，現場において勢いを助けた者は，自ら人を傷害しなくても，1年以下の懲役または10万円以下の罰金もしくは科料に処せられる（206条）。

傷害罪・傷害致死罪が行われる現場において「勢いを助ける」行為を処罰する罪であることから，現場助勢罪とよばれる。

本条において「勢いを助ける」とは，傷害行為遂行の意気を高める行為，傷害行為が行われるのを助長することである。例としては，けんかを見物している野次馬が当事者をはやし立てる，声援を送る，あるいは動作であおり立てる行為などが挙げられる。本来は，この種の行為は62条・63条により幇助犯（従犯）としての処罰が問題となるものであるが，独立した類型として規定されていることになる。総則上の共犯との区別については，共犯規定における幇助犯は特定の行為者の実行を促進する場合であるのに対し，本罪は不特定の傷害行為者に対する助長行為である点で異なると解されている。「助勢」行為は対象が不特定であるために通常の幇助犯より法益侵害につながる危険性が弱く，他方，心理的な経験則から考えて群集心理が働くため，多かれ少なかれ非難可能性が低くなる，という事情とを考慮して，総則の幇助犯より軽い法定刑[11]とした上，独立の処罰対象としたものと理解される。

---

[10]　さかのぼって，傷害罪に結果的加重犯の場合を含めるべきでないとする議論はもちろん成り立つが，傷害罪に関する解釈については，上述のとおりである。
[11]　正犯の刑を減軽するとした幇助犯に関する63条・68条を参照して，本条の法定刑と比較せよ。

5.3.4 暴 行 罪

　暴行罪（208条）は，暴行を加えた者が，人を傷害するに至らなかったときに，2年以下の懲役もしくは30万円以下の罰金または拘留もしくは科料に処せられるものである。
　暴力行為等処罰法1条・1条の3・3条に特別規定がある。
　暴行罪の行為や構造については，先に説明したことになる。暴行罪の故意に関しては，傷害罪との関係から，①暴行の故意で暴行を加えて傷害に至らなかった場合と，②傷害の故意で暴行を加えたものの傷害結果が生じなかった場合（暴行を手段とする傷害未遂）とを含む。既述のとおり，暴行の意思で暴行を加えて傷害を生じさせた場合には，暴行罪の結果的加重犯たる傷害罪が成立しうる。

5.4　同時傷害の特例

　207条は，「2人以上で暴行を加えて人を傷害した場合において，それぞれの暴行による傷害の軽重を知ることができず，又はその傷害を生じさせた者を知ることができないときは，共同して実行した者でなくても，共犯の例による」と規定する。条文見出しに「同時傷害の特例」と記載されているとおり，特別の犯罪類型ではなく，同時的傷害事例に関する特別の処理方法を定めるものである。すなわち，誰のどの行為がどの結果を引き起こしたかが証明できないときには，共同して実行した者でなくても「共犯の例による」とする。「2人以上共同して犯罪を実行した者」は共同正犯となる（60条）ので，「共犯の例による」とは「共同正犯として扱う」という意味になる。この規定は，共同正犯でないものを共同正犯として扱う，「法律上の擬制」を認めるものである。その効果として，2人以上の各人の行為と具体的結果との間の因果関係の証明を要しないまま，全体としての行為と全体としての傷害結果との間の因果関係の存在を肯定することとなっている。
　条文の文言は，「共同して実行した者でなくても」となっていて，共同して実行した者であるか否かを問わない（共同して実行した者である場合を排除しない）ようにも読めるが，これによって事実認定手続が省略されるようなことは認められない。「共同して実行した者である」場合には，端的に60条の共同正犯となり，

それに応じて因果関係の推定にあたる効果が生じるのであって，本条は，「共同して実行した者でない」場合に限る規定であると解するべきである[12]。

　本条を，およそ傷害行為が同時多発している場合に関与者を共同正犯とする趣旨と解するのは合理性を欠く。外形的に共同正犯の場合と類比しうる結果惹起への共同作用が認められる場合に適用があるとすべきである。最決平成28・3・24（刑集70巻3号349頁）は，「(207)条の適用の前提として，検察官は，各暴行が当該傷害を生じさせ得る危険性を有するものであること及び各暴行が外形的には共同実行に等しいと評価できるような状況において行われたこと，すなわち，同一の機会に行われたものであることの証明を要するというべきであり，その証明がされた場合，各行為者は，自己の関与した暴行がその傷害を生じさせていないことを立証しない限り，傷害についての責任を免れないというべきである。」とし，傷害致死の事案において，207条適用の前提となる事実関係が証明された場合においては，「いずれかの暴行と死亡との間の因果関係が肯定されるときであっても，別異に解すべき理由はなく，同条の適用は妨げられない」と判示した。

　本来，犯罪の成立要件を充足する事実が存在したことは，検察官が合理的な疑いを超える程度に立証しなければならない。その立証ができない（事実が不明である）場合には「疑わしきは被告人に利益に」の原則に従い，犯罪事実が存在しないものとして扱われる[13]。しかし，本条によれば，検察官側の証明が十分にできず[14]，事実が不明に終わった場合にも，共同正犯の肯定・因果関係の存在の肯定という，被告人に不利益な扱いが認められるのである。この意味で，本条は，刑事裁判の原則を覆す異例の規定である。その効果は，共同実行の意思など，本来の共同正犯の成立要件を充足するか否かにかかわらず共同正犯（60条）とされることにある[15]。

　本条がこのような異例の扱いを定めるものであるところから，学説では，条文の文言が直接に規定している傷害罪（204条）の場合のみに限定して適用がある

---

[12] したがって，共同正犯が成立するか否かを吟味することなく本条による処理をするのは妥当でない。各則の条文に優先して総則規定の適用を認めることになるが，本条が，例外的内容を定めていることはもとより，犯罪構成要件そのものを定めた規定ではないことからも，問題はないと思う。

[13] 被告人・弁護人は，検察官主張の事実の存在に対する合理的な疑いがあることを証明すればよい。

[14] 被告人において，事実の不存在（自己の行為と傷害結果との間の因果関係がないこと）を証明できたときには，もちろん，被告人に犯罪の成立を認めることはできない（反証が認められる）と解される。この意味で，事実の存在に関しては，挙証責任の転換（証明できなかったときの不利益が検察官側ではなく被告人側の負担となる）が規定されていることになる。

とすべきだとの見解も有力である。これに対し，判例や学説の一部は，条文の位置関係（傷害致死罪の後にある）などから傷害致死罪にも適用があるとする（最判昭和26・9・20刑集5巻10号1937頁）。このように解するときは，同時に暴行を加えた複数の者の行為により被害者が死亡した場合，いずれの行為が傷害結果を生じたか，致命傷を与えたかが不明であるときにも，本条によって傷害行為に関与した者はすべて傷害致死罪の共同正犯として死亡結果について責任を負うことになる。もっとも，たとえ傷害を含む犯罪であっても強姦致傷罪（181条2項）や強盗致傷罪（240条前段）に本条を適用することはできないとされている（最判昭和24・7・12刑集3巻8号1237頁など）。この問題に関しては，傷害罪に限定する解釈も，傷害致死罪にも適用があるとする解釈も，いずれも成り立ちうると思う。そうである以上は，わたくしは，例外的規定は限定的に解することが妥当であり，致死結果までを証明なしに帰責することは妥当でないと考える。

5.5　自傷行為・同意傷害

> **設例4**　Gは，友人Hから「自分の根性をたたき直すために，自分を殴ってくれ。」と頼まれ，これに応じてHの顔面を手拳で力を込めて2発殴ったが，バランスを崩したHが転倒し，その際地面に手をついたため，腕と手を骨折して加療2か月を要するけがを負った。

　傷害罪の保護法益は，人の身体に関する一身専属的な個人的法益であるから，法益主体による自由な処分が認められるはずである。同様の性質をもつ生命法益に関する殺人罪の場合には，被害者が自己の法益を処分し，またはその侵害について同意を与えたりしている場合について，自殺関与・同意殺人罪の規定があるが，傷害罪には同様の補充類型は存在しない。そこで，自分の身体を傷つける自傷行為や，身体を傷害することについて被害者の同意が存在する場合，その傷害行為は，保護法益の侵害（または侵害の可能性）を欠くことから傷害罪の構成要件

---

[15] 共同正犯でない場合であっても共同正犯として扱われることが定められているのであって，「現実に共同正犯の要件を充足していない」という反論は無意味である。この意味で，共同正犯とされることについては，反証による別異の処理を許さない，すなわち法律上の擬制が行われていることになる。そして，そのことの効果として因果関係の推定がなされる。

該当性が否定される（他の構成要件に該当することもない）か，または，傷害罪の構成要件には該当するが，違法性が阻却されるため犯罪は成立しない，との考え方が成り立つ[16]。

しかし，判例は，被害者の意思を，行為の構成要件該当性・違法性を左右する全能の存在とはしていない。すなわち，社会的相当性という判断基準を用い，社会的相当性を欠く行為については被害者の同意があっても違法となる場合があることを肯定する（たとえば，公序良俗違反の行為についての同意は無効であるとする，仙台地石巻支判昭和62・2・18判時1249号145頁）。

もっとも，「社会的相当性」は内容が希薄であって，違法判断の根拠としては曖昧にすぎる。究極的には「社会的相当性」としてまとめられるものであっても，より具体的な基準が求められる。何らかより具体的に指摘しうる内在的制約が認められるような場合には，それこそが根拠とされるべきである。この観点から，202条が生命法益の処分については無条件に被害者の意思を肯定していないと解されることを根拠に，直接には身体に対する侵害が問題となる場合であっても，生命にかかわる重大な傷害[17]，あるいは，四肢切断のように身体の重要部分の回復不可能な傷害[18]については，その同意は自己決定の範囲外となり，同意によって違法性が阻却されることはない，という見解がある。また，自己決定の限界は，自己決定そのものを保障するという根拠から決まるものであるから，将来の自己決定を不能にするような傷害に対する同意に対しては，パターナリズムに基づく法の介入が認められるとする考え方もある。

被害者の同意による違法性阻却についての詳細は，刑法総論で扱うことになるが，わたくしは，基本的には生命法益の処分の場合（→2.5.2）と同様，自己決定尊重の価値基準からは自己傷害は違法性が阻却されるものと考える。その上で，自傷行為のうち，傷害過程を完遂すること自体を不能にするような自傷行為の場合（おおよそ，生命に対する差し迫った危険を惹起する場合がこれにあてはまるであろう）は，構成要件該当事実全体の実現について支配がないことを理由に構成要件該当

---

[16] ただし，「同意が与えられた侵害の範囲」を論じることはできる。たとえば，指を傷つけることの同意があったとしても，それによって腕の切断の違法性を失わせるとはいえないことはもちろんである。

[17] 202条の趣旨から，「生命の危険を惹起すること」については被害者の意思如何に関わらず法の介入を肯定すべきだとするのである。

[18] 人間としての自由を放棄することは，奴隷契約に等しく，意思決定の自由にとって内在的制約を受ける，という考え方（たとえば，J. S. Mill）に基づく。

性（正犯性）が否定され，処罰されないとすることができると思う。程度によるが，限定的な場合には，犯罪不成立により処罰されないことになる。

なお，被害者の同意は必ずしも違法性を阻却しないと解する立場からは，嘱託を受けて傷害行為を行い，その結果被害者を死に至らせた場合には処罰される可能性がある。上述のとおり「嘱託傷害罪」に相当する内容の規定がないため，傷害致死罪に該当することになる。しかし，そうすると，嘱託「殺人」でさえ法定刑の上限が7年の懲役であるのに対し，嘱託「傷害致死」の法定刑が15年の懲役となるという不均衡が生じる。そこで，このような事例については，罪名は傷害致死罪であるが，量刑上は嘱託殺人の法定刑の上限を超えない範囲で処断すべきと解するほかはないであろう。

5.6 凶器準備集合および結集罪

5.6.1 保護法益・罪質

凶器準備集合罪は，複数人が集合することを構成要件要素とする「必要的共犯」（集団犯・集合的犯罪）[19]である。「傷害の罪」の章におかれているのは，本罪が暴行・傷害の前段階に相当し，暴行・傷害罪の予備的性格を有することが考慮されたものといえる。しかし，多数の人が凶器を準備して集合するときには，社会的な平穏が害され，不特定または多数人の生命・身体・財産に対する危険が生じることも容易に想定することができるので，本罪の法益として公共の平和・安全を考慮する余地もある。実際，判例（最判昭和58・6・23刑集37巻5号555頁）は，個人の生命・身体・財産の安全のほか公共の平和・安全も保護法益であるとする。判例によると，本罪は，暴行・傷害罪の予備にとどまらず，社会的法益に対する罪の性格を合わせもつことになる。わたくしもこのような理解が妥当であると考える。

---

[19] 刑罰法規のほとんどの構成要件は，単独の行為者を想定するものだと解される。これに対し，複数関与者による行為を予定している構成要件があり，このような犯罪を必要的共犯という。必要的共犯には，凶器準備集合罪のような集団犯のほか，賄賂収受罪と賄賂供与罪との関係のような対向犯がある。

5.6.2 凶器準備集合罪

　凶器準備集合罪は，凶器を準備し，または，凶器の準備があることを知って集合する犯罪であり，法定刑は，2年以下の懲役または30万円以下の罰金となっている（208条の2第1項）。

　本罪の保護法益には社会的法益に関するものを含むと考えると，集合の継続する限り公共の平和・安全に対する危険は継続する（法益侵害ないし侵害の危険が存続する）と解されるので，凶器準備集合罪は，継続犯[20]の性格をもつことになる（最決昭和45・12・3刑集24巻13号1707頁）。そして，実際の加害行為（殺人罪・傷害罪にあたる行為）に進んだとしても，本罪の法益侵害はそれらとは別に考慮されるものであるから，殺人罪・傷害罪等が成立する場合にも，本罪は別途成立することになる。これに対し，本罪は，加害を実行行為とする犯罪（殺人罪・傷害罪等）の予備段階の行為類型それに尽きる，とする見解に従うと，凶器の準備・集合が完了した時点で，直接的な処罰対象である不法事実も終了し，その結果としての準備完了状態が残る（状態犯）と把握されることになる。殺人・傷害等が現に実行されたときには，凶器準備集合罪はそれらの犯罪の中に含めて評価されることになり，独立して本罪が成立することはない。

　本罪は，共同加害目的を必要とする目的罪[21]である。目的の内容となっている事実は，客観的事実が実現することを要しない。本罪においても，実際に共同加害行為を行うことは，必要でない。なお，「共同加害目的」には，基本的に，財物奪取の目的は含まない。相手の攻撃に対して迎撃するという受動的目的でもよい（最決昭和37・3・27刑集16巻3号326頁や最判昭和52・5・6刑集31巻3号544頁を参照）。「集合」は，複数人が時と所を同じくすることである。他の目的で集まった者が共同加害目的を有するに至った場合を含む（最決昭和45・12・3刑集24巻13号

---

[20] 犯罪が既遂に達した（構成要件的結果）以降も犯罪事実が継続するものを継続犯，既遂に達した後は違法状態が継続するものの犯罪事実は終了したとされるものを状態犯という。たとえば窃盗罪（235条）の場合は，法益侵害が生じたところで犯罪事実は終了し，その後は，財物が奪われたという違法な状態が継続する（だけの）状態犯である。これに対し，法益侵害事実を時々刻々と維持している犯罪類型は，既遂後も，犯罪事実が継続すると考えるべきである。逮捕・監禁罪（220条）の不法内容は自由侵害であるから，逮捕・監禁の継続中は単なる法益侵害状態の継続ではなく犯罪事実そのものの継続と考えられる。両者は，公訴時効の起算点（刑訴法253条1項。犯罪行為が終った時）の相違をもたらす。また，共犯は，正犯の犯行に関与するものであるから正犯の行為が完了した後には観念できないが，継続犯の場合には，既遂後も犯罪事実継続中は共犯が成立しうる。

[21] 目的罪（目的犯）は，故意のほかに「目的」という主観的要素が必要とされる犯罪である。

1707頁)。

　「凶器」については，性質上の凶器と用法上の凶器とがあるとされている。性質上の凶器とは，それ自体が人の殺傷のための用具であるもの，要するに銃砲や刀剣の類である。しかし，別の用途に用いられる器具であっても，用い方によって殺傷の用に用いうるものも用法上の凶器として凶器になる余地がある。ただし，その判断に際し，たとえば，包丁や観賞用の日本刀，狩猟用の銃や弓矢等が性質上の凶器か用法上の凶器かと問うことには，わたくしは，あまり意味がないと思う。凶器性は，できるだけ客観的に判断すべきであるが，用法上の凶器というカテゴリーを承認する以上，その基準を単純な殺傷能力に還元することは容易でなく妥当でもない。結論的には，それが「準備」された際に社会通念上危険感を抱かせるものかどうかによるほかはないと考える。いいかえれば，「用法上の凶器」性は，当該の物が凶器として用いられる可能性があるかという問題であり，したがって，「準備」のあり方を含む状況に依存するということである。判例には，長さ1メートルの角棒を凶器とした例（最決昭和45・12・3刑集24巻13号1707頁）がある一方，殺傷のために準備されたダンプカーも，そのような危険感を抱かせる状態でなかったならば，凶器にはあたらないとしたもの（最判昭和47・3・14刑集26巻2号187頁）がある。これらも，準備状況を含めて凶器性を判断したものと解することができるであろう。

5.6.3　凶器準備結集罪

　208条の2・1項（凶器準備集合）の場合において，凶器を準備して，または，その準備があることを知って，人を集合させた者は，3年以下の懲役に処せられる（208条の2・2項）。
　本罪は，単純な集合行為を処罰する凶器準備集合罪に対し，凶器を準備して人を集合させる場合，凶器の準備があることを知って人を集合させる（結集する）場合を，凶器準備集合罪より重い法定刑で処罰する類型である。1項の集合罪に対しては対向犯の関係になる。
　結集行為は，1項の罪の教唆犯[22]（61条）と区別される必要があるから，相手

---

[22] 必要的共犯であっても，共犯構成員の外にいて，必要的共犯に該当する犯罪を実現させる者を，総則の共犯規定により，教唆犯・幇助犯等，任意的共犯として処罰することは妨げないと考えられる。

に特定の犯罪を実行する決意を生じさせる行為を広く包含する教唆より限定するべきであるから，本罪の主体は，複数人を集合させるに際し重要な役割を演じる主導者をいうものと解するのが妥当である。

■ 第 6 章 ■

過失傷害の罪

本章は，過失により傷害を与える罪，および過失により死亡させる罪を扱う。
  過失傷害罪（209条）
  過失致死罪（210条）
  業務上過失致死傷罪（211条）：業務上過失・重過失
なお，自動車運転死傷行為処罰法上の犯罪についても言及する。

6.1　過 失 犯

　刑法には，故意犯処罰の原則（38条1項）が認められているが，法律に特別の規定をおいて例外（同項ただし書）を認めることがある。故意のない場合にも広く法的責任を問う場面は，民事法あるいは行政法の領域においてはいわゆる無過失責任を含むが，責任主義（責任原理）が厳格に求められる刑事法では，主観的帰責事由として過失のある場合に限られる。
　209条以下の過失傷害の罪は，過失により人の傷害・死亡の結果を引き起こした場合を処罰するものである。故意のある場合だけでなく過失による侵害をも処罰することとされているのは，いうまでもなく，人の生命や身体という法益の重要性にかんがみ，過失侵害からも保護する必要が認められたためである。
　詳細は刑法総論の課題であるが，過失犯の構造，過失の意義等について，基本的な構造を述べておく。過失犯とは，結果実現に関して行為者に故意がないことを前提に，行為者が，予見可能な結果を予見せず，または結果を予見したものの十分に注意を払わなかったため，現実の結果発生に至らせた場合である。一般に，行為者に課される法律上の注意義務を懈怠したことが過失であるとされている

（注意義務違反としての過失）。過失が行為者の内心（主観）に関わる事情であることから，故意犯・過失犯の区別は，客観的事実に対する評価である違法性の問題ではなく，行為者の責任（非難可能性）の相違の問題だとする立場と，違法性は行為規範からの逸脱の程度の問題であり，行為者主観の如何にも依存すると捉え，故意犯・過失犯は行為の違法性が異なるとする立場とがある。

　注意義務の内容およびその違反の有無の判断に際しては，いわゆる「**信頼の原則**」が認められている。問題となっている事象に対し，複数の者（被害者となるべき人を含む）が関与するとき，他の関与者が適切な行動に出ることを信頼して，それを前提に自己の注意を尽くせば注意義務履行として足りる（注意義務懈怠にはならない）という法理である。この意味で，信頼の原則は，注意義務の範囲を限定する機能を有する。他の関与者が不適切な行動に出ないように，あるいは不適切な行動に出ることを予想して注意する必要はない。たとえば，危険な区画に人が入らないように錠をかけた頑丈な扉を設置してあるところに重機を用いてことさらに侵入する者はないと信頼してよい。あるいは，複数人がチームを組んで作業を分担して遂行する際には，他の分担者の不適切な行動をすべて予測して対策を講じる必要はなく，他の分担者により通常の注意が尽くされることを信頼してよいであろう。

　なお，過失傷害罪・過失致死罪に限らず刑法全体にわたり，過失犯に対する法定刑は故意犯に比して格段に低いという特徴が認められる。その是非はともかくとして，法益侵害の意図がない点につき寛容な態度が示されているのである。ところが，自動車交通が普及し，自動車事故による人の致死傷が数の上でも重要な社会問題になる一方，これを単純な過失犯として扱うと，悪質な自動車運転（運転自体は意図的行為である）に対する処罰としては法定刑が軽くなりすぎる傾向が否めなくなった。娯楽のための自動車運転を含めて業務とし，自動車事故を（加重類型である）業務上過失致死傷で処理する取り扱いが一般化したことには，このような背景があったと思われる。その後さらに，業務上過失致死傷罪でも罪刑の均衡が十分でないとの考え方から危険運転致死傷罪の立法が行われた。現在は，自動車運転に関わる刑罰規定は，従前は刑法典にあった規定を含めて，特別法（「自動車の運転により人を死傷させる行為等の処罰に関する法律」平成25年法律第86号）として整備されており，自動車運転に関わる過失犯類型は刑法典から削除されるに至っている。それでも，これらの行為に社会生活上の重要性が認められ，過失犯をはじめ犯罪論の種々の問題に関する判例も，これらの犯罪に関して蓄積され

てきたという事情があることから，ここでは，本章の最後に，この法律の主な類型に言及することとする。

6.2 「過失傷害の罪」の諸類型

6.2.1 過失傷害罪

過失傷害罪は，過失により人を傷害した者を，30万円以下の罰金または科料に処するものである（209条1項）。この罪は，告訴がなければ公訴を提起することができない（同条2項）。

本罪は，過失により人に傷害結果を生じさせる類型で，故意犯である傷害罪に対応する過失犯である。当然ながら，原因となる過失による行為と傷害結果との間には因果関係が認められなければならない。法定刑は，故意の傷害罪の場合に比して相当に軽い。

本罪は，「告訴がなければ公訴を提起することができない」とされている。このような犯罪を**親告罪**[1]という。親告罪として，事件処理のあり方を被害者等の判断に委ねることが適切な理由としては，①その罪について公訴が提起され公判廷での審理に付されることにより，被害者の秘密等が露呈するなどの副次的利益侵害が生じうること，②個人的法益の侵害が軽微であって，刑事訴追に伴う煩雑さやコストとの均衡が考慮される必要があること，が大きなものである。本罪の場合は，侵害の程度が低いことが理由であると解される。

6.2.2 過失致死罪

過失致死罪（210条）は，過失により人を死亡させた者を，50万円以下の罰金に処するものである。

故意犯である殺人罪に対応する過失犯であるが，法定刑は，殺人罪に比して著しく軽い。

---

[1] 告訴とは，捜査機関に対し犯罪事実を申告し，その事実について訴追を求める意思表示をいう。告訴権者（基本的には被害者である）・告訴期間および手続に関しては，刑事訴訟法（刑訴法230条以降）に規定がある。

原因となる過失行為と死亡結果との間には因果関係が認められなければならないことは，もちろん同様である。

6.2.3　重過失致死傷罪

重過失致死傷罪（211条後段）は，重大な過失により人を死傷させた者を，5年以下の懲役もしくは禁錮または100万円以下の罰金に処するものである。

本罪は，過失致死行為のうち「重大な」過失による場合を一般の過失致傷罪・過失致死罪より重く処罰する類型である。法定刑には自由刑を含み，懲役のほか禁錮が規定されている[2]。

通常の過失と「重大な」過失（**重過失**）との区別が問題になるが，重過失の意義には議論がある。過失を責任要素に属するものと位置づける場合には，重大な過失とは非難可能性が高まる事情がある場合をいうと解することになる。過失を違法要素と捉える立場からは，重大な過失による場合は，通常過失の場合に比して行為自体の不法の程度が高いと解することになる。わたくしは，「重大な過失」とは，死傷結果回避のために要請される**法的注意義務違反**の程度が大きいことを意味するものと考える。すなわち，結果回避義務違背の程度がはなはだしい行為が重過失行為であり，通常の過失行為より違法性が大きい行為だということになる。その大小は，行為そのものが軽率さの程度（義務づけられる注意の内容，注意することの容易さ），注意義務違反と引き換えに惹起された法益侵害の重大さ等を中心に，法益侵害に至る過程を総合的に評価して判断することになろう。

6.2.4　業務上過失致死傷罪

（1）総　説

業務上過失致死傷罪は，業務上必要な注意を怠り，よって，人を死傷させた者を，5年以下の懲役もしくは禁錮または100万円以下の罰金に処するものである（211条前段）。

本罪は，過失致死傷のうち，業務上必要な注意を怠った場合を，通常過失によ

---

[2] 禁錮（13条）は，懲役（12条）とは「所定の作業」を行わない点で異なる（申出により作業に従事することもできる。刑事収容法93条参照）自由刑であり，一般に，過失犯や政治的信条に基づく犯罪等，「非破廉恥」罪において規定されている。

る場合より加重して処罰するものである。法定刑は，重過失致死傷罪と同様である。

加重根拠は，過失の種類に基づくが，業務上の注意義務が課される立場・地位は行為者の性質という側面をもつ。そこで，行為主体に着眼すると，業務者による場合の過失致死傷をそれ以外の（通常の主体による）場合に比べて重く処罰する不真正身分犯[3]だということになる。

（2）「業務」の意義

本罪における「業務」とは，「社会生活上の地位に基づき，反復継続して行う行為」であって，その趣旨から「他人の生命・身体等に危害を加えるおそれのあるもの」となる。もっとも，業務自体が危険を包含する場合に限らず，生命・身体に対する危険防止・保安を内容とする業務を含む。「社会生活上の地位に基づく」との条件は，個人的生活領域の行為，たとえば自己の子の育児・自己の生活上の炊事などを除く趣旨に理解される。業務は，行為者の目的がこれによって収入を得るにあるとその他の欲望を満たすにあるとを問わない（最判昭和33・4・18刑集12巻6号1090頁）。「反復継続」は，業務本来の含意である。反復継続を前提とする限り，その最初の1回を含めて業務にあたる。反復継続性という性質自体が法益侵害の危険性を高めるなど，業務固有の性質を帯びさせるからである。業務として行う資格を欠いていても社会生活に関わる業務を反復継続する意思があれば業務である（免許停止処分中で運転資格がない者の運転により他人を死に致した場合を業務上過失致死罪とした最決昭和32・4・11刑集11巻4号1360頁参照）。このように，業務の適法性は問わず，無免許運転[4]・無免許診療などの違法な業務も含まれる。

医療過誤に関連して医師の業務上過失致死傷罪が問題とされることもある。患者を取り違えて手術をした医療事故の事案において，麻酔科医師につき，麻酔導入前に患者の同一性確認の十分な手立てをとらず，麻酔導入後患者の同一性に関する疑いが生じた際に確実な確認措置をとらなかったとして，過失を認めた例がある（最決平成19・3・26刑集61巻2号131頁）。医師の行う，専門性の高い判断や投薬・施術等については，結果を惹起させないようにする注意義務の存否をめぐって難しい問題が生じるが，医療上の専門判断であることから必然的に医師の

---

[3] 業務上過失致死傷罪は，業務者の身分による過失致死傷罪の加重類型であり，業務者でない者も過失致死傷罪で処罰される。すなわち，業務者という身分は加減的身分（65条2項）である。

[4] ただし，上述のとおり，自動車運転による致死傷犯罪は，現行法では特別法に規定されている。

過失が否定されるわけではない。

（3）業務上の過失

上述したように，一般に，過失とは注意義務違反である。判例によれば，注意義務のうち**業務者**に対する加重が行われる根拠は，業務者には高度の注意義務が課せられており，その義務違反は，業務者でない場合に比べて責任が重いとする考え方が採られている。これに対しては，同一結果に関して要求される注意義務の内容は，いずれにせよ結果回避のための注意であって，業務者であろうとなかろうと同じであるはずだから，注意義務による区別はできないと批判される。結果という不法に着目すれば，それとの関係で業務上過失による通常の過失に対する加重を根拠づけることは難しいであろう。また，たしかに，注意すべき範囲を業務者について拡張するという意味で高度の注意義務を論じるならば，業務者について刑を重くするだけでなく処罰範囲を拡張することをも含意するが，その合理的理由は乏しい。

業務上過失の加重根拠に関する学説では，①一般予防の観点（業務者に対しては重い刑罰を予告して被害の発生を防ぐ必要がある），②被害法益の多数・重大性の観点（業務上生じる致死傷結果は多数・重大になる。重大な法益侵害は違法性が大である），③注意義務を尽くすことに対する期待が強いという事情（期待に反する義務懈怠は，責任が大である），④業務者の注意能力は高いから義務違反はその逸脱程度が大きいと評価されるという事情（違法性・責任のいずれかに関係する）などが考慮されている。

①の一般予防は，いずれにしても無視はできないと思われるが，少なくとも，実体についての評価を抜きにしてこのような刑事政策だけで処罰の加重を根拠づけることは妥当でない。②や④のように被害の重大さや業務者の高度の注意能力などを一律に想定することもできないであろう。わたくしは，法定刑加重は，③の社会的期待違背を根拠とするものだと考えている。ただし，私見では過失は主観的違法要素であり，かつ，構成要件に取り込まれた主観的構成要件要素であると解する（『総論』112頁）ので，業務者であることを理由にその過失に関し非難可能性が高まるのではなく，法の期待する態度からの逸脱の程度が通常の過失より大きくなるという意味において，行為の違法性評価に影響すると考える。違法評価は，結果のみによって定まるのではなく行為態様も対象であり，業務上過失は，違法性の増大を根拠に加重されるものである。

業務上の注意義務は，業務の多様なあり方に応じてさまざまであるから，具体的な事情に即して認定される必要がある。また，注意義務の内容は，できるだけ明確な根拠から具体的な行為基準として認定されるべきであるから，業務上の規則，マニュアル，手順書などの物的資料，業務実績や共通了解など慣習的な準則等も考慮すべきである。

なお，判例においては，結果発生に対して複数の要因が関係する事例でも，業務上の注意義務が存在すると認定され，その注意義務違反から結果が生じたと評価されるときには，他の要因があるにもかかわらず業務上過失致死傷罪の成立を認めるという姿勢がみてとれる。最近の最高裁判例では，花火大会後，歩道橋で多数人が転倒して死傷した事故について，雑踏警備に関し現場において警察官を指揮する立場にあった警察署地域官と，現場において警備員を統括する立場にあった警備会社支社長に業務上過失致死傷罪が成立するとされたもの（最決平成22・5・31刑集64巻4号447頁，明石歩道橋事故事件）がある。あるいは，管制官が誤って降下の指示をしたため，航空機のニアミスを生じさせ，急激な機体操作のため乗客らに傷害を負わせた事件につき，便名を言い間違えて降下の管制指示をした実地訓練中の航空管制官と，これを是正しなかった指導監督者である航空管制官の両方に，業務上過失傷害罪が成立するとしたもの（最決平成22・10・26刑集64巻7号1019頁）がある[5]。

過失は不作為についても想定できる。判例には，トラックのハブが走行中に破損したため前輪タイヤ等が脱落して歩行者らを死傷させた事故について，トラックの製造会社で品質保証業務を担当していた者には，同種ハブを装備した車両につきリコール等の改善措置の実施のために必要な措置をとるべき業務上の注意義務があるとして，同種事故について業務上過失致傷罪の成立が認められた例（最決平成24・2・8刑集66巻4号200頁）もある。

上に述べたような理解をするときには，業務上過失と重過失とが共通した性質をもつものとなり，重大な過失の一部についての特別類型が業務上過失であると捉えることになる。したがって，業務上過失致死傷罪と重過失致死傷罪とは，特別法・一般法関係の法条競合[6]になるとするのが妥当であろう。

---

[5] このような類型は，「過失の競合」とよばれている。過失競合には過失の共犯の場合も含まれるが，それに限らず，過失競合の場合には，「故意犯の競合」の場合に比べて，帰責範囲が広くなる不均衡が生じているのではないか，といった問題意識から議論の対象となっている。

6.3 自動車の運転により人を死傷させる行為等の処罰に関する法律

6.3.1 立法に至る経緯

　既述のとおり，自動車の運転に関わる注意義務違反により死傷結果を発生させた場合には，刑法上の業務上の過失による死傷結果惹起として扱う解釈が定着していた。余暇に行楽に出かける際であっても，自動車の運転は業務だとされたわけである。ところが，その後，たとえば，後に運転する予定があるのに意図的に飲酒した上で酒に酔って運転する，あるいは，精神に異常を来たす薬物を意図的に用い，適切な注意・制御ができない状態で運転するなどといった，自動車による悪質な致死傷事例が社会問題となった。このような背景のもと，法定刑が業務上過失致死傷罪より重い自動車運転業務上過失致死傷罪を刑法の中に設け，他方で同じく刑法典に危険運転致死傷罪（旧208条の2）を新たに規定するなどの改正・立法が行われた。

　しかし，危険運転致死傷罪は，処罰範囲が不当に拡大しないように慎重な立法をしたこともあり，実際の適用例が限られること，傷害の罪の他の犯罪類型との整合性がとりにくい類型であることなど，実践・理論の両面から問題が指摘された。このような事情から，危険運転の類型を広げることも含めて諸規定を整理して「自動車の運転により人を死傷させる行為等の処罰に関する法律[7]」が制定された。自動車運転にかかる過失致死傷罪を含め，刑法典にあった規定はこの法律に受け継がれ，刑法からは削除されることとなった[8]。

---

[6] **法条競合**とは，ある事実について適用可能にみえる複数の罰条があるとき，法の解釈に基づいて論理的に1個の法条のみが適用される場合をいう。たとえば，2つの条文が一般法と特別法の関係にあるときには，特別法が優先適用されて一般法は排除される。特別法とは，特定の場合に固有の扱いを別に定めたのであるから，特別の場合に該当する以上当然そのように扱われるべきである。

[7] ここでは，略称として「自動車運転死傷処罰法」を採用しておく。本法の制定にかかる改正・変更等に関しては，本法の概要に関する解説，高井良浩『「自動車の運転により人を死傷させる行為等の処罰に関する法律」について』刑事法ジャーナル41号35頁以下を参考とした。

[8] 自動車事故による死傷事件は件数が相当に多い上に他の傷害罪とは性質を異にするので，刑法典中の他の犯罪類型と同列で理解するよりは，独立した特別法とする方が合理的な面はあると思われる。

6.3.2 概　　要

(1) 危険運転致死傷罪
　この法律の2条以降が構成要件を定めており，2条と3条が，危険運転致死傷罪にあたる。
　2条は，「次に掲げる行為を行い，よって，人を負傷させた者は15年以下の懲役に処し，人を死亡させた者は1年以上の有期懲役に処する」として，次の6類型を定める。

1　アルコール又は薬物の影響により正常な運転が困難な状態で自動車を走行させる行為
2　その進行を制御することが困難な高速度で自動車を走行させる行為
3　その進行を制御する技能を有しないで自動車を走行させる行為
4　人又は車の通行を妨害する目的で，走行中の自動車の直前に進入し，その他通行中の人又は車に著しく接近し，かつ，重大な交通の危険を生じさせる速度で自動車を運転する行為
5　赤色信号又はこれに相当する信号を殊更に無視し，かつ，重大な交通の危険を生じさせる速度で自動車を運転する行為
6　通行禁止道路（道路標識若しくは道路標示により，又はその他法令の規定により自動車の通行が禁止されている道路又はその部分であって，これを通行することが人又は車に交通の危険を生じさせるものとして政令で定めるものをいう）を進行し，かつ，重大な交通の危険を生じさせる速度で自動車を運転する行為

　これら「**危険運転**」とされる根拠たる原因行為自体は意図的であるため，本罪は，危険運転を基本犯とする結果的加重犯の性質をもつが，危険運転単独の処罰規定が設けられていないことから，基本犯は道路交通法等に定められていると解することになろう。故意としては，基本犯に該当する「危険運転」等の事実についての認識が必要とされる。各構成要件に記述される評価そのものについて認識することは必要がないが，その評価を基礎づける事実についての認識が必要である。危険運転等の行為と死傷結果との間には因果関係が必要であるが，判例に従えば，致死傷結果に関する予見可能性は不要であることになる。

3条の危険運転致死傷罪は、2条に規定する危険運転行為と同等とまではいえないが、なお危険性・悪質性が高い運転行為を行う類型である。法定刑は、2条の罪より軽く（5条の過失運転致死傷罪より重く）、「人を負傷させた者は12年以下の懲役に処し、人を死亡させた者は15年以下の懲役に処する」こととされている。その内容は、次のとおりである。

1 アルコール又は薬物の影響により、その走行中に正常な運転に支障が生じるおそれがある状態で、自動車を運転し、よって、そのアルコール又は薬物の影響により正常な運転が困難な状態に陥って人を死傷させる場合（同条1項）
2 自動車の運転に支障を及ぼすおそれがある病気として政令で定めるものの影響により、その走行中に正常な運転に支障が生じるおそれがある状態で、自動車を運転し、よって、その病気の影響により正常な運転が困難な状態に陥って、人を死傷させる場合（同条2項）

（2）過失運転致死傷アルコール等影響発覚免脱罪

4条の罪は、アルコール等の影響によりその走行中に正常な運転に支障が生じるおそれがある状態で自動車を運転し、過失により人を死傷させた場合において、その運転の時のアルコール等の影響の有無または程度が発覚することを免れる目的で、アルコール等の影響についての証拠取集を妨げる行為を行った者について、これらを一体として処罰する複合的な罪である（法定刑は、12年以下の懲役）。すなわち、本罪の行為は、過失により人を死傷させる過失行為と、故意による証拠収集免脱行為とからなる。免脱行為は、発覚することを免れる目的で行われる必要がある（目的罪）。

（3）過失運転致死傷罪

本罪[9]は、自動車の運転上必要な注意を怠り、よって人を死傷させた者を7年

---

[9] 改正前の刑法211条2項の自動車運転過失致死傷罪を移したものである。既述のとおり、刑法の自動車運転過失致死傷罪が制定されるまでは、自動車運転に関わる過失致死傷は刑法211条の業務上過失致死傷罪を構成するものとする解釈・運用が一般的に受け入れられていたが、それに比べると法定刑の上限が加重され、他方で、業務上過失致死傷罪にはない刑の任意的免除に関するただし書が加わっている。

以下の懲役もしくは禁錮，または100万円以下の罰金に処するものである（5条本文）。ただし，その傷害が軽いときは，情状により，その刑を免除することができる（刑の任意的免除。同条ただし書）。

本罪は，自動車運転上の過失による致死傷を処罰する類型であるから，行為主体は自動車を運転する者に限られる（身分犯）。「運転上」必要とされる注意は，自動車の発進から停止までを包括し，道路上の操作に限られない。走行中の自動車を停止させる操作も運転に含まれる。停止後に降車のためドアを開ける行為については，業務上過失傷害罪（刑法211条）にあたるとした裁判例がある（東京高判平成25・6・11判時2214号127頁）。

ただし書は，自動車運転が日常的操作となり，自動車運転過失事故が多数に上ることから，効率的な処理が望まれる一方，注意懈怠に種々の程度のものが含まれるという事情をふまえ，従前から実務上行われてきた軽微な事例に関する起訴猶予の処理を実体法に投影したものと説明される。もっとも，本罪のもとでも起訴猶予等の処分がなされることは否定されるわけではなく，ただし書のゆえに従前より起訴の範囲が拡大することは妥当でない。

(4) 無免許運転による加重

6条は，所定の各犯罪において無免許運転という不法が加わる事例について，道交法上の無免許運転罪とそれらの犯罪との併合罪（刑は加重される）となる場合以上の法定刑を定めるものである。

■第 7 章■

自由に対する罪

個人の意思・身体活動の自由に対する犯罪類型について検討する。
意思決定・意思実現の自由 ──── **脅迫罪・強要罪**
移動の自由 ──────────── **逮捕・監禁罪**
行動の自由（＋被害者の安全？）── **略取誘拐罪**
性的自由 ──────────── **強制わいせつ罪・強姦罪**

7.1 脅 迫 罪

> **設例1** 暴力団員Xは，A社社長Bから，ライバル社C社が請け負った仕事をA社に変更させるようC社に圧力をかけることを依頼され，C社を訪れ，応対に出たC社担当部長らに対し「このままでは，お宅は工事ができないようになるぞ」と大声で告げるなどした。このXの態度から，C社取締役らは，同社の営業が妨害される行為が行われるのではないかと考えた。

7.1.1 脅迫罪と強要罪

脅迫罪は，個人の意思決定・意思実現の自由に対する危険犯であり，**強要罪**は，個人の意思決定およびその意思実現である身体活動の自由に対する侵害犯である。脅迫は，相手を畏怖させて自由な意思実現を妨げる危険を生じさせることを内容とするので，個人の法律的安全の意識に対する犯罪という側面をもつ。ここから，それ自体の意思活動を観念できない法人に対しては，脅迫罪は成立しないと考えられる（大阪高判昭和61・12・16高刑集39巻4号592頁参照）。一方，強要罪において

は侵害「結果」が重要であると解されるので，「法人の意思決定」を観念することができ，その意思決定の制約という結果が生じる限りにおいて，法人に対する強要罪を考える余地がある[1]。しかし，法人の意思決定は，法人としての目的適合的判断であって，自然人の活動に関連した意思強制（端的には畏怖心による不本意な意思決定）とは内実が異なると思われる。この考え方から，わたくしは，脅迫罪同様，強要罪についても法人を客体としては成立しえないと解する。もっとも，法人の活動について法人に関係する自然人が脅迫を受けたときには，その自然人に対しては脅迫罪・強要罪が成立しうる[2]。

脅迫罪は危険犯である。現実に，相手のしたくないことをさせたり，したいことを断念させたりする場合は強要罪となる。ただし，脅迫を手段として何らか現実の行動をさせる場合については，別の構成要件が用意されていることが多い。たとえば，脅迫を用いてその人の財物の取得を甘受させる行為は，強盗罪（236条1項）や恐喝罪（249条1項）になる[3]。強要罪は，そのような類型にあてはまらないときであって，現実に，意思に反する作為・不作為をさせた場合に成立する。

7.1.2　脅迫の概念

「脅迫」とは，他人に畏怖心を生じさせる目的で害悪を通知することである。脅迫の概念に関しても，暴行罪と同様の分類が行われる[4]。広義・狭義の分類は，暴行の分類の場合より抽象的な観点からのものであり，その分，解釈論上の実益も乏しいと思われるが，同一文言が別様に解釈されていることを示す趣旨で挙げておく。なお，最狭義に分類されるもののうち，強姦罪，強制わいせつ罪の手段である脅迫は，暴行の場合と同様，「抵抗を著しく困難にする」程度のもので足りると解されている。

---

[1] 西田・70頁以下，山口・79頁以下参照。
[2] 設例1では，法人従業員を通じて法人を代表する自然人に対し，法人たる「会社」活動に関する不利益が生じうべき旨を告げて，法人を代表する自然人に会社の不利益の認識を与えたにすぎない。しかし，C社担当部長や取締役社長が，自らまたは家族等に危害が加えられるのではないかと認識する状況であった場合には，C社担当部長ないし取締役社長など自然人に対する脅迫罪が成立しうる。
[3] このとき，強要罪と強盗罪等とは法条競合の関係にある。強要罪が広く強要行為を内容とするのに対し，強盗罪は財物の取得に関する強要行為であるから，強要罪に対して特別法の位置を占める。
[4] 例示をみればわかるとおり，構成要件上，暴行・脅迫が手段として並んで規定されていることが多いが，もちろん，具体的事実の構成要件該当性判断をする際には，「暴行・脅迫」という包括的な認定では足りない。特定の事実が暴行に該当する，あるいは脅迫に該当することを認定する必要がある。

暴　行：畏怖心を生じさせる目的で通常人が畏怖心を生じる程度の害悪を他人に通知すること
　①広　義：害悪の内容・性質・通知の方法の如何，相手方が畏怖心を生じたかは問わない。
　　　　　例：公務執行妨害（95条1項），職務強要（95条2項），加重逃走（98条），
　　　　　　　逃走援助（100条），騒乱（106条），内乱（77条）
　②狭　義：通知される害悪の種類，畏怖心を生じた相手方の作為不作為等の限定のある場合
　　　　　例：脅迫（狭義）（222条），強要（223条）
　③最狭義：相手方の反抗を抑圧する程度の畏怖心を生じさせる程度のもの
　　　　　例：強盗（236条），事後強盗（238条），強姦（177条），強制わいせつ（176条）

7.1.3　脅　迫　罪

(1)　総　説

　脅迫罪（222条）は，生命，身体，自由，名誉，または，財産に対し，害を加える旨を告知して脅迫した者を，2年以下の懲役または30万円以下の罰金に処し（同条1項），親族の生命，身体，自由，名誉，または，財産に対し，害を加える旨を告知して人を脅迫した者も，同様に，2年以下の懲役または30万円以下の罰金に処する（同条2項）ものである。
　暴力行為等処罰法1条・1条の3・3条に特別規定がある。

(2)　行　為

　行為は，「脅迫」である。狭義の脅迫を意味する。すなわち脅迫の内容となる加害の対象が「生命・身体・名誉・自由・財産」に限られている。法文は限定列挙の形式であるから，これ以外の対象に向けた害悪を告知しても脅迫にあたらない。ただ，いわゆる「貞操」は，これを自由（性的自由）の一部とする了解がほぼ確立しているので，不本意な性行為の対象とされる旨の告知は本罪の脅迫に該当する。したがって，重要な個人的法益は加害対象に含まれるものといえよう。また，告知の相手方だけでなく，その親族の利益に対する侵害を含む（2項）。た

だ，親しい間柄であっても親族以外である場合，たとえば恋人の利益に対する加害を告げても，本罪にはあたらないと解するほかはない。

　脅迫にあたるか否かは，相手方が畏怖したという結果が基準になるのではなく，行為の性質として判断される。通知される内容が一般人を畏怖させるに足りる害悪であることが必要である。そうである限り，害悪の内容を明示していなくてもよい。判例には，ある地域の住民が2派に分かれて抗争している状況で，一方の派の中心人物宅に，現実に出火の事実がないのに火事見舞いのはがきを郵送した行為を，一般に人を畏怖させるに足りる性質のものであって脅迫罪にあたるとしたもの（最判昭和35・3・18刑集14巻4号416頁）がある。

　第三者による加害，事故による害悪発生を告げる場合も，告知者自身がその害悪の実現如何を支配しているものとして告知されれば，脅迫にあたりうる。このような事例で相手を畏怖させるに足りる程度の害悪告知であるか否かを判断する際には，周辺的事情も考慮して，告知された害悪が実現される蓋然性が高いと一般人が信じる内容であるかによることになろう。したがって，実現可能性が疑わしい害悪を告知しても脅迫とはいえないが，虚偽の内容であるからといってそれだけで脅迫にあたらないことになるわけではない。これに対し，単なる警告を発しただけであるとして脅迫にあたらないとされた例に，解散命令執行のため事務所前に集合していた県庁職員や警察官等に対し，2階窓から，「人民政府が組織されたら，人民裁判によって断頭台上に裁かれる。人民政府ができるのは近い将来である。」と申し向けたというものがある（広島高松江支判昭和25・7・3高刑集3巻2号247頁）。「単なる警告」ということの趣旨は必ずしも明らかでないが，告知の内容は実現可能性の不明な（あるいは低い）仮定をおいた害悪であることから，虚偽ではないにせよ，相手が具体的な加害を意識するには至らないであろう。

　また，法文に列挙された利益に対する加害は，法益侵害にほかならないので通常は違法となるはずであるが，通知される害悪が違法であることは脅迫とされるための必要条件ではない。したがって，正当な権利行使にあたる内容を通告することも脅迫には該当する。ただし，それらは，濫用にあたらない限り，正当な行為にすぎず処罰対象とすることが妥当でないので，違法性が阻却される。犯罪行為を警察に通報する旨通知するような場合には，類型的には脅迫罪の実行行為にあたるが，真実，警察に通報するのであれば，捜査機関が犯罪事実を認知する契機を提供する行為として，違法性が阻却されるとすべきであろう。正当化に至らず，権利の濫用（たとえば，債権行使の際，債務者に対しその身体に危害を加える旨を

告知するなど）となる場合には，もとより脅迫罪は成立しうる。正当な行為を行うことが構成要件に該当する（類型的には違法である）ことを疑問視する見解もあるが，害悪である以上は相手の意思に対する強制が生じうるのであり，正当か否かが必ずしも形式的に判断できないことも考え合わせると，類型判断である構成要件該当判断において不該当の事由とするのは妥当でない。

告知の方法は，文書・口頭・動作を問わず，他人を通じて告知する場合も含まれる。本罪が既遂となるためには，相手方が通知内容を知って現実に畏怖する必要はないが，相手方が通知の内容を知りうる状態になったこと（情報の到達）が必要である。

7.1.4 強要罪

強要罪（223条）は，生命，身体，自由，名誉，もしくは，財産に対し，害を加える旨を告知して脅迫し，または，暴行を用いて，人に義務のないことを行わせ，または，権利の行使を妨害した者を，3年以下の懲役に処し（同条1項），親族の生命，身体，自由，名誉，もしくは，財産に対し，害を加える旨を告知し，人に義務のないことを行わせ，または，権利の行使を妨害した者を，同様に，3年以下の懲役に処する（同条2項）ものである。

本罪の未遂は，処罰される（同条3項）。

強要罪は，相手の意思の自由が制限され，現実の作為・不作為が強要される結果になった場合を処罰するものである。法定刑が脅迫罪に比して加重されているのは，現実に意思決定・行動の自由が侵害される点で，脅迫罪より不法性が大きいことによる。自由に対する侵害犯であり，未遂も処罰される。

行為は，「脅迫」および1項の場合の「暴行」である。「脅迫」は，脅迫罪（222条）に関する説明を参照されたい。本罪における「暴行」も，脅迫の内容に対応して狭義の暴行，すなわち「人の身体に対する有形力の行使」と解される。

手段である暴行・脅迫（手段）と結果である作為・不作為の強要との間には，因果関係が存在しなければならない。たとえば，「告知内容は恐ろしくなかったが，いさかいは面倒だから言うとおりにした」というような場合には，畏怖を原因とする不本意な意思決定に基づいて作為・不作為がなされたものとはいえず，冷静な優劣判断に基づく任意の行動がなされたにすぎないから，結果との間に因果関係は認められず，強要罪の未遂とすべきである。

本罪も故意犯であるから，作為・不作為を強要する意思で行われる必要がある。その意思で脅迫・暴行の行為を行った以上，意図していたような作為・不作為が行われず未遂に終わったときには，強要未遂罪となるのであって，手段のみを評価して脅迫・暴行罪とすべきではない。なお，先に述べたように，暴行・脅迫を用いて作為・不作為を強要する行為が他の構成要件に該当する場合は，その罪が成立し（法条競合により）本罪は成立しない。

7.2 逮捕および監禁の罪

> **設例2** Xは，某日深夜，口実を設けて，自分の運転する自動車にAを同乗させた。やがてAの自宅付近を通りかかった際，Aが，家が近くなのでここで降ろしてほしいと再三頼んだところ，Xは，これを無視し，Aの意に反してなお1分間（約1000メートル）自動車を走らせた。Aは走行中の自動車から飛び降りて脱出し，道路に頭を打ちつけて死亡した。

7.2.1 保護法益

　逮捕・監禁の罪（220条・221条）は，人の身体を直接・間接に拘束して移動ができなくすることを内容とする。したがって，その保護法益は，身体の場所的移動の自由である。嬰児や起き上がることのできない病人など，元来，場所移動の自由がない者は，保護すべき法益をもたないから，本罪の客体にならない。逆に，場所を移動する自由がある限り，意思能力や責任能力の有無を問わない。下級審裁判例であるが，自然的・事実的意味で任意に行動しうる者である以上，法的責任能力・行動能力・意思能力を欠く幼児（1歳7か月）でも客体となるとしたものがある（京都地判昭和45・10・12判時614号104頁）。

　保護法益が「自由」であり，その侵害は，拘束手段を行使し続けることによって実現されるという性格があるところから，逮捕・監禁罪の罪質は「継続犯」であると考えられる。すなわち，いったん身体の自由を奪った時点で法益侵害は完了・完成し，犯罪としても既遂に達した上，その後，自由を侵害している間，犯罪事実が継続する。

同一個人の自由という1個の法益を侵害する手段として、逮捕と監禁とが相次いで、あるいは合わせて行われる場合は、それらは、220条の罪の包括一罪[5]となる。

7.2.2　逮捕・監禁の罪の保護する「自由」

逮捕・監禁の罪で問題となる「自由」は、観念的な自由ではなく具体的な事実レベルにおける移動の自由である。ただし、それが「**現実的自由**」（行動しようとして現に行動できる状態）であるのか[6]、「**可能的自由**」（行動しようとすれば行動できる状態）であるのか[7]をめぐって議論がある。被害者が実際に移動しようと思っていなくても侵害があるのかという問題でもある。これは、被害者側に自由を侵害されていることの認識が必要か、という問題とも関連する。「可能的自由」は、被害者の認識とは独立して観念される（自由である／ないことの認識がある場合もない場合もある）が、「現実的自由」の侵害があるときには、被害者が現に行動しようとしている以上、自由侵害を認識することになるはずだからである。

たとえば、次のような想定事例で相違が浮き彫りになるであろう。

> **設例3**　泥酔したAが部屋から勝手に出て行かないように、Aが寝ている寝室のカギをかけておいたが、Aはずっと熟睡しており、結局翌朝カギを開けたときにも眠っていた。
> **設例4**　Bが部屋で待っている間、外から部屋にカギをかけておいたが、Bは部屋から出ようとしないままで推移し、カギを開けた後になってからBが部屋を出た。

可能的自由の侵害が問題だとすれば、このような事例でも監禁罪にあたりうる。しかし、設例は、現実に外に出ようとして出られない状況にはなっておらず、本

---
[5]　両方の手段が用いられても逮捕罪と監禁罪との2罪ではなく全体で220条の罪1罪が成立する。一般に、同一法条の中で同一法益に向けられた行為態様として記述されている行為（他の例としては、たとえば、197条における賄賂の「要求・約束・収受」など）は、いずれの行為態様をとっても同様に処罰する趣旨であり、重ねて行われた場合にも全体として一罪（包括一罪）になると解されている。
[6]　現実的自由説として、西田・73頁以下。
[7]　可能的（潜在的）自由説として、大塚・76頁、大谷・83頁。なお、客体の移動の意思の有無と、自由侵害事実の有無との関係は、さらに問題ではある。このような点も含めて議論するものとして、たとえば、山口・83頁、高橋・99頁、松原・94頁等を参照。

罪の保護法益を現実的自由と解する説からは監禁罪は成立しないことになろう。出ようとしなかったのだから結果的に自由侵害はないと考えるか，被害者側の偶然的事情によって犯罪の成否が左右されるのは妥当でないと考えるか（設例4で，Aが目を覚ましてトイレにでも行こうとしたら，その瞬間に監禁罪の事実が開始することになる）によって見解は分かれるのである。わたくしは，行為者の支配領域外の，いわば偶然的事実によって処罰の如何が左右されることは，行為規範のあり方として妥当でないと考えるので，可能的自由説を支持する。したがって，被害者が自由侵害の事実を認識していることは必要でないと解することになる。

なお，現実的自由の侵害については，後述するように，被害者を欺くことを手段とする場合が問題となる。被害者側に自由侵害の認識を与えなかった場合は，相手に誤った認識をさせること自体が監禁等の手段であると捉えられるので，これも現実的自由の侵害の一場合とすることが考えられる。こう考えると，現実的自由の侵害とその侵害の認識とは連動しないことになる。もっとも，たとえば，被害者が外は危険だと信じさせられて出ようとしなかった場合には，現実的な自由の侵害があり，その侵害の認識もあると思われるが，実際には施錠されているのに，いつでも出られるとの認識が与えられている（がゆえに出ようと思わなかった）場合に現実的自由の侵害にあたるとすることは，問題であろう。

7.2.3 逮捕及び監禁罪

逮捕罪・監禁罪（220条）は，不法に，人を逮捕し，または，監禁した者を，3年以上7年以下の懲役に処するものである。

行為は，「逮捕」・「監禁」である。

「**逮捕**」とは，人の身体に対し直接的拘束を加えてその行動の自由を奪うことをいう。縄で体を縛りつける場合，体を押さえつける場合などがその典型である。ただし，身体運動そのものではなく場所的移動の自由侵害が必要であるので，単に手錠をかける，後ろ手に縛るなどして放置する行為があっても，場所の移動が可能な場合には，逮捕ではなく暴行として扱うべきであるとされる。

「**監禁**」とは，ある範囲から脱出して移動するのを不可能または著しく困難にすることをいう。物理的方法によるほか，無形的方法でもよい。偽計により錯誤を生じさせて，ある場所から出られないようにする場合にも監禁となりうる。上述したように，偽計による監禁[8]には，自由が侵害されている旨誤信させる場合

と，自由が侵害されていない旨誤信させる場合とがある。つまり，「出られるのに出られないと思い込ませる」（出られないのだから出ようとしない）場合と「出られないのに出られると思わせる」（いつでも出られるのだから安心して滞在する，出ようと思わせない）場合とである。可能的自由説からは，いずれの場合にも自由侵害が肯定される。現実的自由説によると，偽計に基づく被害者の意思決定のあり方，すなわち，そこにとどまることに対する承諾の有効性などを考慮して結論を出すことになろう。本意でない意思決定と認められるときには，現実的自由の侵害であると解するわけである。

このほか，心理的・心情的傷害を利用する類型として，①脅迫を手段とする場合，たとえば，ピストルを向けて「撃つぞ」と脅して動けなくするような場合（これは強要罪にあたるとする説もある），②恐怖心を利用する場合，たとえば，屋根に上がっている人が降りるためのはしごを外す，出口に猛犬をおくなどの場合，③羞恥心を利用する場合，たとえば，入浴中の女性の衣類を持ち去るような場合は，いずれも監禁罪となりうる。ただし，心理的・心情的な理由で移動を困難にする場合には，物理的に困難にする場合と同等の評価が可能な程度の困難さが必要であろう。

偽計により錯誤を生じさせた例として，行先を偽って承諾を得た上，自動車に乗せて車を疾走させた行為を監禁としたもの（最決昭和33・3・19刑集12巻4号636頁）がある。この事例では，可能的自由説では，偽計により車に乗せた時点，あるいは少なくとも車を疾走させて車外に出られない状況を作り出したところから監禁罪となろう。現実的自由説では，被害者がだまされたことに気づき停車を求めた時点からが監禁ということになる。ただし，上述のとおり，錯誤に基づく本意でない承諾は自由な意思に出たものではなく無効だとして，当初から監禁罪となると解する見解も有力であり，設例4は，見解によって判断がわかれる。なお，バイクの荷台に乗せて疾走した事例（最決昭和38・4・18刑集17巻3号248頁）も監禁にあたるとされているように，移動の限界が物理的障壁で囲まれた閉鎖空間である必要はない。柵や檻，壁や塀がない場所であっても，先に述べたように，監視や番犬をおいて移動させないという方法が監禁の手段となりうる。逮捕・監禁行為が「不法に」という文言で限定されているのは，刑事手続上の処分として行われる適法な逮捕・監禁などがありうることから注意的に規定されたもので，格

8　欺罔による監禁の類型につき，松原・94頁以下を参照。

別固有の意味はないと解するのが通説である。なお，逮捕・監禁の手段として行われる暴行・脅迫は，本罪が成立するときにはその評価に吸収されて別に暴行罪・脅迫罪を構成しない。しかし，手段行為は行われたものの逮捕・監禁が実現しなかった場合を型通り逮捕・監禁未遂と評価すると，逮捕・監禁罪に未遂犯処罰規定がないため，結局，犯罪の成立を否定するほかはなくなる。これは，強要罪の場合に未遂が処罰されることとの対比上不合理である。そこで，逮捕・監禁未遂の場合には，手段行為について暴行・脅迫罪が成立する可能性があるとせざるをえないように思われる。

なお，逮捕・監禁は，ある程度の時間継続する必要がある（大判昭和7・2・29刑集11輯141頁）。数字で示すことは不可能であるが，極めて短時間の自由拘束は「暴行」として処理すべきであろう。

逮捕・監禁の際に，逮捕・監禁の手段以外の暴行が行われたときは，別に暴行罪が成立することは問題ないであろう。上述のとおり，逮捕・監禁の両方が相次いで行われたときには，本罪一罪が成立する（包括一罪）。

7.2.4 逮捕等致死傷罪

逮捕等致死傷罪（221条）は，220条（逮捕および監禁）の罪を犯し，よって人を死傷させた者を，傷害の罪と比較して，重い刑により処断するものである。

本罪は，逮捕および監禁罪の結果的加重犯である。逮捕・監禁罪は，手段を含む拘束行為から死傷に至る危険を有すると考えられるので，そこから死傷結果が発生した場合を重く処罰する趣旨である。もともと殺意をもって逮捕・監禁行為が行われたのであれば，人の死亡について故意があったのであるから，殺人罪とすべきである。また，上述のように適法な逮捕・監禁もありうるが，結果的加重犯における基本犯はもちろん違法でなければならない。「前条の罪を犯し」という文言からもそう解される。適法行為から生じた死傷結果は，死傷結果を引き起こした部分のみが罪責評価の対象となり，過失致死傷の類型として処理されることになる。

人の死傷結果は逮捕・監禁そのもの，またはその手段たる行為から生じたこと，および，行為と死傷結果との間の因果関係が必要である。通説は，重い結果発生との関係で過失が必要だとするが，判例は過失を不要とすることは，既に他の結果的加重犯について述べたとおりである。なお，因果関係については，近時の判

例は，行為の有する結果発生の危険が現実の結果として現実化したといえるかどうかによって判断している。たとえば，道路上で停車中の普通乗用自動車後部のトランク内に被害者を監禁した行為と，同車に後方から走行してきた自動車が追突して生じた被害者の死亡との間には，同人の死亡原因が直接的には追突事故を起こした第三者のはなはだしい過失行為にあるとしても，因果関係があるとして，監禁致死罪の成立を肯定した判例（最決平成18・3・27刑集60巻3号382頁）がある。この判例では明言されてはいないものの，自動車のトランク内への監禁行為の有する危険が追突による死亡という形で現実化したものと判断されたことになろう[9]。

不法に監禁し，その結果，被害者が医学的な診断基準において求められている特徴的な精神症状が継続して発現していることなどから心的外傷後ストレス障害（PTSD）を発症したと認められる場合について，同障害の惹起は刑法にいう傷害にあたり，監禁致傷罪が成立するとした判例もある（最決平成24・7・24刑集66巻8号709頁）。この判断においては，PTSDのような比較的最近になって病態として把握されるようになった精神的障害状態を刑法上の「傷害」としたことが重要視されるが，因果関係肯定の根拠として「心的外傷後ストレス障害」の機序が用いられた点にも注目すべきであろう。

7.3　略取，誘拐および人身売買の罪

> **設例5**　Xは，金持ちを誘拐し身の代金として金を得ようと企て，某大学の学長Aが出勤のため自宅から出たところを待ち伏せして自動車に押し込み，そのまま郊外に用意してあった隠れ場所に連行した。Xは，Aの手足を縛って部屋の鍵をかけて逃げないようにし，Aの勤める大学に電話をして，応対に出た副学長Bに対し，Aの身の代金として5000万円を要求した。

---

[9]　ただし，わたくしは，因果関係判断において考慮される「行為の危険」は，具体的結果を生じさせる具体的事実としての危険であることを意味し，また，因果関係判断が構成要件該当判断の一場面であることから，法益設定の反面である構成要件の保護目的・保護範囲による制約を受けると考えている。この判例の事案における被害者の死は，監禁罪の構成要件が想定する類型的な保護（その反面としての結果）の範囲には含まれないので，基本犯との因果関係は否定することが妥当であると考える。

7.3.1 略取・誘拐の罪の保護法益

　略取・誘拐罪は，被害者が現在の生活状況から引き離され，他人の事実的支配におかれることを内容とする（人身売買罪は，このような事態と密接な関係がある人身売買行為それ自体を処罰するものである）。略取・誘拐（一般に「略取」と「誘拐」とを合わせて「拐取（かいしゅ）」という）の罪の保護法益をめぐっては議論がある。

　判例（大判明治43・9・30刑録16輯1569頁）・通説[10]は，拐取罪の保護法益は，**被拐取者の自由**であり，未成年者や精神障害者を客体とする場合には保護監督権者の保護監督権も副次的に保護法益であるとする。成人の場合には225条所定の目的のある場合に処罰対象が限定されるのに対し，未成年を客体とする場合は目的を要件とせず，この点で処罰範囲が拡張されている。それが保護監督権侵害に対応するものであると解するのである。もっとも，未成年者であっても十代後半にもなれば，親の監護権より本人の意思決定の方が尊重されるべきだとも考えられる。他方，親と離れて生活している子を親の元に移すような場合，親の監護権侵害は問題にならないことになるが，幼児を安定的な現在の生活環境から引き離せば，やはり拐取と解するべきであろう。実際，通説・判例もこのような場合に拐取罪の成立を認めている。このように考えてくると，少なくとも親の子に対する保護監督権を形式的意味に解することは妥当でない。

　略取・誘拐行為の処罰の趣旨は，多面的に考察する必要があるが，少なくとも歴史的には，人身の自由そのものの保護というより，人身に対する支配という状況を客体からの労働搾取につながる事情として防止しようとしてきた側面があることは事実であろう。現在では，一般的に「支配を受けていない状態」だけでなく，より普遍的な「自由」が法益として把握されていることもあって，そのような事情が前面に出ていない。しかし，拐取処罰の最重要課題が物理的人身支配の防止にあったとすれば，本罪における自由侵害は，被拐取者が他人の事実支配下に移されるという形でこそ捉えられるのではないか。そして，これに対応するなら，保護法益は「自由」というよりは「現在の（安定的）生活状況」といった形で保護法益を把握するのがよりふさわしいように思われる[11]。拐取罪に関連して人身売買の罪が規定されていることも，このような理解と整合する。また，実際，拐取による「自由」の侵害は，逮捕・監禁罪における移動の自由の侵害ほどには

---

[10] 団藤・476頁等。

[11] 安全に注目する見解として，西田・76頁，山口・92頁以下，高橋・104頁，松原・101頁等参照。

直接的ではなく，強力でもないと解されている。そこで，拐取罪と逮捕・監禁罪とで別個の自由侵害を考慮することができ，したがって拐取後の監禁ということもありうる。加えて，被害者に行動の自由がない場合（たとえば嬰児）であっても拐取の対象にはなりうるのである。

ただし，本罪について「生活の安全」を軸にした「危険な状態への移行」の不法性として捉えるだけで本罪を過不足なく的確に把握できるかには，疑問もある。というのも，成人を客体とする場合には特定の目的をもつ拐取の場合だけが構成要件とされており，このことが，拐取罪の保護法益は，非拐取者のおかれた状態という事実要素だけでなく被拐取者の意思にわたる広範なものであることを示唆するからである。法益侵害の有無も，ある程度，被害者の意識に左右されると解される。いいかえれば，成人については，より悪い（と外側からはみえる）状況を自ら選び取ることもありうることを前提した立法だといいうるのである。もとより，「被害者の承諾」法理によって違法性阻却が考えられるところであるが，構成要件自体が純粋な事実状態を法益とすることでは理解しえない部分をもつように思われる。そして，主観的構成要件要素である目的も，行為者側の利己性という意味で，被害者側の意識に反すること，すなわち行為の不法性を保証するものだと解されるのではないか。もっとも，その一方で，とくに年少の未成年者の場合に被拐取者の意思に決定的な意義を与えることは妥当でない。

わたくしは，結局のところ，拐取罪の保護する「自由」を統一的に捉える以上，安全な環境の維持という客観事情，すなわち，現在の生活状況，いわば「特段の危険にさらされていない現状」が保護法益であり，その環境からの離脱が不法の根幹をなすと捉えることになると考える。その上で，成年者の場合にはその意思決定の自由（生活状況選択の自由）を二次的な法益として考慮するが，こちらの法益は，被害者の意思により法益侵害を否定する方向に一面的に機能することになるものと捉えられる。

7.3.2 罪　質

保護法益が「自由」だとすると，本罪も逮捕・監禁罪と同様，継続犯（保護監督権者の侵害については状態犯）と解するのが自然であり，これが通説的見解となっている。判例には，営利目的誘拐罪を継続犯としたもの（大判昭和4・12・24刑集8巻688頁）がある。しかし，保護法益に関して述べたように，被拐取者の自

由侵害は，現環境からの離脱と行為者の支配下への移動という形で実現するものであるから，むしろ，従前の生活環境から意思に反して離脱させられる点に本罪の不法内容の核心があるとも考えられる。こう理解したときには，本罪の犯罪事実は，そのような離脱の時点で完成するのであって，その後は生活の安全が失われた違法状態が継続するにすぎない。すなわち，「安全な生活環境から離脱させること」（離脱自体）が犯罪実体であり，その不法性は，「危険な状態におくこと」（行為後の客体のおかれた環境が危険な状態であること，その状態への移行）にあるという観点が重視されるべきだと考えられるのである。この立場からは，拐取罪を状態犯と解することになる。

なお，現行法上，拐取罪への事後的関与について，各則に独立した構成要件が存在していることも，このような理解をすることの，少なくとも間接的な根拠としうるであろう。つまり，総則の共犯は，正犯の犯罪遂行に因果的影響を与える必要があり，したがって，正犯の犯罪事実が終了した後には成立しえないはずである。各則に規定がおかれているのは，総則の共犯が成立しない類型であることを前提にしているという説明が可能なのである。そしてこれは，拐取行為そのものの完了によって犯罪事実が終了していること，すなわち拐取罪が状態犯であることを含意する。

拐取後に，被拐取者を監禁することも多いが，拐取罪と監禁罪との間に一般的・類型的な牽連性を肯定するほどの密接な関連性はないと思われる。判例は，身の代金目的で拐取が行われた後に，被害者を監禁し，身の代金を要求した事例で，身の代金目的拐取罪（225条の2・1項）と身の代金要求罪（同条2項）とは牽連犯（54条1項後段）となるが，それらと監禁罪とは併合罪であるとした（最決昭和58・9・27刑集37巻7号1078頁）[12]。

---

[12] なお，この判例は，拐取罪と監禁罪とを観念的競合（54条1項前段）としていないので，両罪に該当する行為について，「1個の行為」が複数の構成要件に該当する場合ではないとしている（別々の行為だと考えている）ことになる。ところが，拐取罪が継続犯だとすると，監禁罪の成立以降も拐取状態は続くので，同じく継続犯である監禁罪の行為と拐取罪の行為とが時間的場所的に重複して存在するはずであるから，その間の行為が両罪に該当する，すなわち観念的競合とするのが自然である。そう判断しなかったということは，判例が拐取罪を状態犯と把握していることの傍証として理解できる面がある。

7.3.3 行　為

　略取・誘拐の罪における構成要件的行為は「略取」および「誘拐」である。「略取」も「誘拐」も，人を従来の生活環境から離脱させて自己または第三者の事実的支配のもとにおくことである。事実的支配は，元の生活環境に戻ることを困難にする程度の物理的・心理的抑圧のもとにとどめおくこと，と解されよう。いずれも，客体をその存在する場所から移動させる場合がほとんどであろうが，そのままの状態で支配状況を変更することもありうるので，場所の移転は必要条件ではない。**略取**は，暴行・脅迫を手段とする場合をいい，**誘拐**は，欺くこと（虚偽の事実を告げて相手方を錯誤に陥れる），または誘惑（甘言により人を惑わし正当な判断を誤らせる）を手段とする場合をいう。もっとも，略取・誘拐は，逮捕・監禁の関係と同じく，同一の法益侵害を内容とする行為として同一条文に並列して規定されているものであるから，いずれの行為に該当しても適用条文は同じであり，両者の区別にあまり実益はない。

　なお，目的が構成要件要素となっている類型（目的犯）においても，その目的の内容たる事実は実現される必要はない。また，目的を達することが不可能になった場合でも未遂となるわけではなく，拐取自体が実現していれば既遂となる。略取・誘拐の手段たる行為は，被拐取者自身に対するものだけでなく，保護者・監督者に対する場合も含まれる。たとえば，母親に暴行を加えて，その抱いている子を奪い取る場合であっても略取にあたるし，親族であると偽って保育されている乳児を引き取って連れ帰れば誘拐にあたる。

　略取・誘拐は，客体の事実的支配移転の手段たる部分が想定される行為態様であるから，着手時期は手段たる行為の開始時点であり，既遂時期は被拐取者を自己または第三者の実力支配内に移した時点である。

7.3.4 未成年者略取及び誘拐罪

　未成年者略取及び誘拐罪（224条）は，未成年者を略取，または，誘拐した者を，3月以上7年以下の懲役に処するものである。
　本罪は，未遂が処罰される（228条）。
　客体は，「未成年者」である。「未成年者」とは，20歳未満の者をいう（民法4条）。客体が未成年者に限られるが，主体には限定がない。未成年者に対し営利

目的等拐取罪（225条）等が成立する場合は，本罪は営利目的等拐取罪に吸収され，225条の罪のみが成立する。これは，その他，身の代金目的拐取罪（225条の2・1項）等との関係でも同様である。

　親権を有する親同士で子どもを取り合い，一方の親のもとから子どもを連れ去る行為については，家庭内の紛争でもあり，従来は民事的に解決されるべきだとする傾向があったように思われるが，刑事法が介入する例もある。たとえば，（事件は，国外移送目的拐取罪（旧226条）を認めたものであるが）別居中の妻（日本国籍）が監護養育している2歳の長女を，外国籍の共同親権者である被告人が，自国に連れ去る目的で，入院中のベッドから有形力を用いて連れ出した行為は，平穏に暮らしていた長女を外国に連れ去る目的で略取したのであって国外移送目的略取罪にあたるとした上で，被告人が親権者の一人であること，自分の母国に連れて行こうとしたことなどの事情は，違法性阻却事由として考慮されるにとどまるという判断を示したもの（最決平成15・3・18刑集57巻3号371頁）がある。また，別居して離婚係争中の妻が養育している2歳の子を夫が有形力を用いて連れ去った事案について，本罪の構成要件該当性を肯定し，行為者が親権者の一人であることは違法性阻却判断の事情であるにとどまるとしたもの（最決平成17・12・6刑集59巻10号1901頁）もある。

7.3.5　営利目的等略取及び誘拐罪

　営利目的等略取罪・営利目的等誘拐罪（225条）は，営利，わいせつ，結婚，または，生命もしくは身体に対する加害の目的で，人を略取し，または，誘拐した者を，1年以上10年以下の懲役に処するものである。
　本罪は，未遂が処罰される（228条）。
　営利目的等拐取罪の法定刑は，未成年者拐取罪のそれに比して重くなっている。本罪は，主体・客体に限定はないので，未成年者を客体とする場合にも，本条所定の目的で拐取した場合には225条の罪が成立する。行為である「略取」・「誘拐」については，既に述べたところを参照されたい。
　本罪は，目的罪であり，営利・わいせつ・結婚・生命または身体に対する加害の目的で行われることを要する。「営利の目的」とは，自己または第三者が財産的利益を得る目的をいう。たとえば，被拐取者の強制労働，拐取自体への報酬の形で利益を得ようとする場合がそれにあたる。また，拐取（とそれにより生じる被

害者の継続的支配状況）を手段として利益を得る目的である必要がある。そこで，被拐取者の所持品を奪う目的などは，拐取しなくても財物を取得する可能性があるので，本罪の目的には含まれないが，第三者から拐取に対する報酬を得る目的は含まれる（最決昭和37・11・21刑集16巻11号1570頁）。身の代金を得る目的も営利目的の一種だというが，225条の2の規定があるので，身の代金を得る目的の場合には本罪ではなく同条の身の代金目的拐取罪として捕捉される[13]。「わいせつの目的」とは，被拐取者をわいせつ行為・姦淫行為の客体とする目的をいい，被拐取者を性風俗店で働かせるような目的も含まれる。「結婚の目的」は，被拐取者を自己または第三者と結婚させる目的のことで，結婚は，法律婚・事実婚を問わない[14]。「生命または身体に対する加害の目的」とは，暴行・脅迫・殺害の対象とする目的をいう。被拐取者の身体からの臓器を摘出する目的を含む。

7.3.6　身の代金目的略取等罪

（1）総　　説

　身の代金目的略取罪・身の代金目的誘拐罪は，近親者，その他，略取されまたは誘拐された者の安否を憂慮する者の憂慮に乗じて，その財物を交付させる目的で，人を略取し，または，誘拐した者を，無期または3年以上の懲役に処するものである（225条の2・1項）。また，人を略取しまたは誘拐した者が近親者その他略取されまたは誘拐された者の安否を憂慮する者の憂慮に乗じて，その財物を交付させ，または，これを要求する行為をしたときも，同様に，無期または3年以上の懲役に処せられる（同条2項）。

　本罪は，未遂が処罰される（228条）。

　法定刑は，他の類型に比して大きく加重されている。

（2）身の代金目的拐取罪

　身の代金目的拐取罪（225条の2・1項）は，身の代金等を得る目的で拐取する類型であり，目的罪である。単に身の代金を得る目的というだけでなく，「近親者その他被拐取者の安否を憂慮する者の憂慮に乗じる」ことが必要である。ただし，

---

[13] 両罪は，いわば一般法と特別法との関係にあり，複数の適用可能条文のうち論理的関係によって1個のみが適用される「法条競合」の一場合である。
[14] 「婚姻」という法律用語を用いていないことが文言上の根拠である。

客観的にその目的に対応する事実が存在する必要はなく，実際には，安否を憂慮する者がいない場合であっても本罪は成立しうる。目的が実現することも要しない。現実に身の代金を交付させまたは要求する行為は，2項で別に処罰対象とされている。

　身の代金目的拐取行為については，肉親等の人情・弱みに付け込む卑怯さが指摘される。また，刑事政策的な面からは，身の代金取得が達せられれば行為者にとって被拐取者の安全は重要でなくなるので被害者の生命に危険が生じ，実際に殺害される事例もまれではない。このような犯情の悪さ，刑罰威嚇の必要性などが，本罪における法定刑加重の根拠として挙げられる。

　「近親者その他被拐取者の安否を憂慮する者」の意義・範囲に関しては，「近親者」という例示があることから，親子・夫婦・兄弟等の関係にある者がそれにあたることには問題はない。その他の者については，里子・里親，住込み店員・店主のような密接な人間関係がある者をいうとする説，親族に類似する人的関係にある者だけでなく知人のような関係であっても被拐取者の安否を憂慮すると解される者はすべて含まれるとする説などがある。わたくしは，上述のような本罪の性質から考えて，基本的には親族に類似する人的関係を必要とするものと解するが，被拐取者の安否を憂慮するに至る関係は親族的なものだけに限られるわけではないので，同居など日常生活の密接性を考慮するほかはないであろう。ただし，最高裁判所は，「被拐取者の近親でなくとも，被拐取者の安否を親身になって憂慮するのが社会通念上当然とみられる特別な関係にある者」との広義の解釈を採用し，相互銀行の幹部を社長の安否を憂慮する者に含めた（最決昭和62・3・24刑集41巻2号173頁）。その後の下級審裁判例では，逆に銀行頭取が一般従業員の安否を憂慮する者とされた例（東京地判平成4・6・19判タ806号227頁），大学の事務局長が大学長の安否を憂慮する者とされた例（浦和地判平成5・11・16判タ835号243頁）などがある。ここからは，上述のような「肉親の情」や具体的な人間関係の成立に限らず，社会化された行動規範の側面を考慮していることがうかがわれるであろう。

（3）拐取者身の代金要求等罪

　本罪は，略取・誘拐を行った者が身の代金を交付させまたは身の代金を要求する類型である（225条の2第2項）。法定刑は，1項の拐取罪と同様である。

　本罪は，主体が略取・誘拐者に限定されている身分犯[15]である。略取・誘拐の

犯人が当初から身の代金要求の目的をもっていた場合（身の代金目的拐取罪の犯人）に限らず，略取・誘拐後にその意思を生じて身の代金を要求する場合も本罪にあたる。さらに，略取・誘拐が構成要件に該当しない場合（たとえば，成人を客体とし 225 条の目的を欠く場合）にも，拐取後に身の代金を要求するときには本罪の成立を認めてよいものと解する。前提となる拐取が犯罪を構成しない場合まで含むのは疑問だとする説もあるが，本罪の不法内容としては，尊厳ある人身と引き換えに人の弱みに付け込んで金品を得ようとする部分こそが核心をなすというべきであり，他方で，文言についてみれば，「人を略取しまたは誘拐した者」は，罪を犯した者に限られないと思われる。

　行為は，「交付させ」または「（交付を）要求する」ことである。「要求」行為は，一方的に成立するから，意思表示の発信で足り，相手が認識していない状態でも要求にあたる。1 項の罪とは異なり，本罪の場合は，「安否を憂慮する者の憂慮に乗じて」身の代金を交付させ，またはこれを要求する行為をすることが必要である。すなわち，実際に「安否を憂慮する者」が存在しなければならない。また，「要求」は意思表示のみで足りるが，「交付させる」行為の場合は，現実に相手方が憂慮し，その憂慮に基づいて身の代金の交付が行われなければならない（因果関係の存在）。交付の理由が憂慮以外であるときなど因果関係がない場合は未遂となるが，未遂犯処罰規定はない（1 項の拐取罪が未遂段階の一部に相当する）。交付させる客体は「その財物」であるが，憂慮する者が所有するもののほか，交付のために他人から提供を受けて憂慮する者が事実上処分可能な物であればこれに含まれる。財物以外の財産上の利益を対象とする場合は，身の代金目的要求等の罪は成立せず，営利目的拐取罪（225 条）の範囲で罪責を負う。

　なお，前出のとおり，225 条の 2 第 1 項の拐取罪と同条 2 項の要求罪とは牽連犯の関係になるとするのが判例（最決昭和 58・9・27 刑集 37 巻 7 号 1078 頁）である。設例 5 では，副学長 B が「安否を憂慮する者」であると解する前提に立てば，学長 A を身の代金目的で略取した後に B に対し身の代金要求行為を行っているので，実際に交付を受ける前であっても要求罪が成立し，両罪は牽連犯（54 条 1 項後段）となる。さらに，判例によれば（7.3.2 参照），略取後の監禁行為について監禁罪が成立し，これと身の代金目的拐取・要求罪とは併合罪（45 条以下）となる。

15　身代金要求等の行為は，拐取者を主体とするもののみが処罰される（被拐取者を収受した者については別途身分犯が規定されている）ので，拐取者の身分は構成的身分であり，本罪は真正身分犯である。

7.3.7 被拐取者収受者身の代金要求罪

略取されまたは誘拐された者を収受した者が，近親者その他略取されまたは誘拐された者の安否を憂慮する者の憂慮に乗じて，その財物を交付させ，または，これを要求する行為をしたときは，2年以上の有期懲役に処せられる（227条4項後段）。

本罪は，「被略取者引渡し等」（227条）として規定されるもののうち，被拐取者を収受した者を主体とする身の代金要求等の罪である。主体は，「略取されまたは誘拐された者を収受した者」である。拐取者本人による身の代金要求等の類型に比すると，本罪の主体の身分は，減軽類型となる身分犯（加減的身分犯）である。身の代金を取得する意思が身柄の収受後に生じた場合を「身の代金目的収受」（227条4項前段）と同様に処罰するものである。

7.3.8 所在国外移送目的略取及び誘拐罪

所在国外移送目的略取及び誘拐罪（226条）は，所在国外に移送する目的で，人を略取し，または，誘拐した者を，2年以上の有期懲役に処するものである。

本罪は，未遂が処罰される（228条）。

「所在国外に移送する目的」で行われる拐取の類型である。「所在国外への移送」は目的の内容であり，現実に移送することは不要である。本条は，日本国外において日本国民に対して犯した場合にも適用がある（3条の2）ので，日本国外にいる日本人をその所在国外に移送する目的も含まれる。前出の判例（最決平成15・3・18刑集57巻3号371頁）は，未成年者を客体とするものの，日本国内にいる客体を外国に連れ去る目的であったので，本罪の類型（本条改正前の国外移送目的拐取罪）に該当する事例である。

7.3.9 人身売買罪

(1) 総　説

人身売買罪（226条の2）は，文字通り「人身売買」そのものを処罰するものである。法定刑は，行為の性質に応じて定められている。一般に，売買の交渉開始時点で実行の着手があり，被売買者の身柄受渡しがあった時点で既遂となるもの

と考えられる。行為の客体は，2項の未成年者買受け罪を除き，「人」とのみ規定されている。1項と2項とは一般法・特別法の関係にあると解されるので，1項の「人」は2項の「未成年者」を除く成人を意味し，3項以下の「人」は，成人・未成年者の両方を含むこととなる。2項でとくに未成年者を客体とする買受け罪を設けているのは，判断能力が未熟な未成年者を厚く保護する趣旨である。以下の罪は，すべて，未遂が処罰される（228条）。

（2）成人買受け罪

　本罪は，人を買い受けた者を，3月以上5年以下の懲役に処するものである（226条の2第1項）。

　「買い受ける」とは，対価を支払って人身に対する不法な支配の引渡しを受けることをいい，現実に受渡しがあると既遂となる。支配とは，物理的・心理的な影響を及ぼして相手の意思を左右できる状態におき，自己の影響下から離脱することを困難にさせることをいう。

（3）未成年者買受け罪

　本罪は，未成年者を買い受けた者を，3月以上7年以下の懲役に処するものである（同条2項）。

　成人を客体とする場合より法定刑が加重されている。

（4）営利目的等買受け罪（加重買受け罪）

　本罪は，営利，わいせつ，結婚，または，生命もしくは身体に対する加害の目的で，人を買い受けた者を，1年以上10年以下の懲役に処するものである（同条3項）。

　法定刑は1項・2項の罪よりさらに加重されている。客体は，成年・未成年を問わない。目的の内容については，225条の営利目的等拐取罪の場合と同様である。目的犯一般に共通するとおり，本罪においても目的とされている事実が実現する必要はない。

（5）人の売渡し罪

　本罪は，人を売り渡した者を，1年以上10年以下の懲役に処するものである（同条4項）。

買受けに対応し，人を「売り渡す」行為を営利目的等の加重買受け罪と同様に重く処罰するものである。「売り渡す」とは，対価を得て現実に人身に対する不法な支配を引き渡すことをいう。売渡しは，それ自体が営利行為であり，人身売買関係においては，買受けに比して積極的に不法を惹起する意味合いがある。買受け行為については法定刑に差がある類型分けをしているのに対し，売渡し一般について重く処罰するのも，行為のこのような評価に基づく。

（6）所在国外移送目的人身売買罪

本罪は，所在国外に移送する目的で，人を売買した者を，2年以上の有期懲役に処するものである（同条5項）。

本罪は，所在国外に移送する目的で人を売買する行為を，同目的の拐取罪（226条）と同等に処するものである。有償（金銭的有償性に限らない）かつ不法の身柄支配・移転行為を処罰する類型である。「売買」は，「買受け」または「売渡し」を意味するので，いずれの場合にも（同様に）処罰される。

7.3.10　被略取者等所在国外移送罪

被略取者等所在国外移送罪（226条の3）は，略取され，誘拐され，または，売買された者を，所在国外に移送した者を，2年以上の有期懲役に処するものである。

本罪は，未遂が処罰される（228条）。

拐取・売買された客体を所在国外に移送することが実行行為であり，主体は拐取・売買行為を行った者に限られない。既遂時期は，所在国の領土・領海・領空外に出た時点となる。

7.3.11　事後幇助罪

（1）総　説

ここに分類した類型は，227条に「被略取者引渡し等」としてまとめられているもののうち，他の構成要件に該当する罪を犯した者を幇助する目的で行われるものである。これらは，それら他の犯罪に対して幇助的性格をもつものであるが，より特定された行為が類型的に記述されている点で，総則の共犯規定にいう幇助

と異なるだけでなく，総則上の共犯が正犯の犯罪を助長・促進させる必要があるために，共犯行為は事前または正犯遂行中でなければならないのに対し，これらの類型は，そもそも他の犯罪が終了した後に事後的に，被拐取者・被売買者の自由・安全の侵害（危殆）状態を継続させることを内容とする。また，227条3項，227条4項前段の罪は，本犯幇助の目的ではない行為を対象とするものであって，それ自体の独立性が強い類型であり，自己の目的を達成するために必要な新たな支配を設定することを要する。

　行為類型について簡単に説明すると，「引渡し」は，客体に対する支配を移転すること，「収受」は，自己の実力支配下におくこと，「輸送」は，身柄を別の場所に移動すること，「蔵匿」は，発見を妨げるような場所を提供すること，「隠避」は，蔵匿以外の方法で客体の発見・救出を妨げることをいう。

　以下の罪は，すべて未遂が処罰される（228条）。

（2）単純事後幇助罪

　本罪は，224条（未成年者略取及び誘拐），225条（営利目的等略取及び誘拐），または，226条（所在国外移送目的略取及び誘拐），226条の2（人身売買），226条の3（被拐取者所在国外移送）の罪を犯した者を幇助する目的で，略取され，誘拐され，または，売買された者を，引き渡し，収受し，輸送し，蔵匿し，または，隠避させた者を，3月以上5年以下の懲役に処するものである（227条1項）。

（3）加重事後幇助罪

　本罪は，225条の2・1項（身の代金目的略取）の罪を犯した者を幇助する目的で，略取され，または，誘拐された者を，引き渡し，収受し，輸送し，蔵匿し，または，隠避させた者を，1年以上10年以下の懲役に処するものである（227条2項）。

（4）営利目的等幇助罪

　本罪は，営利，わいせつ，または，生命若しくは身体に対する加害の目的で，略取され，誘拐され，または，売買された者を，引き渡し，収受し，輸送し，または，蔵匿した者を，6月以上7年以下の懲役に処するものである（227条3項）。

　本罪は，単に他人の行為を幇助する目的ではなく，引渡し・収受・輸送・蔵匿行為を行う者本人に営利・わいせつ・加害の目的があることを要する。なお，前2項の罪で行為とされている「隠避」は，本罪の行為には含まれていない。

112　第7章　自由に対する罪

(5) 身の代金目的幇助罪

　本罪は，225条の2第1項の目的（近親者その他略取され又は誘拐された者の安否を憂慮する者の憂慮に乗じてその財物を交付させる目的）で，略取され，または，誘拐された者を，収受した者を，2年以上の有期懲役に処するものである（227条4項前段）。
　本罪も，単に他人の犯罪を幇助する目的ではなく，引渡し・収受・輸送・蔵匿行為を行う者自身が，身の代金目的を有することが必要である。前項の罪と同様，行為として「隠避」を含まない。

7.3.12　身の代金目的略取等予備罪

　225条の2（身の代金目的略取等）の罪を犯す目的で，その予備をした者は，2年以下の懲役に処せられる。ただし，実行に着手する前に自首した者は，その刑を減軽し，または，免除する（228条の3）。
　本罪は，225条の2の罪の予備罪である。身の代金目的拐取罪は，被害者の生命の危険をも伴う重大犯罪であるとの認識のもと，刑罰威嚇を早めて，その予備罪の処罰規定がおかれている。その代わり，実行に着手する前の自首によって必要的に刑の減軽・免除が認められる。一般的な自首（42条）の効果は，任意的な刑の減軽であるから，本条は，必要的かつ刑の免除の可能性がある点で犯人により有利な扱いを認めるものである。拐取行為が行われて犯人の支配下におかれると，被害者の生命・身体に対する危険が高まることから，実行前の自首に誘導する政策的考慮に基づく規定である。

7.3.13　解放による刑の減軽

　225条の2（身の代金目的略取等），または，227条2項（身の代金目的略取等幇助），もしくは，227条4項（身の代金目的の被拐取者等収受・被拐取者収受者の身の代金要求等）の罪を犯した者が，公訴が提起される前に，略取され，または，誘拐された者を安全な場所に解放したときは，その刑を減軽する（228条の2）。
　228条の2は，公訴提起前に，被拐取者を安全な場所に解放したときに，その刑を必要的に減軽することを定めるもので，この場合の減軽を**解放減軽**とよんでいる。上述してきたように，営利等目的の拐取の場合，生命に対する加害目的の

場合は別として，被拐取者が自己または第三者の支配下に現在することが，それらの目的達成にとって必要であるが，身の代金目的の拐取にあっては，被拐取者は財物の対価にすぎず，行為者は，財物を得さえすれば目的を達成するのであって，被拐取者の安全は維持されないことになりやすい。本条は，被害者の発見・救出を容易にするため，刑の減軽を認めて，犯人を被拐取者の解放に誘導しようとする政策的規定である。安易に減軽を認めるべきではないことはもちろんであるが，かといって解放減軽を得るための要求が大きくなりすぎると政策的意義が減殺される。判例も比較的緩やかに解放にあたりうることを認めており，「安全」とは，「被拐取者が近親者及び警察当局などによって救出されるまでの間に，具体的かつ実質的な危険にさらされるおそれのないこと」を意味するとしている（最決昭和54・6・26刑集33巻4号364頁）。

7.3.14 親告罪

224条の罪，225条の罪，および224条・225条の罪を幇助する目的で犯した227条1項の罪，227条3項の罪ならびにこれらの罪の未遂罪は，営利または生命もしくは身体に対する加害の目的の場合を除き，告訴がなければ公訴を提起することができない。ただし，略取され，誘拐され，または，売買された者が，犯人と婚姻をしたときは，婚姻の無効または取消しの裁判が確定した後でなければ，告訴の効力がない（229条）。

未成年者略取及び誘拐罪，営利目的等略取及び誘拐罪のうちわいせつ・結婚目的の場合，および，これらの罪を幇助する目的で犯した被拐取者引渡し等（事後従犯）の罪，ならびに，これら4罪の未遂罪は，親告罪[16]とされる。親告罪とされる理由は，所定の罪の被害者が，公開の裁判（憲法37条1項・82条）による処理により，私的情報や名誉の侵害等の負担を強いられることに求められるであろう。営利または生命もしくは身体に対する加害の目的で行われる場合は，拐取行為等の不法の程度が高く，わいせつ・結婚目的の場合ほどに私的事情に配慮する必要も認めにくいことから，非親告罪とされている。

被拐取者・被売買者が犯人と婚姻をしたときは，婚姻の無効または取消しの裁判が確定した後でなければ告訴の効力がない（ただし書）。ここにいう「婚姻」は，

---

[16] 親告罪については，209条についての説明（6.2.1）を参照されたい。

営利等目的拐取罪における文言「結婚」ではなく「婚姻」とされているので，法律上の婚姻をいう。法律上の婚姻が成立している場合，被害者が犯人のもとにいることを承諾している含意があり，わいせつ・結婚の目的の不法性が減じているので，告訴を有効とするためにはこれを解消することが合理的である。

■第8章■
強制わいせつおよび強姦の罪

設例1 Xは，自分の内妻がA女の手引きにより東京方面に逃げたものと信じ，これを詰問しようとして自室にAを呼び出し，「よくも俺をだましたな，おまえの顔に硫酸をかければ醜くなる」などと2時間にわたりAを脅迫し，Aが許しを請うのに対しAの裸体写真を撮って仕返しをしようと考え，「5分間裸で立っていろ」と命じ，畏怖しているAを裸にさせてこれを写真撮影した。

設例2 Yは，隣家のB女が一人でいるところに背後から襲いかかって首を絞め，手拳でその顔面を殴打し，奥の部屋に引きずっていき，その背中や両大腿部に噛み付いたりして，Bの反抗を抑圧し，強いて姦淫した。その際，Bは骨折・挫傷・捻挫など全治1か月の傷害を負った。

設例3 YがZと共同して一人暮らしのB女が自室で寝ているところに忍び込み，ZがBの身体を押さえつけてその反抗を抑圧し，YがBの口を押さえつけて声を出さないようにして強いて姦淫した。Yに続いてさらにZに姦淫されるのを恐れたBは，すきをみて自室から逃げ出し，暗夜に人里離れた地理不案内な田舎道を数百メートル逃走して第三者に救助を求めたが，途中で転倒して傷害を負った。

8.1 総　説

8.1.1　個人的法益に対する性犯罪

　刑法第2編第22章「わいせつ，姦淫及び重婚の罪」には，公然わいせつ罪（174条），わいせつ物頒布等罪（175条）のように，不特定または多数人の性的意識に影響を与えるという意味で社会的法益に関する犯罪類型が規定されている一方，強制わいせつ罪（176条），強姦罪（177条）および準強制わいせつ罪・準強姦罪（178条），集団強姦等罪（178条の2）などでは，特定の被害者が存在し，その個人的法益（個人の性的自由）の侵害を内容とする罪である。ここでは，**個人的法益に対する性犯罪**を扱う。

8.1.2　強制わいせつ・強姦罪の保護法益

　通説によれば[1]，個人的法益に対する罪としての性犯罪は，個人の性的自由（**性的自己決定**）を保護するものである。性は，ごく私的な領域に属することがらであり，性に関する個人の自由は，個人の尊厳に関わる自由であるとの認識に基づき，その保護の重要性は今日ますます高まっているということができよう。その反面で，私的であるがゆえに，性的行動には個人差が大きく，その法益の保護のために侵害行為に対し刑罰による威嚇をすることが適切であるかどうかについては議論もある。刑罰による制裁は，犯罪の成否という形で事件を単純化せざるをえないし，他方で，必然的に公的な領域に引き出す効果を伴うので，性犯罪被害者に対しさらに二次的な被害の可能性をももたらす。しかし，性犯罪に関する従来の刑法の対応は，法典中の条文配置（社会的法益に対する罪と混在している）に

---

[1] 強制わいせつ・強姦に関して保護される利益を「自由」，とくに，意思決定の自由と捉えることには，現実の被害者における不利益の実質を十全に捉えきれない面があることも認識されるようになってきた。性に関する社会一般の捉え方の変遷にも伴って，ほぼ制定時の概念を維持したまま推移している刑法典の性犯罪は，見直しを迫られている。後述（8.8参照）するように，性犯罪に対処するための刑法の一部改正が法制審議会の議論に上っているが，法務省の設置した検討会による「「性犯罪の罰則に関する検討会」取りまとめ報告書」（平成27年8月）においても，「強姦罪等の性犯罪が被害者の人格や尊厳を著しく侵害するという実態を持つ犯罪であるという認識がおおむね共有され」たとしている。性犯罪は，自由否定にとどまらず，人格・尊厳否定であるとの捉え方がなされているのである。

も表れているように，個人の尊厳という視点からは遠いところから出発し，いわば「及び腰」のところがあったのではないかと思われる。現代に即した保護法益の再検討により，実態に沿った捉え直しが要請されるといえるであろう。

ここでは，さしあたって，性的自由に対する犯罪とする立場に立つが，このときには，強制わいせつ罪・強姦罪において個人の性的自由を侵害する行為として規定されているわいせつ行為・姦淫行為も，相手と合意の上であれば何ら刑罰を科す必要はないはずである。したがって，これらの罪においては，こうした行為が**被害者の意思に反するもの**であることが要件となる。すなわち，被害者の同意・承諾は，行為の構成要件該当性自体を否定する根拠となる。また，これらの罪は，被害者の秘密や名誉に関わる側面があるので，親告罪とされている（180条）。ただし，法益侵害が重大と認められる類型は親告罪から除かれる（同条2項）。なお，裁判は公開が原則である（憲法82条）が，被害者特定事項の秘匿（刑訴290条の2）などの制度が設けられている。

8.2　強制わいせつ罪

8.2.1　客体と行為態様

強制わいせつ罪（176条）は，①13歳以上の男女に対し，暴行または脅迫を用いて，わいせつな行為をした者，②13歳未満の男女に対し（暴行・脅迫を用いる場合に限らず）わいせつな行為をした者を，いずれも，6月以上10年以下の懲役に処するものである。

本罪は，未遂が処罰される（179条）。

①のように客体（被害者）が13歳以上である場合は，その意思決定の自由を尊重して，外形的に相手方の意思に反することを保証する要件として暴行・脅迫を必要とする。これに対し，②のように客体が13歳未満である場合は，性的行為の意味を十分に認識できないという考慮から，暴行・脅迫の手段がない場合でもその意思に反するものとして扱われ，わいせつな行為が行われれば本罪の成立が認められる。したがって，13歳未満の男女が承諾を与えている場合であっても本罪の成立は否定されない。なお，客体の年齢により扱いを異にする趣旨は以上のようなものであるが，これは構成要件上特定された形式的年齢要件であって，

実際に性的事項に関する判断能力があるかないかによって区別されるわけではない。

　13歳以上の男女を客体とする場合の行為は，「暴行」または「脅迫」である。「暴行」は，不法な有形力の行使をいい，「脅迫」は害悪の告知をいうが，いずれも，相手方の「反抗を著しく困難にする程度」のものをいう。いわゆる最狭義の暴行に分類されるが，「反抗を抑圧するに足りる程度」であることまでは要しない。これは，わいせつな行為自体が物理力の行使として暴行と評価されることが少なくないこと，本罪の不法として被害者の自由侵害が核心であるとすると「わいせつ」の程度が低くても「自由侵害」の程度が高いときは強制わいせつ行為とすべきであることなどが理由である。また，この観点からは，本罪の「わいせつな行為」が，いわゆる「痴漢」行為のように，羞恥心のために反抗が難しい場合を含み，したがって，手段としての暴行・脅迫の程度は，強姦罪の場合より軽度のものを含むと解すべきであるとも指摘されている。たしかに，13歳以上の男女に対する場合は法文上暴行・脅迫を手段とするとはいえ，いずれにせよ性的自由の侵害が問題であるから，物理的・心理的強制に限ることは妥当でない。その大小・強弱を問わないという判例（大判大正13・10・22刑集3巻749頁）もあるが，完全に程度を度外視するのは実質的に手段を要しないことにつながり，妥当ではないと考える。わたくしは，反抗を困難にすることは要するが，その「困難さ」の実質として，被害者の意思抑圧のほか，羞恥心や困惑等の心理的な障害さをも考慮すべきであると思う。

　客体となる男女の年齢（13歳以上か未満か）は，それ自体として構成要件要素であり，行為態様にも関係する事情であるから，故意における認識対象である。客体の年齢に関する錯誤があった場合は，構成要件に関する事実の錯誤として故意を否定するということになる。13歳未満だと思って，15歳の男女に対し暴行・脅迫を手段とせずにわいせつ行為を行ったような場合には，本罪の故意は認められない。13歳以上であると思いつつ，13歳未満の男女に対し暴行・脅迫を手段としてわいせつ行為を行った場合は，176条の文言は，13歳未満の客体に対し暴行・脅迫を手段とする場合を排除しないので，本罪の成立を認めることができる。

8.2.2 わいせつな行為

　客体の年齢を問わず,「わいせつな行為」をすることが要件である。「わいせつな行為」とは,被害者の性的羞恥心を害する行為であって,通常人であれば著しく性的な嫌悪感・羞恥心を抱くであろう行為をいう。風俗の観点から考慮される社会的法益に対する罪の場合に比較して,個人的法益に対する罪におけるわいせつ性は,問題となる行為が行われる場合に個人の性的自己決定に基づく必要があるか否かという観点から判断されるべきである。

　主観的要素に関わる問題として,判例は,犯人に,自己の性欲を刺激・興奮させるという主観的傾向のもとに行われることを要するとする(最判昭和45・1・29刑集24巻1号1頁)。これは,理論的には,主観的違法要素としての「心理的傾向」が必要だということを意味し,本罪を「傾向犯」とする立場である。しかし,これには疑問がある。本罪を風俗の侵害と捉える場合ならともかく,本罪の本質を個人の自由侵害と把握する以上,その侵害の認識と侵害事実が存在すれば処罰に必要な不法性は十分であり,行為者の性的傾向のような主観は,不法内容に影響しないはずである。「尊厳」を問題にするなら,なおさらである。

8.3　強姦罪

8.3.1　客体と行為態様

　強姦罪(177条)は,①暴行または脅迫を用いて,13歳以上の女子を姦淫した者,②13歳未満の女子を,(暴行・脅迫を用いることがなくても)姦淫した者を,いずれも,3年以上の有期懲役に処するものである。

　本罪は,未遂が処罰される(179条)。

　本罪においても,被害者が13歳以上であるか13歳未満であるかによって行為態様を区別しており,その趣旨等は,強制わいせつ罪の場合と同様である。

　強制わいせつ罪の客体が「男女」であるのに対し強姦罪の客体は「女子」である。また,本罪の構成要件的行為(姦淫)の性質上,本罪における直接の行為者は男子に限られることになる。もっとも,この制約は,行為の性質に基づく事実上のものにすぎず,間接正犯・共同正犯の形では女子も正犯となりうる(最決昭

和40・3・30刑集19巻2号125頁）。すなわち，強姦罪は，概念上，構成要件該当性を認めるために行為者自らの直接的行為遂行を要する，いわゆる自手犯ではない。なお，女子による強姦罪の教唆・幇助はもとより可能である[2]。

　13歳以上の女子を客体とする場合には，手段として「暴行」または「脅迫」を用いることが要件となる。「暴行」・「脅迫」の程度は，相手方の抵抗を著しく困難にする程度であることを要する（最判昭和24・5・10刑集3巻6号711頁）。強制わいせつ罪の場合と同様，強姦罪の「姦淫」行為は，それ自体が有形力行使であると同時に，いわゆる羞恥心による抑圧が想定されることから，最狭義の暴行・脅迫において基準とされる「反抗を抑圧するに足りる程度」より緩和した解釈が採られている。さらに，強姦罪については，財産罪において，「強盗罪」（相手方の抵抗を抑圧するに足りる程度）と「恐喝罪」（それに至らない程度）という段階があるのに対し，より重大と目される自由（および身体）に対する侵害を内容とする強姦罪（および強制わいせつ罪）において，反抗を抑圧する程度の場合のみに限ることは，法益保護に欠けることとなるなどの事情も指摘されている。わたくしとしては，強姦行為自体が物理力の行使であるという事情は強制わいせつ罪の場合と同じであり，姦淫は強制わいせつ行為以上に性的性質に基づく心理的抑圧も大きいので，本罪の場合も，暴行・脅迫そのものだけを取り出してその程度を問題にするというより，総合的に捉えられた被害者の抵抗の現実的困難性を基準として，暴行・脅迫の効果を評価すべきものと考える。

　「姦淫」とは，性交のことで，男性の外性器を女性の外性器に挿入するという即物的な事実をいう。外形的な性器結合で必要かつ十分であり，それで既遂となる。

　夫婦間であっても強姦罪が成立しうる（広島高松江支判昭和62・6・18高刑集40巻1号71頁）。かつては，婚姻が継続的性交渉関係への合意を含意するとの理解や，「法は家庭に入らず」という思想などから，夫婦間で強姦罪は成立しえないと考えられたことがあった。しかし，夫婦間に性交に応じる義務のようなものを想定するのは相当でない。用いられた手段や合意ないし承諾の有無などを考慮して，「意思に反する」（自由侵害）にあたる場合には，強姦罪の成立を認めることができる。なお，上の裁判例では，「婚姻関係が破綻し，もはや事実上夫婦でない」ということを根拠としているが，婚姻関係・夫婦関係の破綻はもちろん重要な因

---

[2]　なお，児童を性的行為の客体とする行為，いわゆる児童買春・児童虐待に関しては，児童福祉法，児童買春・児童ポルノ処罰法，青少年保護育成条例などによる規制が存在する。

子ではあるものの，強姦罪成立の前提を「夫婦関係」の不存在に置く必要はなく，端的な自由侵害の観点から実質的に考慮するべきであろう。

8.3.2　着手時期・既遂時期

　強姦罪の着手時期は，手段行為が行われる場合には手段としての暴行・脅迫の開始時期，13歳未満の女子に対し暴行・脅迫が用いられずになされる場合は姦淫行為自体の開始時期となる。強姦致傷罪の事例であるが，被害者を「ダンプカーの運転席に引きずり込もうとした段階においてすでに強姦に至る客観的な危険性が明らかに認められる」として，この時点で強姦行為の着手があったとする判例（最決昭和45・7・28刑集24巻7号585頁）がある[3]。学説上も，「実行の着手」に関する実質的客観説からは，同様の判断枠組が用いられる。もっとも，この判例の具体的事実がそのような危険を含む状況であったかについては別の評価もあろう。

8.4　準強制わいせつ罪・準強姦罪

　準強制わいせつ罪（178条1項）は，人の心神喪失もしくは抗拒不能に乗じ，または，心神を喪失させ，もしくは，抗拒不能にさせて，わいせつな行為をした者を，176条の例によって，すなわち，176条の強制わいせつ罪と同様に扱って，6月以上10年以下の懲役に処するものである。

　準強姦罪（178条2項）は，女子の心神喪失もしくは抗拒不能に乗じ，または，心神を喪失させ，もしくは，抗拒不能にさせて，姦淫したものを，177条の例によって，すなわち，177条の強姦罪と同様に扱って，3年以上の有期懲役に処するものである。

　以上の罪は，未遂が処罰される（179条）。

　178条にいう「心神喪失」とは，精神の障害のため，わいせつ行為や性交等の意味を理解しその理解に従って許諾ができる能力を欠く状態をいい，とくに心神喪失に至った原因を限定しない[4]。一時的な状況や熟睡中などの場合を含む。女

---

[3]　したがって，この時点で被害者が傷害を負ったことは，強姦致傷罪（181条2項）に該当する。

子に多量に飲酒させて心神喪失状態にして姦淫する場合は準強姦罪にあたる。

「抗拒不能」とは，心神喪失以外で，心理的・物理的に抵抗することの至難な状態をいう（例として，半覚醒状態の女子が，夫が求めてきたと誤信してこれに応じたものがある。仙台高判昭和32・4・18高刑集10巻6号491頁等）。抵抗の暇を与えずにとっさに陰部に触れるなどのわいせつ行為は，手段として暴行が用いられたものとはいえないため，準強制わいせつの行為とすべきであろうかと思われる。

「心神喪失または抗拒不能に乗じ」というのは，既に生じているそのような状態を利用することをいう。「心神を喪失させ，または抗拒不能にさせて」というのは，行為者自身がその状態を（暴行・脅迫以外により）実現する場合である。別の目的で犯人自身が加えた暴行・脅迫による心神喪失・抗拒不能状態を利用する場合は「乗じ」に含まれる。強姦の意思で暴行・脅迫を加え，これにより心神喪失または抗拒不能にして姦淫に及んだ場合は，端的に177条の強姦罪の成立が認められる。

8.5　集団強姦等罪

集団強姦罪・集団準強姦罪（178条の2）は，2人以上の者が現場において共同して，177条または178条2項の罪（強姦罪・準強姦罪）を犯したときを，4年以上の有期懲役に処するものである。

本罪は，未遂が処罰される（179条）。

本罪は，177条・178条の共同正犯（60条）ではなく，各則の加重類型である。判例上，共同正犯として認められる共謀共同正犯，すなわち，2人以上の共謀が存在するものの現場で実行する者が1人の場合は除き，現場において複数の者が存在することが必要だと解すべきであると考える。集団強姦等とよばれているが，組織的な犯行であることは要しない。客体の年齢による手段の区別，暴行・脅迫の程度等は，強姦罪と同じである。

本罪は，非親告罪とされる（180条1項参照）。複数行為者による強姦（準強姦）について悪質性・一般予防の必要性が高いことを理由とする。

4　刑法39条1項で「心神喪失」概念が用いられているが，本罪にいう「心神喪失」は，刑法39条1項で責任能力の問題として把握されている概念とは異なる。

8.6　強制わいせつ等致死傷罪

8.6.1　総　　説

　強制わいせつ等致死傷罪（181条）は，①176条（強制わいせつ）もしくは178条1項（準強制わいせつ）の罪，または，これらの罪の未遂罪を犯し，よって，人を死傷させた者を，無期または3年以上の懲役に処し（同条1項），②177条（強姦）もしくは，178条2項（準強姦）の罪，または，これらの罪の未遂罪を犯し，よって，女子を死傷させた者を，無期または5年以上の懲役に処し（同条2項），③178条の2（集団強姦等）の罪，または，その未遂罪を犯し，よって，女子を死傷させた者を，無期または6年以上の懲役に処する（同条3項）ものである。

　強制わいせつ（既遂・未遂）・準強制わいせつ（既遂・未遂），強姦（既遂・未遂）・準強姦（既遂・未遂），集団［準］強姦（既遂・未遂）から死傷結果が生じた場合を，それぞれの結果的加重犯として処罰するものであり，基本犯の法定刑に相応して，結果的加重犯の法定刑に差が設けられている。

8.6.2　死傷結果を生じさせる行為

　死傷結果の原因行為は，わいせつ・強姦行為自体である場合に限らず，手段たる暴行・脅迫等から死傷結果が生じた場合にも本罪が適用される（最決昭和43・9・17刑集22巻9号862頁）。原因行為には，その機会に行われた密接に関連する行為を含む（最判昭和46・9・22刑集25巻6号769頁。1人による姦淫の後，さらに他の共犯者によって姦淫されるとの危険を感じた被害者が転倒するなどして傷害を負った事例）。就寝中の被害者にわいせつ行為をした者が，わいせつ行為を行う意思を喪失した後にその場から逃走するため被害者を引きずるなどした暴行を準強制わいせつ行為に随伴するものだとして，これによって被害者に傷害を負わせたときには本罪が成立するとした判例もある（最決平成20・1・22刑集62巻1号1頁）。ただし，「密接関連行為」は，強制わいせつ行為・強姦行為と，類型として密接に関連する行為だと解するべきで，偶然に密接関連して行われた場合まで一般化するのは妥当でない。なお，強姦目的で暴行を加えて被害者を死亡させ，その直後姦淫したときは，包括して強姦致死罪とされる（最判昭和36・8・17刑集15巻7号1244頁）。

原因行為と死傷結果との間には因果関係が必要である。被害者が後になって悲観して自殺したような場合には，因果関係が否定されるのが通常であろう。犯人が自己の逃走を容易にするため暴行し被害者を負傷させた場合として，地下鉄車内で痴漢行為をしていた行為者が，停車中に被害者から右腕をつかまれた際，その腕を前に突き出して強く振り払う暴行を加えて傷害を負わせた場合に本罪の成立が認められた例（東京高判平成12・2・21判時1740号107頁）がある。これらを含む近時の判例に関しては，一般に，原因行為によって創出された危険が直接に実現する形で死傷結果が生じた場合に因果関係が認めるものであると理解されている。

強制わいせつ・強姦行為が未遂でも，死傷の結果が発生すれば本罪が成立する。本罪の法定刑の重さを考慮し，軽微な傷害にとどまる場合を除くべきだとの主張もあるが，傷害結果の重大性を問わないのが判例の態度である。姦淫により処女膜裂傷を生じさせたときは本罪に該当する（最大判昭和25・3・15刑集4巻3号355頁）。なお，本罪は親告罪とはされていない。

8.6.3 傷害結果発生につき認識・予見があった場合

傷害結果に故意があった場合も本罪（のみ）が成立すると解するべきである。すなわち，181条は致傷につき故意のない結果的加重犯と強姦傷害故意犯を合わせ規定する趣旨であると解釈することになる。形式的には，この場合は，強制わいせつ罪と傷害罪との観念的競合とするのが順当であるが，そうすると，処断刑が6月以上15年以下の懲役となり，単純な強制わいせつ致傷罪が無期または3年以上の懲役とされていることとの均衡がとれない。他方，強制わいせつ致傷罪と傷害罪との観念的競合を肯定するのは，傷害結果を二重の構成要件的評価の対象とする難点がある。

8.6.4 死亡結果発生につき認識・予見があった場合

死亡結果につき故意がある場合にも本罪が成立し，殺人罪との観念的競合となるとするのが判例である（大判大正4・12・11刑録21輯2088頁）。類似した規定である240条の例にならうとすれば，このような場合には181条のみを適用することになるが，このとき，同じく故意をもって人を死亡させた場合であるのに，単純

な殺人罪の場合には死刑の余地がある一方，強姦殺人行為の場合に選択刑として死刑が含まれないこととなり，刑の不均衡が生じるのである（さらに，強制わいせつ致死罪の場合には，懲役刑の下限の不均衡も問題となる）。ただし，181条と199条との観念的競合とする解釈には，強姦致死罪と殺人罪とで死亡結果を二重に評価するという問題がある。

そこで，理論的には，殺意のある場合には，強姦（強制わいせつ）罪と殺人罪との観念的競合を認めるとすべきであろう。死亡結果に故意がある場合は本罪ではなく，強姦事実と殺人事実とをそれぞれ評価するというわけである。240条の場合とは異なり，181条に関しては，故意をもって行ったときに想定される未遂犯処罰規定がないこと，文言としても「よって」が用いられており，181条は死の結果の予見がない結果的加重犯に限る趣旨に読めることを考慮すると，この解釈が妥当である。結局，本罪は，傷害結果については故意ある場合を含むが，死亡結果については故意犯を含まないと解することになる。

8.7　親告罪

176条から178条までの罪（強制わいせつ罪，強姦罪，準強制わいせつ・準強姦罪），および，これらの罪の未遂罪は，告訴がなければ公訴を提起することができない（180条1項）。この規定は，2人以上の者が現場において共同して犯した176条（強制わいせつ）もしくは178条1項（準強制わいせつ）の罪，または，これらの罪の未遂罪については適用しない（同条2項）。

180条は，被害者のプライヴァシーへの配慮が求められる性犯罪について，公開裁判が行われることに伴う不都合を考慮して，強制わいせつ罪・強姦罪等を親告罪とする規定である。1項は，集団強姦罪（178条の2）とその未遂罪を親告罪から除いている。これと同様，2人以上の者が現場において共同して犯した強制わいせつ罪・準強制わいせつ罪とそれらの未遂罪は，非親告罪となっている。これらの罪は，その悪質性が高く，一般予防の必要性も高いことが，親告罪とされない理由である。

8.8　性犯罪に関する改正

　性犯罪に関する刑法の一部改正が計画されている。今回の改正は、性犯罪規定が立法以来100年以上を経過して、今日の国内外における価値基準にそぐわないものになっているとの認識に基づく。それは、性犯罪を「自由」「意思」に対する侵害と捉えるにとどまらず、肉体・精神の両面にわたる人間の尊厳に対する侵害とする評価を基礎とするものといえる。ここでは、法制審議会の改正要綱（骨子）に基づき、内容についていくつか注記する。

〈1〉　強姦の罪（177条）の改正

> 　13歳以上の者に対し、暴行又は脅迫を用いて性交、肛門性交又は口腔性交（以下「性交等」という。）をした者は、5年以上の有期懲役に処するものとすること。
> 　13歳未満の者に対し、性交等をした者も、同様とすること。

　現行法上、姦淫が性器結合の意味に解され、客体を女子に限ることから、主体は原則として男子となる（ただし、女子も間接正犯・共同正犯としてなら主体となりうる）。しかし、性が人格の発現にとって核心をなす部分であるとの理解からは、強制等、不本意な性交等の対象とされることは、男女を問わず否定されるべきである。
　行為については、「性交」は、行為者または第三者の膣内に、「肛門性交」は、同じく肛門内に、「口腔性交」は、同じく口腔内に陰茎を入れることを意味し、これらを総称して「性交等」としている。これらの濃密な身体交渉の強制を姦淫と同等の重大な苦痛を与える行為として処罰対象に含めることになる。なお、被害者の陰茎を自己または第三者の膣内・肛門内・口腔内に「入れさせる」ことも「強制わいせつ」ではなく「強姦」として加重処罰の対象となる。「第三者」に被害者との間で性交等をさせる行為が強姦罪となる。
　法定刑は、現行法の「3年以上の有期懲役」から「5年以上の有期懲役」に加重される。

〈2〉 準強姦の罪（178条2項）の改正

> 人の心神喪失若しくは抗拒不能に乗じ，又は心神を喪失させ，若しくは抗拒不能にさせて，性交等をした者は，〈1〉の例（改正強姦罪）によるものとすること。

〈3〉 監護者であることによる影響力があることに乗じたわいせつな行為又は性交等に係る罪の新設

> 1　18歳未満の者に対し，その者を現に監護する者であることによる影響力があることに乗じてわいせつな行為をした者は，刑法第176条の例によるものとすること。
> 2　18歳未満の者に対し，その者を現に監護する者であることによる影響力があることに乗じて性交等をした者は，〈1〉の例（改正強姦罪）によるものとすること。
> 3　1及び2の未遂は，罰するものとすること。

18歳未満の者が精神的に未熟であり，また，生活全般にわたって精神的・経済的に監護者に依存している状況で，監護者がそのような関係性を利用して18歳未満の者に対し性交等を行った場合には，類型的に18歳未満の者の自由な意思決定に基づくものとはいえないと考えられる。このような場合には，現行法の強姦罪・強制わいせつ罪と同等の悪質性，当罰性があるものが存在するとして，新設されるものである。

「現に監護する者」と言えるためには，親子関係と同視し得る程度に，居住場所，生活費用，人格形成などの生活全般にわたって，依存・被依存ないし保護・被保護の関係が認められ，かつ，その関係に継続性が認められることが必要であると説明されている。なお，雇用関係や教師と生徒などの関係など，必ずしも生活全般にわたる関係ではない場合は，類型的に自由な意思決定に基づくものでないと断ずることまではできないと想定されている。

「現に監護する者であることによる影響力を利用して」とは，必ずしも積極的・明示的な作為であることを要するものではなく，黙示や挙動による利用ということもありうる。

〈4〉強姦の罪等の非親告罪化

> 1　刑法180条を削除するものとすること。
> 2　刑法第229条を次のように改めるものとすること。
> 　第224条の罪及びこの罪を幇助する目的で犯した第227条第1項の罪並びにこれらの罪の未遂罪は，告訴がなければ公訴を提起することができない。
> 3　1及び2の適用範囲
> 　1及び2に係る規定（以下「改正規定」という。）により非親告罪化がされる罪であって，改正規定の施行前に犯したものについては，改正規定の施行の際既に法律上告訴がされることがなくなっているものを除き，改正規定の施行後は，告訴がなくても公訴を提起することができるものとすること。

　被害者保護の観点から親告罪とされていることが，かえって被害者に決断を迫るものとして負担が大きいという指摘があることに対応するものである。もとより，強姦等の罪を人格に対する重大な侵害とすることからも，親告罪になじまないということになろう。同様に，第225条に定められたわいせつ等目的の略取誘拐・人身売買についても，非親告罪化され，第229条から除外することとしている。

〈5〉集団強姦等の罪及び同罪に係る強姦等致死傷の罪（刑法第178条の2及び第181条第3項）の廃止

> 刑法第178条の2及び第181条第3項を削るものとすること。

　〈1〉のとおりに強姦罪の法定刑を加重することにより，集団強姦等の罪にあたる場合も同罪の範囲で適切な量刑が可能となることから，集団強姦等の罪（178条の2）および集団強姦等致死傷の罪（181条3項）を廃止することとしている。

〈6〉強制わいせつ等致死傷及び強姦等致死傷の各罪（刑法第181条第1項及び第2項）の改正

> 1　刑法第176条若しくは第178条第1項若しくは〈3〉の1の罪又はこれらの罪の未遂罪を犯し，よって人を死傷させた者は，無期又は3年以上の懲役に処するものとすること。

2 〈1〉，〈2〉若しくは〈3〉の2の罪又はこれらの罪の未遂罪を犯し，よって人を死傷させた者は，無期又は6年以上の懲役に処するものとすること。

〈7〉強盗強姦及び同致死の罪（刑法第241条）並びに強盗強姦未遂罪（刑法第243条）の改正

1　次の①に掲げる罪又は次の②に掲げる罪の一方を犯した際に他の一方をも犯した者は，無期又は7年以上の懲役に処するものとすること。ただし，いずれの罪も未遂罪であるときは，その刑を減軽することができるものとすること。
　① 〈1〉若しくは〈2〉の罪若しくはこれらの罪の未遂罪又は〈6〉の2の罪（〈3〉の2の罪に係るものを除き，人を負傷させた場合に限る。）
　② 刑法第236条，第238条若しくは第239条の罪若しくはこれらの罪の未遂罪又は同法第240条の罪（人を負傷させた場合に限る。）
2　1ただし書の場合において，自己の意思によりいずれかの犯罪を中止したときは，その刑を減軽し，又は免除するものとすること。
3　1の①に掲げる罪又は1の②に掲げる罪の一方を犯した際に他の一方をも犯し，いずれかの罪に当たる行為により人を死亡させた者は，死刑又は無期懲役に処するものとすること。

「一方を犯した際に」の「際に」というのは，「同一の機会に」という意味である。同じ機会に，単独でも悪質な犯罪を合わせて行うことの重大性・悪質性にかんがみ，現行法下で強姦罪と強盗罪との併合罪とされる場合をも，強盗強姦（致死傷）の罪として処罰するものである。同一の機会において，強姦罪・準強姦罪もしくはこれらの未遂罪，または，強姦致傷罪と，強盗罪・事後強盗罪・昏睡強盗罪もしくはこれらの未遂罪，または強盗致傷罪とを行った場合について，現行法の強盗強姦罪と同様の法定刑で処罰可能となる。

〈3〉の監護者たる影響力を利用する類型については，これと「同一の機会」に暴行・脅迫を用いて財物奪取に及ぶことは実際に想定しがたいことから，除かれている。

強姦行為と強盗行為とがいずれも未遂に終わったときは，刑を減軽することが

できる。強姦行為と強盗行為とのいずれかが既遂であった場合には，刑の任意的減軽は認められない。行為の悪質性が刑の減軽に相応しないことのほか，強姦既遂罪が単独で成立する場合，〈1〉の改正による法定刑の下限，懲役5年を下回らないようにすることも理由である。

　2は，強盗・強姦のいずれも未遂であり，かつ，少なくとも一方の行為について自らの意思で中止した場合には，中止犯として刑の必要的減免を認めるものである。

　3は，同一の機会に強盗行為と強姦行為がなされた上に，そのいずれかの行為を原因として死の結果が生じた場合について，現行法241条後段の強盗強姦致死罪と同様の法定刑で処罰するものである。現行法においては，強盗の機会に行われた強姦行為によって死の結果が生じた場合を強盗強姦致死罪としているところ，両行為の先後関係等を問わず，いずれかの罪に当たる行為により死の結果が生じたときに成立することとなる。

　また，「よって……死亡させた」という用語を用いないことで，結果的加重犯に限ることなく，強姦行為または強盗行為のいずれかの罪に当たる行為により殺意をもって人を死亡させた場合を含むことが意図されている。殺意をもって強姦または強盗行為を行ったものの殺害するには至らなかった場合には，未遂犯として処罰される。

■第 9 章■

住居を侵す罪・秘密を侵す罪

　本章では，個人の私的生活領域の自由に対する罪として位置づけられる住居侵入罪，秘密漏示罪を検討する。

> **設例 1**　A男は，夫が出稼ぎに出ていて1人で暮らしていたB女と情交の目的で，B女の承諾を得てその家に入り，前後25回にわたり情交をなした。
> **設例 2**　C男は，D女の承諾を得て，Dの父親E所有の住居家屋の玄関を通り，同家屋2階にあるDの部屋に入った。Eは，普段から男友達を家にあげるなとDに指示していたが，当時は不在であり，在宅している母親が家に入ることを承諾していた。
> **設例 3**　Fは，公務員宿舎の管理者名の「ビラ配布・勧誘お断り」というはり紙のある公務員宿舎の集合郵便受けに政党の広報紙を配布するため，当該宿舎の集合玄関口に立ち入った。

9.1　住居を侵す罪

9.1.1　住居侵入等罪

(1) 総　　説

　正当な理由がないのに，人の住居，もしくは，人の看守する邸宅，建造物，もしくは，艦船に，侵入し，または，要求を受けたにもかかわらずこれらの場所から退去しなかった者は，3年以下の懲役または10万円以下の罰金に処せられる（130条）。

本罪の未遂は，罰せられる（132条）。
　刑法第2編第12章の「住居を侵す罪」は，法典上の位置からすると社会的法益に対する罪として位置づけられているようであるが，住居を犯す罪は住居権ないし住居の平穏という私的領域を保護する個人的法益に対する犯罪とするのが，現在の共通了解である。

(2) 保護法益

　130条の罪の保護法益[1]をめぐっては，戦前の「家」制度に基づく家長の権利としての住居権を保護するものだとする説（旧住居権説）があった（大判大正7・12・6刑録24輯1506頁）。しかし，これは，家族制度を異にする現行憲法下では維持しがたい。また，130条では人の住居のほか，人の看守する邸宅・建造物・艦船への侵入も問題になるので，単純な家父長権で説明できる部分は限られる。現在では，住居等の事実上の平穏を保護法益とする平穏説と，住居に誰を立ち入らせ誰の滞留を許すかを決める自由を保護するものだと解する（新）住居権説とが主張されている。
　平穏説は，住居等の空間内における平穏・安全ないし業務の円滑な遂行等を総合的に保護対象と解するものである。旧住居権説によると，住居権者の承諾が得られるはずもない姦通目的の立入りが，居住者の承諾を得て住居に入ったにもかかわらず一律，住居侵入にあたることになってしまい不合理だというのが平穏説からの批判である。しかし，家父長権は別として居住者の意思に反する立入りの構成要件該当性を認めることが妥当であるかどうかという問題は措くとしても，平穏説に対しては，「平穏」概念の曖昧性，個人の自由尊重の観点から法益主体である住居者の意思を軽視することの不当性，さらには，同じ130条に規定される不退去罪が被害者の意思に反することによって成立するものであるから，これとの均衡がとれない点などに対する批判がある。
　住居権説は，住居等を支配・管理する権利・利益としての住居権を考慮するものである。住居の客観的状態とは相対的に切り離された，個人（看守者）の自由な意思内容を重視する立場であるといえる。とはいえ，住居権説も，「住居権（管理権）」の内容・範囲（何を決定する権利か）に曖昧なところを残していること

---

[1] 客体（行為の場所）が「住居」であるか「建造物」・「艦船」であるかによって，保護法益に擬せられる利益の主体が異なるとも思われるが，同一条文に規定される客体（行為の場所）の相違が保護法益の相違をもたらすという解釈は，妥当なものとはいえない。

は否めない[2]し，住居権の帰属主体がはっきりしないという問題もある。たとえば，住居権が1住居ごと1人に帰属するなら，旧住居権説と同様の家父長制的権限を肯定していることになってしまう。居住者全員に帰属するとなれば，権利者の意思が齟齬する場合など，その範囲や優劣関係，あるいは，管理者とその管理下にある住居に居住している者との関係をどう考えるかという問題が生じる。区分所有の集合住宅において，専有部分について所有者たる居住者に住居権があることは当然として，共有・共用部分についてはどうか，貸与されている場合，管理者・居住者の組織・個々の居住者等の関係はどうか，など明らかにしがたい部分が残るように思われる。

　明確に住居・建造物に管理者が存在するときには，住居・建造物への立入如何を決定する自由としての管理権を考慮することができるが，管理権の帰属がはっきりしない場合には，やはり事実上の支配状態としての平穏を保護法益と解することが妥当であろう。そもそも，管理権（住居権）を保護するとしても，侵入行為によって現実に侵害されるのは，権利そのものではなく，管理権行使の結果として維持されるはずの事実状況だというべきなのである。わたくしとしては，平穏を素朴な事実状態ではなく，このような住居・建造物等に関し，居住・使用・管理等の形で現に存在する事実的支配状況として把握した上で，意思（決定）の自由というよりは，端的に平穏を保護法益として理解することが妥当であると考える[3]。

　保護法益論は，行為である「侵入」の意義と表裏をなす。平穏説からは，立入りの態様が平穏を害するものでないときには侵入とはならないが，住居権説によると，立入りの態様如何によらず住居権者の意思に反するときは侵入である。もっとも，住居の平穏という個人的利益の処分は法益主体に委ねられている以上，平穏説によっても住居権者の同意があれば侵入にはあたらない。わたくしの考えによっても同様であるが，恒常的に使用状況が維持されるという意味の平穏が問題であるから，居住者・管理者等の同意に基づいて，維持されるべき使用状況自体が変更されるので，客観的な平穏侵害そのものが否定されるであろう。

---

[2] たとえば，住居等私的空間を支配する自由を想定する伊東・86頁，住居等に誰の立入りを認めるかの自由（許諾権）と捉える山口・119頁などがある。

[3] ある領域における平穏な状態を利益として享受する者（法益主体）の観点からいえば，実質的には住居権説に属するともいえる。学説の分類名に重きを置く意味は乏しいが，居住者・管理者の使用状況に着目し，住居権・管理権のような権利として特定を退ける立場であるので，平穏説に分類しておく。

判例は，戦後，平穏説に親和的な傾向がみられたが，近時，建造物の管理者の意思を重視する（管理権的な）考え方を採用するものが相次ぎ，一般に，管理者が想定される建造物に関しては，その管理権者の意思・推定的意思が重視されているといえる。たとえば，労働組合員多数が，ビラ貼りの目的で，夜間，郵便局に土足で立ち入ったことについて，管理権者の意思に反する立入りであるとして，建造物侵入罪の成立を肯定したものがある（最判昭和58・4・8刑集37巻3号215頁，大槌郵便局事件）。この事例では，管理権者の意思内容についても争われたが，建造物の性質・使用目的・管理状況・管理権者の態度・立入りの目的等から，現に行われた立入り行為を管理権者が容認していないと合理的に判断されるときは，侵入となるとしている（ATMを設置した建物への立入りに関する，最決平成19・7・2刑集61巻5号379頁も参照）。

このほか，集合住宅の共用部分に立ち入る行為について，防衛庁（当時）の職員およびその家族が私的生活を営む場所である集合住宅の共用部分およびその敷地であり，自衛隊・防衛庁当局がそのような場所として管理していた場所に，管理権者の意思に反して立ち入ることは，管理権者の管理権を侵害するのみならず，そこで私的生活を営む者の私生活の平穏を侵害するものであるとして，侵入とされた（最判平成20・4・11刑集62巻5号1217頁，立川自衛隊宿舎立入事件）。また，分譲マンションの各住戸に政党の活動報告等を記載したビラ等を投函する目的で，マンションの共用部分に立ち入る行為が，マンションの構造および管理状況，そのような目的での立入りを禁じたはり紙が玄関ホールの掲示板に貼付されていたなどの事実関係のもとでマンションの管理組合の意思に反するものであるとして130条前段の罪の成立が認められた（最判平成21・11・30刑集63巻9号1765頁）。いずれにおいても，管理状況や立入禁止の貼札などの事情から，管理権者，管理組合等の管理者の意思を推認した上，これに基づいて意思に反するものであることを重視して侵入にあたるか否かが判断されている。

（3）客体（行為の場所）

「侵入」の対象[4]は，「人の住居」または「人の看守する邸宅・建造物・艦船」である。

「人の住居」の「人の」とは，行為者以外の他人が居住することを意味し，「住

---

[4] 「侵入」との関係では客体ということも不自然ではないが，侵入罪と不退去罪とを統一的に把握するときには，行為の場所とするのが相当であろう。

居」とは，人が起臥寝食のために日常的に使用する場所をいう。そのような場として最低限の設備のあるものであれば，主たる用途が別であるもの，たとえば研究室・事務室等であっても住居となる。使用は一時的でもよく，ホテルの宿泊室も住居とされるほか，集合住宅の共用部分についても住居にあたるとの見解がある。また，住居の屋根（東京高判昭和54・5・21高刑集32巻2号134頁）や屋上（東京高判昭和51・4・1判夕345号314頁）を住居とした例がある。

住居の賃貸借契約が消滅した後に，家主が立退きを求めて賃借人の意思に反してその住居に立ち入る行為は，平穏説によれば，事実上居住を継続している以上，「人の住居」に対する侵入と認められる。住居権説の考え方に従っても，賃借人の住居権は賃貸借契約の終了によって直ちに失われるわけではなく，住居権者の意思に反する限り住居侵入罪にあたると解される。一般に，居住者・看守者に法律上の正当な権限があるか否かは犯罪の成立を左右するものではないとした判例もある（最決昭和28・5・14刑集7巻5号1042頁）。

「人の看守する」とは，他人が事実上管理・支配することをいい（最判昭和59・12・18刑集38巻12号3026頁），そのための人的・物的設備のあることが必要である。単に「立入禁止」の立札を置く程度では足りない。管理者の意思が明示されていない場合でも，管理が及んでいること合理的に判断されればよい（前掲・最判昭和58・4・8）。上述したとおり，明示的な意思がないときであっても，真の目的を知ったならば同意が与えられないであろう場合は，管理者の意思に反するものと解するのが判例の傾向である。ただし，現金自動預払機（ATM）を利用する客のキャッシュカード暗証番号等を盗撮する目的で，営業中のATMが設置された銀行支店出張所に立ち入った行為につき，管理者である銀行支店長の意思に反するものであることが明らかであるから，たとえ当該立入り行為の外観が通常の利用客ととくに異なるものでなくとも建造物侵入罪が成立するとした判例（最決平成19・7・2刑集61巻5号379頁）には疑問がある。このように解すると，侵入行為自体の違法性が吟味されるべき場面で侵入の目的（暗証番号等の盗撮）の違法性が考慮され，目的の違法性によって侵入が肯定される結果になっているという批判が当たると思われる。ATMを設置した建物の対象化された使用状況がそれ自体として変更されない方法の立入りは，たとえ管理者の（推定的）意思に反するものであっても，平穏を害さないと考えられる。

「邸宅」は，住居のための建物であって現在は住居として使用されていないものを意味し，大きさは問わない。空き家や，使用されていない期間の閉鎖された

別荘などが典型例である。

「建造物」とは，屋根・壁をもち内部で人の活動ができる施設を意味するが，住居・邸宅は別に規定されているので，それらにあたるものは除かれる。鉄道の駅出入口付近は，人の自由な出入りができる場所であるようにみえるが，不退去罪が問題になった判例（前掲・最判昭和59・12・18）において，当該場所が構造上駅舎の一部で乗降客のための通路として使用されており，また，駅の財産管理権を有する駅長がその管理権の作用として駅構内への出入りを制限しもしくは禁止する権限を行使しているのであって，たとえ営業時間中は一般公衆に開放され事実上人の出入りが自由であるとしても，駅長の看守内にないとはいえないとして，この場所を人の看守する建造物にあたるとした[5]。

「艦船」は，軍艦その他の船舶である。

行為の場所（客体）には，これらに付属する囲繞地を含むとするのが判例（「建造物」にはその囲繞地を含むとした最大判昭和25・9・27刑集4巻9号1783頁）・通説である。判例によると，囲繞地とは，「その土地が，建物に接してその周辺に存在し，かつ，管理者が外部との境界に門塀等の囲障を設置することにより，建物の附属地として，建物利用のために供されるものであることが明示されていれば足りる」。前掲の立川自衛隊官舎立入事件判例では，管理者が管理し，職員及びその家族が居住する公務員宿舎である集合住宅の1階出入口から各室玄関前までの部分，および同宿舎の各号棟の建物に接してその周辺に存在し，かつ，管理者が外部との境界に門塀等の囲障を設置することにより，これが各号棟の建物の付属地として建物利用者のために供されるものであることを明示しているその敷地は，「人の看守する邸宅」およびその囲繞地として邸宅侵入罪の客体になるとされた（前掲・最判平成20・4・11）。もっとも，「住居」に附属する囲繞地を「邸宅」と解することを示唆する判例（大判昭和7・4・21刑集11巻407頁）もある。また，警察署の庁舎建物とその敷地とを区画する塀は，「建造物」の一部を構成するもの，建造物侵入罪の客体に当たると解するのが相当であると述べ，外部から見ることのできない敷地に駐車された捜査車両を確認する目的で，その塀に登った行為を建造物侵入罪とした判例（最決平成21・7・13刑集63巻6号590頁）がある。これは，敷地境界にある塀を建造物そのものとしていることになる[6]。

---

[5] わたくしの考えでも，管理者の意思が表示され，施設設備によって管理が及んでいる場所であるから「人の看守する建造物」にあたり，従前からの使用状況とは異質な（管理者の意思に反するからではなく）活動によって変更されていると解されるので，平穏を害するものといえる。

（4）行　為

　行為は，「正当な理由なく侵入」することである。「正当な理由がないのに」との文言は，不法性に関する注意的規定と解するのが一般的な理解であり，居住者・看守者の承諾があれば構成要件該当性が否定されること，法令に根拠をもつ正当な立入りがありうることなどを考慮したものと考えられる。

　「侵入」は，住居権説からは，居住者・看守者の意思（推定的意思）に反して立ち入ること（意思侵害説）とされ，平穏説からは，平穏を害する態様の立入りである（平穏侵害説）とされることになる。平穏説の場合にも，被害者の同意があれば，法益は有効に処分されているのであり，その状況では平穏を害する態様ではなく，私見によれば侵入にはあたらない[7]。

　侵入をめぐっては，行為の目的（犯罪目的，あるいはとくに姦通目的）が問題である。家出中の子が実家に強盗目的で侵入した場合に侵入にあたるとした判例（最判昭和23・11・25刑集2巻12号1649頁），強盗の意図を隠して「今晩は」と挨拶したのに対して「お入り」と答えた場合にも住居侵入罪の成立が肯定された例（最大判昭和24・7・22刑集3巻8号1363頁）などがある。しかし，目的が違法であることをもって行為が違法だとするのは，実質的に主観を処罰する意味があり，不合理である。

　平穏侵害説の立場からは，行為の目的が平穏性に影響するかという問題になる。平穏が居住者の安全ないしその意識等も含むとすれば，錯誤により不法目的の立入りに同意を与えたり，あえて拒否しないで甘受したにとどまったりするときにも，実質的には平穏を害する態様であると評価する余地があり，その限りで違法性を帯びると考えるべきである。わたくしは，平穏侵害が（居住者等により設定された）従前の使用状況が維持されている状態を平穏と解するので，被害者の同意・承諾があってもその意味の平穏侵害はありうると考える。その上で，同意が錯誤に基づくものその他真意に出たといえない以上は，侵入を肯定すべきこととなる。他方，意思侵害説が，真意に沿わない意思表示を無効とするのは当然である。判例が保護法益とも関連して意思侵害説的な方向に傾いていることは前述のとおりである。

　既遂時期については，身体の一部が入ったとき既に意思侵害・平穏侵害が

---

[6] 塀の内側の敷地は建造物の囲繞地となり，塀そのものはそれとは独立した建造物となるとの趣旨であろうか。もっとも，いずれも130条における行為の場所となる。

[7] いずれにせよ，法益処分に相当する同意により違法性が阻却されることにはなろう。

あったと解することもできるが，不退去罪においては作為の退去の前提状態として住居等の中に身体の全部があることが想定されていると考えるのが自然であるから，これとの対比上，行為者の身体の全部が入ったときが既遂時期である（一部が入った段階では未遂）とする通説が妥当である。

　なお，退去によって法益侵害状態が消滅することを考えると，侵入の場合にも「侵入している状況」の継続を考慮することができるので，本罪は継続犯であると解するのが自然であり，判例（最決昭和31・8・22刑集10巻8号1237頁）も同様である。ただ，侵入自体は「挙動」を意味するはずで，既遂に達した後は「侵入」の事実は終了して法益侵害状態が存在するだけであると解する状態犯説もある。

　不退去罪にいう「退去しない」とは，それ自体は住居侵入にあたらない立入り行為の後，住居権者から退去を要求されたのにもかかわらず，退去しないことを意味する。真正不作為犯である。退去要求があれば直ちに既遂となるわけではなく，要求を受けて退去に必要な時間を経過してなお退去が行われないことで既遂となる。逆に，退去準備が整えば直ちに退去が義務づけられる（作為義務が生じる）と考えられるので，その時点で退去しない以上，着手即既遂であり，未遂犯となる余地はない。また，退去しない間，平穏または住居権という法益の侵害事実が継続することになり，不退去罪は継続犯であると解される。

(5) 罪　　数

　本罪は，窃盗，強盗，強姦，暴行，傷害，殺人，放火などの手段として行われることが多い。これらの罪と住居侵入罪とは牽連犯（54条1項後段）とされる（判例・通説）。

9.2　秘密を侵す罪

9.2.1　刑法における秘密の保護

　刑法第2編第13章の「秘密を侵す罪」は，法典中の位置にかかわらず，**個人の秘密**という私的領域を保護する個人的法益に対する犯罪に位置づけられる。

　秘密の保護に関しては，多くの特別法がある。たとえば，通信の秘密に関するものとして，郵便法，電気通信事業法，有線電気通信法，犯罪通信傍受法などが

ある。秘密漏示の類型にあたるものとしては，不正アクセス禁止法，司法書士法，公務員法，不正競争防止法，個人情報保護法，裁判員法などの中に規定がある。これらの法規制においては，個人の秘密だけでなく，企業秘密や国家機密の保護も対象となることがあるが，その場合に観念される法益は，無形的な財産としての「情報」や公正な競争環境なども含まれ，個人の人格的利益としての秘密に限られない。刑法典の犯罪は，個人の秘密に関するものを対象とし，その態様も，信書の開封と，特定の身分者による秘密漏示行為の処罰規定があるにとどまる。現代社会における秘密保護を総体的にみたときには，刑法の犯罪の役割は小さく，特別法による保護が主要な役割を演じているといえる。秘密は，暴露されてしまえば真の意味で秘密に戻すことはできないので，その保護にとっては事後の刑事罰より事前規制が重要であるから，これも自然なことであろう。

9.2.2 信書開封罪

信書開封罪（133条）は，正当な理由がないのに，封をしてある信書を開けた者を，1年以下の懲役または20万円以下の罰金に処するものである。

保護法益は，個人の私生活上の秘密である。個人から国家・地方公共団体に宛てられた信書の秘密は，個人の秘密に含まれる。

「信書」とは，特定人から他の特定人に宛てた文書をいう。犯罪の性質上，封をしてある状態の外観において信書と認められればよい。開封後に，実際には内容が信書ではないこと，あるいは内容物が存在しないことが判明した場合であっても本罪の構成要件には該当する。また，開封の事実があれば秘密が暴露されることなどの実質を必要としない。この意味で，本罪は，抽象的危険犯である。後述のとおり，本罪は親告罪であり，その告訴権者は，発信人，および，信書の到達後は受信人であるとするのが判例である（大判昭和11・3・24刑集15巻307頁）。

9.2.3 秘密漏示罪

秘密漏示罪（134条）は，医師，薬剤師，医薬品販売業者，助産師，弁護士，弁護人，公証人，または，これらの職にあった者が，正当な理由がないのに，その業務上取り扱ったことについて知りえた人の秘密を漏らす罪で，6月以下の懲役または10万円以下の罰金に処せられる（同条1項）。また，宗教，祈祷，もしく

は，祭祀の職にある者，または，これらの職にあった者が，正当な理由がないのに，その業務上取り扱ったことについて知りえた人の秘密を漏らしたときも，同様に，6月以下の懲役または10万円以下の罰金に処せられる（同条2項）。

　本罪は，主体が限定列挙[8]されている真正身分犯である。「医師」とは，医師国家試験に合格し，厚生労働大臣の免許を得た者（医師法2条）をいう。「薬剤師」とは，薬剤師国家試験に合格し，厚生労働大臣の免許を得た者（薬剤師法2条・3条）をいう。「医薬品販売業者」とは，許可を受けて医薬品の販売を業とする者をいう（薬事法24条・34条）。「助産師」とは，厚生労働大臣の免許を受けて，助産，または妊婦・じょく（褥）婦，もしくは新生児の保健指導を行うことを業とする女子をいい，助産師となるためには，助産師国家試験及び看護師国家試験に合格し，厚生労働大臣の免許を受ける必要がある（保健師助産師看護師法3条・7条）。「弁護士」とは，弁護士法に定められた資格を有し，日本弁護士連合会に備えた弁護士名簿に登録された者をいう（弁護士法8条）。「弁護人」は，弁護士ではない者であって弁護人となった者（特別弁護人。刑訴法31条2項）のことであり，民事事件の訴訟代理人は含まない。「公証人」とは，法に基づき法務大臣から公証人に任命された者をいう（公証人法11条）。「宗教の職にある者」は，神官・僧侶・牧師等をいい，「祈祷，祭祀の職にある者」は，祈祷師のように神仏に対する祈祷を業とする者のことである。

　客体は，「人の秘密」である。「秘密」の意義をめぐっては，本人が秘密にしたい事項をいうとする主観説，客観的に知られていないことをいうとする客観説がある。「秘密」の性質上，一般に知られていない事実であることは必要である。さらに，個人の秘密を保護法益とする以上，本人が知られたくないと考えているものであるとすべきである（主観説）が，それを他人に知られないことについての利益が客観的に認められる必要があろう。

　なお，精神科医が，医師としての知識・経験に基づく，診断を含む医学的判断を内容とする鑑定を命じられた場合には，当該鑑定を行う過程で知り得た人の秘密を正当な理由なく漏らす行為は本罪に該当するとした判例（最決平成24・2・13刑集66巻4号405頁）がある。

---

[8] 主体には，歯科医師・看護師（保険師助産師看護師法42条の2・44条の3）が含まれていない。

9.2.4 親告罪

　刑法第2編第13章の罪（信書開封罪・秘密漏示罪）は，告訴がなければ公訴を提起することができない（135条）。公開を原則とする裁判の場などで秘密が暴露される可能性があり，秘密保護の趣旨との緊張関係に立つので，犯罪としての処理の如何を被害者の判断に委ねる趣旨である。

■第 10 章■

名誉に対する罪

10.1 名誉の意義

10.1.1 保護法益

　名誉に対する罪においては，その名のとおり，人の一般的な社会的評価，すなわち，人の「名誉」が保護法益である。名誉の実質については，①**内部的名誉**，すなわち人格の価値そのもの（真価），②**外部的名誉**，すなわち人の人格的価値に対する社会的評価，および，③**主観的名誉**，すなわち人格的価値に対する自己意識・名誉感情，の3つが論じられてきた。内部的名誉（真価）は外部から侵害される性質のものではないので，法益としては，この分類のうち外部的名誉と主観的名誉だけが問題となる。

　刑法典にある名誉の保護に関係する犯罪類型は，230条の名誉毀損罪と231条の侮辱罪である。230条が外部的名誉を保護法益とすることには争いはないが，侮辱罪の保護法益が外部的名誉であるのか，主観的名誉であるのかには議論がある。230条と231条とでは質的相違を想定すべきほどの法定刑の差があること，類似した犯罪（名誉毀損罪と侮辱罪）を明確に区別できる便宜などを理由に，侮辱罪の保護法益は名誉毀損罪の保護法益である外部的名誉と同じではなく，主観的名誉であるとする見解[1]が有力に主張された。しかし，侮辱罪の場合にも，外部からの評価に関連する要素と考えられる行為の「公然」性が要件となっており，名誉毀損罪・侮辱罪を通じて，保護法益は外部的名誉であるとするのが多数説であり，わたくしもこれを支持する。

---

[1] 団藤・512頁，福田・187頁，川端・180頁以下。

外部的名誉は，名誉意識・名誉感情とは無関係であるから，そのような意識をもたない幼児や精神障害者，あるいはそもそも精神活動を行わない法人・団体にも存在する。したがって，侮辱罪の保護法益を外部的名誉と解する多数説によれば，法人に対しても侮辱罪が成立しうる（侮辱罪の保護法益を内部的名誉と解する立場からは，侮辱罪は名誉に関する意識・感情をもたない客体に対しては成立しない）。

なお，名誉は，「プライヴァシー」と無関係ではないものの，外部的名誉とプライヴァシーとは区別されなければならない。プライヴァシーの権利は多義的に用いられるが，有力説によると私的情報の管理支配権である。これを前提にすると，私的秘密を暴露することは，秘密情報の管理支配権の侵害であってプライヴァシー侵害ではある。しかし，それ自体が直ちに名誉毀損にあたるわけではなく，暴露された事実によって，その人の外部的名誉に対する侵害の危険，すなわち社会からの評価の低下の危険が招来された場合に名誉毀損となる。逆に，プライヴァシーの侵害といえない事実の摘示による名誉毀損もありうる。

人に対する社会的評価には，一般的にいえば，経済活動に関係する側面の評価である「信用」も含まれるが，233条の信用毀損罪が別に存在し，信用はこの罪によって保護される利益になるので，論理解釈によって，「信用」は名誉毀損罪・侮辱罪の保護法益である名誉から除かれることになる。もっとも，後述するように，信用には人格的な評価だけでなく経済活動上の評価という固有の利益が含まれると考えられるので，名誉とは概念上区別されるべきである。

10.1.2　名誉毀損罪と侮辱罪の区別

名誉毀損罪と侮辱罪との相違を保護法益の段階に求め，たとえば，「名誉毀損罪の保護法益は外部的名誉であり，侮辱罪の保護法益は名誉感情など内部的名誉である」とするなら，両罪は質的に異なる。しかし，いずれも外部的名誉に対する犯罪であるとする多数説の立場からは，両罪の区別をどのように理解するかが問題となる。通説は，両者を「事実を摘示する」か否かによって区別する。判例（大判大正15・7・5刑集5巻303頁）も同様である。事実を摘示して外部的名誉侵害の危険を招来する場合が名誉毀損罪であり，事実を摘示することなく外部的名誉侵害の危険を生じさせる場合が侮辱罪となる。すなわち，231条の文言「事実を摘示しなくても」は，事実を摘示しない場合に限ると解釈することになる。

10.2　名誉毀損罪

10.2.1　総　説

　名誉毀損罪（230条）は，公然と事実を摘示し，人の名誉を毀損した者を，その事実の有無にかかわらず，3年以下の懲役もしくは禁錮または50万円以下の罰金に処するものである（同条1項）。死者の名誉を毀損した者は，虚偽の事実を摘示することによってした場合でなければ，罰しない（同条2項）。

　名誉毀損罪は，社会の評価という即物的に認識し難い法益に関わるものでもあり，外部的名誉毀損の危険を含む行為が行われれば犯罪の成立が肯定される。すなわち，本罪は抽象的危険犯である（大判昭和13・2・28刑集17巻141頁）。もっとも，行為に内在する類型的危険は，純粋に行為の形式・態様によって判断されるのではなく，内容として危険を包含するか否かという観点から判断されるべきである。外形として名誉毀損行為にあたるようにみえても，その抽象的危険すら包含しない行為は構成要件に該当しないと解されなければならない。

10.2.2　客　体

　名誉毀損罪の客体は，外部的名誉である。「人」には法人を含むとするのが判例・通説である。具体的な保護法益が想定されなければならないので，名誉主体・名誉内容が，ある程度特定されている必要がある。たとえば，「関西人は云々」などと，限界がはっきりしない集団に対して評価を述べても特定個人の名誉毀損にはあたらないので，本罪の成立は認められない。

　名誉には，倫理・政治・社会・学芸・身体・精神・職業・家柄・血統など広範にわたり，社会的評価に関わる限り人格的価値全般が含まれうるが，上述のとおり，経済活動に関係する評価，たとえば，支払能力・支払意思等に関わる評価は除かれるというのが通説的見解である。

　他方で，名誉は，法益主体の責任において変更可能なものに関する評価である必要があるとする見解[2]もある。この見解によると，病気・身体障害等の事実は，

---

[2]　佐伯仁志「名誉とプライヴァシーに対する罪」『刑法理論の現代的展開 各論』（1996，日本評論社）77頁。

本人の責に帰することのできない事情であって，それをマイナス評価の対象とすること自体が無意味であり，したがって名誉とは関係がないとされる。つまり，血統や持病についてその人に不利益な事実を摘示して社会的評価を低下させる危険を生じさせる行為は，多数説によると名誉毀損罪にあたりうるが，この見解によると名誉の毀損にはあたらないことになる。しかし，わたくしは，人の外部的名誉は，現実には本人の努力と無関係に定まる部分を無視して論じることはできないと考えるので，この説には賛成できない。

また，ここで問題とされる外部的名誉は，現に存在する事実的名誉であり，そうである以上，実態に合致しない評価，いわゆる虚名を含む。そこで，虚偽の事実に立脚した評価を本来あるべき評価に正す趣旨の行為も，本罪の構成要件には該当しうる。社会の評価を事実に即した方向に向けようとする行為であって正当とすべき場合は，230条の2または，35条による違法性阻却の問題になると解される（後出「事実証明による違法性阻却」参照）。もっとも，保護されるのは，現に存する積極方向（プラス）の評価に限り，既存のマイナス評価，いわば「悪名」を保護の対象とする必要はないと考えられる。

10.2.3　行　　為

行為は，公然と事実を摘示して人の名誉を毀損することである。
「公然」とは，不特定または多数人が認識できる状態をいう。不特定または多数人が直接に認識しうる状態である必要があるか，結果的に不特定または多数人が認識しうる状態に至ることが予想されれば足りるか，をめぐって議論がある。判例（最判昭和34・5・7刑集13巻5号641頁）は，いわゆる伝播性の理論を採り，特定少数人（具体的には2，3人）に告げた場合でも，情報伝播により不特定または多数人が知るに至ることが予想される場合には，公然性が肯定できるとした。しかし，本罪を抽象的危険犯とした上でそのような解釈を採ると，行為に内在する名誉毀損の危険と現実の名誉侵害との関係が相当に薄い場合を処罰対象に含むおそれがある。そうなれば，いわば間接的な危険によって本罪の成立が可能となり，処罰範囲が拡大しすぎるおそれがある。このような理由から，事実の摘示は，不特定または多数人に「直接に」認識させる状態で行われる必要があるとの説[3]

---
[3] 山口・137頁，高橋・164頁等。

も有力である。たしかに，やがては情報が伝わって不特定または多数人が知るようになる可能性がある状況が認められるだけで公然性を認めるときには，こうした懸念は否定できない。ただし，「不特定」・「多数」は，それ自体，間接的に認識するに至る場合を想定しない概念であるとはいえず，伝播による場合を間接的であるとして形式的に否定することまでは必要ではないと思われる。不特定または多数人の認識可能な状況が，近い将来に高い確率で想定されるような場合に限るなら，伝播による情報拡散の場合を含めてよいと考える[4]。

なお，インターネットでアクセス可能な場所に記事等を掲載する場合にも不特定人の閲覧可能な状態であるといえるから，公然性が認められる。

「事実の摘示」に際しては，具体的事実を示す必要がある（大判昭和7・7・11刑集11巻1250頁）。摘示される事実は評価の根拠を示す。通説は，この点で，名誉毀損罪を侮辱罪と区別する。たとえば「お前は馬鹿だ」とか「あいつは助平だ」などと，単純な評価を示すだけでは，事実の摘示がないので，侮辱罪の成立が問題となるにとどまる。摘示される事実は公知の事実であってもよいとされるが，それを既に知っている人に対して摘示する場合には，これによって社会的評価を低下させる固有の危険はないから，名誉毀損にはあたらない。

摘示される事実は現実に存在するか否かを問わない。ただし，上述のとおり，マイナス評価の根拠を示す趣旨のものであるから，社会的評価を低下させる危険を含む必要があり，また，相手が真実であると信じる可能性のある場合でなければならない。他方で，たとえ真実を摘示したとしても名誉毀損になりうる（ただし，後述する死者の名誉にかかる230条2項参照）。事実摘示の方法には制限がなく，文書や口頭によるものなど，広くこれに該当する。本罪は抽象的危険犯であることから，摘示の相手方が現実に内容を認識したことまでは必要でないが，相手方の認識が可能な状態にすることは必要である。

「毀損」は，人の社会的評価を低下させるような危険を生じさせることをいい，現実の毀損は必要でないものの，現実に毀損する類型的可能性は必要である。

---

[4] 1人の者に事実を告知して順次多数人に広める行為（中森・87頁参照）は，一般にはこのような危険を含まないが，記事をまもなく書くことが確実に想定される新聞記者に事実を摘示する（山口・137頁参照）場合には，公然性を認める余地があるのではないだろうか。

10.2.4 死者の名誉毀損

死者も名誉毀損の客体となりうる。この場合の保護法益については，死後も名誉は虚偽事実による評価低下から保護されるべきだと解し，端的に**「死者の名誉」**であるとする見解が有力であるが，死者に対する遺族の敬愛感情を保護法益とする説もある。社会的「評価」は死者に対しても存在し，その評価が死者に対するものである以上，死者の名誉を保護すると解するのが妥当であろう。死者の名誉毀損については，死者の親族または子孫が告訴権者とされている（刑訴法233条1項）。

生存者に対する場合には「その事実の有無にかかわらず」名誉毀損にあたるのに対し，死者の名誉を毀損した場合は，「虚偽の事実を摘示することによってした場合でなければ，罰しない。」（230条2項）とされており，死者に対する名誉毀損罪の成立を肯定するためには，行為者が虚偽事実を摘示することが必要である。そして，事実の虚偽性は構成要件要素であるから，死者に対する名誉毀損罪の故意を認めるためには，事実を摘示することおよびその虚偽性についての認識を要する。

10.3 侮辱罪

侮辱罪（231条）は，事実を摘示しなくても，公然と人を侮辱した者を，拘留または科料に処するものである。

上述のとおり，保護法益は，外部的名誉と解される。

「事実を摘示しなくても」という文言は，事実の摘示がある場合を排除しないとも読みうるが，通説によると，名誉毀損罪も侮辱罪も保護法益は外部的名誉であり，本罪は，事実を摘示することなく，人の社会的評価低下の危険を生じさせる場合に成立する。名誉毀損罪に比して，具体的事実の摘示がない分だけ，人の社会的評価を低下させる危険が減少すると考えられることから，法定刑が軽い[5]と理解される。なお，外部的名誉を保護法益とする以上，客体には法人も含む（最決昭和58・11・1刑集37巻9号1341頁）。

---

[5] 侮辱罪の法定刑は，拘留または科料である。これは，たとえば，64条の規定により本罪の教唆犯・幇助犯が不可罰とされるなどの特別の扱いを受ける。

「侮辱する」とは，人に対する侮辱的価値判断を表示することをいう。この表示は公然と行われる必要がある。

10.4　事実証明による違法性阻却

10.4.1　総　　説

　230条の2によると，230条の構成要件を充足するときであっても，特定の要件を備えるときには処罰されない。すなわち，①230条1項（生存者に対する名誉毀損）の行為が，公共の利害に関する事実に係り，かつ，その目的が専ら公益を図ることにあったと認める場合には，事実の真否を判断し，真実であることの証明があったときは，これを罰しない（同条1項）。②230条の2第1項の規定の適用については，公訴が提起されるに至っていない人の犯罪行為に関する事実は，公共の利害に関する事実とみなす（同条2項）。③230条1項の行為が，公務員または公選による公務員の候補者に関する事実に係る場合には，事実の真否を判断し，真実であることの証明があったときは，これを罰しない（同条3項）。

　名誉毀損罪は，摘示した事実の有無にかかわらず成立し，また，いわゆる虚名であっても保護される。しかし，日本国憲法が表現の自由（21条）を基本的人権として保障している法秩序のもとで，真実の報道がすべて名誉毀損として禁じられることは不合理であろう。そこで，戦後，一般的にこのような行為の不処罰の可能性を広げる規定がおかれることとなった。すなわち，230条の2は，「人格権としての個人の名誉の保護と，憲法21条による正当な言論の保障との調和」を図ろうとするもの（最大判昭和44・6・25刑集23巻7号975頁）である。この趣旨からすれば，本条に該当する場合には，犯罪の成立を認めた上で処罰しないとするのではなく，そもそも犯罪が成立しないとすべきである。ただし，その法的性格，すなわち，いかなる法律上の根拠によって犯罪の成立が否定されることになるのかをめぐっては，種々の議論がある。

10.4.2　要　　件

　230条の2第1項に即して，「罰しない」とされるための要件を整理すれば，次

のようになる。

（1）事実の公共性（公共の利害に関する事実）

まず，摘示した事実が「公共の利害に関する事実に係」ることが要件となる。これは，その事実の摘示が「公共の利益に資する」と判断されることを意味する。**公共の利害**とは，一般多数人の利害のことである。最近では，より実質的な意味を与えて，憲法上の言論の自由が国民の知る権利との関係で議論されることとも援用しつつ，ここにいう事実とは，市民が民主的自治を行う上で知る必要性がある事実であると解する見解も有力である。この説においては，摘示事実に関係する利害そのものだけでなく，事実摘示の「必要性」が考慮されることになる。もっとも，わたくしには，本条の射程は，言論の自由・知る権利により根拠づけられる場合のみに限られないと思われるので，民主的自治の必要性等により限定することには消極に解する。

事実の公共性は，事実自体の内容・性質によって客観的に判断されるべきであり，表現方法や事実調査の程度などによって左右されるものではない（最判昭和56・4・16刑集35巻3号84頁，月刊ペン事件[6]）。また，私生活上の事実であっても，その社会的活動の性質およびこれを通じて社会に及ぼす影響力の程度等の如何によっては，事実の公共性が認められる場合がある（同最判）。

（2）目的の公益性

次に，事実の摘示が専ら公益を図る目的で行われたことが必要である。「専ら」とされているが，動機が純粋に公益目的のみであることまでは要求されていない。裁判例で公益目的の存在が否定されたのは，窃盗の被害弁償を受ける目的（広島高判昭和30・2・5高刑特2巻4号60頁），主として読者の好奇心を満足させる目的（東京地判昭和30・6・27東高刑時報6巻7号211頁）であった場合などに限られ，いわば主目的が公益から外れている場合であると指摘されており，主たる動機が公益を図ることであれば足りる（東京地判昭和58・6・10判時1084号37頁）と理解されている。たしかに，人の内心は，証明が困難であるだけでなく，そもそも人の心理は単純ではないので，「主たる目的」として理解することが妥当であろう。

---

[6] この判例の事案は，雑誌の編集局長が，宗教法人の教義を批判する一環として，同法人の会長の私的行動を述べ，「会長の女性関係が乱脈をきわめており，会長と関係のあった女性2名が国会に送り込まれている」などの内容の記事を執筆して掲載したというものである。

学説上は，さらに，目的要件を，実質的な事実の公共性の認識に解消する見解[7]もある。すなわち，事実が公共の利害に関するものであることの認識があれば，それでこの要件を充足すると解するのである。これにより，判断もしやすくなり，「個人の名誉の保護と自由な言論の保障との調整」の観点からも適切な均衡がとれるというのである。しかし，230条の2の文言上，事実の公共性の認識とは異なる「公益目的」が固有の要件とされている以上，そこに示されている公共的事実の摘示によって名誉を毀損する行為に出ることの主観的な意図としての意味[8]を失わせる解釈はできないように思われる。

(3) 真実性の証明

以上の要件が充足されるとき，事実の真否の判断がなされ，その結果，**真実であることの証明**があったときは，名誉毀損罪で罰せられることはない。本条は，実体刑法上の規定であり，また，「真実であることの証明があったこと」は犯罪成否そのものに関わる事実である。したがって，当事者による主張をまたず，当然に真実性の調査が行われるべきであることになる。つまり裁判所は，職権で真実性の調査をすべき義務を負う。

ただし，真実であることの証明がなかったときは，230条の2という例外規定の適用を受けず，原則どおり230条で処罰される。すなわち，事実の真実性は，処罰されるか否かを左右する事実であるものの，その真否が証明されず不明である場合には，被告人は処罰されるのである。これは，犯罪事実について証明ができない場合の不利益が被告人の側に負担させられることを意味する。刑事事件において，犯罪事実の証明ができない場合には「疑わしきは被告人の利益に」の原則に従って犯罪事実の存在を認定することができないはずであるので，この意味で，本条により挙証責任が被告人に転換されている（東京高判昭和28・2・21高刑集6巻4号367頁）。

証明されるべき対象は，**摘示事実**である。判例には，「人のうわさであるから真偽は別として」としながら公務員の名誉を毀損する事実を摘示した事案に関し，証明の対象は風評そのものの存在ではなく，風評の内容たる事実の真否であるとしたもの（最決昭和43・1・18刑集22巻1号7頁）がある。そのような内容の「人の

---

[7] 山口・141頁。
[8] ここで詳述する余裕はないが，わたくしは，そもそも，主観的事実は，独立した内心の事実として把握されるものというよりは，行為のあり方の客観的記述の要素をなすと考えている。

うわさ」があったかどうかではなく,「うわさの内容」が真実であるか否かが問題である.

証明の方法・程度については,厳格な証明（証拠能力のある証拠に基づき法定の証拠調手続に従う）により合理的な疑いを容れない程度の証明が必要であるとする下級審裁判例（東京地判昭和49・11・5判時785号116頁）がある.しかし,学説上は,本条の場合には,挙証責任が転換されていること,犯罪事実そのものの証明の場面とは異なること,被告人には検察官のような証拠収集能力・権限が存在しないことから,被告人側が行う真実性の証明に高い水準を求めることは均衡を失するとして,証明の方法は厳格な証明に従うとしても,証明の程度は証拠の優越の程度で足りるとする見解が有力である.わたくしも,この見解に従う.

なお,言論・出版に際しニュースソース秘匿の倫理慣行があるとしても,そのゆえに事実証明が不十分であることをもって名誉毀損罪の成立を否定する根拠となるわけではない（最判昭和30・12・9刑集9巻13号2633頁）.

(4) 要件に関する特則

事実の公共性・目的の公益性の要件に関しては,特則がある.

まず,公訴提起前の犯罪行為に関する事実は公共の利害に関する事実とみなされる（230条の2・2項）.つまり,事実の公共性が擬制される.犯罪処理のもつ一般的公共性にかんがみ,犯罪に関する事実につき捜査の端緒を与え,捜査等の進展に社会的協力と監視とを保障する趣旨である.公訴提起後の裁判に関する事項は,裁判の公開原則（憲法82条1項）に基づき1項の公共性が肯定されるのが通常であり,本項による必要はないと解される.いわゆる前科の公表についても,それ自体は本項の場合ではなく,1項の範囲内で判断されることになろう.

次に,公務員または公選による公務員の候補者に関する事実が摘示された場合は,直ちに事実の真否判断をすることとされている.つまり,そのような事実については,事実の公共性・目的の公益性の両方が擬制される（同条3項）.ただし,公務員としての資質や能力に関係がない純粋な私的事実は除くべきである（最判昭和28・12・15刑集7巻12号2436頁）.

10.4.3　230条の2の法的性質

230条の2が230条との関係で有する法的性質をめぐる議論は,真実性の証明

が不首尾に終わった場合の処理も関連して，やや複雑な様相を呈している。

　まず，230条の２は，**処罰阻却事由**を定めたものであるとする立場がある。230条の規定するとおり，名誉毀損罪自体は摘示事実の真否によらず成立する。したがって，本条は犯罪の成否に関わるものではなく，犯罪の成立を前提として，真実性の証明があったときには処罰を控えることにしたものだ，と解するわけである。真実性の証明の成功というのは手続上の事情であり，犯罪事実とは独立した処罰阻却事由として扱われる。犯罪が成立している以上，真実性の証明が失敗に終わった場合には処罰を免れる余地はない。たとえば，報道機関が必要な調査に基づいて報道した場合であっても，取材源の秘匿が必要であるなどの理由で真実性の証明には至らなかった場合，処罰は免れない。しかし，このような結論は，名誉と言論の自由との調和をはかるという本条の趣旨からみて，妥当でないというべきであろう[9]。

　そこで，判例は，行為者が摘示された事実を真実であると誤信していた場合，その誤信につき確実な資料・根拠に照らし相当の理由があるときは，犯罪の故意がなく，名誉毀損罪が成立しないとする判断を示した（最大判昭和44・6・25刑集23巻7号975頁）。なお，一般にインターネット上で公表されている種々の事実に関する信頼性には限界があると了解されているものと考えられ，単純に記載内容を信じたような場合に「相当の理由」を認めることはできないであろうが，インターネット上の情報についても，確実な資料・根拠に照らし相当の理由があるときには違法性阻却が可能であるということはできるであろう。ただし，インターネットの個人利用者による表現行為の場合においても，行為者が摘示した事実を真実であると誤信したことについて確実な資料・根拠に照らして相当の理由があると認められるときに限り，名誉毀損罪は成立しないものと解するのが相当であり，摘示した事実を真実であると誤信した根拠資料の中には一方的立場から作成されたにすぎないものもあることなどの事実関係のもとにおいては，相当の理由があるとはいえないとされた判例がある（最決平成22・3・15刑集64巻2号1頁）。

　もっとも，真実性の証明ができなかった（230条の２の適用がない）場合にも，相当な理由をもって真実であると信じたときは処罰されないという結論を導く理論的根拠は明らかではない。たとえば，230条の２が230条の構成要件を実質的に修正し，単純に事実の真否を問わないという意味ではなく，摘示事実が確実な

---

[9] 高橋・174頁は，このような事例では35条の正当行為による違法性阻却を認め，本条は，正当行為でない場合にも事実証明の成功によって処罰されなくなる事後的例外と解して，処罰阻却事由とする。

資料・根拠に照らして真実でない場合に限定し，その構成要件該当事実を認識していないときには故意が否定されるという趣旨だと考えることができる。あるいは，230条の2は230条の構成要件を修正するものではなく，構成要件に該当するが違法性が阻却される場合の規定であり，かつ違法性阻却事由に関する錯誤は故意を否定する根拠となる，とする立場からも，同様の結論が主張されうる。学説上は，十分な資料に基づいて事実を摘示した場合は，結果的にその真実性の証明ができなかったとしても処罰する必要はないとする点は妥当として判例と同様に解しつつ，その結論を導く理論が種々提案されてきた。処罰されない根拠としては，違法性阻却事由説が有力である。何が違法性阻却事由となるかに関して見解が分かれている。

10.4.4 「事実の真実性」説

「事実が真実であったこと」を違法性阻却事由とする[10]と，真実証明ができなかった場合は，「事実が真実でないのに真実だと思った」という錯誤は，違法性阻却事由に関する錯誤の問題になる。違法性阻却事由といっても，少なくとも本条で問題とされる真実性は「事実」にほかならないので，その錯誤は事実の認識を誤った場合（事実の錯誤）にあたる。そこで，事実の認識を誤った場合には故意は認められないとする説をとるなら，真実性の錯誤の場合にも故意を否定する結論をとることになる。しかし，処罰の必要性がなくなるのは「確実な資料・根拠に基づいて」そのような誤信に至った場合に限るというのが，出発点における了解のはずであった。それにもかかわらず，真実性の錯誤を事実の錯誤とすると，単純な認識の有無だけが問題とされ，不注意・軽率に真実であると誤信した者も処罰を免れる[11]。この結論は不都合であろう[12]。

違法性阻却事由に関する錯誤は，犯罪の故意（構成要件的故意）の有無には関係せず，したがって，名誉毀損罪の故意が認められ，故意犯の構成要件該当性が肯

---

[10] たとえば，松宮・166頁以下参照。
[11] たとえば，窃盗罪（235条）の故意について，実際には「他人の財物」であるのにその認識がないままにそれを窃取し場合は，理由を問わず，いかにうかつであっても犯罪事実の認識がなかったとされる。
[12] 相当な資料・根拠をもって真実と信じた場合を刑法35条の正当行為として違法性阻却する説も有力であった（団藤・527頁，大谷・167頁等）が，錯誤に基づく虚偽事実の摘示が客観的評価において正当とされる理由は十分ではないであろう（山口・146頁，松原・141頁等参照）。

定されるが，その錯誤が避けられなかった場合には，（構成要件該当性・違法性の段階の問題ではなく）責任を阻却すると解する立場[13]もある。これは，違法性の意識に関する**厳格責任説**（違法性の意識は故意の要素ではなく責任の要素であるとする見解）に基づく議論である。すなわち，真実性の証明に失敗した場合には，違法性阻却事由がないので違法性が阻却されず，事実（構成要件）の錯誤もないので（構成要件的）故意も否定されない。しかし，確実な資料・根拠に基づいて真実だと信じ，その結果，自己の行為が違法性阻却されるものとの誤った認識に至ったのであれば，違法性阻却事由に関する錯誤によって自己の行為が禁止されていることを認識する可能性がなかったものとして非難可能性が否定され，「違法性の意識の可能性」という責任要素が欠けるために犯罪が不成立となる。厳格責任説自体に対して批判もあるが，わたくしは，理論的に難が少なく，判例が「故意」の問題としている態度とは異なるものの，結論において判例と一致し，実際的にも，最も妥当な結論を導く見解であると考える。

10.4.5 「証明可能な程度の真実性」説

「真実性」を「証明可能な程度の真実性」と理解しなおして，証明の成功という訴訟法的方向から規定された230条の2を実体の問題におき換える見解[14]も提案された。証明可能な程度の資料・根拠をもって誤信に至ったときには，「証明可能な程度の真実性」の認識があったが実際には「証明可能な程度の真実」でなかったことになる。真実性の証明に失敗したとき，「証明可能な程度」の真実性という事実に関する錯誤として（責任）故意が否定されるとする説[15]である。しかし，この説によっても，「証明可能な程度に真実であること」自体が「事実」であるから，やはり軽率な誤信（確実な資料・根拠はないのに安易に証明可能な程度であると信じた）の場合にも故意はないことになる。そうすると，客観的な資料・根拠の存在が違法性阻却如何に影響することの説明が困難になる。

---

[13] 福田・194頁。
[14] 団藤・524頁以下。
[15] 大塚・146頁以下参照。

10.4.6　過失名誉毀損罪説

　事実を真実だと思った以上は違法な事実の認識がないから故意が否定されるとしても，軽率に誤信した場合に単純に処罰を免れるわけではなく，230条の2の趣旨は真実性の誤信に過失があるならば処罰されるという意味を含むのであって，したがって，誤信に相当の理由がある場合は過失もないので処罰されないことになるのだ，という解釈もある。いわば，230条の2を「過失名誉毀損罪」を裏側から定める規定と解する見解[16]である。これは，真実性誤信にかかる「相当の理由」の必要性を含めて統一的に説明する点ですぐれている。しかし，そもそも230条の2のような規定を過失犯処罰規定（38条1項ただし書）と解することは無理ではないか，という問題点も指摘しうる。また，それを措くとしても，実質的問題を指摘することができる。すなわち，230条の2を過失犯の犯罪成立要件を裏面から定めた規定だと解するならば，「真実性に関する誤信に相当の理由がないこと」は犯罪成立要件をなす事実にほかならず，検察官が合理的疑いを超える程度に証明すべき事実であることになる。しかし，これは，230条の2が挙証責任転換を認めたものだとする点とは整合しないであろう。

10.4.7　責任原理説

　230条の2は，違法性減少を理由とする処罰阻却事由（違法性の減少）を定めるものであるとしつつ，責任主義の見地からは，違法性に関わる事情である事実が虚偽であったのにそれを認識しなかったことについて過失は必要である（無過失で虚偽性を認識できなかった場合には責任が問えない），とする考え方[17]もある（仮に責任原理説と名づけておく）。確実な資料・根拠に基づく誤信であれば，無過失であるということができ，理論的にはすっきりした解釈であるが，この場合には，抽象的な責任主義原理によって直接に本条の要件の解釈を左右させることの是非を問題とせざるをえない。わたくしとしては，同様の考慮は，そもそも違法性阻却事由一般において認められなければならないのであって，とくに本条がおかれている意味が不明確になると考える。

---

[16] 佐伯・前掲書84頁以下。
[17] 山口・147頁以下。

10.5　正当行為としての違法性阻却

　摘示事実の真実性の証明をめぐる議論とは別に，行為の類型的性格において，たとえば，正当な報道，公判廷における防御権の行使や議会内における議員の発言などが，**一般的**な正当業務行為として，35条により違法性阻却される余地があることはいうまでもない。230条の2とは別に，正当行為（法令行為・正当業務行為）として名誉毀損罪等の違法性を阻却する場合は認められなければならない。たとえば，公開法廷における被告人の供述が第三者の名誉を毀損するものであったとしても，防御権の行使の範囲内であるならば，違法性を阻却する（大判大正15・5・22刑集5巻185頁。ただし，結論としては違法性阻却を否定した）。また，刑事事件の弁護人が正当な弁護活動の範囲で行う行為は，違法性が阻却される（最決昭和51・3・23刑集30巻2号229頁，丸正名誉毀損事件。違法性阻却が可能であることが前提とされたが，事案としては正当な弁護権の範囲が問題となり違法性阻却は認められなかった）。

　なお，確実な（相当な）資料・根拠に基づいて行われた行為は，230条の2の規定によらず，そもそも表現の自由の正当な行使であるから刑法35条の正当行為として違法性が阻却されると解することによって，真実性の証明如何にかかわらず相当な根拠に基づく誤信の場合が正当化されるとの結論を導く見解も有力である。そうすると，230条の2は，むしろそのような資料・根拠が欠けていても真実性の証明に成功したならば処罰されないという趣旨の規定であることになる。

　しかし，実際には資料・根拠が欠けているのに，確実な資料・根拠に基づくものだとの認識があるときには，それが正当行為性を基礎づける事実である以上，違法性阻却事由に関わる事実の錯誤があるというべきであろう。すなわち，この場合も同様に違法性阻却事由に関する錯誤の問題に帰着するのである。そうすると，このような認識がある場合は，その反面として犯罪とされるような事実の認識がないとされ，あるいは反対動機形成可能な違法性の意識がないという形で，犯罪の故意が否定されるはずである。ここで35条による違法性阻却を論じる意義は薄いようにも思われる。また，確実な資料・根拠に基づく場合は正当行為であって違法性が阻却されるのであるとすると，検察官は，処罰を求めるために，その行為が確実な資料・根拠に基づくものでないことを証明しなければならない，という関係になり，一方で230条の2における挙証責任転換が認められている趣

旨と一貫しないという問題点も指摘できる。

10.6 親告罪

　刑法第2編第34章の罪，すなわち，名誉毀損罪（死者の名誉毀損も含む）・侮辱罪は，告訴がなければ公訴を提起することができない（232条1項）。
　告訴をすることができる者が，天皇，皇后，太皇太后，皇太后，または，皇嗣であるときは，内閣総理大臣が，外国の君主または大統領であるときは，その国の代表者が，それぞれ代わって告訴を行う（同条2項）。
　いずれも親告罪とされている。名誉毀損罪や侮辱罪が公開法廷で審理されると，それにより二次的な名誉毀損等が来たされることもありうることが理由である。これに加え，侮辱罪の場合には，不法内容が軽微である（立法者が法定刑を低くしているのはそのような考慮の反映であろう）ことから，行為者の処罰を被害者等の意思にかからせているという側面もある。
　告訴をすることができるのは，原則として「犯罪により被害を被った者」（刑訴法230条）であり，死者の名誉を毀損した罪については，死者の親族または子孫は，告訴をすることができる。名誉を毀損した罪について被害者が告訴をしないで死亡したときも（被疑者の明示の意思に反しない限り）同様とされる（刑訴法233条）。その他の告訴権者については，刑訴法231-234条に規定がある。
　日本国憲法の象徴天皇制（憲法1条）の趣旨から，天皇ほか所定の皇族（皇室典範5条・8条参照）が被害者となるときには，自ら告訴を行うのではなく，内閣総理大臣が代わって告訴を行うこととされている。「外国の君主・大統領」との規定は，「元首」と同義とされている。「その国の代表者」には，外国政府も含まれる。

■第 11 章■
信用・業務に対する罪

11.1 信用毀損罪

11.1.1 総　説

　信用毀損罪は，虚偽の風説を流布し，または，偽計を用いて，人の信用を毀損した者を，3年以下の懲役または50万円以下の罰金に処するものである（233条前段）。
　組織犯罪処罰法3条1項11号，同条2項に特別規定がある。
　刑法第2編第35章は，信用・業務に対する罪を定めている。各罪は，法益別にではなく，手段の如何により条文が分かれる規定となっている。このうち，233条前段が信用に対する罪，すなわち信用毀損罪である。

11.1.2 保　護　法　益

　保護法益は，「人の信用」である。**信用**とは「人の支払能力・支払意思に対する社会的信頼」をいうとされてきた（大判大正5・6・26刑録22輯1153頁）が，近時の最高裁の判断では，それに限らず，信用毀損罪にいう信用には「商品の品質に対する社会的信頼」も含まれるとされている（最判平成15・3・11刑集57巻3号293頁）。この判例の事案は，販売する商品に異物が混入しているとの虚偽申告をして報道機関に報道させた行為に信用毀損罪の成立が認められたものである。すなわち，「信用」においては，債務履行に関する信用（狭義説）に限らず，より広い経済的側面における人（自然人・法人等）の社会的評価（信頼）が問題とされている（広義説）。

このことは，信用毀損罪が，支払能力・支払意思といった個人に関する社会的評価という意味で広義の名誉に対する犯罪であるとする伝統的把握から，商品の品質に対する社会的信頼などをも包含する，経済的活動に関連する利益の侵害という性格の犯罪へと，理解が変遷したことを含意するものといえるであろう。これを前提とすれば，信用毀損罪の保護法益としては，経済的側面における独自の法益を観念するのが妥当であると思われる。それは，究極的には，財産的意義をも内包する経済的利益を想定しつつ，社会的・経済的活動の自由との関係で考慮される人格的利益とでもいうべきものである。したがって，名誉毀損罪と信用毀損罪とは，一般法・特別法の関係にあるのではなく，保護法益を異にする独立性の高い類型に位置づけられることになる。そしてそれは，信用毀損罪が業務妨害罪と合わせて規定されている現行法の構成に見合うという意味でも，解釈論として適切だと思われる。

11.1.3　行　　為

　信用毀損罪の手段たる行為としては，「虚偽の風説を流布する」ことと「偽計を用いる」ことが規定されている（233条前段）。信用毀損罪においては，虚偽の風説の流布または偽計を手段とすることが必要とされているので，真実である事実を摘示したときには，本罪は成立しない。
　「虚偽の風説を流布する」とは，客観的事実と異なる内容の噂・情報を不特定または多数人に伝え広める（伝播させる）ことをいう。名誉毀損罪の場合のような公然性は不要であり，直接に不特定または多数の人に伝達しない場合にも流布にあたる。
　「偽計を用いる」とは，人を錯誤に陥らせ，または人の錯誤・不知を利用することをいう（この手段については，後出の業務妨害罪の場合と共通であるので，そちらの例をも参照されたい）。

11.1.4　危　険　犯

　本罪は，信用の「毀損」を要件としているが，侵害犯ではなく危険犯と解する見解が多数である。わたくしも，信用が低下したことをそれ自体として直接に認識することができない以上，毀損に相当する事実は，現実には危険として把握さ

れると考えるので，危険犯説に従う。本罪を侵害犯として理解した場合に，信用毀損の事実を具体的に想定することは難しい。危険犯のうち信用毀損罪は，信用を毀損するに足りる虚偽の風説の流布・偽計があれば成立しうるとする抽象的危険犯説も有力である。しかし，わたくしは，具体的危険犯と解するのが妥当であり，一般的に信用低下の危険を内包するような行為が行われただけでなく，信用低下を来たす具体的な危険状態の発生までを要すると解する。なぜなら，上述のような意味で，本罪の保護法益である信用を，行われている具体的な経済活動との関連がより密接な法益として把握するときには，信用という法益は，経済活動の前提となるような実質を伴うのであり，具体的な危険発生を認識することもできると思われるからである。抽象的危険が認められる場合であっても，経済活動上の評価が低下する具体的危険のないときには，処罰の必要性も低いと思われる。

11.2 業務妨害罪

11.2.1 総説

業務妨害罪は，虚偽の風説を流布し，または，偽計を用いて，人の業務を妨害した者を，3年以下の懲役または50万円以下の罰金に処し (233条後段)，威力を用いて，人の業務を妨害した者も，233条の例によることとしている (234条)。すなわち3年以下の懲役または50万円以下の罰金に処せられる。

組織犯罪処罰法3条1項12号，同条2項に特別規定がある。

このように，業務妨害罪は，その手段により分けて規定されている。一般に，手段行為に応じ，233条後段の罪を「**偽計業務妨害罪**」，234条の罪を「**威力業務妨害罪**」という。

11.2.2 保護法益

業務妨害罪は，大まかにいえば業務を保護するものであるが，保護法益として問題となるのは，このような業務ないし業務の円滑な遂行そのものというよりは，**社会的活動の自由**と考えるのが有力な立場である。そのような自由の侵害は，現実の業務遂行に支障を生じさせることがなくとも認められるものであり，そのよ

うな自由が独立した保護に値すると考えられるのである。

元来，業務妨害の事実は認識が難しい。たとえば，営業中の商店の前に人が立っているために客が入って来にくい状態があるとしても，そのときにたまたま入店しようとする客がないのであれば，具体的な妨害の事実があるかどうかは確定しがたい。妨害は，現実の妨害でなく潜在的なものであっても足りると解することが妥当であろう。このような事情をふまえれば，業務の遂行に影響があるか否かを問うまでもなく，自由な活動が妨げられる具体的危険があれば，業務妨害罪の成立を認めることにも合理性が認められるであろう。

11.2.3　客体——業務の意義

業務に対する罪における「**業務**」の意義は，業務上過失致死傷罪の場合と同様，基本的には「人が社会的地位に基づき反復・継続して行う仕事」である。業務は，財産的事務に限定されない。

保護法益として社会活動の自由を考慮する立場からは，業務は，職業その他経済的利益を得るか否かには関わらないものの，不特定多数人との関係を有する社会的性格をもつことが必要だと考えられる。個人生活上の活動，たとえば趣味や家事は含まれない。

社会生活上の地位に基づいて反復継続して行われるといっても，必ずしも，実際に複数回継続して行われるものだけには限られない。会社創立総会や政党の結党大会など，それ自体は1回的な活動も，その後に継続的に行われる活動の一環として行われるものは業務である。

違法な行為は，違法であることからただちに業務でないとされるわけではない。とはいえ，犯罪行為を業務として保護する必要がないのは当然であろう。そこで，たとえば，違法薬物の取引を妨害する行為については，業務妨害罪の構成要件には該当するが，違法性が阻却される[1]ものと解する。

---

[1] そもそも，その取引は保護対象となる業務でなく，その妨害は本罪の構成要件に該当しないとすることもできる。この解釈を採ることは，業務を「違法でない」事務等に限ることを意味する。たしかに，公務執行妨害罪（95条1項）に関しては，その公務を適法なものに限るとするのが通説である。しかし，原則として私的自治が認められる私人の経済活動の領域で，構成要件に該当する業務か否かを「違法」を基準に画するのは，類型的判断として問題があろう。仮に，直接的に業務の「違法」を基準としないとしても，それに代わる何らかの客観的メルクマールを記述することも困難であるように思われる。構成要件の類型的明確性の観点から疑問を留保したい。

違法な業務の妨害に関する判例としては,「動く歩道」設置のための警察官による路上生活者排除行為について,それが道路法上の手続を経ていないとしても,公共目的で不法占拠者を排除していること,路上生活者の不利益がわずかでその対策が伴っていること,道路法の手続をとっても実効性が乏しかったことなどの事情がある場合には,業務妨害罪による要保護性を失わせるほどの法的瑕疵があったとはいえない,としたものがある(最決平成14・9・30刑集56巻7号395頁)。この判例では,業務の要保護性について,挙げられた諸事情と業務妨害との実質的考量によって判断が行われている。違法性阻却が実質的判断であることからすれば,一般論としては,業務妨害罪の成否が保護法益の保護の必要性を考慮して判断されるのは妥当であろう。ただし,違法な業務が要保護性のゆえに保護されると主張するだけでは,結論を直接主張するに等しく合理性が乏しい。業務の違法性には程度があり,保護の必要性が残る程度の違法であることの反面として,その侵害行為の違法性阻却は認められないという考え方になるであろう。

11.2.4　業務と公務

業務妨害罪にいう「業務」の中に「公務」を含むかが議論の対象とされてきた。公務を保護する類型として別に公務執行妨害罪(95条1項)が存在するので,それとの関係が問題になる。公務執行妨害罪は,国家的法益(国家の作用たる公務)に対する罪と位置づけられ,他方,業務妨害罪が個人的法益に対する罪である以上は,国家法益に属する公務は,本罪の個人法益たる業務には含まれないという議論が成り立つ。

公務執行妨害罪の手段たる行為は,暴行または脅迫であり,業務妨害罪の手段たる行為は,虚偽の風説の流布・偽計の使用・威力の使用である。つまり,本罪の業務は,暴行・脅迫の手段が用いられる公務執行妨害罪より,相対的に弱い手段による妨害からも保護される。公務が本罪の業務に含まれないとすれば,公務は暴行・脅迫による妨害からは保護されるが,威力等による妨害からは保護されない。それは合理的根拠のあることであろうか。

判例は,かつて公務は業務ではないとする態度を示していたが,旧国鉄の現業業務は,権力的作用を伴う職務ではなく民営鉄道の業務と異ならないという理由で,業務妨害罪にいう業務にあたるとの判断に至った(最判昭和35・11・18刑集14巻13号1713頁,最大判昭和41・11・30刑集20巻9号1076頁,摩周丸事件)。また,業務

妨害に用いられた手段が暴行・脅迫であれば公務執行妨害罪が成立することも認めた。最高裁判所は，非権力的ないし民間と異ならない現業的公務については，公務であると同時に業務妨害罪の保護対象である業務にもあたる，としたことになる。その後は，「強制力を行使する権力的公務でない」場合，威力・偽計のいずれの手段を用いるかを問わず，業務妨害罪にいう業務にあたるとし，そのような公務も公務執行妨害罪の保護対象となるとする扱いが定着しているといえる（最決昭和62・3・12刑集41巻2号140頁（県議会の委員会における条例案採決等の事務），最決平成12・2・17刑集54巻2号38頁（公職選挙法上の選挙長の立候補届出受理事務））。

　学説上は，公務執行妨害罪における「公務」の範囲との関係で，いくつかの考え方がある。**無限定積極説**（公務もすべて業務であるとする）と**消極説**（公務は業務に含まれないとする）とが徹底した立場であるが，公務といっても性質の異なるものが含まれるとの認識から，何らかの形で公務のうちの一部を業務とする立場が有力である。そのようなものとして，**主体区別説**は，公務員が行う公務は業務でないが，非公務員による公務は業務であるとする。**公務振分け説**は，現業的ないし非権力的公務は，公務ではなく業務であるとする。この考え方は，公務と業務とを重複しないように区別する。これに対し，**限定積極説**は，現業的ないし非権力的公務は，公務でもあり業務でもあるとする。さらに，**修正積極説**は，威力を手段とするときは現業的ないし非権力的公務について公務でもあり業務にも含まれるとするが，偽計を手段とするときは，すべての公務が業務であるとする。

　この点に関し，わたくしは次のように考える。主体による区別は，公務員にどの範囲の者を含むかに決定的な基準を見出しがたいという実際的問題があるし，そもそも，主体の身分が客体である公務の要保護性と連動することに必然性が乏しい。そこで，公務の内容・性質に応じた区分が妥当である。

　まず，公務執行妨害罪による保護が暴行・脅迫を手段とする場合に限られ，業務に比して保護の範囲が狭いことの理由を考えると，公務執行妨害罪にいう公務がそれ自体，強制的性質・権力的性質を有する（いわゆる自力執行力を伴う）ので，比較的弱い手段による妨害から保護する必然性が乏しいからである，という理解には，ひとまず説得力が認められるであろう。次に，公務はたとえ民間と同様の内容をもつ業務である場合（たとえば，公営交通や公立学校の業務を考えよ）であっても公共性を有し，とくに税金を運営の財源とすることも考慮すれば，業務としてだけでなく公務としても保護されることに合理性がある。以上のところから，基本的には，強制的・権力的性質の公務は，本罪の業務からは除かれるべきであ

る一方，それ以外の公務は業務として（いわば二重に）保護されることにも理由があると考えられる。こうして，暫定的に，限定積極説が相対的な妥当性をもつことになる。

　ただし，その根拠となっている公務の「権力性」や「自力執行力」なるものの実質は明らかでない。暴行・脅迫と威力との間には，相対的な「強弱」の関係が想定できるとしても，偽計を用いる妨害に対しては，強制的・権力的公務，自力執行力を与えられた公務といえども無力ではないか，という指摘はもっともである。したがって，これを考慮するならば，結局，修正積極説に理があることになる。わたくしとしては，さしあたりこの見解を支持する。

　公務と業務とをめぐる議論は，保護法益論と関係して，罪数にも影響する。業務性を有する公務が暴行・脅迫を手段として妨害された場合の評価につき，①客体が業務でありかつ公務であるという性質を肯定するのであれば，業務妨害罪と公務執行妨害罪とは，個人的法益と国家的法益という別次元の法益を保護するものであるから威力業務妨害罪と公務執行妨害罪との両方の構成要件該当性が肯定され（両方で評価しないと，その不法内容を評価し尽くしたことにならない），観念的競合（54条1項前段）となる。これに対し，②業務と公務とを重複することなく区別する立場からは，その法的評価はいずれか一方だけに決定されることになるので，両罪の関係は法条競合となり，一般には暴行・脅迫を手段とする点で犯情の重い，公務執行妨害罪の成立を認めることになろう。修正積極説は，偽計を手段とする場合には，強制的・権力的公務を含めて公務であると同時に業務であるとするので，観念的競合説に従うことになろう。他方，威力を手段とする場合には，強制的・権力的公務は業務に含まれないとし，公務がその性質によって公務または業務のいずれかに分類されることになるので，法条競合説が採られるべきことになるであろう。

　もっとも，公務執行妨害罪の法定刑が「3年以下の懲役もしくは禁錮または50万円以下の罰金」であり，威力業務妨害罪の法定刑が「3年以下の懲役または50万円以下の罰金」であるから，観念的競合を認めるか法条競合とするかの違いは，禁錮刑の選択が可能かどうかに限定される。公務について観念的競合により業務妨害罪の保護を与えたとしても，現行法においては，公務の保護が均衡を失する過剰なものであるということにはならない。

11.2.5　行　為

　業務妨害罪は，233条に規定される「虚偽の風説の流布」・「偽計」，234条に規定される「威力」を手段として業務を妨害することを要する。

　信用毀損罪に関して述べたとおり，「虚偽の風説」とは，確実な資料・根拠なしに述べた事実であり，「流布」とはこれを（たとえば噂話などの形で）不特定または多数の人に伝え広めることをいう。本罪においては，公然性は必要がなく，伝達の直接の相手方が不特定または多数人である必要もない上に，流布自体が，むしろ，いわゆる「伝播」の形をとることを典型とする。

　「偽計を用いる」とは，人を錯誤に陥らせること，または人の錯誤・不知を利用することである。これは，詐欺罪（246条）の行為となっている「欺く」にあたる場合に限られず，より広い概念であると解されている。そこで，相手に直接情報を与え，その意思決定に積極的な影響を生じさせるわけではない場合，たとえば，マジックホンと称する電話の応答信号の送出を妨害する機器を設置して電話局内の課金装置の作動を不能にすることも，偽計を用いた場合とされる（最決昭和59・4・27刑集38巻6号2584頁）。また，商店に昼夜を問わず多数回無言電話等を繰り返し，電話の受発信を不能にさせ，かつ被害者を心身ともに疲労させて営業を妨害した例で，偽計を用いた場合にあたるとした例（東京高判昭和48・8・7高刑集26巻3号322頁）がある。

　「威力」とは，人の意思を制圧するに足りる勢力のことである。現実に被害者の意思が制圧される必要はない（最判昭和28・1・30刑集7巻1号128頁）。威力は，暴行・脅迫に相当するものも含む。威力を用いるとは，行為の必然的結果として人の意思を制圧することになるような勢力を用いれば足り，必ずしも，それが直接に，現に業務に従事している他人に対してなされることを要しないというのが判例である（最判昭和32・2・21刑集11巻2号877頁）。威力として暴行・脅迫が用いられる場合にも，被害者に向けられるものに限らない。裁判例上に現れた特徴的なものとしては，業務のために重要な書類の入った弁護士の鞄を奪取して隠匿した場合（最決昭和59・3・23刑集38巻5号2030頁），執務用の机の引出しに赤く着色した猫の死骸を入れておいた場合（平成4・11・27刑集46巻8号623頁）[2]などがある。

---

[2]　市役所職員のAは，上司である課長Bの仕事を妨害しようと企て，Bのロッカーにある作業服のポケットに猫の糞を入れておいたり，机の引き出し内にマーキュロクロム液で赤く染めた猫の死骸を入れておいたりしたものである。

裁判例からは，偽計と威力とのいずれにおいても，行為の対象は人でも物でもよく，相手方に対する効果の性質もあまり重視されていないように思われる。両者の区別は，妨害行為の公然性ないし被害者等への認知可能性如何による傾向がうかがえる。妨害を認識すれば，業務を行う者の意思に影響し，認識されなければ通常どおり業務が遂行できるものとの誤った認識に至ることから，おおむね適切な区別ができるであろう。もっとも，裁判実務上，両者の区別はあまり意味がなくなっているとの指摘があり，また，いずれだとしても同様に処理されるので，厳密な区別の議論には実益が乏しいことも事実である[3]。

11.2.6　危　険　犯

　法文上，業務を「妨害」することが必要である。ただし，上述のとおり，判例（前掲・最判昭和28・1・30）は，相手方の現実の意思制圧等の具体的事実を要求しておらず，本罪は抽象的危険犯であるとする立場に立っている。意思制圧の危険を類型として包含する行為，すなわち形式的に構成要件に該当する手段が用いられれば足りるということである。しかし，業務は，個々具体的な活動として行われるものであるから，その業務が妨害される危険が生じていないにもかかわらず業務妨害罪の成立を認めるのは不合理であろう。業務妨害は名誉や信用の毀損のような社会的評価に関わるものではなく具体的な認定の対象となりうるとして，侵害犯だとする見解も有力である。この点につき，わたくしは，やはり業務遂行に関する自由の侵害を具体的事実として確定することは困難であると思う。そこで，業務妨害罪は，具体的危険犯と解すべきである。反復性・継続性を属性とする業務については，将来的なものも含めた妨害の具体的危険により当罰性を帯びると考えることができる。

　なお，業務妨害罪の未遂段階にある侵害の中には，信用毀損罪として扱うことの可能な場合もあると思われる。

---

[3]　なお，労働争議において業務妨害に当たる手段が用いられることが多いので，本罪の成否と労組法1条2項との関係が問題になることがある。正当業務行為としての違法性阻却が認められるかという議論に関連するものであって，刑法総論の課題として論じられる。

11.3 電子計算機損壊等業務妨害罪

11.3.1 総　説

電子計算機損壊等業務妨害罪（234条の2）は，人の業務に使用する電子計算機もしくはその用に供する電磁的記録を損壊し，もしくは，人の業務に使用する電子計算機に虚偽の情報もしくは不正な指令を与え，または，その他の方法により，電子計算機に使用目的に沿うべき動作をさせず，または，使用目的に反する動作をさせて，人の業務を妨害した者を，5年以下の懲役または100万円以下の罰金に処するものである（同条1項）。

本罪は，未遂が処罰される（同条2項）。

本罪は，偽計業務妨害罪・威力業務妨害罪の手段が人を対象としているのに対し，電子計算機に対し損壊などの手段を用いて業務を妨害する罪で，業務妨害罪の加重類型にあたる。加重の根拠は，電子計算機を利用した業務についての妨害は，その影響が広範・多大になることを想定したものだと説明される。

11.3.2 行　為

本罪の手段たる行為は，①人の業務に使用する電子計算機を損壊する，②その用に供する電磁的記録を損壊する，③人の業務に使用する電子計算機に虚偽の情報または指令を与える，などを例示とし，「電子計算機に使用目的に沿うべき動作をさせない」または「電子計算機に使用目的に反する動作をさせる」ことである。その上で，人の業務を妨害することが構成要件となっている。すなわち，手段たる行為により，電子計算機に目的に沿う動作をさせないこと，または目的に反する動作をさせることを媒介（中間的結果）として，業務妨害が行われる必要がある。

本罪が危険犯か侵害犯かについては，一般の業務妨害罪と同様に解することになるのが自然であろうが，本罪の類型では，一般の業務妨害罪の場合よりいっそう具体的に業務妨害の事実を把握することができるように思われるので，わたくしは，侵害犯と解するべきであると考える。なお，本罪には未遂犯処罰規定がある（2項）。未遂とは，電子計算機に不正の動作をさせる行為は行われたが，業務

妨害についての危険または具体的な妨害結果が発生しない場合だと解される。この点においても，本罪は侵害犯として捉えることが妥当であるといえる。

11.3.3 手段行為の客体

「電子計算機」には，汎用のもの，特定または単一の動作をするものなど，大小さまざまなものが想定されるが，本罪の電子計算機は業務妨害に関連するもので，人に代わって，ある程度広範な事務処理を，独立・自動的に行うものを意味し，家電に組み込まれたマイクロ・コンピューターは含まない。下級審判例には，パチンコ台に組み込まれた電子計算機部分は本条の電子計算機にはあたらないとして，パチンコ台の動作設定情報を記録したROMを不正なものと交換した行為につき，本罪ではなく偽計業務妨害罪の成立を認めたもの（福岡高判平成12・9・21判時1731号131頁）がある。

業務妨害手段として器物損壊が行われた場合は，業務妨害罪とは保護法益を異にする器物損壊罪の構成要件にも該当し，両罪は観念的競合となろう。

第 12 章

財産罪総説

12.1 財産関係と刑法

12.1.1 総　説

　本章では，財産を保護する犯罪類型について，基礎的な考え方あるいは諸類型に共通する事項を扱う。

　刑法典において財産関係の犯罪の規定は，刑法235条以下の条文にある。それらの犯罪の客体は，ほとんどの場合，「財物」または「財産上の利益」のいずれかまたはその両方であって，諸類型に共通している。共通の客体に対する侵害形態によって犯罪類型が作られており，したがって，侵害手段相互の相違・関係に注目することが解釈上の意義をもつ。それはもちろん，現実に生じた事実をどの類型に該当するものとして処理するかに直結する。

　また，財産罪は，実際に事件となる件数が多いため，裁判例，したがって解釈論上の争点となった事項も多い。加えて，上述のように法益保護に臨む姿勢の相違はあるものの，民事法との関係も，他の犯罪類型に比べれば比較的密接であるという性格も指摘できる。このような事情から，財産を保護法益とする犯罪類型を「財産罪」としてまとめ，ひとつの領域として把握することに意義が認められる。本章においても，最初に，財産罪の諸類型を客体と行為態様との両面から分類しつつ概観する。

12.1.2 民事法と刑事法

　財産に関係する法益の保護をめぐっては，民事法と刑事法とで対応に差がある。

財産に関する権利・義務の得喪・変動といった法律関係は，直接には民事法が規制する領域である。そもそも刑法の法益保護の機能には謙抑性が求められることもあり，刑法による財産の保護は，民事法に基づく権利義務関係の保護を補充する役割を担うにとどまる。この意味で，保護の範囲ないし保護機能発動において，一般的には刑法の方が控えめになる。また，民事法は，財産関係の維持だけでなく変動に関する実体・手続を含み，財産関係変動，たとえば契約の当事者のほか，当該財産に利害関係を有する第三者や，変動後さらに当該財産に関与してくる者などの利害をも調整する必要があることから，いわば財産の動的安全（取引の安全）の保護の考慮が表に出てくる。これに対して，刑法は，権利義務関係の変動には直接に関与せず，さしあたり現在に存在する事実状態を保存する形で財産の保護に寄与するものだといえる。いわば，静態的な法益保護を旨とするのである。

12.2　財産罪の分類

12.2.1　客体による分類（1）――財物と財産上の利益

　財産罪の客体は，235条の窃盗罪に規定される「財物」が基本であり，ほとんどの財産罪規定において客体とされている。これに加え，236条の強盗罪，246条の詐欺罪，249条の恐喝罪の規定では，第2項として，第1項の場合と同じ手段により「財産上不法の利益を得る」行為が規定されている。これらの罪では第1項の「財物」と並んで第2項の「財産上の利益」も客体となる。そこで，客体の観点からは，財物を客体とする「**財物罪**」[1]と，財産上の利益を客体とする「**利得罪**」という分類ができる。

　窃盗罪は財物罪であるが，強盗罪・詐欺罪・恐喝罪などは，財物罪と利得罪と両方の場合があることになる。各類型を定める条文の第1項に財物罪が，第2項に利得罪が規定されていることから，たとえば，財物罪の場合を1項強盗罪，利得罪の場合を2項強盗罪などということもある[2]。

---

[1]　次の「利得罪」と対応させるなら「取財罪」とでもいうのが本来であろうが，この表現はあまり用いられない。
[2]　必要に応じて，利得罪であることを明示して「詐欺利得罪」といった表現が用いられることもある。

12.2.2 客体による分類（2）——個別財産と全体財産

客体については，**個別財産に対する罪**と**全体財産に対する罪**という分類も行われる。個々の単位財産を侵害の対象として把握してその個別的な財産を客体とする罪が個別財産に対する罪である。これに対し，直接の侵害対象が特定の財産であるとしても，不法内容を被害者の財産状態が全体として悪化することに見出し，この意味の全体的財産を客体とする罪が全体財産に対する罪である。

通説的見解によると，ほとんどの財産罪は，財物罪・利得罪を問わず個別財産に対する罪である。刑法典に規定される犯罪の中では，背任罪（247条）だけが全体財産に対する罪である。すなわち，背任罪は，ある人の財産管理を任されている者がその人の全体としての財産状態を悪化させたときに成立し，仮に個々の取引でいったん損失が生じるようにみえても，総体的にみて財産の減少がないとみられるときは法益侵害とは解されない。これに対し，たとえば，他人の財物をだまし取る犯罪である詐欺罪（246条1項）では，だまし取られる財物が個別財産にあたる。その財物の交付と引き換えに相応の対価が与えられ，被害者の経済的意味の全体的財産状態は悪化していない場合であっても，詐欺罪は成立しうる[3]。客体である財物を失ったこと，またはそこから直接に帰結する損害が法益侵害だと捉えられるのである。

12.2.3 法的財産と経済的財産

なお，刑法で問題にすべき財産としては，**経済的財産**，すなわち，基本的に経済的な意味において把握されるものが対象となる。たとえば，法的には，反対債権という形で損失に見合う補填がなされ，そのような**法的財産**があるとしても，反対債権がいわゆる不良債権であってその実現が困難ないし不可能なものであるなら，経済的には当該債権を取得したことには価値がなく，無意味であろう。返してもらえると誤信して，返してもらえる見込みのない人間にお金を貸してしまったら，いくら権利があって借用書をとっていても，その時点で損害が発生しているということである。

ただ，即物的な利益として把握するにしても，物として財産が存在する財物な

---

[3] もっとも，後にみるように，相当対価と引き換えに財物を交付させるような場合に「財産的」な損害があるとはいえないとして，詐欺罪の成立を否定すべきだとする考え方もある。

らともかく，債権に伴う利益のように無形的な財産上の利益に関しては，その経済的価値の有無がはっきりしない場合もある。また，そもそも財産に対する支配が法的権利に裏打ちされないのであれば法益（法の保護する対象）ではないはずだともいえる。そうすると，刑法において保護の対象となる財産は，純粋に経済的な観点だけで概念を画することはできないということになろう。そこで，より正確にいうならば，経済的財産のうち，法が，（少なくともさしあたりの）保護を与える必要のある経済的財産が問題になるのだと考えられる。

12.2.4 行為態様による分類――領得罪と毀棄罪

　財産罪の諸類型は，多くの場合，行為によって区別されているので，行為態様による分類をすることは，とりもなおさず各構成要件を区別し各犯罪を検討することに帰着する。そこで，ここでは，少し抽象度の高い「領得罪」と「毀棄罪」（毀棄・隠匿の罪）という分類に触れておく。

　財産罪の典型は，他人の財産を自己（または第三者）のものにして，それを使ったり転売したり，何らかの意味で対象財産から利益を引き出そうとすることだといえるであろう。このような類型を**領得罪**（財産移転罪）という。これに対し，客体の経済的価値の取得が目的ではなく，その価値を毀損・滅失させることが目指されている類型があり，これらは，**毀棄罪**（財産侵害罪）という。たとえば，窃盗罪（235条）は，基本的には他人の物から何らかの利益を得ようとするために盗む行為を処罰するものであって，領得罪である。他方，器物損壊罪（261条）は，他人の物を壊すことを核心とする毀棄罪である。

　犯人がそれを使うつもりであれば，取得された客体が破壊・破棄されることはないはずである。第三者の手に渡ったとしても，物として残っている限り，元の所有者・占有者がこれを回復する可能性がある。しかし，物を壊してしまえば，その財産は終局的に失われる。この意味で，毀棄罪は，財産侵害それ自体として考えれば，領得罪に比べて，より全面的・終局的な侵害である。それにもかかわらず，刑法は，毀棄罪に比べて領得罪の方に重い法定刑を用意している。これは，領得罪の方が犯人にとって誘惑的であるがゆえに行われやすく，より強く抑止すべきだからだと考えられる。刑罰の前提となる違法性が法益侵害の大小のみによって決まるわけではないことの表れともいえるであろう。

　なお，このほか，被害者の意思に反して財物を奪い取る犯罪類型である窃盗

罪・強盗罪は，奪取罪または盗取罪（盗罪）という表現でまとめられることもある。

12.3 「財物」の意義

12.3.1 有体性説と管理可能性説

　財物罪の客体は，「財物」の文言が使われている類型だけでなく，横領罪（252-254条）や器物損壊罪（261条）で「物」とされている場合も含めて「財物」であると解釈されている。そこで，「財物」の概念が問題となる。
　「財物」の意義に関しては，有体性説と管理可能性説との対立がある。
　有体性説（有体物説）は，財物を民法（85条）の規定に従って「有体物」だと解する見解である。有体物には，空間の一部を占める有形的存在といった定義が与えられるが，要するに固体・液体・気体の形で存在する「物質」だと考えればよい。これは，法の規定をまたずとも，「物」の定義として自然なものであり，かつ明快でもある。
　本説によると，物質と区別されるエネルギーは財物には含まれない。電気はエネルギーであるから客体にはならない。ところが，旧刑法時代のものであるが，電力会社に料金を支払わないで電気を使用する場合の擬律に関し，電気も窃盗罪の客体になるとの判断を示した判例（大判明治36・5・21刑録9輯874頁，電気窃盗事件）がある。大審院は，旧刑法366条の窃盗罪の客体である「他人の所有物」とは，「窃盗の目的物となりうるもの」と解さざるをえず，窃盗とは他人の所持する物を不法に自己の所持内に移す行為であるから，結局「所持可能なもの」が客体となる，としたのである。判決は，五感の作用によって認識することのできる現実の存在であれば，それらは可動性・管理可能性がある（所持の可能なものである）と説明しているので，窃盗罪の客体となるための標準は，有体性ではなく，可動性・管理可能性であるとしたことになる。旧刑法における所有「物」が，現行刑法にいう財「物」に引き継がれていることは明らかであるから，現行法でも同様に解釈されることになるであろう。
　ただし，一般に財物に可動性を要求すると，土地とその上に定着している建物，つまり，不動産が財物から除かれる可能性がある。現行法の解釈上，財物概念から一律に不動産を排除するのは妥当でない（たとえば，土地をだまし取った場合も詐

欺罪が成立すると考えられる）。そこで，この見解の核心は，管理可能性のあるものを財物とすることだといえよう。これが**管理可能性説**である。本説によれば，管理可能である限り，電気も財物に含まれるという結論になる。もっとも，管理可能であるからといって「債権」や「人の労働力」を客体とするのは行き過ぎであるとされており，物理的に管理可能なものを財物とするのが一般的な理解である。

現行刑法は，あらかじめ 245 条，251 条に電気を「財物とみなす」という規定をおき，電気を客体とすることについては立法的に解決している。しかし，この規定によって両説の対立が解消されるわけではない。まず，「みなす」という文言は，電気が財物に含まれないことを前提とする形式であり，財物の「概念」に電気を包摂したと必然的に解されるわけではない。また，電気以外のエネルギーが客体に含まれるかという問題は，依然として残る。

12.3.2 エネルギーの財物性

結局，有体性説と管理可能説との実際的な相違は，電気以外のエネルギーをエネルギーそのものとして客体とできるかどうか，にある。

物を産出する場所と消費する場所とが異なれば，物を消費の場所に移動させる必要があるのは当然である。エネルギーの可動性・管理可能性という問題は，その移動のために，エネルギーを然るべき管理の下において，移動させ，あるいは伝達することを考慮するところから生じる。しかし，多くの場合，管理下に移動させるとなれば，エネルギーの伝達経路となる何らかの媒体を必要とするであろう。その限りで，わたくしは，「エネルギー窃盗」の事例の相当多くの場合を，媒体たる物質の移動（奪取）の問題として処理することができると思う。たとえば，熱が物質の状態にほかならない限り，熱エネルギーの「奪取」として問題にしうる事例というのは，媒体物質の移転の場合になる。気体・液体・固体が移転するときには，それが奪取の客体となるはずである。熱が電磁波となって伝わる過程である放射など，媒体を欠く伝達方法も想定しうるが，この場合には，そもそも熱が管理下におかれているとはいえないであろう。このように，実際的にみても，客体性を肯定しなければならないエネルギーの伝達は，決して多くないと思われる。有体性説が妥当である。

12.3.3　情報の財物性

　このほか，情報を情報そのものとして客体とすることができるか，という問題もある。情報のそれ自体としての価値も無視できない現状に鑑み，刑法上も財産としての保護が考慮されて然るべきであるかもしれない。しかし，基本的には管理可能性説の立場を維持しているとみられる判例も，情報自体を財物とすることには消極的である。たとえば，情報を保存した媒体が存在する限り，その有体的媒体について客体性を肯定する裁判例（東京地判昭和59・6・28判時1126号6頁）は，逆にいえば情報そのものを客体としてはいないことになる。学説上も情報そのものの財物性を否定する見解がほとんどである。

　わたくしも，有体性説をとる以上，そもそも情報をそれ自体として財物とすることはできないと考える。もっとも，情報を載せた媒体物は，財物としての価値として，その上に記録された情報の価値を含めて評価することにならざるをえない。つまり，物と合わせて評価する限りで，単なる物質としての媒体の価値だけでなく情報を財産として保護する側面があることは事実である。しかし，それを超えて，情報を別途財産的価値ある客体として把握するためには，立法的措置が必要であろう[4]。

> **設　例**　Xは，Aがネット販売で購入しA所有のパソコン内臓のハードディスクに記録しておいた音楽の電子データを，自分の所有するメモリーカードにひそかにコピーしてこれを持ち帰った。

　設例では，Xは，自己所有のメモリーカード財物（有体物）を持っていき，データをコピーした上でこれを持ち帰った。データをコピーしたことで直ちにX所有のメモリーカードの所有権がAに移転するなどということがない限り，他人の財物を窃取したとはいえない。Xが自己所有物以外に取得したのは，音楽データであるが，これは財物（有体物）ではない。したがって，この事例のXに

---

[4]　情報を秘密として保護するという観点からの立法措置については，私生活上の秘密を侵す罪との関係で若干触れた（9.2）が，これは財産を対象とする刑法の財産罪とは性格を異にする。なお，本文で述べたとおり，実質的には記載情報の価値を媒体物の価値に付加して評価せざるをえない。つまり，技術情報をはじめ，一般に知られていないことにより生じる価値を有する情報がありうる以上，それ自体の財産的価値を論じる余地があることは否めない。ただし，いずれにせよ，情報が典型的な財物である物質とはまったく異なる対象である（たとえば，ある情報を移動させずその蓄積場所に残したまま，完全な複製を入手することができる）から，解釈により財物に含めることは問題である。

窃盗罪（235条）は成立しない。管理可能性説の立場からは，音楽の電子データも管理可能だとすることも可能ではあるが，上述のとおり，最高裁がデータそのものを財物と解して情報を客体とする窃盗罪を認めた例はない。

12.3.4 財産的価値

「財物」は，財産的価値を有するものでなければならない。字義からいってそうであるのはもとより，実質的観点からも，財産的に無価値のものを刑法（刑罰威嚇）によって保護する必要はない。ただし，その価値は，純粋に経済取引上の価値，すなわち客観的な交換価値であることは要しない。たとえ金銭的・経済的価値はなくとも**保護に値する使用価値**があれば足りると解するべきである（最判昭和25・8・29刑集4巻9号1585頁）。個人的・主観的な価値も考慮しうる。ただし，それが特殊にすぎる場合までを保護する必要は乏しいので，客観的に保護の必要性が肯定される場合に限るべきであろう。なお，自分で使って利益を得る可能性はないが，他人に悪用されないことに利益があるような場合（例として，廃棄のため裁断を待つ銀行券が挙げられる），いわば消極的価値が認められる場合でも財物であると解される。また価値がまったくないわけではないがわずかであるにすぎない場合は，量的な次元（構成要件該当性に関わる可罰的違法性）の問題として財物性が否定される。

ただ，いずれにしても，どこまでの価値に保護の必要性を認めて財物性を判断するかには困難があることは否めない。主観的価値の場合も含めて，質の問題として固有の価値が認められるかどうか，あるいは，再利用や他の用途への転用可能性がどの程度あるかなど，用法の観点も含めた実質的評価をするほかはないであろう。判例上，財物性が肯定されたものには，消印済の収入印紙（大判明治44・8・15刑録17輯1488頁），一塊の石（大判大正元・11・25刑録18輯1421頁），衆議院議員投票用紙（大判大正2・1・20刑録19輯9頁），支払期日を徒過した無効の小切手（最決昭和29・6・1刑集8巻6号787頁）などがある。いうまでもないが，これらの判例にもみられるように，書類等も，単に紙片としての価値が問題とされるのではなく，印刷された内容が考慮されている。情報の保護との関係で先に述べたように，コピー用紙や電磁的記録（データ）保存媒体が客体となる場合にも，そこに保存された情報を合わせて考慮することになろう。

12.3.5 人の身体

　生きている人の身体は，身体に対する罪によって別に保護される客体であるから，財物には含まれない。ただし，切り離された身体の一部（たとえば，毛髪や摘出された臓器など）は，現実には売買の対象となりうるものでもあり，独立した物体としての価値がないとして扱うことは現実を無視することになろう。そこで，摘出臓器等は財物として保護されるべきであるとせざるをえない。ただし，このような考え方からすると，死体・遺骨・遺髪も，それ自体は財物にあたることとなるので，これらが190条の客体ともなっていることとの関係が問題となる。形式的には，保護法益を異にする以上，その不法を法的に評価するために構成要件のいずれの該当性も肯定し，観念的競合（54条1項前段）とすべきことになる。しかし，当然に財物取得に該当する行為を財産罪とは別の趣旨で処罰する規定がおかれていることを考慮して論理解釈をするならば，190条の法定刑が財産罪のそれより軽いことから，財物となりうるこれらの物を盗む行為が190条に該当する限り，190条によって（とくに軽く）処断する趣旨の規定だと考えられる。したがって，適用条文自体が選択されて1個となる法条競合として，190条の罪のみの成立を認めるのが妥当であろう。

　なお，190条にいう「棺に納めてある物」（いわゆる副葬品）は，財物ではあるが，通常，それに対する占有・所有が放棄され，保護の必要がないとも考えられるが，財物取得に該当する行為が特別類型とされることによって，財産罪の客体性自体が否定されるものと解するのが妥当であろう。

12.3.6 禁制品

　いわゆる**禁制品**とは，法令上，私人による所持・所有が禁じられている物をいう。例としては，麻薬・覚せい剤，銃砲刀剣類，わいせつ物が挙げられる。これらについても，事実上の財産的支配関係は存在するが，財産としての法的な裏づけがなく，所有権の目的とならない物である以上，財物にはあたらないとする考え方ができる。法令で直接に所持等が禁止されていない場合，たとえば，犯罪により生成された偽造文書・偽造通貨などについても，法的保護の必要がない所持・所有を，他方で財産権として保護することは矛盾ではないかと思われる。

　学説には，単に所持（占有）が禁じられる物（たとえば，その所持について正当な

事由が求められたり，所持につき許可制が定められたりしている物）は，財物性は否定されないが，所有権自体が認められない物（たとえば，犯罪生成物）は財物にあたらないとする立場もある。しかし，たとえ違法に所持されている物品であっても，その所持を解消させるためには，法律上，没収等の手続をとることが要請されているのであるから，やはりそれ以外の手段による占有侵害に対しては保護を与えるべきであろう。学説の多数もこの立場である。判例は，物の所持という事実上の状態そのものについて保護の必要性を認め，禁制品の財物性を肯定している（最判昭和26・8・9裁判集刑51巻363頁）。

　客体の財物性と占有の要保護性とが交錯している点は整理が必要であるが，端的に客体そのものについて考えるときには，禁制品の財物性は否定できないであろう。法的に所有権が成立しえない物を想定するとしても，それがどのような場合であるかの境界は必ずしも明確ではなく，所有権の成立・不成立を分ける根拠にも不明なところを残す。また，法的保護とは独立して財産としての価値を有し取引対象になる実態を，法が無関心のまま放置することは，全体としての法秩序の観点からは好ましいことではないであろう。結論的には，禁制品も財物にあたると解する判例・多数説が支持されるところである。

12.4　財産上の利益

12.4.1　財産上の利益の概念

　強盗罪（236条2項），詐欺罪（246条2項），恐喝罪（249条2項），あるいは背任罪（247条）で客体となる「財産上の利益」は，財物や役務の対価等，まとまりをもった単位となる個別的利益であって，財産的価値の認められるものをいう。窃盗罪においては，構成要件として財物の窃取のみが規定されており，財産上の利益を客体としないので，いわゆる利益窃盗[5]は犯罪を構成しない。

---

[5] 暴行・脅迫や欺く行為などを手段とせず，単に財産上の利益を無形的利益として取得する場合は，窃盗罪の構成要件に該当しない。たとえば，単純に店員のすきをみて逃亡することによって飲食代金の支払を免れる行為は，「支払をしないで済んだ」という無形的な財産上の利益を得るものであり，財物を窃取するものではないので窃盗罪は成立しない。店員に暴行したり，だましたりして支払を免れれば，強盗，恐喝，詐欺などの構成要件に該当しうる。もっとも，飲食物そのものは財物であるから，その取得行為について別途構成要件該当評価がなされることになる。

財産上の利益としては，債権を取得する，債務の免除を受ける等，法律行為によって利益を得る場合が挙げられる。自己の債務を他人に負担させること，保証の利益を得ることなども財産上の利益である。そこで，宿泊等の施設利用，移動・運送等の役務も，財産的価値のあるものである限り，財産上の利益となる。付加的な利益を得る場合であると負債を減少させる場合であるとを問わない。これらは，必ずしも法的な有効性とはかかわらず，事実上のもので足りる[6]。

上述のとおり，財産上の利益には，支払いを免れることも含まれるが，単に，事実上，支払請求を受けない状況を比較的短い期間得るだけでは，単位を構成する財産上の利益を得たとまではいえない場合があろう。支払猶予が独立した財産的利益といえる程度の実質を備えていることを要すると考えられる。詳細は，犯罪類型ごとに検討する。

12.4.2 　財物罪と利得罪との関係

手段たる行為と現実の財物の授受との間に時間の経過がある事例においては，財物の取得以前に，財物を取得する権利のような財産上の利益を考慮しうる場合がある。たとえば，財物を取得する意図で，脅迫して財物を交付するように要求し，畏怖した相手方が財物の交付を約束したとすると，この時点で，財物罪としては未遂であるが，（事実上のものとはいえ）財物の引渡請求権，ないし，相当確実に財物の交付を受けられるという利益を取得しており，利得罪としては既遂であると解する余地がある。

しかし，このような扱いは実態を的確に反映するものとはいえない。財物取得を内容とする中間的利益が想定されても，それは財物罪の未遂段階として把握されるべきである。もっとも，そのような中間的状態に独立してまとまりをもった利益性が認められれば，それを客体とする利得罪が成立しうる。たとえば，金銭の引渡の手段として預金口座への振込の手段が用いられた場合には，預金口座残高の増加によって既に金銭とは独立した財産権を認めることができると思われる。普通預金等現金引出が自由かつ容易な場合には，この時点で財物の交付が完了したと考えられるので，財物罪として把握することが妥当ともみられる。少なくと

---

[6] たとえば，脅迫に基づく債務免除の意思表示が法的に無効であっても，通常，刑法上は財産的利益を得たと解されるということである。

も財産上の利益を得たものとすることには，大きな問題はないであろう。この問題も各犯罪に沿って検討する。

■第13章■
窃盗の罪

13.1 窃盗罪（財物罪）の保護法益

13.1.1 総　　説

　窃盗罪（235条）は，他人の財物を窃取した者を，窃盗の罪とし，10年以下の懲役または50万円以下の罰金に処するものである。

　本罪は，未遂が処罰される（243条）。

　重要な特別規定として，特殊常習窃盗（盗犯等防止法2条），常習累犯窃盗（同3条）がある。

　法定刑は，詐欺・恐喝等と上限を同じくするが，窃盗の類型では，万引等の事例で，犯行態様・被害額などが軽微な場合があることを想定し，必要に応じて罰金刑の選択が可能になっている。

　本罪は，即物的に記述すれば，他人の占有下にある財物を自己または第三者の占有に移すことを内容とする犯罪である。他者に占有されている物を占有者の意思に反して無権利で占有移転する行為が対象となる。ただし，財物の占有移転を内容とするのは，強盗罪（236条1項），詐欺罪（246条1項），恐喝罪（249条1項）などの類型も同様である。そこで，窃盗罪の保護法益の議論は，原則として財物罪の保護法益論，少なくとも財物の占有移転を内容とする犯罪に共通する[1]。

---

[1] 逆に，窃盗罪に関する議論とそれに対応する他の類型に関する議論とが別様に解されるときには，それに相応した根拠が必要となるであろう。

13.1.2 保護法益——本権説と占有説

窃盗罪の保護法益をめぐっては，**本権説**と**占有説**（所持説[2]）との対立がある。**本権説**[3]は，窃盗罪は財物が占有される根拠となる法律上の権利（本権）を保護するものだとする見解であり，権原に基づく占有を侵害する場合に窃盗罪が成立することになる。これに対し**占有説**[4]は，財物に対する事実的支配（占有）そのものが保護されるのだとする見解であり，権原の有無にかかわらず占有が保護されると解するので，無権利で占有されている物についても窃盗罪が成立する。両説の相違は，窃盗犯人からの取り戻しが新たな窃盗罪となるかという問題で典型的に明らかになる。

> **設例1** Xは，知人A宅に招かれて応接間に通されたところ，そこにおいてある骨董品の時計が自宅から盗まれて紛失した時計であることに気づき，自分の物を取り戻す目的で，A宅を出る際，黙ってそれを持ち帰った。このとき，その時計は，
> ① AがX宅から盗んできた物であった。
> ② BがX宅から盗み，Aが事情を知らずに譲り受けた物であった。
>
> **設例2** Yは，知人A宅に招かれて応接間に通されたところ，そこにおいてある骨董品の時計がどうしてもほしくなり，A宅を出る際，黙ってそれを持ち帰った。その時計は，AがX宅から盗んできた物であった。

たとえば，設例1の①では，当初Xは所有権という権原に基づいて時計を占有していたのであるから，AがXの財物を盗んだ行為が窃盗にあたることは，もちろんである。さて，Xが窃盗犯人Aから自己の物を取り戻す行為は，窃盗罪の構成要件を充足するであろうか。本権説によれば，Aには保護されるべき本権が存在しない以上，窃盗罪は成立しない。占有説によれば，権原に基づくものではないAの占有もそれ自体として保護されるので，Xの行為はAの法益を侵害する行為となり，窃盗罪の構成要件に該当する。設例2は，窃盗犯人から第三者がさらに窃盗を行う事例であるが，占有説によれば窃盗犯人の占有も保護され

---

[2] 「占有」は，民法180条以下の占有権の内容として固有の意味を有する。そこで，これと区別して，窃盗罪の保護法益の議論で問題となる事実上の支配状況を明示する意味で「所持」という用語が用いられることも多い。ここでは，「刑法における」占有という含意を前提に「占有」の語を使用しておく。

[3] 松宮・197頁以下参照。

[4] 大谷・197頁，川端・242頁，伊東・150頁等。

るので，Yには窃盗罪が成立する。これに対し，本権説によれば窃盗犯人の占有は保護されず，Yには窃盗罪は成立しないことになろう。

　設例1の②の場合，Xが取り戻した時計は，Aにとっては，盗品であるなどの事情を知らずに通常の（いわば正当な）取引で入手したものであるから，民法上，Aに時計の所有権が認められる余地がある。ただし，民法的には変動後の法律関係の確定と事後的な調整の観点が重視されるとしても，刑法的には，Xの元来の権利とAの権利との優劣を考慮する必要はないとも考えられる。

　歴史的経緯だけでなく，論理的にも，物に対する支配の刑法的保護は，権利として法の保護が与えられているからこそ与えられるのであるから，本権説の考え方には合理性がある。現実問題としても，占有説の立場から，被害者が窃盗犯人から現場で被害物を取り戻す行為をさらに窃盗罪に問うとすれば，法に反して占有を取得した者の占有が法により保護されるという矛盾を来たす。

　もっとも，占有説の立場に立って窃盗犯人からの取り戻し行為を窃盗罪にあたると解したとしても，窃盗にあった直後の窃盗犯人からの取り戻しは，いわゆる自救行為として違法性阻却を考慮することが可能である[5]。また，本権の存否が保護法益の存否そのものだとすると，権利は観念的なものであって，その存否を事実の外形から直ちに判断することは相当困難であるから，隠れていた偶然的な事情によって犯罪の成否が左右されることになり，不公平を引き起こしたり法的安定性を害したりするおそれがある。たとえば，賃貸借契約期間が終了するとその時点から直ちに賃借物に関する占有の利益が保護されなくなくなるとすれば，契約終了時点ですぐに貸主が持ち去ってもよいことになってしまうが，これは妥当でないであろう。さらに，財産をめぐる権利義務関係においては，私的自治の原則も認められるので，当事者間でどのような取り決めになっているかはわかりにくく，たとえば譲渡担保などのように，法的外形と内部関係とが一致しない場合もある。取引上の便宜などから内容が複雑化してもいる。これらの事情を考慮すると，物に関係する権利そのものを保護しようとするのは現実的ではなく，刑法としては，さしあたり財産管理状態そのものを保護することで現状を保存し，財産関係の調整は民法の規制に委ねるというのが妥当な方策であるとも考えられるのである。

---

[5] 条文上の根拠として，238条が引き合いに出される。本条は，窃盗犯人からの取り戻し行為に対する暴行・脅迫を事後強盗罪として処罰することとしている。これは，反対から見れば，取り戻し行為自体は正当であることが前提とされていることを意味するというのである。

13.1.3 中 間 説

　本権説にも占有説にも理由がある一方，問題点もあることから，**中間説**[6]が有力化した。本権説から出発し，一応本権に基づくものだと推認できる状況での占有は，実際に本権に裏づけられるものでなくとも刑法上の保護を与えることが結局本権の保護に資すると解する**修正本権説**[7]がそのひとつである。また，占有説から出発し，赤裸々な占有をそれ自体として保護するのは不必要な利益保護を含むことになるので，法的手段による救済の可能性が推認されるような平穏な占有までが保護されると解する**平穏占有説**[8]（制限的所持説）もある。中間説に位置づけられる学説は，保護される占有を「一応理由のある占有」「法律的・経済的利益の裏づけある占有」「平穏な占有」などさまざまに表現するが，実際的な結論において決定的な差はないと考えられる。

　中間説の問題意識ないし結論として目指すところは，次のようにまとめられるであろう。まず，民事法上の権原に基づき平穏に開始された占有について，権原が消滅すると直ちに保護の対象外におかれることは不都合であることから，ある程度継続する恒常的状態を保護すること，次に，事実は民事上不法な占有であっても，さしあたり管理状況の大幅な変動からは保護される必要のある状態を認めてこれを保全すること，である。他方，明らかに不法な占有を保護する必要はなく，これを占有から除くということも考慮される。わたくしは，刑法の基本的な法益保護のあり方からしても，一見明白な不法状況や明白な権利不存在の場合を除き，現状を保存することを旨とするものであると考えるので，この問題に関しても，中間説を支持する者である。もっとも，「平穏」とは，いわば消極的に定義される状態のことであり，たとえば，合法的に開始した占有が大きな外形的変更を被ることなく持続している場合など，その占有を不法なものと推測させる一見明白な根拠のない場合をいうと考える。

　判例は，本権説の立場を採っていたが，昭和34年に詐欺罪に関して態度を変更したのに続き，譲渡担保に供された財物に関する窃盗罪事件において権原に基づかない占有を保護する判断を示し，本権説から占有説へと，事実上判例を変更

---

[6] 中間説の分類はさまざまに試みられているが，必ずしも確固とした根拠に基づく明確な定義が与えられているともいえないので，ここでは，簡略に従っている。
[7] 林・164頁。
[8] 平野・206頁参照。

する形になった（最判昭和35・4・26刑集14巻6号748頁）。その後も，自動車金融の担保物として供された自動車を所有権者が引き上げた行為が窃盗罪にあたるとされる（最決平成元・7・7刑集43巻7号607頁）など，占有説に従う判断が維持されている。ただし，これらの事例における占有は，学説のいう「平穏な占有」の場合にあたるので，判例が，純粋な占有説の立場から判断して結論に至っているのか，むしろ中間説に親和的な立場に立っているのかは，必ずしも明らかではない。

13.1.4 状態犯

　窃盗罪は**状態犯**の典型である。すなわち，法益侵害に達した後は，犯罪事実が継続するのではなく，犯罪の結果として生じた違法状態が存在するだけだとされるのである。窃盗罪においては，占有移転という財物の存在状態の大幅な（断絶的な）変更が行為の実質を構成しており，窃盗罪における不法の核心もそこに求められる。窃取行為が終了した後も元の占有が失われているという法益侵害状態は存在するが，行為がそのような大幅な変更自体を含意し，かつその変更された状態が自動的ないし容易に回復されることがない以上，窃取行為の終了と共に犯罪事実は終了したものとするのが妥当であると考えられる。

　状態犯の構成要件は，事後の法益侵害状態を含めて評価しているものと解される。そこで，状態犯においては，既遂に達した後さらに新たな法益侵害が生じない限り，同一客体に対する窃取後の行為は，窃盗罪以外の別罪を構成しない。たとえば，領得する意思で盗んだ物を，その後，これを破壊する意思を生じて壊したとしても，最初の行為について窃盗罪が成立するだけで，別に器物損壊罪（261条）が成立するわけではない。損壊された財産（物）は窃盗罪で評価済みの「財産（物）侵害」だからである。このような位置づけとなる行為を共罰的事後行為（不可罰的事後行為[9]）という。これに対して，窃盗罪の構成要件で評価されたもの以外の新たな法益侵害が認められれば，それは別途処罰対象となる。たとえば，預金通帳を窃取した後，それを使って預金を引出し，銀行店舗の窓口係員から現金を受け取る場合は，預金通帳という客体に対する窃盗罪とは別に，現金

---

[9] 不可罰的事後行為というのは，形式的には構成要件に該当するが，それ自体を独立した処罰対象とはしない場合の一つである。しかし，処罰されない（不可罰的）のではなく，窃盗罪の評価において占有侵害後の違法状態として合わせて処罰対象の評価に含まれている（共罰的）という理解が一般化してきた。

について銀行係員の占有から自己の占有に移すという法益侵害が考えられるので，正当な権利者を装い相手をだまして現金を交付させたものとして詐欺罪（246条1項）が成立しうる。あるいは，キャッシュカードを窃取し，これを現金自動預払機に対して使用して現金を引き出した場合にも，キャッシュカードという財物に対する窃盗罪に加え，現金という財物に対する窃盗罪[10]が成立しうる。

13.2 占有（客体）

13.2.1 占有の意義

　窃盗罪の客体は，「財物」であるが，これについては「第12章 財産罪総説」で説明したところであるので，本章では，主として「占有」について検討する。

　窃盗罪は，占有侵害を内容とするのであるから，客体は，他人に占有されている財物である。**占有**とは，財物に対する事実上の支配を意味し，民法上の占有と一致するものではない。たとえば，代理占有（民181条）・占有改定（民183条）・指図による占有移転（民184条）などは，刑法上の占有においては想定しえない[11]。

　占有は，支配の事実と支配の意思，すなわち，客観的には**事実上の支配の存在**，および主観的には**その事実に対応する意思**（事実上客体を管理・支配する意思）によって認められる。支配の事実は，現に握持しているような場合に限られない。たとえば，自己の家屋・室内にある場合には，外出中でもそれらに対して支配は存在するし，室内で紛失して見失った物に対しても支配の事実が肯定される。支配意思についても，上の例でいえばそのとき家の中にある物はすべて占有されていると考えるべきであるから，支配意思についても特定性・明確性は要求されず，個々の対象をそれ自体として意識されない場合，あるいは，包括的に対象に含まれている場合であっても支配意思があるとしなければならない。判例も，占有の意思は意識的・積極的な意思である必要はなく，大震災時に所有物を公道において一時立ち去っても所有者がその存在を認識し，放棄する意思でないときは，依然として所有者の支配に属するとした（大判大正13・6・10刑集3巻473頁）。

---

[10] 機械を介するときには，人を欺いて交付させる詐欺罪ではなく，窃盗罪が成立する場合だとされる。

[11] なお，横領罪（252条以降）では「自己の『占有』する他人の物」が客体であり，保護対象側ではなく行為者側の占有が問題となる。

13.2.2　占有の有無（窃盗と占有離脱物横領との区別）

　占有主体による事実上の支配が及んでいる範囲内にある客体を奪えば占有侵害があるが，その範囲を脱した客体は，もはや窃盗罪で保護される対象から外れ，占有離脱物として遺失物等横領罪（254条）の客体となる。その限界は，客体の大きさ，客体の存在する場所の性質，占有者と客体との間の距離，占有者の意思等を総合して判断するほかはない。たとえば，区画された閉空間であれば，その区画から出たときには，客体までの直線距離が近くても占有が失われると判断される可能性が高いであろう。開放空間であってもそこにいる人の移動範囲が限られている場合には，客体と相当離れても占有を認めうる。

　おき忘れて占有主体が財物から離れる場合に関し，バスを待つ列に並んでいた者が傍らにカメラをおいたまま，列の進行に伴ってカメラとの距離が20メートル弱に離れた事例で，占有を肯定した判例（最判昭和32・11・8刑集11巻12号3061頁）がある。あるいは，被害者が200メートル離れたところで置き忘れに気づいた事例で，公園のベンチのポシェットから27メートル離れた時点でこれを領得した場合には，占有は失われていないとしたものがある（最決平成16・8・25刑集58巻6号515頁）。海中に落とした物について，落とし主の意思に基づきこれを引き上げようとする者が，落下場所の大体の位置を指示しそれを引き上げるよう人に依頼し，その結果落とした物がその付近で発見された場合，依頼者は，その物件に対し管理支配意思と支配可能な状態とを有するものといえるから，その物件を現実に握持せず現物を見ておらずかつその物件を監視していないときであっても所持を有するとした判例もある（最決昭和32・1・24刑集11巻1号270頁）。客体の方が管理者から遠ざかるような場合として，夕方には戻るように飼いならされている犬は，放されていても飼育者の所持を離れたものとはいえない，としたものもある（最判昭和32・7・16刑集11巻7号1829頁）。

　また，他者の排他的支配が及ぶ場所におき忘れた物は，その場所の支配者の占有に帰する形で依然として人の支配（占有）下にある。たとえば，旅館の宿泊客が旅館内におき忘れた財布を別の者が領得した場合，たとえ宿泊客の事実支配を離脱したとしても旅館主の事実上の支配が行われている旅館内にあるので旅館主の事実支配内に属するとした例がある（大判大正8・4・4刑録25輯382頁）。ゴルフ場の池に残されたいわゆるロストボールは，ゴルフ場の管理者がこれを回収する意思があるときには，ゴルフ場管理者の事実的支配下にあるとされた（最決昭和

62・4・10刑集41巻3号221頁）。

13.2.3 占有の帰属（窃盗と委託物横領との区別）

　占有に関し，状況に依存する実質的な判断が求められる場面として，とくに同一客体に対し複数の管理状況が重畳的に存在する事例がある。このような場合には，客体に関する管理・支配のあり方を規範的な方向からも考慮する必要がある。犯罪類型としては，窃盗罪と委託物横領罪との区別が問題となる。
　まず，**共同占有**の場合には，その対象物全体について他人の支配が認められるのであるから，共同占有物も他人の占有する物であることに違いはない。
　包括的管理者の下で単なる機械的事務に従事している者は，直接に財物を握持するときがあるとしても，その財物に対する占有があるとすべきではない。また，旅館の宿泊客に提供される旅館所有の丹前・浴衣等を着用して外出する場合，丹前等の占有は旅館にあると解される（最決昭和31・1・19刑集10巻1号67頁）。したがって，そのまま着衣を自己に領得すれば，横領罪ではなく窃盗罪が成立する。
　一般に，**同一物に複数の支配がある場合**の占有帰属については，そのような支配者間に上下・主従の関係がある場合など，対象物に対する権限の帰属を考慮した上で事実上の支配の有無を判断すべきである。具体的には，客体の管理についての信頼関係の有無・範囲が重要な判断基礎となる。ある程度の包括的管理権限を伴って支配を有する者と，そのような権限を与えて支配を委ねた者という関係であれば，対象物は占有が移転されているのであって，占有は受託者側にあると考えられる。このとき，受託者が管理している物を領得すれば，自己の占有する他人の物の領得として横領罪（252条以下）にあたる。これに対し，たとえば，商店店主の監督のもとに補助的に店番をしている者は，その商店に陳列されている商品に対する事実上の支配を有しておらず，商品には店主の支配が及んでいるとみるべきである。このとき，店番の者が商品を領得すれば，店主の占有する物の窃盗となる（大判大正7・2・6刑録24輯32頁）。
　端的に「**委託された**」物の占有についても，それが委託者・受託者のいずれに帰属するかは，委託信任関係の存否のほか，その委託の趣旨によって判断するほかはない。単純な監視者・占有補助者として委託を受けたならば受託者は占有を取得しないが，それにとどまらない裁量的管理を認められている場合には受託者が占有者となる。たとえば，鞄を預ける場合の委託趣旨は，鞄の内部が保存され

ることが前提だと解するのが自然であるから，鞄の中にある物を領得すれば，委託者に留保された占有を侵害することになるであろう。裁判例には，施錠されていない集金鞄を預かった者が，委託者が二百数十メートル離れた弁当屋に行って帰るまでの30分ほどの間にその中にある現金を抜き取った行為を窃盗としたものがある（東京高判昭和59・10・30刑月16巻9=10号679頁）。封緘・包装された上で委託された物の場合には，内部の物についての委託者側の支配状態・支配意思がより明確であり，受託者が封緘や包装を解いて中の物を取り出して領得するときは，委託者の占有侵害となる（最決昭和32・4・25刑集11巻4号1427頁）。

なお，このとき，鞄にせよ封緘物にせよ，そのような状態で預かった物の全体の支配はまさに受託者にあると考えられるから，鞄ごと，包装ごと領得すれば横領罪となる一方，内容物のみを抜き取れば窃盗罪となる。これは，理論的に不当であるだけでなく，横領罪の法定刑が窃盗罪のそれより軽いという実際的な問題がある。しかし，全体を領得したときであっても，多くの場合，やがては内容物が取り出されるであろう。その際，封緘等の状態が維持されている以上，依然として内容物に対する委託者による事実上の支配があると解することができるから，その取り出し行為は占有侵害にあたることになる。

13.2.4 預金の占有

現金を金融機関に預けて預金とした場合，代替物である金銭は，金融機関の所有・占有に帰し，預金者は，約款に基づき，預金（および利息等）相当額の払戻を受ける権利を取得するという法律関係になる[12]。たとえば，預金の払戻しのために銀行のATM内におかれた現金は，預金者の占有する物ではなく，銀行が占有する。したがって，盗んだキャッシュカードを使ってATMから現金を引出した場合，銀行の占有する現金の領得として窃盗罪が成立しうる（東京高判平成6・9・12判時1545号113頁）。預金払戻しの際に銀行支店の窓口係員が手にする金銭は，係員が占有するものであり，係員をだましてこれを交付させれば，財物に対する詐欺罪（245条1項）が成立する。

ただし，刑法の横領罪（252条・253条）の成立要件としての「自己の占有」に関する議論では，預金名義人は預金された金銭に対する占有を有すると構成する

---

[12] 民法の典型契約では，666条の消費寄託の類型にあたる。

のが判例・通説の立場である。横領罪で問題にしているのは、保護の対象ではなく領得しようとする行為者における占有である。その観点から、横領罪における占有は、濫用のおそれのある占有と解するべきであり、事実上の支配のみならず法律上の支配も含まれるとされる。預金名義人は預金額相当の金銭に対し法律上の支配を有すると考えられるのである。この点について詳しくは、横領罪との関連で検討する。また、「預金の占有」をめぐる議論は、とくに誤振込金の占有帰属（誤振込の事実を告げずに払戻請求するのは詐欺にあたるとした、最決平成15・3・12刑集57巻3号322頁参照）とも関係するので、詐欺罪の項でも言及する。

13.2.5　死者の占有

　死者には支配事実も支配意思も存在しないので、占有していた人が死亡したときには、**死亡した時点**でその占有は失われ、対象物は占有離脱物となると考えるほかはない。しかし、死亡前後の侵害を包括的にみて、生前の占有侵害が生じたのと同様の評価が可能である場合があるとはいえるであろう。生前の占有が死後も保護される範囲・限度は、具体的事情に応じて判断するほかはない。たとえば、外出中に事故死した被害者の自宅にある物を盗んだ場合に、被害者の死亡後であったとしても、形式的に占有離脱物横領罪の成立を認めるのは、妥当ではないように思われる。この場合には、生前から続く物的支配装置が維持されており、占有の意思も継続する外観を示していることから、支配が失われたことが他の事情から客観的に認識可能となるまでの間は、依然として保護に値する占有があると考えるべきであると思う。

　判例も生前有していた所持を保護する場合を認めている。女性を山林に連れ込んで強姦し、犯行の発覚を恐れて殺害の上、被害者の死体を土中に埋める際、その腕にある時計の領得意思を生じて奪取したという事件（窃盗の故意は、被害者死亡後にしか認められない）について、野外において人を殺害した直後、現場において被害者が身に着けていた時計を奪取したような場合には、被害者が生前有していた財物の所持はその死亡直後においてもなお継続して保護するのが法の目的にかなうとして、占有離脱物横領ではなく窃盗にあたるとした（最判昭和41・4・8刑集20巻4号207頁）。

13.3 行　為

13.3.1 窃　取

　窃盗罪の行為は「窃取」である。他人の占有を侵害し自己または第三者の占有に移すことを意味する。「窃」の字が用いられているが，ひそかに取ることは条件ではなく，衆人環視の中でひったくる行為も窃取である。強盗・詐欺・恐喝など他の類型との関係を考慮すると，窃取概念にとっては，むしろ，暴行・脅迫の手段を用いず，かつ，占有者の意思によらない，といった消極的な定義が相応する面がある。

　着手時期は，事実上の支配を侵害する行為，またはこれと密接な関係ある行為の開始時だとするのが判例・通説である（実行の着手に関する実質的客観説[13]）。たとえば，住居侵入窃盗の場合，金品物色のため目的物に近づいた時点で着手が認められる。窃取行為（目的物を認識し，これを自己または第三者の事実的支配下に移す行為）は開始されていないものの，金品の存在が高い蓋然性をもって想定される「たんす」・「レジ」などに近づけば，内容物の占有侵害の危険は十分に現実的なものだと考えられる。

　既遂時期については，窃取概念との関係で，他人の占有を侵害して自己または第三者の事実的支配のもとに移したときに既遂を認めるのが判例・通説である。これは，一般に取得説といわれるが，どの時点で「取得」したといえるかは，具体的事情により実質的に判断することにならざるをえず，一義的に論じることはできない。大きさや重さなど客体の性質や，占有（支配）の態様を総合的に考慮する必要があろう。

　判例には，土木出張所の自動車車庫の中から木炭6俵を運び出し，同出張所の柵外に持ち出したときには，既に窃盗罪は既遂であるとしたもの（最判昭和23・10・23刑集2巻11号1396頁），鉄道機関助士が共謀計画に従い目的の地点で積荷を列車外に突き落としたときには，窃盗既遂となるとしたもの（最判昭和24・12・22

---

[13]　占有移転行為そのもの，すなわち，移動させる，運び出すなどの行為が開始されなくとも，占有移転という法益侵害の現実的危険性によって実行の着手を認めるのが，実質的客観説である。これと，密接関連行為をもって実行の着手時期を画する考え方とは，厳密には区別できるが，一面では実行行為の定義の問題でもあり，実際上はほぼ同じに解することができると思われる。

刑集3巻12号2070頁）がある。また，スーパーマーケットにおいて，買物カゴをレジの外側に持ち出したときは「代金を支払ってレジの外側へ出た一般の買物客と外観上区別がつかなくなり，犯人が最終的に商品を取得する蓋然性が飛躍的に増大する」との理由で窃盗既遂となるとした下級審裁判例（東京高判平成4・10・28判タ823号252頁）は，客体の性質だけでなく，支配の状況にも着目した基準を用いたものである。このほか，スーパーマーケット店内で未精算の液晶テレビを男性用トイレの洗面台下部の収納棚に隠し入れ，後に購入した袋に入れて店外に持ち出そうとした事例で，収納棚に隠し入れた時点で，客体を被害者である店舗関係者が把握困難な場所に移動し，しかも被告人が袋の購入時に不審を抱かれなければ店外に運び出すことが十分可能な状態においたとして，窃盗罪既遂を認めた裁判例（東京高判平成21・12・22判タ1333号282頁）もある。

13.3.2　故意と不法領得の意思

　窃盗罪においても，主観的要件として故意が必要である（38条1項）。故意とは，通説的立場からいえば，構成要件該当事実の認識・認容であるから，窃盗罪では，客体の占有を移転する事実を認識・認容することがその内容となる。

　窃盗罪（財物の領得を内容とするほかの類型でも同じである）については，故意のほかに主観的要件として「**不法領得の意思**」を要求するのが判例である。学説にはこの要件を不要とする説[14]もあるものの，必要説が多数である。わたくしも，後述のように，領得罪と毀棄罪との区別にとって重要な要素として，不法領得の意思を要件とすべきであると考える。不法領得の意思を要求するということは，一般的要件として必要な主観的要件である故意のほかに，（明文で規定されていない）「書かれざる主観的要件」が設定されることを意味する。

　「不法領得の意思」とは，判例によると，権利者を排除し他人の物を自己の所有物と同様にその経済的用法に従い使用または処分する意思である。永久的にその物の経済的利益を保持する意思であることを必要としない（大判大正4・5・21刑録21輯663頁）。不法領得の意思は，「権利者排除意思」と「利用・処分意思」という要素に分析することができる。これらは，不法領得の意思を必要とする根拠として，領得罪の本質，および毀棄罪との区別が挙げられることに対応してい

---

[14]　大塚・197頁，川端・222頁以下，佐久間・189頁等。

る。学説としては、これらのいずれか一方のみを要素とするもの[15]もあるが、判例は、両方を要素として必要とする。不法領得の意思としては、権利者排除意思の方がより包括的な性格をもつことは事実であるが、後述のとおり、権利者排除意思の機能として期待される「使用窃盗」の意義は相対化されており、他方で、「利用・処分意思」は、単に毀棄罪との区別という機能だけでなく、利得という誘惑的意思によって毀棄罪に比してより重い処罰をする根拠という意味をもつと思われる。そこで、わたくしは、判例と同様、権利者排除意思と利用・処分意思との両方をもって不法領得の意思と解する[16]。

権利者排除意思を要件とすると、一時借用して元に戻しておくような「使用窃盗」は、権利者を排除する意思まではないという理由で窃盗罪の構成要件に該当しないことになる。使用して利益を得るだけでは物に対する支配を設定して領得するとまではいえず、使用の利益を得たのみであり、一種の「利益窃盗」にすぎない。したがって、財物から利益を引き出す意思こそが領得罪を領得罪たらしめる根拠だとするなら、窃盗罪の不法実質を備えていない、という考え方が出てくるのである。

ただし、判例は、乗り捨ての意思で他人の船を短時間無断使用した場合にも不法領得の意思を認め（最判昭和26・7・13刑集5巻8号1437頁）、時価250万円相当の他人の自動車を4時間余り無断使用した場合は、たとえ使用後に元の場所に戻しておくつもりであったとしても不法領得の意思はあったとする（最決昭和55・10・30刑集34巻5号357頁）。その他、機密資料をコピーする目的で一時持ち出すときにも、不法領得の意思が認められた。たとえば、秘密資料を持ち出しコピーした後原本を7-16時間後に元の場所に戻した事件（東京地判昭和59・6・15刑月16巻5=6号459頁、東京地判昭和59・6・28日刑月16巻5=6号476頁。新薬産業スパイ事件）について、資料の経済的価値は情報の有用性・価値に依存する以上、資料の内容をコピーし情報を獲得しようとする意思は、権利者を排除し自己の物と同様にその経済的用法に従って利用する意思である、としたものがある。このように、一時使用であっても、その間権利者を排除する意思が明確であり、かつ、物理的な時間の長短には必ずしも比例せず、それに伴う損害も無視できないと判断

---

[15] たとえば、排除意思のみとするのは、団藤・563頁、福田・230頁、処分意思のみとするのは、前田・241頁、伊東・147頁、高橋・221頁。

[16] 大谷・200頁、中森・113頁、西田・156頁以下、山口・198頁等。なお、不法領得意思の内容については、松原・205頁以下参照。

されるときには，不法領得の意思は否定されていない。不法領得の意思は，形式的な意味での「使用窃盗排除」は相対的に意義を失っており，一時的使用の意図かどうかといった形式的なメルクマールによってその有無を論じることはできないように思われる。したがって，不処罰とする場合には実質的考慮が必要だ，という方が妥当であろう。

　利用・処分意思には，客体の価値を失わせるものである毀棄罪と区別する機能がある。占有侵害の形式を伴うとしても，破壊・廃棄するために財物を奪うときは，領得罪ではなく毀棄罪とすべきだということである。たとえば，殺害後，犯行発覚を防ぐ目的で被害者の貴金属等を，投棄するために死体から取り去った場合には，不法領得の意思が否定される（東京地判昭和62・10・6判時1259号137頁）。領得罪においては，取得した財物から利益・便宜を引出すことが本質的であり，毀棄罪に比して法定刑が重いのもこの事情が根拠だと考えられる。

> **設例3**　Xは，Aを困らせようと考え，自分がほしいわけではなかったが，Aが大事に保管している高価な人形をA方から持ち出した。このとき，
> ①　Xは，Aの人形を自宅押入れに隠すつもりであった。
> ②　Xは，Aの人形を海に捨てるつもりであった。

　設例3の場合，Xはたしかに人形に対するAの占有を侵害して自己の事実的支配下においており，権利者たるAを排除する意思はあるが，客体の使用・収益・処分の意思がないため，不法領得の意思を認めることはできないであろう。なお，客体を「隠す」ことは，毀損や破棄と比較すれば権利者排除の程度は弱いとみる余地もあるが，もとより収益等の意思は認められない。また，「隠す」あるいは「捨てる」意思は，Aを困らせるというXにとっての反射的な利益をもたらすかもしれないが，客体から利益を享受する意思とはいえない。

　利用・処分意思に関しては，上述のとおり，判例において「経済的用法に従う」ことが要求されているものの，その意義は比較的ゆるやかに捉えられている。たとえば，女性の下着を男性が泥棒するとき，必ずしも客体の「経済的用法」に従うつもりがなくとも，窃盗罪の成立を認めるのが妥当である。本来の用途とは違う利用を意図する場合，転売目的で奪取する場合にも，財物取得の裏面として利益享受の意思は存在するので，不法領得の意思が認められる。したがって，その財物から直接生じる何らかの利益・効用を享受することで足りるというべきである。もっとも，その利益・効用を「経済的・財産的」なものに限る必要はある

と思う。およそ人の欲望を満たすことを利益と捉え，被害者を当惑させる・困らせるといった意思をも不法領得の意思にすることは，毀棄・隠匿の意思との区別を曖昧にしてしまうであろう。

もっとも，財物の取得から利益を享受するという場合，客体の利用・処分以外のどこまでを含めるのが妥当であるかには議論がありうる。義賊のように盗品を他人に与える意思であったとしても，それはいったん自己に領得するからこそ他に交付できるのであるから，不法領得の意思を否定することはできない。しかし，たとえば，財物としての借用書自体は債務の存在を証明する書面であって，その財産的価値を認めるとしても，その奪取によって借金の返済請求をしにくくすることを意図する場合に，これを借用書の領得意思（使用・処分意思）とすることが妥当か，その取得から生じる利益は反射的・消極的なものにすぎないのではないか，という疑問も残るのである。さらに，取得財物が何らかの別の目的を達成するための契機にすぎないような場合，たとえば，直ちに廃棄するつもりで万引することが仲間として認められるために必要であったというようなときには，不法領得の意思を認めることはできないであろう。

13.4　不動産侵奪罪（235条の2）

13.4.1　総　　説

不動産侵奪罪（235条の2）は，他人の不動産を侵奪した者を，10年以下の懲役に処するものである。

本罪は，未遂が処罰される（243条）。

本罪は，不動産窃盗にあたる類型であるが，不動産が窃盗罪の客体となりうるか，不動産を客体とする窃取がありうるかといった議論があったことから，追加された類型である。すなわち，不動産を客体とすることを明示すると同時に，移動しない客体の性質に対応し，行為態様として「窃取」に代えて「侵奪」を規定する。窃盗罪と同様，保護法益は，不動産の平穏な占有である。本罪も，窃盗罪と同じく状態犯であると解される。

13.4.2 構成要件

　客体は，他人の占有する不動産である。不動産とは土地およびその定着物をいう（民法86条1項）。侵奪行為が建物の一部を対象とする場合も不動産に対するものに含まれる。

　行為である「侵奪」とは，不動産に対する他人の占有を排除して自己または第三者の支配下に移すことを意味する。事実上の支配の移転が必要である。登記名義を変更することは，事実上の支配の変更がないので侵奪ではない。また，賃貸借契約終了後に居住し続けることなどは，支配の移転がないため侵奪にあたらない。判例は，外形的に支配移転があるときだけでなく，使用形態において不動産支配を強化する方向に大幅な変更があった場合にも侵奪にあたりうるとする。具体的には，大量の建築廃棄物を堆積させ原状回復困難にする行為（最決平成11・12・9刑集53巻9号1117頁），公園予定地の一部を無断利用していた者が簡易建物を建てる行為（最決平成12・12・15刑集54巻9号923頁），土地上にあった簡易施設を本格的店舗に改造する行為（最決平成12・12・15刑集54巻9号1049頁）を，いずれも侵奪とした。

　構成要件該当事実を対象とする認識（認容）を内容とする故意のほか，不動産侵奪においても不法領得の意思が必要である。その意義は，窃盗罪の場合と同様，権利者排除意思と使用・処分意思として理解される。破壊のために支配を移転する意図などは損壊意思とすべきであって，不法領得の意思としては，継続的に占有を奪う意思が要求される（大阪高判昭和42・5・12高刑集20巻3号291頁）。

13.5　自己の財物に関する特則

　自己の財物であっても，他人が占有し，または，公務所の命令により他人が看守するものであるときは，刑法第2編第36章の罪（窃盗罪・不動産侵奪罪・強盗罪・強盗予備罪・事後強盗罪・昏睡強盗罪・強盗致死傷罪・強盗強姦及び同致死罪）については，他人の財物とみなす（242条）。

　この規定は，自己の財物であっても「他人が占有」するものであるときは「他人の財物」とみなされる旨を定めているので，その解釈が窃盗罪の保護法益論の理解に直結している。平穏占有説によれば，本条にいう「占有」は，平穏な占有

を意味すると解することになる（自己の財物であっても，他人が平穏に占有するものであるときは，他人の財物（窃盗罪の客体）とみなされる）。本権説の立場からは，本来は他人が占有しているというだけでは窃盗罪の客体にはならないはずのところ，本条は，まさに特則として，所有とは切り離された占有の保護を定めた規定と位置づけられる。ただし，占有自体が保護されるとは考えないのであるから，242条によっても，権原に基づいて他人が占有する物であるときに限りその占有が保護される（他人の財物とみなされる）と解するのである。これに対し，占有説は，本条の占有に特段の限定は求めず，また，本条は，規定がなくても認められる内容を注意的に規定した部分を含む規定だと解することになる。

なお，この特則は，処罰範囲を拡張する性質をもつ例外規定であり，明文の準用規定がない以上森林法上の森林窃盗罪に適用することは許されないとする判例（最決昭和52・3・25刑集31巻2号96頁）がある。これは罪刑法定主義の要請から是認されるべき判断である。

13.6　親族間の犯罪に関する特例（親族相盗例）

　配偶者，直系血族，または，同居の親族との間で，235条（窃盗）の罪，235条の2（不動産侵奪）の罪，または，これらの罪の未遂罪を犯した者は，その刑を免除する（244条1項）。
　244条1項に規定する親族以外の親族との間で犯した，同項に規定する罪は，告訴がなければ公訴を提起することができない（同条2項）。
　244条1項・2項の規定は，親族でない共犯については，適用しない（同条3項）。
　244条の規定は，窃盗罪・不動産侵奪罪およびそれらの未遂罪についての特例を定めるものである。本条は，251条により詐欺・恐喝の罪，255条により横領の罪についても準用される。244条1項は，配偶者・直系血族・同居の親族間の犯罪につき必要的な刑の免除を定め，2項は，それ以外の親族間の犯罪につき親告罪としている。
　当然ながら，親族の範囲は，民法725条に従う。配偶者には内縁関係にある者を含まず，これに類推適用されることもない（最決平成18・8・30刑集60巻6号479頁）。
　本条の法的性格については，「刑の免除」が形式的には有罪判決の一種になる

(刑訴334条)ことから，犯罪が成立していることを前提に，親族間の犯罪に関して一身的刑罰阻却事由を規定したものと解される。一身性は，3項で共犯への適用を排除していることにも表れている。

　本条のような扱いの根拠としては，これまで「法は家庭に入らず」という政策が挙げられるのが一般的な説明であったが，現在では，家庭内の紛争解決に際し家父長権限による懲戒などに期待することは不合理であり，親族間の犯罪の処理が家庭内の自治に委ねられると考えることはできない。ただ，家計を同一にする同居の親族間では，改めて犯罪として公の処分に服させるよりは，家庭の自治に委ねるという刑事政策を考慮することはできなくはないであろう。それでも，親族の範囲は家計とは無関係であるし，家庭のあり方も変化している現代において，それが犯罪の成立を肯定した上で刑を免除することの十分な理由になりえているか疑問である。

　このような事情からも，本条の適用範囲は限定的に解するべきであろう。親族関係は，犯人と被害者との間に存在しなければならず，客体の所有者と占有者とが異なるときにはそのいずれとも親族関係がある場合に限られる。判例も，かつては，本条は直接被害者である占有者と犯人との関係を定めたものだとする立場に立っていた（最判昭和24・5・21刑集3巻6号858頁）が，犯人と財物の占有者および所有者との間に存することを要するとする態度に移行した（最決平成6・7・19刑集48巻5号190頁）。

13.7　電気についての準用規定

　刑法第2編第36章の罪については，電気は，財物とみなされる（245条）。
　なお，本条は，251条により，刑法37章の罪について準用される。
　具体的には，「財物」の意義に関して述べたところ（12.3.1，12.3.2）を参照されたい。

■第14章■
強盗の罪

14.1 強盗罪総説

設例1 Xは，夜間に，人気の少ない住宅地の路上を歩いてきたAに対し，包丁を突き付けて，金を出せ，いうことを聞かないと刺すぞ，と告げ，身の危険を感じたAがやむなく所持金5万円を差し出したのをわしづかみにして受け取ると，そのまま逃走した。

14.1.1 強盗罪

　強盗罪（236条）は，暴行または脅迫を用いて，他人の財物を強取した者を，強盗の罪とし，5年以上の有期懲役に処し（同条1項），236条1項の方法により，財産上不法の利益を得，または，他人にこれを得させた者を，同項と同様，すなわち，強盗の罪とし，5年以上の有期懲役に処するものである（同条2項）。
　本罪は，未遂が処罰される（243条）。また，予備罪規定がある（237条）。
　関連類型として，刑法典に事後強盗（238条）・昏睡強盗（239条）・強盗致死傷（240条）・強盗強姦及び同致死（241条）が規定されている。特別法上の規定としては，特殊常習強盗（盗犯等防止2条・3条）・政治目的の予備・陰謀・教唆・煽動（破防法39条）などが重要である。
　他人の占有等に係る自己の財物に関する特則（242条），親族間の犯罪に関する特例（244条），電気の財物性に関する規定（245条）は，強盗罪にも適用される。
　強盗罪は，暴行または脅迫を用いて他人の財物を強取する財物罪（236条1項）および暴行または脅迫を用いて財産上不法の利益を得，または，他人にこれを得させる利得罪（同条2項）からなる。法定刑は有期懲役であり，その上限は最長

20年（12条1項。ただし加重されることがある）となるので，窃盗罪・詐欺罪・恐喝罪などにおける「10年以下の懲役」に比して大幅に加重されている。その理由は，後述するように，財産のみならず，人身に対する犯罪としての不法内容を含むからであると解することができるであろう。

14.1.2　窃盗罪・恐喝罪との異同

被害者の意思に反する財物奪取という点では窃盗罪と共通する性質をもつが，強盗罪が**暴行・脅迫**を手段とし，積極的に物理的・心理的な抑圧作用を及ぼすことを特徴とするのに対し，窃盗罪はこのような手段を伴わない。他方，恐喝罪（249条）は，**恐喝**を手段とするもので，その実質は，暴行・脅迫であって強盗罪と共通するものの，その手段が相手方の反抗を抑圧するに足りる程度に至らない場合であり，強盗罪の場合には，手段が相手方の反抗を抑圧するに足りる程度のものと解されている。こうして，強盗罪は，手段の点で，相手の意思に反する行為であることが保証されており，程度の点で，相手の（瑕疵ある）意思に基づく財産取得である恐喝罪と区別されるのである。なお，窃盗罪においては，客体は財物のみであるが，強盗罪・恐喝罪においては，財物（1項）とともに財産上の利益（2項）を客体とする場合が含まれる。詐欺罪（246条）でも財物および財産上の利益が客体となる。

14.1.3　保護法益

強盗罪は，暴行・脅迫という人身（の安全）・自由に対する法益侵害と，財産に対する侵害とを合わせて1個の構成要件とした形になっている。そこで，強盗罪は，**人の生命・身体・自由と人の財産**との両者を保護法益とするものと解される。手段部分・財産侵害部分がそれぞれ別罪を構成しうるこのような犯罪類型を**結合罪（結合犯）**という。ただし，結合罪の構成要件は，あくまで一罪であり，原則としてそれぞれの部分を独立した犯罪として論じることは矛盾である。たとえば，強盗行為の手段である暴行が行われたが財物奪取に至らなかった場合は，暴行罪の既遂犯となるのではなく，強盗罪の未遂犯としなければならない。例外的に結合犯の一部について犯罪の成立を論じる必要があることも皆無ではない（たとえば，手段である暴行が行われた後から財物奪取についてのみ関与した共犯の罪責）が，当

然ながら，そのような処理には相応の理由・根拠が必要である。

なお，財物を客体とする強盗罪（236条1項）については，保護法益をめぐる本権説・占有説等，窃盗罪の場合と基本的に同様の議論があてはまるので，ここでは，これらについての説明は割愛する。

ところで，強盗罪は，1項の財物罪と2項の利得罪とからなり，いずれも同様に処罰される。そこで，財物について「平穏な占有」が保護されるとし，その根拠を平穏な占有には法的保護が必要だと想定されることに求めるのであれば，財産上の利益（2項）についても，民法上の保護の裏づけがあるものに限られると解するのが自然である。しかし，判例は，犯罪行為によって得られた利益[1]も保護の対象としている（最決昭和61・11・18刑集40巻7号523頁）。もちろん，財物について必ずしも民事的に法的保護が与えられない場合（たとえば，民法708条の不法原因給付）であっても，奪取罪の客体となると解する立場からは，そこから生じる利益についても保護が与えられ，財産上の利益として客体となるであろう。わたくしは，財物の占有について述べたとおり，「平穏」とは，一見明白に不法占有を推認させる事実がないという限度で法的保護の想定される事実状態であって，現実の法的保護が与えられる場合に限られないと考えるので，少なくとも犯罪行為の対価という利益に関しては，平穏占有説の立場からも保護される（2項強盗の客体となる）ものと解する。

14.1.4 客　体

強盗罪における客体は，**他人の占有する財物**（1項），または，**財産上の利益**（2項）である。財物については，財産罪総説（12.3）を参照されたい。

わたくしは，窃盗罪においては，不動産侵奪罪との関係で，窃盗罪の客体である財物から不動産が除外されるとの解釈が採られるべきであるが，そのような犯

---

[1] この事例は，やや複雑で，麻薬売買において，代金を払う前に相手から薬物を受け取り，それについて窃盗罪または詐欺罪（いずれの犯罪が成立するかは特定されていない）が成立した後，代金の支払いを免れるため相手を殺害しようとして遂げなかった，というものである。後半部分の事実について，代金債務の免脱という財産上の利益を客体とする2項強盗（殺人）未遂罪の成立が認められた。そうすると，民法上は，公序良俗に反する取引によって生じた被害者側の代金債権を強盗罪の成立を認めることによって保護することになっている。ただし，本文で述べるように，既に薬物を客体とする窃盗罪ないし詐欺罪の成立を前提にしており，禁制品ではあるものの刑法上の保護は与えられていたのであるから，その対価に関する債権も保護されるという趣旨に解することができる。

罪類型を有しない強盗罪（このほか，詐欺罪・恐喝罪・横領罪の場合も同様である）においては，不動産も財物に含まれると考える。強盗罪において不動産が客体となるかについては議論があり，奪取を観念しえないので不動産は含まれない（不動産の強取は，236条2項の利得罪にあたる）とする見解も有力である。しかし，上述の理論的根拠だけでなく，実際上も，不動産に対する事実的支配を暴行・脅迫により強制的に排除するという意味で不動産侵奪罪の侵奪とは質を異にする占有奪取が観念されると考えるので，財物から不動産を除く必然性はないと思う[2]。

　財産上の利益には，財物以外の財産的利益が広く含まれる。債権の取得といった積極的利益だけでなく，債務の免除を受けたり支払を免れたりといった消極的利益でもよい。財物に対する返還請求権は，財物保護の一態様ないし，それに必然的に伴うものとして財物に対する罪を構成する要素と解されるものであるが，判例には，これを財産上の利益（財物とは区別される客体）に含むことが示唆されたもの（前掲・最決昭和61・11・18）がある。ただし，この判例の2項強盗殺人未遂罪を認めた結論自体は，客体財物の返還請求権に対する保護ではなく代金請求権が保護されたものとして根拠づけが可能であろう。わたくしは，財物に対する返還請求権が財物とは別に保護されることは妥当でないと考える。

　物とその代金についてみれば，詐欺による無銭飲食の後，暴行・脅迫を用いて代金の支払を免れた場合は，注文した料理という財物を客体とする詐欺罪（246条1項）と，代金支払の免脱という財産上の利益を客体とする強盗罪（236条2項）との両方が成立するようにみえる。たしかに，料理という財物とその代金支払債務免脱とは，法律上は，別に扱われ，刑法上も，客体として財物・財産上の利益が個別の保護対象とされている。しかし，これらの客体は実質的には同一財産の別の側面というべきであり，個別に犯罪の成立を認めるのは妥当でない。構成要件該当評価はいずれかの罪について1回行えば足りる事実であろう。最高裁判所（前掲・最決昭和61・11・18）は，先行する財物罪（窃盗罪または詐欺罪）とその代金支払請求権（または返還請求権）を客体とする2項強盗罪（実際は強盗殺人未遂罪）とを包括一罪とし，重い方の2項強盗罪（強盗殺人未遂罪）で処断すべきものとした[3]。このような考え方からすれば，無銭飲食事例においても，詐欺罪・強盗罪

---

[2] 西田・175頁。

[3] 包括一罪とは，複数個の構成要件該当事実があるが，1罪で評価される場合である。その根拠等は刑法総論（罪数）で扱われる。なお，本文の場合は，罪名を異にする2個の罪を包括して重い方の罪1罪で処罰するもので，混合（的）包括一罪と呼ばれている。

という別の犯罪行為により実質的に同一の財産的利益を取得したものと評価されるので，包括一罪として2項強盗罪で処断されることになろう。

14.1.5　行為（1）——暴行・脅迫

　強盗罪の手段である暴行・脅迫は，いずれも最狭義，すなわち，**相手方の抵抗を抑圧するに足りる程度**のものを意味する。行為について問題となるのは当然ながら行為自体の性質であり，行為によって生じた状態（中間的結果）ではないので，現実に抵抗を抑圧したことは必要でない。逆に，現に抵抗が抑圧されたとしても，それによって直ちに手段が抵抗を抑圧するに足りる程度のものだったと評価されるわけではない。

　抵抗を抑圧するに足りる程度か否かは，具体的事情を考慮して客観的見地から判断される（最判昭和23・11・18刑集2巻12号1614頁，最判昭和24・2・8刑集3巻2号75頁）。判断材料としては，暴行・脅迫それ自体の態様・程度はもちろんであるが，行為の時間的・場所的状況，行為者・被害者の性別・年齢・体格等も相互関係として考慮されることになろう。これは，構成要件の類型的判断であるから，被害者が特別に臆病であるなどの個別・具体的事情によって左右されるものではない。ただし，考慮事情とされている被害者の年齢・性別などは，被害者の抵抗意思や抵抗能力の強弱と無関係ではない。したがって，被害者固有の事情を完全に度外視することも妥当ではないと思われる。そこで，たとえば，臆病であるとの事情を知ってそれに乗じる場合には，行為者に強盗の故意を肯定することができ，そもそも「被害者が臆病である類型」として判断するべきであって，このような場合にも強盗の手段にあたりうるとする見解[4]がある。わたくしも，「具体的事情を考慮して客観的見地から判断」する際には，「客観的に実在する事情を特に知ってこれを利用する意思である」ことも，それ自体が具体的事情に含まれ，かつ，客観的にもこのような事情が暴行・脅迫の程度評価に重要な意義を有するものであると考える。

　暴行・脅迫は，財物等奪取の手段となっていなければならない。したがって，暴行・脅迫が相手の反抗を抑圧して財物等の取得が容易になったという客観的事情，および，それに基づいて財物・財産上の利益の取得に至るという因果関係が

---

[4]　団藤・587頁，大谷・222頁，中森・121頁，山口・218頁，松原・233頁。

存在しなければならない。主観面でも，手段行為自体が財物等奪取の意思をもって行われる必要があり，また，故意には，因果関係の基本的部分を含む上記事実の認識が含まれる。財物奪取とは無関係に（財物奪取の意思でなく），反抗を抑圧した後になって財物奪取の意思を生じたような場合，財物奪取の部分は，強盗罪ではなく窃盗罪等による評価が与えられるべきである。このような事例で強盗罪の成立を認めるためには，意思を生じた時点以降において改めて手段としての暴行・脅迫が行われることを要する。もっとも，そのときは，既に相手が反抗抑圧状態にあることが強盗手段にあたるか否かの判断基礎になるから，強取意思を生じた後に行われる暴行・脅迫の程度は，単独で反抗抑圧状態を実現することができるものでなく，既存の反抗抑圧状態を継続させる程度のもので足りるであろう（東京高判昭和48・3・26高刑集26巻1号85頁，大阪高判平成元・3・3判タ712号248頁）。

> **設例2** Xは，Aが肩にかけていた現金30万円入りの鞄を盗もうとして，背後から自転車でAに近づき，追い越しざまにAの鞄の肩ベルトを片手で引っ張り，鞄を奪って逃げた。

いわゆる「ひったくり」は，相手の占有を有形力で排除し，財物を暴力的に自己の支配下に移す行為であるから，暴行による財物奪取とも解しうる。しかし，このときの有形力は，財物奪取（事実的支配の排除と新たな支配の設定）の態様そのものであって，反抗を抑圧する手段であるとはいいがたい。それを別としても，ひったくり犯において行使されている有形力は，「相手の反抗を抑圧するに足りる程度」に至らないことが大多数であろう。したがって，一般的には，強盗罪ではなく窃盗罪をもって論ずるべきである。設例2は，自動車の窓からハンドバッグのひもを引っ張り，これを離そうとしない相手を引きずって転倒させるなどして負傷させた事案で強盗致傷罪とした判例（最決昭和45・12・22刑集24巻13号1882頁）をもとにしたものであるが，これは単純なひったくり事案ではなく，客体に対する完全な占有を取得するため，反抗抑圧するに足りる手段が用いられたとみてよいと思われる。

被害者を殺害する行為も暴行である。また，財物奪取との類型的因果関係が想定される限り，暴行・脅迫は，直接に財物の占有者・所有者に向けられる必要はない（最判昭和22・11・26刑集1巻28頁）。

14.1.6　行為（2）——強取

　「強取する」とは，暴行・脅迫により被害者の意思に反して財物を自己または第三者の占有に移すことを意味する。手段から財物取得に至る因果関係の存在が要求される。暴行・脅迫により相手方が反抗を抑圧され[5]，それを前提に財物の取得が実現することをもって，被害者の意思に反する占有移転とされるのであり，また，前述のとおり，行為者には，それに対応する認識・認容が必要である。

　相手方の反抗を抑圧するに足りる程度の暴行・脅迫が用いられたが，現実に被害者が反抗を抑圧されず，財物を取得できなかった場合は，強盗未遂となる（最判昭和23・6・26刑集2巻7号748頁）。ただし，強盗の手段たりうる暴行・脅迫によって相手方が反抗を抑圧されない程度に畏怖して財物を交付し，行為者が財物取得に至った（財物を得た）場合をどのように解するかは問題である。手段（および行為者の意思）は強取であるが，相手方の状況は，恐喝罪（249条1項）に該当する事実であったということになる。判例（前掲・最判昭和24・2・8）は，このような場合は恐喝罪ではなく，強盗（既遂）罪が成立するとした。強盗の手段たる行為の存在と，その手段から帰結する広い意味の（反抗抑圧ではないが畏怖させることまでは実現している）因果的推移の延長線上で財物奪取に至っているため，既遂を肯定するものと解される。たしかに，行為者側からみれば，強盗の手段を講じて意図どおりの財物取得に成功していることは事実である。しかし，この場合は，畏怖（瑕疵ある意思）に基づくものとはいえ，被害者は自己の意思に基づいて行為者に財物を交付しているのであって，意思に反する財物取得という強盗罪の不法内容を実現したとはいえないのではないかという疑問がある。この事実は，強盗手段が用いられたが反抗抑圧状態を利用して財物を取得するに至らず，行為とは別の原因で財物を取得した，と捉えることもできるであろう。こう考えると，たとえ財物は取得していても，財物を得たのは被害者の意思に基づくものであるとして，強盗未遂罪に問擬するのが妥当である[6]。

　これに対し，このような事例では，強盗罪を実現するつもりで客観的には恐喝既遂に相当する事実が実現したのであるから，強盗未遂罪と恐喝既遂罪とが成立し，両罪が観念的競合となる（大阪地判平成4・9・22判タ828号281頁）のが妥当であるという立場[7]もある。先に述べたように，たしかに，このような事案では，

---

[5]　反抗抑圧を中間結果として要件に明示するのは，松原・233頁である。
[6]　団藤・588頁，平野・208頁，大塚・215頁，福田・238頁，山口・217頁，高橋・262頁等，多数。

強盗の手段として行われた行為があるからこそ恐喝相当の事実が惹起されたのであることは否定できないし，結果的にみて，恐喝罪の不法事実が実現しているとはいえる。しかし，恐喝既遂罪の成立を認めるときは（観念的競合の処理で結局は強盗未遂罪の刑で処断されることになるとはいえ），手段として行われた部分が，同一客体の取得に向けられた1個の事実でしかないのに，強盗未遂罪と恐喝既遂罪との両方で構成要件評価されることになる限りで重複評価のきらいがある。強盗罪においては，人身・意思自由と財産という二面的保護が考慮され，しかも，人身・自由の保護が相対的に重要であると解される固有の不法が観念されるであろう。したがって，強盗未遂罪の成立を認めれば法的評価として十分[8]であり，財物取得の有無は量刑事情として考慮すれば足りるように思われる。なお，上に挙げた例で，相手方が畏怖すらせず，たとえば犯人に対する憐憫の情など被害者の主体的意思に基づいて財物を交付するなどした場合は，恐喝罪としても未遂の事実しか存在していないのであるから，強盗未遂罪として処理される。

14.1.7　不法領得の意思，着手・既遂時期

　財物に対する不法領得の意思についても，窃盗罪と同様に解することになる。判例・通説は，本罪の主観的要件として窃盗罪と同様の不法領得の意思を要求する。

　着手時期は，財物強取の手段としての暴行・脅迫が開始された時である。237条により予備罪も処罰されるのは，手段たる行為が開始される以前の準備行為についてである。また，予備に引き続いて手段たる行為が行われたときには，強盗（未遂）罪の構成要件該当性が認められ，予備の事実はこれによって包括評価され，別途予備罪で処罰されることはない。窃盗犯人が被害者に発見されて暴行・脅迫を手段とする強盗に及ぶような，いわゆる居直り強盗においても，強盗罪の着手時期は暴行・脅迫の開始時であると解される。

　強盗罪も奪取罪であり，財物に対する占有取得を本体とするので，**既遂時期**も，窃盗罪の場合と同様，取得説に従うことになる（最判昭和24・6・14刑集3巻7号1066頁）。

---

[7]　西田・169頁，高橋・262頁等。
[8]　団藤・588頁，福田・238頁参照。

14.1.8 不法利得

 2項の利得罪の行為は，財産的利益を取得することである。「不法な利益」を取得する場合とも読める文言であるが，取得方法が不法であることを意味し，利益自体が不法である場合に限るわけではない。さらに，財物強取の場合と同様，手段たる暴行・脅迫により相手の反抗が抑圧され，これに基づいて財産上の利益が取得されることが，被害者の意思に反する利益移転として把握されるのであるから，この間に因果関係が存在する必要がある。

 無形的な利益の移転は，財物の占有移転のようにはその事実を明らかに認識できるものではない。通常，財産権の変動は意思表示によって生じる。そこで，刑法上，利益移転を認めるために，被害者の意思表示・処分行為を要求することも考えられる[9]。しかし，1項の場合に被害者側の「交付」行為が必要とされていないのに2項の場合だけに被害者側の行為を要求することは均衡がとれないこと，反抗が抑圧されて抵抗が不能な状況下では，意思表示・処分行為を行うことが不能な場合もあり，その場合にも強盗利得罪の成立を認めるべきであること，などを理由として，被害者の処分行為は不要と解されている。判例（最判昭和32・9・13刑集11巻9号2263頁）も，意思表示ないし処分行為の外形がなく，事実上支払の請求ができない状態に陥らせる場合にも強盗利得罪の成立を肯定している。たとえば，タクシー料金の支払請求を事実上不可能にするとか，請求を断念させるなどの場合，そこで支払いを免れることで，少なくとも当分の間，支払い請求を受けることがなくなるという事情がある限り，財産上の利益を得ているといえるので，2項強盗罪の成立する可能性がある。

 ただし，そのような状況が財産的利益移転の実質を伴っている必要はある。具体的・現実的な利益の移転が認められるときに限って利得を認めるべきである。たとえば，債権者を殺害することによって債務履行の請求を免れることになったとしても，それだけで強盗殺人罪（240条後段）の成立を認めることは妥当でない。借金苦や貸主に対する恨みを動機とする単純な殺人罪との境界が曖昧になってしまう。また，通常は，このような場合にも，死亡した債権者の債権を継承する者

---

 [9] 実際，後述するように，詐欺利得罪（246条2項）に関しては，このような処分行為が必要とされ，その意義・内容が議論されている。財産上の利益の移転を認めるために，利益を移転する処分行為が必要か，それは「意識的」に行われる必要があるか，どのような場合に「移転」があったと認められるか，などの問題である。

があるなどして，依然として債務履行を免れうる状況にはならず，財産上の利益が移転したといえる現実は認めがたいとも考えられる。もっとも，逆に，被害者が債権を有することを知る者が他に存在しないなどの事情があるときは，債権者が殺害されれば当分の間債権が実行されることはないと考えられるので，タクシー料金の踏み倒しと同程度に利益移転の実体があるとみなしうるであろう。

なお，判例においては，移転した「利益」としては，本来は即時に債務履行が求められるはずのところを殺害によって相当の期間履行を免れた場合，すなわち，支払の一時猶予を受けたのと同様の利益[10]でもよいとされる傾向にあり，また，詐欺利得罪においてはそのような場合にも利益移転が肯定されているところから，強盗罪関係でも同様に解することができるであろう。

> **説例3** Xは，金に困り，実父Aを殺してその財産を自ら相続することを企て，就寝中のAの首をしめて殺害しようとした。しかし，Aの激しい抵抗にあい，死亡させるには至らなかった。

債務弁済を免れる場合でなく積極的利益が対象となる場合も，同様に，具体的・現実的な利益の移転があるかという観点から判断するべきである。設例3のように，相続を開始させて財産を承継するため，相続人が被相続人を殺害しようとした事例（東京高判平成元・2・27高刑集42巻1号87頁）では，強盗殺人罪にはあたらないとされた（単なる殺人罪である）。その根拠は，相続人たる地位を得ることは，抽象的な地位に過ぎず，現実的な利益を取得するものとはいえないことに求められる。あるいは，暴行・脅迫手段から直接かつ不法な利益移転が実現することが必要であるとした上で，このような場合には，せいぜい相続開始を介する間接的な利益移転が認められるにとどまること，相続は，被相続人の死亡を唯一の原因として開始するのであって，殺害により開始する相続それ自体が不法ではないことなども援用される。ただし，上記高裁判決で理由とされたのは，「相続制度には原理的に任意の処分の観念を容れる余地がない」ことであった。そこには強盗罪の客体となりうる利益は「任意に処分することのできる利益」に限られるとの前提があることになるが，そのような想定が強盗利得罪において被害者の処分行為を要しないとする態度と整合的であるか，疑問がある。なお，このほか，

---

[10] これは，一種の「期限の利益」であり，現に取得されるべき財物に対応するような独自性を有する利益とはいいがたい面があるが，「相当の期間」猶予が得られれば，それ自体を客体性を有する利益として把握することができる，と解しているものといえる。

共通した問題として，会社の備品・従業員等を使用して売上金を収受することを含む「経営上の権益」は，包括的継承をまったく観念できないというものではないが，被害者の殺害自体によって行為者に移転するとの関係を認めることができない場合には 2 項にいう「財産上の利益」に該当しないとした裁判例（神戸地判平成 17・4・26 判時 1904 号 152 頁）もある。手段たる殺害が具体的・現実的な利益の移転を必然的に伴う，いわば関数的な関係が必要だと考えられるのである。

14.2 事後強盗罪

14.2.1 準強盗罪

　事後強盗罪（238条）は，窃盗が，財物を得てこれを取り返されることを防ぎ，逮捕を免れ，または罪跡を隠滅するために，暴行または脅迫をする罪である。処分については「強盗として論ずる」とされている。これは，236 条 1 項における「強盗の罪とし」に対応し，同様に強盗の罪となるという趣旨である。したがって，法定刑も 236 条の場合と同じ（5 年以上の有期懲役）である。

　本罪は，未遂が処罰される（243条）。242条（他人の占有等に係る自己の財物），245条（電気）も適用がある。このほか，240条・241条の適用や（異論もあるが）237条（強盗予備）の適用との関連でも，事後強盗罪は強盗罪として（同様に）扱われる。

　このような「強盗として論ずる」こととされている罪は，準強盗罪とよばれる（このほか 239 条の昏睡強盗罪も準強盗の一類型である）。

14.2.2 事後強盗罪の性質

　事後強盗罪は，窃盗犯人が窃盗に関連して暴行・脅迫を行うときに成立するものだとする解釈が成り立つ。すなわち，窃盗犯人についてはある特殊状況における暴行・脅迫について特別の罪が成立するという考え方である。すなわち，窃盗犯人でなければ本罪の主体になれないので，事後強盗罪を身分犯であるとする見解になる。これに対し，事後強盗罪は，通常の強盗罪とは，手段行為と財物奪取行為とを逆順に行うものの，窃盗行為と暴行・脅迫行為とを一罪としたという点で同様であり（だからこそ準強盗罪とされる），本罪の実行行為には暴行・脅迫だけ

でなく窃盗行為も含まれるという考え方もできる。これは，事後強盗罪を結合犯だと解する立場になる。

> **設例4** Xは，友人のYとともに歩いていたところ，A宅内においてある鞄に気づき，これを窃取しようと近づいた。奥からAが「誰だ」と声を上げたのを聞いて，鞄を急いで手にしてA宅から飛び出したが，Aに追跡され，50メートルほど走って逃げたところでAに追いつかれ，AがXを取り押さえようとしてもみ合いとなった。そこに，Xに遅れていたYが合流し，Xに馬乗りになっていたAを背後から足で蹴り，さらに殴りつけるなどの暴行を加えた。

　本罪が身分犯か否かは，設例4のように，ある者の窃盗行為の後に，暴行・脅迫行為に別の者が関与した場合に，後から関与した者につきどの範囲で共犯が成立するかという問題に影響する。そこで，窃盗犯人が暴行・脅迫を行う時点以降に関与した者の取り扱いに即して，本罪の性質に関する理解を概観する。

14.2.3　身分犯説

　身分犯説は，本罪の主体は，「窃盗」であると解する。窃盗とは，窃盗犯人（正犯）を意味する。窃盗罪の実行に着手した者であれば足り，窃盗自体の既遂未遂は問わない（後述のとおり，窃盗未遂の場合は強盗未遂の扱いとなるというのが判例・通説である[11]）。「窃盗」には，強盗犯人をも含むという説もあるが，文字どおり窃盗犯人とすべきであろう。たしかに，強盗は窃盗を内包するという把握自体は不合理ではなく，窃盗ですら強盗として論じられる行為を強盗が行った場合を排除すべき必然性は乏しいという主張にも理由はある。しかし，窃盗犯人であれば，事後的に暴行・脅迫に及ぶことは，実質的に強盗に匹敵する法益侵害の危険

---

[11] 判例・通説は，窃盗未遂犯人も事後強盗罪の主体となりうるとするが，結局，成立するのは事後強盗未遂罪となる。しかし，この点に対しては批判がある。すなわち，238条は，当然ながら既遂構成要件を記述しているのであるから，主体も，既遂構成要件を充足する者を意味するはずである。したがって，条文にいう「窃盗」は，窃盗既遂犯人と解するべきだ，というのである。窃盗既遂犯人のみを238条の主体とすると，窃盗未遂犯人が事後強盗罪相当の行為を行う場合には，238条に該当せず，238条の未遂を処罰する243条も適用されないこととなるが，本罪を結合犯とするなら，未遂犯処罰規定は，窃盗部分が未遂に終わった場合を処罰するものとして矛盾を生じない。たしかに，身分犯説の問題点をつく指摘である。しかし，わたくしは，後述するように「窃盗」を暴行・脅迫行為の主体を特定する意味に純化して解するので，身分取得のためには窃盗の実行の着手が認められれば足りると考えている。

を含むものとして特別に「強盗として論ずる」意味を理解することができるが，強盗犯人は相手方の反抗を抑圧するに足りる程度の手段を講じているところ，さらにそれに加えて財物取り返しを防ぐなどの目的暴行・脅迫に及ぶ場合を，それと並ぶ類型として規定する根拠は，薄弱に思われる。両者は，性質を異にする類型だというべきであろう。

　身分犯説を採用する場合，さらに，窃盗犯人の身分は，構成的身分か加減的身分かという問題がある。65条に身分犯の共犯に関する規定があり，1項の身分を**構成的身分**，2項の身分を**加減的身分**という。1項は，「犯罪を構成すべき身分」がない者も身分をもつ者との間で共犯となること，2項は，「身分により刑の軽重がある場合」には身分のない者には通常の刑を科すべきことを定めている。2項の場合は，成立する犯罪自体が「通常の刑」に対応する犯罪になると解する見解が有力である[12]。事後強盗罪の共犯に関しては，いずれの規定が適用されるか，ということである。

14.2.4　加減的身分説と構成的身分説

　加減的身分説[13]は，次のように考えるものである。身分犯説によると，窃盗をした（窃盗に着手した）ことは身分として評価され，窃盗行為自体は構成要件該当行為には含まれないことになるので，事後強盗罪の実行行為は暴行・脅迫である。そうすると，窃盗犯人という身分は，その身分がなくても成立する暴行罪・脅迫罪に対して，暴行・脅迫行為をより重く処罰するという刑の加重に影響する身分だと解することができる。したがって，本罪は「身分により刑の軽重がある」場合（不真正身分犯）であり，窃盗犯人の身分は65条2項の加減的身分と解されるのである。この考え方に従えば，窃盗犯人（先行者）とそれ以外の後からの関与者（後行者）とが共に暴行・脅迫を行った場合，先行者に事後強盗罪が成立するのは当然として，後行者には，身分のない者に成立する犯罪である暴行罪・脅迫罪が成立するということになろう。

　構成的身分説[14]は，事後強盗罪は単に暴行・脅迫の加重処罰規定ではないと解する立場である。本罪は，事後強盗罪という固有の「強盗」の構成要件を定めて

---

[12] これは，共犯と身分に関する大問題の一つであり，詳しくは刑法総論の解説に委ねるほかはない。
[13] 大塚・224頁，大谷・233頁，松宮・233頁等。
[14] 前田・300頁，井田・238頁等。

いるのであり，非身分者には暴行罪・脅迫罪の成立が可能であるとしても，本罪がその加重類型を定めたものであるわけではなく，いわば，質が違うと考えるものである。このときは，窃盗犯人という身分は，事後強盗罪の成立，すなわち強盗として論じられる根拠であり，「犯罪を構成すべき身分（真正身分）」だということになる。そうすると，本罪は65条1項の適用を受け，身分のない者も身分のある者に成立する犯罪の共犯となるのであるから，先行者に事後強盗罪が成立するとき，身分のない後行者も事後強盗罪の共犯となる。

　この点に関する最高裁判所の判断はまだみられないようであるが，下級審裁判例は，身分犯とする立場に立った上，本罪の身分を真正身分とするものと不真正身分とするものの両者がある。

14.2.5　結合犯説

　身分犯説は，事後強盗の現実の実行行為を暴行・脅迫とするので，本罪の具体的・現実的不法事実は，財産侵害より「暴行・脅迫行為」の方であるという理解が背景にあるということができる。しかし，そもそも，窃盗行為と暴行・脅迫行為の両方がそろって，初めて，準強盗罪たる事後強盗罪の不法内容が実現すると考えるべきである。このように解するのが，本罪は，窃盗罪と暴行罪・脅迫罪との「結合罪（結合犯）」であるとする見解[15]である。事後強盗罪も財産罪の一類型であるとするなら，本罪の成立を肯定するためには財産侵害という不法をも構成要件要素として実現している必要があるというわけである。

　この立場からは，本罪の共犯については，身分犯に関する65条を適用する前提がないのであるから，先行者と後行者との間に，いわゆる「承継的共犯」が成立するか[16]という問題として論じられる[17]。後行者が物理的には関与していない

---

[15] 中森・126頁，西田・184頁，山口・227頁，伊東・179頁，高橋・281頁等。

[16] ある者が行う構成要件該当行為の途中から別の者が加わり，以後共同して行ったときに，後から加わった者が，現実の共同部分だけでなく，先行する者だけが行った行為を含めて共同正犯（60条）となる場合，すなわち，後行者が先行者の犯罪を承継する形の共同正犯を「承継的共同正犯」という。これも，刑法総論の重要論点であり，詳細は『総論』（281頁以降）に譲る。

[17] 238条は，盗品の返還請求を妨げるという236条2項に該当する行為に関する特別類型であると捉え，事後強盗罪は行為当時に現在するこの利益を得るための暴行・脅迫を問題にするのであるから，2項強盗罪も成立しうる限りでは，承継的共犯の問題ではなく，端的に後行者に共犯が成立すると解する見解（西田・184頁）もある。精密な考察であるが，盗品の返還請求を免れる利益を財物取得から独立した利益として保護することには，わたくしは疑問をもつ（上述，14.1.4を参照）。

先行者による窃盗行為を「承継」する関係が認められるときに，先行部分を含めて共犯が成立すると解することもできる。あるいは，結合犯であることから，暴行・脅迫行為が財産犯としての実質を備えると評価され，いわば，財産を得るための手段と同質のものと捉えられる結果，後行者は強盗行為に関与したとすべきであり，後行者も事後強盗罪の共犯とすべきである，という説もある。しかし，そもそも因果効果が遡行することがない以上，関与後の暴行・脅迫の部分に限って共犯となると解する見解も有力である[18]。

14.2.6　構成的身分犯

　本罪の共犯に関する議論について結論からいえば，上の事例の後行者には，事後強盗罪の共同正犯を認めるのが妥当であるように思われる。後行者が先行者との間で共同正犯（60条）となるときはもちろん，先行者を側面から助ける幇助犯（62条）として関与する場合にも，先行者が継続して行う事後強盗罪の実行行為という性質を帯びる暴行・脅迫を行う以上，後行者の実現する不法は事後強盗罪のそれであるというべきだからである。上述したとおり，この結論は，身分犯（構成的身分）説からでも結合犯説からでも根拠づけ可能であるから，ここから遡って本罪の構造を論じることはできない。

　238条の条文を素直に解釈するなら，「窃盗が」とは行為主体として記述されていると考えられ，また，それは窃盗犯人を指すはずである。窃盗犯人が行為主体の限定を意味する以上，「窃盗」とは身分を定めたものだと解するほかはない。したがって，身分犯説が妥当だと思われる。

　積極的な根拠ではないが，結合犯説を採った場合には次のような問題が生じることも考慮されよう。すなわち，事後強盗罪の実行行為には窃盗行為が含まれることになるので，窃盗罪の構成要件に該当するとの評価が与えられる行為を開始した行為者が，後に暴行・脅迫を開始すると，これにより当初の窃盗行為が事後強盗罪の実行行為の一部として評価が改められることになり，したがって事後強盗罪の着手時期も窃盗の着手時期に遡及することになる[19]。しかし，事後強盗罪の

---

[18]　山口・233頁。
[19]　構成要件該当性判断は，事後的な法的評価であり，行為遂行と同時並行的に法的評価が行われていくわけではないので，それ自体に問題はない。ただ，教唆犯に関してはこの時間的前後の矛盾が表面化せざるをえないように思われる。

構成要件該当事実に属する窃盗行為が事後強盗の故意で行われたものではない以上，窃盗行為が事後強盗罪の故意で行われたとはいえないであろう。また，当初から結合犯たる事後強盗罪を行うように（たとえば「財物を取り戻されそうになったら暴行を用いよ」と）教唆したような場合には，正犯の実行によって教唆犯の成立を認める一般的な解釈からすれば，正犯が窃盗に着手した時点，すなわち正犯には窃盗未遂罪の成立しか認められない段階で，共犯者には強盗教唆罪の成立を認めることにならざるをえないであろう。しかし，このような場合，正犯の犯罪に従属して共犯の罪責が決まるとする共犯の従属性の点からは，正犯が窃盗罪を実行している以上，共犯は窃盗教唆罪になるはずであるから，この間に矛盾が生じる。その点では，身分犯とする方が，問題が少ないようである。

　身分犯説のうちでも窃盗身分を加減的身分とし，本罪を暴行罪・脅迫罪との関係で不真正身分犯と位置づける見解から構成的身分犯説への批判として，事後強盗罪を身分犯と解し，暴行・脅迫（のみ）を構成要件該当行為とするのであれば，身分があることによって初めて暴行・脅迫行為が犯罪となるものではない以上，窃盗身分を構成的身分と解することはできない，というもの[20]がある。暴行・脅迫が実行行為であり，暴行・脅迫は窃盗犯人以外による場合にも犯罪になるという外形のみをみればそのとおりであるが，上述したように，わたくしは，事後強盗罪における暴行・脅迫は，単純な暴行・脅迫ではなく，準強盗としての不法を実現する行為であると解し，事後強盗罪については，いわば，窃盗犯人以外の暴行・脅迫とは異質な，本罪に固有の（暴行・脅迫罪や窃盗罪と異なる）不法をみるべきであると考える。すなわち，暴行・脅迫行為が，逮捕を免れまたは罪責隠滅を含む特定目的のもとに窃盗の機会においてなされることによって，強盗に準ずべき不法実質を与えられているのであるから，事後強盗罪における暴行・脅迫は，むしろ強盗に関連する政策的考慮等が交錯する固有の不法を構成するものと解されるのである。

14.2.7　行　　為

　身分犯説の立場からいえば，行為は，暴行・脅迫である。ただし，それが「強盗として論じ」られるものでなければならないので，本罪においても，236条の

---

[20] 松宮・234頁以下参照。

強盗罪におけると同様，相手方の反抗を抑圧するに足りる程度（最狭義）であることが必要である。裁判例には，逃げたい一心で手を振りほどこうとし，あるいは拘束しづらい姿勢をとるなどした事例において，防御的動作をしたにすぎない場合は不法な有形力の行使にあたらないとしたもの（東京高判昭和61・4・17高刑集39巻1号30頁）がある。また，窃盗の被害者に対して行われる必要はなく，たとえば，第三者が行為者を逮捕しようとするのに対し，逮捕を免れる目的で，その第三者に向けてなされる場合でも本罪の行為とすべきである。

また，暴行・脅迫は，窃盗の機会に行われなければならない。これも，窃盗と暴行・脅迫とを合わせて一体とし，暴行・脅迫を手段として財物を奪取する本来の強盗罪の類型と同様に（準強盗たる本罪固有の不法として）評価をする根拠として要求されるものである。たとえば，窃盗犯人が犯行から1月たって被害者に見つかり，返還を求められたのでこれに対し暴行に及んだ場合，形式的文言だけからいえば，窃盗犯人が財物の取戻しを防ぐ目的で暴行したのであって，要件を充足するようであるが，窃盗犯人の身分と暴行行為とを一体として強盗罪と同様に扱う固有の不法を認めることは，妥当を欠くであろう。

窃盗の機会にあたるかどうかの判断に際して考慮されるのは，窃盗と暴行・脅迫との間の時間的・場所的近接性が基本になるであろうが，単純にそれだけで決められるものではない上に，もとより数字で示せるようなものではない。

> **設例5** Xは，午後3時ごろ，Aの不在中にAの住居に入り込み，指輪を窃取したが，帰る場所もなく外が寒かったことから，A宅に数日とどまって飲食物を盗むなりしようと考え，A宅にあった飲食物を携えて天井裏に上り，そこでライトの配線等への細工を行った上，飲食した後，睡眠した。Aは，午後4時30分ごろに帰宅したが，部屋の様子から何者かの侵入を疑い，さらに午後5時30分ごろに天井裏からの物音で泥棒がいると思い，警察に通報した。午後6時過ぎに2名の警察官が到着し，天井裏に上がったところ，6時10分にXが天井裏にいるところを発見されたが，Xは逮捕を免れようとしてその場で所携の刃物で警察官に切りつけるなどの暴行を加えて警察官に傷害を負わせた。

設例5は，窃盗犯人が現場住宅の天井裏に潜み，約3時間後に逮捕を免れるため警察官に暴行を加えたときは，窃盗の機会継続中であるといえるとした判例（最決平成14・2・14刑集56巻2号86頁）に取材した，やや特殊な事案である。この事例では，窃盗の犯行現場そのものといってもよい場所に逃走機会をうかがって

潜んでいる状態が継続しているのであるから，窃盗の機会が継続中であるといってよいと思われる。

　他方，他人の住居で窃盗を行い，発見・追跡されないまま約1キロメートル離れた公園に移動したが，さらなる窃盗をしようと考えて同じ被害者宅に戻ったところ，家人に発見されたので，逮捕を免れるためにナイフで脅したという事例に関する判例（最判平成16・12・10刑集58巻9号1047頁）がある。こちらは，窃盗後発見・追跡されることなく現場を離れ，ある程度の時間が経過して，被害者らから容易に発見・取り返し・逮捕されうる状況でなくなった後で，再度窃盗目的で犯行現場に戻ったところ発見された際に被害者を脅迫したときは，窃盗の機会継続中ではないとされた。たしかに，窃盗の事実が，財物の取得，逃走といった側面からみて，完了・完結したとみられる場合には，その犯罪に関連した暴行・脅迫とみるべきではない。

　これらの判例からは，単純な場所的・時間的近接性だけでなく，逮捕や財物の取り返し等が可能な状況の存在・継続如何が，窃盗の機会継続如何の判断にとって重要であるという考え方がうかがえる。この問題は，次に述べる「目的」要件と結びつけて解釈されるべきであろう。すなわち，財物の取戻し，逮捕の危険が窃盗から引き続き存在している状況が必要である[21]。それを窃盗の機会とよぶのが適切かどうかはともかく，判例の態度は，両者の実質的な関係性からみても妥当なものと考えられる。

14.2.8　目　　的

　暴行・脅迫は，「財物を得てこれを取り返されることを防ぐ」・「逮捕を免れる」・「罪跡を隠滅する」のうちいずれかの目的をもって行われることが必要である[22]。これらは主観的違法要素であって，実現する必要はない。被害者が実際に財物を取り戻す行為や逮捕する行為をしていない場合でもよい（最判昭和22・11・29刑集1巻40頁）。なお，電車内ですりを行って車掌に現行犯逮捕され，警察官に引き渡すためホーム上を連行されているときに，すきをうかがって逃走を企

---

[21] 罪跡を隠滅する目的は，窃盗事実と暴行・脅迫とを結合する根拠として弱く，「窃盗の機会」の解釈に際して特段考慮する意味はないであろう。

[22] 逮捕を免れる目的，罪責を隠滅する目的は，窃盗犯人の場合にだけ特別の意味をもつ目的とはいえないので，立法論的には問題があると指摘され，解釈論上も別に扱おうとする説があるが，現行法を前提とする以上は決定的な根拠を欠くと言わざるをえない。

て，車掌に対し暴行を加え，これによって車掌に傷害を与えた事例（すなわち既に逮捕された状態における暴行）でも，「逮捕を免れるため」の暴行があったとされた（最決昭和34・3・23・刑集13巻3号391頁）。

14.2.9　事後強盗の未遂

　事後強盗罪は，未遂犯も処罰される（243条）。本罪の未遂・既遂の区別は，財物の取得如何による（最判昭和24・7・9刑集3巻8号1188頁）。すなわち，窃盗が未遂の状態で暴行・脅迫を行えば事後強盗罪は未遂であり，窃盗が既遂の段階に至った後に暴行・脅迫を行う場合が事後強盗（既遂）罪である。たしかに，暴行・脅迫を手段として財物を取得する通常の強盗罪との対比からいっても，財物奪取を標準とするのが妥当であろう。

　本罪の目的のうち，「財物を得てこれを取り返されることを防」ぐ目的は，財物が取得されていることを前提とするものであり，判例・通説である取得説の立場からは窃盗は既遂であると解される。したがって，この目的で行われる事後強盗罪は既遂の場合しか存在しない（取り返しを防ぐ目的の事後強盗既遂罪はありえない）。現場で被害者等から取り返されそうになる段階では，まだ通常の強盗罪と同視しうるほどの財物確保に至っていない（最終的に財物取得しえていない）場合もあるので，このような場合には事後強盗未遂罪とすべきであるとの見解[23]もある。しかし，わたくしは，被害者の取り返し行為の存在等の外的・偶然的事情によって同一事実の評価を変えるとすれば，犯罪成立要件の解釈として妥当でないと思う。取得は支配状況如何による判断であることを前提に，通常の強盗罪と並行的に解釈すれば，事後強盗罪においては窃盗既遂後の暴行等により財物取得が確実になることを含めて評価して取得を肯定すべきであり，仮にそれ以前の不安定さを残す段階があったとしても，それをもって未遂とすべき前提にはできないと思われる。

　以上の解釈は，「財物を得て」という文言が「これを取り返されることを防ぎ」のみにかかるとする立場からのものであるが，「財物を得て」は「逮捕を免れる」あるいは「罪跡を隠滅する」を目的をも限定する，すなわち，逮捕を免れ，または，罪跡を隠滅する目的で行われる行為の場合にも，財物を得たことが前提であ

---

[23]　たとえば，西田・181頁参照。

ると解する余地がある[24]。しかし、取り返しを防ぐ目的が財物を得ていることを前提とするのは文言だけでなく論理的に当然のことであるが、逮捕を免れ、罪跡を隠滅する目的を有する前提として財物を得ていることを要求する必然性は乏しい。だからこそ、（逮捕を免れ、罪責を隠滅する目的を含めるのは不当であるとして、この点を立法論上の問題とするのは格別）解釈論としてそれを前提にするのは不自然であろう。

結合犯説の立場から、窃盗を身分と解することと表裏の関係をなす批判が未遂をめぐっても投げかけられる。すなわち、身分犯説は実行行為を暴行・脅迫とするものである以上、事後強盗の未遂を、身分取得の根拠にすぎない（窃盗が未遂でも窃盗犯人ではある）窃盗の未遂によって判断することは論理矛盾である。だからといって、暴行・脅迫が未遂に終わった場合が事後強盗の未遂であるとすれば、それはそれでほとんど未遂の余地がなくなって不都合だ、というのである。このことがひるがえって本罪の結合犯性の根拠ともされる。

身分犯説がこうした弱点を内包することは、容認せざるをえない。しかし、結合犯ととらえた場合にも、上述したような実行の着手時期や故意をめぐる原理的な困難を含むことは否定できないように思われる。

あえていえば、本罪の構成要件においては、窃盗の事実が身分根拠と不法実体との二面性をもつというべきであろう。わたくしが構成的身分犯説を採るのも、この点を考慮するからである。すなわち、窃盗犯人であるという身分によって、暴行・脅迫行為が強盗罪の評価に相応した不法性を帯びるのである。その上で、わたくしは、事後強盗未遂罪の構成要件においては、身分犯としての未遂だけでなく、いわば不法実体に即して強盗未遂評価が与えられるべき場合が包摂されている、と解することができると考える。なお、これは、文言の自然な解釈より未遂とされる事実を広げるか、少なくとも結合犯説に比して未遂範囲を狭める解釈ではないので、罪刑法定主義に反するものではない。

14.3 昏睡強盗罪

昏睡強盗罪（239条）は、人を昏睡させて、その財物を盗取した者を、強盗と

---

[24] 金澤真理「財物奪取後の暴行・脅迫」『刑事法学の現代的課題――阿部純二先生古稀祝賀論文集』（2004，第一法規）307頁以下、松宮・233頁を参照。

して論ずるものである。すなわち，法定刑が5年以上の有期懲役となるほか，236条の強盗罪と同等の不法実質をもつものとして，これと同様に扱われる。準強盗の一種である。

本罪は，財物を盗取する犯罪類型であり，客体は財物に限られる。

行為のうち，「昏睡させる」とは，一時的または継続的に相手方の意識作用に障害を生じさせることをいうとされている。純粋に意識に障害がある場合だけでなく，意思行為ができなくなる状態を含む。意識作用に障害が生じている状態は，それ自体が「傷害」であるということができるが，「昏睡させ」たものとして本罪の構成要件的行為として包括的に評価される昏睡状態である限り，別途，傷害罪（204条）や強盗傷害罪（240条）を構成するものではない。昏睡させる手段は，特段の限定はない。たとえば催眠術・麻酔薬の使用等が手段となる。ただし，暴行（または脅迫）を用いて昏睡させる場合は，236条が適用される。薬物注射の際に反抗を抑圧するに足りる程度の暴行・脅迫が用いられたような場合には，236条の強盗罪とすべきであろう。また，財物盗取の手段として犯人自ら昏睡させる必要があり，既成の昏睡状態を利用するだけでは足りない。

「盗取する」とは，意識的抵抗ができない相手方から財物を自己または第三者の支配下に移転することをいう。被害者の意識作用に障害があることから，窃盗罪における窃取，強盗罪における強取と異なる用語となっている。

14.4　強盗致死傷罪

14.4.1　総　説

強盗致傷罪・強盗致死罪（240条）は，強盗が，人を負傷させたときは，無期または6年以上の懲役に処し，死亡させたときは，死刑または無期懲役に処するものである。

本罪は，未遂が処罰される（243条）。242条（他人の占有等に係る自己の財物），245条（電気）の適用がある。

前段の強盗致傷罪については，さらに，常習強盗致傷罪（盗犯等防止法4条）という加重類型がある。

強盗致死傷罪は，強盗から人の傷害・死亡結果が生じた場合をとくに重く処罰

する趣旨の犯罪である。

　強盗は，暴行・脅迫を用いる粗暴犯罪であり，その性質上，人の身体・生命に対する侵害を引き起こす場合が少なくない。とくに，暴行を手段とする場合は，暴行罪と傷害罪・傷害致死罪との関係にみられるとおり，死傷の大きな危険を内包する。240条の規定は，このような考慮により，強盗と結びつく死傷結果を生じさせた場合を重く処罰し，生命・身体をより厚く保護する趣旨のものである。

14.4.2　主　体

　240条の文言は，「強盗が」となっており，本罪の主体は，強盗犯人（強盗罪の実行に着手した者）であると解される。なお，既に述べたとおり，事後強盗罪・昏睡強盗罪は，強盗として論じられ，致死傷について本条が適用されるので，「強盗」には，事後強盗・昏睡強盗の犯人を含む。強盗の既遂・未遂を問わない。強盗未遂犯人であっても本罪の主体となり，本罪の既遂犯が成立しうる。

　主体を「強盗犯人」とするのは，事後強盗罪において「窃盗」が窃盗犯人と解されるのと同様であるが，本罪の不法内容としては，傷害・死亡結果が財産的損害を大きく上回ると解されるので，事後強盗罪の議論とは事情が異なる。すなわち，強盗致死傷罪の未遂（243条）に関し，財産取得を標準とする強盗自体の既遂・未遂を本罪の既遂・未遂と連動させることは合理的でない。そこで，本罪の構成要件的不法の核心は，死傷結果の惹起にあるとし，傷害・死亡結果が未遂である場合が本罪の未遂である，と解する立場が通説となっている。

14.4.3　死傷結果とその原因

> **設例6**　Xは，Aが肩にかけていた現金30万円入りの鞄をひったくって逃げ，近隣でほとぼりの冷めるのを待った後，1時間後に家に帰ろうとしたところ，偶然にAと出会ったので，鞄を取り返されたり，捕まったりするのを恐れて，Aに対し殴る蹴るなどの暴行を加えてAにけがをさせた。

　死傷結果の原因となる行為（事実）をどの範囲まで本罪の構成要件が包摂するかが論じられている。

　まず，強盗の手段たる暴行・脅迫から生じた場合に限るとする**手段説**[25]がある。

この立場は，結局，本罪を手段である暴行・脅迫を内容とする罪（基本犯）から結果が発生した類型とすることに帰着し，240条を結果的加重犯（のみ）の規定だと解することになる。しかし，事後強盗の場合，窃盗犯人の暴行・脅迫が窃盗の機会になされれば，その暴行・脅迫から結果が生じた場合に強盗致死傷罪に問われることになるはずであるから，たとえば，財物奪取の手段ではなく逮捕を免れるために行われた暴行により結果が生じたような（手段説によると240条が適用されない）場合も，これを強盗致死傷罪として取り扱わなければ，均衡がとれないであろう。

これに対し，**機会説**[26]は，死傷結果は，強盗罪の手段としての暴行・脅迫から生じる必要はなく，「強盗の機会」に発生すれば足りると解するものである（最判昭和24・5・28刑集3巻6号873頁）。この立場に立っても，強盗の手段たる行為から結果が生じた場合も強盗の機会となる。もっとも，形式的に強盗の機会に生じた結果を含めると，たとえば，強盗共犯者の仲間割れで共犯者に死傷結果が生じた場合や，強盗とは無関係の単に私怨を晴らすための傷害・殺害であった場合なども，強盗の機会に生じた死傷結果である以上は強盗致死傷罪にあたりうることになるが，これらの場合が強盗と死傷結果とを結合して重い刑を科す実質的根拠を欠くことは否めず，妥当ではない。

そこで，強盗の事実との関連性を考慮するのが，**密接関連性説**[27]である。この説は，本罪の死傷結果を，刑事学的類型として強盗行為に通常随伴すると認められる行為，強盗行為と密接な関連性のある行為から生じたものに限るとする見解である。この立場からは，強盗の機会に単なる過失で死亡させたような場合は，刑事学的類型性があるとはいえないことになり，240条の適用はない。さらに，このような類型性をより明確に限定して，強盗の手段たる暴行・脅迫，および，事後強盗と同様の状況における暴行・脅迫から生じた結果に限るとする**拡張手段説**[28]も有力である。

手段説以外の諸説は，つまるところ「強盗の機会」の意義・範囲如何の問題を論じるものだといえる。わたくしは，事後強盗罪において窃盗とその後の暴行・脅迫とを結合する契機は，強盗致死傷罪において強盗・致死傷の原因と死傷

---

[25] たとえば，香川・531頁。
[26] たとえば，団藤・594頁。
[27] たとえば，大塚・231頁，大谷・250頁等。
[28] たとえば，西田・186頁，山口・236頁等。

結果という三者を結合する契機と，その基本的思考において共通すると考える。実質的に考えても，強盗と関連して人が死傷される危険が生じる場面の類型としては，事後強盗類似の状況，すなわち，強盗の現場および犯人が追跡されている状況と解するのが妥当であると思う。そもそも，機会説の考え方が，事後強盗類似の状況における暴行・脅迫を想定するものだったともいうことができるのであって，これらの説のうちで相対的には，拡張手段説が支持されるべきであるように思われる。

本罪における傷害結果について，判例は，傷害の程度を問わないとしている（最決昭和37・8・21裁判集刑144号13頁等）が，学説においては，傷害罪（204条）にいう傷害より重い場合だとする見解[29]が有力である。わたくしも，本罪の法定刑の重さ，および，軽微な傷害も含むとすれば昏睡強盗の大部分が強盗致傷罪になりかねないという問題があることなどを考え合わせると，傷害罪に該当する結果をすべて包含すると解することには慎重であるべきであって，本罪との関係では軽微な傷害結果は含まれないとする方が，妥当な処罰に資すると考える[30]。

14.4.4　故　　意

準強盗の場合を含む強盗犯人が強盗の機会に行った行為（拡張された手段）から死傷結果が生じることを要求する以上，少なくともその原因行為自体は故意で行われる必要がある。事後強盗類似の状況で行われる暴行・脅迫に限ると考える場合には，事後強盗に並行的な手段ないし実行行為に準ずる評価に値するという前提が想定されるはずで，それが過失によるもので足りるとは考えられない。強盗の狭義の手段である行為が原因となったのであれば，当然，原因行為について故意があったはずである。こうして，死傷の原因行為は故意の場合に限られることになる。これに対し，強盗の機会に生じた純粋な過失致死傷の場合（たとえば，強盗に際し，誤って寝ている乳児を踏んでしまった場合など）は，本罪ではなく，強盗罪と独立した過失致死傷罪の成立を論じるべきである。とはいえ，本罪は，結果

29　平野・211頁，大塚・227頁，西田・186頁，山口・239頁，高橋・284頁等，通説的見解である。なお，「医師の治療を要する程度」と説明されることが多いが，頭部打撲や出血の多い場合などはともかく，限界的事例における一般的な基準とはなりにくいように思われる。

30　もっとも，強盗致傷罪（240条前段）の法定刑の下限は6年の懲役であり，酌量減軽（66条）により刑の執行猶予（25条）を付することが可能であるから，運用によって実質的に妥当な処罰が可能だとはいえる。ただ，運用に期待することだけで問題が解決するわけではないであろう。

的加重犯の場合を含むので，本罪の故意として傷害・殺人の認識までは不要であり，暴行（または脅迫）についての故意があれば足りる。

通常，死傷結果を引き起こすためには，類型的にそのような結果を惹起する危険を含む行為が行われなければならないのであるから，死傷結果の原因行為は暴行であることが通常であろう。他方，強盗罪の手段たる実行行為である脅迫から（もちろん因果関係をもって）生じた結果は本罪の結果に含まれるか。下級審裁判例には，「脅迫」から生じた傷害も含まれるとして，脅迫により相手を畏怖させてミニバイクもろとも路上に転倒させることにより傷害を負わせた場合に，強盗致傷罪の成立を認めたもの（大阪高判昭和60・2・6高刑集38巻1号50頁）がある。脅迫からの結果発生も，文言上は排除されないし，理論的に強盗の手段たる脅迫から生じた結果を除く理由はない。もっとも，脅迫から直接結果が生じるのは異例であり，脅迫が原因だと判断されることがあるとしても例外的な場合に限られるであろう。上の裁判例の事案も，被害者自身の身体活動を利用した暴行と評価する余地があるように思われる。

14.4.5 傷害・殺人の故意がある場合

殺害は相手の反抗を抑圧するに足りる有形力の行使としてはその最たるものであって，暴行に含まれる。そうすると，被害者を殺害して反抗を抑圧した上で財物を奪う行為は，むしろ典型的な財物奪取の類型に属するというべきであり，このような事例では強盗罪の成立が認められなければならない。このとき，強盗が人を死亡させたものとして，強盗致死罪の成立が認められるか。あるいは，死亡させた場合でなく，暴行により傷害を負わせ，これによって反抗ができないようにして財物を奪取したようなときは，強盗致傷罪となるか。つまり，死傷結果につき故意があった場合に240条が適用されるかという問題がある[31]。

240条が純粋な（236条等の）結果的加重犯に限られる，あるいは，240条は，重い結果につき故意のない場合に限る類型であるとする説[32]がある。この立場からすると，死傷結果につき故意がある場合は240条の適用対象ではなく，たとえ

---

[31] 議論の出発点として殺害を強取の手段とする場合を挙げたが，拡張的手段説のいう手段はもとより，一般的に強盗と密接に関連する行為を死傷原因とする場合について，結果惹起の認識を有していたときに240条の適用があるかが，同様に問題となる。

[32] たとえば，香川・533頁。

ば殺意のある場合には，強盗罪（236条）と殺人罪（199条）とが成立し，両罪は観念的競合ないし牽連犯（54条1項）になると解するのが論理的である。しかし，そもそも240条を結果的加重犯に限るとする立場それ自体が，死傷結果を生じさせる原因を「手段たる暴行・脅迫」に限る点で批判可能である。さらに，結果的加重犯説では，過失で死亡させた場合が240条後段により死刑または無期懲役となる一方，故意で死亡させた場合には本条の適用がなく，殺人罪と強盗罪とが成立して科刑上一罪となり，死刑・無期懲役以外に有期懲役の余地ができるのは，法定刑の均衡の点で，妥当でない。

　そこで，罰条を修正して，殺意のある場合には，強盗罪と殺人罪ではなく，強盗致死罪（240条後段）と殺人罪との観念的競合になるとすることも考えられる。たしかに，この処理により法定刑の均衡の点は解消されるが，この場合には，殺意のある事例には適用しない（それゆえにこそ，殺意の点について別に殺人罪の構成要件評価を受ける）はずの240条を殺意のある場合に適用している点，結局は死亡結果について故意による殺人と非故意の致死として二重に評価することになっている点に，不合理がある。

　このほかの処理としては，強盗致死罪（死亡について非故意）と殺人未遂罪との観念的競合とすることも考えられるが，故意ある殺害が成就した場合を，故意のない致死と死亡結果不発生の未遂との競合として両面評価するのは，いかにも技巧的であり，法条適用の不合理は残る。

　判例は，死亡結果について故意ある場合も240条（だけ）が適用されるとの態度を示し（大連判大正11・12・22刑集1巻815頁，最判昭和32・8・1刑集11巻8号2065頁），通説もこれと同様に解している。要するに，240条後段の規定は，死亡結果について故意がない場合と故意がある場合とを合わせて規定するものであると解釈し，いずれの場合にも本条のみが適用するのである。このように解すると，法定刑の均衡上の決定的な不合理を生じない。それに，そもそも殺意のある場合は「強盗が，……人を死亡させたとき」の典型例のひとつとも考えられるので，実質的な意義も認められるであろう。また，240条には重い結果につき故意のない場合である結果的加重犯規定の通例である「よって」という文言が使われておらず，結果的加重犯の場合に限定しない趣旨に読みやすく，文理解釈上の問題もない。結果について認識がある場合を排除しないので，240条が，強盗行為の手段から死亡結果が生じた場合，すなわち結果的加重犯に限られないとする解釈とも矛盾を来たさない。判例・通説の見解は，妥当な解釈といえる。

なお，このような解釈を採用するなら，傷害について認識があって傷害を生じさせた場合も，240条前段の強盗致傷罪として扱うことが整合的であろう。240条は，前段で，強盗が傷害する意思をもって人を傷害した場合（強盗傷害罪）と強盗が傷害の認識なく人を傷害した場合（強盗致傷罪），後段で，強盗が殺意をもって人を死亡させた場合（強盗殺人罪）と強盗が殺害の認識なく人を死亡させた場合（強盗致死罪）という，都合4つの類型が規定されている規定だと解することになる。すなわち，死の結果，傷害結果のいずれに関しても，故意ある場合と故意のない場合との両方が本条に該当する[33]。

14.4.6　240条の罪の未遂

240条の罪は，その未遂も処罰される（243条）。240条の未遂罪は，どのような場合をいうのかについて，それは強盗が未遂に終わった場合であるとする説[34]（第1説），強盗殺人（殺意あり）の場合に殺人が未遂に終わった場合である（強盗の未遂・既遂によらない）とする説[35]（第2説），強盗殺人の場合で殺人が未遂の場合と，強盗傷害（傷害の故意あり）の場合で傷害が未遂の場合であるとする説[36]（第3説）がある。

第1説は，強盗致死傷罪の財産罪的側面を重視するものであるが，先に述べたとおり，既に強盗罪においても財産のみならず人身への犯罪としての性格が考慮されるのであれば，死傷結果を生じさせることを内容とする本罪では，なおさら傷害・殺人の事実を重視すべきであり，財産取得を既遂判断の決定的要素と解することは妥当でない。240条を結果的加重犯に限ることもできない。そこで，第2の考え方が判例（大判昭和4・5・16刑集8巻251頁，最判昭和23・6・12刑集2巻7号676頁）・通説となっている。

---

[33] 故意による傷害の手段は，通常，強盗そのものの手段となる暴行であり，暴行を手段とする傷害罪の故意としては暴行の認識があれば傷害結果の認識を要しない。しかし，ここで問題にしているのは，強盗が意識的に傷害結果を惹起する事例であるから，傷害罪の故意という問題とは異なる。強盗犯人とされる以上，暴行を手段とする事例では暴行の意思をもっていることはもちろんであるが，傷害結果を惹起することについて認識を欠く場合は，殺意のない場合に対応する強盗致傷罪として240条に該当すると解するものである。

[34] 240条を結果的加重犯規定と解する立場から主張されるもので，最近の学説としては，中山・221頁，香川・534頁。

[35] たとえば，西田・187頁，山口・240頁，高橋・292頁等，通説である。

[36] 大塚・233頁，内田・295頁等。

通説が，死亡させる（強盗殺人）の場合にのみ未遂犯が存在するとしているのは，強盗傷害の類型の場合，強盗「傷害未遂」とは，すなわち強盗が「暴行」したものであって，単なる強盗に帰着するとの理解に基づくものであろう。しかし，強盗の機会に，暴行によらない傷害行為が行われる場合はありうるであろう。昏睡強盗のような場合には，強盗の手段として傷害行為が行われることも想定できる。また，傷害結果が実現しなかった場合であっても，傷害の大きな危険を包含する行為が強盗犯人によって行われる以上は，240条の範囲で評価されるべき不法性，したがって，その未遂犯としての当罰性は認められると思う。強盗傷害未遂罪の成立を認めると，未遂減軽によって，故意のある場合を軽く処罰する可能性があることが指摘されるものの，任意的減軽にとどまることから，決定的な不合理とはいえないであろう。わたくしは，理論的には第3説が支持されるものと考える。

強盗致死傷罪の実行の着手時期についても問題がある。上述のとおり，本罪においては強盗の際における人の生命・身体に対する保護が重視されることから，自然に考えれば，強盗致死傷罪は，強盗罪に着手した者が「殺人・傷害・致死傷結果を惹起した場合」を処罰するものであり，その限り身分犯（的な犯罪）の構造を有する。すなわち，本罪の不法内容としては，財物奪取よりむしろ殺傷行為の方に重点があって，その実行行為は，「死亡させる」または「傷害する」行為と解される。ところが，一方で，強盗罪を基本犯とし，強盗の手段たる行為から，認識されていなかった死傷結果が発生する類型も，240条の罪を構成する。結果的加重犯の場合は，実行行為すなわち死傷の原因行為は，強盗の手段にほかならないので，240条の実行の着手は強盗行為の着手によって認められるであろう。そうすると，結果惹起の認識がない結果的加重犯の場合は強盗行為の開始時点で強盗致死傷罪の着手が認められるが，結果惹起の認識がある場合の着手時期は意図的な殺傷行為の開始時だと解することになる。これには，不統一な印象があるし，人身に対する侵害の方を重視するといいながら，強盗罪の結果的加重犯として財産侵害（の手段）行為をもって着手時期を肯定する感を与えないでもない。

しかし，上述の構造は，実質的な死傷原因行為の措定に基づく必然である。240条に該当する事実としては，「殺害・傷害して財物を奪取する」形態，すなわち手段が死傷結果発生の重要な契機となる類型が，むしろ典型性を有するともいえる。少なくとも，強盗致死傷罪の不法実質を死傷結果の惹起に求めることと，強盗の着手において強盗致死傷罪の着手を認めることとに，決定的な矛盾はない

であろう．

14.5　強盗強姦罪・強盗強姦致死罪

14.5.1　強盗強姦及び同致死罪の意義

　強盗強姦罪は，強盗が女子を強姦したとき，無期または7年以上の懲役に処するものである（241条前段）．よって，女子を死亡させたときは，死刑または無期懲役に処せられる（241条後段）．
　盗犯等防止法4条に常習強盗強姦罪の規定がある．
　強盗が女子を強姦した場合，さらに，それによって女子を死亡させた場合は，強姦・致死の事実が強盗罪と結合されて，より重く処罰される[37]．
　主体は，強盗犯人であり，身分犯の性格を有する[38]．したがって，強盗行為に着手していればそれが未遂であっても，本罪の主体となる．強姦後に財物奪取の意思を生じて強盗を行った場合（強姦犯人による強盗）は，強盗犯人による強姦ではないから，本罪が適用されるのではなく，強姦罪（177条等）と強盗罪（236条等）との併合罪となる．
　行為は，強姦であり，準強姦（178条2項），集団強姦（178条の2）を含む．強姦行為は強盗の機会に行われる必要がある．本罪の未遂罪（243条）は，強姦が未遂の場合をいう．

14.5.2　殺意のある場合

　強盗犯人が女子を強姦し，よって女子を死亡させるとき，死亡させることを認識していた場合について，判例（大判昭和10・5・13刑集14巻514頁）・通説は，強盗強姦罪（241条前段）と強盗殺人罪（240条後段）の観念的競合とする．つまり強盗強姦致死罪は，強盗犯人に殺意がある場合を含まないので，上のような事例に241条は適用されないと解するのである．これは，類似する内容をもつ240条の

---

[37]　なお，本罪の改正に関して，8.8〈7〉を参照．
[38]　強盗強姦罪を強盗罪と強姦罪との結合犯と解する見解，強盗強姦致死罪を強盗致死罪（240条）と並行する結合犯と解する裁判例・学説がある．

解釈とは異なるが，本罪においても，強姦と致死結果とでは致死結果の評価の方が相対的に重視され，強姦が未遂であっても致死結果が発生すれば強盗強姦致死罪（既遂）となると考えるべきであること，強盗強姦致死は，強姦行為から致死結果が発生することを対象とする結果的加重犯であると解するのが自然であること（241条の文言には，240条と異なり「よって」が用いられている）などが理由となって，このような解釈が採られている。

　これに対しては，強盗強姦致死罪の法定刑が殺意のある場合を含むとされる240条後段のそれと同じであることから，241条後段には240条と同様に殺意のある場合が含まれるとすべきであること，通説のように処理するときには「強盗」としての評価が二重となり不合理な重罰がなされること，などの問題が指摘される。しかし，241条と240条との法定刑が同一であるからといって，両条文の構造解釈が同一でなければならない理由にはならない。また，強盗強姦殺人罪，すなわち強姦犯人が殺意をもって殺害した場合も「強盗が人を死亡させた」類型にほかならず，したがって240条の適用が可能である。このことは，逆に，241条は，強姦を介して殺意なく死亡させた場合の規定（240条に包摂される事象のうち特別の類型を取り出したもの）だ，との理解を合理化する意味があろう。また，二重評価の点は，強盗犯人の「身分」として間接的に考慮されるにとどまり，強盗事実そのものを重複評価しているわけではないと思われる。以上のところから，わたくしは通説を妥当と考える。

　強盗犯人が強姦して傷害を与えた場合は，強盗強姦罪のみの成立を認め，傷害の点は量刑事情とした裁判例（東京地判平成元・10・31判時1363号158頁）がある。強盗強姦致死でなく強盗強姦致傷を対象とする構成要件が存在しないことは，とくに240条の対比において，強盗強姦致傷について格別の評価をしない趣旨と受け取ることができるので，そのような解釈もありうるところである。ただ，上述のような，強盗強姦殺人（殺害の認識がある場合）について，強盗強姦罪と強盗殺人罪との観念的競合とする処理と並行的に，このような事例では，強盗強姦罪（241条前段）と強盗致傷罪（240条前段）との観念的競合とすることも考えられる。傷害結果の発生という事実が強盗強姦罪に当然に包含されるとはいえないので，この考え方の方が合理的であるようには思われる。もっとも，強盗強姦罪の法定刑の方が240条前段の法定刑より重いので，観念的競合の形で別途強盗致傷罪の構成要件該当性を認めることの実益は小さい。

14.6　強盗予備罪

強盗予備罪（237条）は，強盗の罪を犯す目的で，その予備をした者を，2年以下の懲役に処するものである。

本罪は，強盗の罪の予備罪である。放火予備罪（113条）・殺人予備罪（201条）とは異なり，「情状により，その刑を免除することができる」というただし書を欠いている。

本罪は，予備罪が一般的にそうであるように，目的犯である。強盗の罪を犯す目的には，事後強盗・昏睡強盗の目的を含む（最決昭和54・11・19刑集33巻7号710頁）。ただし，この解釈については，強盗予備罪の条文の位置が事後強盗罪の規定の前にある（事後強盗罪を受けた形式になっていない）ことや，事後強盗の予備を処罰することは実質的には窃盗予備を処罰することになる（事後強盗において，暴行・脅迫に出る前の段階は窃盗の事実にあたる）との理由で否定的な見解[39]もある。しかし，条文の位置は，種々の事情から決まるもので，そのような解釈を必然とはしない。他方，実質から考えても，事後強盗の準備をして窃盗を行う場合には，その準備のない窃盗に比して，やはり人身に対する危険は大きく増大すると考えられる。目的とする強盗の罪から事後強盗罪などを除くべき明確な理由はないと思う[40]。

処分については，情状による刑の任意的免除は規定されていない。このこととの関係で，強盗予備罪の中止（予備行為は行ったものの強盗の実行に着手しなかった場合）において，43条ただし書の適用ないし準用が可能かという問題がある。このような事例としては，予備自体が中断された場合より，予備が完了したものの実行に出ない場合が想定されるので，形式的な意味での予備罪の中止犯とは異なる。そのように解しても，放火予備・殺人予備の事案については，113条ただし書・201条ただし書を適用して，刑の免除の可能性を残すことで，具体的妥当性を求めうる。しかし，強盗予備の事案では，それができず，強盗予備罪の情状考慮が適切に行われうるかが問題とされるのである。学説においては，43条ただし書の準用を認める説が有力であり，わたくしも，酌量減軽（66条）を超えて刑の免除の可能性を与える点で，準用説が妥当であると考える。ただし，判例は否定的[41]である。

---

[39]　たとえば，大塚・237頁，中森・127頁。
[40]　西田・182頁，山口・231頁等，多数説である。
[41]　最判昭和24・5・17裁判集刑10号177頁。

■第15章■

詐欺の罪

15.1　詐欺罪総説

15.1.1　詐欺罪の構造

　詐欺罪（246条）は，人を欺いて，財物を交付させた者を，10年以下の懲役に処し（同条1項），同じ方法により，財産上不法の利益を得，または，他人にこれを得させた者も，これと同様，すなわち10年以下の懲役に処する（同条2項）ものである。
　本罪は，未遂が処罰される（250条）。また，242条（他人の占有等に係る自己の財物），244条（親族間の犯罪に関する特例），245条（電気）の規定は，詐欺罪に準用される（251条）。
　組織犯罪処罰法3条1項13号に特別規定がある。
　詐欺罪は，相手の**瑕疵ある意思**（不自由・不本意な意思決定）に基づく処分行為により，財物・財産上の利益を取得する犯罪である。法定刑の上限は窃盗罪と同じである。
　瑕疵ある意思に基づく処分を介する点で，詐欺罪は恐喝罪（249条）と共通した構造・性質をもち，客体も，両罪とも不動産を含む財物（1項）および財産上の利益（2項）である。また，手段から財産取得までの因果関係の存在と因果関係の認識を含む故意が必要である。すなわち，「欺く」行為によって，相手に錯誤を生じさせ，その錯誤に基づく瑕疵ある意思決定に基づき財産的処分行為（財物交付）が行われ，これによって行為者が財産を取得するという客観的因果連鎖と，行為者主観におけるそれについての認識が求められる。詐欺罪と恐喝罪との相違はその手段（「欺く」か「恐喝する」か）にあり，したがって，被害者側の事情

としては，その意思決定の「瑕疵」の性質の相違として把握される。すなわち，恐喝罪では，相手の意思決定における「瑕疵」状況は「畏怖」によって特徴づけられるのに対し，詐欺による財産取得（詐取）の場合には，財産処分に関する意思決定の前提となる事実の認識を誤ること（「錯誤」）が瑕疵の内容になる。

15.1.2 保護法益

1項詐欺罪（財物を客体とする場合）においては，詐欺罪の保護法益は，窃盗罪の場合と同様に解される。本権説・占有説・平穏占有説などの考え方は，詐欺罪においても窃盗罪の場合と整合するように解釈されるべきである。判例上は，本権説から占有説への移行が詐欺事件において先行（最判昭和34・8・28日刑集13巻10号2906頁）し，間もなく，窃盗事件においても，これと同趣旨の判断が出されたことは，先にみたとおりである。

2項の財産上不法の利益を得る類型に関しては，財物を客体とする事例のように客体の帰属（所有・占有）を論じる余地はなく，基本的には，社会通念上，単位的まとまりをなす財産上の利益に対する他人の支配・管理・利用可能な状態が保護されるものと考えられる。

なお，1項・2項を通じて，詐欺罪において考慮される保護対象は，それが個人的法益に対する罪に位置づけられているとおり，**個人の個別財産**である。相手をだまして財産を取得する犯罪であるところから，本罪では，財産取引における信義誠実も関係するようにもみえる。しかし，取引上の秩序や円滑な取引などは，経済秩序維持を目的とする法律において別途このような利益を保護することがあっても，「財産」罪である本罪の保護法益とは考えられていない。また，本罪において想定されている財産は，取引関係の中で流動的に把握されるものではなく，単位的一体性をもって把握される個別財産である。

15.1.3 不法領得の意思

1項の詐欺罪において**不法領得の意思**が必要であることも，窃盗罪等と同じである。判例には，廃棄するだけの意図で書類を受領する行為について詐欺罪における不法領得の意思は認められないとされた事例（最決平成16・11・30刑集58巻8号1005頁）がある。これは，虚偽の支払督促を申立て，強制執行を行って金員を

得ようと企てた者が，債務者に異議申立ての機会を与えないように，自ら債務者を装って裁判所から発送された支払督促正本を受け取ったというものである。被告人が同正本を受領後に廃棄するだけで何ら利用・処分の意思がなかったときは，被告人に不法領得の意思がなく詐欺罪にあたらないと結論された[1]。

なお，不法領得意思が，領得罪の利得的性格を反映する要素として主観的要件とされる以上，財産上の利益を客体とする場合にも，不法領得意思を要するものと考えられる。すなわち，財産上の利益についても，権利者排除意思と財産の利用・処分意思とが必要とされることになる。もっとも，財物を客体とする場合とまったく同内容にはならず，財産上の利益を不法に取得する意思は，財産上の利益を取得することの認識，すなわち故意に伴うことが通常であると思われる。そこで，利益に対する不法領得意思は，いわば，財産毀棄を意図する場合を排除する消極的要件としてとらえることになろう。

15.1.4　国家の利益

本罪は個人的法益に対する罪であって，国家的・社会的法益に向けられた行為は，個人的法益としての詐欺罪の定型にあてはまらず，国家の利益を客体とする詐欺罪は成立しないとの見解[2]もある。しかし，国・公共団体も財産権の主体となって個人との取引関係が成立しうるのであるから，その限りにおいては，国や公共団体の財産も本罪の保護対象となると考えられる（最決昭和51・4・1刑集30巻3号425頁，農地として利用すると偽って国有地を買い受け，詐欺的手段を用いて脱税した事例）。

なお，旅券（パスポート）の下付を受ける行為について詐欺罪の成立を否定した判例（最判昭和27・12・25刑集6巻12号1387頁）がある。その根拠は必ずしも明らかでなく，上のように，国家的法益に対する侵害であるがゆえに詐欺罪が不成立であるとする見解のほか，旅券は事実証明文書であって財物ではないとの見解[3]もある。しかし，仮に事実証明文書であっても財物性自体は否定できない（パスポートを個人から奪取したりだまし取ったりする事例を考えよ）であろう。むしろ，欺いて旅券の交付を受ける行為は，財物としての旅券の交付を受けること以前に，

---

[1] 借金の返済を免れるため破棄するつもりで借用書を交付させたとき，借用書を客体とする1項詐欺罪は不成立となるが，それにより返済を免れる利益を得たと認められる限りで，2項詐欺罪は成立しうる。

[2] 団藤・607頁，大塚・240頁，福田・249頁。

[3] たとえば，平野・219頁。

前提として不正な申請とそれに基づく交付決定をさせる点において，公正証書原本不実記載や国家的法益[4]に対する侵害としての意味が大きいことを指摘しうると思う。また，不正行為により旅券の交付を受ける行為が別に処罰対象とされること（旅券法23条）も考慮する必要があろう。つまり，このような事例は，国家の財産を保護するという側面は二次的になると考えられるのである。

　一般に，国家を財産権の主体とする場合に，財産的損害としての意味が大きい事案においては詐欺罪の成立を考慮すべきであるが，財産としての意義よりそれに付随する国家等の作用の侵害としての意義が大きい場合には，詐欺罪とすべき不法実質に欠けると解するのが相当であるように思われる。それらの行為に刑法の詐欺罪とは別に処罰規定があるときには刑法上の詐欺罪規定の適用を形式的に否定するのは，行政刑罰法規の規定内容がさまざまであることから妥当でないが，詐欺罪としての処理を控えるべき事情としては考慮しうるであろう。国家の財物・利益であるから，あるいは，他の処罰規定があるから，という形式的理由によるのではなく，国家が個人との間で対等な取引当事者としてその利益の保護を必要とする立場にあるか，国家が国民に対し固有の作用主体として現れる場面であるか，によって詐欺罪該当性を判断すべきだということである。

　判例としては，その後，簡易生命保険証書の詐取（最決平成12・3・27刑集54巻3号402頁），国民健康保険被保険者証の交付を受ける行為（最決平成18・8・21判タ1227号184頁）について詐欺罪の成立が認められている。これらの保険証書・保険者証を所持することによって財産的給付を（容易に）受けられることになる点を考慮すれば，国家の財産に対する侵害の面を重視することに理由がある事例であるといえる。

15.2　財産上の損害の発生

15.2.1　形式的個別財産説

　詐欺罪は，個別財産に対する罪であり，財産移転により全体財産が減少するこ

---

[4]　なお，詐欺的手段を用いた脱税は，税法に処罰規定があるため，特別法優先の法理により法条競合として刑法上の詐欺罪規定の適用はないと解されている。本文で述べるように，旅券についても類似の事情があると思われる。

とは要しない。このことは，既に述べたように，多くの学説が認めている。

ここから，財物交付・財産的利益移転自体から生じる「使用・収益の利益の喪失」そのものが損害であると解するのが，**形式的個別財産説**といわれる立場である。一般に，「だまされなければ交付しなかった」・「だまされなければ処分しなかった」という関係が認められる客体について，それが失われることが損害である，という考え方である。もっとも，財産上の損害は，「財物の交付」・「財産上の利益の処分」という形で構成要件要素となっているにすぎず，法文上に規定される構成要件要素ではない。形式的個別財産説は，独自の要素としての財産的損害を考慮しない点で，条文に忠実な見解でもある。

このような考え方は判例の採用するところで，支払った対価相当の商品が提供された場合（最決昭和34・9・28刑集13巻11号2993頁，効能を偽ったものの市価相当の金額で販売したもの），財物の交付に対し相当対価が支払われた場合にも，「客体が失われること」それ自体が，端的に損害である解されている。また，詐取額についての考え方も，たとえば，商品の価額を偽って5万円の物を10万円で買わせた場合，5万円の損害ではなく，「だまされなければ交付しなかった」はずである10万円の損害だとされる（最判昭和28・4・2刑集7巻4号750頁）のである。

しかし，この立場に対しては，少なくとも取引自体の目的が実現されている場合には「財産」的損害結果が生じたといえないはずである，という批判がある。この批判は，条文の文言は「財産的損害」を独自の構成要件要素としていないものの，詐欺罪も財産罪である以上は財産的損害が当然に成立要件に含まれるはずだという理解を背景にしている。すなわち，財産的損害が「書かれざる構成要件要素」であるとする主張を含むものである。判例にも，医師の免許をもたない者が患者を診断して，患者に適応する薬を相当の価格で買い取らせた場合には，患者に財産上不正の損害がないとして詐欺罪の成立を否定した判例（大決昭和3・12・21刑集7巻772頁）がある。

15.2.2　実質的個別財産説

判例や形式的個別財産説に対し批判的な学説は，財産の損害を経済的観点から把握して詐欺罪の成立要件とする見解であって，**実質的個別財産説**[5]といわれて

---

[5] 代表的なものとして，西田・204頁以下，高橋・325頁以下。

いる。この見解によれば，たとえば，年齢を偽って書店主から成人雑誌を購入した場合には，たしかに，だまして店主に雑誌を交付させており，店主はその雑誌を「だまされなければ交付しなかった」とはいえるが，この雑誌売買は，経済的取引の次元では正常な取引であり，店主には財産的損害という結果がないので，詐欺罪の成立は否定されることになる。このような事例で，店主の意思に錯誤が生じているとしても，それは，行政法上の規制利益や風俗的法益，道義，そうでなければ店主の個人的感情や意思決定の自由などに関するものであって，財産罪である詐欺罪の保護対象には含まれないというのである。財物・財産上の利益の移転という構成要件的結果そのものが損害であるという「形式的個別財産説」では，「だまされなければ交付しなかった」財物が交付される限り，財産罪の保護法益の侵害に相応しない場合をも処罰することになってしまう。そこで，実質的な法益（経済的観点からの利益）侵害があった場合に限り詐欺罪の構成要件に該当すると解する。すなわち，経済的意味の財産的損害を詐欺罪の「書かれざる構成要件」とするのである。

わたくしは，実質的個別財産説のこのような主張は，適切な指摘であると思う。そもそも，「錯誤に陥らなければ処分しなかった」という事情は，被害者において財産移転を行うかどうかの判断のありようを記述したものであって，それが財産的損害の有無を左右するものではない。

ただし，形式的個別財産説といわれる立場の論者も，以前から，被害者の交付・処分行為は，財産移転の判断にとって重要な事実についての錯誤に基づく必要があると主張していた。この意味で財産移転を内容とする「取引の財産的目的」を考慮しようとする姿勢が示されてきたことが指摘されている[6]。結果を不法の核とする思考からは，「財産上の損害」という結果が要求されるであろうが，少なくとも，被害者の財産処分に関する判断も含む「行為態様」，およびその事実に対応する故意をも重視する立場からは，財産上の損害をもたらす事態を被害者の錯誤・瑕疵ある意思決定の内容として把握することになるものと考えられる[7]。

わたくしは，経済的見地から実質的な損害の有無を判断すべきであると考えるが，後述するように，ここにいう損害としては，「客体の質・量や取引条件に関

---

[6] 井田・275頁以下。なお，同「詐欺罪における財産的損害について」法曹時報66巻11号（2014）13頁以下も参照。そこでは，「『欺く行為』の要件において実質的な財産的損害（反対給付の瑕疵）を考慮しなければならないことに変わりはない」という意味で，形式的個別財産説と実質的個別財産説との対立は，「要件論」としては解消されたものといえる，とされている。

[7] 井田・276頁。

する誤解が，経済的損害と把握されるような実質を備えている」という事情を想定している。詐欺罪が交付・処分に対応する有形・無形の「見返り」を媒介とする類型であることから，それとの関係で，処分により失われる財産の経済的価値を考慮する必要があり，その限りで，純粋な形式的個別財産説のような端的な意味での財物・利益の喪失を超えた損害が問題となるものと考える。いいかえれば，いわゆる「相当対価」には，具体的な財産処分に固有の「見返り」も含まれるのである。寄付のように純粋に経済的には一方的な損失であり経済外の利益があるにすぎないようにみえる場合であっても，寄付によってもたらされうる何らかの帰結は，経済的出捐の「見返り」として経済取引における対価にあたるものだと考える。それが得られない場合には，「相当」な対価とはいえないと考える。

ただし，その上で，詐欺罪が個別財産に対する犯罪として位置づけられる以上，あえて財産上の損害というなら，それは窃盗罪における場合と同様に個別財産そのものである客体の喪失に尽きるということになるであろう。「結果」としての財産上の損害を要件とすることについては，消極に解する。

15.2.3 損害の内容

詐欺罪において問題とすべき財産的損害の内容は，さしあたり次のように整理することができる。

まず，数量的な交換価値ではなく，主観的価値であっても，それが経済的価値として把握可能なものであり，客観的にそのような価値の存在と要保護性が肯定される限りは，含まれるとすべきであろう。

次に，処分者の財産移転目的が，処分財産の経済的使用価値にあるとき，その目的が達せられなかったことが損害となる。たとえば，自己の生活費にあてるつもりであるのに，慈善団体に寄付するためという虚偽を告げ，相手に寄付だと誤信させて金銭を交付させるのは，寄付先の団体が資金を得るという直接的に経済的・財産的な財産提供目的が達成されないので，当然詐欺罪にあたる。

それでは，寄付の趣旨を偽って他の趣旨の寄付であるのに特定の使途にあてられるものと誤信させて金銭を交付させるような場合はどうであろうか。たしかに，自己の財産を交付すること自体，あるいは「寄付の趣旨」で交付することについて錯誤はないともいえる。しかし，寄付が篤志行為であり，趣旨を掲げてそれに賛同するものであることを考慮すると，使途に従った金銭の利用がなされること

は，財産処分のもたらす直接的で重要な利益であると把握することができるであろう。そこで，この例でも，財産的損害を肯定してよいように思われる。これに対し，他者が多額の寄付をしたとの虚偽事実を告げて，虚栄心から，それより多額の寄付を行わせたような場合は，財産処分の直接の目的である使途に関する利益侵害はなく，他方，虚栄心の満足という利益は，経済的な利益とはいえず，詐欺罪による要保護性は認められないであろう。

> **設例1** Xは，Aがほしがっている漫画のシリーズ全20冊を譲ると嘘を言って，これを信じたAから現金1万円を受領するのと引き換えに，まったく別の漫画20冊を箱に入れてAに交付した。交付した漫画の市販価格は1万円相当であった。
>
> **設例2** Xは，Aがほしがっている漫画のシリーズを所有していたが，実際は全冊揃いではなく，1冊欠本があるものだったのに，全20冊を譲ると嘘を言って，これを信じたAから現金1万円を受領するのと引き換えに，箱に入れて19冊の漫画本をAに交付した。交付した漫画の市販価格は1万円相当であった。

設例1では，固有の財産的価値を認めることについて客観的にも相当と認められる客体の属性について錯誤が生じており，Aにとって，1万円を交付するという処分の目的は達せられないので，詐欺罪の成立を認めるべき財産的損害が生じているというべきであろう。設例2は，客体の数量を認識していない類型であるが，客体の性質上，揃いであることに固有の価値があることから，「欠本」があることは，客体の性質，財産的価値に直結しており，取引の目的が達成されていないので，詐欺罪を認めることができる。

このように考えてくると，移転された財産の使途の如何も財産処分の意思決定における重要な判断材料であることと，財産処分による（財産的）目的の「不達成」が損害であるとすることとは，密接に関係しており，形式的個別財産説が「財産処分にとって重要な事実の錯誤」を要求するのであれば，これと「財産処分にとって重視されていた取引目的の不達成」を要件とする実質的個別財産説との区別は，相対的なものにすぎない[8]ことがわかる。むしろ，実質的個別財産説は，その目的が「財産的」である必要があること，この意味で取引目的を「実質的」に判断する必要があることを浮き彫りにしたのである。

---

[8] 伊東・196頁は，「『財産的損害』を金銭価値による数額的に捉えられた経済的な損害等として捉えることを原因の一つとして生じた」仮想問題をめぐる対立という側面を指摘する。

15.2.4 法益関係的錯誤説

　詐欺罪の成否が，結局は，財産処分の契機となる錯誤の内容によるのだとすると，財産移転意思が無効になるのは，それが法益に関係する錯誤に基づく場合である，とする「**法益関係的錯誤**」の理論[9]は，もっともな考え方だといえる。形式的個別財産説に基づくときに詐欺罪の成立範囲が「財産保護」の趣旨を超えて拡大しがちになることに対する歯止めの意味をもつことはもちろんである。
　しかし，法益関係的錯誤の理論を採用するというだけで妥当な結論が得られるわけではない。たとえば，法益を（形式的個別財産説のように）財物を所持すること自体だと考えれば，財物の所持を失うこと自体は認識して交付する事例では，法益に関係する錯誤はなく，詐欺罪の成立が否定されることになるのかもしれないし，財物の交付に関連する取引目的の達成も法益であるとすると，取引目的達成が不可能であるのに可能であるとの認識をもったことは法益関係的錯誤であり，その錯誤に基づく財物の交付があれば詐欺罪の構成要件に該当するということになるであろう。
　詐欺罪の解釈論としての法益関係的錯誤説においては，むしろそこにいう法益の内容こそが実質であり，法益の特定を前提とする以上，財産上の損害をめぐる議論を代替するものではない。やはり財産上の損害とは何かを考慮しなければならないのである。法益関係的錯誤説が，いわば「欺く行為」から生じる中間結果である「錯誤」に着目して，被害者の処分意思の有効・無効を判断する構成をとることに対しては，わたくしは否定的に解する。上述のような意味で，「欺く行為」にあたるか否かという，広義の行為態様の文脈で論じられるべき問題であると考える。

15.2.5 二重抵当

　財産的損害に関しては，二重抵当が問題とされた。たとえば，A所有の不動産にBの債権に対する抵当権を設定し，その抵当権が未登記の状態である間に，このような事情を告げることなく，同一不動産につきさらにCの債権に対する抵当権を設定し，Cの抵当権について（先に）登記がなされたような場合である。

---

[9]　山口・267頁以下。さらに，佐伯仁志「詐欺罪の理論的構造」『理論刑法学の最前線 II』（2006，岩波書店）104頁以下参照。

Aは，Bの抵当権順位を下げるという損害を与えたが，Cに対しても，既に抵当権が設定されている不動産について，順位を偽って抵当権を設定するという形で欺く行為が行われている。Aには，第一に，Bの抵当権順位第1順位から下げるという不利益をもたらしたことから，Bに対する詐欺罪（246条2項）が論じられる可能性があるが，Bに対しては，そもそも欺く行為が行われたとはいいがたい。第二に，Aは，実際は既に抵当権が設定されている不動産であるのにそれを告げずにCの抵当権の対象とした点で，Cを欺いて価値の低い抵当権を設定したことになるので，Cに対する詐欺罪の成立を認めることも想定される。しかし，Cは，Bより（上の順位の抵当権の）対抗要件を備えた以上，Cについて財産上の損害を肯定することは不合理である。そこで，第三に，AはBの抵当権の内容をなす財産的利益を維持すべき財産管理者の立場にあり，そのAがBの財産を減少させるという財産上の損害を与えたとみて，Bに対する背任罪（247条）に擬することが考えられる。Aが，Bのために抵当権設定登記をすべき任務に背き，Bの抵当権の価値を減少させたというべきであるとして，Bに対する背任罪の成立を認めるのが判例（最判昭和31・12・7刑集10巻12号1592頁）であり，通説[10]である。

15.3 客 体

15.3.1 財 物

　詐欺罪の客体は，**財物**（1項）と**財産上の利益**（2項）である。財物については，251条により242条の自己の財物に関する特例が準用される。1項にいう財物には不動産を含む。刑法における占有は事実的支配をいうのであるから，不動産物権変動に関する解釈以前に，動産・不動産を問わず，事実上の支配を取得した時点で1項詐欺が既遂となる。ただし，不動産の場合，所有権移転登記の時に既遂を認めるのが判例（大判大正11・12・15刑集1巻763頁）である。登記名義人が事実的支配に代わる（それ以上の）処分可能性を含意するので，学説もこれを支持する[11]。賃料を支払う意思がないのにアパートを借りて住み始めるなど，事実上の支配を取得した段階で不動産使用の利益を得たと認められる場合には，2項詐欺

---

[10] ただし，二重抵当の事例が背任罪の構成要件を充足するかどうかについては議論もある（背任罪18.2.1参照）。

の成立を肯定する見解[12]が有力であるが，事実的支配の取得は不動産の占有取得にほかならないので，わたくしは，この場合にも1項詐欺罪の成立を認めることができるのではないかと思う[13]。

その他，入院中である等の事実を隠して，本来は締結することのできない保険契約を締結させ，簡易生命保険証書をだまし取った場合については簡易生命保険証書に対する1項詐欺が肯定された（最決平成12・3・27刑集54巻3号402頁）。また，不正に入手した国民健康保険被保険者証を呈示して銀行窓口係員を欺き，他人名義の預金通帳を取得した行為についても1項詐欺とされた（最決平成14・10・21刑集56巻8号670頁）。その後も，第三者に譲渡する意思を秘して自己名義の預金口座を開設し預金通帳の交付を受けた場合に預金通帳を客体とする詐欺罪の成立が認められた（最決平成19・7・17刑集61巻5号521頁）。判例は，地位・資格の証明のための書類についてもそれが経済的利益の取得に結びつく物である場合には，詐取の対象としての財物と認めている，と理解することができる。これらが，端的に「客体」としてみたときに財物にあたることは認めてよいであろう。

しかし，他人を搭乗させる意図であるのにこれを秘し，航空会社の搭乗業務を担当する係員に対し乗客として自己の氏名が記載された航空券を呈示して搭乗券の交付を受けた行為について，搭乗券の交付を請求する者が航空券記載の乗客本人であることについて厳重な確認が行われていたなどの本件事実関係のもとでは，1項詐欺罪に当たるとされた判例（最決平成22・7・29刑集64巻5号829頁）では，搭乗資格が預貯金や保険に関する資格・地位のように直接に経済的利益の取得に結びつくものであるかどうか疑問の余地があり，搭乗券という財物ではなく，航空機運航の安全や外国の入国管理上の利益が財産犯の保護対象とされている面が否定できない。

15.3.2　財産上の利益

財産上の利益とは，財物以外の財産的利益をいい，積極的・消極的，一時的・永久的を問わない。債務免除の意思表示をさせること，債務履行の猶予を認

---

[11] たとえば，西田・190頁，山口・246頁，高橋・298頁等。なお，これとの対比で，権利証その他の書類を詐取した場合に詐欺既遂罪を肯定する（藤木英雄『経済取引と犯罪——詐欺，横領，背任を中心として』(1965，有斐閣) 104頁，西田・190頁）のは行き過ぎであろう。

[12] 前注と同じ。

[13] 伊東・190頁。

めさせることなどが典型的な場合である。ただし，財物を詐取するための手段として債権の取得が先行する場合，一般的には，その時点で財産上の利益を得たものとすることは妥当でない。1項詐欺の未遂に相当するものが2項詐欺の既遂になることになるのは不合理だからである。たとえば，上述の証書詐取に関する平成12年判例の事例でも，保険金を請求するために証書を取得する場合に，保険契約の締結時点で2項詐欺の既遂とするのは疑問である。

また，債務者が債務の履行を遅らせる場合，債権者が本来の履行期より早く履行を受ける場合も財産上の利益になりうる。一般に，期限に関する利益，たとえば，弁済債務の支払を一時的に免れる場合も財産上の利益にあたりうるとはいえるが，あくまで財物取得と独立し，それ自体が財産上の利益の移転と把握されるものでなければならない。たとえば，相当の長期にわたって支払を遅らせる場合のように，期限の利益が独立した財産的利益と把握できる程度のものであることが必要だと思われる。

金銭の支払という債務の履行とは，金銭の交付にほかならないので，たとえば，支払の条件が成就していない段階で交付させたような事例において，本来の時期より「早く」交付を受けた利益に関する2項詐欺とすべきか，交付された金銭に関する1項詐欺とすべきかが問題となる。判例は，1項詐欺罪の成立を認めている（最判平成13・7・19刑集55巻5号371頁）。ここでは，「社会通念上別個の支払いにあたるといい得る程度の期間支払時期を早めた」ことが理由とされている点に注意すべきである。すなわち，1項詐欺を認める以上，後になってから行われるはずの本来の支払と同一性があるまま単に「早く」支払われたのではなく，それが，支払として独立しており，単独の財物交付として把握できるものであることを要すると考えられるのである。

財物の場合と同様，財産上の利益に対する侵害を認めるためには，取引の成就とはいえない経済的な意味における損害を必要とすべきである。しかし，判例においては，財産上の損害についても，個別財産の喪失がすなわち財産上の損害である（いわゆる形式的個別財産説）との理解があるように思われる。その上で，行政目的や，財物・財産上の利益の移転がもたらす間接的な利害をも含めて，交付・処分の意思決定にとって重要な事項についての錯誤を生じさせるものであったかを，具体的事案に即して判断しているとまとめることができると思う。もっとも，このことが，詐欺罪の財産罪としての性格に相応したものであるかについては，疑問がないわけではない。

最高裁は，同日付の複数の判決・決定において，暴力団関係者がその旨を申告せずに暴力団関係者の利用を拒絶しているゴルフ場の施設利用を申し込む類似の事例で，具体的事実の差によって詐欺罪の成否判断を異にした。欺く行為を肯定した事例（最判平成26・3・28刑集68巻3号582頁，最判平成26・3・28刑集68巻3号646頁）は，暴力団員およびこれと交友関係のある者の入会を認めず，ゴルフ場利用約款でも暴力団員の入場および施設利用を禁止するほか，入会の際に暴力団等と無関係であり暴力団関係者の同伴・紹介などをしない旨の誓約書を提出させるなどの措置をとっていたにもかかわらず，入会審査申請時に暴力団員または暴力団員との交友関係を問うアンケートに虚偽の回答をした上，誓約書も提出したという事例であった。詐欺罪の成立を否定したもの（最判平成26・3・28裁判集刑313号329頁）は，ゴルフ場側の対応において，実際的な確認措置が肯定例ほどではなく，事実上暴力団員等の利用が認められたことがあったとされる事案である。なお，暴力団員であるのに暴力団員でないことを表明・確約して銀行の担当者に口座開設等を申し込んで通帳等の交付を受けた行為が，当該銀行が暴力団員からの貯金の新規預入申込みを拒絶する旨の約款を定め申込者に対し暴力団員でないことを確認していたなどの事実関係のもとでは1項詐欺罪にあたるとした最高裁決定（最決平成26・4・7刑集68巻4号715頁）も，同様の判断方法によるものといえる。

　これらの決定においては，被害者を錯誤に陥らせる行為であったかという点が争点になっている。利益供与そのものを行うかどうかに関する意思決定に際し，被害者が重視する事項を具体的事実として評価していることは妥当であろう。ただし，その場合でも，被害者側の錯誤の内容が財産固有の利益に関わるものであったかが問題である。暴力団関係者を排除することの利益や，それに付随するゴルフ場側の利害が，詐欺罪の予定する個別的財産に含まれるかについては疑問を留保したい[14]。

15.3.3　財産上の利益の捉え方

　「役務（サービス）の提供を受けること」は，それ自体が財産上の利益であると解するのが通説（**有償役務説**[15]）である。これに対して，詐欺罪が，1項の財物交付が典型を示すような財産移転罪であることからすれば，そもそも移転が観念で

---

[14] 中森・138頁参照。

[15] 西田・192頁，山口・248頁，高橋・299頁等。

きない「役務」は客体となりえず，提供者が失うのは結局役務提供の「対価」の請求権であって，提供される側からみれば代金債権を免れることこそがそれに対応する利益である，とする考え方（**債務免脱説**[16]）がある。これは，財物の交付の場合に準じて，利益についても，失われるものと得られるものとの「素材の同一性」を要求するものである。

　たしかに，役務は，その性質上，一度にまとめて移転するものではなく順次提供されていくものであるし，財産上の利益の「移転」という把握にはなじみにくい。しかし，そもそも，実際問題として，親切で行われるようなものを除いて，ほとんどの場合，役務は有償的なものということができるから，役務の提供を受けることがすなわち財産上の利益であると解するのが自然ではある。たとえば，マッサージや理髪，学校における教授行為など，請負的に労務を提供してもらう場合，それ自体が有償的役務として財産的利益だと把握することができる。有償的な役務とその対価との関係は，同一事物の見方の問題である。有償的役務およびその対価の設定は，通常，役務の「単位化」を前提として成り立っており，報酬の対象となる単位の終了ごとに利益移転を考えることもできるであろう。詐欺によって得られているのは，30分のマッサージ，特定の時間にわたる特定の内容の教授といった役務そのものであり，その「単位化」は対価の設定のためであって，対価の支払を免れることは，いわば派生的な利益とみられるのである。

　そうはいっても，役務とその対価とに相対的な独立性が認められる場合もあるように思われる。とくに鉄道などの交通機関の運送利益の場合，鉄道は，契約の如何に直接依存することなく，いわば相対的に独立して継続的に運行されている。この場合には，輸送利益の提供を受けることそのものより，これを利用する者が利用対価たる運賃支払いを免れることこそが利益の内容というべきであろう。そして，輸送距離に従って運賃が定められている場合には，提供される役務の価値は，役務が完了（ある単位が終了）した時点で確定するものと捉えられる。鉄道で一般に下車駅における乗り越し清算が認められているのもこのような把握に沿うものであろう。このような取引形態の場合には，対価支払を免れることに利益性を求めるのが妥当だと思われる。

---

[16] 内田・274頁以下，町野・128頁以下。

244　第15章　詐欺の罪

> **設例3**　Xは，運賃を支払うつもりがなく，所持金も足りないのを知りながら，タクシーに無賃乗車しようと企てた。Xは，タクシーに乗って運転手Aに自宅方面に行くように告げて走らせ，自宅付近のコンビニエンスストアが見えるところまで来ると，Aに対し，「そこでトイレを借りるので，コンビニの手前で止めて待っていてほしい」と告げた。Aがそれを信じてタクシーを止めると，Xはタクシーから下車して，コンビニエンスストア店舗横からその背後に逃げ，タクシー運賃の支払いを免れた。

　そこで，一般的にいえば，役務提供と対価支払のあり方に応じて，いずれを実質的な利益と解するかを判断するほかないであろう。たとえば，タクシーにただ乗りをする場合（もちろん当初から運賃を払う意思がないとき），運搬の役務を提供させたこと自体が利益であるなら，タクシーが移動を始めたときに既遂となり，以降，順次移動の利益を積み重ねていくと考えることになる。これに対し，提供された役務の対価を支払わないことが利益であるとすると，目的地に着いて料金を精算する際に支払を免れた時点で既遂となると解される。これについては，タクシー料金が走行距離と時間との併用で決まり，役務提供後に清算される形式がとられている取引の実態からすれば，報酬の対象は，降車時までの役務を全体として単位と考えるべきであろうから，料金債務免脱の時点で利益が移転するとみるのがふさわしい。設例3のような場合，たしかに，Xは当初から役務を無償で提供させようとしているともいえるが，約款に従って提供される役務の対価を支払わなかった，という捉え方が相当であるように思われるのである。

15.4　行　為

　詐欺罪の行為は，次のような要素から成り，これらが客観的には因果関係で結ばれ，主観的にはその因果経過全体が故意によって包摂される必要がある。

15.4.1　「欺く」行為

（1）欺罔・詐欺行為

　人を「欺いて」財物を交付させ，財産上の利益を得ることが必要である。「欺

く」行為は，「欺罔」行為とよばれることもあり，「詐欺」行為とよばれることもある[17]。「欺く」とは，実質的には，錯誤を生じさせる行為であるが，後述のとおり，本罪の性質上，「財物の交付・財産的処分行為に向けられた錯誤」に陥れる行為でなければならない。具体的行為が「欺く」にあたるかどうかは，錯誤を生じさせようとする対象事実が財物・財産的利益の処分を行うかどうかにとって重要な事実にかかること，および，そのような錯誤を来す危険性が認められることを基準に判断されることになる。判例が，本来交付を受けられない者が交付を受けられる者だと偽るなど，人格や資格を偽る「なりすまし」について広く詐欺を認めていることは前述した。

（2）錯　　誤

「欺く」行為の相手方は，欺く行為によって**錯誤**に陥る必要がある。錯誤とは，**事実と認識との不一致**をいう。この概念内容と，法文が「人を欺いて」であることとに基づくと，認識・判断作用を行わない「機械」に誤情報を与えるような手段で不正に動作させるときは，「欺く」にあたらない。したがって，自動販売機に偽貨を投入して財物を取得する場合は，詐欺罪ではなく窃盗罪の問題になると解される。もっとも，機械の背後に人の認識・判断がある場合には，機械を通じて人を錯誤に陥れる場合にほかならないので，詐欺行為を肯定することができる。直接には客と相対せず，客が来たことを従業員が別室で確認するシステムを採用しているホテルで無銭宿泊したことにつき，詐欺罪の成立が肯定された裁判例がある（東京高判平成15・1・29判時1838号155頁）。

また，財産的処分についての判断に影響する錯誤に向けられたものでないときは，広い意味では「だます」行為といえても，本罪の手段にはあたらない。たとえば，虚偽を告げて相手の関心をそらせたすきに財物を取得する場合は，詐欺罪ではなく窃盗罪の成立する場合だとされる。したがって，無銭飲食者が店員をだまして注意をそらし，そのすきに代金の支払をせずに逃走するような例では，財物を得たのではなく財産上の利益を得た（いわゆる「利益窃盗」にすぎない）のであって窃盗罪は成立しえない[18]。しかし，たとえば，店員に既に代金の支払が済

---

[17] 246条の文言は「欺いて」であるが，行為を名詞化して表現することがしにくいために，漢字熟語が用いられる例が少なくない。このうち，「欺罔」は，平成7年の刑法の口語化改正以前の条文で用いられていた用語である。「詐欺」行為というのは，恐喝罪の法文で行為が「恐喝して」となっていることに準じる用語法である。

んだと思わせて，請求をさせないようにしたならば，相手に事実とは異なる認識（錯誤）を生じさせて相手の代金請求を免れようとし，そのようにして利益を得たと捉えうるから，詐欺罪になる可能性がある。

（3）不作為による詐欺

「欺く」行為の手段に限定はなく，**不作為による詐欺**も認められる。詐欺罪は，判例において不真正不作為犯の例が比較的多く認められている犯罪類型である[19]。たとえば，抵当権設定・登記されていることを知らない相手に，その旨を告げず当該不動産を売却するときには，不作為の「欺く」行為を認めることができる。不真正不作為犯であるから，行為者側に被害者の錯誤を正すべき作為義務すなわち，通常，相手に真実を告知すべき義務が存在することが前提になるのは言うまでもない。

いわゆる「つり銭詐欺」，すなわち，相手が誤ってつり銭を多く渡してきたのを知りつつそのまま受け取る場合も，取引における信義誠実の原則から作為義務を認め，不作為による詐欺が成立しうる。本来利害対立関係にある相手方の財産を保護すべき作為義務にはなる[20]が，日常的取引におけるつり銭詐欺のような事例では，信義誠実義務の履行に格別の困難があるとはいえないので，通常は作為義務（保証者的地位）が肯定され，不作為による詐欺行為が認められると思う。ただ，作為義務は，取引関係の具体的なあり方によって相対的であり，例外的場合について留保が必要である。

> **設例4** 骨董商Xは，田舎町に掘り出し物を求めて買い出しに出た際，川岸にある茶店で休んでいたところ，きわめて希少なため300万円を下らない高価で取引される皿が猫の餌を載せるのに使われているのに気づいた。Xは，茶店の主人Aが皿の価値を認識していないのだと思い，Aに対し，この皿を1万円で譲ってくれと申し向け，Aから1万円と引き換えにその皿の交付を受けた。

---

[18] もちろん，初めから無銭飲食の意思で料理を交付させたのであれば，その行為について1項詐欺罪が成立する。

[19] いわゆる不真正不作為犯であるから，行為者は保証者的地位になければならない。すなわち，類型的な作為義務を負う必要がある。詐欺の事案では，取引上の信義誠実義務などに基づき，真実を告げるべき作為義務を認めやすいという事情があろう。

[20] 中森・136頁以下，山口・254頁参照。

設例4のように，骨董的価値の場合は，人により評価の対象となる要素について無関心，低評価であることが想定され，主観的な評価という性格が強い。Xに，客体の骨董的価値について説明すべき義務を認めることは，取引上過大な要求であるというべきであろう。

　なお，マンション販売会社の代表取締役が，その販売したマンション建物の安全性が建築基準法に規定する構造計算によって確認されていないことを認識しながら，マンション居室の買主から残代金の支払を受けた行為について，買主に対し建物の安全性に重大な瑕疵がある旨を告げるなどして残代金の支払請求を一時的にでも撤回すべき作為義務に反するものとして，不作為による詐欺罪にあたるとした裁判例がある（東京高判平成21・3・6高刑集62巻1号23頁）。また，犯罪行為に利用されている口座から預金債権を有する口座名義人が預金を払い戻す場合であっても，銀行の普通預金規定において「預金が公序良俗に反する行為に利用され，またはそのおそれがあると認められる場合には，預金取引を停止しまたは解約することができる」旨を定めていること，法律により犯罪利用預金口座等である疑いがあると認めるときは口座の取引停止等の措置を講ずることが要請されていることなどから，犯罪行為に利用されている口座の預金債権は，銀行がその事実を知れば払戻しを受けることができなくなる性質のものであるとして，犯罪行為に利用されているのに，そうでなく正当な権限があるように装って預金の払戻しを請求することは欺罔行為にあたるとした例がある（東京高判平成25・9・4判時2218号134頁）。

　「真実を告げない」事例には，虚偽を告げるのではなく，挙動によって積極的に（作為で）「欺く」ものと評価されるべき場合もある。たとえば，無銭飲食・宿泊の事例では，行為者が，後払いによる清算を前提とする取引に関与する当事者として，代金を支払う能力と意思とがある（通常の・正当な）客を装って，飲食物を注文し，あるいは宿泊の便宜提供を求めることが，それ自体「欺く」ことにあたる。食堂で注文する際に代金支払意思を告知すべき義務を肯定することができなくとも，作為による詐欺として論じることになる（大判大正9・5・8刑録26輯348頁）[21]。

---

[21] 作為とみるべきか不作為とみるべきかの区別は容易ではないが，問題となる「態度」が通常の取引において有する含意，その広がりによるといえよう。たとえば，飲食店に入って料理を注文する態度は，その代金を支払うことを当然に含意するというべきであるから，この態度そのものが欺く行為にあたる。

（4）誤振込金の払い戻し

　告知義務との関係では，預金口座への誤振込金につき預金名義人が払い戻しを受ける行為と詐欺罪の成否が問題になった例がある。振込人が振込先口座番号等の指定を誤ったため，原因関係がないまま自己の口座に入金された（口座残高が増加した）とき，預金名義人が，窓口係員に誤振込であるという事情を告げずに，この入金相当額（の一部）を現金として引き出す行為が，詐欺罪にあたるかという問題である。まず，前提とすべき民事上の財産関係については，誤振込みであっても受取人と銀行との間に振込金相当額の普通預金契約が有効に成立し，受取人は預金債権を取得するという趣旨（本判決の事案が第三者による異議の事例であるため，一般論を示したものではないと解する余地はあるが）の判例（最判平成8・4・26民集50巻5号1267頁）がある。そうすると，自己名義の預金口座から払戻を受けることは，有効に成立した契約に基づく正当な権利行使にほかならず，銀行係員にも何ら錯誤は生じていないことになりそうである。ところが，最高裁判所は，誤振込であることを知りながら，銀行窓口係員に対しその旨を告げずに預金払戻請求をし，これによって現金の交付を受けた場合，銀行と預金取引を行う者には自己の口座への誤振込を知ったときは銀行に告知すべき信義則上の義務があるから，それを告げずに払戻しを請求する行為は「欺く」行為にあたり，1項詐欺罪が成立する，とした（最決平成15・3・12刑集57巻3号322頁）。預金に関わる権利，あるいは民事上の銀行の免責とは別に，現金の交付については独自に銀行の利害が存在し，刑法上はこのような現実の財産占有に関わる利益が保護されるということになろう[22]。しかし，この間を整合的に説明するのは容易ではなく，正当な権利者の行為として詐欺罪の成立を否定すべきであるとの議論もある。

　このほか，誤振込の事態を素朴にみれば，振込者の意思に基づかずに，偶然に振込先口座に入金されたものであるから，これに預金に対し金銭の（法律的）占有を認める一般的な理解と組み合わせると，金銭が，委託を受けずに，預金という形の振込先名義人の占有に帰したものであって，外形的には占有離脱物横領罪（254条）に問議することも考えられる。しかし，残高増加を財物とみること自体の妥当性（いわゆる「預金の占有」）を別にしても，銀行窓口に偽造通帳を呈示するなどして現金の交付を受ける場合が詐欺罪とされることとの整合性，偶然的ではなく一応意図的に，かつ，ひとまずは有効に入金された事情を占有離脱と同視で

---

[22]　なお，払戻しに際し行政的規制がある場合に，それに対応するという利益は，財産の保護を旨とする詐欺罪の成否において考慮される範囲を逸脱するのではないかと思われる。

きるか等々，問題は少なくない。

わたくしは，限界的な事例であるが，判例の結論を支持することができると考える。たしかに，民事判例との整合性を追求すれば，誤振込金の現金化を求めることは正当な権利の行使にほかならず，詐欺罪の成立を認めることは困難である。しかし，民事判例の事案がまさにそうであったように，民事的な権利義務関係の確定は，その後に展開していく取引関与者の利害をも考慮する，いわゆる動的安全の観点を加味して行われる。これに対して，刑法における法益保護は，財産関係の現状を利益と把握し，これを維持することを旨とする。その意味で，当事者から広がる利害関係は捨象され，原因関係の実体の方が重視されることには合理性があるものと考えるのである。上のような誤振込事案では，当事者たる銀行係員と払戻請求者との間で銀行係員の利益が保護されるか否かを考えることになろう。このとき，預金債権をもたない者が，誤振込のあったことを契機として，銀行取引の定型性を利用して，預金債権をもつかのように装ったとすることは可能であると思う。

(5) 取引慣行

欺く行為の内容は，事実の表示でも価値判断の表示でもよい。ただし，欺く行為にあたるか否かは，取引慣行等に左右されざるをえない。取引上の慣習の存否やその内容・範囲には不明確なところがあるものの，たとえば「かけひき」や誇張があっても，通常許容されている範囲であれば，欺く行為とはされないと解される。具体的取引の参加者が慣習を前提とすることができない者であるとき，たとえば，不慣れであるとか知識に不足があるなどの事情がある場合は，もちろん別である。

15.4.2 錯　　誤

「欺く行為」と表裏の関係をなすために，実質的には既に述べたことになるが，欺く行為によって相手が錯誤に陥る必要がある。錯誤の内容は，過去・現在の事実に関するもののほか，将来の事実に関するもの（たとえば，将来近辺に新幹線の駅ができるという計画）でもよい。いわゆる「法律行為の要素の錯誤」に限らず，交付・財産的処分行為という事実行為を行うか否かの重要な判断基礎についての錯誤であれば足りる。錯誤は「欺く」ことに対応するので，その際，主観的価値

についても，当該取引において何が重視されるかという実質を含めて考慮する必要がある。

15.4.3　交付・財産的処分行為

（1）交　付

　財物の「交付」は明文の要件である。被害者が錯誤に陥り，その瑕疵ある意思に基づいて，財物交付が行われなければならない。

　財物の「交付」は，財物の占有を詐欺行為者または第三者に移転させる行為である。錯誤に陥った者が行う必要があるが，その一部を詐欺行為者や他の者が行ってもよい。たとえば，相手方が人に頼んで届けさせるような場合にも，交付があったと解される。なお，やや複雑な事例ながら，情を知らない第三者から交付させた形の例がある（最決平成15・12・9刑集57巻11号1088頁）。これは，病気治療のための「釜焚き」料として金員を要求し，被害者に対し被告人らが経営する薬局から商品を購入しその代金の立替払（クレジット）契約を信販会社と結ばせたものである。裁判所は，信販会社から被告人らの管理する預金口座に仮装売買の代金相当額が振り込まれたときには，被害者らを欺いて信販会社に立替払をさせて金員を交付させたことになるから，詐欺既遂罪となるとした[23]。

　相手方を欺いて（たとえば価値ある物を無価値だと信じさせて）財物の占有を放棄させ，行為者がこれを拾得する行為については，交付行為に向けられた詐欺行為がない（廃棄行為に向けられているだけ）ことから窃盗罪にあたるとする見解，あるいは占有を離脱させて取得する行為態様から占有離脱物横領罪とする見解もある。しかし，客体を取得する意思であり，かつ直ちに拾得されるような状況であれば，占有放棄させるところから一連の行為を取得に至る一体のものとみて，詐欺罪の成立を認めるべきであると考える[24]。

（2）財産的処分行為

　財産上の利益を客体とする場合にも，財物の交付に相当する利益の移転行為，

---

[23] 1項詐欺既遂罪の成立が認められたのであるから，代金額が振り込まれたことにより，「財物」が交付されたものと解されていることになる。そうすると，その後に加わって振込金を現金として引出すことのみを行う者（いわゆる「出し子」）は，詐欺罪の共犯とはならないことになろう。
[24] 西田・195頁，山口・255頁，高橋・309頁。

すなわち財産的処分行為が必要である。財産上の利益を客体とする2項の場合に処分行為を要するという明文の規定はないが，交付に対応する財産的処分行為を要すると考えられている。無形の客体を「得る」ためには相手の処分行為が必要だという点は，強盗利得罪では決定的な意味が認められなかったが，詐欺罪は，瑕疵あるとはいえ，あくまで相手の意思に基づいて財産が移転されることを内容とするものであるから，処分行為が必要だとすることが合理的であろう。判例も，2項詐欺において財産的処分行為を必要としている（最判昭和45・3・26刑集24巻3号55頁，最決昭和42・12・21刑集21巻10号1453頁）。

　財産的処分行為は，法律行為に限らず，事実上の利益移転をもたらすもので足りる。上述のとおり，これは，詐欺罪が（恐喝罪とともに）相手方の瑕疵ある意思に基づく利益取得を内容とする犯罪であることから導かれる要件である。交付ないし処分には，利益保全・確保をしない（たとえば，履行を請求しない）という不作為による場合も含まれる。

(3) 交付意思・処分意思

　財物の交付は，**処分意思**によって支配された行為であることを要する。利益についても交付意思に対応する処分意思が必要である。この考え方からすれば，意思能力を欠く者は本罪にいう交付や処分の主体にはなりえない。

　ただし，何らかの事実的行為として外形的に利益移転の効果が伴う行為があったとして，さらに，それが「交付」意思のもとに行われる必要があるか，必要だとすれば，どのような意思内容が必要か，をめぐっては議論がある。というのは，財物取得や利益移転が事実上のものであるときには，必ずしも交付・処分者の行為が有する財産移転の含意について意識的に交付行為が行われたとはいえないこともありうるからである。たとえば，洋服を試着すると偽って試着中に店員のすきをみて逃げた例（広島高判昭和30・9・6項刑集8巻8号1021頁）では，商店の店員が商品である衣服を試着させたことは，その財物の事実的支配を行為者に移す意思で行われたとはいえないであろう。実際，この裁判例でも，詐欺罪ではなく窃盗罪の成立が認められた[25]。

　最近の学説では，少なくとも客体が自己の占有を離れることの認識は必要であり，その「処分」がいわゆる「占有の弛緩」を生じさせることの認識では足りな

---

[25] 交付・処分行為については，さしあたり，松原・266頁以下，佐伯仁志「詐欺罪の理論的構造」（前掲・注9）116頁以下が参考になる。

いことが指摘されている[26]。欺かれた被害者側が客体を行為者側の支配に移す方向の行為を行ったものの客観的にも主観的にも完全に支配を失っていないとみられる状態では未だ交付があったとすることはできず、その段階から財物を取得するに至ったときには、相手の意思に基づくことなく占有を侵害したことになるので窃盗罪とすべきであるとされる。上に言及した高裁裁判例は、そのような趣旨として理解することができるというのである。

　下級審裁判例として、自動車販売店が自動車の単独試乗をさせた例（東京地八王子支判平成3・8・28判タ768号249頁）では、単独試乗を認めた時点で自動車の占有が移転したので、詐欺罪が成立するとされた。自走する車の単独運転を認めたことで、犯人の支配領域に置いたことになり、それ自体は被害者も認識するところであったということは可能であろう。テレホンカード80枚を購入すると偽って枚数確認のためカードを交付させ、店外にいる者に渡してすぐに戻って代金を支払ってくれるものと誤信して店外に出るのをとめなかったので、そのままカードを持って逃げた例（東京高判平成12・8・29判時1741号160頁）では、カードの店外持ち出しを了解・容認したことをもって詐欺罪にいう交付があるとされた。たしかに、カードという客体の形状・大きさ・重量等からいって、持ち出しを承認する際に客体の支配が移転することを認識していたと考えうるであろう。

　しかし、犯人にだまされて、被害者が自ら他の場所に持っていくつもりで、現金を入れた風呂敷包みを家の奥から玄関口におき座を外したところ、犯人がこれを持って逃げた例（最判昭和26・12・14刑集5巻13号2518頁）では、詐欺罪の成立が肯定された。最高裁は、改正前の文言、「財物を騙取する」について、「犯人の施用した欺罔手段により、他人を錯誤に陥れ、財物を犯人自身又はその代人若くは第三者に交付せしむるか或はこれらの者の自由支配内に置かしむること」をいうとした上で、犯人しかいない玄関先に財物を置い（て席を外し）たことをもって交付としているわけである。「占有弛緩」か「占有離脱」かは、事実としても、また、それに関する被害者の認識としても、判断が難しいことは否めない。

> **設例5**　Xは、Aが廃品回収に出した新聞紙の間に1万円札が挟まっているのに気づいたが、Aにはその旨を告げずに古新聞紙としてトイレットペーパー2巻と引き換えに新聞紙束の交付を受け、そこに挟まっていた1万円札を領得した。

---
[26] 山口・255頁参照。

無意識的処分が行われる場合には，処分行為自体に関わる認識がない場合だけでなく，客体の存在やその種類・数量のような属性に関する認識が欠ける場合もある。これには，設例2や，債権者をだまして自分に債務が存在すること自体を認識させないといった例のように，むしろ詐欺の典型的事例と考えられる場合が含まれる。問題は，財産処分の外形的・部分的事実について認識があるだけで処分意思を認めてよいか，処分が問題となる財産自体の実質的・全体的事実について認識がある場合に処分意思を認めるべきかということである。処分対象となる財物・財産上の利益の価値・存在について認識が必要とすると，たとえば，1万円札が挟まっている古本の束を100円で買い受けるといった事例で，売り主が処分対象に1万円札が含まれることの認識がない場合には，処分意思が否定される。
　また，債権者が履行されるべき債務の存在を認識しているが，実際には履行する意思がないのに，だまされて問題なく履行されると考えているといった錯誤がある場合も問題である。たとえば，代金支払の意思も能力もないのに食事を注文する無銭飲食の事例では，通常，食事をだまし取ったことについて1項詐欺の成立が認められる（大判大正9・5・8刑録26輯348頁）。無銭飲食でも，従業員のすきをみて逃走し代金の支払を免れた場合であれば，錯誤により利益移転行為が行われたわけではない（そもそも，欺く行為自体が存在しない）から，詐欺罪は成立しない（このときには，いわゆる「利益窃盗」にすぎず，この行為自体は不可罰である）。しかし，店員をだまして代金の支払を免れる事例では，相手方は，食事の提供と引き換えに代金債務が生じていることは認識しているから，代金相当の財産上の利益について2項詐欺罪の成否が問題となるはずである。このようにみてくると，基本的には，被害者側が代金支払を求めない態度をとることだけでなく，それが意識的に行われること，すなわち，債権者に債務免除の意思表示をさせるなどの意識的な処分行為が要求される（最決昭和30・7・7刑集9巻9号1856頁）と考えるべきであろう。
　ただし，意識的処分を一般的な要件とすると，だまされて（欺く行為があって）一時支払を猶予した事例では依然として支払を求める意思が継続しており，債権の存在を認識させない事例ではそもそも支払を求める意思が存在していないので，いずれも意識的処分行為という要件を充足するかには議論の余地があり，詐欺罪の成立が否定される可能性がある。しかし，詐欺罪の成立を否定する結論が妥当だとは思えない。
　この問題に関して，最近の学説上有力な考え方は，行為者がいかなる範囲で財

産処分について認識していたかによって実質的判断をすべきだとするものである。すなわち、交付行為（財産的処分行為）を要求する以上、単純に被害者が気づかないまま、したがって被害者の意思に基づかずに財物や財産上の利益の移転が生じただけでは、詐欺罪とすることはできない。しかし、詐欺罪が成立する場合を終局的な債務免除の意思表示や支払請求の断念などの明確な処分意思が存在するときに限るとなると、欺いて債権債務の発生していること自体を認識させない事例は詐欺罪に含まれないことになる。これは、瑕疵ある意思という意味ではひとつの典型というべきであって、妥当な結論とはいいがたい。

　そこで、交付・処分行為を行う合理的理由がないままに、財産移転をその内容として包含する事実の存在およびその認識が必要であると考えられる。具体的には、一時的持ち出しを認めたにすぎず、あるいは債務履行を相当期間猶予するつもりではないとみられる場合には、処分行為はなく、依然として被害者側に財産が留保されるというべきである。これに対し、財物支配の移転が想定される事情や、相当の期間にわたって債務履行が行われないことになる事実があり、そのような事実を認識していた場合には、交付意思に基づく交付が認められる[27]。設例4の場合には、被害者には詐取される客体の存在自体が認識されていないが、認識されている物体に包摂される可能性のあるものをすべてXに交付するという包括的認識があるので、1万円札を交付する暗黙の意思を認めることができるであろう。つまり、認識されている対象自体が移転してしまい、仮に、何かが挟まっていても、それを含めて交付することになる、という事実があり、それを認識している場合だということができる。

15.4.4　欺かれる者と財産的被害者

(1) 三角詐欺

　欺く相手と財産的被害者とが異なる場合であっても詐欺罪の成立は認められる。ただし、欺かれて錯誤に陥ったことが交付・処分行為につながらなければならな

---

[27] 高橋・311頁以下、井田・265頁以下。この場合、財物の移転等の帰結を直接に認識・予見することまでは必要がなく、そのような結果になることが予想される事態・事実を認識していれば足りると考えられる。たとえば、カードの持ち出しを承諾した事例では、小さな客体を店外へ持ち出すことを認識していれば、「その客体を持ち去られて取り戻すことができなくなる可能性が高い事情」をそのような性質をそなえた事情として認識していたというべきである。それにもかかわらず持ち出しを認めたならば交付があったといえる。

い（因果関係）ので，欺かれる者（錯誤に陥る者）と交付・処分を行う者とは一致する必要がある。したがって，その交付・処分が被害者の（瑕疵ある）意思に基づく交付・処分といえるためには，欺かれた者が財産的被害者に属する財産を処分する権限・能力を有することが必要だということになる。欺かれた者・財産的処分を行う者と財産権の主体・財産上の損害を被る者とが異なる場合は，当該詐欺行為により生じる利害が三者関係になるので**三角詐欺**とよばれる。

（2）訴訟詐欺

　このような類型として議論されるのが，いわゆる**訴訟詐欺**である。訴訟詐欺とは，裁判所に虚偽事実を認定させ，敗訴した相手方から強制的に財産を自己に交付させる行為である。行為者側からみると，裁判所をだまして被告から財産を得る形にはなるが，だまされた相手（裁判所）と財産的損害を被る者（被告）とが一致しない。上述のように，この場合には，裁判所が被害者の財産を移転・処分する権限を有する必要がある。しかし，この類型では，裁判所は被告に対して財産の移転を命令するだけであり，これを権限に基づいて他人の財産を直接移転することと同じ扱いにしてよいかには疑問がないわけではない。また，被害者が自らの意思で交付する類型が詐欺罪の典型であることはいうまでもなく，裁判所はもちろん，敗訴した被告も自らの意思で交付するとはいいがたい訴訟詐欺の類型がこれと整合するかについても問題がある。他方では，民事訴訟においては形式的真実主義が採用されており，仮に裁判所が訴えの内容が虚偽であると認識していても原告の訴えが認められる場合も想定されるのであるから，この制度のもとでは，裁判所を欺くという観念はあてはまらないという批判[28]がある。

　判例は，訴訟詐欺も詐欺罪にあたるとする態度をとっており（大判明治44・5・5刑録17輯768頁），学説にもこれを支持するものが少なくない（ただし，最判昭和45・3・26刑集24巻3号55頁参照[29]）。訴訟においては被害者の財産処分権能が裁判

---

[28] 団藤・614頁，福田・255頁。

[29] 昭和45年最判の判断は，欺いて，失効した裁判上の和解の和解調書正本に執行文を付与させたという，やや複雑な事案に関するものである。一般論としては，「被欺罔者と財産上の被害者とが同一人でない場合には，被欺罔者において被害者のためその財産を処分しうる権能または地位のあることを要する」としており，従前の態度と異ならない。ただ，当該事案においては，そもそも債務名義の効力は執行債務者以外には及ばないという理由で，本件で被欺罔者とされている裁判所書記官補および執行吏裁判官は，他方当事者の財産の処分権能を有しておらず，その者に代わって財産的処分行為をしたわけではないとして，詐欺罪の成立を否定している。

所に与えられる形になっているのは事実で，交付行為者は裁判所であると考えられること，民事訴訟においても裁判官の自由心証が問題となる限りで人を欺くという実態が存在することが根拠とされる。たしかに，厳密にみれば，訴訟詐欺は詐欺罪の典型とは異なる性質を有するというべきであるが，訴訟という制度を利用して裁判所に瑕疵ある判断をさせ，被告に強制執行の可能な財産処分を命じたたといいうる限りにおいて，詐欺罪にあたるとしてよいと考える[30]。

（3）自己名義のクレジットカードの不正利用

クレジットカードの不正使用には，いくつかの形態があるが，まず，自己名義のクレジットカードの不正使用の事例がある。これは，支払の意思も能力もない（たとえば，カード用決済用口座の残高が不足しており，補填する意思もない）のに，自己名義のクレジットカードを使用して加盟店で商品を購入する行為である。サービスの提供など財産上の利益を得る場合も，特段の事情がなければ同様に解されるであろうが，とくに，財物を交付させる場合には，商品をだまし取る1項詐欺罪の構成と，代金債務の弁済を免れる2項詐欺罪の構成とが考えられるので，問題が浮き彫りになる。以下では，さしあたり，財物取得の例を念頭に説明する。

自己名義カードの不正使用事例では，欺かれる者・商品の提供（直接の交付）者は，加盟店（員）であり，代金の立替払を行い，最終的に財産的損害を被る立場にあるのがカード（信販）会社となる。

このような事例は，信用の根拠であるカード自体に不正はないといえるので，詐欺罪の成立を否定する説[31]もある。すなわち，加盟店には，カードの有効性と利用者と名義人との同一性の確認（通常は署名による）が要請されているのみであり，クレジットカード制度の機能はこのような一律の形式的手続によって信用販売の便宜をはかることにこそあるのであるから，カード使用者の支払意思や支払能力について偽りがあっても，それは，財物交付にとって重要な錯誤を生み出すものではない，というのである。しかし，客が支払能力・意思をもたないことを加盟店が認識したならば，信義誠実の原則からは，カードによる決済を断るべきであろう。そうだとすると，この点について，（信販会社との契約にもよるが）加盟店側にはさらなる調査の義務はなく，支払意思等に関する真実を認識していないこと（錯誤）について，加盟店が民事的には免責されるとみられるとしても，そ

---

[30] 西田・201頁，山口・263頁，高橋・317頁。
[31] たとえば，香川・547頁，松宮・258頁等。

のことから直ちに詐欺罪成立の余地がないとすることはできないように思われる。そこで，多くの見解が詐欺罪の成立を肯定するのであるが，その法律構成に関しては理解が分かれている。

　第一の見解として，加盟店が被害者となる1項詐欺罪にあたるとするもの[32]がある。高等裁判所の判例（福岡高判昭和56・9・21刑月13巻8＝9号527頁，東京高判昭和59・11・19判タ544号251頁ほか）でも，このような考え方が採用されている。加盟店は，カード使用者にだまされて本来は交付すべきでない商品を交付するのであるから，欺かれて財物を交付する者と財産的損害を被る被害者とは同一である。また，判例が採用するいわゆる形式的個別財産説の考え方によれば，加盟店が交付した商品を失ったこと自体が財産的損害であると解される。しかし，クレジットカード不正使用事案の全体構造をみれば，加盟店は，最終的には信販会社から立替払を受けることができ，実質的な損害を被るわけではない。実質的な経済的損害を重視する立場からは，加盟店を被害者とすることはできず[33]，逆に，現実の財産的損害を被る信販会社が被害者として登場しない構成は，実態にそぐわないという批判がある。

　そこで，信販会社を被害者とする説が主張される。第二の見解[34]は，このような観点からのもので，上述のような事例では，信販会社が欺かれ，回収できない代金の立替払をさせられるのであるから，債務の弁済を受けられないという不利益を被る信販会社が財産的被害者となる2項詐欺にあたると解する。しかし，行為者が直接の交渉をもたない信販会社に対し「欺く」行為があったとするのは，やや無理があるように思われる。そうすると，この見解は，信販会社が，加盟店を経由して支払意思・能力について欺かれたと構成することになろうが，その場合でも，信販会社は，仮に会員に支払意思・能力がないことを知ったとしても，加盟店に落ち度のない限り立替払に応じなければならないのだから，信販会社の錯誤を論じるべき場面にはあたらない，という問題が指摘されている[35]。

---

[32] 大塚・250頁，大谷・268頁。

[33] 「クレジット会社から支払いを拒絶されたり，紛争に巻き込まれる可能性があるなど，正常な形での代金相当額の支払を受ける上でのリスク」を負担するという実質的損害（井田・281頁）は挙げられる。

[34] 藤木・370頁。

[35] 伊東・202頁は，「カード会社が，会員が無資力であることを知っていたならば直ちに為したであろう代金相当額の支払い請求を，約定の口座引き下ろし期日まで猶予したことを交付行為と捉える」（カード会社がだまされ，会員にすぐ請求せず，契約に沿った猶予を与えたことが利得＝損害である）ことで，欺く行為―錯誤から立替払に至る因果関係の問題が解消できるとする。

第三の見解は，欺かれた者と損害を被る者とが一致しない場合であると考える。すなわち，加盟店が欺かれた者であり，信販会社が被害者となる三角詐欺として把握する[36]。信販会社による加盟店への立替払を財物交付とみる1項詐欺罪説[37]，加盟店が商品を交付した時点で信販会社が立替払の債務を負担したことを損害とみて2項詐欺罪とする説[38]，行為者が信販会社の立替払により加盟店への代金支払の免脱という利益を得た2項詐欺罪とする説[39]，加盟店が売上票を作成し信販会社に送付することによりカード会社から代金相当額の支払を受けることができるのを，加盟店が信販会社会社のため「その財産を処分しうる権能または地位」を獲得するものと捉え，加盟店がこの「権能または地位」を得ることにつき欺かれ錯誤に陥って売上票を作成したことにより，信販会社は加盟店（第三者）にこのような「地位」を与えたとして，利益を第三者に得させた2項詐欺罪を認める説[40]などがある。たしかに，結果だけをみるならば，第三の見解が主張する把握が相応であろう。しかし，クレジットカードの定型的処理が行われたにすぎないともいえる過程を加盟店の錯誤により信販会社に処分行為をさせたものだとする構成に問題がないわけではない。また，現に商品を獲得した行為者について，信販会社の処分により代金債務免脱の利益を得たとする構成には，少々迂遠な印象もぬぐえない。

　詐欺罪肯定説は，クレジットカード制度自体が会員の不払リスクをある程度織り込んで信用を与えるものだという形式的側面と，不払に陥ることが明らかな状況で加盟店での商品交付・信販会社の立替払を含むカード取引を進行させるべきではないという実質的側面との均衡を考慮するもといえるであろう。いずれの考え方も，一面の理があっても他面で難を含むことが否めない[41]。

---

[36] 西田・202頁以下，山口・266頁等。
[37] 芝原邦爾「クレジットカードの不正使用と詐欺罪」同『経済刑法研究下』（2005，有斐閣）610頁以下。（初出は，法セミ334号，1982）
[38] 中森「クレジットカードの不正使用と詐欺罪の成立」判タ526号（1984）79頁。
[39] 立替払時に既遂とするのは，曽根・154頁。商品購入時に既遂とするのは，西田・202頁，林・253頁，高橋・321頁等。
[40] 山口・266頁。
[41] クレジットカードを利用する取引は，人の意思に働きかけることを実体とするので，依然として詐欺罪の類型で捕捉可能ではあるが，立法論的には，こうした「形式的審査（のみ）に基づき定型的処理として財物の交付・利益の供与が行われる制度」を利用する詐欺に対応すべき余地もあろう。後述（15.4.5）のキセル乗車においても「形式的審査に基づき定型的処理が行われる制度」の利用が問題となる。

ただ，事態を素朴にみたとき，欺く行為，錯誤，交付等，いずれの要素についてみても，加盟店における行為者とのやりとりに基づくものと考えられるのではないだろうか。この意味で，1項詐欺の成立を認める第一の見解は，単に形式的個別財産説に基づくものとして否定することはできないように思われる。信販会社との契約を結んでいる加盟店は，「正常に代金決済が完了する見込み」という，財物交付という処分を行うか否かの判断にとってきわめて重要な事実について欺かれ，錯誤に陥って商品を交付するのであるから，欺く行為・錯誤・交付（処分）に問題はないであろう。信販会社の立替払いにより相当対価を受け取る加盟店においても，財産的損害は，「正常に代金決済が完了する」という取引上の重要な要素が成就しないという意味において存在すると考えることができる。なお，このように解するときには，商品が財物であれば1項詐欺，財産上の利益にあたる役務等であれば2項詐欺に擬することになる。

(4) 他人名義のクレジットカードの使用

　他人名義のクレジットカードを不正使用する場合も，決済が可能な正当なカード利用者を装って商品の提供を受けるという意味では，相手方の錯誤の性質は，自己名義のカードの不正使用の場合と基本的には同一である。それどころか，自己名義のカードとは異なり，名義人の承諾を得ることなく名義人の意思に反して使用（とくに窃取・詐取したカードを考えよ）するときには，明らかにカード使用権限の偽りがあるので，詐欺罪が成立する結論には問題がないであろう。そうすると，詐欺罪の構造も上述したところと同様に解することになる。

　名義人の承諾を得て他人名義のカードを使用する場合が問題である。判例は，このような事件についても，詐欺罪の成立を認めた（最決平成16・2・9刑集58巻2号89頁）。規約上，名義人のみが使用でき，加盟店にも本人確認義務が定められているクレジットカードについて，他人名義のカードの所持者が名義人になりすまして商品を購入する行為は詐欺罪であり，行為者がカードの名義人からカード使用を許されており決済も名義人においてなされると誤信していたとしても同様である，としたのである。ただし，名義人の近親者などがいわば広義の代理として使用する場合までも詐欺罪に問うのは現実にそぐわず，当罰性が疑わしいとも指摘されている[42]。実際，名義人において現実に決済可能であって信販会社が損

---

[42] 西田・203頁，高橋・323頁等。

害を被る可能性がないとすると，実質的被害者が存在しないともいえる。
　たしかに，厳密には，当該取引にかかる損益とは別に，いわば一般予防の観点から，加盟店が署名の同一性確認などを怠ったとして責任を追及される危険がないとはいえず，このような危険をもって加盟店の被害を観念することもできる。しかし，現実的に考えると，経済的観点からは信販会社はこの点に関する加盟店の注意義務違反を追及する必要は小さいのではないかとも思われるし，少なくとも刑事責任を問うまでの不法が存在しない場合もあると考える。他人名義のカード使用が許される範囲がどこまでかを決定するのは難しいが，さしあたり，支払ないし補填の確実性を軸に，家計を同一にする親族を限度とすることが考えられるであろう[43]。

（5）交付の相手

　なお，被害者が交付する相手方は，行為者（詐欺罪の犯人）に限られない。ただし，交付の相手と行為者自身とが異なるときには，その間には特別な事情の存在が必要である。たとえば，事情を知らない第三者を道具として受領させるなど，最終的には行為者に利益が回流する場合，あるいは，第三者に利益を与えること自体が行為者の目的となっている場合などである。無関係の第三者に対して財産を処分させることは，領得というより，むしろ単純な財産毀棄に相当するであろう。

15.4.5　財物・財産上の利益の取得

（1）個別財産の取得

　個別財産に対する罪として財物の取得があれば本罪が成立することになる。実質的個別財産説は，ここに実質的な財産的損害が伴っていることを要求する見解であるが，上述したように[44]，わたくしは，必ずしも独立した要件とする必要はなく，相手方に「想定された目的に違う取引であること」に関する錯誤がある場合には，この点で，不法に財物・利益を提供させることになるものと考える。なお，2項の文言は，「財産上不法の利益を得（る）」となっているが，財産上の利

---

[43] 実体法の解釈として構成要件該当性を否定するより，構成要件該当性は肯定した上で可罰的違法性の問題として位置づけるべきかもしれない。実際には，起訴裁量等の運用に委ねることになる。

[44] 15.2.2参照

益それ自体の不法性に重点があるのではなく、「不法に」得ることが必要であることを改めて指摘しておく。

(2)「キセル乗車」と詐欺罪

利益（その反面としての損害）の如何をめぐって議論のある問題として、いわゆる「キセル乗車（キセル通行）[45]」に触れる。鉄道を利用してA駅からB・C駅を経由してD駅に移動する際、A—B駅間の乗車券とC—D駅間の乗車券とを用意して、乗車駅A駅の改札係員には、A駅からB駅までの乗車券を示し、B駅までの正当な乗客を装って入場し、下車駅D駅の改札係員には、C駅からD駅までの乗車券を示し、C駅からの正当な乗客を装って出場することにより、結局、途中のB—C駅間を無賃で乗車する行為がキセル乗車である。これについて、詐欺罪が（どのような形で）成立するであろうか。

高裁裁判例には、乗車時にも下車時にも有効な乗車券を呈示しており、改札係員の処分権限の範囲において係員に錯誤はないから、詐欺罪は成立しないとするもの（東京高判昭和35・2・22東高刑判特11巻2号43頁）があった。その後、乗車駅において正規の運賃を支払う客を装って鉄道会社を欺き輸送の役務の提供を受けたことを2項詐欺にあたるとする判断（大阪高判昭和44・8・7判時527号96頁、いわゆる乗車駅標準説）が出された。これは、認識能力をもつ自然人ではない「鉄道会社」を欺き「鉄道会社」に役務提供をさせたという把握をするものであるが、それが妥当であるかは問題であるし、欺かれた者（改札員）の処分行為は、駅構内への入場を認めるものであって、輸送の役務提供を対象とするものではないというべきでないか、という疑問がある。

そこで、下車駅において運賃清算がなされる余地を認めている鉄道事業の営業実態を考えれば、下車駅において改札係員に対して正規の運賃を支払った正当な乗客であるように装って本来支払うべき運賃の支払いを免れたことをもって2項詐欺を認める（福井地判昭和56・8・31判時1022号144頁、いわゆる下車駅標準説）のが、妥当であるように思われる。駅係員と列車の乗務員、運転指令等の分業により大がかりな輸送サービスが提供されている場面では、「定型的処理を利用する

---

[45] キセルは、喫煙具である。その構造は、通常は竹材が使用される管の部分（羅宇。「らう」または「らお」）の両端に、口を付ける吸口、および、煙草を詰めて火をつける火皿をもつ「雁首」という2つの金属部品をもつ。「キセル乗車」というのは、そのような手口の無賃乗車を、キセルと同様に「両端のみに金を使う」ことにかけて表す俗語である。

詐欺」として，錯誤から直接に処分行為が帰結する場合と同等の処分行為を認めることができると考える。もっとも，この場合の欺く行為が「不作為」だとすると，作為義務（乗客が運賃未精算である旨を告知すべき義務）の存在が前提となり，そのような義務が認められるかには議論の余地がある。わたくしは，まさに，債権・債務の具体的確認を前提としないそのような取引形態を利用して「正当な乗客を装う」という作為による欺く行為を認めることができると考える。また，下車駅改札係員は，無意識的で，請求しないという不作為の処分を行っているにすぎないから，処分行為・処分意思として不十分ではないかという意見もあるが，下車駅で出場した場合には，個別に乗客を特定して記憶・記録しているような場合でない限り，運賃の取立てが事実上困難になることを含意することは明らかであり，改札係員にもそのようなものとして認識されているというべきであるから，処分行為および処分意思の存在を認めることができるであろう。

「キセル」は鉄道の場合だけでなく，有料道路の通行などにも類似の事態が生じうるのであり，裁判例もある（福井地判昭和56・8・31判時1022号144頁）。ただ，現状では，自動改札設備の普及などにより，技術的にこのような運賃・料金免脱が困難になり，他方，機器に対しては「欺く」行為による「錯誤」が観念できないことから，以前ほどには実際的な問題ではなくなった。

(3) 財産上の損害が問題となった例

客体に関連して上述したもののほか，財産上の損害の存否が問題となった特徴的な例を挙げておく。

まず，りんごの引渡し債務を負う者が，履行期を過ぎているのに，貨車に積んだりんごを見せてそれが発送されて債務が履行されるものと債権者に誤信させ，安心した債権者がそのまま帰宅したので履行の督促を免れた，という事例で，財産上の利益を得たとはいえないとされた判例（最判昭和30・4・8刑集9巻4号827頁）がある。この事例では，債権者の処分行為・処分意思の問題もある。

また，先物取引におけるいわゆる「客殺し商法」に詐欺罪の成立が認められた例（最決平成4・2・18刑集46巻2号1頁）は，先物取引自体の投機性（損失の発生も織り込み済みである）を前提としつつ，これによる損害の発生を認定した点で，詐欺行為・損害の有無に関する判断をした特徴的な判例である。もとより，悪徳商法について，消費者保護の観点をも考慮しつつ，詐欺罪の成否を問題とすべき場合もあることは否定されないであろう。

根抵当権を放棄させたことを財産上の利益とした，次のような例もある。根抵当権等を設定していた会社の代表者Xが，同不動産に第1順位の根抵当権を設定することと引き換えに銀行から多額の融資を受けた。Xは，手もとに資金を残すことを企て，銀行に同不動産を第三者に売却する旨の虚偽事実を申し出て，売却代金中から相当と認める金員を債務弁済として受け取るのと引き換えに根抵当権等を放棄させた。このような事情のもとでは，銀行は，誤信しなければ根抵当権等の放棄に応ずることはなかったといえるから，2項詐欺が成立するとされたのである（最決平成16・7・7刑集58巻5号309頁）。

15.5　着手時期・既遂時期

　詐欺罪には，未遂処罰規定（250条）がある。詐欺罪における実行の**着手の時期**は，手段行為（欺く行為）の開始時期であり，**既遂**は，財物については取得説，財産上の利益についても基本的にこれと並行的に解するべきであるから，因果関係をもって占有取得・利益移転に至った時点である。すなわち，財物については事実的支配を設定したとき，財産上の利益については，その現実的移転の時期であると解される。ただし，不動産については，占有の移転または所有権取得の登記をした時に既遂となるとするのが判例（大連判大正11・12・15刑集1巻763頁）である。なお，処分行為が存在しないことを理由に代金支払を免れた事例で詐欺罪の既遂を否定した判例（前出・最決昭和30・7・7）も，それに先立つ宿泊・飲食については，詐欺罪が既遂に達していると解しているものである。

　財物交付の約束がなされたような場合，1項詐欺罪の未遂と2項詐欺罪の既遂との区別が問題となる。目的が財物取得であるときには，交付約束を独立して評価するのは妥当でない。行為者が金銭交付を要求し相手が金銭交付を約束した時点で，既に金銭債権取得という利益を得たとして2項詐欺罪の既遂を認めるなら，1項の罪と2項の罪との区別は意味が薄れてしまう。そこで，原則として財物交付を対象とする事実については，1項未遂として扱うべきである。ただし，1項の犯罪が未遂の時点でも，独立した財産的価値の取得が認められるような場合はあり，そのような事例では2項の罪の既遂罪に問うことも否定はされないであろう。

15.6　権利行使と不法原因給付

15.6.1　権利行使と詐欺罪

　権利実行の手段として詐欺的行為が用いられる場合が詐欺罪にあたるかという問題が存在する。これは，恐喝を手段とする場合にも生じるが，恐喝罪においては，仮に財産侵害を否定したとしても，手段が暴行罪・脅迫罪に該当するとの理解も可能であるのに対し，詐欺罪では，手段が独立して構成要件に該当するとはいえないので，その成立を否定した場合には不可罰となるという相違がある。

　権利行使と詐欺罪の成否が問題となる類型としては，第一に，他人が不法占有する自己所有物を詐欺的手段で取り戻す場合がある。これは，窃盗罪における犯人からの取り戻しに相当する類型であるから，保護法益に関する本権説・占有説，自救行為の成立要件・成立範囲などに関する態度決定に依存する。基本的には，窃盗罪の場合と同様であるが，自救行為に関して一般論としていえば，詐欺的手段が用いられる分，単純な取戻し行為に比して，行為の相当性の評価が厳しくなり，違法性が阻却される領域は狭くなるとはいえるであろう。

　第二に，こちらの方が本来の問題であるが，債権者が詐欺的手段によって債務者に弁済させる類型がある。これについては，権利の実行の範囲内であれば，当然に取得できる財産を取得したにすぎず，財産（法益）侵害があったとはいえないので，詐欺罪は成立しないという考え方[46]もできる。ただし，この立場においても，不可分の財産を得た場合には，個別財産の交付そのものを損害とみる以上，その全体につき詐欺罪の成立を認めるほかはないであろう。この事情は，財産が純粋に経済的数値として計算されるものではなく，ある処分行為によって移転する実体としてとらえられるべきことを反映したものである。そうすると，ひるがえって，客体の可分・不可分にかかわらず，個別財産侵害がある以上は，その全体について詐欺罪が成立するとの評価をすべきではないかと思われる。すなわち，権利行使の範囲内の客体を含めてその取得について詐欺罪が成立すると考えられる（最判昭和30・10・24刑集9巻11号2173頁）[47]。

---

[46]　たとえば，西田・227頁以下。恐喝罪に関する説明として行われているが，詐欺罪でも同様とされている（同226頁）。

[47]　なお，権利行使と恐喝罪に関する16.2.1をも参照。

15.6.2　不法原因給付と詐欺罪

　不法原因給付（民法708条）となって給付したものに対する返還請求権を欠く客体を保護すべきか，すなわち，だまして不法原因給付させる場合に詐欺罪は成立するか，も問題である。
　そもそも，不法原因給付物の民事的財産関係については，妾契約に基づく贈与が問題となった民事判例（最大判昭和45・10・21民集24巻11号1560頁）において，返還請求ができない当該給付物の所有権は反射的に受給者に移転するとの趣旨が示された。そうすると，虚偽事実を告げて不法な原因で交付させるとき，たとえば，通貨偽造の資金として利用するからと欺いて金銭を交付させる場合（大判明治43・5・23刑録16輯906頁），闇取引の代金の一部であるように装って古新聞を渡して支払を免れた行為（最判昭和25・7・4刑集4巻7号1168頁），闇米を買ってやると欺いて金銭を交付させる場合（最判昭和25・12・5刑集4巻12号2475頁），売春をすると欺いて前借金を交付させた場合（最判昭和33・9・1刑集4巻12号2475頁）などにおいては，不法原因に基づく交付により，受け取った側に所有権が移転するのだから，交付した側には保護されるべき占有（所有権等本権に基づくと想定される占有）はなく，したがって，詐欺罪は成立しないことになりそうである[48]。しかし，判例は，以上の例のすべてにおいて詐欺罪の成立を肯定する。
　判例がいわゆる形式的個別財産説と同様の立場であるとするならば，欺く行為そのものが不法交付をもたらしたのであるから，まさに「だまされなければ交付しなかったであろう」といえる関係がある以上は詐欺罪にあたるということになろう。しかし，純粋な形式説が否定されるべきことは上述したとおりであり，民事法の保護が与えられない財産を保護することは，違法の統一性ないし法律的・経済的財産の保護を図るという原則からも妥当でない。
　まずは，保護の与えられるべき財産が交付者側に認められるかが問題である。この問題をめぐっては，物の「委託」は，民法上の「給付」にはあたらないとする見解[49]がある。すなわち，上述の民事判例における「贈与」のように，交付行為が（もちろん事実上のことであるが）終局的に相手方に財産の処分権限を移転させるものであったならば不法原因「給付」であるが，上記の刑事判例の事案は，不法原因に基づくとしても処分権限の完全な移転を内容とするものではない。理

---

[48]　最近のものとして，松原・295頁。
[49]　林・151頁以下。

論的には，終局的に所有権移転がなされるまでは返還請求が認められるべきであるし，実際的には，「委託」の段階で委託者の返還請求を認めた方が不法な目的の実現を防止する意味があるというのである。詐欺罪で保護しようとする財産は，交付する財物そのものであり，それは交付以前には何ら不法を含まない。むしろ詐欺行為が被害者の適法な財産状態を侵害するものであるとも説明される[50]。ただ，これは，元来適法な占有下にあった物を交付（不法原因給付）させること自体が犯罪として把握されることを述べるもので，民法上保護されない客体について刑法が財産的損害を肯定する根拠としては，不十分なところがあろう。

そこで，欺かれたために交付したときは，不法の原因が受益者のみに存するといいうるので，民法708条ただし書により不法原因給付とはされず返還請求権が認められることから，詐欺罪の成立も否定されるとする見解[51]がある。しかし，人を欺くことが直ちに不法原因の作出であるとはいいがたい[52]ので，708条ただし書を適用できるかどうかは疑問である。

民法学説上も，返還請求権の有無は諸事情の総合的な衡量によって決定されるという[53]。したがって，だまされて不法原因給付をした事例で，実質判断の結果，民法上の不法原因給付にあたるとされたのであれば，刑法上の財産保護の文脈においても，給付者・受給者の不法性を比較すれば，被害者側の不法が加害者側のそれを上回るということになるはずであるから，この場合にはもはや詐欺罪は成立しないものと解される[54]。

なお，売春行為後に，欺く行為によってその対価の支払を免れた場合には，売買春行為が公序良俗違反であって，そもそも対価の支払いを伴う契約が無効となるので，これにかかる債権は保護されない。したがって，不法性の衡量を行うまでもなく，2項詐欺罪の成立は否定される（札幌高判昭和27・11・20高刑集5巻11号2018頁）であろう[55]。

---

[50] 平野・220頁，高橋・336頁等。

[51] 大谷・284頁，西田・213頁。

[52] 山口・273頁参照。

[53] 佐伯仁志・道垣内弘人『刑法と民法の対話』（2001，有斐閣）43頁以下。

[54] 佐久間・224頁。また，松宮・266頁以下を参照。ただし，民法上の返還請求権の存否自体が実質判断による以上は，詐欺罪の成否は，それに直接連動させることは困難であり，刑法による保護の妥当性の見地からも判断することになろう。

[55] 平野・220頁，大塚・253頁，西田・213頁，高橋・337頁等。

15.7　電子計算機使用詐欺罪

　電子計算機使用詐欺罪（246条の2）は，246条に規定するもののほか，人の事務処理に使用する電子計算機に虚偽の情報もしくは不正な指令を与えて，財産権の得喪もしくは変更に係る不実の電磁的記録を作り，または，財産権の得喪もしくは変更に係る虚偽の電磁的記録を人の事務処理の用に供して，財産上不法の利益を得，または，他人にこれを得させた者を，10年以下の懲役に処するものである。
　本罪は，未遂が処罰される（250条）。
　本罪は，詐欺罪の特別類型である。機器に情報・指令を与え，本来意図されたのとは異なる動作をさせて財産権の変動を生じさせる行為は，人が介在しないため錯誤を中核概念とする伝統的な詐欺行為とはいえず，他方，電子取引で電磁情報の変更があるだけの状態では財物の占有が移転しないために1項詐欺にはあたらない。これらの事情を考慮し，詐欺不法利得罪（246条2項）の補充類型として電子計算機使用詐欺が規定された。もちろん，電子計算機が介在する場合でも，人の判断が財産に関する処分の如何を決するときには，246条の詐欺罪の成立が認められる。
　客体は「財産権の得喪・変更にかかる電磁的記録」である。「電磁的記録」は7条の2が定義する。電磁的記録の作出・変更により事実上財産権の得喪・変更が生じるものをいう。たとえば，銀行における預金者の預金残高情報は，その数値を変更することによって（もちろん本来的権利関係が変動するものではないが）預金額が変更されるものとして，本罪の客体となる。「虚偽の情報・不正な指令を与え」て「不実の」電磁的記録を作り，あるいは「虚偽の」電磁的記録を人の事務処理の用に供することが手段となる。虚偽・不実は，いずれも内容が真実に反することをいい[56]，作成の名義や権限の有無には関わらない。

---

[56] 本条の「虚偽の情報」とは，電子計算機を使用する事務処理システムで予定されている事務処理の目的にてらし，その内容が真実に反する情報をいうとされる（東京高判平成5・6・29高刑集46巻2号189頁）。この裁判例の事案は，信用金庫の支店長が個人的債務を支払うため，それに見合う現金の受入れ等がないのに電信振込依頼書を作成して為替係員に渡して，自己の口座に振込入金する電子計算機処理をさせたというものである。そして，係員に指示して電子計算機に入力させた振込入金等に関する情報は「虚偽の情報」にあたるとして，本罪の成立が認められた。電話交換システムに対し不正信号を送信して真実とは異なる料金着信払サービスを利用する通話として処理させてその旨の課金データファイルを作成させることにより，通話料金の支払を免れた行為について本罪の成立が認められた例もある（東京地判平成7・2・13判時1529号158頁）。

電磁的記録の不正作出および供用の行為は，161条の2によって処罰対象となっており，本罪とは保護法益を異にする。そこで，不正電磁的記録供用行為によって電子計算機使用詐欺が行われる場合には，両罪の構成要件該当性が認められて観念的競合となる。たとえば，銀行員が窓口端末機から架空の入金データをホストコンピューターに与え，預金元帳ファイルの預金残高を書き換えると，161条の2の罪と本罪（不実の電磁的記録を作った）とが成立し，観念的競合として処理される。また，窃取したクレジットカードの名義人氏名・番号等をインターネット経由でカード決済代行業者の使用する電子計算機に入力送信して，名義人本人が申し込んだとする虚偽の情報を与え，その購入に関する不実の電磁的記録を作成し，電子マネーの利用権を取得した行為は，本罪にあたるとされた（最決平成18・2・14刑集60巻2号165頁）。虚偽の電磁的記録を人の事務処理の用に供する場合の例としては，プリペイドカードの残額を不正に書き換えて，これを使用する場合が挙げられる。この場合，支払用カード電磁的記録不正作出・供用罪（163条の2）も成立し，本罪とは牽連犯となるであろう。

15.8 準詐欺罪

　準詐欺罪（248条）は，未成年者の知慮浅薄，または，人の心神耗弱に乗じて，その財産を交付させ，または，財産上不法の利益を得，もしくは，他人にこれを得させた者を，10年以下の懲役に処するものである。
　手段として「欺く」に至らない程度の誘惑行為が用いられるときに限る。未成年者等に対する場合であっても「欺く」手段が用いられていれば，246条を適用することになる。
　「心神耗弱」という文言は，39条2項（限定責任能力）でも用いられているが，それとは異なる意味であり，判例（大判明治45・7・16刑録18輯1087頁）によると，まったく意思能力を喪失するに至っていなくとも，精神の健全を欠き事物の判断に十分な普通人の知識を備えていない状態をいう。意思能力を欠く幼児や心神喪失者については，錯誤に基づく交付等を想定できないから，詐欺的手段が用いられたとしても窃盗罪として扱うべきである。

15.9　親族間の犯罪に関する特例

　251条により，詐欺の罪にも244条が準用される。財物の所有者・財産上の利益主体・財産上の被害者と，犯人との間に親族関係が必要であるが，だまされた者と利益主体とが異なる事例における「だまされた者」（財産上損害を受ける者ではない者）は，ここにいう被害者には含まないと解する。他方，だまされた者と処分行為者との間の親族関係は不要である。

■第16章■
恐喝の罪

16.1 恐喝罪

16.1.1 総　説

　恐喝罪（249条）は，人を恐喝して，財物を交付させた者を，10年以下の懲役に処し（同条1項），同じ方法により，財産上不法の利益を得，または，他人にこれを得させた者も，これと同様，すなわち10年以下の懲役に処する（同条2項）ものである。

　本罪は，未遂が処罰される（251条）。242条（他人の占有等に係る自己の財物），244条（親族間の犯罪に関する特例），245条（電気）の規定は，恐喝罪にも準用される（251条）。

　組織犯罪処罰法3条1項14号，同条2項に特別規定がある。

　恐喝罪は，暴行・脅迫を手段として相手を**畏怖**させ，それに基づいて相手方に財物を交付させ，あるいは財産上の利益を移転させる犯罪である。1項が財物を客体とする場合，2項が財産上の利益を客体とする場合で，法定刑は，詐欺罪と同様，10年以下の懲役となっている。

　強盗罪における「強取」の手段は明示的に暴行・脅迫とされているが，恐喝行為の実質も，上述のとおり暴行・脅迫であると解されており，この点で強盗罪と共通した性格を有する。そこで，恐喝罪・強盗罪それぞれの要件の相違を考慮する必要がある。犯罪の性質として，強盗罪が外形的にも実質的にも相手の意思に反する財産奪取を内容とするのに対し，恐喝罪では，瑕疵ある（自由な意思によるものではない）とはいえ**被害者自身の意思に基づく交付**（財産的処分行為）によって財産を取得するものであることが着眼点となる。瑕疵ある意思に基づく交付（処

分) を介する点では，恐喝罪はむしろ詐欺罪 (246条) と共通した構造を有している。したがって，強盗罪が相手方の反抗を抑圧するものであることから，2項強盗罪においても財産的処分行為は要求されないのに対し，2項恐喝罪では，財産的処分行為が必要とされる。

16.1.2 行　　為

(1) 恐　　喝

　恐喝行為は，広義では恐喝罪を構成する行為を全体としてさすが，条文において「恐喝して」と記述されているのは，財物・財産上の利益を供与させる手段としてなされる人を畏怖させるに足りる行為をいう。具体的には**暴行・脅迫**を内容とする。同じく暴行・脅迫を手段とする強盗罪と恐喝罪との区別は，手段としての暴行・脅迫の程度による。すなわち，恐喝は，相手方の反抗を抑圧するに足りる程度に達しない暴行・脅迫により相手を畏怖させることである。強盗行為について述べたとおり，用いられた手段の程度によって強盗と恐喝とが区別されるので，被害者側の反応 (畏怖の程度，交付・処分行為の存在) は，間接的に手段の如何を推認させる因子とはなるが，現に反抗抑圧されたとしても手段行為がその程度に達していたと決定的に評価することはできない。なお，恐喝罪が成立するとき，手段については恐喝行為として恐喝罪の評価に含まれているので，別途暴行罪・脅迫罪が成立することはない。

　脅迫とは，**害悪の告知**である。害悪の対象に脅迫罪 (222条) のような限定はなく，いわゆる広義の脅迫と解されるが，単に人を困惑させるような手段では足りず，財物の交付・財産的処分行為の前提となる畏怖をもたらすことに向けられている必要がある。告げられる害悪は違法なものに限られず，犯罪にあたりうる行為について刑事告発する旨の告知，マスコミの圧力利用などの場合も含まれる (最判昭和29・4・6刑集8巻4号407頁，犯罪行為を捜査官憲に申告することを告げた例)。虚偽の事実にかかる内容でも相手に畏怖心を生じさせる手段となり，相手の畏怖心に基づいて財物が交付されるような場合には恐喝罪が成立する (最判昭和24・2・8刑集3巻2号83頁)。暴行を加えて，財物を交付しないとさらに害悪が加えられるのではないかと畏怖させる場合も恐喝罪になる (最決昭和33・3・6刑集12巻3号452頁，警察の者だと嘘を言い，捜査のため綿糸を差し出せと告げて，もしこれに応じなければ直ちに警察署へ連行するかもしれないような態度を示して畏怖させた例)。

害悪告知の相手方は，財産の所有者・占有者に限らないが，財産を交付・処分させるための告知であるから，相手の人物は，その財産の処分が可能な権限・地位を有することが必要である。

（2）交付行為・財産的処分行為

恐喝罪においては，恐喝行為で惹起した相手の畏怖により瑕疵ある意思に基づく財物取得（1項）・不法利得（2項）が必要であるから，恐喝の相手方の財物交付行為・財産的処分行為が要件となる。ただし，交付や意思表示などの外形を呈することが決定的なわけではない。たとえば，反抗ができないわけではないものの怖がって反抗せずにいる状態が生じ，行為者が被害者から財物を奪うのを甘んじて受ける場合でも，恐喝罪となりうる。つまり，相手方の意思自由が完全に失われている場合は強盗罪となるが，黙認している状態で奪取する場合は恐喝罪である。財産上の利益を客体とする場合は，意思表示のように明確な処分行為が必須でないので，強盗罪と同様，その移転があったかどうかが問題になる。飲食代金の請求を受けた者が相手にその請求を一時断念させた以上，被害者側の黙示的な，少なくとも支払猶予の処分行為が存在すると認めた判例（最決昭和43・12・11刑集22巻13号1469頁）があり，このように不作為による処分行為とみられるものによっても財産の移転を肯定しうる。その判断は容易でないこともあろうが，詐欺罪の場合と同様，取引上，独立したものと観念できるような個別利益について，相当の期間にわたって事実上の回収不能状態を引き起こす性質をもつ作為・不作為が意識的に行われたか否かによって決定することになるであろう。

なお，2項とは異なり1項では第三者への交付の場合を明文で規定していないが，恐喝行為者と関係がある第三者に交付させる場合も1項恐喝罪にあたると解されている。

（3）既　　遂

恐喝罪は，未遂が処罰される（250条）。恐喝罪の実行の着手は，詐欺罪と同様，手段行為（恐喝＝暴行・脅迫行為）の開始時に認められる。恐喝罪の既遂時期については，財物に関する取得説の議論が，窃盗罪・詐欺罪等と同様に本罪にもあてはまる。また，恐喝罪の既遂を認めるためには，恐喝手段から相手方への畏怖を生じ，これに基づく交付・処分行為があり，財産的損害が生じるという一連の経過に，定型的因果関係（恐喝のゆえに畏怖して財物を交付するという関係）が存する

ことが必要である。仮に，財物の交付を受けたとしても，相手方が畏怖せず，たとえば憐憫の情から財物を交付したような場合には，恐喝未遂として扱うべきである。

16.2 権利行使と不法原因給付

16.2.1 権利行使と恐喝罪

　財物や財産上の利益を得る権利を有する者が，恐喝手段で財物・利益を取得した場合，手段が不当だということはあっても，財産についてだけいえば権利を行使したにすぎず，不法に利益を得たとはいえないように思われる。そこで，このときにも財産罪としての恐喝罪は成立するか，という問題がある[1]。

　判例は，恐喝罪の成立を肯定する。他人に対して権利を有する者が，その権利を実行することは，その権利の範囲内でありかつその方法が社会通念上一般に忍容すべきものと認められる程度を超えない限り，何ら違法の問題を生じないが，その範囲程度を逸脱するときは違法となり，恐喝罪の成立することがある（最判昭和30・10・14刑集9巻11号2173頁）というのである。事件は，**金銭債権**の取立ての際に恐喝手段が用いられたもので，この場合，債権相当額を超える部分に限らず，脅し取られた金銭全額につき恐喝罪とされた。

> **設例1**　暴力団員Xは，Aに1000万円を貸していたが，返済期限が過ぎてもAが借金を返さないので，A宅に行って，Aに対し「返さないなら力ずくで何か金目のものを持っていくぞ」と脅したところ，こわくなったAが返済金の一部の名目で50万円を出したので，Xはそれを受け取った。
>
> **設例2**　暴力団員Yは，Bに100万円を貸していたが，返済期限が過ぎてもBが借金を返さないので，B宅に行って，Bに対し「返さないなら力ずくで何か金目のものを持っていくぞ」と脅したところ，こわくなったBがそのとき金庫にあった現金全額500万円を出したので，Xはそれを受け取った。

---

[1] 詐欺罪の場合とは異なり，恐喝罪においては，手段たる脅迫自体が可罰的なため，財産侵害ではないとしても手段について暴行罪・脅迫罪の成立を肯定する余地がある。実際，判例も，権利行使の範囲であれば恐喝罪は成立しないが脅迫罪にはあたるとする態度をとっていたことがある。

一般的にみて，債務者の態度を含む諸事情によっては，返済を求める際にある程度恐喝的な手段が用いられても，取引上の相当性を有することが考えられ，他方，たとえ権利行使とはいえその実行の形態によっては，濫用として法による保護が与えられないこともあろう。しかも，最高裁判所が，端的に脅し取られた金銭という個別的財産の侵害をもって恐喝罪の成立を肯定したのは，財産的権利の裏づけを必要条件とせず，現実の財産状態を保護しようとするもので，本権説から占有説への移行と整合するともいえる。このような観点から，判例の処理方法は妥当なものであると考えられる。現在の判例は，詐欺罪において顕著なように，個別財産を即物的に把握する立場を採っているので，恐喝手段によって失われた（「脅されなければ交付しなかった」といえる）以上，権利行為であっても損害であるとする傾向が強まっているということができる。

もっとも，詐欺罪において強調されていた財産上の損害を実質的に考慮すべきであるとする主張は，恐喝罪においても妥当する。その上，損害を民事的な財産関係との関連でとらえるならば，権利行使の範囲内においては，客観的に，あるいは少なくとも債権債務者の関係において，保護に値する金銭（金額）の奪取があったとはいえず，財産的損害を肯定することはできないともいえる。ここから，恐喝罪の成立を否定する方向の解釈[2]も有力に主張されている。

結局，債務履行が問題になるような場面における恐喝罪の成否を判断する際には，本来の履行として捉えられる範囲のものであるかを，処分者の意思や履行期の如何なども含めて考慮し，実質的な財産的損害があったといえるかを判断するほかはないであろう。

16.2.2　不法原因給付と恐喝罪

不法原因給付物（民法708条）として返還を請求することができなくなる物についても，それを脅して交付させる場合には，諸般の事情から受給者の側より給付者の側の不法の程度が大きいと認められる場合には，恐喝罪が成立するものと解される。

虚偽事実を告げて脅すなど恐喝行為と詐欺行為が併用され，虚偽を信じて畏怖したような場合には，恐喝罪と詐欺罪とが観念的競合となると考えることもでき

---

[2] 中森・135頁以下，西田・227頁以下，林・165以下等。

るが，告知された害悪の内容が虚偽であっても畏怖心を生じさせるものであるときは恐喝とすべきことは前に述べたとおりであるから，行為の実質によっていずれに比重がおかれるかを判断するほかはないと思われる。なお，この点からも，不法原因給付物に対する恐喝罪の成立如何の問題は，詐欺罪と恐喝罪とで整合的になるように同様に解釈すべきである。

■第17章■
横領の罪

17.1　横領の罪総説

17.1.1　横領罪の類型

　刑法第2編第38章の「横領の罪」には，次の3類型が規定されている。第一は，他人から預かって自己が占有する物（財物）を横領する類型（252条）で，**単純横領罪**ないし**委託物横領罪**とよばれる。第二は，業務上，自己が占有する他人の物（財物）を横領するもの（253条）で，単純横領罪の加重類型にあたり，**業務上横領罪**とよばれる。第三は，占有を離れた他人の物（財物）を横領する類型（254条）で，条文見出しは「遺失物等横領」であるが，客体を一般的に表して**占有離脱物横領罪**とよばれることが多い。

　単純横領罪と業務上横領罪とは，客体・行為等は同一であり，客体の占有事情・根拠が業務上のものであるか否かが異なる。行為側からみると，行為者が財物を占有する根拠がある業務に従事する者であるか否かに依存することになるので，業務上横領罪は，業務者の身分ある者の委託物横領行為をその身分のない者の場合よりも重く処罰する類型であって，単純横領罪との関係で業務者の身分が加減的身分となっている，いわゆる不真正身分犯（65条2項）にあたる。これら委託物として行為者が占有している財物を客体とする類型に対し，占有離脱物横領罪は，他人の財物が行為者を含めていずれの占有にも属していない場合に，これを横領する類型である。

17.1.2　横領罪の性質・保護法益

　横領とは、「横取り」のことである。たとえば、AがBに渡そうとする物をXに託して代わりに渡してもらうという事例で、Xがそれを奪う状況を考えればよくわかるであろう。占有離脱物の横領は、文字どおりの横領とは少しずれるかもしれないが、客体を受領すべき根拠を欠く者が領得するという意味で、やはり横領に含まれる。いずれにせよ、横領罪の犯罪類型は、窃盗罪などの奪取罪とは異なり、他人の占有に属さない財物の領得を内容とする。すなわち、行為態様に他者の占有侵害という要素を含まず、したがって、横領罪は占有を保護するものではない。その保護法益は、**物に対する所有権**（ただし自己の物に関する252条2項の場合は別）だということになる。もっとも、委託物の横領罪（252条・253条）では客体に関する委託信任関係の存在が前提とされているので、所有権のほかに委託信任関係を保護法益に含んで理解すべきかは問題となる。また、252条2項の場合には、その前提として国の利益が関係する部分もある。他方、占有離脱物横領罪（254条）においては、委託信任関係も国家的利益も関係しない。

　やや理論的な関心が勝る問題であるが、横領罪の諸類型相互の位置づけについては、2つの考え方がある。財物の占有侵害を特徴とする窃盗罪との対比を重視すると、占有侵害のない犯罪の基本類型は、客体がいずれの占有にも属していない場合である占有離脱物横領罪とすることができる。この立場からは、行為者の占有下にある財物を客体とする場合を、客体の状況に関する条件が付け加わった類型と位置づけることとなるので、占有離脱物と委託物という対比で捉えられる。これに対し、委託を受けて自分が占有している物を客体とする、委託信任関係に背く犯罪としての性質を見出す立場からは、委託物横領罪が基本類型に位置づけられる。業務上横領罪はその加重類型であるから、加重されない基本類型である252条の罪は、単純横領罪といわれるのである。わたくしは、以下のような事情が横領の罪の基本的性格として重要であると考えるので、委託物横領罪を基本類型とする立場を支持する。

　本罪の法定刑の上限は懲役5年とされており、窃盗・詐欺・恐喝、各罪のそれの半分である。その理由としては、本罪が被害者の本来の意思に反する奪取罪でないこと、すなわち、被害者の委託に基づいて自らが占有する客体に対するものであることから「動機において誘惑的・手段において平和的」であるという事情が援用される。また、被害者側がともかくも自己の意思で受託者に物の占有を移

転しており，信頼したことにつきある種の自己責任を負うべき側面が認められる。こうした点を考慮すれば，委託物横領罪における違法性・責任[1]は，奪取罪に比較して類型的に小さいといえるであろう。

横領罪については，親族間の犯罪に関する特例が準用される（255条，244条）。家庭裁判所から選任された成年後見人が業務上占有する被後見人所有の財物を横領した場合，成年後見人と成年被後見人との間に親族関係があっても，244条は準用されず，量刑上酌むべき事情としても考慮されない（最決平成24・10・9刑集66巻10号981頁）。

17.2 横 領 罪

17.2.1 主　　体

横領罪（252条）は，自己の占有する他人の物を横領した者を，5年以下の懲役に処するものである（同条1項）。自己の物であっても，公務所から保管を命ぜられた場合において，これを横領した者も，これと同様，すなわち5年以下の懲役に処せられる（同条2項）。

244条（親族間の犯罪に関する特例）の規定が，横領罪にも準用される（255条）。

業務上横領罪（253条），遺失物等横領罪（254条）と区別される横領罪であり，単純横領罪ないし委託物横領罪とよばれることも多い。法定刑は，窃盗罪・詐欺罪・恐喝罪における上限10年に比して軽く，背任罪（247条）と同一である（ただし，背任罪では50万円以下の罰金が選択可能である）。その根拠は，上述したとおり，相対的に違法性・責任の小さい類型であることに求められる。

本罪は，自己が占有する物を領得する場合である[2]から，必然的に主体は，「他人の所有物を占有する者」（ただし252条2項の場合には「公務所から保管を命ぜられた自己の物を占有する者」）となる。この意味で，委託物横領罪は身分犯にあたる。252条の罪（単純横領罪）は，「占有者という身分」がなければ成立しない（構成的身分である）ので，身分の有無が犯罪を構成するか否かに関わる真正身分犯（65

---

[1] たとえば，西田・230頁参照。

[2] 委託者の受託者に対する信頼に背く点で背信的性格を有する。この点において委託物横領罪と背任罪（247条）とは共通するので，両者の区別が議論される。

条1項参照）である。「占有者という身分」は，占有の内容と不可分であり，客体の状況として述べる以下の説明を参照されたい。

　2項にいう「公務所から保管を命ぜられた場合」とは，公務所の保管命令があることをいう。「公務所」には，その構成員を含む。本項の客体には，差押えを受けていない自己の物と，差押えを受けても保管者の占有が認められる自己の物が含まれる。

17.2.2　客　体

(1) 物（財物）

　客体は「自己の占有する他人の物」である。「物」とは「財物」と同義に解され，不動産を含むが，横領罪関係では245条の準用がなされていないので，管理可能性説の立場から245条の有無にかかわらず電気を財物に含める見解を採らない限り，電気は客体とならない。財産上の利益は客体ではないので，民事上，「債権の占有」を有する場合に債権を行使して利益を得た場合であっても，横領罪にはあたらない。

(2) 委託信任関係

　客体は，自己（行為者）の占有下にあることを要する。この占有は，**委託信任関係に基づくものに限られる**。他人の所有する物がその占有を離れる原因を想定してみると，まず，所有者の意思に基づかずに，財物に対する犯罪によって自己の占有に帰する場合が考えられる。しかし，このような物は，盗品等としてこれにつき刑法上別の処罰規定があるので，本罪の客体からは除かれる。次に，元の占有者が認識しないままにその占有を離れた物は，未だ行為者の占有にも属さない物だけでなく，委託によらず偶然に行為者の占有に帰した物を含めて，占有離脱物に対する横領罪（254条）の客体とされている。そこで，所有者が意識的に占有を行為者に移転した場合，すなわち，委託されて占有する物のみが本罪の客体に該当することになる。委託信任関係は，契約・事務管理・後見・慣習・条理・信義則に基づくもの等が広く含まれる。事実上の関係で足り，また，保管（占有）自体を直接の内容とする委託に限られない。

(3) 不法原因給付と横領罪

不法原因給付（民法708条）がなされた物の領得が横領罪となるかについては，争いがある。肯定説は，判例（最判昭和23・6・5刑集2巻7号641頁）の立場で，第三者に贈賄するための金銭（上述・最判昭和23・6・5，大判明治43・9・22刑録16輯1531頁），密輸出のため金地金の買入れ資金として交付された金銭（大判昭和11・11・12刑集15巻1431頁），盗品売却の斡旋を依頼された場合の盗品の売却代金（最決昭和36・10・10刑集15巻9号1580頁）などを客体とする横領罪の成立が認められた。

肯定説の根拠としては，①民法上返還請求権のないことは所有権喪失を意味するわけではないこと，②返還請求ができなくても犯人以外の者の所有物（他人の物）にはあたること，あるいは，③民法上の所有権保護とは別に刑法上の所有権保護が必要であること，などが挙げられる[3]。

これに対し，否定説は，①肯定説が根拠として挙げる「返還請求権のない所有権」という考え方は，不法原因給付物について，反射的に占有者が所有権を取得するとされた判例（最大判昭和45・10・21民集24巻11号1560頁）によって否定された以上，行為者の占有物は自己の物にほかならないこと，②民事法上保護されない所有権を刑法で保護するのは法秩序の統一性を破ることなどを理由とする[4]。

このほか，振分け説ともいうべき考え方が提案されている。すなわち，贈与契約による物の移転の場合（上記民事判例）と委託として交付する場合（上記刑事判例）とに相違を認め，当事者間で終局的に事実上の処分権限を与える形で給付される場合にはもはや給付者側に保護に値する権利はないが，贈賄資金や違法な商品の購入資金として一時預けた場合は，いわば不法原因「寄託」であるとして不法原因給付とは区別する。そして，後者の場合には，給付者に刑法上の保護に値する所有権が留保されていると考え，給付物を領得するときには横領罪の成立が認められるとする説である[5]。

民法の文脈において，説明概念として給付と寄託という二分法がどの程度の説得力をもつかは別として，不法原因給付にあたるか否か自体が給付物の返還請求権を認めるべきか否かという観点からの実質判断の所産であるということは，既に詐欺罪・恐喝罪に関して[6]述べたとおりである。その上で，民法上の不法原因

---

[3] 藤木・340頁，佐久間・240頁等参照。
[4] 団藤・637頁，平野・224頁，山口・303頁，高橋・374頁，井田・305頁以下等。
[5] 林・151頁以下，西田・242頁，伊東・218頁等。林・149頁以下が述べるように，不法原因給付物に関する横領罪の成否如何は，詐欺罪・恐喝罪の成立如何問題と統一的に処理される。
[6] 15.6.2, 16.2.2参照。

給付にあたる（返還請求権が認められない）場合には，客体は，寄託すなわち給付の段階で既に所有権が移転したことになるという以上は，刑法の文脈においても，保護法益となるはずの所有権自体が存在しないことから，横領罪の成立は否定されるべきである。わたくしは，要保護状態の存在を論じる際に授受当事者間の関係，すなわち，委託者・受託者間の内部的関係において，いわば「物の処分権限行使の可能な状態」としての利益が委託者側に残るか，受託者側に移るかといった点に関する実質的考慮が必要だと考えるが，これも，不法原因給付にあたるか否かの判断の一要素となるであろう。この意味で，振分け説の内容をなす考慮は，民法上の権利義務判断の中に織り込まれるものと考える。

(4) 盗品等

盗品等を保管する行為は，盗品等保管罪（256条2項）で処罰される。これとの関係で，保管している盗品等を領得する行為が横領罪にあたるかが問題となる。判例には，盗品の運搬委託を受け，後に盗品であることを知って領得した場合に横領罪が成立するとしたもの（大判昭和13・9・1刑集17巻648頁）がある。しかし，犯罪となる保管にかかる委託信任関係を保護する必要はないので，横領罪の成立は否定されるべきである[7]。

なお，盗品等の保管・運搬中の盗品等の横領行為については，横領罪の保護法益が所有権だと解する以上，本来の所有者との間の委託関係が存在しないので占有離脱物横領罪の類型にあたる[8]といえるかどうかには，疑問がなくはないものの，わたくしも，基本的には妥当と考える。もっとも，盗品等の認識があり盗品等関与罪の成立が認められる限りは，軽い占有離脱物横領罪の事実についても盗品等関与罪で包括評価するべきである。

(5) 事実的支配と法律的支配

委託物横領罪における占有には，事実的支配だけでなく**法律的支配**を含む。これは，本罪の要件としての占有が，行為者の所有権侵害の可能性，あるいは占有状況の濫用の危険性の観点から規定されているからだと説明される。これに対し，窃盗罪の場合に問題となる占有は，財物の利用可能性を前提とした保護の対象，または，そのような支配状況を侵害するという行為態様を特徴づける因子として

---

[7] 山口・303頁，高橋・374頁。
[8] 山口・同上。

の「占有」であり、その観点から事実的支配と解されている。

　法律的支配をどのような場合に認めるかは、必ずしも一義的には定められないが、上述の趣旨から、客体の処分可能性・容易性が基準となる。代表的な法律的支配の形態とされているのが、不動産の登記である。すなわち、不動産の登記名義人（最判昭和30・12・26刑集9巻14号3053頁）には当該不動産に対する法律上の支配が認められる（未登記不動産については、適法に現実の占有を有する者に占有が認められる）。そこで、不動産を売却して他人に所有権を移転した後、所有権移転登記を経ない段階では、売主は、既に他人の所有に帰した不動産につき、依然として登記名義人が残るので法律上の支配を有することになる。この状態で、別の買主に対して当該不動産を売却するのが、いわゆる不動産の二重売買である。この場合、自己の占有（法律上支配）する他人の不動産を第三者に売却するという形で領得することになり、横領罪が成立する可能性がある。

(6) 預金による金銭の占有

　判例によると、銀行預金の預金者は、預金額相当の金銭についての占有が認められる（大判大正元・10・8刑録18輯1231頁）。預金は、民法上は消費寄託（民法666条）として現金の占有のみならずその所有権が移転する契約の一態様と解されるが、預金名義人は、預金額の範囲内で金銭を処分することができることから、金銭に対する支配を有するとされるのである。また、他人から預かった金銭を預金した場合には、それに対応する金額分の預金については、委託者（所有者）の所有権を認め、委託者が所有する金銭を預金者（預金名義人）が占有するという形で、当該預金を「自己の占有する他人の物」として把握することが認められてきた。いわば、預金について「金額」を対象とする所有権を措定することになる。

　もっとも、このような考え方が「銀行の金庫にある現金」について、自宅の金庫で保管されている現金と同様の利用可能性があるという意味で「事実的支配」を考慮するものか、預金者が法律上その処分が可能な地位にあるという「法律上の支配」として捉えるものかは、はっきりしない[9]。そもそも「債権」や「物」の定義からみても疑問である[10]し、銀行の現金準備高が預金残高に一致しないことは明らかであり、預金の占有という捉え方は所詮擬制にすぎない。

---

[9] 大谷・301頁以下は、金融機関は、払戻し手続がとられれば自動的に払戻しに応じるわけではなく、預貯金の事実上の支配力は金融機関にあるとする。

[10] 松宮・281頁。

17.2 横領罪

しかし，法律上の支配とは，法律上の権限に基づき事実上任意の処分が可能な状態を意味するものというべきである。法的権限のみを内容とするものではない。したがって，自宅や貸金庫に現金を保管する場合と実質的に異ならない程度に自由な現金化が可能な口座に残高があり，現に随時容易に現金の引き出しが可能な状態にあれば，預金相当額の金銭についての法律的支配（いわば「預金」による金銭の占有）を認めてよいのではないかと考える[11]。

他人の預貯金の通帳・印鑑を預かり，任意かつ預金の限度において包括的な出入の権限が与えられている者は，預金による他人の金銭の占有者とみられる場合があろうが，単に個別の預金引出しを依頼されたにすぎない者，預金の引出しに他人の承諾・承認を要する立場にある者は，占有者とはならない。

（7）誤振込金の占有

預金の占有に関連して**誤振込金の占有**が問題となる。すなわち，誤振込金の占有・所有関係について，銀行と口座名義人との間に有効な預金契約が成立するとした民事判例（最判平成8・4・26民集50巻5号1267頁），それを前提に，誤振込により預金口座に振り込まれた金銭を振込先口座の名義人が現金として引き出す行為が刑法上詐欺罪にあたるとされた判例（最決平成15・3・12刑集57巻3号322頁）との整合性である。

有効な預金契約が認められる以上，金銭の所有権が預金名義人に移転しているので，「預金による占有」を認める考え方を前提にすると，口座名義人が占有する預金相当額を契約上の権利者が引出す行為は，「自己の占有する自己の物」を取得するにすぎず，横領罪が成立する余地はないはずである。預金自体は有効であるが，誤振込であるがゆえに預金相当金額の所有権は移転しないということができるのであれば，振込人に所有権が残っている誤振込金額相当額の金銭を預金名義人が法律上支配している（他人の物を占有している）という図式になるので，預金引き出しによる現金の領得につき横領罪が成立する余地がある[12]。それでも，

---

[11] 西田・235頁，山口・295頁，高橋・362頁等。金銭は，価値表象物であって，特殊な場合を除き，特定物としての意義を有していない。本文に述べた「金額」というのは，金銭という財物のもつこのような代替性に基づき，量的概念である「金額」の水準で金銭の抽象化を認める意味で用いている。もっとも，「金額」の背後に具体的な「現金（通貨）」の流れを想定する場合には，やはり占有対象として預金残高総量に対応する現金準備がなければならないことになるであろう。わたくしは，金銭という財物の特殊な性質から，実体としての通貨でなく，量化された金銭を物として扱うという擬制が避けられず，それはそれとして合理性を有するものと考える。

誤振込によって振込人が預金名義人に委託したといえるかは疑問である。

　以上のところから，わたくしは，仮に誤振込金について口座名義人の占有を認めるとしても，それを委託信任関係に基づく占有とすることはできないと考える。横領との関係では，誤振込金は委託によらずに（預金として）口座名義人の占有に帰したと解する方が自然であるようにも思われる。しかし，誤振込によっても有効な預金契約が成立し，それに基づいて振込先口座名義人が法律上の占有を取得するのである以上，預金の占有取得は（少なくとも形式的には）振込人の行為に基づく必然の結果であって，誤配物のように占有離脱物に擬することは妥当でない。結局，委託物の横領にも占有離脱物の横領にも該当しないと考えざるをえない。わたくしとしては，誤振込金の引き出し行為に犯罪が成立するとすれば，消去法的になるが，名義人の払戻し行為を詐欺罪とする判例に従わざるをえないと考える[13]。

(8) 他人の物

　「他人の物」とは，他人の所有物を意味する。所有権の帰属は民法等によって定まるが，刑法上の保護法益，すなわち，権利に基づく権限行使可能な状態の有無の判断に際しては，民事法上の所有権につき，その要保護性を刑法的保護の見地から判断することが必要だと考えられている。

> **設例**　Xは，Aから封をしていない封筒にはいった現金30万円を預かるように依頼されて預かっていたところ，たまたま自己宛に代金引換の荷物が届いたので，この際に預かった現金30万円を支払い，荷物を受け取った。Xは，その後すぐに近所のコンビニエンスストアにある銀行預金の現金引出機を用いて自分の銀行預金口座から現金30万円を引き出し，元の封筒に入れておいた。

　物の他人性が問題とされた具体例に触れておく。

　まず，割賦販売における商品は（もちろん契約内容によるが），買主に引き渡された後も代金完済までは売主に所有権が留保されることが通常である。また，譲渡担保に供された物は，債務者が占有していても担保権者が所有権を有する。そこ

---

[12] 高橋・366頁は，誤振込口座名義人に預金の占有を認め，預金引出につき詐欺罪は成立せず，銀行の事実上の占有と競合する点については，預金者の支配力が優越するとした上，誤振込により受取人が占有を取得するが，引出により所有権をも取得するなどの理由で占有離脱物横領罪も成立しないので，結論として犯罪不成立とする。

[13] 15. 4. 1 (4) 参照。

新世社・出版案内　Dec. 2016

経済学新刊

読む マクロ経済学
井上義朗 著　　　　　　　　　　　　A5判／288頁　本体2,250円

マクロ経済学の原点であるケインズ経済学を主軸に，新古典派経済学との対比を絡めつつ，歴史に即した解説を試みる新しいスタイルのテキスト。今日的な問題意識からオープンマクロ，経済成長論，所得分配などのテーマを扱い，ひと続きのストーリーでマクロ経済学の基礎理論を説き明かした。理解確認の問題を節末・章末に挿入している。2色刷。

読む ミクロ経済学
井上義朗 著　　　　　　　　　　　　A5判／296頁　本体2,300円

ミクロ経済学はどのような考え方や思想を持つ学問なのか。そしてミクロ経済学の基本的理論とはどのようなものなのか。読みながらじっくりと考えていき，ひと続きのストーリーとしてスムーズに理解できるようにつくられた新しいスタイルのテキスト。着実な理解に配慮して，節末・章末に問題を設け，数学的基礎について補論を加えた。2色刷。

新経済学ライブラリ 4
新版 ミクロ経済学
武隈愼一 著　　　　　　　　　　　　A5判／416頁　本体2,980円

初級から中級へ的確に導くミクロ経済学テキストの新版。金融に関する議論を追加して新たに「証券市場」の章を設け，さらに随所に記述の補充を行い，説明の仕方や構成に工夫を施した。本文・図版の組版も一新し，一層の読みやすさを図った。ミクロ経済学への理解を深めることができ，大学院入学試験や公務員試験の対策に必須の書。2色刷。

ライブラリ 経済学コア・テキスト＆最先端 7
コア・テキスト 経済史 増補版
岡崎哲二 著　　　　　　　　　　　　A5判／208頁　本体2,250円

「制度と組織の経済史」をテーマとして読者を経済史研究の世界へと誘う好評入門テキストをアップデート。最近の研究内容をふまえて宗教と経済発展，制度と経済発展に関する記述を拡充したほか，「大分岐」と産業革命についての解説を追加した。2色刷。

法学新刊

ライブラリ 法学ライブ講義 4
ライブ講義 刑法入門
小林憲太郎 著　　　　　　　　　　A5判／264頁　本体2,200円

大学の「刑法入門」の講義を想定した入門書。刑法の基本原理と、総論、各論における解釈や議論について、やさしい筆致と著者自身の手による板書の図によって、わかりやすく解説。判例の引用は最低限に留め、他の文献や資料の参照は原則として必要とならないようにした。2色刷。

基礎コース［法学］5
基礎コース 会社法入門 第2版
田邊光政 著　　　　　　　　　　A5判／264頁　本体2,200円

初めて会社法を学ぶ学生・社会人に向けて、法の全体像と基本的仕組みを簡潔かつ明解に説く入門テキスト。第2版では平成26年改正への対応を中心に、近時の日本企業の状況の紹介も含めてアップデートを行った。2色刷。

新法学ライブラリ 13
商法総則・商行為法 第4版
田邊光政 著　　　　　　　　　　A5判／368頁　本体2,980円

制度や条文の詳しい解釈を展開した商法総則・商行為法の定評ある基本書の最新版。平成26年の商法改正をはじめ第3版刊行以降の法改正・制度変更に対応し、判例・文献を拡充して内容をアップデートした。

ライブラリ 法学基本講義 6-Ⅱ
基本講義 債権各論Ⅱ 不法行為法 第2版増補版
潮見佳男 著　　　　　　　　　　A5判／280頁　本体2,400円

幅広く好評を得てきた不法行為法テキストの最新版。2009年の第2版刊行以降に出された重要判例追加を中心に本文解説の拡充を行い、論点をクローズアップしたコラムを多数新設した。さらに巻末に民法改正法案における不法行為法関係の改正点をまとめ、概説している。2色刷。

グラフィック［法学］2
グラフィック 憲法入門 補訂版
毛利　透 著　　　　　　　　　　A5判／256頁　本体2,230円

左頁の本文解説部分に対し右頁に図表やコラムを配した左右見開き形式のレイアウトと2色刷で、これまでになくわかりやすい憲法入門書の最新版。安全保障関連法の成立や、初版刊行後になされた新判例について追加解説し内容更新を行い、一層の学修の便を図った。

経営学・会計学新刊

基礎コース［経営学］1
基礎コース 経営学 第3版
小松 章 著　　　　　　　　　　　　　　A5判／280頁　本体2,400円

「会社の一生」という構成に沿って，今日の企業経営において不可欠な論点を網羅しつつ経営学の全体像を描いた入門テキストの最新版。新ISO規格や，2014年の会社法改正等の制度改革に対応している。また財務分野の記述をよりわかりやすくし，初学者への理解を配慮した。2色刷。

マーケティング・オン・ビジネス
基礎からわかるマーケティングと経営
有馬賢治・岡本 純 編著　　　　　　　　　A5判／240頁　本体2,100円

マーケティングを学ぶ際に前提となる経営や企業活動の基礎知識を補いながら，マーケティングとビジネスの関連を意識して学ぶことができるよう工夫された，これまでにないテキストである。平易な記述により，基礎的な項目から専門トピックまで幅広く解説した。見やすい2色刷。

ライブラリ 経営学コア・テキスト 13
コア・テキスト 生産管理
富田純一・糸久正人 著　　　　　　　　　　A5判／256頁　本体2,400円

平易な記述により初学者でも生産管理の基本的な考え方を理解できるよう解説した入門テキスト。とくに全体最適の視点を重視して各領域の手法を説き明かした。生産システムを一つのフレームワークで捉えた視点は，実務家にとっても有用な内容となっている。2色刷。

ライブラリ 経営学コア・テキスト 別巻1
コア・テキスト 経営統計学
高橋伸夫 著　　　　　　　　　　　　　　A5判／208頁　本体1,900円

本書は，統計技法を平易に解説したテキストで，事例や設問にそって統計学の基本的な考え方を説明している。Excel利用も取り入れ，便利な統計技法も紹介している。データ分析を用いたレポート・論文の執筆や，資料作成に統計ツールを使いたい方の参考書としても最適の一冊。

ライブラリ ケースブック会計学 1
ケースブック 会計学入門 第4版
永野則雄 著　　　　　　　　　　　　　　A5判／240頁　本体2,000円

企業で現実に使われている事例を素材として，会計学の学習にリアリティを取り入れた好評入門テキストの最新版。2010年以降，国際会計基準を採用する企業も増えつつある状況を踏まえて各章におけるケースをすべて差し替え，本文解説も大幅に刷新・拡充した。読みやすい2色刷。

好評書より

入門経済学 第3版
井堀利宏 著　　　　　　　　　　　　A5判／368頁　本体2,550円

3色刷，明快な解説で初学者にもわかりやすいと好評の入門テキストの最新版。リーマンショック以降の経済状況の変化に対応し，統計データのアップデートを行い，財政再建や少子化など今日の日本経済が直面する問題について言及した。経済学の基本的な考え方についても丁寧に説明し，経済学部以外の読者でも読みこなせるよう配慮している。

ライブラリ 経済学ワークブック 1
ミクロ経済学ワークブック
アクティブに学ぶ書き込み式
岩田真一郎 著　　　　　　　　　　　B5判／256頁　本体2,400円

本書は，実際に手を動かして本に問題の解答を書き込んでいくことにより，「学ぶ実感」をもってミクロ経済学への理解を深めることができるよう工夫されたワークブックである。本書をやり終えて完成した「自分だけのミクロ経済学学修ノート」は，他のテキストにはない確実な説明を与えてくれることだろう。

ライブラリ 経済学コア・テキスト＆最先端 9
コア・テキスト 財政学 第2版
小塩隆士 著　　　　　　　　　　　　A5判／288頁　本体2,450円

基本的概念の紹介や理論的説明を通して，財政の動きが経済にとって，また私たちの生活にとって重要な意味を持つことを解説した好評入門書の最新版。統計データをアップデートし，制度に関する説明を新しい仕組みに適したものに改め，深刻化する日本の財政の問題を読み解く。2色刷。

ライブラリ 経済学コア・テキスト＆最先端 11
コア・テキスト 国際経済学 第2版
大川昌幸 著　　　　　　　　　　　　A5判／320頁　本体2,650円

はじめて国際経済学に触れる読者を対象とした好評テキストの改訂版。各章のデータの更新や新しいトピックスの追加を行いつつ，基本となる概念やモデルの解説についても，よりわかりやすいものとした。初学者でも無理なく読み通せるよう工夫された丁寧な説明で，より高度な学習に進むための基礎を身につけることができる。2色刷。

発行 **新世社**　　発売 **サイエンス社**

〒151-0051　東京都渋谷区千駄ケ谷1-3-25　　　TEL (03)5474-8500　FAX (03)5474-8900
ホームページのご案内　http://www.saiensu.co.jp　　　　＊表示価格はすべて税抜きです。

で，これらの物を占有者（買主・債務者）が領得する行為は横領罪にあたる。

次に，金銭は代替物であって，占有と所有との一致が原則とされるが，特定物としての金銭（例：封金）は，一般に寄託者に所有権があると解されているほか，使途を定めた寄託の場合には所有権は委託者に留保されるとする判例（最判昭和26・5・25刑集5巻6号1186頁）がある。もっとも，金銭の代替的性格により，特定物としての銀行券や貨幣など価値表象物自体の所有・占有関係は，相対的に重要性が減じるというべきである。そこで，たとえば，使途を定めて寄託された金銭を占有者が自己のために費消する場合に横領罪が成立するか否かは，自己の財産による補填可能性と補填意思を考慮して判断すべきであり，一時流用するとしても確実な補填可能性があり，行為者もその意思である場合には，横領罪の成立は否定すべきであろう[14]。設例の場合には，開封状態で預かった金銭でもあり，代替物たる金銭に対する不法領得の意思も認められないと解される。

このほか，上述のとおり，不動産の二重売買の事例では，売買契約および代金支払（引渡）によって所有権移転が認められた後，自己名義の所有権登記がある状態で行われる第二の売買は，自己の占有する他人の物の売却として横領罪にあたりうる。このとき，既遂に至るためには，第二買主に対抗要件が備わる必要があると解されている。なお，この場合の不動産の第二買主は，単純な悪意であるだけでは売主に成立する横領罪の共犯等にはならないが，背信的悪意者の法理により，民法177条の「第三者」となりえない場合には，売主（横領犯人）との間で共犯の成立可能性がある[15]。このほか，集金人が他人のために集金した金銭は，集金人が占有する「他人の所有物」であるから，集金人が着服すれば横領罪となる。

横領（事案は抵当権設定行為）された客体も依然として他人の物であるとして，同一物を後に売却した行為に横領罪を認めた判例（最大判平成15・4・23刑集57巻4号467頁）がある。これについては，いわゆる横領後の横領の成否として後述する。

17.2.3 行　為

(1) 横領行為

横領行為は，「不法領得意思の実現行為」であるとするのが判例・通説である。これを**領得行為説**という。不法領得の意思の定義は，判例（最判昭和24・3・8刑集

---

[14] 西田・238頁，山口・302頁，髙橋・372頁（なお376頁以下も参照）等。
[15] 髙橋・368頁参照。

3巻3号276頁）によると，「他人の物の占有者が委託の任務に背いて，その物につき権限がないのに所有者でなければできないような処分をする意思」である。処分は，法律行為（たとえば売却）でも事実行為（たとえば単純な費消）でもよい。また，窃盗罪について述べた不法領得の意思においては，権利者排除意思と使用処分意思とが考慮されたが，横領罪は占有侵害による使用処分可能状態の獲得を要素としないので，「権利者排除意思」は必要とされない。判例は，さらに進んで，横領罪の主体は既に事実上客体を使用処分可能な状況を有することから，領得罪と毀棄罪との区別も重要性が低下すると解するためか，財物に対する損壊・隠匿行為も横領行為に含まれる（最判昭和23・6・5刑集2巻7号641頁）としている。そうであるならば，自己に領得する場合だけでなく，自己と無関係な第三者に領得させるのも横領行為である。

　以上のような領得行為説に対し，横領行為とは，「寄託に伴う占有物に対する権限を越えた使用・収益・処分」だとする解釈（**越権行為説**[16]）もある。この場合は，与えられた権限を越えた行為が広く横領行為に含まれ，客体に対する領得意思は不要なので，損壊・隠匿，一時的使用などはもちろん，委託者（所有者）本人のためにする意思で行われる場合も横領行為となりうる。

　越権行為説は，委託物横領における背信的側面を重視する見解であるが，横領罪の基本的性格を背信と領得のどちらに求めるかといえば，本罪が領得罪であることは否めないであろう。領得行為説が妥当である。ただし，領得行為説によると，広く事実的行為が横領とされるので，その範囲が不当に拡大することに注意し，不法領得の意思の内容が拡散しすぎないように解釈されなければならない。

（2）横領罪における不法領得の意思

　上述のように，判例の定義する不法領得の意思は，窃盗罪等におけるそれと内容を異にしている。これに対し，不法領得の意思を横領罪の場合にのみ別異に解する十分な理由はなく，財産罪全般に統一的理解をすべきであるとする見解[17]も有力である。法定刑の差は，単純横領罪と器物損壊罪との間にはやはり存在するのであるし，性質上も毀棄・隠匿罪との区別は必要であり[18]，上述の昭和24年判例の事案は一時流用意図の場合であったことから利用処分意思に言及されてい

---

[16] 古くから主張される見解であるが，比較的近時のものとして，大塚・296頁，内田・364頁，川端・334頁。

[17] 西田・244頁，高橋・376頁等。山口・307頁は，「委託の趣旨に反した，物の利用意思」とする。

ないのであって、判例も最終的には自己が自由に使用処分することが意図されていることを要すると解して矛盾はないという。

　判例が、物を領得する意思の中に「委託の任務に背いて」「権限がないのに」といった規範的判断を含ませているのは、行為者には既に、委託に基づいて占有する権原までは与えられていることから、即物的な事実認識にとどまらない内容を含ませる必要があることを示している。横領罪における不法領得の意思のあり方が窃盗罪等と異なることには、合理的必然性があると思われる。

　出発点に戻って、領得について考えると、横領罪における不法領得の意思に関しては、より直接に、客体を自己の所有物とする意思として捉えるべきであろう。それは、具体的には、客体を自己の所有物として扱う意思である。したがって、実質的には他人の所有物に対して許されない処分を行う意思としている判例の定義は、理由のあるものであると思われる。ただし、端的な毀棄・隠匿が「領得」と相容れないことはいうまでもない。毀棄・隠匿が何らかの形で自己に利益をもたらすことを意図する場合に限るとすべきであろう。そうすると、窃盗罪等の場合に、使用処分意思として占有取得に伴い客体から何らかの利益を享受しようとする意思を要求することと大きく異ならない結論になる。横領罪における領得が占有侵害を伴う領得とは性質を異にすることも事実であるが、この限りでは、横領罪の場合を含めて財産罪一般にわたり、不法領得の意思を統一的に理解することが可能である。後述のように、領得行為説が横領行為の限定因子に乏しいことも考え合わせると、横領罪における不法領得の意思を使用処分意思の延長線上で把握する枠組として統一的理解を志向する態度に理があると思う。

（3）既　　遂

　横領行為は、不法領得意思の「発現」といわれることもあり、不法領得意思の表れとしての行為を開始することにより直ちに既遂に達する、いわゆる即時犯であって、未遂は問題とならないと考えられている（実際、未遂処罰規定はない）。ただし、不動産の二重譲渡の例では、第二買主への売却の意思表示だけでは既遂とされず、所有権移転登記が必要だと解されている。ということは、一般に、不動産の売買・抵当権設定など行為による横領の場合、登記や代金支払があるまでは、

18　いずれにしても、毀棄罪は占有侵害を要素とせず、既に占有されている物を客体とする場合も毀棄罪の構成要件には該当するのであるから、占有物の損壊行為を直ちにすべて横領罪とすることはできない。

未遂状態であるといえよう。

(4) 不当貸付

　横領行為にあたるか否かが問題となるものに、いわゆる不当貸付がある。金融機関の役員等が金融機関の資金につき一般的・抽象的には貸付の権限があるときに、本来貸し付けることのできない相手に対し貸付が行われた場合である。貸付が、本来の事務処理上認められた占有物に対する処分権限の範囲内における行為であってその濫用にすぎないとすれば、不法領得意思の実現行為とはいいがたく、横領行為にはあたらないので、このような場合は背任罪（247条）とすべきである。これに対し、権限が与えられていない処分を行うときには横領罪となる。判例（最判昭和33・10・10刑集12巻14号3246頁）では、その貸付が役員等の自己の計算で行われたものであるときには、自己に領得する形で行われたことになり、もとより権限外の行為であるから、横領罪を構成するとされている。

(5) 質権・根抵当権

　質権の範囲を超えた転質も横領行為になりうる（最決昭和45・3・27刑集24巻3号76頁）。抵当権設定仮登記がなされたことが領得行為にあたるとされたものとして、他人の所有であるが所有権移転登記が未了のため甲会社が登記簿上の所有名義人であった建物を、甲会社の実質的代表者として他人のため預かり保管していた者が、当該建物に係る電磁的記録である登記記録に不実の抵当権設定仮登記を了した場合には、電磁的公正証書原本不実記録罪及び同供用罪とともに、横領罪が成立するとした判例（最決平成21・3・26刑集63巻3号291頁）がある。仮登記とはいうものの、不実の登記により仮登記後に登記された権利について優先して主張することができる。この事実を前提として、不動産取引実務上、仮登記によって権利が確保されたものと扱われるのが通常であるから、仮登記を了したことは不法領得の意思を実現する行為として十分だとされたのである。

(6) 任務に背く

　判例（前掲・最判昭和24・3・8）は、不法領得意思の内容として「任務に背く」ことを要求している。一般に、もっぱら委託者本人のためにする意思である場合には任務に背く意思ではないので不法領得の意思が欠けるとされるのである（大判大正15・4・20刑集5巻136頁）。もっとも、純粋に委託者本人のため（だけ）であ

る場合に限るのは現実的ではない。委託者のためにする意思が「主たる意思」であれば足りるであろう。

なお，以前から判例には，行為の目的が違法である等の理由で委託者本人自身でも行いえない性質の行為を受託者が行う場合には，もっぱら委託者のためにする行為だとすることはできない，とする考え方が示されていた。たとえば，会社役員が会社の利益をはかるつもりで，会社の金を賄賂として交付する行為は，会社本人が贈賄行為をすることができない（禁止されている）以上，会社のための行為とはいえず，不法領得意思が認められて会社役員の横領となる。

しかし，近時の判例（最決平成13・11・5刑集55巻6号546頁，国際航業事件）は，これを修正し，自己の不都合を隠す意思もあったことも含めた諸事情に基づいて結論的には不法領得の意思の存在を肯定したものの，「当該行為ないしその目的とするところが違法であるなどの理由から，委託者たる会社として行い得ないものであることは，行為者の不法領得の意思を推認させる一つの事情とはなり得る。しかし，行為の客観的性質の問題と行為者の主観の問題は，本来，別異のものであって，たとえ商法その他の法令に違反する行為であっても，行為者の主観において，それを専ら会社のためにするとの意識の下に行うことは，あり得ないことではない。したがって，その行為が商法その他の法令に違反するという一事から，直ちに行為者の不法領得の意思を認めることはできないというべきである。」と述べた。

違法行為であっても経済的な意味で本人を利することはあり，違法行為を本人に帰することができないから行為者には本人のためではなく不法領得の意思があるとするのは，実態にそぐわないであろう。会社役員は自己に領得する意思ではないというべきである。

(7) 一時使用

客体を返還する意思がある場合（一時使用），それが金銭のような代替物でない場合には，不法領得の意思が認められる。内容自体に経済的価値があり，所有者以外の者が許可なく複写することが許されない機密資料をコピーの目的で許可なく持ち出した例で，所有者を排除しこの資料を自己の所有物と同様にその経済的用法に従って利用する意図が認められ，使用後返還する意思があったとしても不法領得の意思はある（東京地判昭和60・2・13刑月17巻1=2号22頁，新潟鉄工事件）。

17.2.4 「横領後の横領」

(1) 判例とその問題点

　横領行為の実質をめぐって，いわゆる「**横領後の横領**」を認めたと解される判例が問題となった。他人の不動産を占有する者が勝手に抵当権設定し登記を経た後，さらに同一不動産について売却などの所有権移転を行い，登記完了させたという事案である。第一の抵当権設定行為は，所有者でなければできない行為であるから，第一行為について既に横領罪が成立（登記に至れば既遂）する。そして，この横領罪は当該客体の「所有権侵害」を評価したものであるから，同一客体についての第二の売却行為は，もはや新たな法益侵害ではなく，共罰（不可罰）的事後行為となるはずである。ところが，最高裁判所（最判平成15・4・23刑集57巻4号467頁）は，起訴された第二の行為について横領罪の成立を肯定した。なお，この事件では，第一の行為について時効が成立しており現実には処罰可能性がないという事情もあった。最高裁の判断を基礎づける論理は必ずしも明確ではなく，どのように理解・整理するかが問題とされたのである。

(2) 第二横領の実行行為性

　まず，第二行為の時点では，第一行為によって委託信任関係が破られているので，第二行為が委託物横領罪にあたることはないとする考え方[19]がある。しかし，行為者側からは信頼関係を破っているとしても委託側の信頼は依然として存在するといえるので，これを無視するわけにはいかないように思われる。

　次に，抵当権設定行為が客体財物に対する価値を完全に領得するものではないのに対し，売却行為は全体的価値の領得であるから，第二行為は新たな法益侵害にあたる，すなわち，第一行為の横領罪成立により第二行為による法益侵害が評価され尽くすものではない，という構成[20]も考えられる。しかし，抵当権設定行為も横領行為であるという前提を維持する限り，抵当権設定により売却等と同じ侵害を肯定することにならなければ一貫しない。また，このような考え方は，第一行為を不動産の利用，すなわち抵当に供するという「価値」の取得にすぎないと捉えることになる。これを前提に，抵当権設定行為が単独で横領罪を構成すると解するならば，それはいわば「利益横領」を処罰するものであって，法の趣旨

---

[19] 判例変更前の最判昭和31・6・26刑集10巻6号874頁は，このような思考に基づくとされる。
[20] たとえば，高橋・384頁以下。

に反するであろう。ひるがえって，これを根拠に抵当権設定行為は領得行為にあたらないとすれば筋は通るが，勝手に抵当権を設定するのは，実質的に領得行為とするに足りる所有権侵害であると思われるので，前提として受け入れがたい。

(3) 所有権侵害の特性

この問題は，共罰（不可罰）的事後行為[21]，ひいては罪数に関する理解にも関係する難問である。わたくしは，第一行為が部分領得であり第二行為が全部領得であるという思考は，上述のような矛盾を含むので妥当でないと思う。ただし，第一行為による「法益侵害状態」それ自体が，ある事実に対する法的評価にほかならないことは注意すべきであろう。所有権は，対象物に対する包括的な権利であり，所有権に由来する重要な権能の一部が欠ければ所有権は侵害されたと評価される。つまり，全部でなくとも重要な部分が欠ければ，既に所有権は全体として侵害されたのである[22]。他方，所有権が包括的であるからこそ，所有権侵害にあたる行為も多様であり，ある具体的・現実的事態においては，いったん侵害された形の所有権に由来する重要な権限行使の可能性を奪う行為が残存し，所有権侵害行為の後にさらにそれ自体も所有権侵害行為と評価される後行行為がありうる。たとえば，抵当権設定が行われた後に，売却行為を事実上行うことができる。横領物に対してさらに横領行為と評価される行為が行われ，それを単独にみれば十分に横領罪の構成要件該当性が認められる可能性が残るのである。その限りで，横領後に同一客体を横領するという事態はありうるのであって，第一の行為と第二の行為のいずれもが横領罪の構成要件に該当することは矛盾ではない。

しかし，実際に，両方を横領罪として処罰することは同一の客体に対する侵害の重複評価となって許されない。それぞれが単独で構成要件に該当するが，同一客体に対する同一法益侵害であって構成要件該当評価を一個にすべき場合であるから，包括して一罪とすべきである。もっとも，時効等により一方の行為が処罰されず，他方の行為のみを処罰することになる場合には，そのいずれも構成要件に該当する以上，それを横領罪として処罰することが可能であると考える[23]。こうして，平成15年判例の結論を支持することができる。

なお，自己の占有する財物の所有者に対し詐欺的手段を用いて，その財物の返

---

[21] これは，後述のとおり包括一罪の範囲の問題である。松宮・283頁参照。
[22] 「占有」も所有権に基づく重要な権能であるが，刑法上は，物の事実上の使用可能性を外形的に保障する前提状況として別途保護の対象としているものと解される。

還を免れる行為については，横領罪が成立するのであって，詐欺罪は成立しないと解されている[24]。

17.3 業務上横領罪

17.3.1 業務上横領罪の性格

業務上横領罪（253条）は，業務上自己の占有する他人の物を横領した者を，10年以下の懲役に処するものである。

244条（親族間の犯罪に関する特例）は，本罪について準用される（255条）。

業務上横領罪の法定刑は，単純横領罪に比して加重され，その上限は，窃盗罪・詐欺罪・恐喝罪と同一である。

業務上横領罪の主体は，「業務上他人の物を占有する者」である。「業務上他人の物を占有する」という身分が要件となる。これは，単純横領罪にいう他人の物の占有者という身分と，業務者という身分とが重なる身分である。業務上の占有者としての身分は，単純横領罪との関係では刑の軽重に関わるので，業務上横領罪は，単純横領罪との関係では，業務者を主体とする加重類型である。すなわち，業務者であること自体は加減的身分（65条2項参照）になるが，252条にいう他人に物の占有者という構成的身分の要素を包摂している。

身分に関することがら以外の要件は，単純横領罪のそれと共通するので，詳細は，17.2を参照されたい。

---

[23] 第二行為を共罰的事後行為として理解すべきか，あるいはそもそも共罰的事後行為とはどのようなものであるかについては議論のあるところである。わたくしとしては，共罰的事後行為自体を広義の包括一罪と理解するのが妥当であると考えるので，包括一罪関係と解しても本質的な差はないことになる。

なお，この考え方は，第二行為が第一行為の構成要件該当性評価が包摂する範囲に含まれるかではなく，各行為の構成要件該当性を前提に，包括的評価の当否を判断するものである。たとえば，横領行為後にその同一客体を毀棄する行為が行われたときには，先行して横領罪が成立する以上別に毀棄罪を構成することはないが，先行する横領罪が処罰されないという事情があるときは，毀棄事実の部分が構成要件に該当する以上，これのみを独立に評価して，毀棄罪の成立を認めることはさしつかえない，と解される。

[24] 西田・248頁，山口・313頁，高橋・386頁等。

17.3.2　業務の意義

業務とは，ここでもまず，「社会生活上の地位に基づき反復・継続して行われる事務」であるが，それが委託に基づく占有の根拠となっている必要があるので，本罪においては，さらに「他人の物の占有・保管を内容とするもの」であることを要する。もっとも，物の占有・保管を直接の対象とする業務に限らず，そのような内容を付随的業務として含むものであれば本罪の業務にあたる。

なお，業務者の行為について加重処罰する根拠は，とくに身分犯の共犯に関する65条の解釈上，業務者の身分が違法身分であるか責任身分であるかが重要になることもあって，議論がある。わたくしは，基本的には，業務上の占有に関係する場合には，法益侵害が類型的に大きくなること，反復可能性があることなどから，単純な占有の場合より業務者の行為は類型的違法性が大きいと考える。

17.3.3　業務上横領罪に関わる共犯

業務上占有者の身分は，単純占有者との関係では加重の根拠となる身分であるが，非占有者との関係では，占有者の身分と業務者の身分という二重の身分犯の形になっており，身分犯の共犯の取り扱いに関し議論がある。ここでは，身分犯の共犯についての一般論は措いて，「構成的身分がない者にも構成的身分犯の共犯が成立する。加減的身分犯においては，身分のない者には通常の刑を科する。」という65条の処理を文字どおりに行おうとする判例および伝統的な通説の立場から考える。まず，非占有者が占有者に加功する類型では，占有者であるか否かが犯罪を構成すべき身分（構成的身分）であるから65条1項により横領罪の共犯とされる。（業務者でない）占有者と業務上占有者との共犯の場合には，業務上占有者が業務上横領罪で処罰され，非業務者には単純横領の刑（これが「通常の刑」となる）を科すことになろう（65条2項）[25]。次に，非占有者と業務上の占有者との共犯の場合にも，非占有者との関係では業務上占有者の身分が構成的身分（65条1項）にあたることから，同様に業務上横領罪の共犯と解することになり，ただし非占有者は65条2項により単純横領罪の刑を科すべきであるとするのが判例（最判昭和32・11・19刑集11巻12号3073頁）である。

---

[25] 条文は，「刑を科す」となっているが，身分をもたない者には，通常の刑を科す前提としての「犯罪が成立する」と解されるので，業務者でない者には単純横領罪が成立することになる。

17.4 遺失物等横領罪

17.4.1 占有離脱物横領罪

遺失物等横領罪（254条）は，遺失物，漂流物，その他，占有を離れた他人の物を，横領した者を，1年以下の懲役または10万円以下の罰金もしくは科料に処するものである。

244条（親族間の犯罪に関する特例）は，本罪について準用される（255条）。

254条の条文見出しは，遺失物等横領であるが，客体をより一般的に規定して，占有離脱物といわれることが多いので，本書では占有離脱物と表現する。法定刑は，罰金のほか科料が選択可能である点において，他の横領類型に比して格段に軽い。一般に，領得罪は毀棄罪に比して重く処罰されるが，本罪の法定刑は，器物損壊罪（261条）より軽い。

本罪は，占有侵奪が存在しない類型であると同時に，委託信任関係の侵害という要素を欠く点で，委託物横領罪と区別される。たとえば，落し物を黙って着服する「ねこばば」のような行為を対象とするものである。

17.4.2 客　体

本罪の客体は，「占有を離れた他人の物」である。遺失物・漂流物は，その例示（例示列挙）である。占有者の意思に基づかずにその占有を離れ，未だ何人の占有にも属さない物（最決昭和56・2・20刑集35巻1号15頁，逃走した家畜の例）や，委託関係に基づかないで自己の占有に帰した物（大判明治43・12・2刑録16輯2129頁）が含まれる。誤配郵便物も本罪の客体となる（大判大正6・10・15刑録23輯1113頁）。領得対象物の所有権の帰属先が明確である必要はなく，故意としては他人の物であることが認識されていれば足りる。ただし，無主物は保護されるべき法益が考えられないから，本罪の客体には含まれない。

17.4.3 行　為

本罪においても行為は「**領得**」（不法領得意思を実現する行為）である。他人の占

有を離脱し，自己の占有にもない客体については，不法領得意思をもって自らの支配下におくこと，すなわち占有を取得すること自体が横領行為になる。路上に落ちていて誰の占有にも属していない物については，領得するつもりでこれを拾得したならば占有離脱物横領罪が成立することになる。既に，自己の占有に帰している場合には，単純横領罪の場合と同様に，本来の所有者でなければできない処分を行うことが領得行為である。

　なお，上述のとおり，いわゆる誤振込金については，金銭の元の所有者（振込人）の意思によらず自己（振込口座名義人）の占有に帰したとして占有離脱物と解する余地もあるが，本条に例示されている遺失物・漂流物とは相当に性質を異にすることは否めない。そもそも，占有離脱とは事実上の支配からの離脱を想定するものであろう。瑕疵あるものとはいえ法律行為により法律上の支配を取得する場合を同列に論じることができるかには疑問がある。判例が，誤振込金が銀行の占有に帰するとの判断をした上，名義人による現金引き出し請求を欺く行為とみて銀行に対する詐欺罪の成立を認めたことは，上述のとおりである。

■第18章■

背任の罪

18.1 背任罪総説

18.1.1 背任罪の罪質

(1) 信任関係の毀損

　背任罪（247条）は，他人のために，その事務を処理する者が，自己もしくは第三者の利益を図り，または，本人に損害を加える目的で，その任務に背く行為をし，本人に財産上の損害を加えた者を，5年以下の懲役または50万円以下の罰金に処するものである。

　本罪は，未遂が処罰される（250条）。242条（他人の占有等に係る自己の財物）・244条（親族間の犯罪に関する特例）・245条（電気）の規定は，背任罪について準用される（251条）[1]。

　なお，会社法960条–962条に特別背任罪の規定がある。

　法定刑は，単純横領罪（252条）とその上限を同じくするもので，窃盗罪等の10年より軽い。

　他の財産罪が個別財産に対する罪であるのに対し，背任罪は，**全体財産**に対する罪と解されている。すなわち，本人の財産状態が全体として悪化することが必要であり，一方で損害があっても，他方で相応の見返りがあるときには損害とはみられない。

---

[1] もっとも，財物を客体とする背任罪の成否については，後述するような議論がある。

設例1 A金融会社の代表取締役Xは，個人的な弱みを握られているB社社長Yに依頼され，返済される見込みがないことを知りながら，A社からB社に無担保で多額の融資をした。

　設例1において，Xは，返済される見込みが薄い上に，無担保でA会社財産をB社に貸し付けているので，A社の全体財産はこの時点で既にマイナスとなっているということができるであろう。

　背任罪の条文は，「詐欺の罪」の章（刑法第2編第37章）に規定されているが，詐欺罪が取引の相手方を欺くのに対し，背任罪では，信頼されて事務処理を任された者が，その信頼に背いて事務処理を任せた本人に財産的侵害を与えるという構造になる。背任罪の場合には，本人（行為者に自分の事務処理を任せる者）と行為者との間の内部的な信任関係を破るものであり，この点でむしろ横領罪と共通する性質を認めるのが今日の一般的理解である。

（2）背信説と権限濫用説

　背任罪の本質を上のように解する立場は，**背信説**とよばれ，判例・通説となっている。つまり，背任罪は，本人との信頼関係への違背（任務遂行上の誠実義務違反）に基づく財産侵害，という意味で背信的犯罪であると考えるものである。背信説の立場からは，信任関係に背く限り，法律行為のほか事実行為を含めて背任行為にあたり，本人との間でも，第三者との間でも背信的行為は認められる。したがって，背任行為は，本人の財産を毀損するような第三者との取引といった対外的行為だけでなく，本人と行為者との間の行為であっても背任罪の実行行為たりうる。

　これに対立する見解として**権限濫用説**がある。この説は，背任を代理権限の濫用と捉えるものである。すなわち，背任罪の行為は，法的な代理権が与えられている者がその権限を濫用するものだとされる。そこで，背任行為は，対外的な代理権行使として行われる法律行為に限られることになる。しかし，背信説の立場からは，帳簿のごまかしのように，内部的行為かつ事実行為であっても，任務に背いて本人に損害を加えるものとして処罰の必要性はあるのではないかという指摘がある。もっとも，逆に，権限濫用説からは，「背信性」という価値的・実質的判断に依存する上に，背任行為として事実行為も広く包含する背信説によると，背任罪の成立範囲が無限定になるおそれがあると批判されるのである。

そこで，信任関係違背と権限濫用とを本質的要素としつつ，その権限濫用には，対外的代理権限の濫用だけでなく本人との間で認められる内部的権限の濫用を含めて背任行為にあたると解する見解も有力である。この**背信的権限濫用説**[2]とよばれる見解によると，事実行為を含め，権限「濫用」であれば背任行為になり，権限「逸脱」（権限のない行為）は背任行為には含まれない。ただし，この説に従えば，権限逸脱行為として財物領得が行われた場合には，背任罪とはならないが横領罪の成立が認められることになるが，権限逸脱により本人に財産上の損害を与えた場合には，背任罪は成立せず，財物を客体としないので横領罪も成立しないことになって，処罰の間隙が生じるという不都合がある[3]。

（3）背信説の限定的解釈

たしかに，背信説から背任行為が無限定に拡大することを避けることは重要である。その限りでは，背任罪においては横領罪より高度の信頼関係が問題になるのだとする見解（**限定背信説**[4]）には説得力がある。もっとも，事務の前提となる信頼関係は多様な因子に左右されるはずであって，このような思考により要件論として限界が明確になるとまではいえないであろう。また，背信性の判断には，信頼関係の強さ（高度の信頼関係）だけでなく行為自体の性質も影響するはずである。背信の前提となる信頼関係に決定的な意義を与えることには消極的にならざるをえない。さしあたり，わたくしは，背信説の立場に立った上で，要件解釈を厳密に行うことが妥当であると考える[5]。

18.1.2 背任罪と横領罪との区別

（1）判　例

権限濫用説が主張される主要な根拠のひとつは，事実的取得を内容とする横領

---

[2] 大塚・317頁，藤木・354頁，佐久間・251頁等。
[3] これは，「権限」に基礎をおき，その濫用を背任行為と捉えることから帰結する問題である。したがって，行為者に与えられている事実的権限を含めて本人との信頼関係を具体的に考慮する見解（新しい権限濫用説，内田・345頁等），あるいは，法律行為によって財産を処分するという（対外的ではなく内部的な）意思決定に関する権限の行使が本人に不利益な決定であるときに任務違背にあたる，とする見解（意思内容決定権説，上嶌一高『背任罪理解の再構成』（1997，成文堂）245頁）も主張されているが，同様の問題が指摘できる。
[4] たとえば，林・267頁以下を参照。
[5] 山口・319頁，高橋・394頁参照。

罪と法律的権限の濫用である背任罪とを質的に区別する点にある。これに対し，背信説は，横領罪と背任罪という「背信的犯罪」の共通性を含意するところから，両罪の区別に関する議論を避けることができない[6]。

この点に関する判例の基本的姿勢は，端的に不法領得の意思があるときは横領罪にあたるとするものである。ただし，その際，本人の名義または計算で行われる行為は背任であり，自己の名義・計算で行われるときは横領となる（たとえば，最決昭和40・5・27刑集19巻4号396頁）という基準がしばしば用いられる。「本人の名義・計算」が意味するところは必ずしも明確でないが，本人の名義・計算で行われるときは，あくまで本人から任された行為として行われるのであって，権限の範囲内とみることができる。他方，自己の名義・計算で行われるときは，本人から任された事務に関連する財産を自己にいったん領得する形，あるいは，自己の処分として行う形になるので，領得意思の発現とみられる。なお，この際に問題とされるべきは，行為の名目ではなくその実質的な意味であるから，名義よりは経済的実質における「計算」が考慮されるのが本来であろう。

名義・計算による区別をする判例は，背信的権限濫用説に近い考え方だと理解することができる。もっとも，財物を客体とする事例でなければ両者の区別はそもそも問題にならないのであり，権限「濫用」と「逸脱」とが一般的な区別の基準とされているとまではいえない。実務的には，まず事案が「財物」の「領得」（その反面の財産損害）の場合であれば横領罪とした上で，「財産上の利益」を客体とする場合，または「財物」を客体とするがその自己への「領得」ではなく加害にあたる場合を背任罪とする，とまとめることができるであろう。したがって，特別関係の法条競合を認めることに帰着するものといえる。

（2）学　　説

背信説を基本とした上で横領罪と背任罪とを区別する基準については，代表的な考え方として次の3つがある。第1説は，財物を自己のために領得する場合が横領であり，それ以外の場合が背任であるとする[7]。第2説は，財物に対する罪

---

[6] 現実に両罪の区別が問題になるのは，横領罪が財物に対する罪であることから，背信的行為により物の領得が行われる事例に限られる。すなわち，背任行為によって（または背任行為それ自体として），行為者が占有する本人の所有物が領得された場合である。このような事例では，本人の所有物を領得することは委託の趣旨に背く権限逸脱であることが通常であり，横領罪の成立が認められることが多いであろう。したがって，まず横領罪の成立如何を検討するのが実際的である。

[7] 平野・231頁，西田・266頁，山口・333頁，高橋・410頁等。

が横領であり，財産上の利益に対する罪が背任である（特別法と一般法という法条競合関係）とする[8]。第3説は，権限の範囲外の財物処分が横領であり，権限の範囲内の財物処分が背任である（択一的法条競合関係）とする[9]。

　第1説は，横領罪の領得罪としての性格を指摘し，背任は領得に限られない点で区別しようとするものである。第2説は，財物罪と利得罪という，1項犯罪と2項犯罪に相当する類型と解するものである。ただし，法文上，横領罪が物を客体とするのに対し背任罪がその限定をしていないので，背任罪が一般法であり，物を客体とする場合の特別法が横領罪だと解することになる。区別の方法としては明確であるが，これも，規定の実質，法文の構成，条文の配置など，現行法の解釈として無理があることは否定できない。第3説は，権限の濫用と逸脱とを標準とする点で背信的権限濫用説に接近する考え方であるが，両罪の重複を前提とする議論ではなく，事実を択一的に評価可能にする点において区別は明確になる。ただし，上述のとおり，財産上の利益を客体とする権限逸脱侵害行為は，背任罪で処罰されるものと考えなければならない。

　わたくしは，罪質に関する上述のような考察に基づき，背任罪にあたる行為のうち財物に対する横領が特別類型の地位を占めるという意味で特別法にあたると解する。したがって，第1説を支持する。背任罪は，全体財産に対する背信的犯罪としての包括性を有する。横領も背任行為の一種とみられるが，本人の財物を他人に委託して適切な管理をさせている場合において，行為者がその財物を領得することによって本人に財産的損害を与える行為がとくに横領罪として規定されている（特別関係法条競合）ものと解することができるであろう。

　なお，刑法の背任罪に対しては，会社法上の特別背任罪（会社法960条以降）が顕著な特別類型となっている。会社法の特別背任罪は，刑法の背任罪との間で，一般法と特別法の関係にあり，特別背任罪が優先して適用されると解されている。

---

[8] たとえば，西原・233頁参照。
[9] 福田・286頁，大塚・320頁，佐久間・251頁等。

18.2 主　体

18.2.1　他人の事務

　背任罪の主体は，「他人のためその事務を処理する者」（以下，事務処理者という）である。この意味で，主体が事務処理者に限られる身分犯（真正身分犯）である。

　背信説によると（権限濫用説とは異なり），事務は，法律行為の前提となる法律上の代理権を与えるものである場合に限られず，本人との間の内部関係として委託されていれば足りる。ただし，それは，「他人の」事務であることを要する。債権債務関係がある者相互において，債務の履行（たとえば，売買における目的物の引渡し・代金の支払）という事務が処理される場合，債務者が債権者のために事務を処理する者にあたるようにみえるが，債務の履行は，債務者の「自己の事務」であるから，背任罪の前提となる事務には含まれない。一般的にいって，債務不履行自体は，債権者に対する背任罪を構成しない。

　既に述べたとおり，判例・通説によると，不動産の二重抵当は，第1抵当権者に対する背任罪を構成する（最判昭和31・12・7刑集10巻12号1592頁）。「二重抵当」とは，自己所有の不動産に抵当権を設定する契約をしたもののその登記をしない状態で，さらに別の抵当権を設定し，第2の抵当権について先に登記を完了したような事例である。抵当権設定行為につき背任罪を認めるということは，抵当権設定者が第1抵当権者を本人とする他人の事務を処理する者にあたると解していることになる。これに対しては，**他人の事務**とは，「本来その他人がなしうるものでこれを行為者が代わって行うものである」というのが基本的な解釈であり，抵当権設定者が書類をそろえるなど登記完了まで抵当権者に協力する任務は「他人のための」任務であるとしても「他人の」事務ということはできないという疑問がある[10]。しかし，法律的に厳密にいえばそのとおりだとしても，登記が抵当権者の権利主張の機能を有するのが現実であることから，抵当権設定登記事務は実質的に他人の事務で（も）あると考えることができるであろう[11]。

　比較的最近の判例には，株式に質権を設定した者は，質権の目的である株券を質権者に交付し，質権者に第三者に対する対抗要件を具備させた後も，当該株券

---

[10]　平野・229頁，山口・323頁以下参照。
[11]　西田・257頁，高橋・396頁。

を質権者のために保全すべき任務を負うとして，株券を紛失したとの虚偽の理由で除権判決の申立てをして株券を失効させ質権を喪失させた行為に背任罪の成立を認めたもの（最決平成15・3・18刑集57巻3号356頁）がある。株券を失効させずに株券として保全することは，質権を設定した者の事務ではあっても，質権者（他人）の事務ではないはずであるが，質権設定者において質権の実質を維持することが，他人の事務だとされたことになる。

18.2.2　信任関係

　他人の事務を処理するに至る原因は，本人との内部関係において委任された事務であって，本人との間に**信任関係**があることが必要である。背信説の立場からは，対外的な代理権という法的権限は必要でなく，本人の事務を処理することに対する信任関係が問題である。契約による信任が典型である。法令により事務を処理すべき地位におかれる場合を含め，慣習や事務管理による場合等，必ずしも明示的な委託や信任が行われないときでも，当事者間に行為者が事務を引受けることについて共通認識があれば，誠実に事務を処理すべき関係としての信任関係を認めることができるであろう。
　事務は，一般的な職務の範囲ではなく，事務処理者が自ら担当すべき事務として委任された範囲で考慮すべきであろう。会社のように分業的な組織において，職員として職務上の秘密を洩らさないことは委託事務には含まれず，秘密情報管理事務を委託された場合にその情報管理が委託事務となる。

18.2.3　事務の内容

　事務の内容は，財産に関するものに限られない（たとえば，医師による診療を含む）とする見解もある。しかし，本罪が背信的事務処理により本人に財産上の損害を与えることを内容とする財産罪であると理解する限り，財産的利益を含む事項に関する事務であると解するのが妥当である。また，この事務は，「他人の事務を処理する」という文言や，全体財産に対する罪としての位置づけなどの総合的考慮から，ある程度包括的で裁量の許された事務であることを必要とするものと解するべきであり，単に個別的な事務を委託された者や機械的な事務に従事する者は事務処理者からは除くべきであろう。この意味では，「抵当権者のために

登記に協力する」事務（前掲・最判昭和31・12・7）や，「質権者のために株券を失効させない」事務（前掲・最決平成15・3・18）は，上述のとおり「他人の」事務であるとしても，「包括性・裁量性」のある事務かという点で問題がある。包括的で裁量の許された事務に限るとする立場からは，このような事務は背任罪の前提となる事務には含まれないと解するほかはないであろう。

しかし，判例は，必ずしもそのような点を重視していない（大判大正11・10・9刑集1巻534頁）。包括性・裁量性を要求しない判例としては一貫している独立して行使する権限を与えられている場合だけでなく，権限行使に補助者・代行者として関与する場合でも足りるとされている。

18.3　主観的要素

18.3.1　故　　意

背任罪の故意も，構成要件該当事実の認識（および認容説によればその認容）によって認められるが，背任罪においては，事務処理者という身分，任務に違背するという事情，全体財産の減少といった，やや規範的な要素の認識が必要となる。故意の存在を肯定するためには，未必的認識で足りる。

18.3.2　目　　的

事務背任罪は，自己または第三者の利益を図る目的，または本人に損害を加える目的でなされることを要する（目的罪）。前者を**利得**（図利）**目的**，後者を**加害目的**と称することがある。これらの目的は，主観的違法要素である。すなわち，事務処理者が本人に害を加えることを認識している（故意が認められる）場合であっても，包括的・裁量的事務を処理するという本罪の前提からしてそのすべてが可罰的とはいえず，このような利得・加害の意図をもって行った場合に可罰的違法性を認めるものである。

このように，目的は，事務処理上の任務違背行為によって本人に財産上の損害を発生させる事実の認識としての故意のほかに，故意と並んで必要とされるものであるが，故意とは異なり，内容となる事実が実現する必要はない。また，目的

の内容たる利益・損害は，財産上の利益または損害に限らず，身分上のものでもよいとするのが判例（大判大正 3・10・16 刑録 20 輯 1867 頁）である[12]。しかし，たとえば，出世したいとの意図や事務委託者本人の信頼を勝ち得たいという目的が財産罪の違法性を基礎づけるものとは考えにくい。わたくしは，財産上の利益・損害を目的とする場合に限るとすべきものと考える[13]。

　主観の強さ・程度については，判例（最決昭和 63・11・21 刑集 42 巻 9 号 1251 頁）は，「意欲ないし積極的認容までは要しない」としている。学説としては，本人に財産的損害を生じることが構成要件的結果であって故意における認識対象である（加害目的は故意に包摂される）ため，独自の主観的要素たる目的としては確定的認識（さらにはその意欲）がある場合に限るとする説（**積極的動機説**）[14]，目的要件の意義は，もっぱら本人の利益を図る目的で行われる場合に本罪の成立を否定することにあり，本人図利の目的がないことを確証する要件である（消極的要件）とする見解（**消極的動機説**）[15]が代表的なものである。判例も消極的動機説で理解できると思われる。要するに，「本人図利目的がない」ことの方を要件と解することにより，目的要件に固有の実体を認めないということである。故意を超える主観的要素である図利・加害目的が存在するときに文字どおり構成要件を充足するのはもちろんである。故意をもって任務違背行為がなされる限りは，故意の内容と重複する本人加害の目的が当然に認められるので故意があれば足りると解し，積極的な図利目的が認められない場合にも，この意味の加害目的が認められる（その反面で「本人利得目的ではない」）ことを根拠に，背任罪の構成要件該当性を肯定するのである。

　わたくしもこの消極的動機説が妥当であると考える。もっとも，本人図利の動機があるときには，本人加害目的が否定されるが，本人図利と自己図利の目的が併存し，自己図利の方が主たる目的のときには本人加害目的は否定されないであろう。判例上は，自己の利を図ることが主たる目的であれば，本人の利を図る目的が共存していてもよいとされる。不正貸付・不当融資などの任務違背行為があるとき，外形的には本人のための行為であっても，行為者の自己保身や融資先保

---

[12] 西田・259 頁，山口・328 頁，高橋・403 頁等は，これを支持する。
[13] 団藤・655 頁，大塚・326 頁。後述するように，目的に独自の内容を与えない消極的動機説を採用するならば，目的は故意の別側面という性質をもつので，目的の内容たる利益・損害も財産上のものとすることが妥当であろう。
[14] 大塚・327 頁，大谷・334 頁等。
[15] 西田・260 頁，山口・327 頁，高橋・402 頁等。

護などの意図があれば，図利加害目的が肯定される（最決平成10・11・25刑集52巻8号570頁，平和相互銀行事件）。

18.3.3 行　為

(1) 任務違背行為

背任罪の行為は，任務に背く行為（**任務違背行為**）である。背信説（背信的権限濫用説も同様）によれば，法律行為だけでなく事実行為を含む。任務違背とは，事務処理者に対し本人との関係で期待される任務に反することを意味する。したがって，与えられた任務の内容如何によって種々の行為が想定される。

任務違背性を判断する具体的基準を形式的に示すことは難しい。客観的評価の材料として，委託・信任の趣旨に関し，法令・契約の内容，定款や内規のような事務処理上の準則などが参照される。たとえば，設例1のように，信用調査や担保価値の審査など金融機関の貸付条件を定めた内規に従わずに貸付をなすような場合（不当貸付）は，任務違背行為の典型である。

ただし，財産侵害に関係する任務違背が問題であるから，ルールに従わないことで直ちに任務違背とされるものではなく，経済的側面から，実質的に本人の財産侵害につながる行為であることが必要である。形式的基準から外れた場合であっても本人の利益に働く行為も考えられるであろう。経済的リスクを伴う冒険的取引も裁量として相当な範囲内にあれば背任ではない。

銀行の取締役が負うべき注意義務について，一般の株式会社取締役と同様の受任者の善管注意義務・忠実義務を基本としつつ，いわゆる経営判断の原則[16]が適用される余地があるが，専門性が高い銀行業にあって銀行の取締役の注意義務は高く，経営判断の原則が適用される余地は限定的であるとして，融資業務に関する債権保全の義務を認めて，特別背任罪における任務違背があったとした判例（最決平成21・11・9刑集63巻9号1117頁，北海道拓殖銀行事件）がある。これは，特別背任罪における任務違背に関するものであるが，判断の実質的な手がかりを示す例であるといえよう。

---

[16] 経営判断は，その性質上，事後的司法審査になじまないとする理論。

（2）財産上の損害

　本人に**財産上の損害**を加えることが要件となる。損害とは，財産上の価値の減少を来たすことを意味する。本人にこのような意味の財産上の損害が発生することによって既遂となる（250条に未遂処罰規定がある）。繰り返すように，背任罪は，全体財産に対する罪と解されており，損害は全体財産について論じられるので，部分的損害があっても他方でそれに対する反対給付など損害に見合う利益が得られる場合には，本罪にいう損害があったとはされない。

　損害の存否は，経済的判断であって，財産状態の経済的価値の減少（積極的損害），得られるはずの利益の喪失（消極的損害）をいう（最決昭和58・5・24刑集37巻4号437頁）。経済的判断であるということから，法律的に債権を取得したとしても損害となることがあり，実害でなくその危険を生じさせる場合にも損害を与えたとされることがある（最判昭和37・2・13刑集16巻2号68頁）。債権については，一般的には，弁済期限に弁済がなされれば経済的損害とはみなされず，期限が到来しても弁済されないときに実害として損害とされる。ただし，いわゆる不良債権の場合には，そのような段階に至る以前であっても，回収の見込みがなく経済的に価値がないと判断される状態が生じれば損害とみうる。したがって，当初から回収の見込みがない場合には，不良債権を取得した（不良債権しか取得できなかった）時点で背任罪は既遂であると考えられるであろう。このほか，損害に見合う反対利益を得たかどうかをめぐり財産上の損害の有無が問題となった例として，手形保証と引き換えに額面金額と同額の資金が銀行当座預金口座に入金されるものの，銀行支店長と事前に合意して銀行に対し債務弁済能力を示すため一時的に貸越残高を減少させる趣旨のものにすぎなかったときには，銀行が手形保証債務を負担したことに見合う経済的利益が銀行に確定的に帰属したものということはできないとした判例（最決平成8・2・6刑集50巻2号129頁）がある。

（3）情報の取得

　情報の不正取得については，情報記録媒体が領得される場合には，財物を客体とする窃盗罪・横領罪等が論じられるが，無形的情報のみの取得は，現行法では捕捉されない。ただし，ソフトウエア開発・販売会社により開発されたプログラムを管理していた従業員が，私的利益を図る目的でそのプログラムを記録した媒体を社外に持ち出し，別のコンピューターに入力して，ソフトウエア会社に損害を与えたとして背任罪の成立が認められた例（東京地判昭和60・3・6判時1147号

162頁，綜合コンピューター事件）がある。図式的には「情報」の窃盗ともみうる事例であり，媒体物についての財産罪が認めがたい場合に，背任罪の成立を認めうるとしたことになる。たしかに，情報管理を内容に含む事務を担当している者が主体となる場合には，要件は充足するといえるであろうが，実質的に利益窃盗を処罰するために背任罪が用いられることは避けなければならない。本来は，立法的に解決すべきであろう。

18.4 他罪との関係

　背任罪は，背信説の立場から共通の性格が与えられる横領罪だけでなく，取引上の種々の不正が任務違背行為ともみられることが少なくないので，他の犯罪との（罪数）関係が問題となることも多い。

　背任行為が詐欺の手段として行われたとき，判例は，任務違背は詐欺罪の観念の中に包含されるとして，詐欺罪のみの成立を認める（最判昭和28・5・8刑集7巻5号965頁）。詐欺罪が成立する場合は，その評価の中で本人に対する背任も併せて評価されているということであるが，条文の位置が詐欺の罪の章であるとはいえ，今日の理解に基づくと，背任罪における内部的信任関係は，詐欺罪の保護対象とは異なると解するべきであろう。本人を欺くための手段として背任行為が行われたときは，詐欺罪・背任罪の観念的競合となると解すべきである。

　他人のためにその事務を処理する者が，事務処理の関係で自己の占有するその他人の財物を不法に処分するときには，背任罪の要件も（業務上）横領罪の要件も充足するが，横領罪・背任罪の区別について述べたとおり，横領罪と背任罪とは，法条競合の関係になるとする見解が多数である。わたくしは，両罪に特別関係の法条競合を認め，特別法である横領罪の成否が先決であると考える。判例は，不法領得の意思があるときに横領罪を認めるが，占有する財物に対する処分が自己の計算または名義で行われた場合には，これを肯定して横領罪にあたるとし，本人の計算または名義で行われた場合は背任罪としている。

18.5 共　　犯

> **設例2**　A金融会社は，以前から，代表取締役Xの判断でB社に多額の融資を繰り返していたところ，A社からの融資がなければB社が経営破綻することが確実であり，Xは，B社が倒産すると自分の経営責任が問われるとおそれて，さらにA社からの融資を行った。

　不正融資による**背任行為**が行われる場合，融資の相手方と意思を通じていることが多いであろう。そこで，不正融資の相手方が，背任行為者との間で共犯となるかが問題となる。

　融資の性質上，融資を受ける者がいることが必須であるという意味で，融資の相手方は，背任行為にとって不可欠の関与者であるだけでなく，融資手続に関与するという意味では実行行為の分担者とさえいいうるので，事務処理者の背任事実について認識がある限り，理論的には，共同正犯を含む共犯の成立が可能であると解される。上述のとおり，背任罪は真正身分犯であるが，65条1項によって，事務処理者の身分のない相手方にも，背任罪の共犯が成立しうるのである。

　しかし，融資をする者と融資を受ける者とは，元来は利害対立の関係にあるので，自由な経済取引を前提とする限り，融資側（本人）の損失の有無等は融資を受ける側のあずかり知らぬことに属するはずであるから，不正融資も通常の経済取引にすぎないともいえる。単に事務処理者の任務違背行為による本人加害の事実と事務処理者の図利・加害目的を認識して融資を受けるだけで背任罪の共同正犯とするのは妥当でないとも思われるのである。

　判例（事案自体は特別背任罪に関するもの）は，不正融資の実現にとって重要な役割をもって積極的に関わった場合に共同正犯の成立を認めている。たとえば，破綻状態のA会社代表取締役甲が，以前から多額の融資を受けていた住宅金融専門会社Bに対し繰り返し運転資金の借入れを申し入れて融資担当者乙に任務違背を働きかけ，乙の任務違背やB社の財産上の損害に高度の認識を有する上，乙にA社の利益をはかることによる自己保身の目的があることを認識し，乙が融資に応じざるをえない状況であることを利用して，迂回融資に協力するなどした場合には，甲は特別背任罪の共同正犯となる，としたもの（最決平成15・2・18刑集57巻2号161頁）がある。さらに，相互に巨額の融資をし合うことで経営を維持して

いる会社の一方の経営者甲が，他方の経営者乙に対し，甲に取引上の便宜を図ることが乙の利益にもつながるという関係を利用して，甲の会社から絵画等を著しく不当な高額で購入させるよう依頼し，乙がこれに応じてその絵画を自己が支配する丙社に購入させて同社に損害を生じさせた場合には，甲は特別背任罪の共同正犯となるとしたもの（最決平成17・10・7刑集59巻8号1108頁）がある。このような特殊の相互依存関係の存在を背景に，それを利用する形で背任実現に関与する場合には，通常の取引の範囲内における単純な融資の当事者以上の共同関係を認める余地が認められるであろう。わたくしは，一般的に不正融資の相手方に背任罪の共同正犯を認めるのは妥当ではないと考えるが，いわば一蓮托生の関係にあって，客観的にも主観的にも当該融資を実現する核心部分を実現する者である場合には，共同正犯となることがあると解する。教唆犯・幇助犯についても，同様ということができるであろう。

■第19章■

盗品等に関する罪

19.1 「盗品等に関する罪」の性質

19.1.1 総　説

　刑法第2編第39章の「**盗品等に関する罪**」は，盗品譲受け等（256条）として規定され，①盗品，その他，財産に対する罪にあたる行為によって領得された物を，無償で譲り受けた者を，3年以上の懲役に処し（同条1項），②それらの物を，運搬し，保管し，もしくは，有償で譲り受け，または，その有償の処分のあっせんをした者を，10年以下の懲役および50万円以下の罰金に処する（同条2項）ものである。
　ここでは，この罪を「盗品等関与罪」とよぶことにする。盗品等関与罪は，1項と2項の行為類型によって法定刑を異にし，本犯助長的性質がより大きいと考えられる2項の罪が重くなっている。また，2項の罪については，自由刑と罰金刑とが併科される（選択刑ではない）のが特徴的である。併科の根拠としては，後述するように，2項の行為は本犯助長的性格が強く，しばしば営利的に行われるものであることから，財産的な側面における刑罰威嚇（行為者の財産的衡量に対する働きかけ）を与える必要性が考慮されたものだと説明される。
　以上のように，本罪は，財産罪にあたる行為によって領得された物を客体とするため，既に他の者による財産罪にあたる行為が行われた後に，その同じ客体に関して事後的に関与する罪である。先行する財産罪にあたる行為（またはそれを行った者）を，本罪との関係では「**本犯**」とよぶ（人を表す意味を明確にするときには「本犯者」などということもある）。本罪の規定するような事後的関与行為が既に終了した本犯行為を因果的に惹起したり促進したりすることはありえないので，

これらの行為は，本犯に対し総則に規定する共犯（60条以下）とはならない[1]。

19.1.2 追求権説

盗品等に関する罪の保護法益は，本犯の被害者の盗品等に対する追求権であるとするのが判例（大判大正11・7・12刑集1巻393頁）・通説である。具体的な追求権の例としては，所有権に基づく返還請求権が典型的である。ただし，本犯が所有権を有していても，242条（251条も参照）や252条2項により他人の財物とみなされる場合には財産罪の客体となりうるので，追求権は所有権に基づくものに限られるわけではない。本犯により生じた被害の回復の保護が合理的な範囲のものであれば，それも追求権に含まれる。

追求権説によれば，たとえば，既に本犯によって占有が侵害された財物をさらに本罪の犯人が譲り受ける行為によって，当該財物の所有者による回復をより困難にすることが法益侵害にあたる。そうすると，盗品等を追求権者（本犯の被害者）に返すような行為は，たとえその行為が外形的に運搬等にあたることがあっても，法益侵害がないために本罪は成立しないことになる。

19.1.3 違法状態維持説

本罪を追求権の侵害ととらえる見解のほかに，本罪は，本犯によって生じた「財産権が侵害されている違法状態」を維持継続させる点に本質があるとする考え方（**違法状態維持説**）もあった。この説によると，本犯の被害者に財物に対する追求権のない場合，本犯が財産罪でない場合にも，違法状態が招来されておりこれを維持するものである限り，本罪が成立しうることになる。たとえば，不法原因給付（民法708条）にあたるため，元来の所有者が客体の返還を請求することができないときは，保護されるべき追求権が認められないが，本犯が犯罪であり，したがって違法状態が生じている限り，それを維持する形の本罪は成立しうる。また，財産罪ではない賄賂罪（197条以下）の客体（賄賂）として授受された財物を客体とする場合にも，賄賂罪によって生じた違法状態を維持するものである限り，本罪の成立が認められるのである。

---

[1] 共犯が成立するためには，実現された犯罪事実を因果的に惹起したといえなければならない（因果的共犯論。『総論』6.3参照）。

19.1.4　追求権と本犯助長

　現在の条文は，客体を「財産罪にあたる行為によって得られた物」としており，賄賂罪の客体は文言上，本罪の客体に含まれないと解されるので，違法状態維持説を採用することはできないであろう[2]。実質的にみても，基本的には追求権説が妥当である。

　ただし，刑法においては，追求権といっても観念的な権利それ自体が問題なのではなく，権利行使可能な事実「状態」が保護対象である。「所有権」の保護について，所有権に基づき自由にその所有物の使用・収益及び処分をすることのできる「状態」が問題であるのと同様である。ここから，たとえ追求権そのものは侵害されていないようにみえる場合であっても，その「自由に行使できる状態」，すなわち権利行使可能な状態が侵害されたときには，本罪の保護法益侵害が認められる。盗難された物の取戻しの依頼を受けた者が窃盗犯人と交渉して多額の金銭と引き換えにそれを取り戻し，被害者宅まで運んだ行為を盗品等運搬罪にあたるとした判例（最決昭和27・7・10刑集6巻7号876頁）は，このような趣旨に理解できる[3]。

　なお，本罪の処罰根拠としては，追求権侵害だけでなく，本犯者の利益に関与し本犯の犯行を事後的に助長する性質をもつことも考慮されるべきであろう。それは，無償譲受（1項）と有償譲受を含むそれ以外の行為（2項）とを区別し，後者の方をより重く処罰することとしている点にも表れている。2項の行為の方が，本犯の側に利欲犯性格が強く認められる場合（たとえば，盗品を有償で買ってもらう方が本犯者にとって利益になる）であり，あるいは本犯に直接的な利益・庇護を与える場合であるといえ，それは，逆からいえば，本犯に有形無形の利益をもたらして本犯を助長するものであるからである。判例にも，かっこ書きの傍論ながら，「法が贓物牙保（盗品等有償処分あっせん[4]）を罰するのはこれにより被害者の返還

---

[2]　「財産罪にあたる行為によって得られた物」は，平成7年改正以前の条文で「贓物（ぞうぶつ）」という用語が用いられていたのを改正したものである。「贓」は，貝扁（へん）が財貨，旁（つくり）は蔵・倉を示し，不正手段により得られた財貨をとりこみ，しまいこむことの意味であって，たとえば「贓吏」は賄賂をとる官吏のことであるという。このように，「贓物」は，「財産罪にあたる行為によって得られた物」に限られない含みを持っていた。

[3]　山口・346頁参照。

[4]　カッコ内は引用に際して注記したものである。平成7年の改正前には，贓物の「収受」・「運搬」・「寄蔵」・「故買」・「牙保（がほ）」が行為として定められていたが，これを，盗品等の「無償譲受け」・「運搬」・「保管」・「有償譲受け」・「有償処分のあっせん」に改めたのが現行規定である。

請求権の行使を困難ならしめるばかりでなく，一般に強窃盗の如き犯罪を助成し誘発せしめる危険があるからである」と述べたもの（最判昭和26・1・30刑集5巻1号117頁）や，本犯である窃盗の被害者に対する処分のあっせんをする行為が問題になった事件で「窃盗の被害者を相手方にするものであっても，被害者による正常な回復を困難にするばかりではなく，窃盗等の犯罪を助長し誘発するものである」ことを理由に，256条2項の有償処分のあっせんにあたるとしたもの（最決平成14・7・1刑集56巻6号265頁）がある。

19.2 盗品等関与罪

19.2.1 主　体

　本罪の主体は，本犯以外の者である。本犯者自身（本犯の共同正犯を含む）が本犯の客体につき本罪の行為を行ったときは，通常，その行為は本犯犯罪との関係で共罰的事後行為となり，本犯に加えて独立に処罰されることはない。たとえば，窃盗犯人が盗品を自分で保管する行為は，盗品の保管行為は行われているが，窃盗罪の共罰的事後行為であって，本犯である窃盗と別に本罪が成立するわけではない。

19.2.2 客　体

(1) 所有権等に基づく追求可能性
　本罪の客体は，「盗品その他財産に対する罪に当たる行為によって領得された物」（以下，「盗品等」という）で，かつ，追求権説の立場からは，被害者が法律上それを追求することができるものでなければならない。「盗品」が例示であることはいうまでもない。
　原所有者の所有権が失われていない限りは盗品等にあたる（最判昭和24・10・20刑集3巻10号1660頁）。他方，善意取得（民192条）された物，加工（民246条）により元の所有者の所有権が失われた物などは，追求権の対象とならないので，本罪の客体から除かれる。もっとも，善意取得物については民法193条に規定される例外に該当するときは，追求権行使が可能な場合があり，そのような物は客体に含まれるであろう。

不法原因給付物（民708条）であって返還請求ができない物も客体から除かれるのが筋であるが，既にみたように，判例や多くの学説によると，不法原因給付物についても本犯となる財産罪の成立が認められ，不法原因給付側の財産権を保護する以上，当該財物に対する給付者の何らかの追求権を認めてこれを保護すべきことになるであろう。これらの場合には，現在の法律（民法）上の所有権の帰属とは別に，少なくとも，元の所有者に当該盗品等に対し刑法上保護に値する追求権があり（もとより民法193条の場合は直接回復請求権を認めている），それを保護する必要があるとする解釈が有力である[5]。

(2)「盗品等」の同一性

「盗品等」については，「盗品」が文言として本犯の客体に限る趣旨を含意するので，盗品を売却して得られた代金たる金銭は，もはや「盗品等」ではないと考えられる。ただし，盗品そのものが金銭であるとき，この被害物を単純に両替したものや，盗品である小切手を換金した現金は，本罪の客体となるとする判例がある。たしかに，代替物である金銭の場合は，両替によっても客体性を失わないと解することができる。しかし，小切手とその換金後の現金との関係は，両替とは異なり，盗品等にあたる小切手も，換金によって本罪の客体性を失うと考えるべきであろう。もっとも，換金時に詐欺罪の成立が認められる限りで，換金して得られた金銭は財産罪にあたる行為によって得た金銭となり，客体になりうる。

(3)「財産に対する罪」

「財産に対する罪」とは，財産を客体とする罪，いわゆる財産罪のことであり，盗品等に関する罪自体も財産罪に含まれる。「罪に当たる行為」とされているのは，本犯たる財産罪が「成立する」ことまでは要求されず，構成要件に該当し違法な行為が行われれば足りる趣旨と解される。たとえば，本犯の有責性までは求められないので，本犯者が心神喪失である（39条1項参照），刑事責任年齢に達していない（41条参照）などの理由で責任が問えない場合であっても，財産罪の構成要件に該当し違法性が認められる行為によって領得された物であれば，盗品等に関する罪の客体となる。あるいは，処罰のために必要な客観的処罰条件を欠く

---

[5] ただし，不法原因給付物の所有権が移転するという前提から財産罪にあたる行為といえない場合には，客体は盗品等にもあたらない。わたくしの立場では，不法原因給付物は一般的に盗品等にもならない（民法708条ただし書の場合を除く）ということになる。

場合や刑罰阻却事由が存在する場合であっても，本罪の客体性には影響しない。したがって，244条の親族相盗例により処罰されない本犯に関しても本罪は成立する（最判昭和25・12・12刑集4巻12号2543頁）。

また，「領得した物」という文言は，領得行為が完了している場合を想定していると解されるだけでなく，本罪が総則上の共犯とは区別される独立した類型として位置づけられることからも，本犯に対する因果的寄与が認められない場合を意味すると解すべきことから，本犯は既遂に達している必要があるとするべきである。なお，「領得した」との文言があるとはいえ，本犯をいわゆる領得罪に限る必然性はなく，財産罪にあたる行為により領得した物であれば客体に含まれると解すべきであろう。たとえば，背任罪にあたる行為によって「（財）物」が取得されたのであれば，それは本罪の客体となる。

19.2.3　行　　為

盗品等に関する罪は，行為によって，盗品等無償譲受罪（256条1項），盗品等運搬・保管・有償譲受・有償処分あっせん罪（256条2項）に区別される。

「無償で譲り受ける」とは，贈与，無利息消費貸借などの形で対価を伴わずに交付を受けることであり，事実上の処分権を取得する行為である。

「運搬」とは，委託を受けて盗品等を場所的に移転させることで，有償無償を問わない。移動距離の大小は問わないが，追求権説に基づくならば，客体の追求・回復に影響を及ぼす程度のものであることは必要である。そうすると，基本的には，被害者のもとに運搬する行為は犯罪にならない（最判昭和33・10・24刑集12巻14号3368頁）。ただし，「正常な回復」を困難にするときには本来の追求を妨げていることになる上，本犯を助長し誘発するという本罪の性質を備えるものだといえるので，運搬罪が成立しうる（前掲・最決昭和27・7・10，最決平成14・7・1を参照）。

「保管」は，委託を受けて盗品等を保管することで，これも有償無償に関わらない。たとえば，寄託，質物としての受領，貸金の担保としての受領など，いずれでもよく，名目は問わない。後述のとおり，盗品であることを知らずに保管を始め，情を知った後にもなお本犯のために保管を継続するときは，保管罪が成立するとするのが判例（最決昭和50・6・12刑集29巻6号365頁）である。

「有償で譲り受ける」とは，有償で取得する場合を広く含む。売買・交換・債務弁済・代物弁済・利息付消費貸借などの形で取得することであり，転売を受ける

場合も含まれる。有償で買い受ける意思で目的物の引渡しを受けた以上，代金額の具体的取り決めがなくても有償譲受罪が成立するとした判例（最判昭和24・7・29刑集3巻8号1193頁）がある。盗品等を客体とし，「物」に対する追求権の侵害という実質をもつこと考慮すると，譲受けがあったとするためには，債権取得である単なる契約の成立では足りず，盗品等の移転が必要であり，他方，契約に基づき盗品等の移転がある以上は，代金額までの取決めはなくとも，有償譲受罪を認めてよいと考える。

「有償の処分のあっせん」は，有償的な法律上の処分を仲介することを意味し，あっせん行為自体の有償無償は問わない。すなわち，あっせんの報酬を受けない場合であっても，あっせん対象の処分自体が売買など有償処分であればよい。「あっせん」の既遂時期をめぐっては議論がある。たとえば，盗品の売買をあっせんするとき，あっせんにかかる処分自体が不成立でもあっせん行為自体が行われれば既遂となるのか，あっせん行為により売買契約が成立すればあっせん罪の成立が認められるのか，あるいは，さらに進んで買主に対する盗品の引渡しが必要か，という問題である。判例には，被害者の返還請求権の行使を不能・困難にしていなくても本犯を誘発するおそれが十分にあることを理由に，売却のあっせんをすれば有償処分あっせん罪が成立するとしたもの（最判昭和26・1・30刑集5巻1号117頁）がある。しかし，行為が，運搬・保管の場合には，現実に追求権行使に影響する行為が遂行される必要があるのは明らかであるから，それとの並行関係を考慮すると，譲受の場合にも譲受けの約束・契約だけで無償譲受罪の成立を認めるわけにはいかず，上述のとおり，盗品等の移転が必要だと考えるべきであろう。それは，有償譲受でも無償譲受でも同様だと考えられる。

なお，判例のいうように，有償処分のあっせんは，本犯庇護的性格が強く，本犯助長の危険が大きい行為態様ではあるが，この場合だけ追求権侵害を不要とするのは一貫しないと思われる。したがって，上記判例のように，売買等の媒介をした事実があれば媒介した売買契約等の成立は不要であるとすることは妥当でないであろう。わたくしは，少なくとも，盗品等に関する罪の実行行為である「あっせん」が完了したことが必要であり，それはすなわち，あっせんの目的を達したこと，たとえば，あっせんにかかる処分に関する約束の成立は必要であると考える。その上で，あくまで「あっせん」が実行行為とされている以上，目的物の引渡しまでは要求されないとすべきであろう[6]。

---

[6] 大塚・339頁等。

19.2.4 故　　意

　客体の盗品性は，構成要件要素であるから，故意における認識対象であり，盗品等であることを知って行う場合でなければ故意は認められない。本犯の事実や犯人についての明確な認識は不要であり，盗品性についても未必の故意で足りる（最判昭和23・3・16刑集2巻3号227頁）。

> **設例1**　Xは，Yが盗んできた衣類を買い受けたが，Yはそれが盗品であることを告げなかった。ただし，Xは，最近衣類の盗難が各地で発生しているとの報道を知っており，Yが「早く処分する必要がある」と言っていたこと，およびYの風体からみて，Yが盗んだ物を売りに来たのかもしれないと思っていた。

　設例1は，昭和23年最判の事案に基づく事例である。盗難の詳細はもとより，衣類が盗品であるかどうかについて明確な認識まではないが，盗品である可能性が高いと認識しており，その上で，盗品であってもかまわないとの意思で買い受けているのであれば，盗品性に関する未必の故意が認められるであろう。

　行為時には盗品等であることを認識しておらず，行為後に盗品等であることを知るに至った場合，情を知る前の行為については故意が認められないが，運搬・保管のように継続性が含意される行為については，それを知情前だけでなく知情後も継続して行うとき，知情後の行為は故意によるものとすることができる。ただし，たとえば，故意なく盗品等の保管を始めた者が情を知った後もその保管を継続すればそれだけで保管罪が成立すると解すると，法的には情を知った時点で直ちにその客体の返還なり捜査機関への提出なりを義務づけることになるが，善意で保管を始めた者にそこまでの義務を負わせることはできないとの批判もある。情を知ったなら直ちに本罪に該当するわけではなく，然るべき措置を講じることが期待できる状況があり，また措置を講じるための相当の時間が経過した段階で構成要件に該当するものと解するべきであろう。

> **設例2**　Yは，時価100万円の宝石を詐欺により取得し，Xに対し，詐欺による取得物であるとの事情を隠して，その宝石を100万円で売却するように依頼した。Xは，最初はそのような事情に気づかなかったが，その後偶然に当該宝石がだまし取られたものであることを知るに至った。Xは，Aに対し，そのような事情を告げずにその宝石を売却し，Aから代金100万円を受け取った。

設例2のあっせん行為も継続的なものではないので，あっせん行為開始時に盗品であることの認識があったならば，あっせん罪の故意は認められ，256条2項の罪が成立するであろう。

19.3　盗品等に関する罪の犯人と本犯に対する共犯

本犯との関係で盗品等関与罪の犯人に共犯が成立するか，つまり，盗品等関与罪が成立するとき，その犯人が本犯の共犯となりうるかという問題がある。たとえば，Xが，盗んできたら盗品を買い受けるから窃盗せよとYに教唆し，それに応じてYが窃取した客体である盗品を実際に買い受けた場合，盗品等有償譲受罪とともに窃盗罪の教唆犯となるであろうか。

盗品等に関する罪は，本犯の財産侵害と，当該財物に対する被害者の追求権侵害とを別に考慮することが土台となっている。そこで，基本的には，本罪と本犯の共犯とはそれぞれに評価されるべきだと考えられるので，盗品等に関する罪の行為者にも，本犯に関する共犯が別途成立しうる。

判例も，共犯の成立を承認している。たとえば，盗品の売却を前提に窃盗を教唆し，その盗品の売却をあっせんしたときには，窃盗教唆罪と盗品等有償処分あっせん罪との2罪が成立するのであって，後者が前者に吸収されるべきものではないとした判例（最判昭和24・7・30刑集3巻8号1418頁）がある（両罪は併合罪となる）。

また，横領行為として物の売却が行われたとき，売買の相手方は，横領罪の共犯となるかという問題がある。横領と有償譲受とが対向して行われる場合であるが，他人の物を占有する者が不法に自己の占有する物を売却したとき，売却の相手方がその事情を知って買い受けた場合には，本犯の横領罪は既遂に達しており，譲り受けた者には盗品等有償譲受罪（256条2項）が成立すると考えられる。売却の意思表示によって本犯の横領は直ちに既遂となり，買受者は横領罪によって領得された物を買い受けるのであって，横領罪の共犯は成立しない（大判大正2・6・12刑録19輯714頁）と解されるのである。

19.4　親族等の間の犯罪に関する特例

配偶者との間，または，直系血族，同居の親族，もしくは，これらの者の配偶者との間で，256条（盗品譲受け等）の罪を犯した者は，その刑を免除する（257条1項）。257条1項の規定は，親族でない共犯については，適用しない（同条2項）。

盗品等に関する罪についても，親族等の間の犯罪に関する特例の規定がある。本条は，一身的刑罰阻却事由として刑の免除を定めたものである。「親族」の範囲については，244条と同様，民法に従って判断される。

この規定は，本犯の犯人と盗品等に関する罪の犯人との間に親族関係がある場合を定めたものと解するべきである。判例も，この規定は，本犯と盗品等に関する罪の犯人との間の親族関係を規定したものだとしている（最決昭和38・11・8刑集17巻11号2357頁）。

追求権説の立場をとった上，本条の趣旨を244条と同様であると解すると，244条の親族相盗例が被害者と犯人との親族関係を対象とするのに対応して，255条では，追求権の主体たる「本犯の被害者」と「盗品等に関する罪の犯人」との間の親族関係を問題にするべきことになる。ところが，通常は，盗品等に関する罪の犯人は本犯犯罪そのものに関与することはなく，「本犯の被害者」と「盗品等に関する罪の犯人」との間に親族関係があるのは，多くの場合偶然にすぎないと想定される。そのような偶然的事情をもって，行為者を類型化し，これを有利に取り扱うことには合理的な根拠を見出しにくい。244条の根拠についても疑問はあるが，さしあたり，家庭内の秩序維持に法が介入しないという政策，あるいは家族間の犯罪における類型的な期待可能性の低下を根拠と考えるとして，257条に親族相盗例と同様の趣旨を認めることはできない。

このように，本条においても，盗品等に関する罪の本犯に対する庇護・助長的性格が重視されるものといえよう。本条の親族関係は，本罪の犯人と本犯者との親密さに基づく期待可能性の減少の側面を含むと思われる。すなわち，刑罰阻却の根拠には，親族間では本犯犯人に協力することもやむをえないことへの考慮があるということである。

■第20章■
毀棄および隠匿の罪

20.1 毀棄・隠匿の罪の保護法益

　刑法第2編第40章，258条以下に規定される「毀棄及び隠匿の罪」は，領得罪と対比される類型である。財物を客体とするが，その占有侵奪を本質とせず，財物の価値損傷を内容とする犯罪である。領得罪のように占有が保護法益とされる余地はなく，その保護法益は，所有権その他の本権である。本権に基づく利用・処分が，客体の損傷によって妨げられる点に法益侵害が認められる。もっとも，公用文書等毀棄罪（258条）が私用文書等毀棄罪（259条）より重く処罰されることから，公用文書等毀棄罪においては，第二次的法益に公務を含むといわれている。また，自己の物であっても他人の財産権侵害に関係するときには，関係するその他人の権利保護がはかられることになる（262条）。

20.2 公用文書等毀棄罪

20.2.1 総　　説

　公用文書等毀棄罪（258条）は，公務所の用に供する文書または電磁的記録を毀棄した者を，3月以上7年以下の懲役に処するものである。

20.2.2 客体

公用文書等毀棄罪の客体は，「公務所の用に供する文書」または「公務所の用に供する電磁的記録」である。公務所で使用され，または使用するために保管されている文書・電磁的記録を指す。なお，「公務所」については7条2項，「電磁的記録」については7条の2に定義規定がある。

「文書」・「電磁的記録」の意義については，文書偽造罪についての検討に譲るが，本罪の客体は，偽造罪（155条以下）の客体である「公文書」（公務所または公務員の作成すべき文書）とは異なり，公務所の用に供する文書として**「公用文書」**とよばれる。したがって，名義に作成者や作成目的は問われない。判例には，黒板に書かれた詫び文言を文書としたもの（最判昭和38・12・24刑集17巻12号2485頁）がある。また，内容が虚偽であるもの，未完成の状態であるものも客体となる。違法な取調べにおける供述録取書を本罪の客体とした判例（最判昭和57・6・24刑集36巻5号646頁）がある。

20.2.3 行為

公用文書等毀棄罪の行為は，「**毀棄**」である。毀棄とは，文書の効用を害する一切の行為をいい，物質的毀損に限らないと解されている。判例は，「**隠匿**」その他の方法によって当該文書を利用することができない状態におくことを毀棄に含めている（大判昭和9・12・22刑集13巻1789頁）。効用を害するものとして「毀棄」と「隠匿」とが実質的に区別されないことになっているのである。そうだとすると，毀棄・隠匿の罪に共通して，それが同様に「効用を害する」行為を処罰するものと解される限り，毀棄と隠匿との間の区別は意味をもたない。しかし，「毀棄」・「隠匿」と別の文言が用いられているのに区別を認めない解釈には異論もあり，とくに，後述のとおり，信書隠匿罪にいう「隠匿」の中に「毀棄」を含む（「隠匿」と「毀棄」とを区別しない）と解することには疑問がある。

20.3 私用文書等毀棄罪

私用文書等毀棄罪（259条）は，権利または義務に関する他人の文書または電磁

的記録を毀棄した者を，5年以下の懲役に処するものである。

262条（自己の物の損壊等）の適用を受ける。本罪は，告訴がなければ公訴を提起することができない（264条）。

本罪は，権利義務に関する他人の文書・電磁的記録を客体とする毀棄罪であり，公用文書等毀棄罪に比して法定刑が軽い。「文書」・「電磁的記録」等については，公用文書等毀棄罪（258条）の説明およびその前提となる文書等偽造罪の説明に譲る。

「他人の文書」とは，他人の名義の文書という意味ではなく，他人の所有する文書を指すので，「私用文書等」とよばれる。とくに本罪にあたる文書等として保護の対象とする根拠を示す要素として「権利又は義務に関する」ものであることが求められている。私用文書には，私生活上のメモや日記のような記録も広く含まれるので，文書として保護に値する客体の属性として権利義務に関するものと限定されているのである。本罪の客体には有価証券も含む。行為が「毀棄」であること，判例によると，隠匿も毀棄に含まれること（最決昭和44・5・1刑集23巻6号907頁）は，258条の場合と同様である。

本罪は，親告罪とされている。侵害法益が比較的軽微であることを前提に，個人の利益に関わることが考慮されたものといえよう。

20.4 建造物等損壊罪・建造物等損壊致死傷罪

20.4.1 建造物等損壊罪

建造物等損壊罪（260条）は，他人の建造物または艦船を損壊する行為を5年以下の懲役に処し，よって，人を死傷させた者を，傷害の罪と比較して，重い刑により処断するものである。

262条（自己の物の損壊等）の適用を受ける。

暴力行為等処罰法3条1項，組織犯罪処罰法3条1項15号，同条2項に特別規定がある。

本罪は，建造物等を客体とする場合を類型化した毀棄罪であり，法定刑は，私用文書等毀棄罪と同等であるが，本罪から人の致死傷結果を生じた場合を重く処罰する結果的加重犯が規定されている。

20.4.2　客　　体

　本罪の客体は、「他人の建造物」または「他人の艦船」である。
　「**建造物**」とは、「家屋その他これに類似する建物であって、壁または柱で支持されて土地に定着し、少なくとも内部に人が出入りできるもの」と定義される。一定の場所に固定された相応の規模のものを想定することになる。
　建造物の付属物が、建造物の一部をなすものか、独立した器物として261条の客体となるかという問題がある。建造物の一部である物であれば、それを損壊する行為は建造物の損壊であるが、建造物の一部でないならば、それは建造物以外の器物（261条の客体）と評価されるからである。これについては、判例上、建造物から毀損しなければ取外しができない場合は建造物の一部であるが、毀損せずに取り外せる部分（具体的には「ガラス障子」が問題となった）を損壊した場合は器物損壊にあたるとする判断基準が示されている（大判明治43・12・16刑録16輯2188頁）。基本的には、この判断基準によって妥当な区別ができると思われるので、学説も支持してきた。ただ、これを形式的なメルクマールとして扱うことは妥当でなく、取り外すことができるとしてもその手間や、建造物本体との機能的一体性などの因子も考えるべきであろう。最近の判例では、取り付けられた物が建造物損壊罪の客体にあたるか否かは、当該物と建造物との接合の程度のほか、当該物の建造物における機能上の重要性をも総合考慮して決すべあるとの態度をとり、住居の玄関ドアが、適切な工具を使用すれば損壊せずに取外し可能であるとしても、建造物損壊罪の客体にあたるとしたもの（最決平成19・3・20刑集61巻2号66頁）があり、上の観点からみて妥当である。
　「**艦船**」は、軍艦または船舶と説明される。少なくとも、上述のような建造物に匹敵する規模のものをいうと解するべきである。
　「**他人の**」とは、他人が所有していることを意味する。本罪に関しては、建造物の「他人性」が問題になった判例がある。民事上、客体に関する権利帰属関係が不確実な状態であるときにも、本罪の客体となりうるのであって、「他人の所有権が将来民事訴訟等において否定される可能性がないということまでは要しない」とされた（最決昭和61・7・18刑集40巻5号438頁）のである。所有権の帰属について争いがあるというだけで他人の建造物であることを否定することは妥当でなく、民事訴訟等の結果が出るまで刑事手続を停止するなどの制度がない以上は、このように扱うことが相当であろう。もっとも、行為者が根拠なく自己の所有権

を主張しても直ちに権利帰属関係が不確実な状態だということはできないので，具体的事案の解決を超えて最高裁の判示を一般化することは妥当でない。

20.4.3 行　　為

本罪の行為は「**損壊**」とされ，文書毀棄罪における「毀棄」とは別の用語が用いられている。実質的にも，記載内容の判読性・利用可能性を考慮すべき文書とは異なり，建造物の場合には，その物体としての効用が問題である。このような観点から，本罪の場合には，損壊の意味は物質的毀損に限られるとする見解もある。しかし，判例は，損壊とは，物の効用を消滅・減少させる行為であって，物質的毀損に限らないと解している（最判昭和32・4・4刑集11巻4号1327頁）[1]。

判例上問題になったのは，建造物へのビラ貼り行為である。数百・数千枚のビラを貼り付けた行為は損壊にあたるとされた（最決昭和41・6・10刑集20巻5号374頁）。この事例は，貼られたビラの数の多さ，窓を含み一面に並べて貼るというその態様から，物理的毀損にも比すべき機能低下を来たすものではあった。その後，争議手段として約30枚のビラを糊で貼付した行為（最決昭和43・1・18刑集22巻1号32頁）も，同様に「損壊」とされた。判例のように損壊は物質的毀損に限られないとの解釈によれば，このような結論も許容されることになるが，結局は建造物の物としての効用に関わらない「美観」を保護することになっているので妥当でないとの批判が提出されている。

最近の判例には，公園内の公衆便所外壁にラッカースプレーでペンキを吹き付けて「反戦」などと大書した場合，建物の外観・美観を著しく損い，一般の利用に供することができず，原状回復も相当困難であるときは，建造物損壊罪となると結論したもの（最決平成18・1・17刑集60巻1号29頁）がある。これも，建造物の形態的機能に影響はないとはいえるであろうが，この決定が元の外観に回復するための費用や手間をも考慮していることからもうかがえるように，少なくとも物質的次元で建造物が損傷されていることは事実である。加えて，本事例の客体が公園におかれていることから，管理されている清潔な状態であることを推認させる外形的状況は，仮に「便所」としての機能は変わらないとしても「公衆」便所としての機能には影響すると考えることができるのではないかと思われる[2]。

---

[1] なお，建造物等の性質上，その「隠匿」は事実上問題にならない。

わたくしは，その損傷の回復が困難であることとあいまって，建造物損壊罪を認めることができる事案であったと考える。

いずれにせよ，判例上は，建造物の実用的効用が失われる場合に限らず，その外観（美観）に基づく効用をも重視し，建造物の外観が著しく害されたときには損壊と認める傾向がうかがわれる，とまとめることができるであろう。

20.4.4　建造物等損壊致死傷罪

建造物等損壊致死傷罪（260条後段）は，建造物等損壊罪を行い，よって人を死傷させた者を重く処罰する結果的加重犯である。法定刑は，傷害の罪と比較して重い刑により処断すると規定されている。基本犯である建造物等損壊罪の法定刑と「傷害の罪」に規定される犯罪（人を死亡させた場合は205条の傷害致死罪，人を負傷させた場合は204条の傷害罪）の法定刑とを比較し，上限・下限とも重い方を採用して本罪の法定刑とする趣旨である。結果的加重犯であり，死傷結果について故意が認められる場合は除くこと（判例は過失も不要とする），基本犯と死傷結果との間に因果関係が必要であること等，他の結果的加重犯における問題と同様である。

20.5　器物損壊等罪

器物損壊罪[3]（261条）は，「前3条に規定するもののほか，他人の物を損壊し，または傷害」する罪である。法定刑は3年以下の懲役または30万円以下の罰金もしくは科料とされている。

262条（自己の物の損壊等）の適用を受ける。本罪は，告訴がなければ公訴を提起することができない（264条）。

暴力行為等処罰法1条，1条の3に特別規定がある。

---

[2] 一般に，環境の中に固定して存在する相当規模の建造物は，外観を度外視してその効用を論じることはできないのではないだろうか。ただし，「美観」そのものが端的に保護の対象になるわけではない。そもそも，屋外にある建造物は，時々刻々外観の劣化を来たすものでもあり，その維持に絶対的な価値があるわけではない。当該建造物の外観を含め，それが現に有している効用の総合的な判断の中で，外観にも応分の考慮がなされるべきだと思う。なお，関連規定として軽犯罪法1条33号がある。

[3] 261条の罪は，「器物損壊罪」というのが通例である。表題は，条文見出しに従い，損壊以外の行為態様が規定されていることから「等」を入れたにすぎない。

本罪の法定刑では科料の選択が可能であり，刑法典の罪の中では犯情の軽い類型を包含するものといえる。本罪は，公用文書・私用文書・建造物等を客体とする構成要件を受けて，それらの客体「以外」を包括的に客体とする類型である。すなわち，毀棄の罪における補充法にあたる。

本罪の客体である「物」は，財物の意味に解される。したがって，動産のほか不動産[4]を含む。動産として動物を含み，これに対応して，行為に，「損壊」と並んで「傷害」が規定されるものと解される。「他人の」物であるから，他人の所有に属することを要する。

本罪の行為である「損壊」・「傷害」は，文書の「毀棄」と同様，物の効用を失わせる行為一般をいい，物質的毀損に限らないとされている。古い判例であるが，食器に放尿して，心情的に使用不能にさせる行為（大判明治42・4・16刑録15輯452頁），飼育されている池の鯉を流出させる行為（大判明治44・2・27刑録17輯197頁）も本罪にあたるとされた。

わたくしは，建造物の場合と同様，外観を含めた器物の効用を「物理的に」（形態の変更に限らず）毀損する場合に限るべきものと考える。所有・飼育されている動物の解放は，客体の形態の変更ではないが，物理的にその利用可能性を失わせるものとして損壊に含まれると解することができるであろう。

なお，このように「損壊」の意義が「毀棄」と同一であり，判例が「隠匿」による毀棄を肯定するのであれば，隠匿も損壊に含まれると解釈するのではないかと思われるが，器物の「隠匿」が「損壊」にあたるという趣旨の明示的な判断を示した判例はないようである。

器物損壊罪は，親告罪とされている。上述のとおり，法益侵害が軽微な類型であることが考慮されたものと理解できるであろう。本罪の告訴権者について，毀棄された客体の所有者に限られない（それに準ずる者を含む）とする判例（最判昭和45・12・22刑集24巻13号1862頁）がある。

20.6　信書隠匿罪

信書隠匿罪（263条）は，他人の信書を隠匿した者を，6月以下の懲役もしくは

---

[4]　ただし，建造物の損壊については建造物損壊罪が問題となる。

禁錮または10万円以下の罰金もしくは科料に処するものである。

　本罪は，告訴がなければ公訴を提起することができない（264条）。

　本罪の法定刑では，自由刑として禁錮の選択が可能であることが特徴であるが，その趣旨は必ずしも明確でない。また，法定刑上限が6月であり，下限として科料まで予定されていることから，本罪も刑法典中では軽い類型に属する。

　客体の「信書」とは，信書開封罪（133条）と同様，特定人から特定人に宛てられた，意思を伝達する文書をいう。ただし，信書開封罪における「封をしてある」という要件は，本罪にはないので，封のされていないものでも，はがきでも本罪の客体となる。

　行為は「隠匿」である。隠匿とは，信書の発見を不能または困難にすることと解されている。この立場からは，毀棄によっても信書の発見は不能になる以上，信書毀棄も信書隠匿罪にあたることになる。他方，信書も形式的には261条にいう器物にほかならないので，信書毀棄は，器物損壊罪に（も）あたるといわざるをえない。そうすると，刑法は，器物損壊罪にあたる事実のうち，客体が信書である場合をとくに軽く信書隠匿罪として処罰することにしている，と解することになる。

　ただし，このような立法について合理的な根拠を与えることは容易でない。軽い類型が作られた理由としては，一般に，信書の財産的価値が低いことが挙げられるが，信書の伝える意思内容にもよることであり，十分な説得力があるかは疑問である。

　以上のような事情に加え，「隠匿」という「損壊」とは明らかに異なる文言で表現されていることから，信書の隠匿と信書の毀棄とを区別すべきだという考え方が主張されるのは，もっともである。たとえば，毀棄・隠匿の罪を通じて，端的に，毀棄を物理的毀損に限ることで隠匿と区別し，本罪はそのように毀棄とは区別された隠匿のみを対象とすると解する見解がある。同様の結論は，文書毀棄行為との処罰の均衡という実質的考慮から，信書毀棄行為は信書隠匿罪ではなく261条の器物損壊にあたると解する立場からも主張される。あるいは，本罪の客体である信書の伝達手段としての効用を重視し，信書による「伝達」機能が一時的に妨げられる場合が信書隠匿であり，それ以外の効用毀損が毀棄であるとして区別する主張もある。

　たしかに，「信書の発見を不可能（困難）にする」手段としては毀棄も想定しうるが，それは，隠匿を抽象度の高い形で定義して，ここから形式的に演繹した結

果にほかならず，いわば，定義自体に過度の抽象化があるように思われる。わたくしは，法文において毀棄・損壊・隠匿と用語が使い分けられていることには，客体の性質や不法内容の把握などに基づく実質的根拠を認めるべきであると考える。一般的な概念としての毀棄と損壊との区別，あるいは毀棄・損壊に隠匿を含むかという問題は措くとして，損壊に隠匿を含むとしても，隠匿は損壊と同義ではない，ということである。すなわち，信書隠匿罪における隠匿は，「信書の物理的毀損を手段とする場合以外で，信書の発見を不能または困難にする行為」という定義を採るべきではないかと思う。他の類型が「毀棄・損壊」を処罰する規定であるのに対し，信書隠匿罪がとくに「隠匿」を行為として規定していることは，少なくとも信書隠匿罪を特別の類型と解する根拠のひとつになりうると考えるのである。信書を物質的に毀損する行為は，261条の器物損壊罪に該当するものとして扱うことになる。

　本罪も親告罪とされている。本罪は，法定刑が軽く，類型的に軽微な侵害である上に，とりわけ信書の内容という個人の秘密に関わるものであることがその理由として挙げられる。

20.7　境界損壊罪

　境界損壊罪（262条の2）は，「境界標を損壊し，移動し，若しくは除去し，又はその他の方法により，土地の境界を認識することができないように」した者を，5年以下の懲役または50万円以下の罰金に処するものである。

　本条は，235条の2と共に新設された規定である。境界標の損壊等を内容とするが，客体が他人の物であることなどは要求されていない。また，本罪における不法の核心は，土地の境界を認識することができなくすることであり，方法も損壊等に限られていないので，毀棄罪に分類することには問題がある。保護される利益も個人の財産とは考えにくく，「土地の境界が認識できる状態」が保護されているというべきであるから，保護法益は「土地の権利関係の明確性」とするのが有力な見解である。権利は，所有権に限られず，境界の明確性に依存する利用権（たとえば賃借権）を含むと解される。

　本罪の行為の客体として「境界標」が挙げられている。「境界標」とは，権利の範囲を特定するために設置された土地の境界を示す，コンクリート杭などの標

識のことである。標識自体は，河川のような自然のものでもよい。自己所有の境界標であっても本罪の成立は妨げられない。

　境界標に対する行為として，その「損壊」・「移動」・「除去」が規定されているが，「その他の方法」が広く行為とされており，これらは例示列挙にとどまる。河川の流路を変えるなどの方法でも本罪はなされうる。

　境界損壊罪の成立を認めるためには，境界標を損壊するだけでなく，「境界を認識できなくする」という「結果」の発生が必要である。たとえば，境界標の損壊にもかかわらず他の方法で比較的容易に境界が認識できる場合には，本罪は成立していない（最判昭和43・6・28刑集22巻6号569頁）。「認識できない」といえるためには，境界が不明となることまでを要せず，再度確認の方法をとる必要がある状況に至ればよい。土地の境界とは，法律上あるべき境界ではなく，事実上存在する境界を意味する（東京高判昭和61・3・31高刑集39巻1号24頁）。

第2編
社会的法益に対する罪

第 21 章

騒乱の罪

21.1 騒乱の罪の性質

　106条・107条には,「騒乱の罪」が規定されている。騒乱の罪には,多衆で集合して暴行または脅迫をする罪（騒乱罪,106条）と,暴行・脅迫をするため多衆が集合した場合に,権限ある公務員からの解散命令を受けてなお解散しない罪（多衆不解散罪,107条）とがある。これらは,構成要件該当行為が多数人の関与を前提としている必要的共犯（集団犯ないし集合的犯罪）の代表的なものである。106条の騒乱罪では,関与形態により異なった法定刑を定めることから,関与形態に関する構成要件の修正形式と解される共犯規定の適用は排除される。

　騒乱の罪が,憲法上の基本的人権である集会の自由・団体行動の自由との緊張関係をはらむことには注意が必要である。団結し,あるいは集団で行動する権利の保障は,憲法上の要請として優先される必要がある。騒乱罪における具体的な構成要件的行為は,暴行・脅迫であり,後述のとおり,本罪の性質上,最広義の暴行・脅迫と解されるので,保護法益の抽象性ともあいまって,処罰範囲が拡大し,妥当性の根拠が不明確なまま多数人を処罰することになってはならない。集会に参加した人たちが,解散しないことだけで十分な当罰性が認められるか,慎重な吟味が必要である[1]。

　保護法益は,**公共の平穏**（一地方における公共の平穏）とするのが判例であるが,漠然としすぎているきらいがある。学説上は,より実質的に,不特定または多数人の生命・身体・財産であるとする見解が有力である。すなわち,騒乱の罪を公共危険罪として位置づけるもので,わたくしも,このように解する。

---

[1] 現実問題としても,適用例は少ない。なお,平成7年改正前は「騒擾罪（そうじょうざい）」という罪名であった。

21.2 騒乱罪

21.2.1 総　説

　騒乱罪（106条）は，多衆で集合して暴行または脅迫をした者を騒乱の罪とし，次の区別に従って処断するものである。第一に，首謀者は，1年以上10年以下の懲役または禁錮に処し（同条1号），第二に，他人を指揮し，または他人に率先して勢いを助けた者は，6月以上7年以下の懲役または禁錮に処し（同条2号），第三に，付和随行した者は，10万円以下の罰金に処する（同条3号）。

　自由刑の選択刑として禁錮が規定されているのは，本罪が，ありうべき信念に基づくなど，非破廉恥な場合があることを考慮したものであろうが，犯罪とされている行為を破廉恥なものとそうでないものに分けること，破廉恥には懲役・非破廉恥には禁錮という結びつきに合理的な根拠を見出すことも難しい。

　1号の首謀者，2号の指揮者・率先助成者，3号の付和随行者は，それぞれ集団的犯罪への関与形態に基づき，行為主体を分類するものである。したがって，同じく関与形態による区別である共犯規定，すなわち，教唆犯（61条）・幇助犯（62条）の規定を重ねて適用するのは妥当でない。しかし，本罪に共犯規定の適用がないというわけではない。106条が規定するのは，集団内部における関与の如何であるから，必要的共犯を構成する集団に加わらない者が外部から関与するときには，総則上の共犯が成立しうると解される。たとえば，集団外の者がある者に集団に加わって付和随行するように唆せば，騒乱罪の教唆犯となろう。ただし，本罪は，後述のとおり集団犯罪であり，共同意思をもって行われることを要するので，共同正犯（60条）は事実上意味をもたない。

21.2.2 行　為

　騒乱罪の行為は，「多衆集合して暴行または脅迫をする」ことである。暴行・脅迫は，最広義に解される。すなわち，暴行は，物理力の行使であれば物に対する場合も含まれ，脅迫は，害悪の告知であれば本罪の脅迫に該当する。また，判例によると，暴行・脅迫は「一地方における公共の平穏を害する程度の危険」を含むものでなければならない（最決昭和59・12・21刑集38巻12号3071頁）。しかし，

現実に平穏を侵害することは不要とされ，したがって，抽象的危険犯と解されている（最判昭和28・5・21刑集7巻5号1053頁）。

本罪を，不特定または多数人の生命・身体・財産に対する危険犯（公共危険罪）と捉える場合にも，不特定または多数人の広がりが，ある程度の大きさをもっていることが必要であると解される。具体的事実として公共の危険が発生することを要件としない抽象的危険犯であるが，本罪の集団犯としての特質を体現するような危険，すなわち，群衆的心理を含め，行為の単純な加算以上の，多数による共同行為固有の危険性が認められる必要があろう。判例の立場に立ったとしても，このような本罪の性質から考察するならば，多数人が共同意思のもとに暴行・脅迫を行えば直ちに本罪に該当すると形式的に解することは相当ではないと考える。

なお，暴行・脅迫は，本罪の構成要件に該当するときは，それに吸収して評価され，別途，暴行罪・脅迫罪を構成しない。付和随行者の場合には，騒乱罪の実行行為としての暴行・脅迫が，暴行罪・脅迫罪に該当するとしても，暴行罪・脅迫罪の法定刑より減軽された刑となっている（あえて軽く処罰することにしている）ことからも，別罪で処罰することは想定されていないと考えられる。しかし，本罪と行為態様や保護法益を異にする犯罪である，殺人罪・放火罪・住居侵入罪・恐喝罪・建造物損壊罪・公務執行妨害罪等とは，本罪とそれらの罪との両方の構成要件該当性が認められ，観念的競合の関係になる。

21.2.3　主観的要素

本罪の故意は，構成要件該当事実，すなわち「多衆で集合している」事実と実行行為である暴行・脅迫の事実および各人の関与形態の認識（判例・通説ではそれに加えて認識事実の認容）ということになる。

ただし，暴行・脅迫が多数人の合同力を背景にして行われるところに本罪の特質があるので，判例および通説は，暴行・脅迫が共同意思のもとに行われる必要があるとしている。共同意思は，集団犯における集団としての結合を主観的に根拠づける一方，群集心理といわれるものを含めて，多衆が集団で行うことに依存して暴行・脅迫行為の増長が生じ，各行為者レベルでも集団統制レベルでも，その行動を制御することが困難になるという事情を裏づける要素である。この観点から，共同意思は，暴行・脅迫行為への参加意識だけでなく，集団としての暴行・脅迫が行われることの認識・認容を意味することになる（最決昭和53・9・4

刑集32巻6号1077頁）。

　60条以下の共犯の成立のためには，各関与者に具体的な結果についての認識を要するものと解されているが，本罪における共同意思は，多衆の暴行・脅迫行為およびそこから生じる結果について個別的具体的な意思連絡・認識を必要とするものではないと解されている（最判昭和35・12・8刑集14巻13号1818頁，前掲・昭和53・9・4）。

　なお，本罪は，内乱罪（77条）と類似するところがあるが，内乱罪で要件となっているような目的は不要である。

21.3　多衆不解散罪

　多衆不解散罪（107条）は，暴行または脅迫をするため多衆が集合した場合において，権限のある公務員から解散の命令を3回以上受けたにもかかわらず，なお解散しなかったときは，首謀者は3年以下の懲役または禁錮に処し，その他の物は10万円以下の罰金に処するものである。

　本罪は，「**解散しない**」ことを構成要件的行為とする真正不作為犯である。また，暴行または脅迫目的で集合した多衆が主体となる目的罪である。集合した多衆が暴行・脅迫に出れば106条の騒乱罪となることから，その予備段階の行為を処罰する性格をもつ。したがって，「解散する」とは，106条の「多衆集合」状態でなくなることを意味し，多数を恃む集団心理を含む集団的暴行・脅迫による不特定または多数人の生命・身体または財産の侵害に対する危険が認められる規模，判例に従えば「一地方の平穏を害する」程度の規模でなくなることを要するといえるであろう。

　解散の命令を3回以上受けたことが構成要件要素とされている。もちろん，これを形式的に理解するのは妥当ではない。3度の解散命令は相互に相当の間隔でなされることが求められるし，130条後段の不退去罪と同じく，多衆が解散するに相当な時間の猶予が必要であろう。反面，そのような条件が充足された時点で，解散すべき義務を認めることができるので，それにもかかわらず解散状態になっていないときには，直ちに既遂となる。

　権限のある公務員の権限は，警察官職務執行法5条の「警察官は，犯罪がまさに行われようとするのを認めたときは，もしその行為により人の生命若しくは身

体に危険が及び，又は財産に重大な損害を受ける虞があって，急を要する場合においては，その行為を制止することができる。」を根拠に認めるのが一般的な理解である。

　本罪における首謀者は，「解散しない」ことの首謀者であり，集合に関する首謀者と同じとは限らない。

■第 22 章■
放火および失火の罪

22.1 総　　説

22.1.1 「放火および失火の罪」の諸類型

　刑法第2編第9章は，「**放火及び失火の罪**」を定める。ここでは，これらの罪を広義で「放火の罪」と称し，適宜，狭義の放火罪・失火罪を区別して用いることにするが，用例として確立しているものではなく，本章でも厳密な使い分けを試みているわけではない。

　さて，放火の罪は，108条・109条・110条の放火罪，および，そこから派生する未遂罪（112条）・予備罪（113条）という故意犯の類型と，116条・117条の2にある失火罪という過失犯の類型を核とし，114条の消火妨害罪，117条の激発物破裂罪，118条のガス漏出等及び同致死傷罪という関連犯罪とで構成されている。中核となる放火罪は，108条が現住建造物等，109条が非現住建造物等，110条が建造物等以外というように，客体の属性に応じて区別されている（失火罪も，これを前提にした区分で類型化されている）。すなわち，放火罪の構成要件的行為は，各類型において共通するので，以下では，行為を放火罪共通の要件として検討することとする。

22.1.2 保護法益

(1) 公共の危険

　放火罪は，火を放って客体を焼損させる犯罪である。行為および結果の外形だけをみれば，火力による物の損傷にほかならない。たとえば建造物等放火罪

（108条・109条）は，建造物等損壊にあたる事象を内容とする犯罪である。しかし，建造物への放火・焼損行為は，建造物損壊罪ではなく放火罪で評価され，その法定刑は建造物損壊罪に比して格段に重く，とくに108条においては殺人罪に匹敵する。また，本来，自己の所有物は，焼き捨てることも含めて自由な処分が可能なはずであるが，自己の所有物についても，これに放火する場合には処罰対象となる（109条2項・110条2項など）。このような事情から，放火の罪が不法内容として評価しているのは個人財産の侵害だけではないと考えなければならない。

　放火罪においては，むしろ，放火行為から生じる**公共の危険**が重要な意味をもっている。放火の罪は，公共の危険を惹起する「公共危険罪」の代表的な類型なのである。「公共の危険」とは，不特定または多数人の生命・身体・財産に対する危険，と解するのが通説である[1]。判例には，放火の罪に共通する保護法益として一般的定義として述べたものは見つからないようであるが，後出の平成15年最高裁決定は，実質的に同様の理解を示したものと思われる。

　「公共の危険」が条文の文言上に表れる110条の建造物等以外の放火罪につき，条文にいう「公共の危険」が発生したか否かが争点となった例がある。110条の解釈における「公共の危険」の理解が，放火の罪一般にあてはまるかには留保が必要だとする立場もあろうが，「公共の危険」は放火の罪の章の罪において共通して用いられているのであるから，少なくともその核心は同じでなければならないはずである。かつて，判例は，110条にいう「公共の危険」とは，放火行為が対象物件に発生させた実害ではなく，一般不特定の多数人に対し，108条・109条の物件に延焼する結果が発生するおそれがあると思わせるような状態をいうとした（大判明治44・4・24刑録17輯655頁）。この判例は，延焼の危険を介するもの（人々に延焼の危険を感じさせる状態）に限定する方向で解釈したもの（**限定説**[2]）と

---

[1] 伊東・259頁以下，松宮・334頁等参照。
　なお，とくに現住建造物等放火罪などの法定刑の重さや，本罪が社会的法益に対する罪であることの独自性等を考慮すると，財産に対する危険の発生では合理的な説明はできないとして，生命・身体に対する危険に限るべきだとする立場もある。しかし，わたくしは，放火の罪で問題となるのが，「不特定または多数」の財産に対する「制御困難な」侵害の危険を問題とするものであるとすれば，財産に対する危険を含めて考えることに決定的な不合理はないと考える。また，放火の罪が一般に公共危険罪の性格をもつこと，そのゆえに直接的な客体損壊という不法を超えた違法性を有するといっても，具体的に行われる放火によって特定少数人の生命・身体といった重要法益に対する侵害の危険が生じることも，もちろんあるので，類型的にその危険を生ずる蓋然性が高い現住建造物等放火罪（108条）の法定刑が重いことは合理的であるというべきであろう。

[2] 西田・309頁。

理解される。

　しかし，その後の判例では，110条にいう公共の危険は，延焼の危険のみに限られるものではなく「不特定または多数人の生命，身体，または建造物以外の財産に対する危険」を含むという判断（最決平成15・4・14刑集57巻4号445頁）がなされるに至っている（非限定説[3]）。これは，公共危険一般の理解としての通説と一致する態度を示していることになる。そのことも考え合わせると，この判断は，110条の場合に限らず一般に，公共の危険を「不特定または多数人の生命，身体，または財産に対する危険」と捉える考え方を基礎とするものであろう。すなわち，建造物以外に対する放火罪に関し，建造物等への延焼の危険に限らず，建造物以外の財産に対する危険一般も公共の危険の内容となりうる旨を述べたものだと考えられる。この判示のもとでも，その「不特定または多数人の生命・身体・財産に対する危険」が，108条・109条の物件への延焼を介して生じる場合でなければならない，との理解をすることもできないわけではない。ただ，「延焼の危険のみに限られるものではない」としているのでもあり，実質的に考えても，延焼を介さず建造物等の燃焼から直接に生じる危険を排除する理由はないと考えられる。

　公共の危険が発生しているか否かを判断する基準について，上述の大審院判例は，公共の危険の有無は，純粋に物理的な害悪発生の可能性・蓋然性によって判断されるのではなく，一般通常人の判断によるべきであるとしていた。しかし，もちろん，危険そのものは，行為者の認識や感覚ではなく，外在的・客観的事情であって，通常人の危険感が直接の問題ではない。すなわち，人の安全意識が保護法益であるわけではない。周辺の一般通常人が，不特定・多数人の生命・身体・財産について危険だと判断するのが当然であるような事情（火の勢いや火災の場所など）の出来を問題とするのである。

　放火罪の保護法益は，この意味において「公共の安全」である。したがって，犯罪の個数も，放火の客体の数によるのではなく，公共の安全という法益の数を標準とすることが基本である[4]。ただし，自己所有物に対する放火について軽く処罰されることからみれば，所有権等の個人的法益も副次的法益として考慮されている。もっとも，法益主体自らの行為であっても放火罪には該当するのであるから，他人の物に放火する場合で，放火対象物件の所有者の承諾がある場合には，客体の評価が自己所有物と同様に変更される[5]だけで，公共の危険が生じればや

---

[3] 高橋・449頁。

はり放火罪は成立することになる。

（2）抽象的危険犯

　放火の罪は，保護法益の侵害である「公共危険」の発生によって既遂に達するはずである。しかし，108条・109条1項の文言では，公共の危険発生を明示的な要件とはしていない。これらの類型では，たとえば建造物等への放火・客体の焼損という事態には，公共の危険発生が内包されていると解され，放火・焼損の発生によって類型的な危険発生が合わせて肯定される。いわば，行為およびそこから帰結する結果の存在によって，危険の発生が認められることになる。すなわち，108条・109条1項の罪は，抽象的公共危険罪（抽象的危険犯）であって，独立した構成要件要素として危険発生という具体的事実を必要としない。

> **設例**　Xは，Aが無人島に木造2階建ての別荘を建てて毎夏の2か月ほどを過ごしているのを知ってこれをねたみ，その別荘にAやその家族がいない時期をねらって，これに火を放って全焼させた。当該別荘のある島は，周囲を海に囲まれ，Aの別荘があるほか，誰も住んでいない。この事例で，別荘にたまたま来客があった場合，来客や荷物の配達等の予定がある場合ならどうか。

　もっとも，たとえ形式的に構成要件に該当する事実があっても，通常の事態であれば含まれているはずの類型的な危険すら存在しない例外的な場合がありうるとして，設例のような，いわゆる「野中の一軒家」への放火事例が論じられる。たしかに，住居への放火・焼損には該当するとしても，立地その他の条件により，不特定または多数人の生命・身体・財産に対する危険を生じえないものであるときに，それにもかかわらず公共の危険が内包された行為であるということはでき

---

[4]　放火罪の罪数については，社会的法益に対する罪，公共危険罪という性格が基本とされなければならない。しかし，「公共の危険」の性質上，その個数は端的に認識されるものではなく，諸事情を考慮した実質的判断をする必要がある。公共の危険の個数を判断するにあたっては，危険の程度・危険の及ぶ範囲等が考慮されるべきであろう。建造物といった大規模構造物を客体とする放火においては，たとえば，隣接地に建ってはいても，相当の間隔があり，塀などの障壁により通常は延焼の可能性が高くはないと考えられる2個の建造物であれば，1個の客体への放火と2個の客体への放火とでは，その危険の程度・危険の及ぶ範囲が大きく異なることがありうる。このような場合には，それぞれの客体についての放火が異なる公共の危険を発生させていると評価されるべきであろう。他方，放火罪においても個人的法益侵害が完全に無視されるわけではないことも考え合わせると，客体の個数も罪数評価に無関係とはいえない。

[5]　たとえば，110条1項の客体の所有者が放火・焼損に承諾を与えているとき，それに対する放火行為は，110条2項に該当することになる。

ない。抽象的危険犯を公共危険の発生を「擬制」するものと解する見解もあるが，文字どおり「擬制」されるとするのは根拠が薄弱であろう。いわば，住居への放火が公共の危険発生の抽象的危険を含むとするには，ある前提が存在し，この前提事情を欠くものは，元来，抽象的危険犯の類型に包含されていないはずなのである。このときには，公共の危険を内包する行為自体，すなわち実行行為そのものが否定されるべきである。ただし，類型的危険は，文字どおり，社会生活の中で遭遇する事例に通例は認められるからこそ類型化されているのであるから，「類型的な危険がない」といえるのは，特殊な場合に限られるであろう。たとえば，いわゆる野中の一軒家であっても，火の粉や熱風の伝播，風の影響や介在物の燃焼などによって，あるいは，不特定人がそこに近づく可能性などによっても，不特定または多数人の生命・身体・財産に対する侵害の抽象的危険の発生は認められる。この問題は，究極のところ，抽象的危険とは「類型的」危険であり，その「類型」設定の抽象度に幅がありうること，したがって，「抽象的危険」について論じる場合にも，ある程度の具体的類型として把握する必要があることを意味する。

(3) 具体的危険犯

109条2項，110条1項・2項の罪では，公共の危険が発生することを明示的な要件としている。これらは，具体的公共危険罪（具体的危険犯）である。具体的危険犯の場合には，公共の危険の発生が具体的な事実として存在することが構成要件要素[6]とされている。したがって，既遂犯として処罰するためには，放火行為の存在や焼損結果と並んで公共の危険が発生したことの証明が必要である。

なお，わたくしは，上述のような通説的見解に従うが，抽象的危険と具体的危険は，法文に明示されているか否かの形式的区別にすぎず，解釈論上は，いずれも客観的構成要件要素（故意の認識対象）であって，両者はいわば程度の相違として把握されるという立場もある。このように構成すると理論的には一貫するが，文言の解釈として少々無理があることは否めないのではないかと思う。

---

[6] 後述のように，判例は，放火の罪が成立するために公共の危険発生について認識は不要としているので，これを構成要件要素としていないことになり，抽象的危険犯・具体的危険犯の区別自体が採用されていないというべきであろう。しかし，通説は，「公共の危険」を構成要件要素とし，したがって，これらを具体的危険犯と解しており，わたくしもこれを支持する。

（4）公共の危険の認識と放火罪の故意

「公共の危険」発生という事実が構成要件要素として摘示されるか否かは，構成要件該当事実の認識を核心とする故意の内容にも影響する。放火罪の故意を認めるために公共の危険発生についての認識が必要かどうかについて，通説は，抽象的危険犯では不要とし，具体的危険犯では必要とする。具体的危険犯では，条文上も公共の危険の発生が独立した構成要件要素となっていることから，構成要件該当事実として，公共の危険も認識すべき対象に含まれる。これに対し，抽象的危険犯の場合には，放火・焼損などの条文に記述された構成要件要素を認識していれば，公共の危険発生について格別の認識がなくても故意に欠けるところはない（公共の危険が発生するような類型の実行行為であることの認識の中に包摂されている）と解されるのである。

ただし，判例は，いずれの場合にも公共の危険発生についての認識を不要とする（大判昭和10・6・6刑集14巻631頁，大判昭和6・7・2刑集10巻303頁，最判昭和60・3・28刑集39巻2号75頁など）。この立場は，公共の危険の発生という事実が故意の成立にとって必要な認識対象に含まれないとしているのであるから，理論的には，上に分類した抽象的危険犯・具体的危険犯のいずれの類型においても，「公共の危険の発生」を構成要件要素に含めず客観的処罰条件だと解するものである。

しかし，公共の危険発生は，公共危険罪である放火罪の不法内容の基盤ともいうべき要素である。たとえば，自己所有物への放火の場合，公共の危険の発生を認識せず，自己所有物の焼損という認識しかないのに，直ちに社会的法益侵害の危険を含む放火罪の罪責を負わせることは妥当でない。放火罪の不法実現意思としては，公共の危険発生が含まれることが必要であろう。また，判例のように解すると，110条1項において，客体の（火力による）損傷の認識があるだけ（いわば器物損壊の意思）であるのに，社会的法益に対する犯罪として器物損壊罪より重く処罰される放火の罪の罪責を負わせることになってしまい，不合理であろう[7]。いかに客観的に危険を生じさせたとしても，結果責任を問うことは妥当でなく，それについて主観的帰責の根拠が必要なはずであるから，やはり，通説が支持されるべきである。

---

[7] 少なくとも110条1項については，文言の形式だけから考えても，公共の危険発生を構成要件要素としていると読むのが妥当であろう。

22.1.3　放火罪における行為

(1) 放　　火

　放火罪における構成要件的行為は，「**放火する**」ことである。放火とは，焼損の原因を与える行為をいう。媒介物を使う場合も，媒介物に火をつける行為ではなく，焼損されようとする客体への放火が問題である。自動発火装置・遠隔操作による点火などの方法によっても放火は認められる。

　放火行為の着手時期は，焼損の現実的危険を含む行為が行われたときである[8]。裁判例としては，揮発性の高い燃料が撒布されて，後はわずかな労力の点火行為を残すばかりの段階に至っていれば，既に客体が焼損に至る危険が十分現実的なものになっている（この認定により，既にその時点で実行の着手が肯定される）として[9]，この段階から，意図しない点火により焼損に至った場合を放火罪の既遂とした例がある（横浜地判昭和58・7・20判時1108号138頁）。また，不作為による放火も認められる（放火罪は，判例上，消火への作為義務，したがって不真正不作為犯が認められやすい類型のひとつである。）。たとえば，夜間に1人で仕事中，自らの過失で部屋の中で紙類が燃え始め，容易に消火できたにもかかわらずあえて放置して建造物の焼損に至らせた行為につき，自己の先行行為に基づく作為義務が認められ，不作為による放火罪とされた（最判昭和33・9・9刑集12巻13号2882頁）。

(2) 焼　　損

　放火の罪においては，客体の「**焼損**」を構成要件（結果）としている。焼損とは，火力による物の損壊をいう。焼損は，客体に生じる即物的・有形的な結果であって，放火罪における既遂時期を画する機能を担う。たしかに，具体的危険犯では，焼損と並んで（あるいはそれに加えて）公共の危険発生が構成要件要素となるが，抽象的危険犯においては焼損のみが既遂を認める要件である以上，焼損という形式的結果が公共の危険発生を認めるに足りる実質を備えていることが要求される。そこで，焼損概念は，公共の危険発生との関係を意識しつつ議論されてきた。以下に，主要な学説を挙げる。

　A　独立燃焼説　　独立燃焼説[10]は，火が媒介物を離れて客体が独立して燃焼

---

[8] もちろん，実行の着手時期一般についての理解に従うことが前提である（『総論』5.2参照）。
[9] 仮に，放火罪の実行行為が開始されていない段階から結果が生じたのであれば，故意犯の実行行為がない以上，焼損結果についての過失犯（失火罪）の成否が問題になるにとどまる。

を継続するに至ることが焼損である，と解する見解である。判例（最判昭和23・11・2刑集2巻12号1443頁）が一貫して採用する立場である。日本の家屋は木造が多く，とくに都市部では密集して立てられることが多い事情を考慮すると，客体が独立燃焼する段階に至れば他の客体への延焼の可能性が高く，既に公共の危険が発生するというのである。この考え方からは，結果的に客体そのものの損傷が相当に小さい場合にも独立燃焼状態に至れば焼損を認めることになり，放火罪が既遂となる。たとえば，放火罪既遂とされた上述の判例の事案は，大きな建物の一部，30センチメートル四方を焼いた事件である。このように，独立燃焼説は，客体の損傷の度合が小さい場合を含む点で，客体の損傷の意味からは若干外れる帰結になりかねないこと，また，実質的にみて公共の危険発生の時期としては早すぎる（未遂の余地がほとんどない）ことなどが問題とされてきた。

B　効用喪失説　効用喪失説[10]は，「焼損」とは即物的には客体の損傷を意味するはずであるとし，客体の重要部分が焼失してその効用が失われることが焼損だと解する見解である。この考え方は，独立燃焼説に対して向けられた批判には応えられるものの，逆に既遂時期が遅くなりすぎるのではないかという問題が指摘される。具体的評価の際には，「重要部分」の意義に曖昧さを残す点に対しても批判が可能である。他方，公共危険罪における結果発生如何が客体の財産的侵害の観点から決められるという点への理論的疑問もある。抽象的危険犯類型の客体（建造物等）なら，物理的大きさや使用形態から考えて，その重要部分が焼失するに至れば公共の危険発生も肯定されるであろうが，具体的危険犯をも通じた概念として成り立ちうるかという問題である。もっとも，そうであるからこそ，客体の性質によって公共の危険発生が既遂要件とされるのであるという説明は成り立つ。

C　重要部分燃焼開始説（燃え上がり説）　重要部分が燃焼を開始したときに焼損を認める説[12]もある。中核構造部分が燃焼を開始すれば，客体の効用喪失が差し迫った状況になると同時に，燃焼部分が大きくなることから公共の危険を認めるに十分な段階になると考えられるであろう。そこで，これは俗に言う「燃え上がった」ときに焼損とするとも説明される。独立燃焼説によったときの既遂時期の早期化を批判する立場から説かれる一方，客体物が燃え上がって，炎が大き

---

[10] 西田・303頁，山口・385頁，高橋・453頁等。
[11] 曽根・219頁。
[12] 平野・248頁，福田・87頁，松宮・335頁。

くなるなどする時点に至れば，延焼の危険が格段に高まると考えられるので，公共の危険発生という観点からも合理性は認められるであろう。たしかに，建造物にとって屋根・壁は重要部分であろうから，これらの部分が燃焼を開始すれば焼損だということになるであろう。しかし，一般に「重要部分」とは何かについて曖昧さがあり，「燃え上がった」という判断基準が感覚的でありすぎ，限界事例の判断は難しいといわざるをえない。実際に「重要部分の燃焼開始」に至っていたかを事後的に証明することが難しいとも指摘される。

D　一部損壊説（毀棄説）　一部損壊説[13]は，客体が毀棄罪にいう毀棄の状態に至ることが焼損であるとする考え方である。文字どおり，焼損とは火力による損壊にほかならないと解することになる。判断基準として毀棄罪と同程度に明確であり，焼損の字義にも整合する。しかし，この説では，放火罪が毀棄罪の一類型のように位置づけられることになり，公共危険罪としての性格が軽視される傾向を問題視することができる。また，そのこともあいまって，独立燃焼説では既遂時期が早すぎるという批判は，一部損壊説に対してもあてはまるといえるであろう。既遂時期の遅速は決定的ではなく，損壊の定義にもよるとする反論はありうるが，それ自体が概念の曖昧さとして批判の対象ともなりうる。

このようにみてくると，どの説にも理由があると同時に弱点がある。他方，判例においては独立燃焼説的処理が確立している。独立燃焼の事実は，燃え残った物によって事後的に証明がしやすく，判断の明確さに資するとも言われる。また，独立燃焼が開始すれば直ちに既遂となるのではなく，独立して燃焼を「継続するに至る」点を重視すれば，既遂時期が早すぎるとの批判にもある程度応えられるであろう。こうした背景のもと，学説上も，適切な限定を付して独立燃焼説を再評価する傾向がみられる。

なお，建造物放火の場合，独立して燃焼を継続する状態に至る必要があるのは「建造物」である。後述のとおり，損壊しないで取り外すことのできる物は，建造物の一部とはされないので，その継続燃焼をもって（さらにあえていえば，それが完全焼失したとしても）建造物の焼損とすることはできない。

（3）焼損と公共の危険

実は，そもそも，焼損と公共の危険発生との関係にも再考が必要であるように

---

[13]　大塚・372頁，井田・382頁。

思われる。上述のとおり，抽象的危険犯との関係において，「焼損」が生じた時点で抽象的な公共の安全に対する危険が発生していなければならない，という観点から，燃焼がどの程度に進行すれば類型的に公共の危険が生じるといえるかが考慮されてきた。しかし，論理解釈から「焼損」と「公共の危険」との連動が必然となるわけではない。現実にも，燃焼の段階によって公共の危険の有無やその大きさを画するのは困難であるように思われる。

　もっとも，大まかな類型として，抽象的危険犯の客体が相対的に大規模な構造物であることから，その物質的損壊の程度によって公共の危険を量ることが妥当性をもつことは事実であろう。このような考慮からは，抽象的危険犯の客体そのものに類型的公共危険の基礎となる性質を認めることができるので，その限りで毀棄罪の基準で既遂時期を定めるという考え方にも理由がある。

　ただ，放火の罪における不法の核心は，一般の毀棄罪と異なるといわなければならない。毀棄罪の場合には毀棄作用が行為者の制御のもとにあることが前提であるのに対し，放火の罪の場合には，火力の自動的に作用継続・拡大するという性質のため，放火の目的物（および延焼先の客体）の燃焼をくい止めることができない（著しく困難な）状態に至るという点であろう。したがって，火が制御困難な段階に至った時点で公共の危険が発生すると解するのが妥当である。すなわち，放火の罪における公共の危険は，火力により客体を燃焼させることから生じること，目的物の自動的燃焼（独立燃焼の継続）に基づくものであることが必要だと考えられる。逆に，こうした燃焼過程に対する制御困難状態に陥ることなく放火客体のみの焼損によって鎮火することが見込まれるような場合には，公共の危険が発生する抽象的（類型的）危険がないのであるから，その放火行為は抽象的危険犯の構成要件にも該当しないと解するべきである。

　この意味で，独立燃焼説は，独立燃焼を継続するに至る段階が直ちに制御困難な段階を示すかどうかになお異論がありうるとしても，木造建築が少なくないことや建造物の密度が高いことなどの事情を前提とする限りにおいては，焼損概念を画する方法論としてそれなりの合理性があるといいうる。逆にいえば，焼損の概念は，客体のおかれた環境を含めた類型として捉えられるべきものであって，それを前提として，火力作用の自動的拡大の尽力による制御可能性という判断枠組に従って評価・判断されることが妥当であると考える。

　なお，燃焼に際しては，煙や有毒なガスなどの発生により，不特定または多数人の生命・身体に危険が及ぶことがあり，これらも火力に直接起因する公共の危

険であるとも考えられる。しかし，わたくしは，火力のもつ上述のような性質に放火罪における公共危険の根拠を認めるので，煙やガスの拡散それ自体は「公共の危険」の考慮の外にあると考える[14]。不燃性建材である化粧鋼板の表面約0.3平方メートルを燃焼させた場合を放火既遂とした判例（最決平成元・7・7判時1326号157頁）があるが，有毒な煙・ガス等の発生に起因する危険を公共の危険としては考慮せず，制御不能な燃焼段階に至ることをもって焼損と認めるわたくしの立場（いわば条件付きの「独立燃焼継続説」）からは，やや疑問の残る判断である。

22.2　現住建造物等放火罪

22.2.1　総　　説

現住建造物等放火罪（108条）は，放火して，現に人が住居に使用し，または，現に人がいる建造物，汽車，電車，艦船，または，鉱抗を焼損した者を，死刑または無期もしくは5年以上の有期懲役に処するものである。

本罪は，未遂が処罰される（112条）。また，予備も処罰される（113条）。

破防法39条には，政治目的の予備・陰謀・独立教唆・せん動を処罰する規定がある。

現住建造物等放火罪は，公共の危険発生は独立した要素として構成要件とはなっておらず，抽象的危険犯と解されている。したがって，客観的には，具体的な事実として危険が発生したことまでは要せず，主観的には，公共の危険発生を認識・認容する必要はない。認識されるべきは，客体とその焼損であり，客体の性質からその焼損が類型的に公共の危険を発生させるものだと解される。

---

[14] 難燃性・耐火性の材料・素材が登場し，普及するに伴い，そもそも客体が独立して燃焼するに至らず，媒介物等の火力により客体の損傷が進行するという事態が生じることになった。この際，独立燃焼が開始する以前に，煙や有毒ガスの発生などによる生命・身体に対する危険発生もありうる。公共の危険が「不特定または多数人の生命・身体・財産の危険」であるなら，炎以外に，煙や有毒ガスによる危険も考慮すべきではないか。このような観点から，木造建造物については独立燃焼説を維持しつつ，不燃性・難燃性建造物については独立燃焼しなかったときでも媒介物の火力によって建造物が効用を失うほどに至ったならば放火罪の既遂を認めることが考えられる。これが，いわゆる新効用喪失説の主張である。しかし，客体の性質により基準を変える点，難燃性である以上は客体の燃焼による危険とはいえない（火力を供給している媒介物の危険が問題となる）点など，かなり本質的な部分での批判を免れない。これらの危険惹起を処罰するためには立法が必要である。

22.2.2 客　体

(1) 建造物，汽車・電車，艦船，鉱抗

　現住建造物等放火罪の客体は，「現に人が住居に使用し又は現に人がいる建造物，汽車，電車，艦船または鉱坑」である。

　「建造物」・「艦船」は，基本的に建造物等損壊罪（260条）におけるのと同じ意味である。焼損結果はこれらの客体に生じなければならないので，建造物の室内におかれた机のように分離区別される物，敷物など損壊せずに取り外せる物などが焼損しても本罪の既遂とはならない。

　「汽車」・「電車」は，軌道上を走行する交通機関で，蒸気を動力とするものが汽車，電力によるものが電車である。ガソリンやディーゼルのエンジンによって走行するものを含むかは，類推解釈との関係で問題はあるが（過失往来危険罪に関する判例（大判昭和15・8・22刑集19巻540頁）は，ガソリンカーが「汽車」に含まれるとした），汽車・電車等の呼称は，日常生活上，動力の相違に応じて厳密に使い分けられているとはいえないし，実質的にみても気動車をこれらと異なるものとして区別する必要はないと考えられるので，わたくしは，ガソリンカー・ディーゼルカーをも含むと解する。

　「鉱坑」は，鉱物採取のために地下に掘られた構造物をいう。

(2) 現住性・現在性

　「住居に使用する」とは，日常生活を営むために使用することである。この「現に住居に使用する」という要件を，以下，「現住性」という。本罪は「生活の本拠」を保護する趣旨のものとは解されていないので，その建物が「生活の本拠」である必要はない。料亭の離れ座敷について，昼夜間断なく人が出入りするわけではないが客が出入りして起臥寝食の場として使用されている建物であるとして，これが現住建造物とされた判例（最判昭和24・6・28刑集3巻7号1129頁）がある。

　なお，現住性が失われたのではないかとして争われた事例がある。競売手続を妨害するため従業員等を寝泊りさせていた家屋に放火することにした者が，事情を知らない従業員等を旅行に連れ出したときにも，「起居の場所としての使用形態」が変更されていないことが考慮されて，現住性が認められた（最決平成9・10・21刑集51巻9号755頁）。燃やすつもりであるから，実態としては，もはや従

業員等はその家屋に居住する可能性はない（退去したことになる）のであるが，居住していた者は，旅行後再びここに住むことになると認識して居住状態を残して出ていること，客観的にみて人の起臥寝食の場と認められることが重視されたものといえる。不特定人が訪問する前提となる状況が維持されていることから，類型的な公共の危険を認めることが可能だと思われる。

「現に人がいる」とは，犯人以外の者が内部にいることを意味する。「現住性」に対して「現在性」とよぶことができるであろう。

（3）建造物の「一体性」

建造物の一部に住居とみなされる部分があるが，他の部分がそうではない場合に，建造物全体が現住建造物となるか，という問題がある。さらに，個々にみれば現住性・現在性（以下，現住性で代表させる）のある棟とない棟とが隣接し，それらが回廊等で結ばれているような構造であるときに，その非現住棟への放火が現住建造物放火罪にあたるかが争点となった事例がある。

これは，当該客体全体の**一体性**が認められるかによって判断される。一般的に言って，一体としての建造物の一部に対する放火と評価することが可能であれば，現住建造物放火罪としうる。このとき，現住性のある部分を含む全体を一体として評価する基礎となる事実の認識があれば，現住性の認識性を肯定できるであろう。

建造物の一体性の根拠，判断基準に関しては，いわゆる平安神宮事件最高裁決定（最決平成元・7・14刑集43巻7号641頁）が，物理的一体性と機能的一体性という観点を提出し，一般に学説もこのような枠組を支持している。この事件では，複数の木造建物が木製の回廊で接続されている平安神宮の建物について，それに放火すれば社務所等に延焼の可能性があると認定された無人部分に放火し，これを焼損させたことが，現住建造物放火罪にあたるかが問題となり，結論として肯定する判断が示されたものである。判例が物理的・機能的という2つの基準の相互関係をどう解しているのかははっきりしないが，物理的一体性は延焼の可能性に関係する観点であり，機能的一体性は，人の起居に利用されていること，端的には人の立ち入る可能性に関係する観点であると考えられる。そうすると，物理的一体性が必要条件となり，それに機能的一体性が加わって十分条件となると解するべきである[15]。機能的一体性は，一体として利用されることに伴う人の移動を中心的要素としているものであろうが，非現住建造物の場合にも人の立ち入る

可能性自体は否定できないのであるから，この観点だけで現住性を肯定するのは不合理である。

下級審裁判例には，「現在」棟と「非現住・現在」棟が渡り廊下でつながる建造物について，「物理的連結」があり，設備・構造上，現在棟への延焼可能性が否定できないという「延焼の蓋然性」があるという考慮に基づいて一体性を肯定したものがある（福岡地判平成14・1・17判タ1097号305頁）。また，マンション内のエレベーターのカゴに放火し，カゴの壁面の一部を燃焼させた行為に現住建造物放火罪の成立を認めた判例（最決平成元・7・7判時1326号157頁）がある。

現住建造物の一部に耐火性区画があり，その部分に焼損があった場合には，現住建造物の焼損と評価されるであろうか。物理的一体性に関する以上の考え方からすれば，耐火区画外への延焼可能性が否定されるときには現住性を否定すべきである。しかし，実際問題として，通常の利用形態を想定した建造物中に，延焼可能性を完全になくした耐火区画を作ることは困難だと思われる。また，耐火区画に現に人が立ち入って作業するなどの形で使用されているものについては，機能的一体性を否定することもできないはずである。したがって，ほとんどの場合に耐火区画は独立した客体とはならず，現住建造物の一部とされることになろう。裁判例において，ビルの地下にある塵芥処理場のごみに放火して火災を発生させ，処理場の天井や設備等を焼いた事例で，既遂は認められなかったものの客体が現住建造物とされた（東京地判昭和59・6・22刑裁月報16巻5=6号467頁）ことは，このような考え方からすれば妥当である。

22.3 非現住建造物等放火罪

22.3.1 総　説

非現住建造物等放火罪（109条）は，放火して，現に人が住居に使用せず，かつ，現に人がいない建造物，艦船，または，鉱抗を焼損した者を，2年以上の有期懲役に処するものである（同条1項）。109条1項の物が，自己の所有に係るときは，6月以上7年以下の懲役に処する。ただし，公共の危険を生じなかったときは，

15　西田・300頁，山口・382頁，高橋・460頁等参照。

罰しない（同条2項）。

109条1項の罪（自己の所有に係る物以外の非現住建造物放火罪）は，未遂が処罰される（112条）ほか，予備も処罰される（113条）。1項の罪については，破防法39条に，政治目的の予備・陰謀・独立教唆・せん動の処罰規定がある。1項に規定する物が自己の所有に係るものであっても，差押え等を受け，物権を負担し，賃貸し，または，保険に付したものである場合において，これを焼損したときには，他人の物を焼損した者の例による（115条）。

非現住建造物等放火罪は，現住性・現在性のない建造物等を客体とする放火罪で，1項の罪は抽象的危険犯，自己所有物に対する2項の罪は具体的危険犯である。このように，ただし書にいう「公共の危険発生」を構成要件要素とみるのが通説である。判例が（その旨明示するわけではないが）客観的処罰条件に位置づけていることは，既に述べた。

2項では，法定刑が減軽されているので，保護法益として二次的には個人の財産に関する利益が考慮されているものと解される。

115条は，109条1項・110条1項に規定する物が自己のものであるときは，各条2項によるはずのところ，それが，「差押えを受け，物件を負担し，賃貸し，または保険に付したもの」であるとき，すなわち，他人の権利に関係するときには，他人の物を焼損した者の例によるとする規定である。具体的には，それぞれ，2項ではなく1項を適用すべきことになる。自己所有物に関係する他人の権利の保護をはかる趣旨の特例である。

22.3.2 客　体

(1) 建造物・艦船・鉱坑

本罪の客体は，「現に人が住居に使用せず，かつ，現に人がいない建造物・艦船または鉱坑」である。現住性・現在性ともに存在しない場合であって，108条の客体となる場合以外を意味する。ただし，108条の客体であった「汽車・電車」が含まれていないので，現に人のいない「汽車・電車」などは，110条にいう「前二条に規定する物以外」として扱われることになる。

(2) 非現住性・非現在性

本罪にあたるためには，現住性・現在性ともに認められない客体でなければな

らない.居住者全員を殺害した後にその住居に放火した場合,形式的には,既に住居として使用されない状態となる.判例は,犯人以外の他人が現在するともいえなくなった客体への放火であるので,非現住建造物等放火罪にあたるとした（大判大正6・4・13刑録23輯312頁).同様に,居住者全員の同意を得た場合にも住居の現住性は失われる（本条の適用を受ける）と考えられる.しかし,このような考え方を前提にすると,実際には同意がないのに居住者全員の同意を得たと誤信した上,居住者が存在したままで放火した場合には,現住建造物放火罪の構成要件要素をなす客体の現住性の不認識として現住建造物放火罪の故意を否定し,非現住建造物放火罪に該当するものとせざるをえなくなる.このように,軽率ないし勝手な誤信のゆえに軽い類型に該当するとの評価になるのは,実質的にみて妥当を欠くであろう.

現住性・現在性は客観的事実であり,また,現住性要件で問題とされているのは,居住者の生命・身体等の安全だけではなく,訪問者等の安全も考慮されているのだと考えられる.このような考察からは,居住者の死亡・承諾のみで形式的に現住性を否定することは躊躇せざるをえない.所有者が客体の焼損に同意を与えたときに客体の属性が変わるとすれば,それは,他人所有物として扱われるか自己所有物として扱われるかの点においてであり,108条の要素である現住性・現在性ではないはずであろう.そこで,上述の判例とは異なるが,放火者自身が非現住状態を作り出した（たとえば,放火者自身が居住者全員を殺害した）ような場合には,それ以前の「現住」状態が継続して保護されると考えるべきであると考える.

なお,現住建造物焼損の目的で非現住建造物に放火しそれが焼損した場合,非現住建造物放火罪の既遂ではなく現住建造物放火罪の未遂だとされた判例（大判大正15・9・28刑集5巻383頁）がある.

22.4 建造物等以外放火罪

22.4.1 総　　説

建造物等以外放火罪 (110条) は,放火して,108条・109条に規定する物以外の物を焼損し,よって公共の危険を生じさせた者を,1年以上10年以下の懲役

に処するものである（同条1項）。110条1項の物が自己の所有に係るときは，1年以下の懲役または10万円以下の罰金に処せられる（同条2項）。

1項に規定する物が自己の所有に係るものであっても，差押えを受け，物権を負担し，賃貸し，または，保険に付した物である場合において，これを焼損したときは，他人の物を焼損した者の例による（115条）。

本罪は，建造物等以外を客体とする類型である。本罪においても，自己所有物に対する行為は，法定刑が減軽されている。ただし，それが差押え等にかかる物である場合には，他人の物を焼損した場合として扱われる（115条）ので，110条1項の適用を受けることになる。

本罪は，未遂も予備も処罰規定がない。

22.4.2 客 体

本罪の客体は，**建造物等以外**が広く含まれる。判例に現れた例としては，建造物の一部とされない家屋の部分（畳・建具など），動物小屋，物置小屋の屋根部分のトタン板などがある。物の大小は問わないが，別に「公共の危険を生じさせる」という要件があるので，事実上，あまり小さなものは客体にならないことが多いであろう。また，点火に用いられる媒介物（たとえば新聞紙）は，その燃焼は放火行為の一部をなすにすぎないので，独立の客体とはされない。なお，上述のとおり，非現在の汽車・電車は本罪の客体であることになる。

22.4.3 公共の危険

本罪にいう「公共の危険」については，市街地の駐車場の自動車にガソリンをかけて火をつけ，近くの2台の自動車とごみ集積場への延焼の危険があったものの，108条・109条1項の客体への延焼の危険がなかったという事実関係のもとで，公共の危険には，そのような延焼の危険だけでなく，不特定または多数の人の生命・身体又は建造物以外の財産に対する危険が含まれるとした判例（前掲・最決平成15・4・14）がある。本罪においても，公共の危険の意義は他の類型の場合と同様に解するべきであり，したがって，このような判断は妥当であろう。

22.4.4 故　　意

　本罪を具体的危険犯と解する通説によれば，公共の危険発生は，具体的な構成要件該当事実として故意の認識対象に含まれる。すなわち，客体を焼損させることによって不特定または多数人の生命，身体または財産に対する侵害の危険が生じることを認識（通説的見解に従えば，さらにその認識事実を認容）することが必要である。

　ただし，とくに本罪における公共の危険を108条・109条の客体への延焼の危険と解するときには，111条の延焼罪が，108条・109条1項の客体への延焼を内容とする犯罪であることから，本罪の故意と延焼罪の故意との区別が問題となる。すなわち，公共の危険の意義を「延焼の危険」と解する一方で，具体的危険犯の場合に公共の危険の発生についての認識が必要だと解する通説の立場からは，公共の危険発生の認識とは，111条の客体への延焼の事実が発生する危険についての認識にほかならないことになる。他方，それは，111条の客体への延焼可能性を認識していることに帰するから，本罪の故意がそのまま延焼罪の故意でもあることになってしまう。もちろん，実質的に本罪の故意と延焼罪の故意とが同一内容になるのは妥当ではない。通説の枠組で解釈する以上，公共の危険の意義を延焼の危険に限定することには，この点でも不都合がある。

22.5　延　焼　罪

22.5.1　総　　説

　延焼罪（111条）は，①109条2項または110条2項の罪を犯し，よって108条または109条1項に規定する物に延焼させたときは，3月以上10年以下の懲役に処し（同条1項），②110条2項の罪を犯し，よって110条1項に規定する物に延焼させたときは，3年以下の懲役に処する（同条2項）ものである。

　放火罪のいくつかの類型からそれより重い法定刑が定められた類型の客体に延焼させた場合を重く処罰する類型で，一種の結果的加重犯である。①自己所有建造物等の放火罪を基本犯とし，他人所有の建造物等に延焼させた場合，②自己所有の建造物等以外の放火罪を基本犯として他人所有の建造物等以外の物に延焼さ

せた場合が規定されている。

　延焼先の客体の焼損等を認識・認容していれば，手段として放火する物に関する放火罪のほか，延焼先の客体についての故意犯が成立するので，本罪は，基本犯に該当する事実の認識はある一方，延焼結果の認容を欠く場合に成立することになる。

22.5.2　客　　体

　重い類型の客体から軽い類型の客体への延焼については処罰規定がないので，そのような場合，軽い類型の客体への延焼の事実は重い類型の客体への放火罪で包括して評価される（軽い類型の客体に延焼したことは量刑で考慮される）ことになる。同様に，109条1項の客体への放火から108条の客体への延焼・110条1項の客体への放火から109条1項の客体への延焼も，本罪の規定するところではないので，直接の放火客体への放火罪のみが成立し，その中で延焼についても評価されると解することになろう。

22.5.3　故　　意

　未必の故意を構成要件該当事実惹起の認容によって画する判例・通説（認容説）に従えば，延焼罪の故意は，延焼先の客体の焼損について当該客体に対する放火罪の故意が認められない場合，すなわち「延焼可能性の認識があって延焼の認容がない」場合に肯定されることになる。延焼の認識・認容と公共の危険の認識との相違を肯定するならば，両者は，第一に，非限定説の立場から，公共の危険の内容が延焼の危険だけではないと理解されること，第二に，延焼の事実の「認容」と延焼に至る「危険のある状況の認識」とは概念上別ものであることなどから，一応は区別される。客観的事実ではなく行為者の主観でもあり，これを実際に判断するのが難しいことは否定できないが，危険においては，客体を特定しない漠然とした表象が，認識においては，特定の客体における結果発生の表象が問題となるので，異なることがらが対象となっていることはまちがいない。

22.6　放火予備罪

　108条（現住建造物等放火）または109条1項（自己所有以外の非現状建造物放火）の罪を犯す目的で、その**予備**をした者は、2年以下の懲役に処せられる。ただし、情状により、その刑を免除することができる（113条）。
　破防法39条に政治目的の予備について特別規定がある。
　本罪は、所定の各罪を犯す目的で行うことを要件とする目的罪である。実際に各罪の実行に着手したならば、各未遂罪（112条）が成立し、本罪はそれに吸収される形で評価され、別途犯罪とはされない。ただし書は、予備段階で中止するなどの情状による刑の任意的免除を認めたものである。

22.7　消火妨害罪

　消火妨害罪（114条）は、火災の際に、消火用の物を隠匿し、もしくは、損壊し、または、その他の方法により、消火を妨害した者を、1年以上10年以下の懲役に処するものである。
　「火災の際」とは、現に火災が存在するか、まさに火災になろうとしている状況をいう。「火災の際」という要件は、客観的事実の構成要件要素[16]であり、故意を認めるためには火災の際であることの認識を要する。
　火災の原因は放火や失火による場合だけでなく、自然発火の場合も含む。
　行為は、「**消火を妨害**」することであり、「又はその他の方法により」と規定されるとおり、消火用の物の隠匿・損壊は例示にとどまり、方法に限定はない。作為による場合だけでなく、消火義務が課される者の不作為による場合もありうる。
　本罪では、「**妨害する**」ことが必要であるが、消火は、火災に伴う公共の危険発生を阻止しようとする活動と性格づけることができるので、その反面として公共の危険発生に向かう因果事象を進行させるような類型的危険を含む行為が行われれば足り、現実に消火妨害の結果が生じることまでは必要とされない抽象的危

---

[16] この要素は、強いて「火災の際の妨害行為」と解することができなくはないが、それ自体を実行行為とはいいにくい。構成要件該当性を認めるための基礎事情、構成要件的「状況」というべき要素であるように思われる。

険犯である。

22.8　失火の罪

22.8.1　過失犯

　失火罪（116条，117条の2）は，放火罪に対応する過失犯である。条文は，「失火により（客体を）焼損した者」と規定するが，「失火」とは，過失により焼損の原因を与えることを意味する。

　過失は，判例上は，焼損結果を来たさないようにすべき注意義務に反することを意味し，構成要件的結果の予見可能性があるにもかかわらずこれを予見せず，不注意な行為によって結果惹起に至らせた場合に認められる[17]。

22.8.2　失火罪

　失火罪（116条）は，①失火により，108条に規定する物，または他人の所有にかかる109条に規定する物を焼損した者（同条1項），および，②失火により，109条に規定する物であって自己の所有にかかる物，または110条に規定する物を焼損し，よって公共の危険を生じさせた者（同条2項）を，いずれも法定刑50万円以下の罰金に処するものである。

　通説に従えば，1項は，公共の危険を生じさせることを構成要件に明示しておらず，2項の場合には公共の危険を生じさせることが必要とされているので，1項の罪は抽象的危険犯，2項の罪は具体的危険犯だということになる。

　法定刑は，いずれの場合も罰金刑にとどまる[18]。これについて，ことの是非や程度の妥当性については措くとして，次のような根拠を想定することができるであろう。すなわち，解釈上，日本家屋の材質が木材を中心とする燃えやすい物であることや都市中心部では狭い範囲に密集して建てられる傾向があることなどが

---

[17]　『総論』2.8参照。
[18]　日本の刑法において過失犯の法定刑が軽いことについては，他の罪に関して言及した。
　　なお，117条の2においては自由刑が選択刑として規定されているが，過失犯の通例どおり禁錮となっている。

考慮されてきた。このような事情は、失火罪についても同様に考慮されるが、過失による場合は、故意により焼損させる場合とは異なった評価をもたらしうる。たしかに、一方では、注意義務を媒介とする過失犯においては、燃え広がりやすい環境であるがゆえに、失火を抑止するため重い処罰を予告して注意を促す必要がある。しかし、他方で、そもそも過失犯は故意犯に比べて悪性が弱いことに加えて、上述のような外的条件のせいで、失火行為の悪性に釣り合わないほどに結果が重大になりやすいことから、行為者に対する非難の程度が低くなると考えられるのである。民法の不法行為責任に関する「失火の責任に関する法律」においても、失火の責任を限定する旨が定められている。

22.8.3 業務上失火罪

業務上失火罪（117条の2前段）は、116条の行為が業務上必要な注意を怠ったことによるとき、3年以下の禁錮または150万円以下の罰金に処するものである。

本罪は、失火罪（116条）の加重類型である。業務上の注意が要請される者の場合に、過失犯が加重処罰されるので、業務者の身分を加減的身分とする不真正不作為犯（65条2項）にあたる。

「**業務**」は、社会生活上の地位に基づき反復継続して行われる事務であって、本罪との関係では、とくに職務として火気の安全に配慮すべき社会生活上の地位に基づく事務とされている（最判昭和33・7・25刑集12巻12号2746頁、最決昭和60・10・21刑集39巻6号362頁）。火気の管理等を直接対象とする業務には限られない[19]。

22.8.4 重失火罪

重失火罪（117条の2後段）は、116条の行為が重大な過失によるとき、3年以下の禁錮または150万円以下の罰金に処するものである。

本罪も、失火罪（116条）の加重類型である。

「**重大な過失**」とは、その実質的内容に関しては議論もあるが、わたくしは、焼損結果を回避すべき義務の違背の程度が大きいことをいうものと考える。過失は、一般的に注意義務を怠る（不注意な）行為として、行為の法的属性をなす要

---

[19] 業務の類型化について、たとえば、高橋・467頁を参照。

素であると解することから，重大な過失は，不注意の程度が大きく，行為の法的意義に影響を与える因子に位置づけられる。具体的には，軽微な注意・回避措置により結果回避可能であるにもかかわらず，その注意・措置を怠った場合が典型である。

22.8.5　激発物破裂罪

（1）激発物破裂罪

激発物破裂罪（117条）は，①火薬，ボイラー，その他の激発すべき物を破裂させて，108条に規定する物，または，他人の所有にかかる第109条に規定する物を損壊した者は，放火の例により（117条1項前段），②激発物を破裂させて，109条に規定する物であって自己の所有にかかるもの，または，110条に規定する物を損壊し，よって，公共の危険を生じさせた者も，同様，放火の例によることとするもの（同項後段）である。

政治目的の予備・陰謀・独立教唆・せん動について，破防法39条に特別規定がある。

本罪は，激発物を破裂させることで，現住建造物等または他人所有にかかる非現住建造物等を損壊した者，自己所有にかかる非現住建造物等または建造物等以外の者を損壊し，かつ，それによって公共の危険を生じさせた者を処罰する類型である。

「**放火の例による**」とは，客体の区分に応じて，放火罪と同じ法定刑となることを意味する。たとえば，激発物を破裂させて108条に規定する物を損壊した場合は，108条の法定刑（死刑または無期もしくは5年以上の有期懲役），激発物を破裂させて，自己所有の非現住建造物を損壊し，よって公共の危険を生じさせた場合は，109条2項の法定刑（6月以上7年以下の懲役）となる。

「火を放つ」行為が行われず，放火罪の類型にあてはまらない場合にも，「激発物を破裂させる」行為によって放火罪に規定する客体が損壊され，公共の危険が発生することが想定されるので，このような類型を放火罪と同様に処罰しようとする規定である。激発物破裂の作用・効果が，火力のもつ自動的拡大傾向と同視できるかについて議論の余地はあるが，客体の破壊が公共の危険の発生と表裏をなすと解されていることになろう。

「**激発すべき物**」とは，短時間に急激に破裂して大量のエネルギーを発する潜

在的性質をもつ物をいう。法文の「火薬」・「ボイラー」は，その例示である。その他の典型例としては，高圧ガスを内包するボンベや石油のタンクなどが挙げられる。通常，潜在的エネルギーが解放されないような措置がほどこされ，あるいは容器・装置の中に管理されているものが想定されるが，火薬が例示されているように，引火爆発の危険がある濃度の高いガスなどは，それ自体が激発物である。

　なお，爆発物取締罰則に規定される「爆発物」は「激発物」の一種であるとするのが通説といってよい。そうすると，同罰則は「激発物」の一部について特別規定を置いたものと位置づけられるので，爆発物取締罰則の罪と本罪とは法条競合の関係になる。したがって，「爆発物」を破裂させて117条に規定される客体を損壊した行為が爆発物取締罰則の罪にも該当する場合には，特別法たる爆発物取締罰則のみが適用される[20]とするのが合理的である。

（2）過失激発物破裂罪

　117条1項の行為が過失によるときは，失火の例による（同条2項）。

　本罪は，過失による激発物破裂罪であり，故意による場合と同様，客体の区別に対応して，116条1項または2項のいずれかの法定刑に従って処罰される。また，116条2項の客体（非現住建造物等であって自己の所有にかかるもの，または建造物等以外）を損壊したときには，公共の危険を生じさせることが必要である。過失激発物破裂の行為が業務上必要な注意を怠ったことによるとき，または重大な過失によるときは（業務上失火罪・重過失失火罪と同様），3年以下の禁錮または150万円以下の罰金に処せられる（117条の2）。本罪も公共危険罪である。

22.8.6　ガス漏出等罪・ガス漏出等致死傷罪

　ガス漏出等罪（118条1項）は，ガス，電気，または，蒸気を漏出させ，放出させ，または，遮断し，よって，人の生命，身体，または，財産に危険を生じさせた者を，3年以下の懲役または10万円以下の罰金に処するものである。

　ガス漏出等致死傷罪（118条2項）は，ガス，電気，または，蒸気を漏出させ，

---

[20]　爆発物取締罰則1条の爆発物使用罪は，「治安ヲ妨ケ又ハ人ノ身体財産ヲ害セントスルノ目的ヲ以テ爆発物ヲ使用シタル者」等を死刑または無期もしくは7年以上の懲役または禁錮に処するというもので，本罪よりも重い法定刑を定めているところからも，特別関係の法条競合として，爆発物使用罪のみの成立を認めれば足りるものと考えられる。ただし，古いものながら，両罪を観念的競合とした判例（大判大正11・3・31刑集1巻186頁）がある。

流出させ，または，遮断し，よって，人を死傷させた者を，傷害の罪と比較して重い刑により処断するものである。

118条1項の罪が人の財産に対する危険を生じさせる場合を包含しているのに対し，2項の罪における重い結果は，人の死傷（人の生命・身体の侵害）に限定されている。

118条1項の条文は，「公共の危険」の文言を用いず，「人の生命，身体又は財産に危険を生じさせた」としているので，不特定または多数人の法益に対する危険が生じなくとも，特定・少数人の法益に対する危険が生じた場合であれば成立することになる。しかし，本罪に規定されるガス・蒸気は，その漏出・放出行為によって，毒性・引火性・高熱等の影響を相当の範囲に拡散させる性質を有する。また，電気は，それ自体が拡散することがなくても，放電による火花や大量の電流による媒体の発熱，導体の引回しによる感電などの形で，あるいは，人の生存や財産の管理のために必要なガス・電気の供給を遮断するなどの形で，不特定または多数人の生命・身体・財産に対する危険を生じさせる可能性がある。したがって，本罪は，個人の法益に対する危険の惹起が，類型的に不特定または多数人の法益に対する危険をも惹起すると解し，この意味で，公共危険罪であり抽象的危険犯であると解されてきた。

しかし，（特定）人の生命・身体または財産に対する危険は，条文に明文で規定される構成要件要素にほかならず，この限りでは，本罪は具体的危険犯である。結局，わたくしは，本罪の故意として，ガス等の漏出等の事実に関する認識に加えて，特定人に対する危険の発生の認識が必要であると解する[21]。

118条2項のガス漏出等致死傷罪は，1項の罪の結果的加重犯であり，ガス漏出等の行為から人の死傷結果が発生した場合に成立する。

---

[21] 本罪の「危険結果」の規定形式が，同じ刑法第2編第9章にある109条2項，110条における「公共の危険」と同様であること等から，危険結果の認識は不要であると解する見解もある。下級審裁判例にはそのように判示した例（東京高判昭和51・1・23判時818号107頁）がある。しかし，わたくしの立場からは，まさに放火罪における公共の危険に関する解釈との整合性から，ガス漏出等罪の危険は構成要件要素であり故意の認識対象に包含すべきものと解される。

■第 23 章■

出水・水利に関する罪

23.1 保護法益・罪質

　刑法第2編第10章は，放火・失火の罪に続き，「出水に関する罪」を規定する。これらの罪は，放火・失火の罪に対応するような規定ぶりであり，放火の罪において，客体・手段行為の性質が公共危険罪たる性格の根拠とされたのと同様，出水に関する罪も公共危険罪であると解される。

　すなわち，客体・行為態様など，ほぼ，放火・失火の罪と並行的に理解することができるのである。まず，手段の「出水させる」は，放火罪における「放火する」に対応する。結果は「浸害[1]」であり，水力による客体侵害である点で，火力による侵害を意味する放火罪における「焼損」に対応する。放火の罪において規定されている未遂罪・予備罪はないが，それに代わるものとして出水危険罪（123条後）がある。

　放火の罪と同様，出水に関する罪の罪数は，惹起された公共の危険の個数に従って決定されることになる。罰条を異にする複数の客体に対する浸害があった場合には，もっとも重い刑を定める規定が適用される（大判明治44・11・16刑録17輯1987頁）。

　刑法第2編第10章に規定される罪のうち，123条の水利に関する罪は，個人の水利権の侵害を内容とする財産罪の一種と考えられるので，公共危険罪でもなく，社会的法益に対する罪でもなく，個人的法益に対する罪にあたる。ただ，水利権は多数人に関係することが多く，水利妨害行為が公共危険を引き起こす場合もあることから，社会的法益に関する犯罪と共に規定されているものと理解される。

---

[1]　サンズイの「浸」を用いる。

23.2 出水の罪

23.2.1 現住建造物等浸害罪

　出水の罪は，現住建造物等の浸害罪と非現住建造物等の浸害罪とに分かれている。

　現住建造物等浸害罪（119条）は，出水させて，現に人が住居に使用し，または，現に人がいる建造物，汽車，電車，または，鉱抗を浸害した者を，死刑または無期もしくは3年以上の有期懲役に処するものである。

　本罪の構成は，ほぼ現住建造物等放火罪に対応している。ただし，法定刑の有期懲役の下限は，現住建造物等放火罪では5年であるが，本罪は3年とされている。本罪も公共危険罪であり，現住建造物等の浸害が行為態様の類型として公共の危険を惹起するともの解されるが，放火罪におけると同様，類型的（抽象的）危険すら生じない客観状況であった場合には，本罪の成立を否定すべきであろう。

　客体は，艦船を含まないことを除き，108条におけるものと同一であるので，そちらの記述に譲る。

　行為は，「出水させて」，規定される客体を「浸害する」ことである。「出水させる」とは，人工的に管理されていた大量の水の自然力を解放し，管理下の区画から溢れさせることである。具体的な行為としては，水の流路を制御する堤防や水の出入を制御する水門の破壊，逆に新たな流路や貯水のための遮蔽施設を設置するなど，およそ類型として「浸害」の危険が想定される行為を広く含む。

　結果である「浸害」は，水力による客体の損壊である。通常は，浸水により物の効用を低下させることであるが，水の運動による物理的破壊を除く必然性はない。水が引いた後乾燥すれば効用を回復するときであっても，浸害にあたるものと解される。損壊の程度は，放火罪における独立燃焼説に対応すると考えるならば，客体の一部損壊で足り，その程度に至れば既遂を認めることになろう。

23.2.2 非現住建造物等浸害罪

　非現住建造物等浸害罪（120条）は，出水させて，119条に規定する物以外の物を浸害し，よって，公共の危険を生じさせた者を，1年以上10年以下の懲役に

処するものである（同条1項）。浸害した物が自己の所有に係るときは，その物が差押えを受け，物件を負担し，賃貸し，または，保険に付したものである場合に限り120条1項の例による（同条2項）。

　本罪は，客体が非現住建造物等である類型である。自己所有物を浸害したときには，原則としては処罰されない。本罪は，出水・浸害によって「公共の危険」を生じさせた場合に処罰するものであるから，公共危険罪であり，具体的危険犯に分類される。したがって，公共の危険が現実に生じることが必要であり，主観的には，客体の如何，浸害結果と並んで，公共の危険が生じることを認識していた場合に故意が認められる。公共の危険とは，放火の罪におけると同様，不特定または多数人の生命・身体・財産に対する危険と定義される。

　放火罪の類型では，建造物等以外を客体とする類型が別途規定されているが，出水罪の類型においては，現住建造物等のほかの客体についての浸害は，本罪によることとなる。

23.2.3　過失建造物等浸害罪

　過失建造物等浸害罪（122条）は，過失により出水させて，119条に規定する物を浸害した者，または，120条に規定する物を浸害し，よって，公共の危険を生じさせた者を，20万円以下の罰金に処するものである。

　122条は，過失による出水・浸害を処罰する規定で，放火の罪における失火罪に相当するが，116条に関連して規定されていた業務上過失・重過失についての加重類型は，過失浸害罪との関係では存在しない。

23.2.4　出水危険罪

　出水危険罪（123条後段）は，堤防を決壊させ，水門を破壊し，その他，出水させるべき行為をした者を，2年以下の懲役もしくは禁錮，または20万円以下の罰金に処するものである。

　「**出水させるべき行為**」を処罰する犯罪であるから，出水罪との関係ではその未遂または予備の段階にあたる類型である。したがって，現に出水させるに至らなかったときにも本罪は成立する。出水の危険は，明文で規定されていないので，抽象的危険で足りるものと解され，故意としても出水の危険の認識は不要と考え

ることになる。

　119条・120条の罪を犯すつもりで行為を行ったが，浸害に至らなかった，あるいは公共の危険が生じなかったとき（浸害未遂），出水させる認識はあったが浸害結果発生の認識がなかったときなどは，本罪にあたる。

　「**堤防**」とは，水の進行を妨げる人工の構造物をいい，「**水門**」とは，人工の水の出入口たる構造物をいう。「**決壊**」・「**破壊**」は物理的損壊を意味すると解されるであろう。堤防の決壊・水門の破壊は例示列挙であり，その他出水させるべき行為を行うことが広く含まれる。

23.3　水防妨害罪

　水防妨害罪（121条）は，水害の際に，水防用の物を隠匿し，もしくは，損壊し，または，その他の方法により，水防を妨害した者を，1年以上10年以下の懲役に処するものである。

　本罪は，放火の罪における消火妨害罪（114条）に対応する類型である。なお，水防に関する特別法として水防法がある。

　前提となる「**水害**」は，一般的には，海・河川・湖・池等から出水して浸害が既に生じ，拡大しつつある状況をいうが，水防活動の保護の必要な状況である限り，現に浸害が生じている場合だけでなくそのおそれがある場合を含むと解してよいであろう。水害の原因である出水は，人為的なものに限らず，自然災害の場合を含む。水害自体が，不特定または多数人の生命・身体・財産に対する危険を引き起こす類型的危険がある（逆に，公共の危険を生じえない規模のものは除くと解するべきである）ことから，本罪は抽象的危険犯にあたる。したがって，水防のための行為・措置が現実に妨害されなくても本罪の構成要件に該当する。

　客体である「**水防用の物**」には，水防を直接の用途とする物だけでなく，水防の目的に使用する器具をすべて含むものと解されている。たしかに，連絡用無線機や，汎用の材木，船なども客体となりうるが，もとより，水防の目的に使用される状況下にあることが必要である。行為者が所有する物も含まれる。

　行為である「**隠匿**」とは，発見を困難にさせることをいい，「**損壊**」とは，物理的破壊をいう。ただし，こうした手段は，例示列挙であり，「**その他の方法**」でもよい。したがって，水防妨害の抽象的危険を内包するものであれば，方法に

限定はない。

23.4　水利妨害罪

　水利妨害罪（123条前段）は，堤防を決壊させ，水門を破壊し，その他，水利の妨害となるべき行為をした者を，2年以下の懲役もしくは禁錮または20万円以下の罰金に処するものである。

　既に述べたように，水利妨害罪は個人の財産的利益である水利権の保護を内容とする犯罪であるが，手段行為の共通性から出水危険罪と合わせて規定されたものと解されるであろう。

　「水利」とは，契約上または慣習上，水の使用につき権利を有することをいう。本罪は，水利の妨害となるべき行為をした者を処罰する類型であり，現に水利が妨害される必要はない。例示列挙されている「堤防の決壊」・「水門の破壊」については，23.2.4で述べた。

■第24章■

往来を妨害する罪

24.1 往来の危険に関する罪・総説

> **設例** Xは，人の現在しない電車を車庫から運転手なしで暴走させ，これを脱線させて電車の入出庫を妨害しようと企て，無人電車を発進・暴走させたところ，予期に反してプラットホームのある構内にまで進み，電車はそこで脱線して破壊され，その際付近にいた5人を死亡させた。

　124条以下の「往来を妨害する罪」は，往来[1]，すなわち通行・交通の妨害を内容とする犯罪である。これらの罪においては，直接的には，公衆の交通の安全が保護法益となるが，公共の交通路・交通機関に対する妨害が，それを利用する不特定または多数人の生命・身体・財産に対する侵害を生じさせることから，公共危険罪の性格をもつと解されている。往来を妨害する罪は，交通関与者の生命・身体に対する危険を核心とすることはいうまでもなく，とくに，死傷結果を引き起こした場合を汽車転覆等致死罪（126条3項）として死刑または無期懲役という重い法定刑が規定されている。このような事情からすれば，公共の危険の内容として「財産」に対する危険を含むかは問題としうるが，交通機関発達が高速・大量の財貨輸送を可能にしており，交通の安全・円滑が財産保護の観点からも重要であることは否めない。わたくしは，本章の罪においても財産を含めて公共危険を考慮すべきものと解する。

　往来を妨害する罪として規定されている類型相互の関係は，かなり複雑な様相を呈している。たとえば，著名な判例である三鷹事件（最大判昭和30・6・22刑集9巻8号1189頁）をもとにした上述の設例で，いずれの条文が適用されるべきか，

---

[1] 念のためにいえば，「往来」とは「行き来」という意味である。

解釈論上の問題点が多々存在する。交通の発達に伴い，今日では，道路・鉄道のほか，船舶・航空機に関連する多くの特別法が制定されている。とくに道路交通の円滑・安全に関する刑事規制は，道路交通法をはじめとする行政刑法の役割が大きいことは，いうまでもない。このような事情もあり，往来を妨害する罪が実際に問題になる例は数多いとはいえない。しかし，各論点個別の解釈もさることながら，相互の関係を考慮した解釈論の展開過程における問題にも注意すべきであろう。

24.2 往来妨害罪および往来妨害致死傷罪

24.2.1 往来妨害罪

往来妨害罪（124条1項）は，陸路，水路，または，橋を損壊し，または，閉塞して，往来の妨害を生じさせた者を，2年以下の懲役または20万円以下の罰金に処する類型である。

本罪は，未遂が処罰される（128条）。

客体は，「陸路」・「水路」・「橋」であり，公共の用に供されるものであることを要する。ただし，公有・私有を問わない。「**陸路**」とは，道路のことを意味するが，法律上の道路として設置されたのほか，事実上の通行路となっているものを含む。鉄道も陸路には違いないが，125条では別途「鉄道」の文言が用いられていることとの対比から，本罪の陸路からは除かれるものと解される。「**水路**」は，船舶・筏の航行の用に供される水上の通行路となっている河川・運河・港口などをいう。海路・湖沼の水路も，その損壊・閉塞が可能な限りで本罪の客体となりうるであろう。「**橋**」は，公衆の往来に供される橋梁をいい，水上のもののほか，陸橋や桟橋を含むとされている。

行為は，以上の客体の「損壊」・「閉塞」に限定されている。「**損壊**」とは，物理的毀損を意味する。汚物を散乱させて心理的に通行できなくするような行為は含まないとされる。「**閉塞**」とは，障害物を置いて交通路を遮断することをいう。陸路の閉塞については，完全に通行ができない状態でなく部分的遮断である場合[2]

---

[2] 幅員約5.9メートルの道路上におかれた自動車内外にガソリンをまいて点火し，爆発するおそれを生じさせた際，道路片側に遮断されていない部分が2メートル残されていた。

にも閉塞にあたるとした判例（最決昭和59・4・12刑集38巻6号2107頁）がある。

本罪は，損壊・閉塞行為から「**往来の妨害を生じさせた**」ことを要件としているが，「妨害した」との文言は用いられていないので，「往来妨害状況」の惹起で足り，現に具体的な通行を妨害する結果までは要求されていないと解される。そもそも，陸路・水路・橋等は，常時安全な通行が可能な状態に維持されていることが前提であるから，その状態が損なわれれば妨害を生じさせたものと解するのが自然である。また，125条に「往来の危険を生じさせ」る類型があることから，往来に伴う危険が生じることも必要でない。したがって，客観的には，安全な往来が困難な状態の発生，および主観的には，そのような往来妨害状態の発生についての予見（故意）が必要である。

24.2.2　往来妨害致死傷罪

往来妨害致死傷罪（同条2項）は，124条1項（往来妨害）の罪を犯し，よって，人を死傷させた者を，傷害の罪と比較して，重い刑により処断するものである。

本罪は，往来妨害罪の結果的加重犯である。1項の「罪を犯した」ことが前提であり，基本犯による妨害の結果として人の死傷が生じる必要がある。たとえば，陸路を閉塞している障害物に衝突した自動車を運転していた者が死傷するなどの場合が想定される。道路損壊のための爆破によって人を傷つけるなど，基本犯の手段である損壊・閉塞行為そのものから生じた死傷結果は，いわば往来妨害罪の未遂段階で生じた結果にあたり，本罪にいう死傷結果には含まれないとするのが通説である。

24.3　往来危険罪

往来危険罪（125条）は，鉄道もしくはその標識を損壊し，または，その他の方法により，汽車または電車の往来の危険を生じさせた者（同条1項），および，灯台もしくは浮標を損壊し，またはその他の方法により，艦船の往来の危険を生じさせた者（同条2項）を，2年以上の懲役に処するものである。

本罪は，未遂が処罰される（128条）

往来危険罪は，124条の陸路・水路・橋の損壊・閉塞による「往来の妨害」惹

起に比して，鉄道・艦船の施設を損壊するなどして汽車または電車，艦船の「往来の危険」を生じさせる場合を，より重い処罰に値する類型として規定していることになる．その理由は，汽車・電車，艦船自体や，鉄道・港湾等の施設が他の交通手段に比して相対的に大規模な構造物であり，その往来の危険も比較的多くの人の生命・身体に対する危険を含むことに求めることができる．しかし，公共の危険を包含する交通機関という観点からみて，今日では，トレーラーやバスなどの大型のものを含む自動車や航空機による輸送の量的・質的重要性は明らかである．汽車・電車・艦船の往来危険についてとくに類型化しているのは，立法当時の交通事情を反映したにすぎないというべきであろう．

　客体は，「汽車」・「電車」(1項)，「艦船」(2項)であり，126条1項・2項の罪とは異なり，本罪では人の現在は要求されていない．「汽車」・「電車」・「艦船」の意義については，放火罪の項 (22.2.2 (1)) を参照されたい．

　行為は，例示列挙されている「鉄道またはその標識の損壊」・「灯台または浮標の損壊」に限らず，その他の方法を含めた手段で，汽車・電車・艦船の往来の危険を生じさせることである．「鉄道」は，鉄道営業法・鉄道事業法にいう狭義の鉄道のほか軌道法にいう軌道[3]を含むとされる．また，鉄軌条線路そのものだけでなく，これと構造上密接不可分の関係で，汽車・電車の運行に直接必要な施設一切が含まれる．「その標識」は，汽車電車の運行に必要な信号機その他の目標をいう．「灯台」は，夜間の船舶航行の利便のため，灯火により陸上標識としたものである．「浮標」は，艦船の安全な航行のため水の深浅その他を示す水上におかれた目標・標示物（ブイなど）である．「損壊」とは，客体の一部または全部を物理的に破壊することによって，その効用を失わせることをいう．

　本罪は，明文で往来の危険を生じさせることが構成要件とされており，往来の危険が発生することを要する具体的危険犯である．線路沿いの土地を掘削したため土砂が崩壊して境界杭が落下したときは，電車の脱線等実害発生の可能性があるとして往来危険にあたるとされた例（最決平成15・6・2刑集57巻6号749頁）がある．放火の罪の場合に焼損が構成要件的結果であるのとは異なり，本罪においては危険発生そのものが構成要件的結果である．ただし，結果は「危険」であり，客観的な実害発生は不要である．故意としても，実害発生の具体的危険の認識（危険故意）が必要であり，実害そのものの予見は不要である（最判昭和36・12・1

---

[3] 詳細は，軌道法を参照されたい．なお，鉄道営業法2条2項により，軌道には同法が適用されない．

刑集15巻11号1807頁，人民電車事件）。

24.4　汽車転覆等罪・汽車転覆等致死罪

24.4.1　汽車転覆等罪

汽車転覆等罪（126条1項・2項）は，現に人がいる汽車または電車を転覆させ，または，破壊した者（同条1項），現に人がいる艦船を転覆させ，沈没させ，または，破壊した者（同条2項）を，無期または3年以上の懲役に処するものである。

本罪（1項の罪・2項の罪とも）は，未遂が処罰される（128条）。

本罪は，汽車・電車・艦船を転覆・破壊・沈没させる行為を処罰する類型である。保護法益は，交通機関の往来の安全に関わる公共の利益と解される。汽車の転覆等により類型的に人の生命・身体に対する危険が生じるので，交通機関を利用する不特定または多数人の生命・身体に対する抽象的危険犯である。ただし，本罪固有の重い法定刑の根拠としては，車船の内部にいる人の生命・身体に対する危険が合わせて考慮されている。汽車・電車・艦船の中にいる人も，乗り合いの不特定または多数人であることが通常であろうが，特定かつ少数の人がいる場合を排除するわけではない。なお，汽車の転覆等により車船外にいる不特定または多数人の生命・身体に対して生じる危険をどう位置づけるかには議論がある。

客体は，「現に人がいる」「汽車」・「電車」・「艦船」である。人の現在は，本罪がそれらの人の生命・身体の安全をはかる趣旨であると解されることから，実行開始から結果発生までのいずれかの時に認められればよいと考えられる。また，車船の走行中に限らない。もっとも，交通機関として運行されていないときには，抽象的次元において往来の危険・公共の危険が認められないので，車庫や整備場に停車中のものなどは除かれるであろう。

行為は，「転覆」・「沈没」・「破壊」である。「**転覆**」は，転倒・横転・墜落の意味といわれ，脱線したにとどまる場合を除く。「**沈没**」は，船舶の主要部分（全部でなくて足りる）を水没させることをいう。「**破壊**」は，物理的損壊とする点で多くの学説が一致しているが，「公共危険」の点を重視するか「往来妨害」の点を重視するかで見解が分かれる。公共危険を重視すれば，不特定または多数人の生命・身体に対する危険が生じるような損壊と解するべきであると考えられるが，

判例（最判昭和46・4・22刑集25巻3号530頁）は，汽車・電車・艦船の実質を害して交通機関としての用法の全部または一部を不能にする程度の損壊を意味すると解している（なお，座礁させて自力航行不能になった艦船について破壊を認めた，最決昭和55・12・9刑集34巻7号513頁を参照）。

24.4.2 汽車転覆等致死罪

汽車転覆等致死罪（126条3項）は，126条1項・2項の汽車転覆等罪を犯し，よって，人を死亡させた者を，死刑または無期懲役に処する類型である。

破防法39条に，政治目的の予備・陰謀・独立共済・せん動を処罰する特別規定がある。

本罪は，汽車転覆等の結果的加重犯である。罪を「犯し」とされているので，基本犯の結果（汽車・電車・艦船の転覆・沈没・破壊）から人を死亡させることが必要であり，1項・2項の罪が未遂であるときには3項の罪は成立しない。また，転覆等をさせる手段である行為から生じた死亡結果は，124条2項の場合と同様，本罪の類型にはあたらないと解されている。

「人」は，車船内の人に限らず付近にいた人を含むとするのが判例（前掲・最大判昭和30・6・22，三鷹事件）である。車船内にいた人に限るとする説も有力ではあるが，人の乗る車船自体が重量のある大きな構造物であり，とくに，鉄道は，生活領域に近い地域を含み，鉄製軌道上を多数の車両を連結して高速走行する場合が多いのであるから，車船の転覆等がその外部の人の生命・身体に対する危険を引き起こす可能性が高いことは否定できず，これらの危険をも考慮した犯罪であると解するのが合理的である。わたくしは，この点に関しては，車船の転覆等により類型的に生命・身体に対する危険をもたらす範囲にある外部の人を含むと解する。

行為者に殺意があった場合の扱いについては，判例は，126条3項の罪と殺人罪とが観念的競合となるとする（大判大正7・11・25刑録24輯1425頁）。学説には，大別して，①126条3項のみを適用し，殺人が未遂に終わった場合は殺人未遂罪と126条1項・2項の罪との観念的競合を認める見解[4]，②殺人罪と126条3項の罪とが観念的競合となるとする（判例と同様の）見解[5]，③殺人罪と126条1項・2

---

[4] 西田・303頁，山口・410頁，高橋・478頁等。
[5] 団藤・232頁，福田・80頁，藤木・115頁等。

項の罪とが観念的競合となるとする見解[6]，などがある。①は，126条の法定刑の重さからすれば実質的な問題は少ないが，126条3項について，人の死亡については端的な故意犯を含むとする解釈になるので，少なくとも文言上の問題があり，殺人未遂事例の処理にも不都合がある。②は，法定刑の均衡を重視するものであるが，致死結果が殺人罪と126条3項の罪によって故意犯と過失犯という二重の法的評価の対象となる点に理論的問題が指摘できる。③では，殺意のない場合が126条3項で殺意のある場合より重い処罰となる点に問題がある（この点を考慮し，擬律としては③のようにした上で量刑を「死刑または無期懲役」に限定するべきであるともされているが，解釈論の域を超えるうらみがある）。このように，いずれにも理論的難点が否定できない中で態度を決定しようとすれば，重い法定刑に関わる均衡が重視されざるをえないであろう。わたくしは，②の見解に従うほかないものと考える。

なお，汽車等転覆「致傷」罪の規定はないので，汽車転覆等の罪を犯し，よって人を「傷害」した場合は，傷害結果についての故意・過失の有無に応じて傷害罪・過失傷害罪と汽車転覆等罪との観念的競合を認めることになる。

24.5 往来危険による汽車転覆等罪

24.5.1 総　説

往来危険による汽車転覆等罪（127条）は，125条（往来危険）の罪を犯し，よって，汽車もしくは電車を転覆させ，もしくは，破壊し，または，艦船を転覆させ，沈没させ，もしくは，破壊した者を，126条（汽車転覆等及び同致死）の例によることとするものである。

本罪は，往来危険罪の結果，現実に汽車転覆等を引き起こした場合，重い結果について故意のない結果的加重犯と結果発生を認識していた故意犯とを同一法定刑で処罰するものである。往来危険には汽車等の転覆・破壊等の危険が内包され，その危険が現実化することによって重大な結果が発生するという事情[7]が根拠だと理解することになろう。

---

[6] 大塚・404頁。

24.5.2 客体

　127条は,「126条の例による」とはしているが,構成要件自体が126条に従って解釈されるとする明文はない。126条で要件となっている転覆・破壊される汽車・電車・艦船における人の現在は,本罪においては不要とするのが判例(前掲・最大判昭和30・6・22,三鷹事件)である[8]。したがって,往来危険行為により無人の電車等を転覆させるような場合にも,本条を介して126条の例によることとなる。これに対し,客体が「現に人がいる」汽車等である場合の規定である「126条の例による」とは,現に人がいる汽車等を客体とする場合を意味する(電車等が無人の場合は本罪から除かれる)として,人の現在性を要求する説[9]も有力である。この立場からは,往来危険から転覆等を経て致死結果が生じるような事例(126条3項の適用が問題になる)では,少なくとも有人の汽車等の転覆が生じなければならないと解することになる。

　わたくしは,人の現在を必要とするものと解する。たとえば,115条の「他人の物を焼損した者の例による」という文言は,自己の物であっても差押えを受けるなどしている場合には,「他人の物を焼損した者」を処罰する規定が適用される,という意味であろう。これが127条の場合にもあてはまると考えるならば(そう考えるのが自然である),127条は,126条各項を適用するという趣旨に解されることになる。126条の適用が可能であるためには,127条の規定する行為が126条の要件を充足する必要があるとしなければならない。

24.5.3 致死結果の発生と126条3項

　往来危険行為から,汽車・電車・艦船の転覆・沈没・破壊結果が生じたときに,126条1項・2項の例によることは,127条の文言で明らかである。しかし,汽

---

[7] 基本犯の内容が重い結果発生の濃厚な危険を含むので,いわば結果発生は「案の定」であり,重い結果の不法は基本犯に半ば織り込み済みであった,という考え方である。しかし,本罪は,重い結果として人の死傷以外を規定する類型であるが,そもそも結果的加重犯一般においてこのような「基本犯に内包される危険の実現」という事情が必要である(危険性説)とすれば,これをもって過失による結果惹起が故意犯と同程度の違法性を有することの十分な説明にはならないであろう。理論的には疑問が残る。

[8] 大塚・405頁,大谷・399頁等。

[9] 団藤・229頁以下,西田・295頁,山口・411-412頁,高橋・479頁等。

車・電車・艦船の転覆・沈没・破壊結果が生じ，さらに人の死亡結果が生じた場合については，議論がある．

判例（前掲・三鷹事件多数意見）は，適用説を採った．その理由としては，①文理上127条が「前条の例による」という以上，126条3項の適用を排除すると読むことはできず，②実質的にも，125条の行為が人の致死結果発生の危険を含むのと同様，127条も致死結果発生の場合を想定していると解される，という点が挙げられる．

非適用説（前掲・三鷹事件少数意見）[10]は，理由として同じく①文理の点を挙げる．すなわち，127条に致死結果を発生させた場合に適用すべきとする明文がない以上，126条3項の例によることはできない（反対解釈）はずである．加えて，②結果的加重犯の結果的加重犯を認めるのは責任主義に反するともいわれる．これは，125条の罪と127条との関係が結果的加重犯であるから，126条1項・2項の結果的加重犯である同条3項を適用することは，二重の結果的加重犯となって，主観的帰責の実質が十分ではないという疑問である．このほか，③刑の権衡の問題も指摘される．すなわち，125条の罪を犯し，かつ電車転覆等を生じさせずに致死結果が生じた場合は，126条1項の罪と210条の罪との観念的競合とすべきであるから，2年以上の有期懲役で処断されることになる．これに対し，125条の罪を犯し，人の現在しない汽車等の転覆を経て致死結果が生じるときは，126条3項によって死刑または無期懲役となる．この結論は，あまりにも均衡を失するのではないかというのである．

非適用説は，文理上無理があることは否めないであろう．前項で述べたように，客体を現に人のいる汽車等に限定する解釈を採る場合には，非適用説から出される疑問も相当程度緩和されると思われるので，わたくしは，客体について限定説を採り，死亡結果については適用説を採用するのが相当であると考える．

なお，三鷹事件判例のように，人の現在しない汽車の転覆等に基づく事例で126条の例によるとする場合には，3項にいう人の死亡結果が生じるのは車内の人ではありえない．したがって，致死結果の生じた事例において126条3項適用説を採用するためには，前提として，126条3項の致死結果は車外の人に発生する場合を含む，という解釈をとる必要がある．もとより，三鷹事件ではこれが肯定されていた．

---

[10] 大塚・406頁など．

また，往来危険による汽車転覆等が生じる事例としては，往来危険惹起行為によって汽車等の交通に危険が生じ，危険にさらされたその汽車等が転覆することが通常であると思われるが，三鷹事件の事例では，往来の危険を生じさせている当の原因である電車等が転覆する危険が問題となっている。電車の脱線・転覆自体が往来危険を惹起しているとすると，往来危険による（往来危険の結果としての）転覆ということは難しいのではないかと思う。最高裁はこの場合を127条にあたるとした。三鷹事件の事案では，無人電車の暴走が既に往来危険惹起行為にあたりうると思われるので，それにより転覆の危険にさらされている暴走電車が転覆したと把握し，往来危険による転覆であるということが可能であろう。

24.6　過失往来危険罪

　過失往来危険罪（129条）は，過失により，汽車，電車もしくは艦船の往来の危険を生じさせ，または，汽車もしくは電車を転覆させ，もしくは，破壊し，もしくは，艦船を転覆させ，沈没させ，もしくは，破壊した者を，30万円以下の罰金に処するものである（同条1項）。また，その業務に従事する者が，この罪を犯したときは，3年以下の禁錮，または50万円以下の罰金に処せられる（同条2項）。

　本罪は，**過失**により，往来の危険を生じさせること，汽車・艦船の転覆等を引き起こすことを内容とする。129条1項の罪は，往来危険罪・汽車転覆等罪に対応する過失犯にあたる。汽車等は，「現に人がいる」ものに限らないとされている。

　2項の罪は，業務上過失による1項の罪の加重類型である。本罪にいう「その業務に従事する者」は，直接または間接に汽車等の往来の業務に従事する者をいい，運転手・車掌だけでなく，たとえば，保線・信号などの担当者を含む。

■第 25 章■
公衆の健康に対する罪

25.1　総　　説

　本章では，刑法典中に規定される不特定または多数人の生命・身体・財産に対する侵害の危険を惹起する犯罪として，**あへん煙に関する罪**（136条以下）および**飲料水に関する罪**（142条以下）を扱う。

　神経・精神症状を引き起こす有害薬物の取締は，薬物への対応の技術的性格等から考えて，刑法典の伝統的犯罪類型と並ぶ一般的な規制よりは，特別法による方がふさわしいと考えられ，実際にそのように推移している。他方，飲料水に関する罪は，水道など飲料用の浄水に関係する公衆の健康を保護しようとする類型である。多数人の健康に害となる危険は，大気や土壌を含む生活環境全般から生じうることから，今日的な視点からは，いわゆる「公害」（「人の健康にかかる公害犯罪の処罰に関する法律」を参照）防止の文脈での考慮も必要とされているであろう。

　これらの罪の適用例が限られていることもあって，以下の説明は，概略にとどめる。各罪で共通して用いられる用語・概念等については，相互に参照していただきたい。

25.2　あへん煙に関する罪

25.2.1　総　　説

　「あへん」は，ケシの実からの分泌物を乾燥して得た固形物質で，特殊な薬理

作用をもたらす毒性をもつモルヒネ等のアルカロイドを含有する。あへんの吸飲により、昏睡・呼吸麻痺などの急性中毒や、神経・精神症状、禁断現象などの慢性中毒を引き起こす。本罪は、このようなあへんの濫用を防止することで国民一般の健康を保護する趣旨のものである。ただし、あへんに関しては、特別法であるあへん法による規制範囲が広い。あへん法は、「あへんの吸食」を禁止し（あへん法9条）、違反者を7年以下の懲役に処するとした上（同法52条の2）、原料のけしの栽培から、あへんの採取、あへん等の輸出入、あへん等の譲渡・譲受、所持までが処罰対象となっており、同法56条では、刑法の罪にも該当するときは刑法の罪と比較して重い方に従って処断することとされている。また、「生あへん」に含まれるモルヒネやこれから作成されるジアセチルモルヒネ（ヘロイン）は、麻薬及び向精神薬取締法による規制対象に含まれている。このように、具体的な規制内容からみても、刑法による処罰対象は限定的なものにとどまる[1]。

あへん法3条2号の定義による「あへん」は、「けしの液汁が凝固したもの及びこれに加工を施したもの（医薬品として加工を施したものを除く。）」であるが、刑法典の罪で客体とされている「あへん煙」は、ケシの液汁が凝固した段階の物質（生あへん）を含まず、直ちに吸食の用に供することができる状態に加工された「あへん煙膏」をいうと解するのが、判例・通説である。

25.2.2 あへん煙輸入等罪

本罪は、あへん煙を輸入し、製造し、販売し、または販売目的で所持した者を、6月以上7年以下の懲役に処するものである（136条）。

本罪は、未遂が処罰される（141条）。

「輸入」は、日本国内への搬入を意味する。陸路では国境線を超えれば既遂とされる。空路・海路による場合、判例は、海路については陸揚げを要し、空路については荷卸しを要すると解するのが主流である[2]が、領空・領海内に入れば既遂とする説も有力である。

「製造」は、あへん煙を作成すること、すなわち、直ちに吸食の用に供するこ

---

[1] さらに、現在では、いわゆる薬物濫用の規制対象は、覚せい剤や、麻薬が中心となっており、規制法としても、**覚せい剤取締法、麻薬及び向精神薬取締法**などの重要性が高い。このほか、大麻について**大麻取締法**がある。

[2] 大コンメンタール刑法（第3版）第7巻388-389頁（河村博）。

とのできるものを作ることを意味する。

「販売」は，不特定または多数人に対して行う目的をもってする有償譲渡のことであり，反復して行われることも，利益を得る必要もない。

「販売目的の所持」とは，上述の「販売」を行う目的で，あへん煙を保管するにつき事実上の実力的支配関係を有していること，とされる。販売目的を欠く所持については，140条の罪がある。

25.2.3　あへん煙吸食器具輸入等罪

本罪は，あへん煙を吸食する器具を輸入し，製造し，販売し，または販売の目的で所持した者を，3月以上5年以下の懲役に処するものである（137条）。

本罪も，未遂が処罰される（141条）。

客体の「あへん煙を吸食する器具」とは，とくにあへん煙の吸食の用に供するために作られた器具をいう。吸食のために用いられる器具であっても，アルコールランプのような汎用のものは含まれない。あへん煙の通常の吸食方法として煙管が用いられるので，パイプ・キセルの類が典型とされるが，それに限られるわけではない。

25.2.4　税務職員によるあへん煙輸入等罪

税務職員が，あへん煙またはあへん煙を吸食するための器具を輸入し，または，これらの輸入を許したときは，1年以上10年以下の懲役に処せられる（138条）。

本罪も，未遂が処罰される（141条）。

本罪は，あへん煙等の輸入を監視すべき立場にある税務職員が，自ら輸入し，または輸入を許可する行為を重く処罰するもので，輸入行為の主体が税務職員である場合に身分により加重する，いわゆる不真正身分犯（加減的身分犯）である。

主体である「**税務職員**」とは，税関において輸入に関する事務に従事する公務員をいい，税関勤務の公務員すべてをいうものではない。

「輸入を許す」には，明示的な場合だけでなく黙示的な場合を含む。既遂時期は，許可対象の輸入が既遂になったときとするのが一般的理解である。なお，本条の規定は，輸入者に対する教唆・幇助の実質を有する行為の独立処罰規定にあたる。そこで，税関職員が輸入許可を与えることが輸入教唆にあたるとしても，

本罪のみが成立することになる。輸入者が教唆して許可を得たような場合にも，136条・137条の輸入罪に問われるのみで，本罪の共犯は成立しないものと解される。

25.2.5　あへん煙吸食及び場所提供罪

あへん煙を吸食した者は，3年以下の懲役に処する（139条1項）。また，あへん煙の吸食のための建物または室を提供して利益を図った者は，6月以上7年以下の懲役に処する（同条2項）。

これらの罪も，未遂が処罰される（141条）。

1項の罪は，あへん煙の吸食そのものを処罰するものであり，2項の罪は，その幇助にあたる行為のうち，建物・室の提供により営利を図る場合を独立罪として処罰するものである。

「吸食」とは，あへん煙をその用法に従い消費することをいう。薬物の体内への摂取方法として採りうるものを包含し，吸引，飲用のほか，注射・塗布等を含むものと解するべきであろう[3]。

「建物又は室を提供」とは，建物の全部または一部を提供することである。実際にその場所で吸食が行われることまでは要しない。

「利益を図る」とは，財産上の利益を図る目的を有することをいうものと解されている。反復継続の意思はなくてもよい。第三者に利益を得させる目的を含む。目的であるから，現に利益を得る必要はない。図利目的がない場合は，1項の罪の幇助罪となる。

25.2.6　あへん煙等所持罪

あへん煙またはあへん煙を吸食するための器具を所持した者は，1年以下の懲役に処せられる（140条）。

本罪も，未遂が処罰される（141条）。

本罪は，あへん煙・吸食器具について，販売目的の所持（136条・137条）以外の所持を処罰する類型である。吸食等，特段の目的をもって行うことを要しない。

---

[3]　大コンメンタール刑法（第3版）第7巻401頁（河村博）。

「所持」とは，事実上の実力支配を有することをいう。吸食の際，吸食のため一時握持する行為は，吸食罪（139条1項）にあたるのみで，本罪は構成しない。既に所持していた者がこれを吸食したときは，所持罪と吸食罪との2罪が成立し，併合罪となる（大判大正9・3・5刑録26輯139頁）。

25.3 飲料水に関する罪

25.3.1 浄水汚染罪

人の飲料に供する浄水を汚染し，よって使用することができないようにした者は，6月以下の懲役または10万円以下の罰金に処する（142条）。

「人の飲料に供する浄水」とは，不特定または多数の者の飲料に供することを予定する水をいう。炊事場備え付けの水瓶の中の飲料用水は含まれるが，特定個人の飲料用にカップ・湯呑などに入れられた水は含まない。また，飲料用に予定される程度に清浄な水であれば，井戸水のような自然水であると水道施設によって引水された人工水であるとを問わない（大判昭和8・6・5刑集12巻736頁）。

「汚染する」とは，一般通常人にとって飲料水として使用することができない程度に汚染するという意味に解される。「よって」との文言はあるが，結果的加重犯ではなく，使用不能状態になることについて認識が必要である。汚染の方法は問わないが，毒物その他人の健康を害すべき物の混入による場合は本罪ではなく144条による。使用不能の原因は，物理的・化学的なもの，生理的なものだけでなく，心理的なものも含まれる。たとえば，井戸水中に食用紅を溶かし込んだ水を混入させて混濁させ，心理的に使用不能にした場合も汚染して使用不能にしたことにあたる（最判昭和36・9・8刑集15巻8号1309頁）。

25.3.2 水道汚染罪

水道により公衆に供給する飲料の浄水またはその水源を汚染し，よって使用することができないようにした者は，6月以上7年以下の懲役に処する（143条）。

「水道」とは，いわゆる上水道のことで，飲料用の浄水を供給する人工的設備をいう。設置者は公共団体等に限らず私人を含み，自己設置の設備も客体となる。

法令・慣習上水道として認容されていることも要しない（大判昭和7・3・31刑集11巻311頁）。飲料水を供するものであっても，人工が加わっていない自然の水路は水道にはあたらない。また，水道は，飲料の浄水を「公衆に供給する」ものであることが想定されている。「**公衆**」は，不特定または多数の者をいうと解されているので，特定かつ少数（たとえば1家族のみ）の飲料を供給する規模のものは，本罪の水道には含まれないとすべきである。

「その水源」は，水道として引水する浄水の源を意味する。たとえば，貯水池やそこに流れ込む水流である。

「汚染し，よって使用することができないようにした」との文言は，142条と同じであるから，浄水汚染罪と同様の意味に解される。

25.3.3　浄水毒物等混入罪

人の飲料に供する浄水に，毒物，その他，人の健康を害すべき物を混入した者は，3年以下の懲役に処する（144条）。

「**毒物**」は，「人の健康を害すべき物」の例示である。「毒物」とは，「少量を体内に摂取するだけで，化学作用により人の健康を障害するに足りる無機物」といわれ，「人の健康を害すべき物」とは，「その体内摂取によって人の健康を害するに足りる有害物」と定義されているが，大量に摂取すると有害である物質は多いので，人の健康を害する属性を有する物と解するべきであろう。もっとも，体内に蓄積する性質があり，蓄積によって有害となる物は含むと解される[4]。無機物に限らず，微生物等を含む。

「**混入**」とは，容易に分離しえない状態にすることをいう。それによって人の健康を害する程度である必要はあるが，現に人の健康を害する必要はない。

25.3.4　浄水汚染等致死傷罪

142条・143条・144条の罪を犯し，よって人を死傷させた者は，傷害の罪と比較して，重い刑により処断する（145条）

本罪は，浄水汚染罪・水道汚染罪・浄水毒物等混入罪の結果的加重犯である。

---

[4]　西田・325頁。

死傷結果について認識がある場合は，基本犯たる犯罪と，殺人罪・傷害罪との観念的競合となるものと解される。

25.3.5 水道毒物等混入罪・同致死罪

水道により公衆に供給する飲料の浄水またはその水源に，毒物，その他，人の健康を害すべき物を混入した者は，2年以上の有期懲役に処する（146条前段）。よって，人を死亡させた者は，死刑または無期もしくは5年以上の懲役に処する（同条後段）。

これらは，水道汚染罪（143条）の加重類型である水道毒物等混入罪（以下「混入罪」），および，これを基本犯とする結果的加重犯である同致死罪（以下「致死罪」）である。当然ながら，水道の浄水やその水源に健康障害を来たす毒物等を混入する行為の危険性に着目したものであり，個々の要件は，水道汚染罪等と同様に解される。

混入罪は，有害物の混入によって既遂となり，現に人の健康が害される必要はない。水道の水源たる滝壺に毒物である青酸カリを投入した事例で，毒物が人の健康を害する程度の量に達していたかが明らかでなくとも本罪の成立には影響しないとされた判例（大判昭和3・10・15刑集7巻665頁）がある。後段は死亡した場合のみを規定するので，傷害結果が発生したにとどまる場合は，傷害についての認識の有無にかかわらず，混入罪のみが成立する。

後段の**致死罪**は，死亡結果について認識のない場合に成立し，その認識がある場合には，致死罪と殺人罪との観念的競合になると解することが自然である。しかし，このように解すると死亡結果について二重に評価するうらみがあり，他方，致死罪の法定刑が殺人罪のそれに匹敵することなどから，致死罪のみの成立を認めれば足りるとする説が通説であるといってよい[5]。ただし，死亡結果を認識しつつ結果が発生しなかった場合には，混入罪と殺人未遂罪とが観念的競合とされる。

25.3.6 水道損壊及び閉塞罪

公衆の飲料に供する浄水の水道を損壊し，または，閉塞した者は，1年以上10

---

[5] 団藤・242頁，西田・326頁，山口・418頁，高橋・484頁等．

年以下の懲役に処せられる（147条）。

　本罪は，水道設備の損壊，または水道閉塞による利用妨害行為を処罰する類型であり，浄水汚染や浄水毒物等混入のように人の健康に対する危険に直結するものではないが，今日，水道による飲料水供給が人の健康・生存にとって重要な機能を有することは事実である。本罪も，飲料水の供給妨害により公衆の生命・健康に対する危険を生じさせることを内容とする公共危険罪（抽象的危険犯）と解されるであろう。「**損壊**」とは，水道による浄水の供給を不可能または著しく困難にする程度に破壊すること，「**閉塞**」とは，有形の障害物で水道を遮断し，浄水の供給を不可能または著しく困難にすることをいう。

■第 26 章■
文書偽造の罪

26.1 偽造の罪

　偽造罪は，社会的信用を基盤とする客体の「にせもの」を作る犯罪である。刑法典の偽造罪は，客体として，通貨，有価証券，支払用カード電磁的記録，文書，印章の偽造を処罰することとしている。通貨と並び，有価証券・支払い用カード電磁的記録という，支払手段としての機能を有するものについてとくに類型が設けられている。文書・電磁的記録を客体とする類型は，これに対する一般法に位置づけられる。諸類型の解釈にあたっては，客体の機能に応じた保護を考慮する必要がある。なお，不正電磁的記録作出等と共通する類型として，コンピューター・ウィルスの作成等を処罰する規定がある。

　本章では，一連の偽造罪のうち，文書の偽造を内容とする類型を扱う。上述のとおり，偽造の客体が文書であるかその他の客体であるかによって類型が区別されていることから，まず，文書一般に関わる問題を総説的に検討する。また，行為の「偽造」についても保護法益との関連において各類型を通じて統一的に理解されるので，各類型の説明に先立ち，これ自体を取り出して論じることとする。

26.2 文書偽造の罪・総説

26.2.1 文書の機能と文書偽造の罪の保護法益

　文書偽造の罪（154条以降）は，通説的見解に従うならば，文書・電磁的記録に対する公共の信用を保護するものである。ただし，文書に関し，保護されるべき

「信用」の実質は，さまざまな議論の的になってきた。大別すると[1]，文書の機能のいずれかの側面に着目して，その機能の維持を保護法益とするものと，文書の機能を手段として実現・維持されようとする（実体的）利益の方を重視する方向とがある。

　たとえば，近年の有力説は，文書機能の面から，文書を，社会生活上の重要事項に関する証明の手段として捉える。たしかに，文書の社会的信用は，証明手段（証拠）として用いられる際に問題となるものが典型的であるが，客体たる文書を対外的な証明手段に限定することはできないであろう。仮に，証明手段となりうるものであればそれで足りるとすれば，内部記録や私的メモのようなものでも証拠として用いられる可能性があるといえるので，その偽造が処罰されることになるが，このような場合にまで刑罰の介入が求められるかは疑問である。他方で，文書偽造行為がそれ自体として処罰されることは，文書が，その内容を表示した主体，あるいは，表示された内容・実体と独立した，物的存在として把握していることを意味するはずである。また，文書に対する信用は，証明手段として用いられる「その文書」の信用と同じではない。したがって，保護法益を，文書の関係する実体的利益に帰着させることは，文書偽造固有の問題に相応しない面があることも否めない。

　文書の真正に対する信頼は，もちろん，文書の「内容」が真正であることに向けられるが，権利義務や事実の存否判断の根拠となる文書に対する信用は，文書に真正な内容が記録・定着されているという保証があることの上に成り立っている。人の言語活動全般の中における文書の特徴を考えると，「ある観念や事実を記録し媒体に定着したもの」であって，言語を発した人から時間的・空間的に離れて独自に認識される点が指摘できる。文書にとっては，その外形的表示，なかんずく作成名義が重要なのである。

　文書は，それが直接に授受される当事者間だけでなく，文書を見る可能性のある限り，不特定人の信用の対象となる。このように考えるときには，文書偽造の罪が保護するのは，特定の文書に関する作成や内容に対する信頼に尽きるものではなく，文書による証明を成り立たせている制度・基盤への信用を含む社会的信用であるということになるであろう。後述の形式主義は，このような基盤的しくみを成り立たせている文書作成の方法に関わって理解されると考えられる。この

---

[1] この点に関しては，松原芳博「文書偽造罪」（『重点課題刑法各論』（2008，成文堂）199頁以下）が明快である。

意味で，文書偽造罪の保護法益は，個人の信用毀損や財産的損害とは別の社会的法益として把握されるのである。

いずれにせよ，公共的信用という法益侵害をそれ自体として認識することは困難であるから，これらの罪は抽象的危険犯の性質を有する。個別の文書を偽造しその信用を害し，それが，文書への信用一般を危うくする抽象的危険を含むと評価されるならば，文書偽造罪の不法性が認められる。

26.2.2 形式主義と実質主義

文書に対する信用を損なう行為として処罰対象を設定する[2]際，その信用の向けられる対象をどう把握するかによって，形式主義と実質主義とが論じられる。文書の「作成名義」の真正を保護しようとするのが，**形式主義**である。形式主義の立場から，名義の真正を偽ることが偽造であると把握するとき，この意味の偽造を「**有形偽造**」という。これに対し，文書の内容の真実性を保護しようとする態度が，**実質主義**である。実質主義に基づき，文書の内容を偽り，虚偽内容の文書を作り出すことが偽造だとするとき，この意味の偽造を「**無形偽造**」という。

文書の典型的な使用場面である証明についてみれば，文書は，事実と文書の表示内容とをそのつど照合・確認する手続を代替（省略）する機能を営む。たとえば，誰かに自分の住所を伝えるとき，自治体長名で発行された住民票記載事項証明書を提出すれば，その証明書を受け取る人は，自ら事実と照合することなく，証明書の内容を信頼して確認とする。しかし，同じ内容でも，友人に書いてもらった書類は，信用してもらえない可能性が高いであろう。責任を負うことのできる立場にある信頼できる人が作成した文書であることが，文書内容を信用するための基盤であり，文書に対する社会の信用は，文書の作成名義によるところが大きいのである。また，名義人は，少なくとも，当該の文書の成立に関する法的責任の所在を示すものであって，仮に内容が真実ではなかったとしても，記載された事項の責任を負わなければならないことも多い。

形式主義の基礎となっている考え方は，単純化していえば，作成すべき人の名義で作成された以上は作成人への責任追及が可能であり，そうである限り文書は真正だとするものであろう。文書の外観への信頼が保護され，外観として示され

---

[2] 形式主義と実質主義というのは，立法における姿勢の分類である。

た法的責任が全うされることを目的とする立場である。しかし，他方で，そのような責任追及の可能性自体が，先に述べたように，「文書を用いる証明制度」という共通了解を前提としていることを考慮しなければならない。名義人が作成者本人であるという保証自体が制度を支えている。判例が，法的責任追及に問題がないときでも，文書の名義人が作成者と別人格であるとみなされるときには偽造にあたるとする態度をとっているのも，この観点から理解することができる。判例によれば，たとえ，自分が文書内容について責任を負う前提があっても，別の人格になりすまして文書を作成した以上は偽造とされる。これは，文書そのものに対する信用は，個別の法的責任追及可能性とは独立したものだとする態度だといえるであろう。

　日本の刑法では，偽造と虚偽文書作成とを分けて規定している。内容の真実の基盤である形式を重視する立場を基本として，狭義の偽造概念は有形偽造を意味し，作成すべき人が作成しているものの内容が虚偽である場合，すなわち無形偽造は，虚偽文書作成として補充的に問題になるのだ，と理解される。

　なお，伝統的な文書と並んで客体とされることになった電磁的記録については，そもそも文書のような原本性といった属性や作成名義を観念することができないもの（たとえば，銀行預金の残高データ）が含まれ，電磁的記録に関しては有形偽造・無形偽造の区別は意義を失う。これを考慮して，改正の際には，電磁的記録の不正作出という新たな行為類型を設けることとなった。

26.2.3　客体——文書の意義

　文書偽造罪の客体は，文書・図画[3]，電磁的記録である。電磁的記録に対して，文書・図画をまとめて文書（広義の文書）ということもある。

　まず，主要な客体である文書について検討する。狭義の「文書」として保護される客体であるためには，次のような要素が必要である。

　第一に，物理的・外形的な要素としては，図画との区別のため可読的・発音的符号によって表示されていなければならない。また，媒体に定着し保存されたところに文書固有の意味が認められるから，ある程度継続的な表示であることも必要である。媒体は紙であることが多いが，それに限られない。黒板に白墨で書い

---

[3] 法律家は，慣習として「図画」を「とが」と読むことが多い。

た「お知らせ」を文書とした例（公用文書毀棄罪に関するものであるが，最判昭和38・12・24刑集17巻12号2485頁）がある。

第二に，内容的な要素としては，人の意思・観念の表示であることを要する。形式主義では，文書に表示された意思・観念の主体である名義人が重要となることの裏面である。人のまとまった意思・観念とみられない表示は文書とならない。もっとも，表示自体は断片的で記号的表現に近づいているものでも「省略文書」として文書性が認められる場合はある。

第三に，性質上の問題として，文書について証明力が認められなければならない。私文書については，159条における処罰対象となる客体記述に表れているように，私人名義で作成される多彩な文書のうち実質的に証明のための機能をもつものに限られる。155条以下の公文書においては，公文書という客体属性だけが示されているが，それは，公文書についてはその性質上[4]証明力が擬制されているのだと考えられる。結局，公文書・私文書のいずれにおいても，法律上・社会生活上の重要事項について証拠となりうるものが対象であると解されるのである。

また，文書は，確定的意識内容の表示であることも要求される。未完成のものはもちろん，草案のように，いったんは完結していても最終的確定的な表示になっていない場合は，内容変更の可能性があるため，その状態の文書の信用性が低いからである。ただし，重要なのは文書の外形に対する信用であるから，厳密には未完成であっても一般人が完成した真正文書と認めうる段階に至っていれば保護の対象となる。

26.2.4 原本性と写真コピー

> **設例1** Xは，金融業者Aから金をだましとろうとして，Xに送られてきていた市役所発行の有印公文書の欄を適宜修正して自己に収入があるように見せかけ，これをファクシミリでAに送信して，印字させた。

これらに加えて，文書として保護されるためには，**原本性**を要するとするのが

---

[4] 後述するように，公文書は，公務員または公務所が作成することになっている文書を指すが，そのことが直ちに証明機能や証明力の根拠となるわけではない。ただし，公文書が作成されるのは，責任の所在を明らかにするなど，直接・間接に証明機能を期待される場面であるといえるであろうし，法令の規定による規制や公共的監視にさらされることなどによる事実上の証明力強化因子が働くとはいえる。

伝統的な考え方である。原本とは、そこに名義人（通常は作成者でもある）の意思・観念が直接に表示された対象のことである。印刷技術のなかった時代に『写本』で伝えられた文学作品などを考慮すればわかるとおり、「写し」を作成する際には、単純な誤写をはじめ、筆写した人の意識的・無意識的、善意・悪意の変更が加えられることも少なくない。複製物は、原本の作成者あるいは原本の名義人の意思・観念を表示したものではないと考えられるのである。むしろ、原本を写す行為は、「写し」という新文書を作成する行為にほかならない。このとき、「写し」は、その作成者が元の文書の内容を認識して、これを別の文書に表示したものであるから、「写し」の名義人は「写し」の作成者にほかならない。逆に、そうであればこそ、写しに「原本の写し」である旨の認証文言が付されている場合には、その認証文言を含む全体が本罪にいう文書となる。たとえば、住民票や登記簿が原本文書・電磁的記録として存在しており、それを謄写ないし印字したものに権限ある者による「内容が原本と相違ない」旨の認証が付けば、「住民票の写し」や「登記簿謄本」という「写し」が、写し作成者名義の公文書になるのである。

ところが、機械的な複写技術が発達し、いわゆるフォト・コピー（写真コピー）の普及と、その複写品質の向上がもたらされると、伝統的な意味では「写し」であるはずのコピーが原本と同様の信用を得ているのではないか、と考えられるようになった[5]。判例にも、公文書の写真コピーの作成について、コピー機により機械的な方法で正確に複写した「写し」は、写しを作成する過程で第三者の意思が介入する余地が乏しく、原本作成名義人によって作成された原本と同一の意識内容を保有する公文書として保護する必要があるとするもの（最判昭和51・4・30刑集30巻3号453頁）が現れ、その後、写真コピーの文書性を肯定する判断が続いた。公文書原本をコピーし、これに改竄を加えた上、再度これをコピーして改竄の跡をわからなくした例では、この最終的に作り出されたコピーが原本と同様の保護が与えられるべき文書とされた（最決昭和58・2・25刑集37巻1号1頁）。さらに、下級審では、切り貼りして作成した書類をファクシミリで送信し印字させた場合にも、文書偽造罪および同行使罪の成立が認められた（広島高岡山支判平成8・5・22判時1572号150頁）。

このように、判例は、写真コピーの作成について文書偽造罪の成立を肯定する

---

[5] 写真コピーの方法を用いて、自分には作成権限のない「原本」として行使するための書類を作成するのは、原本を作成したのであり、もちろん文書偽造にあたる。ここでの問題は、「写し」として作成された写真コピーの文書性である。

態度（積極説）を示している。これらの判例においては，写真コピーが原本と同一の意識内容を保有し，原本と同様の社会的証明機能・信用性を有するので「文書」として保護する必要があるという実際的認識が重視されている。なお，そうである以上は，コピーされた印章・署名を含めて原本と同様の信用性があると考えられるはずであるから，有印文書のコピーは「有印文書」として扱われるべきであろう（前掲・最決昭和58・2・25）。

これに対し，消極説からは，まず，公文書のコピー作成自体は，誰にも許容された行為であって，コピーは「公務所・公務員の作成すべき文書」ではない，と批判される。また，写真コピーの信用性は，コピーと同様の原本が存在することについての証明力にかかっている。つまり，写真コピーが証明する事実は，「コピーに表示された内容と同一の内容を有する原本の存在」という事実であり，「原本の内容」ではないとも指摘されるのである。さらに，印章の複写については，押捺時に朱肉が用いられる慣習のもとでは，仮に「カラー・コピー」を用いたとしても，多くの場合容易にそれが「写し」であると認識されるので，コピーが原本作成名義人の意識内容を直接表示するものだとはいえない。

わたくしは，そもそも，実態として，写真コピーの証明力ないし信用性は限定されたものにすぎず，原本と同様の信用が与えられてはいないと考える。むしろ，写真コピーは，機械的手法を用いるがゆえにコピー作成者の匿名性が高く，名義人・作成者の特定が困難になる。また，技術的調整によって改竄の跡を認識しにくくすることが可能であって，かえって改竄がおきやすい面がある。判例のいうように第三者の意思が介入する余地が乏しいというのは一面的にすぎると思われる。コピーに対する信用の程度も，そのような改竄のリスクを含めて測られるべきであろうし，実際，そのように扱われていると思われる[6]。したがって，写真コピーの文書性を肯定することはできないと考える。

26.2.5　名義人

形式主義，すなわち信用の淵源として文書が誰によって作成されたかを重視する立場に立つ以上，**文書の名義人が文書から認識可能であることが必要である。**

---

[6] 証明書等は，原本の提出・呈示が求められることが少なくなく，呈示された証明書等が呈示先の責任においてコピーされたとき，それは，まさに，「コピーされた通りの外観を呈する原本が呈示されたこと」を，コピー作成者の責任において証するものであろう。

文書の定義において「人の」意思・観念の表示であることを要するのも，このことと関係する。文書の名義人とは，文書に表示された意思・観念の主体であって，文書の内容上の主体である。文書には，氏名や職名等，主体を同定するための直接的情報が記されていることが多いが，それを欠くときであっても，表示内容等，文書そのものから客観的に[7]特定される場合は，名義人が認識可能であるといえる。

名義人は，信用の淵源となりうることが重要であるから，実在しなくても信用に値する名義人が存在するように誤信させるような外観があれば足り，そのような場合であれば架空人名義の私文書・死者名義の文書も保護される（最判昭和28・11・13刑集7巻11号2096頁）。逆に，明らかに実在しない者の名義で作成されたものは，本罪にいう文書（客体）にならない。

文書についての信用は，対象化された文書から認識される名義人の意思・観念と，文書から認識される作成人の意思・観念とが一致していることへの信頼に基づくといえるであろう。文書一般において名義人が作成者であることが保障されている状態が揺らぐときが有形偽造である。たとえば，市長名で市民税の支払いを求める文書は，市長の意思を表示するものであって，名義人は市長である。市長でない者が（勝手に）市長の意思を表示した文書を作ることが（有形）偽造である。このように考えると，文書の「名義」という形式面の偽りがあるかどうかは，文書の名義人と作成者との関係で決まることになる。

26.2.6　作　成　者

そこで，現に文書を作成した者（作成者）をどのように捉えるかが問題である。当然ながら，現実に文書作成の作業をした者が作成者であるとするのが自然であり明確でもある。こう解する見解を**事実説**（行為説・身体説・物体化説）という。しかし，Aの指示を受けてBがA名義の文書を作成する場合や，BがA名義の文書を作成する権限を与えられてA名義の文書を作成する場合は，その文書はAが作成したとみるのが実態にかなうであろう。文書意思・観念を表示した者を実質的に捉えることが必要なのである[8]。このような考え方が**観念説**（精神説）であり，通説となっている。

---

[7] もっとも，後述のように，文書そのものからは同姓同名の者のいずれを指すかが多義的である場合や，資格・肩書等による特定を法的に重要なものとみなすかいなかが文書の性質によって相対的であることを承認する場合には，文書の外形や表示に限らない情報も名義人の特定に関係することになる。

もっとも，文書作成にかかる機械的動作を代行するにすぎない場合，たとえば，口述筆記による場合には，口述した本人が作成したものといってよいが，代理権限を与えられた者が代理人として文書を作成した場合には，代理人が作成者であるとすべきであろう。それでは，本人名義の文書を作成する権限を包括的に与えられた者が，個々の文書作成について本人の指示や確認を得ないで，本人名義で文書を作成する場合，たとえば，市長名義の住民票記載事項証明書を発行する権限が市民課長に与えられ，窓口の請求に応じて市民課長が決済して市長名義の文書を作成するように定められているとき，当該証明書の作成者は市長であろうか，市民課長であろうか。観念説による作成者の把握，その特定のあり方については，見解が分かれる[9]。

意思説は，ある人の意思・観念が文書に表示されたという関係があるときに，その人を作成者とする。すなわち，作成された文書に表示されている意思・観念を有する者を作成者とするものである。意思説には，さらに，実際の意思主体の意思・観念が表示されているときの表示主体が作成者であるとする**事実的意思説**[10]と，文書の表示内容の意思主体への帰属が法的に許される場合に限るとする**規範的意思説**[11]とがある。

これに対し，文書の作成過程への現実の関わり方というより，作成された文書についての責任から作成者を捉える立場がある。たとえば，**効果帰属説**は，文書の効果が帰属する者を作成者とする。また，**責任追及説**は，効果の帰属からさらに進んで，その文書によって生じる法的責任を負う者が作成者であるとする。**作成責任説**は，文書の効果帰属やそこから生じる責任まではなくとも，その文書を作成すること自体（その文書がそのように作られたこと）に伴う責任を負う者が作成者であるとする見解である。

文書作成権限を有する上司の指示で上司名義の文書を部下が作成する場合について考えると，以上の諸説は，いずれも上司を作成人とすることになる。その理由は，事実的意思説なら，上司がその文書に表示される意思・観念をもっていた

---

[8] いずれにせよ，権限の与えられた者が作成する行為について偽造罪の成立を認めることは不当である。事実説の立場は，名義人・作成者のいずれをも即物的・形式的に捉え，名義人と作成人とが一致しない場合を有形偽造だとするものであるから，他人名義文書の作成は，文書偽造罪の構成要件に該当した上で，作成権限の存在により違法性が阻却されると解することになる。

[9] ここでは，主要な考え方を取り上げるが，分類や与えた名称は便宜的なものにすぎない。

[10] 林・356頁，伊東・312頁。

[11] 平野・255頁。

から、規範的意思説なら、上司がその文書に表示される意思・観念を帰属されるべき立場にあるから、効果帰属説なら、その文書の効果が上司に帰属するから（たとえば、市長が証明したという効果が生じる）、責任追及説なら、その文書に伴う法的責任は上司が負う（証明内容について市長が責任を負う）から、あるいは、作成責任説なら、その文書の作成自体が上司の責任で行われたから（そのような文書が作成されたこと自体は市長の責任である）、などと説明されることになろう。この場合、名義人と作成人とのいずれもが上司である（一致している）ので、形式主義から偽造とされることはない。

　たしかに、文書の直接的機能からすれば、文書効果の帰属、責任追及対象、あるいは「作成名義」という観点から「作成責任」を問題にすることにも理由はある。しかし、上に述べてきたように、わたくしは、文書偽造罪が有形偽造を処罰する趣旨は、特定の文書の作成に関わる信用を超えた、権利義務や事実関係を確認・証明するやりかたが機能していることに対する信用の保護にあると考えている。したがって、個々の文書に関係する責任の問題ではなく、象徴的にいえば、文書「制度」が機能するための前提が問題なのである。

　このような思考からは、一般的に名義人と作成者との一致を志向する見解として、意思説が支持される。また、名義人と作成者との一致は、現実の一致を意味するのが本来であるから、効果帰属を考慮せずに意思を即物的に捉える（事実的意思説）べきである。ただし、文書の性質から、文書の表示が実際の作成者以外には帰属されえないと認識される性質の文書があることは事実であり、このような文書の場合、現に名義人に文書表示どおりの意思が存在していたとしても、文書が表示しているのはその名義人の意思等ではなく、あくまで現実の作成者の意思等であると受け取られる。たとえば、誓約書や筆記試験の答案のように、文書の性質が自筆性を要求しているときには、事実的作成者がすなわち名義であることこそが、文書の機能実現、ひいては文書に対する信用の源泉に関わる。そこで、このような文書で、名義人と作成者が異なる場合には、名義人が文書表示どおりの意思を有しているかどうかにかかわらず、作成者が名義人の意思の表示という名目で実質的には自己の意思を表示したものとして扱うべきである。念のために注意すれば、名義人自筆を要請する文書であるか否かは、必ずしも、後述の供述調書のような法令または契約等による法的効果帰属の問題ではなく、文書の社会的機能[12]に由来する。わたくしは、このような意味に解した上で、規範的意思説[13]が妥当であると考える。

26.2.7　その他の客体

（1）図　　画

「図画」は，文書が発音的符号によるのに対し，象形的表現による人の意思・観念の表示である。旧専売公社製造のタバコの外箱（最判昭和33・4・10刑集12巻5号743頁）や法務局出張所の記名がある表紙の下に編綴されている地図などが「公図画」とされた。

（2）電磁的記録

「電磁的記録」は，161条の2，168条の2などにおける客体である。7条の2に定義規定があり，電子的方式，磁気的方式，その他，人の知覚によっては認識することができない方式で作られる記録であって，電子計算機による情報処理の用に供されるものをいう。電磁的記録の場合，名義人の表示がなくても保護の対象とする必要がある。また，実際には，人の手を介さず機械的に内容が書き込まれること，複数人が電磁的記録の作成に関与することも多い。そこで，名義についての偽りの有無（有形偽造か無形偽造か）の区別は困難であり，他方，後述のように狭義の偽造と変造とを区別することもできないので，偽造とは異なる「不正作出」という概念が用いられている。また，電磁的記録は電子計算機による情報処理に使用されるものとされ，その使用については，人に対する使用を前提とする文書の行使とは区別して，「用に供する（供用）」という概念が用いられている。

26.2.8　行為——「偽造」の概念

偽造は，「文書偽造の罪」というときには，偽造と行使とを含む意味（最広義）で用いられる。また，概念上，有形偽造と無形偽造と包括する意味（広義）で用いられることもある。ただし，現行法は，有形偽造の意味で「偽造」を用い，無

---

[12] 文書に対する信用は，名義と作成との現実的一致に対する信頼に支えられているが，とくに公文書の場合に現実の作成作業者が名義人と一致しないことに対する了解と，とくに自署私文書の場合に名義人が自ら作成作業を行うことに対する了解とが存在することから，その「一致」に関する信頼の内容に幅があると考えるべきであろう。

[13] 名称に大きな意味はないが，文書の性質上，文書を見る人が前提とする社会的規範に従って，文書の表示が帰属する者が決定されるという点を捉えれば，「社会規範的意思説」とでもよべるかもしれない。

形偽造に該当する行為は「虚偽文書作成」(156条)・「虚偽記載」(160条)等の用語を用いている。法文の「偽造」は，有形偽造を意味する狭義の偽造である。さらに，条文上は，「偽造」と「変造」とが区別されており，この区別を意図して用いられる「偽造」は最狭義ということになる。後述するように，変造は，既存の文書の同一性を失わない範囲で行われる点で最狭義の偽造と区別される。以下では，とくに区別が必要でない限り，狭義の偽造（有形偽造）を念頭において述べる。

26.2.9　偽造の程度

偽造の程度については，一般人に真正に作成された文書であると誤認させるに足りる程度の形式・外観を備えるに至る必要があり，また，それで足りる。

下級審裁判例の事案として，他人になりすまして，金融会社から融資金入出カードをだまし取ろうと企て，A名義の運転免許証の写しから氏名ほか各欄の一部を切り取って自己名義の運転免許証の該当箇所に重ねるようにしておき，氏名欄の氏の部分にはさらにBと書かれた紙片をおき，上からメンディングテープを全体に貼り付けて固定し，被告人がBという人間であるかのような外観を呈する運転免許証を作成したというものがある。被告人は，その後，金融会社の自動契約機のイメージスキャナーにこの運転免許証を読み取らせ，通信回線で接続された同支店設置のディスプレイにこれを表示させるなどして行使した。裁判所は，たしかに，作成された運転免許証それ自体は，「誰にでも改ざんされたものであることは容易に見破られるものであるとみる余地がないではないが，電子機器を通しての呈示・使用も含め，運転免許証について通常想定される前述のような様々な行使の形態を考えてみると，一応形式は整っている上，表面がメンディングテープで一様に覆われており，真上から見る限りでは，表面の切り張り等も必ずしもすぐ気付くとはいえないのであって，そうすると，このようなものであっても，一般人をして真正に作成された文書であると誤認させるに足りる程度であると認められるというべきである。」と判示した（大阪地判平成8・7・8判タ960号293頁）。しかし，この判断では，偽造された客体が明らかではない。作成された文書がテープで覆われた物体であるとするならば，その存在によって文書に対する信用を損なう程度の外観を呈するものとはいえないように思われ，他方，ディスプレイに表示された画像は，信用を損なう可能性があるかもしれないが，光の点滅による一時的な表示にすぎず，文書ではないであろう。

26.2.10　有形偽造の意義——作成権限から人格の同一性へ

　有形偽造にあたるかどうかをめぐっては，補助公務員による公文書作成が問題となった（最判昭和51・5・6刑集30巻4号591頁）。作成人に関し事実説を採れば，もちろん作成した公務員が作成者であるから，本来の作成権限者の名義で作成すべき文書の名義人と作成者とは一致しない。しかし，観念説を採るときには，本来の作成権限者でない補助公務員が文書を作成した場合に，補助公務員自体の作成権限を考慮し，職務上作成権限がある範囲の文書作成は，偽造にはあたらないことになる。たとえば，市長名義の文書の代決権限をもつ課長の職務を補助して市長名義の文書を作成する権限があれば，その公務員が市長名義の文書を作成しても偽造ではない。

　ただし，判例における偽造概念は，形式的意義の「作成名義の冒用」から，なりすまし，すなわち「作成名義人の人格の同一性に関する欺瞞」へと捉えなおされつつある。

(1) 通称使用

　判例は，通称を使用して再入国許可申請書を作成・行使した場合に私文書偽造・同行使罪の成立を認めた（最判昭和59・2・17刑集38巻3号336頁）。このような場合には，用いられた通称は明確に作成者を指示し，かつ，実際に，ほかならぬその者が自己を指す名義で作成したのであるから，作成名義を偽ったとは言いがたい。しかし，この事案では，密入国者である被告人が，A名義で発行された外国人登録証明書を取得し，その名義で登録事項確認申請を繰り返して自らがAであるように振る舞っていたのであり，被告人がAに「なりすましていた」事実を否定することはできないとされた。ここから，本件文書に表示された「適法に本邦に在留することを許されているA」と密入国者で在留資格を有しない被告人とは別人格であり，「文書の名義人と作成者との人格の同一性に齟齬を生じている」ので，有形偽造であると結論されたのである。

(2) 同姓同名の利用

　また，甲という同姓同名の弁護士がいることを利用して，弁護士資格のない被告人が「弁護士甲」との名義で文書を作成・行使した行為が私文書偽造・同行使罪にあたるとした判例（最決平成5・10・5刑集47巻8号7頁）がある。このような

場合，被告人の氏名（本名）が「甲」である以上，「甲」はまさに被告人を指し示し，真実は被告人が弁護士ではないとしても，文書を行使されるべき相手には，行使した被告人こそが責任を負う者として認識されるはずのものである。しかし，当該文書が現実に渡るであろう範囲を別にして文書一般としてみれば，「弁護士でない甲」者が「弁護士甲」であるとの名義で文書を作成することは，人格の同一性を偽った（「弁護士甲」になりすました）ことになるのであって，有形偽造にあたるであろう。このように，端的に「弁護士でない者が弁護士資格を騙る」こと，すなわち人格の同一性の欺瞞によって有形偽造（名義の冒用）とする思考が判例上定着している。

（3）虚偽氏名使用の履歴書・雇用契約書

　虚偽氏名を用い自己の顔写真を貼付した履歴書と虚偽の氏名等を記載した雇用契約書を作成・提出した事例でも，私文書偽造・同行使罪が認められた（最決平成11・12・20刑集53巻9号1495頁）。自分の顔写真を貼って履歴書を提出する以上，その履歴書の行使の相手方は，採用希望者の同定に欠けるところはないであろう。貼付された写真が表す人，履歴書を提出してきたその人の同一性についての認識について誤りは生じえない。この事案では，正式の「呼称」（＝本名）のみについて虚偽がある。しかし，履歴書が雇用契約書と合わせて提出されるとき，それらは雇用に伴って生じる諸法律関係の基礎となる文書であって，氏名は，単に，眼前に認識される人の「呼称」を偽ったにとどまるわけではない。

（4）権限ある団体と同名の使用

　正規の国際運転免許証に酷似した文書を，その発給権限のある団体と同名だが別の団体の名義で作成した行為を，私文書偽造罪にあたるとした判例もある（最決平成15・10・6刑集57巻9号987頁）。この事件では，被告人は「国際旅行連盟」の承諾を得て「国際旅行連盟」名義の文書を作成したが，この「国際旅行連盟」は，「ジュネーヴ条約に基づく国際運転免許証の発給権限を有する団体である国際旅行連盟」ではなかった。作成された「国際運転免許証」は，正規の発給権限をもたない者が，正規の発給権限をもつ団体の名義で作成したことになるのである。

26.2.11 「名義人の人格同一性に関する欺瞞」の意味

　以上のような例を通じてみると，文書に表示された名義によって現実に指示される人格が，文書の内容の意思主体である名義人人格と異なる場合（これが「人格の同一性を偽る」の内容である）には，有形偽造を肯定すべきである，という考慮が働いているといえる。さらに，観念的名義人の特定の際に，名義人に関する（文書の性質上）重要な属性，とくに文書作成の「資格」ないし「権限」を有するか否かが合わせて考慮された上で，指示される現実の人格と文書の内容の示す人格との間に齟齬が生じている場合には，文書の信用を害する危険があると考えられている。たとえば，条約に基づく国際免許の発給権限をもつか否かは，国際免許証という文書の性質上重要な属性である。あるいは，弁護士報酬等に関わる文書においては，表示された名義が指示しているのが弁護士資格をもつか否かが重要である。その権限・資格の有無によって人格は区別され，不一致と判断されたとき有形偽造となる。

　また，同様の名義や肩書使用が，文書の内容によって有形偽造とされる場合とそうでない場合とがあることになる。たとえば，自分自身の名前を使うときでも，作成される文書が弁護士の作成すべき内容の文書であれば，弁護士でない者が「弁護士」の肩書きを付けた名義を使った虚偽は重要だというべきであろう。しかし，通常の取引契約の際に，契約者としての信用度を高めようとして弁護士を名乗ったとしても，その虚偽は，たしかに好ましくはないが，契約自体に直接関わるような意味はなく，多くの場合，法的に重要でない部分の偽りにすぎず，「証明制度の一部としての文書」に対する信用を損なう危険があるとまではいえないと思われる。逆説的表現をすれば，文書の形式要素である「名義」の実質的内容における真正が問題なのである。

　人格の同一性による定義と名義の冒用（作成権限がない者が作成権限者の名義を使用して文書を作成する）による定義とは実質的に異ならないといわれる。文書から受け取られる名義人と実際に作成した作成者が異なるということは，本来は名義人ではない者が作成したということであって，作成権限がないのに権限者たる名義を用いる（他人の名義を表示する）ことになり，権限の逸脱と人格同一性の欺瞞とは同義といえるのである。上述の判例のように，補助公務員が権限ある人からその名義の文書の作成権限を与えられているときには，作成者に関する観念説によると，名義人たる他人が補助公務員に文書を作成させたとみることになるので，

作成者は名義人本人であると解され，名義人の人格同一性に関する欺罔は存在しない。補助公務員の例などでは作成権限から考える方がわかりやすいが，作成権限が問題にならない事例もあることから，人格の同一性に基づく有形偽造の定義の方がより汎用性にすぐれるとされ，学説においても支持されている。

26.2.12 代理・代表名義

いわゆる代理名義・代表名義の冒用の場合も，基本的には同様の問題とみることができる。すなわち，「Aの代理権限をもたない（Aの代理人でない）X」が「A代理人X」として文書を作成する場合，あるいは「Aの代表権をもたない（Aの代表者でない）X」が「A代表X」の名義で文書を作成する場合には，名義人人格の同一性を偽ることになる。

この場合，代理・代表資格の表示が虚偽であっても，作成「名義」自体が偽られているのではないため，無形偽造（内容の真実を偽る）であるとする説と，これに対し，代理資格の表示と代理人の氏名等が一体となって全体が作成名義であるとの考え方から，有形偽造（他人の作成名義を偽る）にあたるとする説があったが，判例（最決昭和45・9・4刑集24巻10号1319頁）・通説は，上記の例では，「その文書によって表示された意識内容にもとづく効果が，代表もしくは代理された本人に帰属する形式のものであるから」，文書の名義人を本人であるとし，本人名義を冒用したものとして有形偽造説をとっている。

代理・代表の表示が「名義」に含まれるかという問題の立て方がなされているが，判例の考え方は，代理・代表名義の問題も，文書の性質（内容）に相応した名義の要素との関係にを基礎に，その指し示す人格の同一性が偽られたかという観点から判断するものと解することができるであろう。作成者に関する事実的意思説によれば，実際の作成者が代理・代表名義を冒用する以上，文書に表示された意思・観念が存在するのは作成作業者であって本人ではない。規範的意思説によると，代理・代表権限のない者は当該文書に表示された意思の帰属が許されず，やはり本人の意思が表示されたものとはいえない。このように，端的に「名義人人格の同一性」を偽るものとして有形偽造となると考えられる。

26.2.13　名義人の承諾

> **設例2**　Yは，あらかじめBからそうしてもよい旨の同意を得ていたので，道交法違反を犯した際に，事件処理のため作成されたいわゆる交通反則切符の供述書部分に，Bの氏名を記入した。

　作成権限を有形偽造にあたるか否かにとって決定的な因子とする思考の延長上で考えると，私文書につき，他人に自己名義の文書を作成することにつき承諾を与え，その他人が承諾のとおりの文書を作成したような場合には，有形偽造とはならないことになる。観念説，とくに意思説を前提にする限り，文書に表示される意思・観念は，名義人に由来し，作成者は名義人にほかならないはずである。

　判例は，代理・代表権の「濫用」にあたる場合には，代理・代表権限自体は存在するので，外部的関係において信用を害することはなく，私文書偽造罪とはならないとした（大連判大正11・10・20刑集1巻558頁）。権限が存在しない場合（権限逸脱）には有形偽造だということになる。

　ところが，比較的最近になり，文書の性質により本人以外が作成名義人ではありえない場合には，名義人の承諾があっても私文書偽造罪が成立するという判断が相次いだ。いわゆる交通反則切符中の，違反事実を認め署名する供述書部分に関する判例である（最決昭和56・4・8刑集35巻3号57頁，最決昭和56・4・16刑集35巻3号107頁，最決昭和56・12・22刑集35巻9号953頁）。当該文書は私人が名義人となって作成すべき私文書であるが，他人からその人の名義を使うことの承諾を受けていても，本人以外が作成することのできない文書であるから，本人以外の名義を使えば有形偽造になるというのである。このような文書の一例として，いわゆる替え玉大学入試事件における他人名義の答案作成（答案は本人の名義以外では作成できない）がある。

　規範的意思説からは，規範的に文書に表示された意思の帰属が法的に許されないものとして是認されるであろう。上述のとおり，わたくしも，基本的にこのような方向は支持されるものと考える。一般に，「文書の信用」が，個別文書の信用にとどまらず，「証明制度の一部としての文書」に関わるものであると把握する以上，意思の規範的帰属を考慮して作成人を特定することには合理性がある。

26.2.14 変　　造

「変造」は，既存文書の同一性を失わせない範囲において，真正に成立した文書の内容に変更を加えることをいう。概念としての変造については，偽造と同様の分類が可能である。すなわち，広義では，有形変造と無形変造とを包含した意味で用いられる。有形変造とは，名義人の名を騙って，つまり文書内容変更の権限がないのに，または，名義人の同一性を欺く形で真正文書の内容に変更を加えることである。これに対し，無形変造は，内容変更の権限のある者が（名義人本人が），真正に成立した既存文書を虚偽内容に変更することになる。ただし，条文における「変造」が有形変造の意味であることは，偽造の場合と同様である。

既存文書に修正・改ざんを加える形で行われる場合であっても，その本質的部分に変更を加えれば，既存文書の同一性は失われ，別の文書を作成したものとみるべきであって，偽造にあたりうる（最判昭和24・4・9刑集3巻4号511頁）。もっとも，偽造・変造は一般に同一の扱いを受けるので，両者の区別の実益は乏しい。

26.2.15　行使の目的――主観的違法要素

偽造罪は，目的犯である。不法内容として公共の信用に影響する必要があるところから，主観的違法要素として「行使の目的」が要件となっている。直接の客体偽造行為だけでとどまることなく，これが他者に対して使用されることによって社会的公共的信用を害する危険性が生じるといえるので，行使の目的が要求されているのである。文書偽造罪における「行使の目的」とは，偽造・変造された文書等を真正なものとして使用する目的をいう（最決昭和29・4・15刑集8巻4号508頁）。同様に，電磁的記録については，「人の事務処理を誤らせる目的」が必要である。もちろん，「偽造」罪においては，目的の内容である「行使」が実行される必要はない。現に「行使する」場合は，別に「行使」罪が成立する。

26.3　詔書偽造等罪

詔書偽造等罪（154条）は，①行使の目的で，御璽，国璽，もしくは，御名を使用して，詔書その他の文書を偽造した者，または，偽造した御璽，国璽，もしく

は，御名を使用して，詔書その他の文書を偽造した者を，無期または3年以上の懲役に処し（同条1項，詔書等偽造罪），②御璽もしくは国璽を押し，または，御名を署した詔書その他の文書を変造した者を，1項と同様，無期または3年以上の懲役に処するもの（同条2項，詔書等変造罪）である。

本罪は，天皇の国事行為に関する意思を表示した，天皇名義で作成される文書を客体とする文書偽造の類型である。法定刑は，公文書偽造罪より重く設定されている。「御名」は，天皇の署名，「御璽」は，天皇の印章，「国璽」は，日本国の印章をいう。なお，本罪が完成しない（未遂に相当する）場合にも，御璽・国璽・御名の偽造等は別途処罰される（164条）。

26.4　公文書偽造等罪

26.4.1　総　　説

公文書偽造等罪（155条）は，有印公文書等偽造罪・有印公文書等変造罪・無印公文書等偽造罪・無印公文書等変造罪に分類できる。

有印公文書等偽造罪は，行使の目的で，公務所もしくは公務員の印章もしくは署名を使用して，公務所もしくは公務員の作成すべき文書もしくは図画を偽造し，または，偽造した公務所もしくは公務員の印章もしくは署名を使用して，公務所もしくは公務員の作成すべき文書もしくは図画を偽造した者を1年以上10年以下の懲役に処するもの（同条1項）である。

有印公文書等変造罪は，公務所または公務員が押印し，または署名した文書または図画を変造した者を，1項と同様，1年以上10年以下の懲役に処するものである（同条2項）。

無印公文書等偽造及び同変造罪は，155条1項・2項に規定するもの（有印公文書等）のほか，公務所もしくは公務員の作成すべき文書もしくは図画を偽造し，または，または公務所もしくは公務員が作成した文書もしくは図画を変造した者を，3年以下の懲役または20万円以下の罰金に処するものである（同条3項）。

26.4.2　客体——公文書・公図画

　本罪は,「公務所または公務員の作成すべき文書」(公文書)または「図画」(公図画)を客体とするものである。「公務所・公務員」については,7条に定義規定があり,公務員とは,国または地方公共団体の職員,その他,法令により公務に従事する議員・委員その他の職員をいう(同条1項)。また,公務所とは,官公庁,その他,公務員が職務を行う所をいう(同条2項)。「公務所または公務員の作成すべき」とは,公務所または公務員が,その職務権限内において,職務執行上作成すべきであることを意味し,当然,公務所または公務員の名義で作成されることを要する。そうである限り,職務執行の方法・範囲が,法令に基づくと内規または慣習によるとを問わない(大判昭和12・7・5刑集16巻1176頁)。公法上・私法上のいずれの関係で作成されるかも問わない(大判昭和14・7・26刑集18巻444頁)。

　上述のとおり,公文書は,私文書に比して,法令に基づく職務遂行上作成されるという点において,一般に,その成立・内容の真正に対する信用の程度が高いとされているものと考えられる。したがって,私文書(159条)におけるように,具体的に権利・義務,事実証明に関するものであることは要求されていない。

26.4.3　客体——有印・無印

　本条の1項・2項は有印公文書等,3項は無印公文書等を客体とする場合をそれぞれ規定し,異なった法定刑を予定している。一般に,印書・署名のある文書等の方が,それらを欠く文書等より公共的信用が高いことから,公務所もしくは公務員の印章もしくは署名を使用した場合,または,偽造した公務所もしくは公務員の印章もしくは署名を使用した場合には,偽造された文書が社会的信用を傷つける程度がより大きいことが考慮されたものである。

　印章・署名については,印章偽造等の罪に関する別項(26.13)でより詳しく述べるが,いずれも,名義人の同一性を確認する表示である。そこで,有印文書の偽造となるためには,名義人の同一性の欺瞞が印章の使用(名義人の同一性証明として顕現させる)においても存在すること,いいかえれば,権限者の印章・署名が,それを用いる権限のない作成者によって用いられることが必要である。

　なお,「署名」は,本来的には自署に限るべきところであるが,条文の文言上は,手書きが想定できない「公務所の署名」が含まれると解されるので,それと

並行的に考えるならば，署名には自署だけでなく記名（印刷したものなど）も含むとせざるをえないであろう。

26.4.4　行為——偽造

　職務権限に基づく作成（名義）の信用性が保護されるものであるから，公務所内における代決権限を有する者が権限を濫用して公文書を作成しても偽造にはあたらないが，公務員が作成する場合であっても，作成権限のない公務員（たとえば，起案のみ行う者や作成補助者）が行うときには公文書偽造となる。独立の代決権がなく，事後決済等を含む手続を踏むことを条件に作成が認められている者（準代決者たる補助者）については，作成権限を認めた（偽造にあたらないとした）判例がある（最判昭和51・5・6刑集30巻4号591頁）。具体的事情によるが，文書にその名義その内容を表示すること自体について権限があるかどうかが重要であり，そのような権限のある者が作成したときには有形偽造にはあたらないとすべきであろう。

　なお，偽造の程度としては，一般人に公務所・公務員が真正に作成した文書と誤信させるような形式・外観を作り出せば足りる。

26.5　虚偽公文書作成等罪

26.5.1　総　　説

　虚偽公文書作成等罪（156条）は，公務員が，その職務に関し，行使の目的で，虚偽の文書もしくは図画を作成し，または，文書もしくは図画を変造したときは，印章または署名の有無により区別して，154条（詔書偽造等罪）・155条（公文書偽造等罪）の例による，というものである。

　詔書等は，御璽・国璽・御名の使用が要件であるから，必然的に有印である。天皇名義で作成する権限のある公務員が，行使の目的で，詔書等を偽造・変造したときには，154条の法定刑（無期または3年以上の懲役）が採用される。作成・内容変更の権限がある公務員が内容虚偽の文書を偽造・変造したときには，それが有印公文書にあたるときは155条1項・2項（1年以上10年以下の懲役），無印公文書にあたるときは同条3項（3年以下の懲役または20万円以下の罰金）に処せられ

ることになる。

　本罪は，「公務員が・その職務に関し」文書等を偽造・変造する行為，すなわち，詔書等・公文書等の無形偽造を処罰するものである。また，その処分は，有形偽造の例によるとされている。したがって，公文書については形式主義と実質主義との両面から，有形偽造（変造）と無形偽造（変造）とを同様に処罰する立法が行われていることになる。

26.5.2　主　　体

　本罪の主体は，職務上権限を有する公務員に限定されるので，真正身分犯である。代決権限のある公務員が権限を濫用して文書を作成した場合は，権限そのものは存在するので，有形偽造ではなく虚偽公文書作成罪の成否（無形偽造）の問題となる。

26.5.3　行　　為

　本罪に規定される行為は，「虚偽の文書または図画の作成」・「文書または図画の変造」である。虚偽文書・図画の作成とは，いわゆる無形偽造のことである。作成権限を有する者がその権限に基づいて（したがって，名義の偽りはない），真実でない記載をする（内容が虚偽の文書等を作成する）ことを意味する。文書等の変造も，本罪においては，主体が公務員であり，その職務に関して行われる（変更権限がある者が行う）ので，無形変造の意味になる。この行為も，行使の目的をもってなされる必要がある。

　私人からの申請を受けて公文書が作成されることになっている場合に，申請を受けた公務員が，形式的要件が備わる以上は申請どおりの内容で文書を作成することになっている（申請の内容の実質的審査権限がなく形式的審査権をもつにとどまる）ときは，作成権限を有する公務員が虚偽内容の申請であることを認識しつつ文書を作成しても，虚偽文書作成罪にはあたらないとすべきであろう[14]。

---

[14] 虚偽の申立てを受理する義務はないという指摘（山口・454頁）のあるとおり，純粋な「形式的審査権」自体が問題であり，見方を変えれば，疑義のある場合には受理を保留するなどの然るべき処理手順の定めがあれば，もはや形式的審査権にとどまるとはいえないであろう。これを前提に，わたくしは，特段の定めない場合には，不受理が問題視されかねないことから，内部的・行政的規制は別として，虚偽公文書作成等として処罰することには慎重な態度をとることとしたい。

26.5.4　間接正犯

　私人が虚偽内容を申告したが，これを受けて公文書を作成すべき公務員がその虚偽であることを知らずに虚偽内容の公文書を作成したときは，私人により情を知らない公務員を介して，本罪に相当する事実が実現されたことになるので，その私人が本罪の間接正犯となるように思われる。しかし，非公務員が公務員に虚偽の申告をして公文書に虚偽内容を記載させる行為を処罰する類型として，別に157条の公正証書原本等不実記載罪が規定されており（次節参照），156条に比べて相当に軽い法定刑を定めていることから，これとの関係が議論され，間接正犯の成否に関し見解は分かれている。

　判例は，公務員の身分のない者が虚偽の内容を記載した証明願いを村役場の係員に提出し，情を知らないその係員に村長名義の虚偽内容の証明書を作成させた行為について，公務員でない者が156条の間接正犯に該当する行為を行った場合は，157条にあたる場合のほかは不可罰であるとした（最判昭和27・12・25刑集6巻12号1387頁）。また，作成権限のない公務員が作成権限のある公務員を利用する場合について，判例は，作成権限のある公務員を補佐して起案を担当する公務員が，行使の目的で内容虚偽の公文書を起案し，情を知らない作成権限ある公務員の署名・捺印を得てこれを完成させた場合に，虚偽公文書作成罪の間接正犯の成立を認めた（最判昭和32・10・4刑集11巻10号2464頁）。要するに，公務員の身分がある者が行ったときには，虚偽公文書作成罪の間接正犯となるが，非公務員が行ったときには，公正証書原本不実記載等罪にあたるときのほかは処罰されないので，虚偽公文書作成罪の間接正犯とはならない，としているように思われる。

　たしかに，立法者意思や条文の相互関係を考慮すれば，私人が主体となる156条の罪の間接正犯的な行為のうち可罰的なのは157条の場合のみとすべきであり，それに該当しない場合を本罪の間接正犯とすることはできないと解する反対解釈は，妥当である。上述の昭和32年判例の事案のように，内部的に起案のみに担当が限定されている公務員が，公文書作成権限を有する情を知らない公務員を利用する形で，対外的形式においては作成権限に基づいた形で内容虚偽の公文書を完成させる場合は，権限のない公務員が本罪の間接正犯となる，とする見解が学説上も有力である。もっとも，間接正犯は単独正犯にほかならない（間接正犯者が構成要件該当事実の唯一の実現者である）のであるから，156条の主体が権限ある公務員に限られる以上，非公務員が間接正犯の形で行ったとしても虚偽公文書作

成等罪の構成要件には該当しないというべきである。この考え方によれば，作成権限のない公務員は（間接正犯の形でも）主体にならないと解するべきであるから，公務員が主体である事例で本罪の間接正犯を肯定した判例は，（公務員の作成権限によっては妥当でないことになるが）当該事案では，起案担当という職務に関する限りで作成権限を有する公務員が主体となっていると解されるので，支持しうるものと考える。

26.6 公正証書原本不実記載等罪

26.6.1 総　説

　公正証書原本等不実記載罪（157条1項）は，公務員に対し虚偽の申立てをして，登記簿，戸籍簿，その他の権利もしくは義務に関する公正証書の原本に不実の記載をさせた者，または，権利もしくは義務に関する公正証書の原本として用いられる電磁的記録に不実の記録をさせた者を，5年以下の懲役または50万円以下の罰金に処するものである。

　免状等不実記載罪（同条2項）は，公務員に対し虚偽の申立てをして，免状，鑑札，または旅券に不実の記載をさせた者を，1年以下の懲役，または20万円以下の罰金に処するものである。

　以上の罪は，未遂が処罰される（同条3項）。

　既に，虚偽公文書作成の間接正犯に関連して触れたように，これらの罪は，公正証書原本等について無形偽造を間接正犯的に実現する類型である。

26.6.2 客　体

　公正証書原本等不実記載罪の客体は，「登記簿・戸籍簿その他の権利もしくは義務に関する公正証書の原本」である。「**権利・義務に関する公正証書**」とは，公務員が職務上作成する文書であって，権利・義務に関するある事実を証明する効力を有するものをいう（最判昭和36・3・30刑集15巻3号605頁）。本条にいう登記簿・戸籍簿は例示であり，その他，土地台帳（上記判例），住民票（最決昭和48・3・15刑集27巻2号115頁），商業登記簿，公証人の作成する公正証書などが含まれ

る。同項後段では，権利義務に関する公正証書の原本として用いられる電磁的記録[15]も客体とされている。具体的には，自動車登録ファイル（道路運送車両法），住民基本台帳ファイル（住民基本台帳法），不動産登記ファイル（不動産登記法）などが挙げられる[16]。

免状等不実記載罪の客体は，「免状」・「鑑札」・「旅券」である。「**免状**」とは，公務所または公務員によって作成され，特定の人に対しある行為を行う資格を付与する証明書である。自動車運転免許証や狩猟免状などがある。「**鑑札**」は，公務所の許可または登録があったことを証明する証票で，狂犬病予防法に基づく犬の鑑札が身近な例であるほか，たとえば，質屋・古物商などの営業許可証などもこれにあたる。「**旅券**」は，いわゆるパスポートである。具体的には，国民が外本人の身分・国籍等を公的に証明するために発給される文書であり，旅券法に基づいて発給されるものをいう。

26.6.3　行　　為

公正証書原本不実記載等の罪の行為は，公正証書原本等の作成権限を有する公務員に対し虚偽の申立てをして，公務員に公正証書原本等に不実の記載をさせることである。申立ての「虚偽」，その結果記載される「不実」とは，重要な点において客観的事実に反することをいう。

本罪が間接正犯形態であるということは，本罪の成立が認められるのは，原則として，虚偽の申立ての相手方たる公務員が情を知らない場合に限られることを意味する。少なくとも，実質的審査権限のある公務員[17]が情を知ってそのまま虚偽内容の公正証書原本等を作成すれば，その公務員に虚偽公文書作成罪が成立し，客体が公正証書の原本として用いられる電磁的記録である場合には，その公務員には公電磁的記録不正作出罪（161条の2）が成立しうることになる。

---

[15] 「電磁的記録」の定義は，7条の2を参照。

[16] 現行法は公正証書の原本として用いられる電磁的記録を端的に客体としているので，電磁的記録の形になっている自動車登録ファイルが公正証書原本等にあたるとした判例（最決昭和58・11・24刑集37巻9号1538頁）は，その意義を失った。

[17] 先に述べたように，わたくしは，（純粋に）形式的審査権限しかない公務員が不実であることを認識してそのまま記載した場合には，当該公務員に虚偽公文書作成等罪が成立することはないと考える。そこで，この場合の申立人は，機械的処理を利用して（ということは間接正犯的に）不実記載をさせたものとして，公正証書原本不実記載等罪が成立すると解するべきであろう。

このとき，虚偽の申立てをした者の方は，公務員の虚偽公文書作成等罪について共同正犯となるとするのが判例（大判明治44・4・17刑録17輯605頁等）である。これに対し，157条が私人たる申立人を軽く処罰するのは，行為者の責任が軽いことによるなどの理由で，虚偽公文書作成罪の共同正犯ではなく公正証書原本不実記載等罪が成立すると解する見解も有力である[18]。しかし，公正証書原本等は，公務員がその記載内容自体を証することで証明力を与えられる性質のものであり，公正証書等の制度上，公務員による審査を経る過程で虚偽・不実が排除されることが期待されている。本条は，そのような真実保障方法に対しては補充的な位置を占めることが，軽い処罰の根拠であると解されるであろう[19]。

虚偽の申立てと不実記載・記録間との間には因果関係が必要である。虚偽申立てにもかかわらず公正証書原本等の不実記載に至らなかった場合は，公務員に対する虚偽申立て開始によって実行の着手が認められるものの，公務員による不実記載という既遂に達しないことになり，3項の未遂罪で処罰すべきことになろう。虚偽の申立てをしたところ相手方公務員が虚偽であることに気づき，しかも，そのまま不実記載をなしたときには，不実記載は虚偽申立てとの因果関係がなく，本罪の未遂となると解する説[20]もある。しかし，申立者は，公正証書原本不実記載等罪の意思で虚偽公文書作成罪に該当する事実を実現したことになるので，認識事実と実現事実とが構成要件をまたいで不一致となる，いわゆる抽象的事実の錯誤が生じているというべきであろう。この場合，申立者に重い虚偽公文書作成罪の故意は認められず（38条2項），両罪に「構成要件的重なり合い」があるときには重なり合いの限度で共犯となるとするのが判例・通説である。「構成要件的重なり合い」の判断基準は，必ずしも明確ではないが，事実として同一の事態が関与者の認識内容によって該当する構成要件が変わるのであるから，軽い公正証書原本不実記載等罪の範囲で重なり合いを認め，同罪の成立を認めることができるであろう。

なお，公正証書の原本は，公務所に備え付けられる性質の文書であり，公務所で行われる限り，不実記載完了時点で同時に備え付けもなされたと解され，これにより直ちに同行使罪（158条）にもあたることになる。

---

[18] 藤木・145頁，中山・442頁，西田・367頁。
[19] 山口・451頁。
[20] 山口・454頁。

26.7 偽造公文書行使等罪

26.7.1 総　説

偽造公文書行使等罪（158条1項）は，154条から157条までの文書もしくは図画を行使し，または，157条1項の電磁的記録（権利または義務に関する公正証書の原本として用いられる電磁的記録）を公正証書の原本としての用に供した者を，その文書もしくは図画を偽造し，もしくは変造し，虚偽の文書もしくは図画を作成し，または，不実の記載もしくは記録をさせたものと同一の刑に処するものである。

本罪は，未遂が処罰される（同条2項）。

偽造・変造された文書，不実記載された公正証書原本等を行使・供用する行為を，偽造（変造）・虚偽文書作成（虚偽記載）と同様に処罰する規定である。

26.7.2 客　体

本罪における行使の客体は，偽造され，変造され，または虚偽記載された公文書等，不実記載がされた公正証書原本等，そして不実記録された電磁的記録である。これらは，それぞれに関する偽造罪の客体であり，条文も犯罪類型の客体の形で規定されているので，偽造・虚偽文書作成の客体に関する理解に従うことになる。ただし，行為者が自ら偽造等に関わった物である必要はないだけでなく，客体は行使の目的で偽造等がなされたものに限らない（偽造自体が犯罪を構成しなくてもよい）。

26.7.3 行　為

行為は，「行使」である。**行使**とは，偽造・虚偽文書等を真正なものとして使用することである。有形偽造された文書は成立が真正であるものとして，虚偽文書等は，内容が申請であるものとして使用することを意味する。使用方法は，文書が想定する本来の用法には限られない。文書に対する公共の信用を損なう危険が考慮されるので，人に文書の内容を認識させ，または認識しうる状態におくこと

を要する。また，行使の相手方が偽造文書・虚偽文書であることを知らないことが条件である。

相手方は，その行使に関して何らかの利害関係がある場合に限るのが相当であり，まったく無関係の者に認識させることを行使として処罰するのは妥当でないと考えられる。たとえば，飲食店に採用を求める際，偽造した調理師免許状を店主に呈示する場合は行使であるが，同じ免許状を，自慢するために兄弟に見せる行為を行使とする必要はないであろう。

文書の性質によって，備え付けること，閲覧に供することなどの形でも行使となる。たとえば，登記簿等は，公務所に備え付けられれば，それで行使となる。公正証書の原本もそのようなものにあたり，公務員に対して公正証書の原本に不実の記載をさせる場合，通常，その公正証書原本の行使罪も成立する（大判明治42・3・25刑録15輯324頁）。これに対し，運転免許証は，自動車の運転時に携帯することが義務づけられているものの，自動車を運転する際に偽造運転免許証を携帯しているにとどまる場合には，未だ偽造公文書行使にはあたらないとされた（最大判昭和44・6・18刑集23巻7号950頁）。「行使」にあたるためには，文書の内容を認識させまたはこれを認識しうる状態におくことを要するとしたもので，学説もこの結論を支持している。

26.7.4　罪　　数

判例によると，同一人によって行われる場合も偽造罪と行使罪とは別に成立し，牽連犯となる。また，偽造公文書等の行使を手段とする詐欺は，本罪と詐欺罪との牽連犯とされる。

26.8　私文書偽造等罪

26.8.1　総　　説

私文書偽造等罪は，有印私文書等偽造罪・有印私文書等変造罪・無印私文書等偽造罪・無印私文書等変造罪に区分される。

有印私文書偽造罪（159条1項）は，いずれも行使の目的で，①他人の印章もし

くは署名を使用して，権利，義務，もしくは事実証明に関する文書もしくは図画を偽造し，または，②偽造した他人の印章もしくは署名を使用して，権利，義務，もしくは事実証明に関する文書もしくは図画を偽造した者を，3月以上5年以下の懲役に処するものである。

有印私文書変造罪（同条2項）は，他人が押印しまたは署名した権利，義務，または事実証明に関する文書または図画を変造した者を，有印私文書偽造罪と同様（3月以上5年以下の懲役）に処するものである。

無印私文書偽造罪・無印私文書変造罪（同条3項）は，159条1項・2項に規定するもののほか，権利，義務，または，事実証明に関する文書または図画を偽造し，または，変造した者を，1年以下の懲役または10万円以下の罰金に処するものである。

公文書に関しては，有形偽造・無形偽造の双方，および，一部の客体について無形偽造の非公務員による間接正犯的行為が処罰対象となっているが，私文書については，本条による有形偽造の処罰が基本であり，無形偽造は，160条の場合に限定して犯罪とされている。有印私文書偽造・有印私文書変造（1項・2項）と，無印私文書偽造・変造（3項）とで法定刑を分けているのは，公文書の場合と同様，印章・署名の有無によって，文書に対する公共の信用に差があることに基づく。

26.8.2　客体——私文書

私人名義の文書には，仮に名義人の意思・観念の表示であったとしても，私的メモのように公共の信用に配慮する必要のないものなど，多様なものが含まれる。そこで，私文書に関しては，保護の対象を「権利・義務または事実証明に関する文書」に限定している。権利・義務に関する文書とは，私法上・公法上の権利または義務の発生・存続・変更・消滅の効果を生じさせることを目的とする意思表示を内容とする文書をいう。たとえば，借用書などが典型的な有印私文書である。事実証明については，実社会生活に交渉を有する事項を証明する文書を広く含むとする判例（最決昭和33・9・16刑集12巻13号3031頁）の捉え方は，上述の趣旨からして少し広すぎるであろう。法的に意味が認められる程度の社会生活上の重要な利害に関する事実を証明することのできるものに限るべきであると考える。ただし，文書に表示された事実そのものがそのような重要な事実でなくとも，間接

的に重要事実を証明しうるものであれば，本罪の文書にあたるとしてよいであろう。

　判例に現れた特徴的な私文書の例としては，政党機関誌に掲載された広告文（前掲・最決昭和33・9・16)，私立大学の入学試験の答案（最決平成6・11・29刑集48巻7号453頁）もある。このうち，私立大学入学試験の答案は，志願者の学力の証明に関するものとして私文書性が認められたものである。この事案における答案には，選択肢の記号たるカタカナなどが記載されているのみであったため，それ自体が学力を示すものであるかには疑問もあったが，試験問題と照合することによってその内容を判読可能であるとの理由で，それも解答者の意思・観念の表示であるとされた。また，答案が権利・義務または事実証明に関する文書であるかについては，この答案が合否判定に供せられるもので，大学入学資格という身分上の重要な問題に関し，合格にふさわしい学力を備えているという事実を証明する資料となる，として肯定された。さらに，この事案は，替え玉受験の場合であり，表示された名義人の承諾を得ていたため，名義を冒用したとはいえないのではないか，という問題もあるが，試験答案という文書は，名義人本人以外の作成を想定できないものであることから，名義人の承諾があっても有形偽造であるとされた。限界的事例であるが，最高裁の判示は首肯しうると思われる。

　図画の例には，日本音楽著作権協会の英文略称である「JASRAC」を図案化したシールが事実証明に関する図画と認められた裁判例（東京高判昭和50・3・11高刑集28巻2号121頁）が挙げられる。

　なお，本罪においても，偽造・変造等は，行使の目的で行われることが必要である。

26.9　虚偽診断書等作成罪

　虚偽診断書等作成罪（160条）は，医師が公務所に提出すべき診断書，検案書，または，死亡証書に，虚偽の記載をしたときに，3年以下の禁錮または30万円以下の罰金に処するものである。

　現行法上，私文書の無形偽造を処罰するものは本罪のみである。公務所に提出すべき診断書等は，私文書とはいえ高い公共的性格を有するので，公文書に準じた内容の真正に対する信用が求められる。

本罪は，主体が医師に限られる身分犯である。「医師」は，医師法に基づく資格である。法律上，医師と区別された資格である歯科医師は含まれないとするのが厳密であろうが，歯科医師による歯科関係の事実に関する診断書に対する公共的信用が格別に低いとも考えられないので，歯科医師を含むと解しておく。

　客体は，公務所に提出すべき「診断書」・「検案書」・「死亡証書」であって，医師の名義によって作成される私文書である。提出が義務づけられている場合だけでなく，提出が予定されている文書であれば客体となりうるであろう。診断書とは，医師が診察の結果に関する判断を表示して人の健康上の状態を証明するために作成する文書をいう。検案書は，死後初めて死体に接した医師が死亡の事実を医学的に確認した結果を記載した文書である。死亡証書は，生前から診療にあたっていた医師が患者の死亡時に作成する診断書であり，医師法上の「死亡診断書」をいう。

　行為は，虚偽の記載であり，客観的事実に反する一切の記載をいうとされる。ただし，客観的事実およびこれについての自己の判断について，実質上真実に反することを要し，真実に適合する内容が記載されていれば，それを医師が不実であると誤信していても本罪にはあたらない（大判大正5・6・26刑録22輯1179頁）。虚偽文書が作成されれば，実際に提出されなくても本罪は既遂となる（提出すれば，161条の行使罪が成立する）。

　行使の目的については明文がないが，「公務所に提出すべき」との文言が要求する要素として，公務所に提出するという内容の行使の目的を含めて考えるのが相当であろう。

26.10　偽造私文書等行使罪

　偽造私文書等行使罪（161条1項）は，159条・160条の文書または図画（偽造私文書等・虚偽診断書等）を行使した者を，その文書もしくは図画を偽造し，もしくは変造し，または，虚偽の記載をした者と同一の刑に処するものである。

　本罪は，未遂が処罰される（同条2項）。

　行使については，公文書固有の点を除き，前述したところ（26.7.3）を参照されたい。

　偽造私文書等の偽造罪とそれらの行使罪とは牽連犯となる。さらに偽造私文書

等の行使を手段とする詐欺罪も，牽連犯とされる．

26.11 電磁的記録不正作出罪・同行使罪

26.11.1 電磁的記録不正作出罪

　人の事務処理を誤らせる目的で，その事務処理の用に供する権利，義務，または事実証明に関する電磁的記録を不正に作った者は，5年以下の懲役または50万円以下の罰金に処せられる（161条の2第1項）．また，この罪の客体が，公務所または公務員により作られるべき電磁的記録にかかるときは，10年以下の懲役または100万円以下の罰金に処せられる（161条の2第2項）．
　本罪は，電磁的記録を不正に作る行為を処罰する類型である．それ自体の可視性・可読性が欠ける電子的データであっても，権利・義務・事実証明に関し文書と同様の機能を有する場合があるので，これを文書と並んで保護対象とする趣旨である．
　客体である「電磁的記録」については，前述したところ（26.2.7）を参照されたい．刑法上は，「電子計算機による情報処理の用に供されるもの」という属性が求められていることに注意を促しておく．
　公文書・私文書の区別に対応し，公電磁的記録（2項）と，私電磁的記録（1項）が区別され，公電磁的記録は私電磁的記録に比して類型的に社会的信用性が高いことから，法定刑が加重されている．公電磁的記録は，電磁的記録のうち，公務所または公務員により作られるべきものをいう．自動車登録ファイル，住民基本台帳ファイルなどがその例である．なお，2項は，1項を受けた規定であるから，公電磁的記録も「権利，義務または事実証明に関する」ものであることを要する．
　電磁的記録においては，その性質上，印章・署名を観念することができないとされ，有印・無印の区別はなされていない．電子署名と呼ばれる技術もあるが，電子署名の有無によって法定刑の差異を基礎づける程度（文書と同程度）の信用性の相違はないとの判断があったと解される[21]．
　行為は，「不正に作ること」（以下，「不正作出」という）である．「不正作出」と

---

[21] したがって，立法論としては，電子署名の普及や技術的信頼度が高まれば，その有無による区別が考慮されて然るべきであろう．

は，電子計算機を設置・管理する者の意図に反した電磁的記録を作出する行為をいう。既に触れたように，電磁的記録は，文書の場合と同様の作成名義人を観念できないと把握されているので，偽造・虚偽文書作成・不実記載等に代えて，不正作出という概念が用いられている。そこで，不正作出は，電磁的記録作出権限のない者が作出するという，文書における「有形偽造」に相当する場合だけでなく，作出権限を有する者によって（権限が濫用されて）本来作出されるべきでない電磁的記録を作出するという，文書における「無形偽造」に相当する場合を含む[22]概念である。たとえば，作成権限を有する公務員が，職務の趣旨に沿わない勝手な電磁的記録を作出する行為は，事務処理システム設置者の意思に反するものとして不正作出となる。

このように，「不正」は，電子計算機による情報処理システムを設置した者の意思を基準に判断されることとなる。私電磁的記録については，たとえば，自ら情報処理システムを設置した自営業者が脱税目的で虚偽の電子帳簿データを作成する場合，その電磁的記録の作出は，システム設置者の意思に反していないことになるから，不正作出にはあたらない。また，電磁的記録の不正なコピーを作成すること自体は，コピーという記録が作出されるのではあるが，記録内容の変更を伴わない限り，その行為により人の事務処理を誤らせる危険を創出するとはいえないので，不正作出にはあたらない。

不正作出は，「人の事務処理を誤らせる目的」で行われる必要がある（目的犯）。不正作出された電磁的記録が用に供され，その結果，システム設置者の意図と異なる事務処理がなされることを内容とする。事務処理には，財産上・身分上，その他，人の社会生活に影響を及ぼしうると認められる事務が含まれる。

26.11.2　不正作出電磁的記録供用罪

不正に作られた，権利，義務，または事実証明に関する電磁的記録を，人の事務処理を誤らせる目的で，人の事務処理の用に供した者は，その電磁的記録を不正に作ったものと同一の刑に処せられる（161条の2第3項）。

本罪は，未遂が処罰される（同条4項）。

不正に作られた私電磁的記録を用に供した場合は同条1項の法定刑，不正に作

---

[22]　この結論に対しては批判もあるが，立法の経緯・文言からして解釈論上は，このように解される。

られた公電磁的記録を用に供した場合は、同条2項の法定刑が採用される。

「用に供する」（「供用」）とは、不正に作出された電磁的記録を人の事務処理のために使用できる状態におくことをいう。電磁的記録は、電子計算機による情報処理の用に供されるもの（7条の2）であり、機械に対して使用することが想定されているので、電子計算機による情報処理のために使用できる状態におくことがその実質である。通常は、電磁的記録を電子計算機に読み取らせるなどの形で指令や情報を入力する行為がこれに該当する。記録媒体を人に交付するなどの行為では足りない。

供用についても「人の事務処理を誤らせる目的」が必要である。ただし、目的の内容である事実は実現することを要しない。使用可能な状態が実現すれば、実際の事務処理に使用される段階に至らなくとも供用罪は既遂となる。未遂の例としては、電磁的記録が記録されている物理的媒体を電子計算機に挿入する段階などが想定される。

26.11.3　他罪との関係

電磁的記録不正作出罪・不正電磁的記録供用罪は、文書偽造罪・同行使罪の補充的類型であり、客体は「権利、義務又は事実証明に関する」電磁的記録に限られている。そこで、コンピューターに対する指令の集合体とみられるコンピューター・プログラムそのものは、本罪の客体には含まれず、168条の2以下の不正電磁的記録に関する罪の問題となる。また、「支払用カード」を構成する電磁的記録については、163条の2の客体とされているので、特別法優先の論理解釈により本罪の客体からは除かれる。

電磁的記録不正作出罪と不正電磁的記録供用罪とは、偽造罪・行使罪の関係と同様、牽連犯となる。不正電磁的記録供用罪にあたる行為が電子計算機使用業務妨害罪（234条の2）・電子計算機使用詐欺（246条の2）にも該当する場合は、不正電磁的記録強要罪とそれらの罪とは一つの行為で複数の構成要件に該当するのであるから、観念的競合となるものと解される。

26.12 不正指令電磁的記録に関する罪

26.12.1 趣旨と保護法益

　いわゆるサイバー犯罪が質として高度化し，国際化が進み，数が増加していることを背景に，従前の刑事規制では対応が不十分であると考えられるようになった。また，この種の犯罪は，ネットワークを通じて国境を越えて行われることから，刑事規制にも国際協調が求められることとなり，日本でも「サイバー犯罪に関する条約」が批准され，これにかかる国内法整備の必要が生じた。

　このような状況を背景にして，いわゆるコンピューター・ウィルス，トロイの木馬等，マルウエア（malware）の作成・供用の罪が新設された[23]。これらの罪は，公共の信用を保護法益とする偽造罪の章におかれているが，文書や印章に対する公共の信用を害する罪が基本的には名義や外観に対する信用を対象としているのとはやや性質を異にし，電子計算機のプログラム（の動作の適正）に対する社会一般の信頼を保護するものと説明されている。一般に電子計算機を使用する際に用いられるソフトウエア・プログラムたる電磁的情報について，少なくともそれが社会的に有害でないという意味での「適正」を保護するものであるといえよう。個別のプログラムが適正であること自体を保証する趣旨ではないので，抽象的危険犯と解される。

　なお，これらの罪における「電磁的記録」・「供用」等の概念は，性質上特段の解釈が必要なことがらのほか，161条の2の場合と同様とされている。

26.12.2 不正指令電磁的記録作成等罪

　不正指令電磁的記録作成罪（168条の2第1項）は，正当な理由がないのに，人の電子計算機における実行の用に供する目的で，次に掲げる電磁的記録その他の記録を作成し，または供用した者を，3年以下の懲役または50万円以下の罰金に

---

[23] 捜査手続についても，コンピューターでなく，データを複写・移転・印刷したCD-R等の媒体の差押えを認め，CD-R等への記録を命令した上でそのCD-R等を差し押さえる記録命令付差押えの制度を新設するほか，それらの差押えの必要がある場合に，インターネット・プロバイダー等に対し通信履歴の保全を要請する制度など，情報技術の高度化に対応するための措置が定められることとなった。

処するものである。

　　1：人が電子計算機を使用するに際してその意図に沿うべき動作をさせず，または，その意図に反する動作をさせるべき不正な指令を与える電磁的記録（同条同項1号）
　　2：1に掲げるもののほか，1の不正な指令を既述した電磁的記録その他の記録（同条同項2号）

不正指令電磁的記録供用罪（同条2項）は，正当な理由がないのに，168条の2第1項1号に掲げる電磁的記録を人の電子計算機における実行の用に供した者を，同様に（3年以下の懲役または50万円以下の罰金）処罰するもの（同条2項）である。

不正指令電磁的記録供用罪（168条の2第2項）は，未遂が処罰される（同条3項）。

168条の2第1項の作成罪の客体は，「電磁的記録その他の記録」である。1号では，電子計算機に直接与えられる指令であるバイナリ・プログラムそのものが想定されていると解されるが，2号では，「不正な指令を記述した電磁的記録その他の記録」とされているので，プログラムをプログラム記述言語によって記述した，いわゆるソース・コードが客体に含まれることになる。また，電磁的記録だけでなく「その他の記録」を含むこととされているので，ソース・コードが紙に印字されたものも客体となる。

客体となるプログラムは，「意図に沿うべき動作をさせず，またはその意図に反する動作をさせる」ことが要素とされていることから，その不正性は「電子計算機における実行の用に供する」者の意図との関係で定まることとなり，プログラムの動作内容だけでは判断できない点に疑問も呈されている。

なお，そもそも，コンピューター・ソフトウエアからバグを完全に排除することが期待できないことは，今日の社会における一般的了解事項に属するといってよいであろう。したがって，意図に沿う動作をさせないことがすべて「不正」にあたるのではなく，その程度は，「一般的に期待される程度の品質」をもって画されることになろう。ただし，「重大」なバグがあることを知りつつあえてWebサイトに掲載して提供し続けるような場合には，本罪に該当する可能性があるといわれている。

本罪は，もとより故意犯である上，「電子計算機における実行の用に供する目的」（供用目的）で行われる必要がある目的罪である。さらに，「正当な理由がないのに」という限定が付されている。したがって，意図的でない場合，たとえば，ソフトウエアのバグや仕様の不備などで不正な指令を与える電磁的記録が作成さ

れるような場合は，故意がないために本罪にはあたらない。また，適正なテストの目的や個人的動作検証のため，あるいは娯楽のために限って作成されるような場合には，正当な理由があるので，本罪は成立しないと解される。

　行為として規定される「作成」は，電磁的記録等を新たに記録媒体上に存在するに至らしめる行為，「提供」は，電磁的記録等を取得しようとする者が事実上利用できる状態におく行為をいう。作成のほか提供が処罰されるので，自ら作成したものでなくとも，いわゆる「マルウエア」であることを知って，ネットワークや媒体を通じて他人が入手できるようにした場合には，本罪が成立しうる。もっとも，ウィルス・ソフトを研究機関や対策ソフト会社等に対して提供する場合は，正当な理由があるだけでなく供用目的をも欠くことになるから，本罪にはあたらない。

　2項の供用罪にいう「実行の用に供する」とは，電磁的記録を，電子計算機を使用している者が実行しようとする意思がないのに実行される状態におく行為をいう。作成罪に引き続き供用罪が行われたときは，偽造罪・行使罪，不正作出罪・供用罪の関係に準じて，作成罪と供用罪とが牽連犯となるものと解される。

26.12.3　不正指令電磁的記録取得等罪

　不正指令電磁的記録取得等罪（168条の3）は，正当な理由がないのに，人の電子計算機における実行の用に供する目的で，168条の2第1項各号に掲げる電磁的記録その他の記録を取得し，または，保管した者を，2年以下の懲役または30万円以下の罰金に処するものである。

　本罪は，規定された電磁的記録その他の記録を取得し，または保管した者を処罰するものである。「取得」とは，電磁的記録等を自己の支配下に移す一切の行為をいい，有償・無償を問わない。「保管」とは，自己の実力支配内に保持することを意味する。取得・保管も故意で行われる必要があるから，知らないうちにマルウエアを自己のコンピューターや記憶装置の中に取り込んでいたような場合には本罪にはあたらない。また，「ウィルス感染」を知った後に適切な措置をとらないまま電子計算機を動作させるだけでは，保管とはいえないであろう。しかし，その結果，人の電子計算機に対し「ウィルスを伝染させている」ことを未必的に認識しながら，あえて放置している場合は，「提供」にあたる可能性がないとはいえない。

26.13 印章偽造の罪

26.13.1 保護法益と機能

　印章偽造罪の保護法益は，印章・署名・記号の成立の真正に対する公共の信用である。印章・署名等は，文書の一部をなし，その信用度を高める機能を有する（有印文書と無印文書とで偽造等の罪の法定刑が異なることを想起せよ）。したがってまた，印章等の偽造は，文書等の偽造の手段として行われることが多く，未遂犯が処罰されない偽造等（157条は例外）の罪について，実質的に印章等の偽造罪がそれらの未遂段階の行為を処罰するものとして機能する場合がある。この点に着目して，本書では，文書偽造等の罪に引き続いて印章偽造の罪を扱うことにする。

26.13.2 「印章」・「署名」の意義

　「印章」は，人の同一性を証明するために使用される特定の象形をいう。文字により氏名等を表示する場合が多いが，図形による場合，あるいは拇印も，人の同一性を証明するので「印章」に含まれる。出来合いの印，いわゆる三文判であってもよい。

　印章は一般に「はんこ」と呼ばれるものであるが，そう称される対象には，朱肉などを付して押捺されるべき印面を刻した物体である「印顆」と，それを紙などの上に押捺して顕現させた表示そのものである「印影」とがある。判例は，印影に限らず印顆を含むとするのに対し，通説は印影に限るとしている。

　学説にも，文言としては，印章は印影というより印顆を意味するというべきであって，また，条文の「使用」の用語法からすると偽造された印顆の使用を含むと解するのが自然であり，かつ印顆が重視されている現実に即する解釈であるとの説もある。しかし，印章が実際に証明の機能を実現するのは押捺された後であるから，印影の保護を保護すれば十分であると考えられる上，印章と並んで客体とされている署名の場合には印顆に相当するものが想定できないこととの均衡を考慮すると，通説が妥当であろう。

　表示が人の同一性ではなく意思または観念の表示であると解されるものである場合は，極度に省略されたものであっても，印章ではなく文書であるとされる

(省略文書)。判例（大判昭和3・10・9刑集7巻683頁）は，郵便局の日付印につき，その名のとおり「印」と把握することもできるような表示であるが，郵便物の受付とその時刻とを証明するものであるから「公文書」であるとした。

「署名」は，特定の主体が自己を示す文字により氏名その他の呼称を表記したものである。自署に限るか記名（代筆やゴム印・印刷による表記）を含むかについては，学説上は，自署に限るとの考え方も有力であるが，判例は記名を含むとする。印章が三文判の認印でもよいとしている以上，署名だけを自署に限るとするのは均衡を欠くというべきであろうかと思われるので，わたくしは判例と同様に解する。

26.13.3　御璽偽造及び不正使用等罪

御璽偽造及び不正使用等罪は，行使の目的で，御璽，国璽，または御名を偽造した者を，2年以上の有期懲役に処し（164条1項），御璽，国璽，もしくは御名を不正に使用し，または，偽造した御璽，国璽，もしくは御名を使用した者をも，同じく，2年以上の有期懲役に処するもの（同条2項）である。

御璽等不正使用罪（164条2項）は，未遂が処罰される（168条）。

本罪は，御璽・国璽・御名の偽造・不正使用罪で，一般の公印等の偽造に比して加重して処罰される。御璽・国璽・御名については，詔書偽造等罪について前述したところ（26.3)，「(不正に）使用する」の意義については，公印偽造及び不正使用等罪について後述するところ（26.13.4）を参照されたい。

26.13.4　公印偽造及び不正使用等罪

公印偽造及び不正使用等罪（165条）は，行使の目的で，公務所または公務員の印章または署名を偽造した者を，3月以上5年以下の懲役に処し（同条1項），公務所もしくは公務員の印章もしくは署名を不正に使用し，または，偽造した公務所もしくは公務員の印章もしくは署名を使用した者を，同じく，3月以上5年以下の懲役に処するもの（同条2項）である。

公印不正使用等罪（165条2項）は，未遂が処罰される（168条）。

偽造罪の客体は，印章・署名である。本罪は，公印等を客体とする類型である。一般的な意義については上述（26.13.2）した。

公務所または公務員の印章は，公務上使用されるものをいい，そうである限りは，職印に限らず，私印，認印も含まれる。署名は自署に限らず，いわゆる「記名」を含むとするのが，判例である。批判もあるが，公務員の名前が表示される際には印刷等がほとんどであること，文言も「公務所の署名」を想定するように読めることなどを考慮すると，穏当であろう。

行為である「偽造」とは，権限なく他人の印章・署名を作成すること，いわゆる有形偽造を意味する。偽造の客体を印影とする通説に従えば，作成とは，物体上に印影または署名の表示を顕現させることを意味する。これに対し，判例によれば，印影を表示させなくとも押捺物体（印顆）を作ることで偽造となる。

偽造行為は，行使の目的をもってなされることを要する（目的犯）。

不正使用罪にいう「使用」とは，一般には，基本的には文書等の行使と同様，他人の認識可能な状態におくことである（大判大正7・2・26刑集24巻121頁。「他人の閲覧に供しうべき状態」におくこととする）。他人の印章・署名の「不正使用」とは，真正な印章・署名等を権限なく（権限を逸脱して）使用することを意味する。偽造した印章・署名の「使用」とは，偽造によって出来した印章・署名を真正なものとして使用することである。印顆の作成自体を偽造にあたるとする場合，偽造した印顆を使用して押捺することは，偽造印章使用にあたることになろう。

26.13.5　公記号偽造及び不正使用等罪

公記号偽造及び不正使用等罪（166条）は，行使の目的で，公務所の記号を偽造した者を，3年以下の懲役に処し（同条1項），公務所の記号を不正に使用し，または，偽造した公務所の記号を使用した者を，同じく3年以下の懲役に処する（同条2項）類型である。

公記号不正使用等罪（166条2項）は，未遂が処罰される（168条）。

客体は，「公務所の記号」（公記号）である。記号は，印章よりも証明力等の点で劣る性質のものであることから，印章偽造に比して法定刑が低くされたものと解される。また，印章とは異なり，「公務所の記号」だけが客体となる（「私記号」の偽造等を処罰する規定はない）。そこで，どのように記号を印章と区別して定義するかが問題になる。判例は，いわゆる押捺物体標準説（使用目的物標準説）をとり，「文書」以外に押捺されるものが記号であり，文書に押捺されるものは印章であるとする（最判昭和30・1・11刑集9巻1号25頁）。したがって，産物・商品等に押

捺するものは,「はんこ」の形であっても記号とされるのである。これに対し,通説は,いわゆる表示内容標準説（使用目的標準説）の立場から,人の同一性を表示する目的で顕出させたものが印章であり,その他の事項を証明するものが記号であるとする。印章か記号かは,それ自体について定義されるべきであって,押捺の客体による区別は合理的とはいえない。実質的にも,証明力等を考慮して判断することが妥当である。したがって,通説が支持されるべきである。

26.13.6 私印偽造及び不正使用等罪

私印偽造及び不正使用等罪（167条）は,行使の目的,他人の印章または署名を偽造した者を,3年以下の懲役に処し（同条1項）,他人の印章もしくは署名を不正に使用し,または,偽造した印章もしくは署名を使用した者を,同じく3年以下の懲役に処する（同条2項）類型である。

私印不正使用等罪（167条2項）は,未遂が処罰される（168条）。

客体は,公務所または公務員の印章・署名以外の,他人の印章または署名であり,いわゆる**私印等**である。なお,他人の印章・署名を偽造して,私文書または有価証券を偽造する行為が行われた場合,印章等の偽造は,有印私文書偽造または有価証券偽造の手段として,これらの罪に吸収され,文書・有価証券偽造罪のみで評価される。他人の印章・署名を偽造して,偽造した印章等を使用した場合は,印章等偽造罪・印章等不正使用罪,両罪の構成要件該当性が認められ,牽連犯となる。

■第 27 章■

支払手段に関する偽造の罪

> **設例1** Aは，行使の目的をもって，真正な日本銀行券千円札2枚に細工をした。まず，1枚を水で濡らしてはがれやすくしてから表と裏に剥離し，はさみで各2片に切断して都合4片とし，3片につき印刷のない片面を内側にして間に厚紙を入れ二つ折にして糊付けし，残り1片は印刷のない片面を内側にして間に厚紙を入れ四つ折りにして糊づけした。もう1枚は，はさみで2片に切断し，いずれも裏側を内側にして四つ折にして糊づけした。このようにして，折りたたまれた真正な日本銀行券の外観をもつ千円札を6枚分作った。
>
> **設例2** Bは，行使の目的をもって，為替手形用紙に，振出人欄を白地とし，手形金額その他要件を記入し，引受欄に支払人としてCの署名を冒書して表示してCの引受けのあった旨の記載をし，95,000円の為替手形1通を作成した。

27.1　通貨偽造の罪

27.1.1　保護法益

通貨偽造の罪は，日本国内で通用する通貨に対する公共の信用を保護するものである。

元来，通貨においては支払手段としての通用性に対する信用が決定的である。ただし，通用性は，発行者の信用に大きく依存する一方，通貨の発行権限は近代主権国家の基本的権能のひとつであるから，通貨に対する信用の保護は国家の通貨発行権の保護と不可分になる。判例は，「通貨発行権者の発行権を保障することによって通貨に対する社会の信用を確保しようとする」（最判昭和22・12・17刑

集1巻94頁）といった表現をしているが，いわゆる国家の「通貨高権」を保護するものと解するのは，通貨の通用性に対する信用が影響を受けない場合にも本罪の成立を認める余地を認めて妥当でなく，判例の文言も，通貨に対する社会の信用を確保することが主眼であると解される。

わたくしは，他の偽造罪における場合と並行的に，通貨の場合にも，通貨が信用され機能を営んでいる状態が端的に保護されるものと捉えるのが妥当であると考える。この観点からも，発行権者は背後に退き，貨幣「制度」，および，制度が適切に機能している状態の保護が目指されているというべきであろう。

27.1.2　通貨偽造及び同行使等罪

（1）総　説

通貨偽造等罪は，行使の目的で，通用する貨幣，紙幣，または銀行券を偽造し，または変造した者を，無期または3年以上の懲役に処するもの（148条1項）である。偽造通貨行使等罪は，偽造または変造の貨幣，紙幣，または銀行券を行使し，または，行使の目的で人に交付し，もしくは輸入した者を，同じく，無期または3年以上の懲役に処するもの（同条2項）である。

偽造等罪・行使等罪ともに，未遂が処罰される（151条）。

（2）客　体

本罪の客体は，日本国内に法律による強制通用力を有する通貨をいう。古銭など，強制通用力が失われたものは客体に含まれない。通説によると，偽造通貨に対応する真貨が存在している必要はない。たとえば，200円硬貨や額面5万円の日本銀行券のように，発行されていない通貨を作ることも通貨偽造罪にあたることになる[1]。

法文において通貨として掲げられているのは，貨幣・紙幣・銀行券である。「**貨幣**」とは，本来は通貨全般を指す語であるが，本条においては，並んで規定されている紙幣等との関係上，金属製のもの，いわゆる硬貨の意味に解されている。「**紙幣**」とは，政府その他の権限ある機関が発行し，その信用により交換の媒介物となる証券をいうが，現在の日本では発行されていない。「**銀行券**」は，

---

[1] ただし，後述するとおり，一般通常人が一見して真正な通貨と誤認する程度のものを作り出す必要はある。このときには，「強制通用力があるかのような」通貨が偽造の客体である。

政府の承認等のもとに特定の銀行（いわゆる中央銀行等）が発行する貨幣代用証券をいう。現在の日本で発行されている「お札」は，日本銀行券である。

(3) 行使の目的

通貨偽造等罪（行使罪を除く）も目的罪であり，「行使の目的」でなされることを要する。「行使の目的」とは，偽貨を真正の通貨として流通におく目的をいう。他人をして流通におかせる目的でもよい（最判昭和34・6・30刑集13巻6号985頁）。「行使」の内容については，次の(4)を参照されたい。

(4) 行　為

行為としては，偽造・変造，行使，交付，輸入等が規定されている。

「偽造」は，作成権限のない者が真貨の外観を備えたものを新たに作り出すこと，「変造」は，真正の通貨に変更を加えて異なる名価（価値）のものを作り出すことをいう。通常人が一見して真正な通貨と誤認する程度に達している必要があり，また，その程度で足りる。偽造の方法には制限はなく，裁判例には，古貨や真貨を利用する例がある。近時，家庭用複合機によっても相当精巧なコピーが可能となり，透かしや色彩・材質などの点で不十分だとしても，一見して偽貨と見破ることの難しい程度の通貨を作り出すことが比較的容易になったため，カラー・コピーによる偽造が通貨偽造罪に問われる例が出てきた。変造に関する特徴的な例としては，千円の日本銀行券を切り貼りしたもの（最判昭和50・6・13刑集29巻6号375頁，千円札変造事件）がある（設例1）。なお，偽造・変造の程度に達しない行為に関しては，通貨及証券模造取締法がある。

「行使」は，真正の通貨として流通におくことをいう。文書の場合には，他人が認識可能な状態におくことが「行使」の内容であるのに対し，通貨の場合には，それが交換を媒介する手段であり，物として直接流通するものであるところから，通貨を流通過程に乗せることが行使の内容とされている。実際，通貨の性質上，流通におかれることによってはじめて通貨に対する信用毀損の危険性が現実化すると考えられる。たとえば，学校で教材として児童に示すだけで，流通過程に乗らない状態では，通貨の通用状態に悪影響を及ぼすことはないであろう。行使の具体例としては，偽貨で商品の代金を支払う場合が典型的であるが，債務の弁済に使用すること，贈与すること，両替すること，自動販売機に使うこと，情を知らない人に買い物をさせるために渡すことなども含まれる。偽貨を賭金として用

いる場合にも行使となる（大判明治41・9・4刑録14輯755頁）。

　他方，行使の客体は，行使の目的で偽造・変造された通貨に限られないであろう。たとえば，教材に使用する目的で作成されたものであっても流通におけば，偽造通貨行使罪にはあたりうる。

　偽造し，引き続き同一人がそれを行使すれば，偽造罪・行使罪の2罪が成立し，両罪は類型的に手段・目的の関係にあると認められるので，牽連犯（54条1項後段）となる。

　偽造通貨の行使により詐欺が行われた場合（たとえば，偽貨で商品を買うなど）は，偽造通貨行使罪と別に詐欺罪の成立を認めるのではなく，詐欺行為は行使罪で合わせて評価され，偽造通貨行使罪のみが成立すると考えるのが妥当である（大判明治43・6・30刑録16輯402頁等）。偽造通貨を自動販売機に挿入して商品を取得する場合，商品に対する窃盗罪（機械に錯誤を生じさせることは観念できないので詐欺罪にはあたらない）にも該当しうるが，これも偽造通貨行使罪に包含して評価されるものと解される。なぜなら，偽造通貨であることを知った上でその通貨を使用する行為が，収得後知情行使等罪（152条）となっているからである。すなわち，偽貨を真価のように装うという詐欺罪にあたりうる行為を，行使の一種として（しかも，かなり軽く）処罰していることとの整合性が考慮されるのである。

　「交付」は，偽貨である旨を知らせて，または，既にその情を知る者に，有償無償を問わず，占有を移転することをいう。「輸入」は，日本国外から国内に持ち込むことである。判例は，船による場合には陸揚げを必要と解しており，これは「流通におかれる」危険性が当罰性に影響すると解する立場から是認される。航空機による場合には着陸が必要ということになろう。交付・輸入は，それ自体が行使の目的で行われれば足り，行使の目的で偽造・変造されたものを交付・輸入する場合でなくてもよい。

27.1.3　外国通貨偽造及び行使等罪

　外国通貨偽造等罪は，行使の目的で，日本国内に流通している外国の貨幣，紙幣，または銀行券を偽造し，または変造した者を，2年以上の有期懲役に処するもの（149条1項）である。偽造外国通貨行使等罪は，偽造または変造の外国の貨幣，紙幣，または銀行券を行使し，または行使の目的で人に交付し，もしくは輸入した者を，同じく2年以上の有期懲役に処するもの（同条2項）である。

偽造等罪・行使等罪ともに未遂が処罰される（151条）。

「**外国**」は，日本国以外を指す。外国通貨の場合は，国内法で強制通用力が認められるものではないので，「**流通**」の文言が用いられているとおり，事実上流通する外国通貨を客体とする。行使の客体も「流通」するものに限るべきであろう。国内の一部に流通するものでもよい。逆に，事実上流通していてもそれが違法である場合は，その信用を保護する必要はないので，客体から除かれる。外国通貨の偽造等と内国通貨偽造等との法定刑の差は，国内の通貨が貨幣制度の不可欠の要素であり，強制通用力を背景にした信用も高いのに対し，外国通貨に対する信用が限定的であることによると解される。

客体である貨幣・紙幣・銀行券，行為として規定される偽造・変造，行使・交付・輸入の意義は，148条の場合と同様である。

27.1.4 偽造通貨等収得罪

行使の目的で，偽造または変造の貨幣，紙幣，または銀行券を収得した者は，3年以下の懲役に処せられる（150条）。

本罪は，未遂が処罰される（151条）。

客体は，148条・149条の客体（「日本国内で通用する日本の通貨」・「日本国内に流通する外国通貨」）であることを要する。「**収得**」とは，自己の占有に移す一切の行為をいう。ただし，収得後に知った場合ではなく，客体が偽造・変造された通貨であることを認識していることを要し，かつ，「**行使の目的**」でなされることが要件となる。そうである限り，窃取・詐取される場合も収得にあたり，保護法益を異にする本罪と窃盗罪・詐欺罪とは観念的競合となるものと解される。なお，そのように考える以上，横領の場合にも収得罪が観念的競合の形で成立すると解する説[2]も有力であるが，文言の点で疑問があり，収得にはあたらないと解するべきであろう[3]。

---

[2] 中森・210頁，西田・332頁，伊東・345頁，高橋・490頁，松宮・393頁。

[3] 大塚・419頁，山口・427頁。行使・交付に至って初めて不法領得の意思を実現する行為とみられることが多いのではないかとも思われる。

27.1.5 収得後知情行使等罪

貨幣，紙幣，または銀行券を収得した後に，それが偽造または変造のものであることを知って，これを行使し，または，行使の目的で人に交付した者は，その額面価格の3倍以下の罰金または科料に処せられる。ただし，2千円以下にすることはできない (152条)。

本罪は，**偽貨であることを知らずに自己の占有に移したが**，後から，それが偽造・変造された通貨であることを知り，自ら真正な通貨として流通におく場合，あるいは真正な通貨として流通におかせる目的で，それが偽造・変造通貨であることを知る他人に交付する罪である。法定刑が軽いのは，意外の経済的損失を他に転嫁しようとする心情に酌むべきところがあり，適法行為に出ることの期待可能性が類型的に低いことによるのと理解される。本条の「収得」は，偽造・変造された通貨であることを知らずに自己の占有に移す場合をいう。違法な収得者が期待可能性を考慮した軽減処罰の対象になることには疑問もあるが，文言上は150条と同様，窃取・詐取による収得を含むと解さざるをえないであろう。

27.1.6 通貨偽造等準備罪

貨幣，紙幣，または銀行券の偽造または変造の用に供する目的で，器械または原料を準備した者は，3月以上5年以下の懲役に処せられる (153条)。

本条の罪は，通貨偽造予備の一形態である器械・原料の準備を処罰するものである。幇助の形態の準備（他人予備）を含むかについては，他人の偽造・変造を助けるために準備する場合も本罪にあたるとするのが判例である。なお，準備罪の犯人が通貨偽造・変造行為自体に着手すれば，通貨偽造・変造罪が成立し，準備はそれに吸収評価される。

「**器械**」とは，貨幣の鋳造・紙幣の印刷等の直接に用いられるものだけでなく，偽造・変造の用に供しうる一切の器械をいう。「**原料**」も，偽貨の作成に要する一切の材料をいい，貨幣の地金・紙幣の用紙のほか印刷用インク等を含む。

「**準備**」とは，自己または他人が用いうる状態におくことをいう。偽造・変造するのが客観的に可能な状況下で準備すれば足り，結果として偽造・変造が不能となっても本罪は成立する（大判大正5・12・21刑録22輯1925頁）。

本罪は，「偽造・変造の用に供する目的」が要件となっているが，偽造処罰の

場合に「行使の目的」が要求されていることとの均衡上，同時に「行使の目的」も必要とされる。

27.2 有価証券偽造の罪

27.2.1 保護法益

　有価証券は，(私)文書の一種と位置づけることができるが，証券の移転により財産権が移転するという通貨的機能をもつという特殊性から，特別の規定を置いて別途保護することとされたものである。したがって，**有価証券偽造の罪の保護法益**は，文書の場合と同様の趣旨で，有価証券制度の円滑な機能状況を包含する意味における有価証券に対する公共の信用であると解される。

27.2.2 客体——有価証券

　有価証券偽造等罪の客体は，「**有価証券**」である。一般に，有価証券とは，財産権を表示する証券であって，その権利の行使・処分のために証券の占有が必要とされるものをいう。法文上，公債証書(国債証書・地方債証書)，官庁の証券，会社の株券が示されているが，これらは例示列挙であるから，その他の有価証券が広く含まれる。手形・小切手は，もちろん有価証券である。有価証券であるために流通性は要しないので，乗車券，宝くじ，勝馬投票券，入場券，商品券なども有価証券である。判例では，鉄道の定期乗車券が有価証券とされた(最判昭和32・7・25刑集11巻7号2037頁)。やや特殊な事例としては，犯行当時の取引慣行に照らし，増資新株式申込証拠金領収証が，白紙委任状と共に売買・担保等の目的のために利用されていたことから，株券類似の証券的作用を営んでいたとして，有価証券にあたるとされた判例(最判昭和34・12・4刑集13巻12号3127頁)がある。
　これに対し，借用証書や受領証，あるいは郵便貯金通帳，無記名定期預金証書などは，法律上の権利の存否・内容を証明する証拠となる文書であって，財産上の権利そのものを表象するものではないため，本罪の客体としての有価証券ではない[4]。また，手荷物預り証や下足札は，所持人が真の権利者でなくとも所持人に対し弁済することにつき免責されるので免責証券とよばれるものであって，こ

れらも財産に関する権利そのものを化体する証券ではないため，有価証券にはあたらない。他方，郵便切手・印紙は，別に特別法である郵便法や印紙犯罪処罰法があることから，形式上既に，刑法上の有価証券には含まれない。

27.2.3　有価証券偽造等罪

（1）総　　説

　有価証券偽造罪は，行使の目的で，公債証書，官庁の証券，会社の株券，その他の有価証券を偽造し，または変造した者は，3月以上10年以下の懲役に処するもの（162条1項）。また，**有価証券虚偽記入罪**は，行使の目的で，有価証券に虚偽の記入をした者を，同じく，3月以上10年以下の懲役に処するもの（同条2項）である。

（2）行　　為

　「**偽造**」は，他人名義の有価証券を権限なく作成すること，「**変造**」は，既存の他人名義の有価証券に権限なく変更を加えることで，いわゆる有形偽造・有形変造を意味する。有価証券を作成する行為が偽造であり，他人名義の真正な有価証券を利用して権限なく記載内容を変更する行為が変造である。既存の有価証券の記載を変更するときであっても，その本質的部分を変更する場合は偽造とされる。変造にあたる行為の一般的な例としては，振出日・受取日の書き換えや有効期限を過ぎた郵便為替証書の書き換えが挙げられる。判例は，他人が振り出した小切手の金額欄を改竄する行為が小切手の変造であるとした（最判昭和36・9・26刑集15巻8号1525頁）。金額欄の変更は小切手の本質的部分の変更のようであるが，（金額といういわば量的な差が生じただけで）証券自体の同一性は失われていないということである。通用期間を過ぎた乗車券を利用して有効な乗車券に改竄する行為は，本来存在しない証券を新たに創出した意味が認められるため証券の同一性を失わせる程度の改竄であって，偽造となる。偽造の程度としては，一般人が真正に成立した有価証券と誤信する程度の外観を有するものを作り出せば足り，法律上，有価証券としての有効要件を備える必要はない。

　「**虚偽記入**」とは，有価証券の作成権限を有する者が真実に反する記載をする

---

[4] 収賄罪における没収・追徴対象に関する判例に，ゴルフクラブの入会保証金預託証書は，会員権を表象する有価証券とは認められないとしたもの（最決昭和55・12・22刑集34巻7号747頁）がある。

ことをいう，とするのが通説である。すなわち，無形偽造を意味する。しかし，判例は，「虚偽記入」とは有価証券に真実に反する記載をする一切の行為であるとし，有価証券の作成権限を有する者が内容虚偽の有価証券を発行する行為，すなわち，基本的証券行為（有価証券の発行・手形等の振出等）の無形偽造だけでなく，付随的証券行為（手形の裏書・引受等）については有形偽造・無形偽造のいずれをも包含すると解している（最決昭和32・1・17刑集11巻1号23頁）。つまり，偽造と虚偽記入との区別の標準は，基本的証券行為であるか付随的証券行為であるかであって，「他人の作成名義を偽って証券自体を作成すること」以外の有価証券に真実に反する記載をする行為は，他人の署名を冒用して手形・小切手に裏書・引受・保証等をするなど名義を偽る場合（有形偽造）を含め，偽造ではなく，虚偽記入とされるのである。

　たしかに，手形・小切手においては，権利の内容は証券の文言（のみ）によって決定される。作成権限ある者が記入した内容は，記載された以上，その記載どおりの法律効果が実現するのであって，いわば書かれたことが真実になる。したがって，手形・小切手の場合には，振出行為などについて「虚偽」記載という事態は考えられず，虚偽記入罪の成立する余地はない。一方，譲渡裏書などは，その行為によって別個の証券となるのではなく，既存の手形・小切手が維持されることが前提であって，権限のない者が行っても偽造とはいいにくい。しかも，名義を偽ったとしても有価証券に化体された権利はその限りで保護されるというのが，有価証券の制度である[5]。このように，有価証券には，証券行為の原因となる法律関係から切断された特別な効果が認められるので，判例のような区別にも理由はある。

　しかし，同一条の中で同一の法定刑が規定されている偽造・変造と虚偽記入の区別は，元来，実益に乏しく，文書の一種たる有価証券につき，とくにそのような区別を採用する意味は薄い。偽造・変造概念を文書と統一的に理解する方が理論的には勝ると考えられる。通説が妥当である。

　なお，一般的・包括的には作成権限があるものの内部的に制限があるとき，それに反して手形を作成した場合に，有価証券偽造罪を認めた判例（最決昭和43・6・25刑集22巻6号490頁）がある。

---

[5]　判例において，小切手金額欄の変更が，小切手の本質的部分の変更とも思われるにもかかわらず変造とされるのは，有価証券においては外形に意義が認められる点が考慮されるからであろう。

（3）行使の目的

偽造罪一般の通例どおり，本罪も「行使の目的」で行なわれることを要する目的罪である。行使の目的とは，偽造・変造の有価証券，または，虚偽記入した有価証券を，真正な有価証券として本来の用法に従って使用する目的をいう。「行使」について後述するところ（27.2.4）も参照されたい。

27.2.4　偽造有価証券行使等罪

偽造有価証券行使等罪は，偽造もしくは変造の有価証券，または，虚偽の記入がある有価証券を，行使し，または行使の目的で人に交付し，もしくは輸入した者を，3月以上10年以下の懲役に処するもの（163条1項）である。

本罪は，未遂が処罰される（同条2項）。

客体は，一般の文書の場合と同様，偽造・変造・虚偽記入自体が行使の目的で行われたものに限らず，また，他人によって偽造等がなされたものでもよいと解される。

行為である，「**行使**」の意義については，偽造・変造または虚偽記入された有価証券を真正な有価証券または内容真実な有価証券として使用することであると解されている。上述のとおり，有価証券は流通性が条件とされない上に，有価証券には支払手段だけでなく信用供与の機能もあることなどから，「流通におく」ことは不要であり，他人が認識できる状態におけば足りる。相手方に引き渡すことも要しない。なお，手形の善意取得者が，後にその振出しが偽造にあたることを知りつつ，真実の署名をした裏書人に手形債務の履行を請求しても，正当な権利行使であって，ここにいう行使ではない（大判大正3・11・28刑録20輯2277頁）。裏書人は真正に手形表示どおりの債務を負担するからである。

「**交付**」とは，偽造等にかかるとの情を明らかにして，または，事情を既に知っている者に占有を移転することをいい，有償・無償を問わない。この場合の客体も，行使の目的で作られた物であることを要しない。共犯者間で客体の授受があった場合については，偽造罪の共犯者間の移動は，それによって有価証券に対する信用に影響するとはいえないので，交付にはあたらないと解される。行使罪の共犯者間の授受も，別途交付罪の成立を認める必要はないであろう。

「**輸入**」とは，日本国内に入れることであるが，他の行為との関係で，人の認識が可能になる段階に至ること，すなわち，領土内に入るだけでなく，いわゆる

陸揚げを要すると解されるであろう。

交付・輸入は，いずれも「行使の目的」をもってなされることを要する。

27.3 支払用カード電磁的記録に関する罪

27.3.1 保護法益

現金によらず，クレジットカード，プリペイドカードなど電磁的記録を使用した支払手段が普及した。また，支払決済のためにオンラインの情報処理システムが用いられることも多くなっている。これらによって提供される決済手段としての機能は，通貨や有価証券と同様の経済的機能を営んでおり，日常的に利用されている。しかし，カードを有価証券として扱うことには疑問もある[6]。他方で，電磁的記録を利用する支払手段に関しては，電磁的記録不正作出等の罪（161条の2）にあたる場合以外にも，いわゆるスキミング[7]のように当罰性の高い行為があることが指摘されるようになった。こうした事情を背景に，**支払用カードを構成する電磁的記録の真正**を保護法益とする規定が新設された（なお，国外犯処罰について，2条7号参照）[8]。

ただし，その処罰対象行為には，単純に電磁的記録の真正が問題となっているとはいえないものが含まれる。また，支払用カードの電磁的記録は，それを用いる決済システムと不可分のものである。このように考えると，ここでも，考慮される対象は「カードの電磁的記録の真正」にとどまらず，むしろ，支払用カードを使用する「支払システム」に対する社会的信用の保護が問題になっていると考えられる。とはいえ，現行法の法文上，いわゆる電子取引上のデータ処理の安全

---

[6] 磁気記録方式プリペイドカードであるテレホンカードの通話可能度数磁気情報を改竄し，情を明かしてこれを他人に売却する行為について，変造有価証券交付罪の成否が争われた事件で，テレホンカードを有価証券として変造有価証券交付罪の成立を肯定した判例（最決平成3・4・5刑集45巻4号171頁）に対しては，有価証券には文書の一形態として可読性が要求されるところ，磁気記録カードの核となる情報に可読性がないことから，多くの批判が向けられた。

[7] はっきり定義されているわけではないが，カードに保存されている電磁的記録情報を不正に読み出し，複写し，その情報を有するカードを複製する行為を全体として指していう。これにより複写元のカード自体は特段の損傷を受けない。

[8] 立法時の背景や議論状況については，井上宏「刑法の一部を改正する法律」（ジュリ1209号10頁）・同「『刑法の一部を改正する法律』の概要」（現代刑事法3巻10号64頁）等をみられたい。

を一般的に保護対象とするものと解するべきではなく，システムで使用される電磁的記録の媒体がカード中に記録されるものであることを前提としていると考えられる。いわゆる電子マネー一般や，支払システムの安全を相対として保護するためには，本人認証システムや電子署名などの問題を包括的に考慮したさらなる立法的対応が必要である。

27.3.2 支払用カード電磁的記録不正作出等罪

(1) 総　説

　支払用カード電磁的記録不正作出等罪は，次の3ないし4類型から成っている。

　第一に，まず，人の財産上の事務処理を誤らせる目的で，その事務処理の用に供する電磁的記録であって，クレジットカードその他の代金または料金の支払用のカードを構成するものを，不正に作った者を，10年以下の懲役または100万円以下の罰金に処する（163条の2第1項前段）。また，預貯金の引出用のカードを構成する電磁的記録を不正に作った者も，同じく，10年以下の懲役または100万円以下の罰金に処せられる（同項後段）。

　第二に，不正に作られた163条の2第1項の電磁的記録を，人の財産上の事務処理を誤らせる目的で，人の財産上の事務処理の用に供した者も，同じく，10年以下の懲役または100万円以下の罰金に処せられる（同条2項）。

　第三に，不正に作られた163条の2第1項の電磁的記録をその構成部分とするカードを，人の財産上の事務処理を誤らせる目的で，譲り渡し，貸し渡し，または輸入した者も，同じく，10年以下の懲役または100万円以下の罰金に処せられる。

　また，以上の罪の未遂は，処罰される（163条の5）。

　電磁的記録を客体とする1項・2項の罪は，161条の2第1項・2項・3項の罪の特則にあたる。

(2) 客　体

　本罪の客体は，「人の財産上の事務処理の用に供する電磁的記録であって，クレジットカードその他の代金又は料金の支払い用のカードを構成するもの」・「預貯金の引出用のカードを構成する電磁的記録」（163条の2，1項・2項），そして，「そのような電磁的記録を構成部分とするカード」（同条3項）ということになる。

広義の「支払用カード」として包括されるこれらのカードには，狭義の支払用カードと預貯金の引出用カードとが含まれる。

「代金又は料金の支払用のカード」とは，取引の対価を現金で支払う代わりに所定のシステムにより支払うために用いるカードをいう。例示されたクレジットカードのほか，プリペイドカード，カード型電子マネーなどがこれにあてはまる。

「預貯金の引出用のカード」とは，銀行等の金融機関が発行する預金または貯金にかかるキャッシュカードをいう。これらのカードは，いわゆるデビット（即時決済）機能を有することが多いことから，一律に狭義の支払用カードと同様の保護を与えることとされた。したがって，即時決済機能を与えられたカードであるか否かを問わず，預貯金に関係するキャッシュカードが本罪の客体にあたることになるが，それは，電磁的記録そのものとしてはデビット機能のあるカードか否かを区別することができないという事情によるのであり，現金引出機能を保護する趣旨の処罰規定ではないと解されなければならない。もっとも，預貯金引出機能を利用するための電磁的記録不正作出等も，それ自体がカード利用の支払目的の場合と区別ができない以上は，本罪を構成することになる。決済機能をもたないキャッシュカードを客体に含むことは，立法趣旨からみて問題としうるが，クレジットカードにも一時借出しの形でATMから現金を引き出す機能（キャッシング）が与えられていることが少なくないことも考え合わせると，解釈論として適切な切り分けをするのは難しいように思われる。

なお，預貯金以外の金銭取引にかかるATMカードであるローンカードの類，顧客サービスのためのカード，たとえば量販店のポイントカードや航空会社のマイレージカードなどは，支払用カードではない。

「電磁的記録」については，前述したところ（26.2.7等）を参照されたい。電磁的記録それ自体は，カードとは独立したものであるが，支払用カード電磁的記録不正作出等の罪においてはカードを構成する情報として電子計算機を使用する事務処理に供されることが必要である。

(3) 行　為

行為は，不正作出・供用，譲渡し・貸渡し・輸入が規定されている。

「不正に作る」とは，権限なく，または権限を濫用して，電磁的記録を存在するに至らしめることである。より具体的には，データの入力などの方法により電磁的記録を作り出し，あるいは既存のデータを改変・抹消することで新たな電磁

的記録を作り出すことなどが該当する。

　上述のように，カード板と一体となった電磁的記録を作ることが主眼であり，不正作出が既遂となるためには，正規のカードとして機械処理可能な状態に至らせる必要がある。もっとも，カードとして機械処理に供されるものであることが必要なのであって，カードの外観に対する信用が問題となるものではないので，およそ正規のカードとは認められない外観を呈するものであってもよい。カードの外観については，別途私文書偽造・変造罪等の成立は排除されない。カード板と一体化された後であっても機械処理可能な状態でなければ未遂（163条の5）と解するべきであろう。

　「**用に供する**」とは，人の財産上の事務処理の用に供することをいう。人に対する引渡しは別に規定されているので，ここでの意味は，電子計算機で使用することができる状態におくことである。

　「**譲渡し・貸渡し**」は，いずれも人に引き渡す行為であるが，両者の相違は処分権の付与を伴うか否かによる（譲渡しは処分権の付与を伴う）。引き渡す相手が，そのカードの電磁的記録が不正作出されたものであるとの情を知っているか否かを問わないとされる。カードは，電子計算機に対し供用可能であることを前提とする。なお，引渡しを受ける側は，人の事務処理を誤らせる目的での所持として，163条の3の罪で処罰される。

　「**輸入**」とは，日本国内への持ち込みをいう。これも有償・無償を問わない。

（4）目　　的

　本罪は，「人の財産上の事務処理を誤らせる目的」で行われることが必要とされる目的犯である。自ら事務処理の用に供する目的である場合に限らず，第三者による利用についての認識があれる場合にはそれで足りる。「財産上の」事務処理に限定されているが，他の目的が並存していてもよい。即時決済機能付キャッシュカードを不正作出する行為が，もっぱら預貯金の引出の目的で行われた場合は，支払決済機能に対する危険を示すものではないとして，本罪の目的を欠くとする見解[9]もあるが，わたくしは，客体の限定ができない以上，目的においても，支払決済目的に限ることはできないと考える。

---

[9]　たとえば，佐久間・328頁。

（5）罪数・他罪との関係

不正作出罪と供用・譲渡し・貸渡し罪とは，牽連犯の関係になると解される。なお，支払用カード電磁的記録不正作出が私電磁的記録不正作出罪（161条の2第1項）にあたる場合がありうる。このときは，両罪が特別関係の法条競合にあたると解されるので，本罪のみが成立するものとすべきであろう。また，不正作出情報を構成部分とする支払用カードによる不正取引が不正作出電磁的記録供用罪（161条の2第3項）または電子計算機使用詐欺罪（246条の2）にあたる場合も考えられないことではない。この場合，電磁的記録供用罪は，不正作出電磁的記録供用罪とは法条競合関係にあり，また，偽造通貨行使罪の場合（27.1.2(4)を参照）と同様，詐欺に当たる事実も包括評価するものと解し，不正作出支払用カード電磁的記録供用罪のみが成立するとするのが論理的であるように思われる。

27.3.3　不正電磁的記録カード所持罪

不正電磁的記録カード所持罪（163条の3）は，人の財産上の事務処理を誤らせる目的で，不正に作られた電磁的記録を構成部分とする支払用カードを所持した者を，5年以下の懲役または50万円以下の罰金に処するものである。

通貨等他の客体に関する偽造罪においては偽造物等の「所持」が処罰される類型はないが，本罪が規定された理由としては，不正電磁的記録カードは反復使用が可能で，その所持自体にとくに高い法益侵害の危険が認められること，所持段階で発見された場合における取締の実効性などを考慮したものと説明されている。本罪の客体は，不正作出にかかる支払用カードを構成する電磁的記録を構成部分とするカードである。所持とは，物に対する事実上の支配を有することをいう。

27.3.4　支払用カード電磁的記録不正作出準備罪

（1）総　　説

支払用カード電磁的記録不正作出準備罪（163条の4）は，次のような3類型に分けられる。

支払用カード電磁的記録情報取得及び提供罪（同条第1項）は，163条の2第1項（支払用カード電磁的記録不正作出）の犯罪行為の用に供する目的で，同項の電磁的記録の情報を取得した者を，3年以下の懲役または50万円以下の罰金に処し，

情を知って，その情報を提供した者も同様とするとされている。

本罪については，未遂が処罰される（163条の2第5項）。

不正取得支払用カード電磁的記録情報保管罪（同条2項）は，不正に取得された163条の2第1項の電磁的記録の情報を，第1項の目的で保管した者も，第1項と同様とされるものである。

支払用カード電磁的記録不正作出準備罪（狭義）（同条3項）は，第1項の目的で，器械または原料を準備した者も，第1項と同様とするものである（同条3項）。

支払用カードの電磁的記録の不正作出は，正規のカード情報のコピーをしてこれをカードのICチップや磁気媒体に記録させる形で行われることが多く，カード情報の取得から不正作出に至る過程が多段階にわたる。そこで，本罪では，不正作出の準備として行われる情報取得段階の行為のうち，いわゆる「スキミング」を防止するという立法趣旨から，不正作出の遂行にとって類型的に不可欠でとくに重要なものを処罰対象とし，カード偽造への刑事法的対応の強化をはかったものである。

（2）客　　体

163条の2第1項・2項の罪（情報取得罪・情報提供罪）の客体は，支払用カードを構成する電磁的記録の情報である。それは「支払用カードによって支払を行うための支払決済システムにおける情報処理の対象となるひとまとまりの情報」であると説明されている。ひとつの単位として支払決済システム上の機能を果たしうる情報をいい，支払システムの「一環」として用いられる会員番号・有効期限等，個々の構成要素はこれにあたらない。カードの形で用いられることを想定しない電磁的記録の情報は，本罪の客体には含まれないと考えられるが，カードを構成することが可能な電磁的記録の情報である限りは，他の電子端末などの上でも使用可能な汎用性を有しているものであっても，これに含まれると解することになる。

163条の2第3項の罪（保管罪）の客体は，器械・原料である。支払用カード電磁的記録不正作出の用に供するものとして客観的に可能性を有する一切の機械・原料をいう。カード原料の樹脂・生カード，カードライターなどが想定される。不正作出に直接に必要なものに限らない[10]。

(3) 行　為

「取得」は，支払用カードを構成する電磁的記録の情報をカードから複写する等，情報を自己の支配下に移すことで，方法・形態，また有償・無償を問わない。カードリーダーを使って読み取ることはもちろん，ネットワークを介して取得すること，記録媒体ごと受け取る行為もこれにあたる。

「提供」は，記録媒体を交付するなど，相手方がカード情報を利用可能な状態におくことである。同じく，方法・形態，有償・無償を問わない。

「保管」は，カード情報を自己の実力支配内に置いておくことで，有体物の場合の所持に相当する。具体的には，情報をハードディスクなどに記録保持すること，カード情報を記録している装置を保有するなどの行為が想定される。なお，1個のスキミング装置に複数の電磁的記録情報が保管されている場合，包括して支払用カード電磁的記録情報保管罪一罪が成立するとされた裁判例[11]がある。

「準備」は，予備的行為のうち器械・原料を調達したり，製作したりして，支払用カード電磁的記録不正作出が可能な状態にすることをいう（類似の規定として153条を参照）。立法の際には，スキミング装置の販売または購入は「不正作出の準備行為の準備行為」に相当する行為であることから処罰対象から除かれるが，加盟店の端末機にスキミング装置が設置されれば，情報取得罪の未遂として処罰されるものと想定されたようである[12]。しかし，「スキミングのための機械・装置の設置」も，基本類型である不正作出との関係で「準備行為の準備行為」であることには変わりがない。したがって，このような行為は，本罪の準備行為には含まれず，機械装置の設置だけでは，未遂としても処罰しえないと解するべきであるように思われる。

本罪の行為は，「第163条の2第1項（支払用カード・預貯金引出用カードの電磁的記録不正作出）の犯罪行為の用に供する目的」で行われることを要する。

---

[10] 「支払用カードを構成する電磁的記録を不正作出」の用に供する器械・原料であるから，たとえば，スキミング装置のような情報取得のための機器等は含まれないとする見解（伊東・339頁）は傾聴すべきであるが，文言から一義的に客体の限定解釈を導き出すことは難しいように思われる。

[11] 東京高判平成16・6・17東京高等裁判所刑事判決時報55巻1-12号48頁。

[12] 前掲・井上（ジュリ1209号15頁注9）など。

■第 28 章■
風俗に関する罪

　「風俗に関する罪」は，大別して，性的風俗に関する罪，勤労・経済的風俗に関する罪，広義の宗教的風俗に関する罪に分類される。しかし，「風俗」は，その内容・実態や要保護性が明らかでないこと，したがって，解釈者・法執行者の恣意により不当な処罰範囲の拡大のおそれがあることが問題視されてきた。とくに，性的風俗に関する「わいせつ表現」は，青少年の保護の観点からの規制要求にも直面している一方，憲法上の表現の自由とも緊張関係にある。社会的法益については，そもそも「実害」が見えにくい上に，「風俗」をめぐる犯罪類型においては，多くの場合，実質的な被害が存在しない「被害者なき犯罪」にあたるとされて，立法論の次元では非犯罪化も主張されるものがある。

28.1　性的風俗に対する罪

28.1.1　社会的法益に対する性犯罪

　刑法第2編第22章は，「わいせつ，姦淫及び重婚の罪」を定めている。このうち，既にみたように，強制わいせつ，強姦等の罪は，個人の性的自由（性的自己決定）という個人的法益に対する罪であるが，公然わいせつ罪（174条）・わいせつ物頒布等罪（175条），淫行勧誘罪（182条）などは，特定個人を性的行為の客体にするものではなく，**社会の善良な性風俗を害する**（危険を生じさせる）行為だと解される。

　性的風俗として問題がある行為でも，たとえば，個人の趣味で裸になったり，ほしがる人にエロ本を売ってやったりする行為は，その態度自体が特定の誰かの利益を侵害しているわけではない。先に言及したように，憲法21条に基づく性表現（出版を含む）の自由も尊重されなければならない。この意味においてこれ

に対しては,「見たくない人」の見ない自由を保護する必要があること,少なくとも「見聞きしたくない」人が見聞しうる可能性のある状態ではなはだしい性表現がなされることそのものに不快の念をもつ人が少なくないといった事情を指摘して,なお個人の利益に引き付けて当罰性を主張する[1]こともできないわけではない。

わたくしは,性犯罪のうち風俗に関する類型を社会的法益に対する罪と位置づけるのが穏当であると考える。性に関連する行為は,人間性のもっともナイーヴな基本的部分に属し,プライヴァシーにも関わる。その限りで,性に関連する秘密の保持は,個人の性的自己決定の一部を成す面がある。その上で,性について,いたずらな公開を避けるべきものだとの考え方が,現に多くの個人に共通して存在すること,そして,そのような共通思考に基づく社会構成員のふるまいに対する緩やかな期待が妥当していることは,認めないわけにはいかない。個人の利益を総体的に保護することと密接に関係し,直接にわいせつに接する人以外の個人の心情にも影響するするという事情[2]こそが,社会的法益に対する罪としてのわいせつ罪にその処罰根拠を与えるものだと,わたくしには思われる。

もっとも,性風俗に関する罪に分類されるものの中でも,重婚罪（184条）は,行政的目的の性質が強い犯罪であり,淫行勧誘罪の場合も,自由意思によるものである限り自由侵害とは解しがたいといった点は,問題として指摘できる。これらにおいては,性に関する社会秩序の維持が重視されている。

28.1.2 わいせつ犯罪の保護法益

上述のところから,社会的法益に対する罪に分類される性犯罪においては,性風俗・性道徳・性秩序などと呼びうる「社会生活上,性に関連するゆるやかな規範が存在・妥当し,その規範に沿っている状況」が保護法益と解されるであろう。ただ,純粋な道徳あるいはそれに従う秩序を法で強制することは,法と道徳とを

---

[1] たとえば,平野・268頁以下を参照。
[2] 町野朔『犯罪各論の現在』（1996,有斐閣）262-263頁は,これを「公衆の感情」として説明しており,わたくしも基本的に同意見である。直接にそれを見る人の意思や感情ではなく,わいせつ物が頒布されていることがもたらす心外・不快の感情が問題なのである。ただ,保護法益としては,「感情」の認識が困難であるという理由から,より客観化して捉え,後述のように,性に関わる活動において公衆の共通了解となっている状況・環境と解したい。すなわち,最判昭和58・10・27刑集37巻8号1294頁に付された団藤補足意見のいう「精神的社会環境」のような捉え方である。

峻別すべきであるとする近代法の基本的思想に反する。すなわち，風俗といっても，道徳的価値の実現を問題としているわけではない。価値観ないし価値秩序そのものではなく，現実に社会的に受容され保護が期待されている事実たる生活環境が保護されるのである。

このように「社会生活上ゆるやかに妥当している規範に合致した状況」としての性的風俗に反する性質，あるいはそれを損なう性質が「わいせつ」であるといえる。「あるべき規範」ではなく，ゆるやかに流動しつつある程度継続的に存在する精神的社会環境という観点からの判断が，相対的に妥当性をもつように思われるのである。もちろん，問題は，「社会生活上ゆるやかに妥当している規範」，判例のことばでは「社会通念」の内容である。その生活環境を事実的・客観的に認識することはできず，価値的・規範的な規定にならざるをえず，また，時間によって流動し，場所によって異なる。

判例においては，公然わいせつ罪の「わいせつな行為」とは「行為者またはその他の者の性欲を刺激，興奮または満足させる動作で，普通人の正常な性的羞恥心を害し，善良な性的道徳観念に反するもの」だとし，わいせつ文書頒布等の罪における「わいせつ」とは，「いたずらに性欲を興奮または刺激せしめ，かつ普通人の正常な性的羞恥心を害し，善良な性的道徳観念に反する」ことだとする趣旨の定型的判断が定着している（たとえば，最判昭和 55・11・28 刑集 34 巻 6 号 433 頁，四畳半襖の下張り事件など参照）。この「いたずらに性欲を刺激・興奮させる」こと，「普通人の正常な性的羞恥心を害する」こと，および「善良な性的道徳観念に反する」ことは，「わいせつ 3 要件」などともいわれる。これは，抽象的で判断者の採用する価値基準に依存する要件であるが，その限りでは，現在「ゆるやかに妥当している規範」に対応するものといえるであろう。

わいせつ性が事物それ自体の属性であるとすると，そのおかれた文脈によらずわいせつか否かが決定できることになる。処罰範囲の限定のために，もっぱら人の好色的興味にのみ訴えるもの，すなわち「端的な春本・春画（ハードコア・ポルノ）」のみをわいせつと認める見解[3]が有力である。しかし，「春本・春画（の類）」も十分に明確な概念ではないと思われるし，他方で，ハードコアとされるようなものではないものであっても，それが青少年や見たくない人の目に触れない状況が，保護されるべき社会環境として存在していると考えられる[4]。社会生活上の

---

[3] 大谷・503 頁，中森・246 頁，山口・506 頁等。
[4] 西田・396 頁を参照。

了解の中には，必ずしもそれをよしとはしないものの，性に関する特定領域（興味ある者がある程度好きにできる物理的・観念的領域。たとえば，遊郭）の存在を留保するところがある。日本社会は，西欧諸国に比して性表現に関する寛容性を有することも指摘される。これらは歴史的・社会的実態に関する認識として確認できるが，いずれももちろん，ある領域に限定されていることが前提である。このような考慮から，わたくしは，文脈依存のわいせつ判断（いわゆる相対的わいせつ概念）を採用せざるをえないと思う。ただし，それは，文書の芸術的価値によってわいせつ性が減殺されることを認めるといった意味ではない。

28.1.3　公然わいせつ罪

公然わいせつ罪（174条）は，公然とわいせつな行為をした者を，6月以下の懲役もしくは30万円以下の罰金または拘留もしくは科料に処するものである。

「公然」とは，不特定または多数人の認識できる状態をいう（最決昭和32・5・22刑集11巻5号1526頁）。公然とはいえ，行為の場にいなければ認識することができ類型であるので，他の場所に情報が拡散する類型より軽い刑罰が予定されている。

「わいせつな行為」にいう「わいせつ」について定義的に判示した最高裁判例はないようであるが，下級審裁判例においては，上述のとおり「その行為者又はその他の者の性欲を刺激興奮又は満足させる動作であって，普通人の正常な性的羞恥心を害し善良な性的道義観念に反するもの」（東京高判昭和27・12・18高刑集5巻12号2314頁）といった「わいせつ3要件」に基づく判示がある。

卑猥な言語を弄することもわいせつな行為にあたるとする見解もあるが，そもそも言語を発するだけでは通常の言語の意味として「行為」だとはいえないであろう。それを措いても，言語自体は多分に観念的であるから，「性欲を刺激興奮または満足させる動作」に該当しないことがほとんどであると思う。

判例は，ストリップ・ショウなども「わいせつな行為」にあたるとしている（最決昭和30・7・1刑集9巻9号1769頁）。もっとも，ショウの内容がどの程度のものであれば犯罪性を帯びるかは，わいせつ概念自体が社会的評価に関連するため，時代状況によっても変動するであろう。その他，ショウは営利的に行われる類型であり，わいせつな映画の上映との均衡の点からも，わいせつ物公然陳列罪（175条。法定刑の差がある）にあたるとする見解もあるものの，人が観客の前で自ら動作することを「人」ないし「動作」の「陳列」というのは技巧的解釈にすぎ

28.1 性的風俗に対する罪　447

るであろう。
　なお，関連する犯罪として，軽犯罪法1条20号がある。

28.1.4　わいせつ物頒布等罪

> **設例**　Fは，日本国内に置いた自己のパーソナルコンピューター内蔵ハードディスク内に，わいせつな画像の電子データを保存していたが，日本国外にサーバーコンピューターをおくプロバイダーと契約し，当該電子データを国内のパソコンから国外のサーバーに送信し，日本語によるWebページを作成してそのサーバーからインターネット経由でデータにアクセスできるようにした。
> 　Fが日本国内に置いているサーバーからデータを送信した。

（1）総　　説

　わいせつ物頒布等罪（175条）には，第1に，わいせつな文書，図画，電磁的記録にかかる記録媒体，その他の物を，頒布し，または，公然と陳列した者を，2年以下の懲役もしくは250万円以下の罰金もしくは科料に処し，または，懲役および罰金を併科する類型（同条1項前段），第2に，電気通信の送信により，わいせつな電磁的記録その他の記録を頒布した者を，同様に処罰する類型（同条同項後段），第3に，有償で頒布する目的で，175条1項の物を所持し，または，1項の電磁的記録を保管した者を，同様に処罰する類型（同条2項）がある。
　国境を越えてデータのやりとりがなされる「サイバーポルノ」に対応するため，とくに電磁的記録に関わる改正を経て，わいせつな文書・わいせつな図画・わいせつな電磁的記録に係る記録媒体，その他のわいせつな物（包括して「わいせつ物」という）を客体とする類型と，わいせつな電磁的記録その他のわいせつな記録を客体とする類型とが，それぞれに応じた行為態様とともに規定されている。
　法定刑は，懲役および罰金を併科することを認めている。併科の理由は，わいせつ物の頒布行為は利欲的な場合が少なくないことから，経済的な制裁に意味があると考えられたものである。

（2）客体——わいせつ物

　客体として挙げられている，文書・図画・電磁的記録にかかる記録媒体は，い

ずれも，わいせつな物（わいせつ物）の例示（例示列挙）である。
　「わいせつ」性は，記述的要素ではなく規範的な概念である。概念規定については，先に述べたとおりであるが，特定の客体について具体的な評価を行う際には，まず，わいせつ概念・わいせつ性の判断基準を考える際には，端的に表現内容について論じられるべきであろう。特定の文脈において行われる表現について，その方法や行為者の意図によってわいせつ物であるか否かの判断が相対化すると考えるのは，そもそも表現行為についての無理解に基づくものだといわざるをえない。また，芸術性・思想性とわいせつ性との関係についても，芸術的であるからといって「わいせつ」性がそれによって弱まるものではない。たとえば，ほかならぬ「わいせつ」の表現にこそ芸術性・思想性を見出す立場も考えうるのであり，そこでは，わいせつ性が失われれば表現の意味が減殺されてしまう。芸術性・思想性といわれている問題は，多くの場合に，「わいせつ」性自体が否定されるか否かの問題ではなく，わいせつ表現の可罰的違法性の問題であるように思われる。当然ながら，仮に部分要素に分析可能な表現であっても，ひとまとまりの表現をなしているものについては，全体を評価対象としなければならない。
　他方，学術目的の表現は，先に述べた社会環境の部分領域性のゆえにわいせつ性が否定されるという意味で否定的に考えるべきである。
　判例は，これと共通した考え方をとりつつも，端的に割り切った態度をとっているといえるであろう。
　まず，客体は全体として吟味すべきであるとし，表現物（作品）の一部の表現がわいせつに該当するようにみえても，全体の中で占めるその表現のバランスや趣旨を勘案して判断される旨を述べている。
　他方で，客体の芸術性・学術性とわいせつ性との関係について，判例は，いわゆる「チャタレー事件」判決（最大判昭和32・3・13刑集11巻3号997頁）において，芸術性とわいせつ性とは別異の次元に属する概念であり両立し得ないものではないと述べ，いわゆる「悪徳の栄え事件」判決（最大判昭和44・10・15刑集23巻10号1239頁）では，わいせつと芸術性・思想性とは，その属する次元を異にする概念である，との考え方を示している。芸術性・思想性があっても，わいせつ性，したがって不法性は否定されないということである。しかし，「四畳半襖の下張り事件」判決（前掲・最判昭和55・11・28）では，文書のわいせつ性判断にあたって，「当該文書の性に関する露骨で詳細な描写叙述の程度とその手法，右描写叙述の文書全体に占める比重，文書に表現された思想等と右描写叙述との関連性，文書

の構成や展開，さらには芸術性・思想性等による性的刺激の緩和の程度」を観点とすべきことを述べており，芸術性・思想性が性的刺激を緩和するとの前提があることがうかがえる。たしかに，単位となっている表現物の全体に占めるわいせつ表現の量と質との関係によって，表現物のわいせつ性の程度は変わる面もないとはいえないが，わいせつを表現するという芸術表現・思想の自由に対し芸術性・思想性が緩和要素になるとする論理は成り立たないであろう。

　1項前段にいう「わいせつ物」は，所持等の行為の客体ともなっていることから，有体物が想定されているものと解される。頒布・公然陳列等の客体には，電磁的記録の形で記録された画像・動画などを保存した「電磁的記録にかかる記録媒体」，すなわち電子データを記録したディスクなどの媒体も含まれる。電磁的記録に関しても「記録媒体」が客体である。この解釈は，データを保持しているハードディスク装置を「わいせつ物」とし，そのデータが不特定または多数人のアクセス可能な状態になっていれば「公然陳列」にあたるとすることを意味する。もとより，本来は，表示されるのは「データ（情報）」だというべきであって，このデータがわいせつ物に相当する存在である（岡山地判平成9・12・15判時1641号158頁参照）が，先に述べたように，本罪の客体を「物」とし，その「所持」を処罰する限り，そこに情報を含めることは困難である。なお，わいせつな「図画」は，過激な描写を含むポルノグラフィーなど（最判昭和58・3・8刑集37巻2号15頁）がその例であるが，形態としては，映画フィルム，ビデオ・テープ（それ自体は可視的な象形表象を含まない）なども含まれる。

　他方，1項後段の「電磁的記録その他の記録」は，有体物に限られない。ただし，これを客体とする行為は，電気通信の送信による頒布に限られる。

(3) 行　　為

　「頒布」とは，不特定または多数人に交付することであって，それ自体の有償・無償を問わない。

　「公然と陳列する」とは，不特定または多数人が観覧可能な状態におくことを意味する。映画の上映は，映画フィルムというわいせつ物の公然陳列にあたる（大判大正15・6・19刑集5巻267頁）。一般に，記録媒体に記録されているデータを再生・表示する行為は，わいせつ物を公然と陳列することにあたる。そこで，インターネットを通じてアクセス可能なサーバー支配下の然るべき場所にデータをおくことは公然陳列とされるであろう。そのような場所にわいせつ画像データを

おけば，不特定または多数人の認識可能性は高く，他方，それを閲覧するためのソフトウエア（Webブラウザー）の画像表示機能も多くのデータ・フォーマットについて自動性が高いといえるからである。なお，画像データの表示は，ネットワークを介してデータの形で取得し，受領者の手もとに保存されたキャッシュファイルを再生する（表示そのものがサーバー側で行われているわけではない）のが通例であるが，再生操作それ自体を意識させず，また容易であることから，サーバー上で提供されている状態が「わいせつ物公然陳列」にあたるとする考え方がとられている[5]。表示における自動性が高いことが重要な考慮要素であるとすると，画像データにいわゆる「マスク処理」が施されていて，そのままではわいせつ物にあたらないものであっても，マスク除去が容易ないし半自動的に行われる場合には，同様に公然陳列とされるであろう。

　会員制のネットワークを通じて記録媒体にアクセスし，そこに記録された画像データを再生・表示できる状態にした場合にも，ネットワークが不特定または多数人に開かれていて不特定または多数人のアクセスが可能である場合には，媒体のデータを画像として表示させ，わいせつ画像を不特定または多数人が閲覧可能な状態に置いたということができるから，わいせつ物公然陳列罪が成立しうることになろう。

　判例は，いわゆるパソコンネット上で取得可能にされたわいせつ画像データについて，わいせつ物の公然陳列にあたるとした（最決平成13・7・16刑集55巻5号317頁，アルファーネット事件。なお，大阪高判平成11・8・26高刑集52巻42頁も参照）。この事案は，会員制のいわゆるパソコンネット空間への提供であったが，公然性が認められた。閲覧者が画像復号（表示）ソフトウエアを用いる必要がある点も，映画の上映やビデオ・ディスクの再生など「陳列」行為者側で完結する場合とは異なるが，「陳列」とされた。

　「電気通信の送信による電磁的記録その他の記録の頒布」とは，電磁的記録その他の記録を不特定または多数人の記録媒体に存在するに至らしめることをいう。つまり，「頒布」とは，結果としてわいせつな情報を有体物に化体した状態で不特定または多数の者に行き渡らせることを意味する。有体物を交付する場合だけ

---

[5]　なお，児童買春，児童ポルノに係る行為等の処罰及び児童の保護等に関する法律7条4項の「公然と陳列した」に関し，児童ポルノのURLをWeb上に明らかにした行為がこれにあたるとする多数意見に対し，このような行為は「共犯」として処罰されるものであるとする反対意見が付された判例（最決平成24・7・9裁判集刑308号53頁）がある。

でなく，電気通信の送信の形で広く拡散させる場合が含まれる。たとえば，不特定または多数人に電子メールを用いてわいせつ画像データを送る場合が典型である。「その他の記録」が含まれるのは，文書や画像の視覚的情報が送信され，文書・画像として記録されるような場合を想定したものである。

記録されたわいせつ動画データを再生したものの放送は，わいせつ物公然陳列罪に該当すると解される。これに対して，単純なわいせつ行為の生放送は公然わいせつ罪にあたることが通常であろう。

「所持」とは，事実上の支配をいう。

「保管」とは，物以外の電磁的記録を自己の実力支配下に保持することを意味する。

わいせつ物の有償頒布目的の所持とわいせつ物の有償頒布とは，同一法条中の同一法益侵害行為であるから，両行為が合わせて行われたときには，包括して本条の罪1罪となると解されるであろう（改正前の，販売目的所持と販売とについて，最決平成21・7・7刑集63巻6号507頁）。

(4) 目　　的

175条2項の「所持」・「保管」は，有償で頒布する目的で行われる必要がある。販売の目的も，有償で頒布する目的に含まれる。改正前の「販売の目的」について，本条は，日本国内の利益を保護する趣旨のものであるから，日本国内で販売する目的を意味するとした判例（最判昭和52・12・22刑集31巻7号1176頁）がある。

「有償頒布」は，販売に限らず，所有権移転の内容を含まないリース等の場合を含む。たとえば，いわゆる「在庫」として書籍やCD-ROMのような媒体を所持することのほか，頒布に際してそれ自体が移転するのではない点で商品の「在庫」とはいえないものの，頒布するためのわいせつデータをハードディスク内に保管するなどの行為が，これにあたるであろう。これに対応して，目的には，データを媒体に複写して頒布する目的の場合も含まれると考えられる。

(5) 故意──わいせつ性の認識

本罪も故意犯であり，客観的な構成要件該当事実について認識（通説・判例によればさらに認容）が必要である。わいせつ性は客体の属性であるから，わいせつ罪の故意における認識対象となる。わいせつ性の認識は，規範的構成要件要素の認識にあたる。いわゆる「意味の認識」として，客体の性質に関する素人仲間の

並行的評価において「わいせつ」だと判断される必要があり，かつそれで足りる（最大判昭和32・3・13刑集11巻3号997頁）。すなわち，認識する客体が本罪の客体であるという「あてはめ」，その際のわいせつ概念の定義・判断方法などの法的意義を認識する必要はなく，本罪で違法とされる程度の性的表現が含まれることの素人的認識があればよい。

28.1.5　淫行勧誘罪

　淫行勧誘罪（182条）は，営利の目的で，淫行の常習のない女子を勧誘して姦淫させた者を，3年以下の懲役または30万円以下の罰金に処するものである。
　「淫行」の意味は明確ではない。「淫ら」に含まれざるをえない道徳的評価の基準を排除して，「不特定または多数人との性的交渉」と解することが考えられるが，そのような行為を常習とする女子を保護しないことにより不特定または多数人の性的交渉を否定する道徳的価値基準を示すことになるという矛盾が生じる。したがって，本罪は，誘惑的かつ反復累行への動機となる目的のゆえに「淫行」に及ぶ女子が増加することを精神的環境たる性風俗の観点から望ましくない状況として位置づけ，これを防止することを趣旨とするものと解される。そうすると，「淫行」は，今日の精神的環境として最低限維持されるべき風俗に反する性行動とするのが妥当であり，結局，いわゆる売春行為を意味すると考えるべきであろう。これに対応して，「姦淫」も，単純な性交の意味ではなく，上述のような風俗に反する性交として限定的に理解されるべきである。「誘惑」は姦淫につながる一切の手段をいうものと解される。

28.1.6　重　婚　罪

　重婚罪（184条）は，配偶者のある者が重ねて婚姻をしたときは，2年以下の懲役に処し，その相手方となって婚姻をした者も同様とするものである（184条）。
　本罪は，風俗というよりは，婚姻という法律的制度の維持が主眼となる行政犯的性格が強い。
　「婚姻」の文言が用いられているのは，「結婚」（225条など参照）とは異なり，法律婚を意味すると解される。婚姻届出の手続が履行される限り現実には起こりにくい犯罪である。

28.2　賭博および富くじに関する罪

28.2.1　保護法益

　賭博・富くじに関する罪の保護法益について，「健康で文化的な社会の基礎をなす勤労の美風」とする判例（最大判昭和25・11・22刑集4巻11号2380頁）がある。しかし，「美風」の保護が道徳的価値の維持を意味するのであれば，道徳の法的強制にほかならず妥当でない。「正当な原因に基づく財産得喪という社会秩序」，あるいは，端的に「国民の射幸心をあおることで損なわれるおそれのある財産」が保護法益であるなどとも説明されるが，一方で公営ギャンブルを含む政策目的による法令行為（35条）が広範に存在することや，場合によっては投機的なものも含む投資が個人レベルでも隆盛な社会・経済状況のもとでは，説得力不足の感もある。また，賭博等が反社会的集団にとっての資金を提供する側面があるので，資金源を断つことに法益を求める立場もあるが，法益としては間接的にすぎる。他方，元来，自己の財産をどのように処分するかは自由であるはずでもあり，賭博・富くじに関する罪は，当罰性の根拠が薄弱なことは否めない。消去法的に反社会的行為の予防や暴力団の資金源を断つなどの警察目的の行政犯的規定として理解するほかはないが，非犯罪化が主張される類型であり，実際の適用例も少ないのが実情である。

28.2.2　賭博罪

　賭博罪（185条）は，賭博をした者を，50万円以下の罰金または科料に処するものである。ただし，一次の娯楽に供する物を賭けたにとどまるときは，この限りでないとされる。
　本罪は，文字どおり賭博行為を処罰するもので，常習賭博等と対比して単純賭博罪ということもある。
　「賭博」とは，二人以上の者が金銭その他の財産（財物・財産上の利益）を賭けて勝敗を争うことで，勝敗が偶然の事情にかかる場合をいう。偶然性が大きいものであれば，囲碁・将棋のように参加者の技量が影響する場合でもよい。一方のみが常に利益を得るしくみである場合や，いわゆる「いかさま賭博」（詐欺賭博）

のように財産の得喪に偶然性がない場合には，賭博罪は成立せず，だました場合には，欺いた者の詐欺罪が問題となる。

賭博罪は，一種の挙動犯であり，勝敗の決定，財物等の授受などは必要でなく，賭博行為が開始されれば即既遂となる（最判昭和23・7・8刑集2巻8号822頁，花札賭博で，賭銭がその場に出され，親を決めるためであっても札が配布されたときは，賭博が実行されたのであり既遂であるとされた）。

ただし書きにより，「一時の娯楽に供する物」を賭けた場合には処罰されない。「この限りでない」とは，構成要件に該当しないという意味に解される。「一時の娯楽に供する物」とは，関係者が即時娯楽のため消費するような物をいい，金銭はその性質上これにあたらないとされている。これに対し，即時に消費される飲食費相当の少額の金銭は「一時の娯楽に供する物」に含まれるとする見解も少なくない。文言上は，金銭を除くことは必然ではないであろう。少額であることも直接には導かれないが，解釈上，ただし書きは，「社会的許容範囲にあり少なからず行われている行為」を意味するもので，一種の可罰的違法性に関わる事情を規定したものとすべきであろうと思う。

28.2.3　常習賭博罪

常習賭博罪（186条1項）は，常習として賭博をした者を，3年以下の懲役に処するものである。

本罪は，単純賭博罪に対する常習犯の加重類型である。

「常習として」とは，判例によれば，反復累行し，慣行的に賭博行為をする習癖があることを意味する（大判大正3・4・6刑録20輯465頁）。常習性の認定は，現に行われた賭博の種類，掛金の多寡，賭博の行われた期間，度数，前科の有無等の総合判断による（最判昭和25・3・10裁判集刑16号767頁）。

賭博の習癖に基づく行為における「常習性」が，行為の属性（常習性のある賭博行為を処罰する）か，行為者の属性（常習者の賭博行為を処罰する）であるかという問題がある。行為者属性であれば，身分犯を構成する要素になる。職業的に行う必要もなく，いわゆる博徒のようなものでなくともよいとされるが，判例のいうように「習癖」であるとすれば，行為者の属性であることになろう。

常習性に基づく加重の犯罪論上の位置づけについては議論があるが，反復累行され，風俗に悪影響を与える危険が大きい行為者属性を有することが，同じ賭博

行為の危険性を増大するという点で違法性が大きく、そのような属性の持ち主が行うことが個人的事情として行為者を非難する程度を増大させるという点で責任に関わるものと解されるであろう。非常習者の賭博行為も処罰されるのであるから、常習賭博罪は、身分による加重類型であり、刑法上は、65条2項にいう加減的身分に分類される。行為の属性ではなく行為者の属性であることから、常習性があれば、1回の賭博行為であっても本罪の構成要件に該当しうる。逆に、常習性の発露としての複数回の賭博行為は、1個の常習賭博罪（包括一罪）を構成する。

28.2.4　賭博場開張図利罪・博徒結合図利罪

本罪は、賭博場を開張し、または、博徒を結合して、利益を図った者を、3月以上5年以下の懲役に処するものである（186条2項）。

前段の賭博場開張図利罪における「**賭博場を開張**」するとは、賭博の主宰者として自己の支配下に賭博を行う場所を開設することである。特定の一か所に賭博者を集合させる必要はない（最決昭和48・2・28刑集27巻1号68頁。一般人多数に野球賭博を行わせるために組事務所に電話や事務机を備え、組員に電話による顧客の申し込みを受け付けさせ、その集計、整理、賭金・寺銭の計算等を行わせた暴力団支部長の例）。また、実際に賭博が行われたことを要しないとされている。

「**利益を図る**」とは、現に利益を得ることではなく、利益を得る目的を意味する（大判明治43・10・11刑録16輯1689頁）。寺銭・手数料などの名目でもよい（最判昭和24・6・18刑集3巻7号1094頁）。すなわち、本罪は、賭博場開張行為を処罰する目的犯である。

なお、本罪の片面的幇助を肯定した判例（大判大正14・1・22刑集3巻921頁）がある。幇助犯については正犯遂行を促進する効果があれば足り、片面的幇助も可能であると考えられる[6]。

後段の、博徒結合図利罪における「**博徒**」とは、常習的または職業的に賭博を行う者をいう。「**結合**」とは、自己が中心となって博徒との間に親分・子分ないしこれに類する人間関係を結び、特定の区域内において随時に賭博を行う便宜を与えることをいう。本罪も博徒結合行為を処罰する目的犯と解される。

---

[6]　『総論』6.7.2（1）参照。

28.2.5 富くじ発売等罪

　本罪は，①富くじを発売した者を，2年以下の懲役または150万円以下の罰金に処し（187条1項），②富くじ発売の取次をした者を，1年以下の懲役または100万円以下の罰金に処し（同条2項），③以上のほか，富くじを授受した者を，20万円以下の罰金または科料に処する（同条3項）ものである。

　「富くじ」とは，識別表示を施した札や券などで，あらかじめそれを発売して金銭を集め，後に抽選その他の方法によって当選を決定し，その識別表示を確認して当選者に集めた金銭から不平等な利益を分配するためのものをいう。今日では，識別表示が文字どおりの表示でなく，電磁的記録によってなされたものを含む。富くじは，発売者の行為（抽選等）によって勝敗が決せられる点で，当事者の行為によって勝敗を決する賭博と異なる。また，くじ札等の購買という形で得喪の対象となる物（購買代金）の所有権が発売者から直ちに失われること，財物喪失の危険を購買者だけが負担することも相違点である（大判大正3・7・28刑録20輯1584頁）。

　富くじの「発売」とは，くじ札等を有償で譲渡することをいう。

　「発売の取次」とは，富くじの売買を周旋することをいう。

　「授受」とは，購買した富くじを，第三者に贈与・売却するなど，「発売」・「発売の取次」以外で，その所有権を移転することをいう。

28.3　礼拝所および墳墓に関する罪

28.3.1　保護法益

　礼拝所および墳墓に関する罪の保護法益は，国民の宗教的感情・宗教に関する善良の風俗，および死者に対する敬虔・尊崇の感情であるとするのが一般的な理解である。しかし，礼拝所不敬や説教妨害の行為は，宗教活動そのものに関連が深く，しばしば特定の宗教的行事の遂行や宗教的感情に影響するのに対し，墳墓発掘や死体損壊行為は，死者を記念する場所や死体そのものの平穏な状況を乱す性質をもつので，必ずしも宗教的な意味を含むものではなく，少なくとも特定の宗教感情との関係は希薄である。両者は，やや性格を異にするように思われる。

そこで,「宗教性」は必ずしも厳密な意味で理解されるべきではない。そもそも,日本社会の実態を考慮すれば,日本において宗教・信仰を厳格に解することは妥当でないと考える。したがって,礼拝所不敬や説教妨害の場合を含めて,これら超越的なものに対する敬虔感情をもって接すべき社会生活上ゆるやかに妥当している状況を維持・保護するものと解するべきであろう。宗教的活動としても,これを広義に解し,慰霊や追慕の念に関係する施設や儀式等を保護の対象に含むとすべきであろう。

28.3.2 礼拝所不敬罪

礼拝所不敬罪（188条1項）は,神祠(しんし),仏堂,墓所その他の礼拝所に対し,公然と不敬な行為をした者を,6月以下の懲役もしくは禁錮または10万円以下の罰金に処するものである。

本罪の客体は「礼拝所」である。上述のとおり,広く礼拝の場を含む趣旨と解される。礼拝は,敬虔感情をもって訪れ崇敬の念をささげることといえる。社務所のように礼拝の対象ではない場所は含まれない。例示列挙された「神祠」は,神道の神を祀った場所,「仏堂」は,仏教の仏を祀った場所,「墓所」は,死体またはその一部,遺骨,遺品を埋葬・安置して死者を記念する場所を意味する。例示されたものでも,墓所は,その自然な理解からいっても狭義の宗教的施設であることを要しないであろう。

行為は,公然と不敬な行為をすることである。「公然と」とは,ここでも不特定または多数人の認識しうる状態を意味する。認識しうる不特定または多数の人が現に存在する必要はない（最決昭和43・6・5刑集22巻6号427頁）。この反面として,個人宅の仏壇のような対象は,本罪の客体から除かれると解される。「不敬な行為」は,言語・動作を問わず,人の敬虔感情という保護法益を害する行為を広く含む。礼拝施設に落書きする,墓碑を押し倒す,墓所に対して放尿する（放尿するような恰好をした事例として東京高判昭和27・8・5高刑集5巻8号1364頁）などが不敬な行為の例である。「不敬な行為」が構成要件的行為であるから,本罪の故意を認めるためには「不敬」であることも認識している必要があるが,そのためには,人の敬虔感情にそぐわないという社会的意味を認識していれば足りる。

28.3.3　説教等妨害罪

説教等妨害罪（188条2項）は，説教，礼拝，または葬式を妨害した者を，1年以下の懲役もしくは禁錮または10万円以下の罰金に処するものである。

本罪は，説教・礼拝・葬式等の妨害を内容とする。説教・礼拝は，宗教的行事であることが想定されており，固有の宗教的儀式でないものは客体とならないとする見解もあるが，上述のとおり，狭義の宗教的活動に限定しないことが妥当である。「**説教**」とは，教義を説く行為，「**礼拝**」とは，崇敬の念を明示的・黙示的に表明する行為，「**葬式**」とは，死者を葬る趣旨の儀式をいう。とくに葬式は，無宗教の家族葬や，散骨などによる場合もあり，宗教行事に限定するのは不合理であろう。

行為は「**妨害**」であり，上記の行事の遂行を不能または困難にする行為をいう。現実に妨げられたことは必要でない。方法・手段には限定はない。

28.3.4　墳墓発掘罪

墳墓発掘罪（189条）は，墳墓を発掘した者を，2年以下の懲役に処する類型である。

「**墳墓**」とは，人の死体（胎児であっても人体の形状を示すものを含むとされる）の全部または一部，遺骨，遺品等を埋葬し，もって記念・祭祀・礼拝の対象とする場所をいう。祭祀・礼拝の対象でない古墳などは除く。

「**発掘**」とは，墳墓の覆土の全部または一部の除去，墓石等の破壊・解体・移動等による墳墓の破壊をいう。内部の棺・遺骨等が露出することは必要でない（最決昭和39・3・11刑集18巻3号99頁）。もっとも，墓所に対する不敬行為が礼拝所不敬罪（188条1項）にあたることとの関係で，本罪の場合には，墓石等の破壊・移動だけでなく，埋葬施設としての「墳墓」自体が破壊状態に至ることが必要であると解されるであろう。

28.3.5　死体損壊等罪

（1）総　　説

死体損壊等罪（190条）は，死体，遺骨，遺髪，または，棺に納めてある物を，

損壊し，遺棄し，または，領得した者を，3年以下の懲役に処するものである。

本罪は，墳墓発掘罪の次という条文の位置や「棺に納めてある物」を客体とすることなどから，本来は，墳墓等に埋葬された物を客体として想定しているように思われるが，現在の一般的理解では，とくに殺人犯人等，客体を死に至らせた者が死体を損壊・遺棄する場合や，（脳）死体からの臓器摘出などについても本罪の成立が認められている。このような理解を前提とすれば，死体損壊等の罪の保護法益も，狭義の宗教的感情に限らず，死者に対する敬虔感情として解されるべきであろう。死者に対する敬虔の念が自然な感情として受容され尊重されている状態が保護法益である。

(2) 客　体

「死体」とは，死亡した人の身体またはその一部をいい，脳漿や臓器を含むとされる。人の形状をそなえた死胎を含む。

「遺骨」・「遺髪」は，死亡した人の骨・毛髪であるが，死者の祭祀または記念のために保存されるものであることを要すると解するべきであろう（大判明治43・10・4刑録16輯1608頁）。

「棺に納めてある物」は，いわゆる副葬品のことである。

(3) 行　為

「損壊」とは，物質的破壊をいう。死体を切断，焼損するなどの行為が典型である。死体解剖や，死体から臓器等身体の一部を摘出する行為も，形式的には損壊に該当するが，法令行為（35条）として違法性阻却される場合が少なくない。なお，いわゆる死姦（屍姦）は含まれない（最判昭和23・11・16刑集2巻12号1535頁）。

「遺棄」とは，場所的移転を伴う放棄・隠匿をいう。埋葬責任を負う者については埋葬の義務の反面として不作為の遺棄が想定できるので，習俗上の埋葬の方法によらない放棄も遺棄にあたる。殺人者の場合は，行為者に死体埋葬の作為義務を課するのは不合理であるから，死体を放置するなどの単なる不作為では本罪にはあたらない。しかし，風俗上埋葬と認められない方法で埋める場合は，遺棄である。共同墓地内への埋葬であっても犯跡を隠すための隠匿の場合は遺棄になる（最判昭和24・11・26刑集3巻11号1850頁など）。風俗上の埋葬方法・葬送の方式は，文化的・風俗的観点から妥当性を判断せざるをえないが，自己の体の死後の

扱いに関する自己決定尊重，およびその社会的受容程度に応じて，風俗自体が変動することに注意が必要である。この意味で，社会の大勢の抱く死者への敬虔感情に影響しない限り，社会的に許容される範囲の葬送方法として，遺棄にはあたらないとすべきである。

故意・過失で人を死亡させた者が死体を損壊・遺棄した場合には，本罪[7]が成立し，殺人罪・傷害致死罪と死体損壊等罪とは併合罪となるとするのが判例（大判昭和8・7・8刑集12巻1195頁）である。

「領得」とは，占有（所持）の取得である。直接に占有を取得した者から買受・受贈等により取得した場合も含む。領得行為と財産罪との関係については議論があるが，基本的には両者は保護法益を異にするので財産罪の成立は排除されず，観念的競合の関係を認めるのが妥当であろう。

28.3.6　墳墓発掘死体損壊等罪

189条の罪（墳墓発掘罪）を犯して，死体，遺骨，遺髪，または，棺に納めてある物を，損壊し，遺棄し，または，領得した者は，3月以上5年以下の懲役に処せられる（191条）。

本罪は，189条と190条との結合犯（それぞれが構成要件に該当する行為を結合して1個の構成要件としたもの）になる。189条の「罪を犯して」という文言から，墳墓発掘は犯罪でなければならないから，適法な発掘者がその後故意で死体損壊等に及んだ場合には，単に190条に問擬されるべきである（大判大正3・11・13刑録20輯2095頁）。

28.3.7　変死者密葬罪

検視を経ないで変死者を葬った者は，10万円以下の罰金または科料に処せられる（192条）。

本条は，「礼拝所及び墳墓に関する罪」の他の類型とは異なり，検視を経ないで変死者を葬る行為を処罰するもので，犯罪が疑われる「変死」の場合に，その捜査の便宜（とくに，検視による捜査端緒の確保）を図る趣旨の，警察目的を担保し

---

[7] 自己の刑事事件に関する証拠の隠滅にあたるときには，証拠隠滅罪（104条）は成立しない。

ようとする行政刑罰法規の性格を有する。

　「**変死者**」とは，不自然な死を遂げ，死因が不明な者をいう。ただし，上の趣旨から，犯罪による死者であることが明らかな者も含むべきであろう。

　「**検視**」には，人の死亡が犯罪によるものか否かを判断するために検察官または検察官からその代行を命ぜられた検察事務官もしくは司法警察員が死体の状況を見分する処分（刑訴法229条。いわゆる司法検視）および警察官が届けを受けた場合に行われる行政目的の検視（いわゆる行政検視）があるが，両者の区分は流動的であり，行政検視が捜査の端緒となることもありうるので，いずれも本条にいう検視と解することが妥当であろう。

　「**葬った**」とは，風俗に従った葬送方法を実施することをいう。

第3編

国家的法益に対する罪

■第29章■

国家の存立に対する罪・国交に対する罪

29.1 国家的法益に対する罪

　本章では，刑法による国家の法益の保護をはかる規定について概観した後，国家の存立に対する罪である内乱罪と，国交に対する罪を概観する。
　刑法典に規定される国家的法益に対する罪には，次のような類型がある。

　国家の存立に対する罪：
　　　内乱（77–80条），外患誘致・援助（81–88条）
　国交に関する罪[1]：
　　　外国国章損壊等（92条），私戦予備及び陰謀（93条），中立命令違反（94条）
　国家の作用に対する罪：
　　A　外側からの攻撃
　　　公務執行妨害罪（95–96条の3）
　　　逃走罪（97–102条）
　　　犯人蔵匿罪・証拠隠滅罪（103–105条の2）
　　　偽証罪（169–171条）
　　　虚偽告訴罪（172–173条）
　　B　内側からの攻撃
　　　職権濫用罪（193–196条）
　　　賄賂罪（197–198条）

　国家法にとって自らの正統性の基盤である国家の存立がもっとも重要な位置を

---

[1] ここで国交に関する罪として分類した類型は，国際社会における日本国家の存立に影響する面を有する犯罪ではあるが，直接に国家存立を脅かす性質の罪である内乱に関する罪・外患に関する罪とは異なる面を有するので，独立の分類項を立てた。

占めることはいうまでもない。現在の国家がさしあたり安定的に存続していることは，国家の存立を前提に生活している国民にとっても大局的にみて利益であるといってよいであろう。

とはいえ，国家の存立そのものが脅かされる事態は異常事態である。平時において問題となるのは，国民生活の広い範囲にわたって影響する「国家の作用」に対する罪である。実際，刑法典の犯罪類型も，ここに分類されるものが大きな部分を占めている。

国家の作用に対する罪は，第一に，国家作用の側からみて，その作用の対象となる国民が行為主体となり，国家の作用の円滑な遂行を侵害・危殆化するものと，第二に，国家作用を具体的に実現する側にある公務員が主体となり，その適切な作用を妨げる（いわば内側からの危殆化，国家作用の腐敗）行為とを区別することができる。前者には，刑事司法など特別の機能・分野の作用についての類型があるほか，国家の作用に対する罪の一般的規定にあたる公務執行妨害罪がある。後者は，公務員が主体となるので「公務員犯罪」という性格をも有する。

なお，上に挙げた犯罪の中には，刑法典内の条文配置からすると社会的法益に対する罪としての性格が考慮されたと思われる類型が少なくない。たとえば，職権乱用罪・賄賂罪など，「内側からの侵害」の類型においては，公務・公務員に対する国民の信頼を裏切るという側面があり，国家の作用の保護とは別次元で捉える余地もある。しかし，今日においては，むしろ国家作用の適切性に着目して，上述の意味での国家的法益に対する罪に位置づける見方が確立している。偽証罪や虚偽告訴等の罪についても，国民の誠実に対する信頼，あるいは偽証や虚偽告訴から人の利益を保護する面があるが，これらの犯罪も，特定の国家作用の遂行を危うくするものと理解されている。

29.2　国家の存立に対する罪——内乱に関する罪

29.2.1　国家の存立に対する罪の保護法益と罪質

国家の存立は，国家法である刑法そのものの有効性・正統性の土台であるから，刑法上も，もっとも重大な法益の一つとして，それを危うくする行為に対しては重罰をもって臨んでいる。また，内乱の罪（77条から79条までの罪）については

第1審管轄が高等裁判所とされている（裁判所法16条4号）。現実に国家の存立が失われたときには，新たな権力掌握者のもとで，もはや刑法に基づく処罰が不可能になりうるのであって，その意味で，国家の存立に対する罪は，国家法の限界領域に存在する犯罪である。国家転覆・権力掌握がならなかった場合のみが処罰されるのであるから，危険犯である。

この類型には，国家の存立に関する内部的安全を害する（国家内部からの侵害）性質の内乱罪と，外部的安全を害する（国家の外からの侵害に国家内部から関与する）外患罪とがある。

29.2.2　内　乱　罪

（1）総　　説

国の統治機構を破壊し，または，その領土において国権を排除して権力を行使し，その他，憲法の定める統治の基本秩序を壊乱することを目的として，暴動をした者は，**内乱の罪**とし，次の区別に従って処断される（77条1項）。

① 首謀者は，死刑または無期禁錮に処する（同条1項1号）。
② 謀議に参与し，または，群集を指揮した者は，無期または3年以上の禁錮に処し，その他，諸般の職務に従事した者は，1年以上10年以下の禁錮に処する（同項2号）。
③ 付和随行し，その他，単に暴動に参加した者は，3年以下の禁錮に処する（同項3号）。

本罪は，未遂が処罰される。ただし，77条1項3号に規定する者（付和随行・単純参加者）については処罰されない（同条2項）。

以上のように，内乱の罪（内乱罪）は，行為としては「暴動」を内容とするが，所定の目的で行われることを要する目的犯である。そして，「暴動」への関与形態に応じて法定刑が定められている。法定刑は，本罪の政治犯的（非破廉恥な）性格[2]を考慮して，自由刑として禁錮が規定されている。なお，特別法として，破防法38条，41条（内乱教唆・煽動等）がある。

---

[2] 刑務作業を伴うか否かによって自由刑を分類し，非破廉恥罪に作業を伴わない自由刑を科するという刑事政策・立法政策の問題性については，21.2.1で述べた。

（2）主　体

本罪は，関与形態により法定刑を異にする。

「**首謀者**」とは，内乱を構成する暴動の計画・遂行に関し，主導的役割を有する者であり，必ずしも1人でなくてよい。集団的行動の統率者である。

「**謀議に参与した者**」とは，いわゆる「参謀」のことであり，暴動の計画・遂行に関し，首謀者の補佐役としてその重要部分に参加した者をいう。「**群衆を指揮した者**」とは，現に暴動に参加した群集の全部または一部を指揮した者をいう。「**諸般の職務に従事した者**」は，首謀者・謀議参与者・指揮者以外で，後述のとおりある程度組織的化された暴動の中で，単純な機械的労務ではなくある程度基盤的・管理的な職務（たとえば，食糧・兵器の補給，資金調達，庶務，会計など）を担当した者と解される。

「**付和随行した者**」は，文字どおりであれば，自身に特定の意見・方針がなく他人に同調し従属して行動した者ということになるが，いわゆる「やじ馬」を包含しうる広すぎる概念になるだけでなく，本罪の目的やある程度組織化された集団犯罪という性格にも沿わない。少なくとも内乱の目的を共有する集団に属する自覚を有し，後述のとおり「一地方の平穏を害する程度」の集団行動に対し寄与することが必要であろう。この意味で，実質的には「暴動に参加した者」と解されるものと考える。

（3）目　的

内乱罪は，「国の統治機構を破壊し，又はその領土において国権を排除して権力を行使し，その他憲法の定める統治の基本秩序を壊乱する」目的を主観的要件とする。この目的は，「暴動」を内乱罪という国家の存立に対する重大犯罪たらしめる重要な要素である。国の統治機構を破壊する目的，国の領土において国権を排除して自ら権力を行使する目的は，「憲法の定める統治の基本秩序を壊乱する目的」の例示である。これらの事態の招来が直接の目的となっている必要があり，暴動を契機に最終的には基本秩序が壊乱されることを期待する，というような場合は含まないとすべきである（大判昭和10・10・24刑集14巻1267頁，五・一五事件）。「国の統治機構の破壊」も，「憲法の定める統治の基本秩序」に関わる者である必要があり，たとえば，個別の内閣や政府の打倒では，内閣制度の根本的破壊ではないので，本罪の目的とはいえない。「国権を排除して権力を行使する」とは，日本領土の全部または一部に対して日本の領土主権を事実上排除して，独

自の統治的権力を行使することをいう。

（4）行　為

行為は，「**暴動**」である。多数人が結合して暴行・脅迫を行うことをいう。暴行・脅迫は，最広義に解され，物理力の行使，人に対するものに限らず物に対する場合を含み，害悪の告知の内容に限定はない。さらに，殺人・傷害・放火等の行為も本罪に吸収して評価され，別罪を構成しない。

「統治の基本秩序を壊乱する目的」という要件，法定刑を関与形態により区別していることなどを考慮すると，暴動は，ある程度組織化されたものが想定されていると考えるべきである。また，本罪においても，少なくとも騒乱罪（106条）と同様の，一地方の平穏を害する程度[3]の暴行・脅迫が必要だと解され，暴動が一地方の平穏を害する程度に達したときに既遂となると考えられる（現実に平穏を害する必要はない）。着手時期は，所定の目的をもって本罪の想定する集団的暴行・脅迫が開始されたときである。

（5）必要的共犯

内乱罪の構成要件は，多数人の関与を予定するものであり，必要的共犯の典型（集団犯・集合的犯罪・多衆犯）である。各則規定内で既に関与形式が考慮されている以上，同じく犯罪事実への関与の態様によって区別される総則の共犯規定は適用されない。ただし，一般的に，必要的共犯であっても，必要的共犯犯罪の正犯的遂行に関与しない者による共犯は存在する。たとえば，他人に内乱を教唆して，教唆された者が首謀者として内乱罪を遂行させた者には，内乱罪の教唆犯を認める実体があると思われる。また，破防法の内乱教唆罪（38条1項，41条）は，総則の教唆規定の適用を前提にしているようにも思われる。処罰範囲等の見地から立法論的議論はあるとしても，現行法の構造からすれば，本罪についても，このような集団外の者の場合には，総則共犯規定の適用を排除すべき理由はないと考える。

---

[3] 団藤・17頁，西田・412頁，高橋・588頁等，以前からの多数説で，通説としてよいと思う。ただし，国家の基本組織に動揺を与える程度の強力なものであることを要すると解する説（内田（文）・597頁，大谷・549頁，中森・260頁，林・425頁等）も有力である。

29.2.3 内乱予備罪および内乱陰謀罪

内乱の予備または陰謀をした者は，1年以上10年以下の禁錮に処せられる（78条）。

内乱罪は重大犯罪の一つとして，予備だけでなく，さらに陰謀の段階から処罰対象とされている。

「内乱」は，77条にいう「内乱の罪」を受けたものであり，77条所定の目的をもって暴動をなすことを意味する。「予備」は，そのような「内乱」を行う準備を広く含む概念である。「陰謀」とは，2人以上の者による「内乱」実行の計画とそれに関する相互的合意をいう。

29.2.4 内乱幇助罪

兵器，資金もしくは食糧を供給し，または，その他の行為により，77条・78条の罪（内乱罪・内乱予備罪・内乱陰謀罪）を幇助した者は，7年以下の禁錮に処せられる（79条）。

本罪は，内乱，内乱予備・陰謀の幇助を処罰するものであるが，例示列挙がなされているので，これら列挙されたものに相当する程度の重要な援助行為に限るとすべきであろう。実質的にも，予備・陰謀の幇助を処罰する処罰範囲の広さからみて，限定が必要であると考えられる。

本罪は，独立した幇助罪であるから，本罪にあたらない程度の援助行為について総則規定の適用は認められない。ただし，総則上の幇助犯と同様，本罪の成立を認めるには，正犯たる内乱罪等が成立していることを条件とすべきであると解する。

29.2.5 自首による刑の免除

78条（内乱予備・陰謀）・79条（内乱幇助）の罪を犯した者であっても，暴動に至る前に自首したときは，その刑が免除される（80条）。

80条は，重大犯罪を未然に防止することをめざした政策的規定である。効果は，刑の必要的免除である。通常の自首（42条1項，効果は刑の任意的減軽）に比べて有利な扱いとなっている。本条の自首は暴動に至る前にすることを要件とする

ものであるが，その後になっても，42条1項の自首は可能である。

29.3　国家の存立に関する罪——外患に関する罪

29.3.1　「外患に関する罪」の罪質

「外患に関する罪」の保護法益も日本国家の存立である。「内乱に関する罪」が日本領土内で直接に国の基本組織を破壊しようとするものであるのに対し，「外患に関する罪」は，外国と通じて日本の国家存立を危うくする類型である。法定刑は，内乱に関する罪よりさらに重い傾向を示す。外患は，日本国に対する一種の「裏切り」行為として破廉恥性が高いという評価が背景にあり，それは内乱に関する罪では，自由刑として禁錮が規定されているのに対し，外患に関する罪の自由刑が懲役となっていることにも表れている。また，外患誘致，外患援助については，未遂のほか，その予備，陰謀をも処罰することとされている。

特別法として，破防法38条，41条（外患教唆・煽動等）がある。

29.3.2　外患誘致罪

外患誘致罪（81条）は，外国と通謀して日本国に対し武力を行使させた者を，死刑に処するものである。

本罪は，未遂が処罰される（87条）。また，本罪の予備または陰謀をした者は，1年以上10年以下の懲役に処せられる（88条）。

法定刑が選択の余地なく死刑とされている刑法典中唯一の罪である。「外国」とは，外国の政府，軍隊・外交使節等の国家機関を意味する。外国の個人・私的団体は「外国」ではない。「通謀」とは，相手方と直接・間接に意思を疎通することをいう。「**武力を行使させる**」とは，通謀に基づいて軍事力を用いて攻撃行為をさせることをいう。現実に軍事的攻撃がなされる必要がある。国際法上「戦争」とされるものでなくてもよい。

29.3.3　外患援助罪

外患援助罪（82条）は，日本国に対して外国から武力の行使があったときに，これに加担して，その軍務に服し，その他，これに軍事上の利益を与えた者を，死刑または無期もしくは2年以上の懲役に処するものである。

本罪は，未遂が罰される（87条）。また，本罪の予備または陰謀をした者は，1年以上10年以下の懲役に処せられる（88条）。

「日本国に対して外国から武力の行使があったとき」という客観的事情が構成要件要素（構成要件的状況）となっている。外患援助は，外患誘致に比して非主導的な行為であるが，「加担」自体は，その構成要件的状況を認識しつつ，積極的に協力することを意味する。例示である「その軍務に服し」とは，広く外国軍隊の軍命に従って働くことをいい，戦闘行為に参加することに限られない。「これに軍事上の利益を与える」とは，上記構成要件的状況下において外国に対し軍事上の利益を与え，または外国の武力行使に役立つ一切の行為をいうとされるが，具体的な武力行使を促進する効果を有することは必要であろう。

29.4　国交に関する罪

29.4.1　「国交に関する罪」の保護法益

国交に関する罪の保護法益については，わが国の外交作用の円滑・安全とする見解，国際法上の義務に基づく外国の法益であるとする見解がある。立法上，外国に同一の規定がある場合に限り内国法を適用するという態度（相互主義）もありうるところであるが，日本刑法は外国法の規定によらず処罰の如何が決まる単独主義を採用している。たしかに，日本国憲法は国際協調主義を重要な原理としているものの，現行法は，そのような国際協調を可能とする外交作用にかかる日本の利益を考慮すると解される。

29.4.2　外国国章損壊等罪

外国国章損壊等罪（92条1項）は，外国に対して侮辱を加える目的で，その国の

国旗その他の国章を損壊し，除去し，または，汚損した者を，2年以下の懲役または20万円以下の罰金に処するものである。

この罪は，外国政府の請求がなければ公訴を提起することができない（同条2項）。

本罪は，日本刑法としては，間接的に日本の外交的利益を保護するものではあるが，直接には外国の利益の侵害を内容とするので，外国政府の請求が訴訟条件とされている。

「国章」は，国の権威を表象する物をいい，例として，軍旗，元首旗，大使館の徽章等が挙げられる。法文の「国旗」もその例示である。ただし，私的に掲揚している国旗などを客体とすることは範囲が広すぎるであろう。私人による場合を排除しないが，公的な意味で外国国家の権威を表象しているものに限るとすべきであろう。

「外国」には，国際法上の国家であれば，未承認ないし国交関係がないものも含むと解される。国連のような超国家的組織は「外国」にあたらない。

行為として規定される「損壊」は，物理的毀損により国章の効用を滅失・減少させることをいう。「除去」は，場所の移動および一時的にとどまらない遮蔽により元来所在する場所における国章の効用を滅失・減少させることをいう。ベニヤ板製の看板によって遮蔽することも除去にあたるとされた判例（最決昭和40・4・16刑集19巻3号143頁）がある。ただし，文言として「除去」は場所移動を含意するはずであり，その場に置いたままの遮蔽を除去に含めることには批判も多い。「汚損」は，人に嫌悪・不快の感を抱かせるものを国章に付着または付置することにより国章の効用を滅失・減少させることをいう。汚物や塗料を塗ることが典型である。

本罪は，「外国に対して侮辱を加える目的」を要する目的犯である。「侮辱を加える」ことが実現する必要はないが，それにつき確定的認識を要する。

なお，本罪と器物損壊罪とは保護法益を異にするので，両罪の構成要件に該当するときは観念的競合となるものと解される。

29.4.3　私戦予備罪・私戦陰謀罪

私戦予備・陰謀罪（93条）は，外国に対して私的に戦闘行為をする目的で，その予備または陰謀をした者を，3月以上5年以下の懲役に処するものである。た

だし，自首した者は，その刑を免除する（同条ただし書）。

本罪は，私的な戦闘行為の予備・陰謀を内容とするものであり，私的な戦闘行為そのものを処罰する規定は存在しない。立法上，私戦が実行される状況は想定外だったということかもしれないが，予備・陰謀のみを処罰するのは異例であるに違いない。私戦実行段階の行為については，殺人罪等の個別犯罪が成立すると解することになろう。

私戦予備・陰謀罪は，「外国に対して私的に戦闘行為をする目的」を要する目的犯である。「**私的に戦闘行為をする**」とは，日本国の国権の発動によらず，国家意思とは無関係に，武力による組織的な攻撃防御の行使を行うことである。

「**予備**」は，私戦たる戦闘行為の実行準備に相当する行為，「**陰謀**」は，私戦の実行を目的として2人以上の者が相互にその計画を行い合意することを意味するといえよう。

自首による刑の必要的免除を認めるただし書は，現実の私戦実行を防止しようとする政策的規定である。

29.4.4　中立命令違反罪

中立命令違反罪（94条）は，外国が交戦している際に，局外中立に関する命令に違反した者を，3年以下の禁錮または50万円以下の罰金に処するものである。

本罪の成立には，日本以外の複数国が交戦状態にあること（構成要件的状況）が必要である。交戦中の国の一方に利する行為が，日本の外交的利益を損なう意味をもつことが背景となっている。

「**局外中立に関する命令**」とは，日本が交戦中の外国のいずれにも加担しないことを宣言し，国民に対して，そのいずれに対しても便益を与えてはならない旨を指示して発せられる命令をいう。政府の命令（政令）の形式でなく法律による場合も含まれる。具体的な構成要件該当行為は，その際の「局外中立命令」の内容によってはじめて定まるので，本条は，いわゆる白地刑罰法規であり，内容の明確性の点で罪刑法定主義の観点からの議論がある。また，政令により構成要件の内容規定される点で法律主義にかなうかという点でも問題がある。

■第30章■
公務執行妨害の罪

　広義の公務執行妨害の罪には，狭義の公務執行妨害罪と職務強要罪，さらに，封印破棄罪・強制執行妨害目的財産損壊罪・強制執行行為妨害罪・強制執行関係売却妨害罪・公契約関係競売等妨害罪がある。

30.1　公務執行妨害罪

30.1.1　公務執行妨害罪

(1) 保護法益
　公務執行妨害罪（95条1項）は，公務員が職務を執行するにあたり，これに対して暴行または脅迫を加えた者を，3年以下の懲役もしくは禁錮または50万円以下の罰金に処するものである（95条1項）。
　本罪にかかる特別規定として，予備・陰謀・独立教唆・せん動を処罰する破防法40条，利益供与による公務執行妨害の請託を処罰する暴力行為等処罰法3条2項がある。
　公務執行妨害罪は，公務員が公務を執行するにあたり，その公務員に暴行・脅迫を加える犯罪である。行為の客体は公務員であるが，保護されるのは公務ないし公務の適性・円滑な遂行であって，個々の公務員を保護するものではない（最判昭和28・10・2刑集7巻10号1883頁）。したがって，罪数の決定も，客体となる「公務員」の数ではなく「公務」の数を標準にすべきである。複数公務員によって執行される1個の公務の妨害であれば，1罪とされることになる。なお，公務は，その公共的性質のゆえに，それ以外の業務（業務妨害罪の保護対象）より厚く保護されること自体には，合理性が認められよう[1]。

(2) 主　　体

本罪の主体に限定はない。一般には，職務執行を受ける対象者がこれに抵抗する形で行われることが想定されるが，職務執行の対象者以外の第三者も主体となりうる。

(3) 客　　体

客体は，「**公務員**」である。7条1項に定義規定があり，「国または地方公共団体の職員その他法令により公務に従事する議員，委員，その他の職員」とされている。「**議員**」とは，国会議員や地方議会の議員，「**委員**」は，法令に基づき特定の公務を委任された非常勤の者をいう。「**職員**」とは，法令上の根拠に基づき国または地方公共団体の機関として公務に従事する者をいう。任用・職務が法令に根拠を有することが必要であり，かつそれで足りる。職務権限の定めは不要である（最判昭和25・2・28刑集4巻2号268頁，「官制，職制によって其職務権限が定まっているものに限らずすべて法令によって公務に従事する職員を指称するものであつて其の法令中には単に行政内部の組織作用を定めた訓令と雖も抽象的の通則を規定しているものであれば之れを包含するものである」）。

判例は，公法人（公法上の法人・公共団体）の職務は公務員の職務（公務）とするという態度をとってきたが，公法人と私法人との区別は困難な場合もあり，また，このような扱いでは，ひるがえって，定義上の公務員でなくとも公務員とみることになり，公務員の範囲が広くなりすぎると批判される。そこで，学説上は，本罪にいう公務員となるのは，いわゆる「みなし公務員」（その職員を公務員とみなす旨の規定のある場合）に限るべきだとする見解が有力である。また，判例には，単に機械的肉体的労働に従事する者は除くとするもの（最決昭和30・12・3刑集9巻13号2596頁）がある一方，公務員とされるために，当該職制等の上で「職員」としての身分を有することは不要ともされている。郵便集配人は，単なる機械的労働に従事するものではなく郵便法等法令に基づき精神的労働を行うものであるとの理由で公務員であるとした判例（最判昭和35・3・1刑集14巻3号209頁）がある。

1　法定刑に懲役と並んで禁錮が規定されているのは，政治信条などに基づく非破廉恥犯の場合が想定されるからだと考えられる。このことの問題性については，既に述べた（21.2.1）。

（4）「職務を執行するに当たり」

> **設例** A・Bは，Aらが陳情した事項についての県議会委員会を傍聴していたが，委員長Cが審議打切り，休憩を宣して退室しようとしたので，これに抗議し，腕をつかんで引っ張ったり，体を押したり引いたり，体当たりするなどの行為に及んだ。

　行為は，「職務を執行するに当たり」，公務員に対し「暴行」または「脅迫」を加えることである。

　「**職務を執行するに当たり**」とは，「職務執行に際して」という意味であり，具体的・個別的に特定された職務行為の開始から終了までの時間をいう（最判昭和45・12・22刑集24巻13号1812頁）。職務執行中でなく，その職務行為をまさに開始しようとしているときについては，当該職務行為と時間的に接着し，切り離しえない一体性がある場合，それに続く職務が妨害される可能性を肯定することができるので，「公務を執行するに当たり」の範囲に含まれる。しかし，職務行為が終了した後は，たとえ近接した時間であっても，終了した職務の妨害の可能性はないので，「職務を執行するに当たり」とはいえない。したがって「国鉄助役が職員の点呼終了後次の職務である事務引継ぎに赴く際」はこれに該当しない。ただし，列車運転士が交代した後，助役のもとで終業点呼を受けるためホームを歩行していた際を職務執行中とした例がある（最決昭和54・1・10刑集33巻1号1頁，小牛田駅事件）。この事案では，関連する乗務員執務標準などを根拠に，列車運転士の運転に関する職務は，運転状況の報告など乗務に直結する内容を含む終業点呼によって完了することになるとの認定を前提とし，終業点呼により職務が完了するまで不可分のひとまとまりの職務行為が依然として継続中だと判断されたのである。これに対し，休憩中や，次の職務のため待機している状態は含まれない。待機自体が職務遂行にあたるとき（窓口に来る客を待っているなど）には，もちろん，待機中を通じて職務遂行中となる。

　また，判例は，「職務の性質によっては，その内容，職務執行の過程を個別的に分断して部分的にそれぞれの開始，終了を論ずることが不自然かつ不可能であって，ある程度継続した一連の職務として把握することが相当と考えられるものがあり，そのように解しても当該職務行為の具体性・個別性を失うものではない」という考え方を採っている。たとえば，「（電報局）局長及び次長の職務は，局務全般にわたる統轄的なもので，その性質上一体性ないし継続性を有するもの

と認められ、局長及び次長が被告人から暴行を受けた際、職務の執行が中断ないし停止されているかのような外観を呈していたとしても、なお一体性ないし継続性を有する前記の統轄的職務の執行中であったとみるのが相当である」とする（最判昭和53・6・29刑集32巻4号816頁、長田電報局事件）。あるいは、県議会委員長の職務は、委員会の秩序保持・紛議への対応などを含む統括的なものだとして、委員会の休憩を宣言した後であってもその職務執行中だとされた例（最決平成元・3・10刑集43巻3号188頁、熊本県議会委員会事件）がある。このような「統括的職務」については、その職務の性質上、一体性・継続性があることを考慮して職務執行中であるかどうかを判断するという姿勢が判例となっている。「職務を執行するにあたり」といえるかを職務の性質に応じて判断すべきことは当然であるが、管理的立場の公務員はたとえ休憩中といえども職務中であるという一般論が成り立つわけではないのももちろんであるから、職務の具体的あり方を吟味して判断する必要がある。

（5）「職務」の性質

　本罪にいう「**職務**」は、「公務員の執行する職務」、すなわち「公務」ということになる。「執行」という文言や、業務妨害罪との関係を考慮して、強制的性質の公務に限るべきだとの見解（「限定説」）も有力である。その根拠としては、公務であるというだけで民間業務と異ならない内容の職務が厚く保護される面があるのは均衡を欠くという考慮がある。すなわち、非権力的（現業的）公務が一方で業務妨害罪の客体ともなることから、非権力的公務は、暴行・脅迫を手段とする妨害からは公務執行妨害罪により、威力・偽計を手段とする妨害からは業務妨害罪により保護されることになるのである。また、実質的には、公務のうち権力的公務には「自力執行力」があるから、暴行・脅迫に至らない威力業務妨害で保護する必要はないので、権力的公務のみが公務執行妨害罪で保護されるのが妥当だともいわれる。

　しかし、警察官による逮捕のような実力行使の場合はともかく、「権力的」公務であるからといって一般に「自力執行力」を想定してよいかは問題である。また、想定されている「自力執行力」なるものも実質は明らかでなく、それを措くとしても、いずれにしても「偽計」に対しては無力であろうから、公務執行妨害罪における「職務」を業務妨害罪一般との関係で論じることはできないと思われる。他方、公務の二重保護論に対しては、上述のとおり、公務の「公共性」が国

家的法益としての保護の根拠である以上，強制的性質をもつものに限る理由がないという考え方にも合理性が認められるであろう。判例は，大審院以来，「職務」（公務）の性質についての限定をしていない（大判明治44・4・17刑集17輯601頁）。最高裁判例でも，職務には広く公務員が取り扱う各種各様の事務がすべて含まれるという判断が定着しており（たとえば，前掲・最判昭和53・6・29，長田電報局事件決定），通説も同様である（いわゆる「非限定説」）。

（6）職務の適法性

　保護の対象となる職務の「**適法性**」も必要である。明文の要件ではないが，違法な職務執行を保護し，これに対する抵抗・妨害を処罰する必要はないことはもちろんであり，保護されるべき公務が適法なものであることは当然の要請として肯定されている。本罪の「職務」とは「適法な職務」の意味以外にはありえないと解釈され，したがって，職務の適法性は「書かれざる構成要件要素」となる。すなわち，違法な職務執行に際して暴行・脅迫が加えられた場合，行為の違法性が阻却されるのではなく，構成要件に該当しないと考えられる。ただし，このように公務執行妨害罪の構成要件に該当しない場合にも，公務員個人に対する攻撃として暴行罪・脅迫罪の構成要件には該当しうる。ただし，その場合には，違法な職務に対する正当防衛として違法性阻却が認められることが多いであろう。なお，「職務の適法性」が構成要件要素である以上，それは本罪の故意の認識対象に含まれる。すなわち，職務が適法だと認識した上で，これを執行する公務員に対し暴行・脅迫が行われた場合に，本罪の故意が認められることになる。

　職務の適法性が認められるためには，当該職務執行が，①当該公務員の抽象的（一般的）職務権限に属すること，②その行為をなしうる具体的職務権限があること，③職務行為の有効要件たる法律上の重要な条件・方式を履践していることが必要である。職務権限（①・②）は，公務の適法性にとっての必須条件であるが，有効要件となる条件・方式（③）については，「重要な」条件・方式が問題とされ，軽微な違反があっても直ちに公務の要保護性を失わせるものではないと考えられている（最判昭和27・3・28刑集6巻3号546頁）。このような扱いは，「違法であっても要保護性のある場合」を「適法」な公務の方に分類する形になるが，執行対象者の保護の観点から重要でない条件は，必ずしも完全に備えていなくてもよいとすることにより，公務の「要保護性」と執行対象者の受忍限度との調整を図ろうとする実質的考慮があるといえる。なお，職務の適法性が争点となった事例とし

ては，県議会議長がとった措置が仮に会議規則に違反するものである等法令上の適法要件を完全には満たしていなかったとしても，具体的な事実関係のもとにおいては，本件暴行から保護されるべきものであって，95条1項にいう公務員の職務の執行にあたるとしたもの（最大判昭和42・5・24刑集21巻4号505頁）がある。

　次に，適法性の判断基底，すなわち判断の根拠が問題となる。これについては，職務執行者の認識を判断基礎にするという**主観説**，一般人の認識を標準とするという**折衷説**，裁判所が法令を解釈して客観的に判断すべきであるとする**客観説**が論じられる。主観説・折衷説は，人の認識によって適法性を判断する点において，いずれも，職務の適法性が客観的事実であるという事情にふさわしくない。できるだけ公務員本人や一般人の意識によらない判断が望ましく，客観説が妥当である。判例も同様である（大阪高判昭和40・9・9判時449号64頁，最決昭和41・4・14判時449号64頁）。

　適法性の判断時点に関しても，**行為時標準説・裁判時標準説**がある。判断基底に関する客観説の思想からすれば，裁判時点に立って，行為後に明らかになった諸事情をすべて考慮して判断すべきであるとも考えられる。しかし，たとえば，通常逮捕（刑訴199条）の要件を充足していた以上，その逮捕は適法であるとしなければならない。逮捕の適法要件は，それが事後的に否定されないことまでを要求するものではないはずである。後に逮捕の理由がなかったという事情が明らかになったからといって，適法に行われた逮捕が遡って違法とされるのは不都合であろう。このように，裁判時を基準にする判断には問題があるので，判例・通説は，職務遂行時の状況を前提に判断すべきだとする行為時標準説を支持する。

（7）職務の適法性についての錯誤

　公務の適法性についての錯誤があった場合，すなわち，行為者が適法な公務を違法だと認識していた場合は，「書かれざる構成要件要素」に関する錯誤であるから，事実の錯誤[2]であって，本罪の構成要件的故意を欠くことになる。しかし，単純にこのような考え方を採ると，適法な公務について行為者が軽率に違法であると信じた場合にも事実の錯誤として故意が否定され，常に犯罪の成立を否定せざるをえないこととなり，適切でないように思われる。

　判例には，公務の適法性についての錯誤は，法律の錯誤であって故意を阻却し

---

[2] 事実の錯誤があるときは，現に存在する構成要件に該当する事実の認識が欠けることになる。そこで，原則として故意が否定されるのである。

ないとするものがある（大判昭和7・3・24刑集11巻296頁）。この判例の事案では，地方議会議長の議事運営について，それが違法であるから妨害しても公務執行妨害にあたらない，との行為者の誤った判断があった。裁判所は，それを（事実の錯誤ではなく）法律の錯誤とし，故意は否定されないと結論したのである。この考え方は，理論的には，職務の適法性が構成要件要素ではないと認めることを意味する。しかし，上述のとおり，適法な公務のみが保護に値するというのは，犯罪類型の設定上当然の前提であろう。したがって，職務の適法性という事情は，そもそも公務執行妨害罪の類型にあたるか否かに関わるものであって，これを構成要件要素とすることの方に合理性がある。

そこで，「公務の適法性を基礎づける事実」の誤認は事実の錯誤であって故意を否定するが，「適法要件や事実に基づく適法性評価など適法性そのもの」についての誤解の場合は，事実の錯誤はなく，ただその事実の評価を誤ったものであるから法律の錯誤であり，したがって（構成要件的）故意は否定されない，とする考え方（二分説）が主張される。二分説によると，不注意であっても，職務の適法性を認識するための手がかりとなる事実について認識がなかった場合には故意は認められないが，適法な職務執行であることが認識できる場合であるのにその評価を誤ったときには，故意は否定されない。

「適法性を基礎づける事実」と「適法性判断」との区別には困難さがつきまとうものの，理論的考慮からは，二分説の考え方は妥当であろう。たとえば，逮捕状を示して逮捕する際，逮捕状の存在を認識せず，逮捕状がないとの認識で逮捕者に暴行して抵抗するときには，「公務の適法性を基礎づける事実」についての錯誤といえるので，故意が否定される。これに対し，逮捕状を認識し，しかし，たとえ逮捕状が出ていても身に覚えのないことで逮捕するのは違法であると考えて反抗するときは，事実についての認識に錯誤はなく，職務の適法性そのものについての判断の誤りであるから，法律の錯誤となる[3]。

（8）行為──暴行または脅迫

「暴行」とは，人に対する物理力の行使（広義の暴行）を意味する。いわゆる「間接暴行」を含む。すなわち，人の身体に対するものでなくともよいが，公務員に対してなされる必要があるので，少なくとも間接的に公務員の身体に物理的

---

[3] 事実の錯誤・法律の錯誤（違法性の錯誤）の一般的な区別，事実の錯誤・法律の錯誤とされた場合にの処理については，刑法総論の課題であるので，ここでは問題の整理にとどめておく。

影響が及ぶことを要するとするのが学説の傾向である。たとえば，公務員の乗っている車両や公務員の身体の近辺にある物への物理力行使がこれにあたるであろう。行為が公務員の面前で行われることを実際的基準として呈示する説もあるが，暴行は物理力としての効果が核心であるから，面前性基準に心理的障害の惹起を考慮する部分があるとすれば，それは妥当ではなかろう。

判例は，物に対する暴行・補助者に対する暴行などを含めており，公務員の身体に対する感応ではなくとも，公務が意図どおりに行われるのを妨げるような物理力行使は，広く本罪の暴行とされている。たとえば，公務員が押収しトラックに積み込んだタバコをその面前でトラックから投げ捨てる行為（最判昭和26・3・20刑集5巻5号794頁），公務員の命により指示に従って家財道具を屋外に搬出中の公務員でない補助者に対する暴行（最判昭和41・3・24刑集20巻3号129頁），公務員が差し押えて車に積み込んだ密造酒入りの甕をなたで破砕して内容物を流出させる行為（最判昭和33・10・14刑集12巻14号3264頁），証拠物として差し押え，整理のため置いた覚せい剤入りアンプルを足で踏みつけて破壊する行為（最決昭和34・8・27刑集13巻10号2769頁），司法警察員等数名が捜索差押の職務を執行している現場で電灯を破壊して暗闇とした行為（東京高判昭和37・11・9下刑集4巻11＝12号980頁）などが本罪にあたるとされた[4]。

暴行は，積極的作用として行われることを要し，受動的な抵抗では足りない。腕を掴まれ逮捕されそうになった者が，これを避けようとして手を振り払った程度では，本罪の暴行にはあたらない。

「**脅迫**」とは，人を畏怖させるに足りる害悪の告知で，広義の脅迫の意味である。

これらは，公務の執行を妨害する程度のものであることを要するが，現に職務執行が妨害されることは不要である。すなわち，本罪は，妨害に足りる程度の暴行（ないし脅迫）が行われることによって成立する抽象的危険犯である（最判昭和33・9・30刑集12巻13号3151頁）。

---

[4] これらの事例には，とくに差し押えられたり押収されたりした対象物の破壊のように，公務員への物理的感応を要求する立場からは本罪の暴行と認めにくいものがある。しかし，いずれも「公務員面前性」という基準は充足し，何らかの意味で公務員に対し影響を及ぼす可能性はあったといえる。暴行のもつ物理的効果以外の事情を考慮する点に問題はあるが，「公務員面前性」は，判例を前提にしつつ，その包摂範囲が広がりすぎないようにする基準としては意味がある。

(9) 他罪との関係

本罪の保護法益は公務の円滑な遂行であって，個人的法益に対する罪は，本罪とは別に評価される。したがって，殺人罪・傷害罪・事後強盗罪・強盗致傷罪・騒乱罪などは，本罪と観念的競合の関係になる。ただし，暴行・脅迫は，個人的法益に対する侵害ではあるが，本罪の手段としての行為にほかならず，公務執行妨害の中でこの不法についても当然合わせて評価されているものと解するべきであるから，本罪の事実として評価され，別途，暴行罪・脅迫罪を構成しない。

30.2 公務の執行を妨害する罪——その他の類型

30.2.1 職務強要罪

職務強要罪（95条2項）は，公務員に，ある処分をさせ，もしくは，させないため，または，その職務を辞させるために，暴行または脅迫を加えた者を，95条1項（公務執行妨害罪）と同様，3年以下の懲役もしくは禁錮または50万円以下の罰金に処するものである。

本罪に関しても，破防法40条3項，暴力行為等処罰法3条2項に特別規定がある。

狭義の公務執行妨害罪が現在の職務執行に対する妨害であるのに対し，将来の職務執行に対する妨害であるということができる。「公務員」の意義，行為である「暴行」・「脅迫」の内容については，公務執行妨害罪と同様に解される。手段としての暴行・脅迫が別に暴行罪・脅迫罪を構成しないことも公務執行妨害罪と同じである。さらに，本罪の構成要件は強要の事実も包括すると解されるから，強要罪も本罪に吸収されて別罪を構成しない。

「処分」については，判例は，職務に関係のある処分であれば職務権限内のものに限られないとする（最判昭和28・1・22刑集7巻1号8頁）。しかし，狭義の公務執行妨害罪との関係も考慮すれば，公務員が職務上なしうる（職務権限内の）行為に限ると考えるべきではないかと思われる。

職務強要罪は，将来の職務に関連する強要の目的が必要とされる目的罪である。目的の内容となっている事実が実現する必要はない。本罪は，作為・不作為の強要を目的とする類型であるから，違法な処分をさせる目的・適法な処分をさせる

目的(作為強要の目的)と,適法な処分をさせない目的・違法な処分をさせない目的(不作為強要の目的)とがありうる。作為強要の目的は,たとえ適法な職務が強要されるときであっても,積極的に職務に影響力を行使して事実を形成するものであって,性質上,将来の職務遂行に影響が生じる危険性を否定できない。これに対し,不作為を強要する目的である場合は,それ自体は新たな物理的因果効果をもたらすものではない。つまり,「違法な職務をさせない」目的である場合には,もともと行われるべきではない公務が行われないようにするだけで,将来の職務の適法性に対する危険は小さいと考えられる。そこで,不作為の強要の場合には,適法な職務をさせない目的に限ると解する。

30.2.2 封印等破棄罪

封印等破棄罪(96条)は,公務員が施した封印,もしくは,差押えの表示を損壊し,または,その他の方法により,その封印もしくは差押えの表示にかかる命令もしくは処分を無効にした者を,3年以下の懲役もしくは250万円以下の罰金に処し,または,これらを併科するものである。

本罪に関する特別規定として,組織犯罪処罰法3条1項1号がある。

無効にされる客体は「命令または処分」であり,保護法益は,それら公務員の命令または処分,あるいはその有効性である。公務執行妨害罪が「職務を執行するにあたり」行われることとの対比でいえば,職務執行後にその執行の効力を阻害する行為を処罰する規定である。

行為として,「公務員が施した封印の損壊」,「公務員が施した差押えの表示の損壊」が挙げられているが,「その封印もしくは差押えの表示かかる命令もしくは処分を無効にする」手段の例示である。「封印」とは,物に対する任意処分を禁止するためにした封緘その他これに類する設備をいう。判例上,郵袋(郵便行嚢)の封印,執行吏が俵に縄を張り文字を記載した紙片を巻きつけたものなどがこれにあたるとされた。「差押えの表示」とは,公務員が職務上保全すべき物を強制的に自己の占有に移したことを明らかにするために物に施した表示のことである。これらは,施された時点でその封印等に客観的適法性が認められるとともに,行為時に適法な封印・差押えの表示にかかる処分(効果)が存在・存続している必要があるというべきであろう[5]。そうすると,瑕疵ある仮処分に対する封印破棄罪を肯定した判例(最決昭和42・12・19刑集21巻10号1407頁)には,疑問が

ある。なお，差押えの表示としての効用が減弱した（執行官が立てた仮処分公示札に何者かが包装紙をかぶせて紐をかけてあり，そのままでは内容を知ることができない）状態でも，容易に表示内容を明らかにすることができるものであったとして本罪の成立を認めた判例（最決昭和62・9・30刑集41巻6号297頁）がある。

　封印・差押えの表示に対する行為として挙げられている「**損壊**」は，物理的に破壊して事実上の効力を消滅・減少させることだと解されている。ただし，その他の方法によって命令・処分を「無効にする」こと一般が構成要件的行為とされており，物理的破壊をせずに事実上の効力を消滅・減少することが含まれるので，結局，物理的破壊がなくとも本罪は成立する。そうすると，行為時に物理的に封印等が存在するか否かに本質的な差異はなく，適法に施された封印等が除去された状況であっても，これを実質的に無効にする行為は，本条に該当する。たとえば，不動産の競売手続において，裁判所が民事執行法55条2項の規定により執行官保管の保全処分を命令し，その旨公示札で表示されているとき，この表示札が違法に除去された状態で，その後，経緯を知る者がさらに妨害を行うという場合，後の妨害行為も本罪を構成するとされる。このほか，判例では，封印した桶から密造酒を漏出させる行為（最判昭和31・4・13刑集10巻4号554頁），立入禁止の標示札を無視して土地内に立ち入り耕作する行為，仮処分を受け公示書が貼付されている建物を他人に賃貸してその内部を改造させる行為などが「無効にする」行為にあたるとされた。

　なお，本罪をはじめ，強制執行妨害関連の罪においては，法定刑は，3年以下の懲役もしくは250万円以下の罰金に処し，またはこれを併科することとされている（96条の5の加重封印等破棄罪の場合は，5年以下の懲役もしくは500万円以下の罰金に処し，またはこれを併科する）。強制執行妨害に関わる手段は，複数が重複して用いられることもあるし，究極的な侵害法益からみても各種の妨害行為は同等の不法性があると解される。罰金の併科は，悪質な妨害行為であって懲役刑を選択すべき場合においても，それが利欲的性格をもつことが多いため，財産面での制裁を合わせて行う可能性を認める趣旨である。

5　もっとも，後述のとおり，封印等が物理的に存在していることまでは要しないと解される。

30.2.3 強制執行妨害目的財産損壊等罪

本罪は，強制執行を妨害する意味をもつ財産損壊等の類型を合わせて規定する（96条の2）。すなわち，

強制執行を妨害する目的で，次の各号のいずれかに該当する行為をした者は，3年以下の懲役もしくは250万円以下の罰金に処し，または，これを併科する。情を知って，第3号に規定する譲渡または権利の設定の相手方となった者も，同様とする。

1号：強制執行を受け，もしくは，受けるべき財産を，隠匿し，損壊し，もしくは，その譲渡を仮装し，または，債務の負担を仮装する行為
2号：強制執行を受け，または，受けるべき財産について，その現状を改変して，価格を減損し，または，強制執行の費用を増大させる行為
3号：金銭執行を受けるべき財産について，無償その他の不利益な条件で，譲渡をし，または権利の設定をする行為

というものである。

本罪は，強制執行の進行を妨害する行為のうち，主として**物に向けられたもの**を処罰する趣旨の規定である。なお，組織犯罪処罰法3条1項2号，同条2項の特別規定がある。

96条の2以降の強制執行妨害関係の罪の保護法益は，公の強制執行の機能である。改正前の類型についての判断であるが，判例は，民事的作用に対する罪の性格を強調し，本罪の前提として民事上の基本的債権が必要だとする（最判昭和35・6・24刑集14巻8号1103頁）が，現行法が強制執行妨害という公務執行妨害に共通した規定のしかたをしていることから，この判例の意義については慎重な評価が必要であろう。いずれにしても，立法により，主体は，債権者に限られないことが明確化された。

なお，国税徴収法による滞納処分について，立法者意思は，本条の適用は排除されないとしている。すなわち，本条の強制執行は，民事執行法・民事保全法によるもの，それを準用するものだけでなく，実質的に類似するものを含む。そうすると，国税徴収法による滞納処分は民事執行に類似することを考慮して，滞納処分における公売も本条の売却に含まれるとの理解が成り立ち，しかも，罰金額につき本罪の法定刑の方が重いので，この公売妨害の処罰は本条によることとなるものと考えられるのである[6]。

また，改正前の96条の2にいう「強制執行」には，民事執行法1条に定める「担保権の実行としての競売」が含まれるとする判例（最決平成21・7・14刑集63巻6号613頁）があり，改正後の本条のもとでもなお同様に解されよう。なお，強制執行は，はもちろん適法なものでなければならない。

　本罪は，目的罪であり，目的の実現は要しない。ただし，目的実現の客観的可能性は必要であろう。強制執行を免れる目的までは必要とされず，強制執行の進行を一時的にでも妨害する目的であれば足りる。

　客体は「強制執行を受け又は受けるべき財産」とされ，現に強制執行手続が進行中の財産だけでなく，強制執行を受けるおそれが客観的に生じている財産も含まれる。「債務の負担を仮装する」とは，仮想の債務を負担して財産を少なく見せる行為はもちろん，いわゆる「占有屋[7]」が，強制執行の目的財産について仮想の占有権原を主張して手続を妨害する行為について，財産所有者である債務者が権原仮想工作に関与しておらず，行為者が債務を「負担」しているかが問題となりうる場合にも，処罰対象とする趣旨である。金銭債権の引当財産を不足させる行為は，財産損壊・仮装譲渡を手段とする場合でなくとも3号の定める「不利益処分」として処罰される。本号の客体は，「金銭執行を受けるべき財産」であって，強制執行を受けるおそれのある客観的状況が発生した後，強制執行が開始される前における，目的となるべき財産を意味する[8]。

　このほか，情を知って，譲渡または権利の設定の相手方となった者も同様とされる。すなわち，3号の行為と必要的共犯の関係にある行為が処罰される旨が明らかにされている。

30.2.4　強制執行行為妨害等罪

強制執行行為妨害等罪（96条の3）は，次の類型から成る。

　偽計または威力を用いて，立ち入り，占有者の確認，その他の強制執行の行為

---

[6] 国税徴収法の特別規定によることになるので，刑法の強制執行妨害関係罪の適用はないとする判例（最決昭和29・4・28刑集8巻4号596頁）は，先例たる意義を失ったというべきであろう。

[7] 抵当の対象になっている土地などを短期の賃貸借等を主張して占拠する者をいう。「占有屋」への対応が，本条の犯罪類型制定に際し立法事実のひとつとされた。

[8] 金銭執行は目的財産の差押えによって開始される（民執法45条等参照）ことから，差押え後の譲渡は差押債権者に対抗することができず，この譲渡を引当財産に不足を生じさせるものと評価することはできないからである。

を妨害した者は，3年以下の懲役もしくは250万円以下の罰金に処し，または，これを併科する（同条1項）。

　強制執行の申立てをさせず，または，その申立てを取り下げさせる目的で，申立権者またはその代理人に対して暴行または脅迫を加えた者も，同様，3年以下の懲役もしくは250万円以下の罰金に処し，または，これを併科する（同条2項）。

　本罪についても，組織犯罪処罰法3条1項3号，同条2項に特別規定がある。本罪は，強制執行の進行を妨害する行為のうち，強制執行の実施現場における執行行為の進行を保護するため，執行官や債権者等の人に対する行為を処罰するものである。2項の「**申立権者**」とは，自己の名において強制執行の申立てをする権利を有する者をいい，法人の場合を含む（法人の代表者等に対する暴行・脅迫が想定されている）。「**代理人**」には法定代理人も任意代理人も含まれる。

　1項の罪で手段とされる「**偽計**」・「**威力**」は，業務妨害罪（233条・234条）と同じである。強制執行行為の妨害手段が暴行・脅迫であれば公務執行妨害罪（95条1項）にあたりうるが，それ以外の行為に対応したものである。「**妨害**」とは，強制執行行為の円滑な進行を不可能または困難にすることをいう。現場における現実の執行行為を対象にするものであるので，侵害犯と理解すべきであろう。

　2項の罪は，強要罪（223条），業務妨害罪に該当しない場合を想定したものと解されるので，「**脅迫**」は，告知される害悪の如何を問わない。目的犯であり，目的の内容は実現することを要しないので，現実に申立権者等の意思自由に影響を及ぼすことも必要がないとされている。

30.2.5　強制執行関係売却妨害罪

　強制執行関係売却妨害罪（96条の4）は，偽計または威力を用いて，強制執行において行われ，または，行われるべき売却の，公正を害すべき行為をした者を，3年以下の懲役もしくは250万円以下の罰金に処し，または，これを併科するものである。

　本罪に関しても，組織犯罪処罰法3条1項4号，同条2項に特別規定がある。本罪は，売却の公正を害すべき行為をする罪である。競売開始決定前において行われた行為も含まれる。財産の換価手続は，競り売り・入札に限られず（民執法64条参照），強制執行に関係する売却であることが要件である。

　「**偽計**」・「**威力**」は，本罪においても，業務妨害罪のそれと同義である。「入札

又は競売」とされていた改正前の判例であるが，競売開始決定のあった土地建物に関する虚偽の賃貸借契約書を裁判所に提出する行為（最決平成10・7・14刑集52巻5号343頁），競売における入札で最高価買受申出人となった者に対し落札後にその取得を断念するように威力行使して要求する行為（最決平成10・11・4刑集52巻8号542頁）などがある。

「**公正を害すべき行為**」とは，強制執行における売却が，それに参加する者の公正かつ自由な競争によって行われることを阻害するおそれのある行為をいう。現実に公正を害する必要はない（抽象的危険犯である）。「談合」も偽計にあたり，また，売却の公正を害する行為であると解されるので，強制執行に関し談合が行われた場合は本罪を構成する。

30.2.6 加重封印等破棄等罪

加重封印等破棄等罪（96条の5）は，報酬を得，または，得させる目的で，人の債務に関して，第96条から第96条の4までの罪を犯した者を，5年以下の懲役または500万円以下の罰金に処し，または，これを併科するものである。

本罪は，96条の罪（封印等破棄）・96条の2の罪（強制執行妨害目的財産損壊等）・96条の3の罪（強制執行行為妨害等）・96条の4の罪（強制執行関係売却妨害）者につき，自ら報酬を得ること，または他人に報酬を得させることを目的として行った場合を加重して処罰するものである。「占有屋」と呼ばれるような職業的な妨害勢力による悪質・執拗な妨害については，抑止の必要がより高いこと，他方で，職業的妨害勢力の妨害は犯罪行為に及ぶことの対価として報酬を得ることが目的であると考えられることから，本条のような要件が設定された。

「**人の債務に関して**」とは，犯人以外の者の債務に関してという意味で，他人に対する強制執行が行われる際に，これに介入することが想定されている。「債務」となっているが，物権に関するものを含む。

30.2.7 公契約関係競売等妨害罪

公契約関係競売等妨害罪（96条の6）は，次の2類型から成る。
① 偽計または威力を用いて，公の競売または入札で契約を締結するためのものの公正を害すべき行為をした者は，3年以下の懲役もしくは250万円以下

の罰金に処し，または，これを併科する（同条1項）。

② 公正な価格を害し，または，不正な利益を得る目的で，談合をした者も，同様，3年以下の懲役もしくは250万円以下の罰金に処し，または，これを併科する（同条2項）。

　1項の罪の手段である「偽計」・「威力」は，業務妨害罪と同様に解される。「公の競売または入札で契約を締結するためのもの」という文言は，いささかわかりにくい。強制執行における売却では，買受人が所定の代金を納付することにより直ちに目的財産の所有権が買受人に移転することとされている（たとえば民執法79条参照）のに対し，公共工事・公有物売却等に関する競売・入札については，落札者となった者と国・地方公共団体との間で改めて契約手続を行うこととされている（会計法など参照）。すなわち，この場合の競売・入札は，契約締結とは切り離された契約の相手方を選定する手続と解されるので，「契約を締結するためのもの」と表現されているのである。

　脅迫による談合要求（最決昭和58・5・9刑集37巻4号401頁）は，威力を用いて公正を害すべき行為を行ったものといえよう。本罪でも懲役・罰金の併科の可能性を認めている。

　96条の6第2項の罪は，いわゆる談合罪である。本罪は，構成要件的行為が複数関与者を予定する必要的共犯（集合犯）である。上述のとおり，強制執行の売却に関する談合は96条の4の処罰対象となる。「公正な価格」については，入札を離れて客観的に測定される価格ではなく，その入札において公正な自由競争が行われたならば成立したであろう価格をいう（最判昭和32・1・22刑集11巻1号50頁）。談合となるためには，競争者が互いに通謀して特定の者を契約者とするために他の者がある価格以下または以上に入札しないことを協定すれば足り，その協定に従って行動することまでは要しない（最決昭和28・12・10刑集7巻12号2418頁）。

■第31章■

国の司法作用に対する罪
—— 逃走の罪，犯人蔵匿・証拠隠滅の罪，偽証の罪，虚偽告訴の罪

　本章では，国家の作用に対する罪のうち，司法に関連する作用を対象とする類型を扱う。司法作用は，国民の自由・人権に対し直接に強制力をもって働きかけるものであり，他方で，刑法自体にとってもその効果を実現する手続に関係するものである。刑法典には，国の拘禁作用を害する逃走の罪，犯人や証拠の探索作用に影響する犯人蔵匿・証拠隠滅の罪，刑罰・懲戒の作用を阻害しまたは誤らせる行為に関する偽証の罪，虚偽告訴の罪といった類型がおかれている。

31.1　逃　走　罪

31.1.1　保護法益等

> **設例1**　未決拘禁で拘置所に収容されていたAは，逃走するため，拘置室のモルタル壁をはがして穴を開けようとし手作業を始めたが，逃走の目的を達する前に発見され，逮捕された。

　97条以下の逃走罪は，国の司法作用の一つである拘禁作用（とくに刑事司法手続における拘禁作用）を保護するものである。設例1のように，拘禁されている者が自ら逃走する類型は，被拘禁者にとって逃走しようとするのを必ずしも責められない，裏側からいえば，犯人に適法行為に出るよう期待しにくい（期待可能性が低い）ことから，このような行為を処罰対象としない立法例が多いと指摘されるが，日本の刑法では単純逃走罪も処罰される。

31.1.2 単純逃走罪

単純逃走罪（97条）は，裁判の執行により拘禁された既決または未決の者が逃走したときに，1年以下の懲役に処するものである。

本罪は，未遂が処罰される（102条）。

主体は，「裁判の執行により拘禁された既決または未決の者」とされている（身分犯）。状況からいえば，刑事収容施設に収容され拘禁されている者のことになる。もちろん，拘禁は適法なものでなければならない。「**既決**」の者とは，確定判決により拘禁されている者をいう。死刑判決を受けて拘置中の者は，刑の執行として拘禁されている者ではないが本罪の主体に含まれる。同様に，労役場に留置されている者を含む。「**未決**」の者とは，被告人・被疑者であって勾留状により拘禁されている者をいう。これには鑑定留置となっている者が含まれる。

行為は，「**逃走**」である。逃走とは，拘禁を離脱する行為をいい，看守者の実力支配を脱したときに既遂となる（広島高判昭和25・10・27判特14号128頁）。既遂に達した後は，拘禁作用の侵害状態が続くが，継続犯ではなく，逃走完了により犯罪事実が終了する状態犯である。

31.1.3 加重逃走罪

加重逃走罪（98条）は，97条に規定する者（「裁判の執行により拘禁された既決または未決の者」）または勾引状の執行を受けた者が，拘禁上もしくは拘束のための器具を，損壊し，暴行もしくは脅迫をし，または，2人以上通謀して，逃走したときに，3月以上5年以下の懲役に処するものである。

本罪も，未遂が処罰される（102条）。

主体は，97条の主体，および，それに加えて，勾引状の執行を受けた者である（身分犯）。ここにいう勾引状は広義に解され，特定の場所に拘禁することを許す令状をいうとされている。勾留状・収監状，逮捕状，証人に関する勾引状（民訴法194条，刑訴法152条。なお，刑訴法62条参照）などがこれにあたる。「執行を受けた者」であれば，現に特定の場所に引致され，または留置される前の者も含まれる。

行為は，①拘禁場または拘束のための器具の損壊，②暴行または脅迫，③2人以上の通謀を手段として，逃走することである。通謀逃走の場合は必要的共犯に

なる。

　「拘禁場」とは，刑事収容施設[1]その他拘禁の用に供せられる施設，「拘束のための器具」とは，被収容者の身体を拘束する道具（手錠等）をいう。「損壊」は，物理的な毀棄・破壊の意味に解される。

　「暴行」・「脅迫」は，看守者に対する反抗の態度のようなものではなく逃走の手段として行われることを要し，逃走の手段としての実効性を有するものとして看守者または看守者に協力する者（人）に対してなされることが必要であると解される。したがって，間接暴行を含むが対物暴行を含まない。

　「二人以上の通謀」とは，本罪の主体たる2人以上の者が共に逃走するために意思疎通し合意することをいう。

　着手時期は，原則として手段の開始時である（最判昭和54・12・25刑集33巻7号1105頁，逃走手段としての損壊が開始されれば着手があるとされた）。ただ，通謀逃走において通謀の時点で着手を認めるのは，逃走事実との関係で時期的に早すぎることは否めないので，逃走開始時点で着手があるとすべきであろう。したがって，通謀逃走罪においては，通謀した各人全員が逃走に着手しなければ，本罪の着手はないと解する[2]。既遂・未遂は，通謀逃走にあっても各人個別に判断される。

31.1.4　被拘禁者奪取罪

　被拘禁者奪取罪（99条）は，法令により拘禁された者を奪取した者を，3月以上5年以下の懲役に処するものである。

　本罪も，未遂が処罰される（102条）。

　客体は，「法令により拘禁された者」である。法令に基づいて身体拘束を受けている者の意味であることは問題がなく，97条・98条に規定される被拘禁者はこれに含まれる。しかし，その他の者の範囲については議論がある。通説は，現行犯逮捕された者，緊急逮捕されて令状が発せられる前の者を含むとする。他方，心神喪失者等医療観察法による入院決定を受けた者（同法42条1項1号），精神保健法による入院措置を受けた精神障害者（同法29条，29条の2），さらに児童福祉

---

[1]　刑事収容施設及び被収容者等の処遇に関する法律1条参照。
[2]　通謀者のうち1人が逃走（に着手）し，他の者は逃走（に着手）しなかった場合には，逃走者は単純逃走罪（未遂犯），他の者は逃走援助罪（100条）とすべきかと思われる（佐賀地判昭和35・6・27下刑集2巻5=6号938頁）。

法に基づく児童自立支援施設に入所中の者（同法44条）は含まれないとする。これらの場合，実質から考えても拘禁作用といえるかどうか自体が疑問であり，児童自立支援施設の場合などは法的にみて強制処分の範疇に属するものかも疑わしいので，通説が妥当である。少年院・少年鑑別所に収容された者については，実質的に司法に関する国家の強制的収容処分を受けた者として客体性を肯定する説と，少年に対する保護・教育を旨とし刑事司法手続によるものとは一線を画するものとして否定する説とがある。拘禁作用の保護という観点からみると，法的性質より実質を重視する方が合理的であると考えられることから，わたくしは肯定説を支持する。

行為は，「奪取」することである。奪取とは，被拘禁者等を看守者の支配から離脱させ，自己または第三者の実力支配に移すことを意味する。看守者の支配から離脱させるだけでは足りない（その場合は，逃走援助罪とすべきであろう）。手段の如何，非奪取者の意思の如何を問わない。

31.1.5　逃走援助罪

逃走援助罪（100条）は，①法令により拘禁された者を逃走させる目的で，器具を提供し，その他，逃走を容易にすべき行為をした者を，3年以下の懲役に処し（同条1項），②法令により拘禁された者を逃走させる目的で，暴行または脅迫をした者を，3月以上5年以下の懲役に処する（同条2項）ものである。

本罪も，未遂が処罰される（102条）。

客体は，99条の場合と同様である。行為としては，1項では，器具を提供することを例示した上で，「逃走を容易にする行為」との規定がなされている。そこで，逃走に役立つ器具を提供することに限らず，逃走方法を教えたり，手錠を解いたりする場合にも，逃走援助罪が成立しうる。逃走行為自体が犯罪を構成しない場合にも幇助的な行為を処罰する類型で，逃走罪の幇助的行為を独立罪化したものとされるが，行為としては，いわゆる幇助に限らず教唆的行為を含む。それらの行為が行われ終了すれば，既遂となる。2項の「暴行」・「脅迫」は，逃走を容易にさせる性質の暴行・脅迫であることを要する。そのような性質のものである限り，直接に看守者等に対するものでなくともよい。1項の罪に比して法定刑が加重されている。

本罪は，目的犯であり，「法令により拘禁された者を逃走させる目的」で行わ

31.1.6 看守者等による逃走援助罪

看守者等逃走援助罪（101条）は、法令により拘禁された者を看守し、または、護送する者が、その拘禁された者を逃走させたときに、1年以上10年以下の懲役に処するものである。

本罪も、未遂が処罰される（102条）。

主体は、「法令により拘禁された者」を「看守する者」または「護送する者」である。法令の根拠に基づき看守または護送の任務に従事する者をいう。主体に限定がある身分犯であるが、本罪を逃走援助罪（100条）の身分による加重類型（加減的身分による不真正身分犯）とみるか、逃走援助罪とは行為態様を異にし、看守者等の身分者についてのみ処罰する類型（構成的身分による真正身分犯）とみるか、説が分かれる。101条の文言は、100条に対応して「逃走を容易にすべき行為」と記述しておらず、また、看守者の場合には、逃走防止措置の義務が課せられており、不作為による実行が容易に想定される点において、100条の場合とは行為のあり方そのものが異なるというべきであろう。わたくしは、看守者等の身分を構成的身分と解し、本罪を真正身分犯とする説を支持する。

行為は、「逃走させる」ことである。「逃走させる」とは、逃走を惹起または容易にする一切の行為をいうとするのが通説である。たとえば、施錠されていない状態を放置するなどの場合を含む。「させる」という文言が逃走可能状態を放置することまで含むとは解しにくいことから、被拘禁者を積極的に解放する行為と、その逃走を黙認する行為とに限るとする見解もある。しかし、看守者等の任務を考慮すれば、上述のとおり逃走させないようにする義務を認めることができるので、消極的態度（不作為）による場合にも十分な不法性が認められるであろうし、それが本罪を真正身分犯とする考え方とも整合する。よって、わたくしも通説に従う。本罪は、逃走させる行為を独立罪としたものであるから、総則の幇助犯規定（62条等）は適用されない。

逃走させる行為を開始すれば着手が認められるが、既遂となるためには、被拘禁者が実際に逃走し、逃走自体が既遂に達することまでを要すると解するのが通説である。不作為を含む本罪の行為態様から考えて、通説が妥当であろう。

31.2 犯人蔵匿および証拠隠滅の罪

設例2 Bは，真犯人Cの身代わりとなって，警察署に出頭し，Cの行った犯罪は自己が行ったものである旨を自白した。

31.2.1 保護法益

犯人蔵匿行為，証拠隠滅行為は，直接的に国家の犯罪者探索活動や犯罪捜査に影響するものである。犯人蔵匿・証拠隠滅の罪の保護法益は国家の刑事司法作用であるとするのが通説であり，刑事司法作用の適正に対する抽象的危険犯であると解される。庇護等に伴う犯人の個人的利益は，親族の行為についての特則（105条）において，類型的期待可能性の問題として考慮されるにとどまる。なお，他人の刑事事件に関する証拠の偽造等は，犯人庇護の意味をもつ場合に限られるわけではない。証人等威迫罪（105条の2）は，証人らの私生活の平穏ないし自由に対する罪という性格を有するが，第一次的には国家の刑事司法作用に対する侵害が問題にされるものと解されている。

31.2.2 犯人蔵匿等罪

犯人蔵匿等罪（103条）は，罰金以上の刑にあたる罪を犯した者，または，拘禁中に逃走した者を，蔵匿し，または，隠避させた者を，3年以下の懲役または30万円以下の罰金に処するものである。

本罪は，罪を犯した者または拘禁中に逃走した者の身柄確保に向けられた刑事司法作用の適正を保護するものである。

組織犯罪処罰法7条1項1号，同条2項に特別規定がある。

客体とされている者のうち，「罰金以上の刑にあたる罪を犯した者」とは，法定刑のもっとも重い刑が罰金以上である罪を犯した者をいう。故意を認めるためには，客体の属性についての認識が必要であるが，客体が「客観的に罰金以上の刑を定める罪」を犯した者であることについて認識があれば，犯罪の法定刑などの具体的認識は不要であり，故意を肯定することができる[3]。

「犯した」とは，真実罪を犯したことを意味する（客体は真犯人に限る）のか，犯罪の嫌疑を受けて捜査・訴追の対象とされていることを意味するのかについて議論がある。判例（最判昭和24・8・9刑集3巻9号1440頁）は後者の態度を採る。学説には，嫌疑を受けて捜査中の者であれば，既に国家の審判作用等の保護の必要が生じているというべきであるとして，判例と同様に解する説[4]のほか，明らかに真犯人でない場合を除く趣旨で，真犯人と強く疑われる者をいうとする説[5]がある。さらに，否定的に解する説，すなわち，形式的には文言の厳格な解釈を基礎に，実質的には無実の者を蔵匿する行為は刑事司法作用を侵害する危険が小さく期待可能性も低いことを理由として，真犯人の場合に限るとする説[6]も有力である。捜査対象となっていることは，相応の嫌疑に基づくことが前提であるから，嫌疑を受けて捜査中の者とすることにも理由があると思う。明らかに真犯人ではないことがわかる場合には，違法性阻却・責任阻却の余地があろう。

　行為は，「蔵匿」・「隠避」であり，いずれも官憲による発見・逮捕を免れさせる行為であるが，一般的な理解としては，場所を提供する場合が蔵匿，それ以外の方法による場合が隠避である。身代り犯人が官憲に対し自首することは「隠避」にあたり，設例2では，BはCを隠避したことになる。したがって，身代り犯人に「自首」させる行為は「隠避教唆」であるとされる（大判大正4・8・24刑録21輯1244頁）。逮捕・勾留されている者を釈放させようとして，別人を身代りとして出頭させる場合は，客体の所在が明らかであり既に身柄が確保されているので「隠す」という表現になじむかどうか問題があるものの，隠避教唆にあたるとされた（最決平成元・5・1刑集43巻5号405頁）。死者に対する身代りの場合も，犯人が判明していない段階で捜査機関に自己が犯人だと虚偽申告する場合には，捜査を妨害する危険性があるとして犯人隠避を認めた裁判例（札幌高判平成17・8・18判時1923号160頁）がある。しかし，およそ一切の「犯人探索妨害」行為が犯人「隠避」にあたるとすることは，文言から離れすぎ，罪刑法定主義の観点から疑問がある。少なくとも隠避すべき客体を欠く場合を含めることはできないものと解する。

---

[3] たとえば，蔵匿しようとする者が暴行罪を犯したことを認識していれば，暴行罪（208条）の規定に罰金以上の刑が定められているかどうかを知らなくてもよい。

[4] 藤木・212頁，中森・314頁，西田・458頁，高橋・639頁，松宮・638頁等。

[5] 大塚・593頁，前田・634頁等。

[6] 団藤・81頁，福田・27頁，大谷・601頁，林・460頁等。

31.2.3　証拠隠滅等罪

証拠隠滅等罪（104条）は，他人の刑事事件に関する証拠を隠滅し，偽造し，もしくは，変造し，または，偽造もしくは変造の証拠を使用した者を，3年以下の懲役または30万円以下の罰金に処するものである。

組織犯罪処罰法7条1項1号，同条2項に特別規定がある。

本罪は，刑事司法作用において重要な要素となる証拠の保全・使用を妨げることを内容とする。

客体は，「他人の刑事事件に関する証拠」である。「他人の」であるから，自己の事件に関する証拠隠滅行為は，本罪の構成要件に該当しない。自己の刑事事件に関する証拠の隠滅等については適法行為に出ることの期待可能性が低いという考慮に基づく立法である。また，判例・通説によれば，刑事「被告」事件である必要はなく，他人の「刑事」事件であれば足りるので，起訴前，捜査開始前の事件，未だ告訴されていない親告罪の事件も含まれる。確定した刑事事件は，再審申立されていない限り含まれない。

他人の事件に関する証拠が自己の事件に関する証拠でもあるとき，あるいは，共犯者の刑事事件が「他人の」刑事事件といえるかについては，議論がある。全面肯定・全面否定説もあるが，形式的な判断はふさわしくないように思われる。まず，もっぱら共犯者だけに関係する証拠は他人の刑事事件に関する証拠といってよい。さらに，自己の事件にも関係する証拠についても「もっぱら共犯者のためにする意思」であった場合には，他人の刑事事件に関する証拠として本罪の成立可能性を肯定してよいであろう。「他人」の事件に限られる理由が期待可能性だとすると，自己のためでない場合は期待可能性が低いとはいえないからである。判例も，基本的にはそのような方向を示していると解される。

「証拠」には，犯罪の態様・情状等の証拠が含まれ，また，物証だけでなく人証を含む。

行為は，証拠の「隠滅」・「偽造」・「変造」，偽造・変造された証拠の「使用」である。

「隠滅」は，物理的に消滅させることに限らず，その顕出を妨げ，あるいはその価値・効力を減少させるすべての行為をいう。証拠物，証人・参考人の隠匿もこれに含まれる（最決昭和36・8・17刑集15巻7号1293頁，捜査段階における参考人の隠匿の例）。証人に偽証させる行為も隠滅にあたることにはなるが，証人の偽証行

為は偽証罪（169条）で処罰されることから，偽証罪が成立する場合には法条競合により本罪の教唆犯とはならず，偽証罪が成立しない場合に本罪の成立を認めることになろう[7]。

「**偽造**」とは，実在しない証拠を実在するかのように作り出すこと，「**変造**」とは，既存の証拠に変更を加えることをいう。文書たる証拠の場合であっても，その作成権限の有無や内容の真否と「偽造・変造」の成否とは関係がない。証人・参考人が虚偽供述をすることや，証人に偽証を教唆するなどの行為は，偽証罪との法条競合により証拠偽造にあたらない（最決昭和28・10・19刑集7巻10号1945頁）と解される。宣誓していない証人の虚偽供述は，偽証罪にあたらないが，供述そのものを証拠偽造等罪にいう（偽造・変造・使用の客体となる）「証拠」ともいいがたいので，証拠偽造等罪で処罰することもできないと解する（大判昭和9・8・4刑集13巻1059頁）。

捜査段階の参考人が捜査官に対して虚偽の供述をして供述調書が作成された場合，供述調書は参考人の捜査官に対する供述を録取したものにすぎず，虚偽供述と同様であって，犯人隠避等罪は別として証拠偽造等罪にはあたらないとする裁判例がある（千葉地判平成7・6・2判時1535号144頁）。ただし，参考人として検察官から求められて虚偽内容の上申書を提出した場合に証拠隠滅等罪の成立を認めた裁判例（東京高判昭和40・3・29高刑集18巻2号126頁）もある。供述が文書化された場合には，偽造・変造・使用の対象となりうることから，証拠偽造等罪の成立を認めることができると解する[8]。

「**偽造・変造の証拠の使用**」とは，偽造・変造されたものであるとの情を知って，偽造・変造された証拠を裁判所・捜査機関に提出することをいう。

31.2.4　親族による犯罪に関する特例

（1）総　説

犯人蔵匿等罪（103条）・証拠隠滅等罪（104条）については，犯人または逃走した者の親族が，これらの者の利益のために犯したときは，その刑を免除することができる（105条）。

105条は，親族が犯人等の利益のために犯した犯人蔵匿等罪・証拠隠滅等罪に

---

[7]　高橋・647頁参照。

[8]　大谷・608頁，西田・464頁，山口・588頁，高橋・649頁等。

ついて刑の任意的免除を定めた特則である。この特例は、犯罪の成立を前提とする。刑の免除の言渡しは有罪判決の一種である。本条は、一身的刑罰阻却事由を定めたもので、処罰が阻却される理由は、類型的な期待可能性の低下だと解されている。「親族」の範囲は、民法725条による。親族でない者が親族であると誤信して、犯人等の利益のために犯したときは、期待可能性に関する錯誤にあたる。その錯誤が容易に避けられたような場合に責任減軽を認めるのは不合理であるが、誤信がやむをえないものであったならば、本条と同等の期待可能性の考慮をすることが妥当であり、任意的刑の免除の扱いを受けるべきものと考える。

「利益のために」とは、刑事事件に関する利益、すなわち、刑事訴追・有罪判決・刑の執行等を免れさせ、あるいは、拘禁を免れさせる主観的意図を有することをいう。犯人・逃走者の不利益のために犯されたとき、あるいは、（たとえば共犯者たる）親族が自己の利益のために行ったときは、本条の要件を充足しない。犯人・自己（親族自身）の両方の利益のために行われた場合は、いずれを主とする意図であったかによって決するほかはないであろう。

(2) 親族と親族以外との共犯（教唆犯）

期待可能性の考慮に関連して、親族と親族でない者（以下、「他人」とする）との共犯関係が問題とされる。以下では、犯人蔵匿の場合を例として問題の所在とその処理方法を検討する。

```
他人 ―教唆→ 親族 ➡ 犯人蔵匿
親族 ―教唆→ 他人 ➡ 犯人蔵匿
```

まず、他人が親族に教唆して犯人を蔵匿させる場合（犯人蔵匿罪の教唆）には、正犯である親族に犯人蔵匿罪が成立し、蔵匿した犯人との間の親族関係に基づき105条の適用がある（有罪であるが刑の任意的免除の対象となる）ことはいうまでもない。このとき、その他人には、親族についての一身的刑罰阻却事由である105条の適用はなく、かつ、正犯には犯罪が成立している（刑の免除にとどまる）ので共犯の従属性を考慮しても共犯は成立することとなり、他人には、犯人蔵匿罪の教唆犯の成立が認められる。

次に、親族が他人に教唆して犯人蔵匿を実行させたときはどうか。正犯である他人に犯人蔵匿罪が成立し、105条の適用も受けないのは当然であるが、このと

き，それを教唆した親族に，犯人蔵匿教唆罪が成立し，さらに105条の適用を受けるかという問題である。105条の趣旨が期待可能性の考慮であるなら，共犯として関与する場合にも事情は同じであろうし，むしろ，正犯より軽い関与形態である共犯についてはなおさら刑罰阻却の可能性を広げてもよいはずである。このような考え方からすれば，親族には105条の適用を認めるべきであろう。これに対し，自ら蔵匿を行う場合は期待可能性が低いが，他人を巻き込んでまで行うことについて類型的に期待可能性が低いとはいえない，あるいは，そのような行為は犯人庇護権の濫用であって許容範囲を超える，とする説もある。この立場からは，親族であっても，他人を教唆する場合には105条の適用はないと結論することになる。

　判例は，後者の態度をとるものと解される（大判昭和8・10・18刑集12巻1820頁参照）。しかし，自ら遂行するのはやむをえないが他人の力を借りるのは許されないとする理由は，他人を犯罪に引き込むことが不当だという限りで認められるもので，行為自体の期待可能性の問題には直ちに反映しないように思われる。犯人庇護権に関しても，そもそも本条が犯人庇護の権利を前提にした規定であるとは考えにくいし，期待可能性で考慮される事情を権利濫用として構成し直した感が否めない。わたくしは実質的には前者の見解に相対的に説得力があると考える。

(3) 自己庇護行為

　105条の解釈問題は，**自己庇護行為**についての考え方と密接に関連する。

　104条の証拠隠滅罪においては，文言上，自己の刑事事件に関する証拠隠滅等は構成要件に該当しない。これと同様に，103条の犯人蔵匿についても，犯人が自己を匿う行為，つまり自ら隠れる行為は，犯人蔵匿に該当しないと解することで広い見解の一致がみられる。その理由は，適法行為の期待可能性が欠けることに求められる。そうであれば，自己庇護行為の擬律においても105条の解釈におけるのと同様に期待可能性の考慮をすべきことになはずである。同じく，犯人蔵匿を例に考察しよう。

```
犯人　─教唆→　他人　➡　犯人蔵匿
犯人＋他人＝共同正犯　➡　犯人蔵匿
犯人　─教唆→　親族　➡　犯人蔵匿
```

犯人が自己を匿うように他人に教唆して実行させた場合，他人が犯人蔵匿罪の正犯となるのはもちろんである。共犯従属性の原則により，正犯が構成要件に該当しないような場合には，共犯の成立も認められないが，正犯である他人に犯人蔵匿罪が成立する以上，犯人が犯人蔵匿罪の教唆犯となることにこの点で妨げはなく，自己蔵匿教唆の場合にも犯人蔵匿罪教唆罪で処罰されることになる。自己蔵匿にあたる事実を実現しているとはいえ，他人を引き込んで防御することまでは許されないのであって，そのような行為は防御範囲の逸脱であると解するならば，教唆罪の成立に積極的な理由もあることになろう。判例は，このような態度である（前掲・大判昭和8・10・18，最判昭和40・2・26刑集19巻1号59頁）。

もっとも，教唆犯（おそらく幇助犯の場合も同様）の場合ではなく，犯人と相手方である他人とが共同正犯である場合（今例にとっているのは犯人蔵匿の事例であるが，証拠隠滅行為については，犯人蔵匿行為の場合以上に共同正犯として行われる可能性が高いであろう）には，自分も他人も正犯となる以上，その行為は自らを庇護する行為にほかならないとする下級審裁判例（旭川地判昭和57・9・29刑月14巻9号713頁，判時1070号157頁。共犯者を隠匿する行為について，犯人隠避・蔵匿罪の成立を認めたもの）などから，正犯と（狭義の）共犯という形式によって，自己庇護行為が犯人蔵匿・証拠隠滅罪を構成するかを決定する傾向がうかがえる。

これに対しては，同様の行為を自分で，つまり正犯として行えば不可罰であるのに，軽い関与形式である共犯の形で実現すれば処罰されるというのは不合理であるから，教唆犯の場合にも不可罰とすべきだという考え方[9]も成り立つ。ただし，自ら行う場合と他人の力を借りる場合とは異なるという視点も，期待可能性の問題である限り，結局は共犯の場合に期待可能性があるかないかという評価の問題に帰着し，決定的な基準を求めるのは難しい。

また，103条の場合と104条の場合とを区別し，文言上「自己の刑事事件」に関する証拠に限られる証拠隠滅罪については，他人は形式的に正犯とはなりえないという議論をする余地もなくはない。しかし，それを考慮に入れたとしても，少なくとも「自己の刑事事件」という文言が正犯と共犯とを区別して扱う趣旨を含むという解釈には合理性を見出すことはできない。さらに，ここまで強調してきたように，犯人蔵匿の場合も証拠隠滅の類型と同様，「期待可能性」が考慮されるという前提をとる一方で，証拠隠滅罪の構成要件だけを根拠に正犯と共犯と

---

[9] 団藤・90頁，大塚・601頁，藤木・40頁等。

の扱いの区別をすることは，相当ではないように思われる。

わたくしとしては，暫定的ながら，犯人蔵匿・証拠隠滅等の罪が強大な国家権力に対する個人の行為を問題とするものであること，親族に関する特例がいわば「自然な人情」に配慮したものであって効果も刑の任意的免除にとどまり，それに比べて自己保護は，自己保存や防御権というより根源的な価値に対する考慮であることなどを考慮するとき，基本的には，自己庇護行為については，単独で行う場合だけでなく共犯の形式による場合にも不処罰とされて然るべきだと考える。すなわち，狭義の共犯として自己保護を行う場合だけでなく共同正犯の場合にも不処罰とするのが妥当である[10]。

なお，犯人が自ら行う庇護行為と親族のそれが，いずれも期待可能性の問題である以上は，犯人の親族が他人を教唆してその犯人を庇護させた場合もこれと並行的に解されるべきである。犯人が，親族に対し，自己を蔵匿する行為を教唆する場合は，正犯である親族に犯罪が成立する以上，犯人には教唆犯が成立する。そもそも一身的刑罰阻却事由は，親族以外の行為とは無関係なので，判例の考え方に従えば，親族に対して教唆したときに親族には105条が適用される一方，犯人には教唆犯が成立し，105条の適用はないという結論になろう。これに対して，同じく期待可能性の問題である以上，均衡の観点から，教唆犯にも任意的刑の免除を認めるべきかもしれないが，均衡のみでは根拠として薄弱であろう。

31.2.5　証人等威迫罪

自己若しくは他人の刑事事件の捜査もしくは審判に必要な知識を有すると認められる者またはその親族に対し，当該事件に関して，正当な理由がないのに，面会を強請し，または，強談威迫の行為をした者は，2年以下の懲役または30万円以下の罰金に処せられる（105条の2）。

組織犯罪処罰法7条1項3号，同条2項に特別規定がある。

証人等威迫罪は，証言をした証人等が，その事件の犯人らに恨まれて侵害（「お礼参り」）の対象とされることを防ぐために設けられた犯罪類型である。保護法益としては，国家の刑事司法作用の適正と，証人等の個人の自由・生活の平穏とが挙げられるのが一般であるが，そのいずれに重点がおかれるべきかについては，

---
[10] 西田・460頁。

見解が分かれる。わたくしは，個人の自由等の重要性は認めつつも，本罪では自由侵害等が個人の証人としての活動に与える影響という観点から捉えられていると解されること，および条文の位置からして，国家法益を第一義とするのが妥当であると考える。

客体は，自己もしくは他人の刑事事件の捜査もしくは審判に必要な知識を有すると認められる者，またはその親族である。自己の刑事事件に関する証人に対して行われる場合にも，本罪は成立する。「刑事事件」には，捜査開始前の事件も含む。

行為は，「正当な理由がないのに面会を強請し」，または「強談・威迫の行為をする」ことである。「**面会の強請**」とは，意思に反して面会を要求すること，「**強談**」とは，言語によって自己の要求に応じるよう迫ること，「**威迫**」は，言語・動作により気勢を示して相手に不安・困惑の念を生じさせることをいう。当該事件に関して行われれば，終局判決の前，あるいはその確定前であってもよい。

国家法益の保護に重点をおく立場からは，個人の法益に対する侵害については，本罪の構成要件では評価し尽くされないので別途構成要件該当判断がされることとなり，強要罪・脅迫罪に該当する手段が用いられれば，それらの罪も成立し，本罪との観念的競合を認めることになろう。

31.3 偽証の罪

> **設例3** Dは，裁判で証人として宣誓した後，記憶と異なる嘘を話すつもりで「現場からEが逃げていくのを見た」と証言した。ところが，ほかの証拠からEが現場から逃げて行ったことが証明された。

31.3.1 保護法益

刑法第2編第20章（169条から171条まで）には，偽証の罪が規定されている。法典内の位置づけは，偽造罪に続く社会的法益に対する罪にあたるが，現在では，国家の審判作用を保護法益とするものであると解されている。加えて，証人に宣誓させることによって真実の陳述を保障しようとする「宣誓」制度の保護という

意味合いがある。なお，証人や宣誓は刑事事件だけで問題になるわけではない。本罪で保護しようとする審判作用は，刑事に関するものに限られない。現実に審判作用が害されることは必要でない。抽象的危険犯である。

31.3.2　偽　証　罪

　偽証罪は，法律により宣誓した証人が，虚偽の陳述をしたときに，3月以上10年以下の懲役に処するものである（169条）。

　偽証罪には，刑法上の犯罪のほか，議院証言法等により個別に定められる類型もある。

　本罪の主体は，「法律により宣誓した証人」であり，身分犯である。「宣誓」とは，証人が良心に従って真実を述べ，また，何事をも付け加えない旨を誓うことである（民訴法201条およびそれを受けた民訴規則112条，刑訴法154条およびそれを受けた刑訴規則116-120条を参照）。「法律により」というが，法律に根拠をもつ宣誓がなされれば足り，宣誓が直接に法定されている必要はない。また，「宣誓した」となっているが，民事訴訟において尋問後の宣誓が容認されていること（民訴規則112条1項ただし書）から，宣誓は尋問の前後を問わないと解される。「宣誓」は，もとより法的な制度として有効なものであることを要するから，宣誓能力がない者は主体になりえない。他方で，証言拒絶権がある者も，それを行使せずに宣誓の上陳述した場合には，偽証罪が成立しうる。

　「証人」とは，人が五官の作用により経験した事実を裁判所等の審判機関に対し直接に言語的手段を用いて報告する者をいう。宣誓した者であっても証人でなければ本罪の主体にはならない。刑事被告人は，現行刑事訴訟法上，その包括的黙秘権に基づき自己の被告事件について証人適格がないとされているが，併合審理されていない共犯者を被告人とする裁判では証人となることができ，その限りで偽証罪の主体となりうる。自己の被告事件につき他人を教唆して偽証させる場合は，憲法38条1項との関係，刑訴法上の被告人の証人適格の問題のほか，一般的な期待可能性の観点からも，正犯として不処罰である以上，共犯としても処罰すべきでない（偽証教唆罪を否定）とする見解[11]もあるが，判例は，偽証教唆罪の成立を肯定する（最決昭和28・10・19刑集7巻10号1945頁）。偽証教唆罪の成立を

---

[11]　近時の学説としては，西田・473頁など。

否定する構成要件内在的な根拠は見出しがたく，また，そもそも被告人の防御は証言拒否という範囲で認められるものであり，他人に積極的に偽証を促すこととの関係では適法行為の期待可能性がないとはいえないので，判例および通説[12]である肯定説が妥当である。

　行為は，「虚偽の陳述をする」ことである。本罪にいう「**虚偽**」とは，宣誓証人自らの記憶に反することをいうとするのが判例（大判明治42・6・8刑録15輯735頁，大判大正3・4・29刑録20輯654頁）であり，同様に解する**主観説**[13]が通説を形成してきた。これに対し，客観的真実に反することが虚偽であると解する**客観説**[14]が対立する。たしかに，結果的に真実が陳述されたならば審判作用に対する危険はないので処罰の必要性がないという主張には肯われる側面もある。しかし，この考え方からは，仮に，証人が自己の記憶に反する事実を真実であると考えているならば，記憶に反するその真実と信じる内容を述べるべきだとすることになろうが，それはかえって誤りを引き起こすおそれがあるように思われる。すなわち，国家の審判作用において，証人による立証ないし証人制度は，証人が客観的真実を述べることを期待しているというよりは，自己の記憶をありのままに述べることを前提に成り立っているものであり，かつ，それは裁判官の心証形成に直接に影響するものである。記憶と異なる内容の陳述を行うことには，そのような審判のあり方に類型的な危険を及ぼす可能性があり，審判の適正への抽象的危険を認めることができるはずである。したがって，やはり主観説が妥当である[15]。

　虚偽性は構成要件該当事実であるから故意における認識対象に含まれる。主観説からは，自己の記憶に沿わない陳述であることの認識が必要である。また，偽証を教唆する場合，教唆者の認識として，客観的真実に反する内容の陳述がなされることの認識ではなく，「正犯者により，正犯者の記憶に反することが陳述されるのだ」という事情の認識が必要になる。このほか，単なる黙秘は偽証にあたらないが，沈黙することによってその陳述全体を虚偽ならしめる場合などは，不作為の偽証としうる。

---

[12] 団藤・104頁，中森・297頁，前田・651頁，山口・597頁，高橋・660頁等。

[13] 団藤・101頁，福田・37頁，大塚・608頁，大谷・617頁等。

[14] 平野・289頁，中森・296頁，西田・472頁等。

[15] 近時，主観説と客観説との距離は見かけほどではない（山口・596頁，松宮・467頁等参照）と指摘され，あるいは客観的に真実でないことと記憶に反することの両者によって虚偽と解する一種の折衷説（高橋・657頁）も主張される。いずれにせよ，過失偽証罪の存在しない現行法のもとでは，客観的に虚偽であるが記憶に反するとの認識を欠く場合は処罰されない。

既遂時期は，1回の尋問手続の終了ごとに考慮されるべきであり，個々の陳述ごとに判断すべきではないとされる。つまり，1回の手続が終了するまでに訂正すれば本罪は成立しない。

31.3.3　虚偽鑑定等罪

　虚偽鑑定等罪（171条）は，法律により宣誓した鑑定人，通訳人，または，翻訳人が，虚偽の鑑定，通訳，または，翻訳をしたときは，169条と同様，3月以上10年以下の懲役に処するものである。本罪についても「自白による任意的刑の減免」（170条）の適用がある（「前二条の例による」）。

　本罪は，法律により宣誓した鑑定人・通訳人・翻訳人を主体とする身分犯で，それらの者による虚偽の鑑定・通訳・翻訳を処罰するものである。「法律により宣誓した」の意義については，169条と同様に解される。「**鑑定人**」とは，「鑑定」をする者，すなわち，特別の知識・経験により獲得した法則，およびその法則を適用して得た意見・判断を審判機関に報告する者をいう（民訴法213条，刑訴法165条参照）。鑑定人は，現在の経験事実につき意見を述べる者である。特別の知識によって知りえた過去の事実に関する陳述を行う「**鑑定証人**」（刑訴法174条）は，鑑定人ではなく169条の証人にあたる。

　「**通訳人**」は，「通訳」をする者であり，「通訳」とは，陳述者の意思内容の表示を日本語に直して表現し，逆に，日本語を陳述者の理解する表現に直して伝達することをいう。日本語に通じない者に陳述をさせる場合（民訴法154条，刑訴法175条）だけでなく，耳の聞こえない者・口の利けない者に陳述をさせる場合（刑訴法176条）がある。「**翻訳人**」は，「翻訳」（刑訴法177条）をする者であり，「翻訳」とは，日本語以外の文字または符号による表現内容を日本語による表現に転換することをいう。

　本罪における「**虚偽**」も主観説に従うというのが判例・通説であり，鑑定人等が知識・経験に基づいて得た自己の判断・所信・表現の転換に合致しないことを意味する。虚偽鑑定等が現実に裁判所の判断に用いられ，影響することまでは必要でない。169条の罪の場合と同様である。

31.3.4　自白による刑の減免

　169条（偽証）の罪を犯した者が、その証言をした事件について、その裁判が確定する前または懲戒処分が行われる前に自白したときは、その刑を減軽し、または、免除することができる（170条）。
　本条は、171条（虚偽鑑定等罪）において「前二条の例による」とされていることから、虚偽鑑定等罪を犯した者についても適用がある。
　本条は、自白による任意的刑の減免を認めるものであり、審判作用の適正に対する危険を未然に防止しようとする政策的規定である。本条は、偽証教唆者にも適用がある（大決昭和5・2・4刑集9巻32頁）。「自白」とは、自己のなした虚偽の陳述、虚偽の鑑定・通訳・翻訳について、その事実を具体的に告白することをいう。告白の相手方については、裁判所・捜査機関・懲戒権者に限り、私人に対するものは含まないと解されている。自発的な自首（42条参照）のほか、審問や追及を受けて官憲に対して偽証した事実を自認することを含む。

31.4　虚偽告訴等の罪

> **設例4**　Fは、乗り合わせた電車内でGにマナーを注意されて腹を立て、下車駅近くの交番に駆け込んで、実際にはそのような事実はないのに、「Gに痴漢行為をされた」と警察官に告げた。

31.4.1　保護法益

　刑法第2編第21章（172条・173条）は、虚偽告訴等の処罰規定である。偽証の罪と同様、法典上は社会的法益に対する罪の位置づけが与えられているが、捜査・調査を含む国家の審判作用（の安全）を保護法益とするものである。ただし、虚偽告訴等罪をもっぱら国家的法益に対する罪と解すると、自己や虚無人（実在しない人）を対象とする虚偽告訴等も国家の作用に対する危険は存在することから、本罪の成立を認めるべきことになるが、捜査・調査の端緒たる告訴等がなされた際にその真実性を判断するためのコストを生じさせることは、処罰に値する

ほどの不法とはいえない[16]。虚偽告訴等の罪においては，国家の審判作用の対象とされることにより捜査対象となるなどの事実上の負担や処罰・懲戒がなされることの危険にさらされる具体的被害（者）の利益は，無視できない。そこで，不当な処罰・懲戒から個人を保護すること，すなわち個人の法的安定性をも保護法益として考慮すべきである。

この場合，個人的法益を主として考慮する説[17]は，自己・虚無人に対する告訴などの不可罰性を説明しやすいが，虚偽告訴等を一般的に個人の利益に対する罪とするのも一面的にすぎるように思われる。国家法益を主とし，個人法益を従とする見解[18]が有力であり，わたくしもこれを支持する。そもそも国の審判作用の適正には，国民に理由のない負担を与えないことが含意されるはずであるから，国家的法益が抽象的には個人の利益をも包摂しているという意味で主となり，現に個人が負担を被る部分は従として考慮されるものと解するのが妥当である。もっとも，国の作用を混乱させること自体が問題視されるのではなく，不当に個人の利益を侵害するような国家作用を行わせることをもって本罪の不法と解するべきであるから，結局のところは国家作用と個人的利益との双方の侵害があるときに本罪の保護法益の侵害が認められることになる[19]。国家法益を考慮する立場からは，罪数は，国家の審判作用の侵害を基準に考えることになろう。

31.4.2　虚偽告訴等罪

虚偽告訴等罪（172条）は，人に刑事または懲戒の処分を受けさせる目的で，虚偽の告訴，告発，その他の申告をした者を，3月以上10年以下の懲役に処するものである。

（1）行　為

本罪の行為は，「虚偽の告訴・告発その他の申告」である。「**告訴**」は，被害者その他法定の告訴権者が，「**告発**」は，犯人・捜査機関・告訴権者以外の者が，捜査機関に犯罪事実を申告し，その訴追を求める意思表示をいい，それぞれ刑事

16　少なくとも，軽犯罪法1条16号の罪を大きく超える不法とはいいがたいであろう。
17　平野・290頁，山口・600頁等。
18　大塚・613頁，大谷・622頁，西田・475頁等。
19　中森・299頁参照。

訴訟法230条，239条およびそれに関連する諸規定に定めがある。これらは「申告」の例示である。一般に「申告」とは，特定の事実を明らかにして申し出ることである。「懲戒の処分」の代表的なものは，国家公務員法・地方公務員法によるもので，各法に「その他の申告」にあたる懲戒処分の原因となりうる事実の申立手続が定められている。

本罪における「**虚偽**」は，偽証の罪の場合とは異なり，客観説が判例・通説であり，客観的真実に反することを意味する（最決昭和33・7・31刑集12巻12号2805頁）[20]。前述のとおり，偽証は，裁判官の心証形成に直接影響する行為として，証人の述べる内容には誤りが含まれうることも織り込んだ上で証人が記憶のとおりに陳述することが期待される場で問題となる。これに対し，虚偽告訴等は，捜査の端緒において誤りを生じさせることにより国家の審判作用の適正を害する，という場面で問題とされる。ここでは，むしろ，捜査に正しい端緒を与えるために，客観的な裏づけのある告訴等を求めることが可能であり，政策的な考慮からも，実際，客観的な真実性が期待されているといえるのである。

虚偽の告訴等は，処罰・懲戒の権限を有する機関，またはその権限発動を促しうる捜査・調査機関等（担当官署）に対してなされる必要がある。適法である限り方法に制限はないが，自発的になされる場合に限るとされ，たとえば捜査機関の取調べに対し虚偽を述べても虚偽申告にはあたらない。また，担当官署に対して現実に活動を促すに足る程度に具体的な事実の摘示が必要である。ただし，本罪には未遂犯処罰規定がないこともあり，既遂時期は，虚偽申告が相当官署に到達した時であり，現に認知されたこと，捜査に着手されたことは必要でないとされている（大判大正3・11・3刑録20輯2001頁）。

(2) 故　意

故意としては，客体の属性すなわち**虚偽性の認識**が必要である。判例は，告訴等が虚偽であることについては未必的認識があれば足りるとする（最判昭和28・1・23刑集7巻1号46頁）。学説には，これと同様に解する説[21]と，曖昧な認識で告訴等が行われる濫用への警戒から，確定的認識を要求する説[22]とがある。国家的法益を第一義とする考え方をとっても，真実性に確信がもてない未必的認識で告

---

[20] 偽証の罪において主観説を支持する学説も本罪に関しては客観説をとることが多い。
[21] 平野・291頁，内田・669頁，前田・556頁等。
[22] 団藤・112頁，大塚・616頁，大谷・596頁，中森・300頁，山口・602頁，高橋・665頁等。

訴・告発が行われる場合を犯罪としてしまうことは，正当な告訴・告発等の行使を制約し萎縮させる可能性があると思われるので，虚偽であることの確定的認識を必要とするのが妥当であろう。

(3) 目　　的

本罪は，「人に刑事または懲戒の処分を受けさせる目的」で行われることを要する目的犯である。目的は主観的違法要素であり，現実に刑事または懲戒の処分を受けさせる必要はない。刑事または懲戒の処分は，行為者自身が直接に左右することはできず，国家機関等によって判断された上で実行される処分であるから，目的としてその実現につき確定的な認識や意欲までを要求するのは不合理である。したがって，未必的な意図で足りる。

国家的法益を第一次的保護法益とする立場からは，自己について虚偽の告訴等を行う場合にも法益侵害はある。しかし，上述のように，本罪において個人的利益に対する危険を必要条件と解し，「人」は，自己を除く他人をいい，また，実在人（法人を含む）に限るとすべきである。自己を対象とする虚偽申告等は，犯人隠匿罪にあたる限りで処罰されるものと考えられる。告訴等の対象となる「人」の承諾がある場合も，個人的法益を考慮する必要がなく，同様に解することになる。

なお，「刑事の処分」には，刑事罰のほか，少年法による保護処分，売春防止法による補導処分を含むとされる。

31.4.3　自白による刑の減免

172条の罪（虚偽告訴等罪）を犯した者が，その申告をした事件について，その裁判が確定する前または懲戒処分が行われる前に自白したときは，その刑を減軽し，または，免除することができる（173条）。

虚偽告訴等罪についても，偽証の罪と同様，自白による任意的刑の減免が認められる。趣旨・要件等は170条の場合と同様である。

第 32 章

汚職の罪（職権濫用罪・賄賂罪）

32.1 汚職罪（瀆職罪）総説

　汚職の罪は，国民の職務の適正に対する信頼を公務員が裏切るという意味合いがあるが，国または地方公共団体の作用を，その作用主体である公務員自身が，いわば内側から侵害・危殆化する性質の犯罪である。いわゆる「腐敗」の意味において，公務遂行の適正を危うくするものであり，犯罪主体とその特性から，職務犯罪・公務員犯罪として性格づけられる。

32.2 職権濫用の罪

32.2.1 保護法益

　職権濫用の罪の保護法益は，国家の司法・行政作用の適正，およびこれに対する国民の信頼である。ここでも，国家の作用が適正に遂行され，信頼されている「状態」が問題とされている。職権濫用の罪は，国家作用の担い手自らが，その作用の正統性・適正性を傷つけ，国民の支持を失わせるという形で，国家作用を内部から「汚し」，「冒瀆」する罪である。ただし，職権濫用行為により直接に侵害の対象となる具体的客体をも想定しうるので，客体となる個人の身体・自由・権利等の保護を図る意味を合わせもつ。この意味で，国家的法益と個人的法益との両方が保護法益であると考えられる。

32.2.2　公務員職権濫用罪

(1) 総　説

公務員職権濫用罪（193条）は，公務員が，その職権を濫用して，人に義務のないことを行わせ，または，権利の行使を妨害したときに，2年以下の懲役または禁錮に処するものである。

本罪は，公務員がその職権を濫用して行う行為を処罰するものである。職権濫用行為にも種々のものが想定されるが，本罪は，公務員の職権濫用行為を処罰する一般法であり，主体が，公務員に限られる真正身分犯である。強要罪（223条）と同様の「義務のないことを行わせ，又は権利の行使を妨害したとき」を処罰するが，行為態様が異なるほか，職権濫用という不法要素が付加されるにもかかわらず，強要罪の法定刑（3年以下の懲役）より軽い法定刑となっていることから，強要罪の加重類型とは解されない。

> **設例1**　警察官Aは，極秘の情報収集活動として，某政党に関する警備情報を得るため，同党幹部Bの自宅の電話線に盗聴器を仕掛けて電話を盗聴した。また，これが電気通信事業法に違反する行為であることから，秘密裏に，終始誰に対しても警察官による行為でないように装って実施した。
> **設例2**　簡易裁判所判事C（男）は，D（女）の窃盗被告事件の審理を担当していたところ，自己との交際を求めるつもりでDに電話して，「審理のために必要なのでお話したい」と告げ，喫茶店にDを呼び出して同席させた。

(2) 職　権

行為は「職権を濫用する」ことである。**職権濫用**とは，当該公務員の有する一般的職務権限に属する事項につき，職権の行使に名をかりて，実質的・具体的に違法・不当な行為をすることを意味する。

その職務権限が法律上の強制力を伴うものであることは必要でないが，それが濫用された場合に，職権行使の相手方に事実上義務なきことを行わせ，あるいは行うべき権利の行使を妨害するに足りる権限であることを要する[1]。たとえば，設例1のような事案につき，最高裁は，裁判官が，正当な目的による調査である

---

[1] いわゆる限定説である。団藤・121頁，大塚・620頁，山口・607頁。

かのように仮装して，刑務所長に身分帳簿の閲覧・その写しの交付等をさせたことは，職権を濫用して義務なきことを行わせたことになるとした（最決昭和57・1・28刑集36巻1号1頁，宮本身分帳事件）。また，設例2のように，刑事事件の被告人に出頭を求めることは裁判官の一般的職務権限に属するので，喫茶店に呼び出すのは職務遂行の方法としてはやや不自然であっても，その権限行使を装った呼び出し行為は，職権を濫用して行ったものである，とした判例がある（最決昭和60・7・16刑集39巻5号245頁）。

これに対し，広く，公務員の一般的職務権限に属する行為であれば足りるとする説[2]もある。いやしくも職務として行われた行為から国民の権利・自由の侵害が生じたときには職権濫用罪の成立を認めるという見解である。しかし，職務上，国民の権利・自由の制約が生じること自体は認められているというべきであり，本罪は，そのような職権行為が濫用にあたる場合を処罰するものだと解される。

(3) 濫 用

さらに，職権濫用は，強要罪と同様，相手方の意思に働きかけ，これに影響を与えることが必要であるか，いいかえれば，「職権行使であるから従わざるをえない」という図式が前提となるかという問題がある。

本罪を公務員の職権行使という形で作為・不作為を強要するものだとする考え方に基づき，意思の強制が必要とする考え方[3]を採り，職権濫用を相手方に公務員の権力を示すことによって相手に心理的影響を与える場合に限ると，本罪の成立範囲が狭くなりすぎることが批判される。たとえば，判例に現れた事件として，執行吏が和解調書の内容に反して「本職之を占有保管する」という虚偽記載をした工事札を立てて，土地の所有者の権利を妨害した例（最決昭和38・5・13刑集17巻4号279頁）がある。このような行為は職権濫用とすべきであるように思われるが，この事例において，土地上に公示札を立てることが相手方の意思に働きかけるものであるかは疑問であろう。

そこで，不法な職務により事実上国民の権利が侵害されれば足り，意思の強制は不要だとすべきである。もっとも，無限定である難点はあり，たとえば，警察官が捜査のため建造物に侵入して，そこで窃盗をする場合にも，公務員の不法な職務行為により事実上の権利侵害が生じているが，窃盗は職務行為として行われ

---

[2] いわゆる無限定説である。大谷・628頁，西田・481頁，高橋・669頁。
[3] 内田・675頁。

るはずもなく，この窃盗行為を職権濫用行為とする結論は妥当でない。

　判例は，警察官の電話盗聴事件（最決平成元・3・14刑集43巻3号283頁）において，本罪にいう職権は，相手方に対し法律上・事実上の負担ないし不利益を生じさせる特別の職務権限をいうのであって，本罪においてはそのような職務権限を濫用することが必要だとしつつ[4]，「終始何人に対しても警察官による行為ではないことを装う行動をとっていた」ので，警察官に認められた固有の職務権限の行使として行われたものではないとすべきであるとの判断を示した。これは，濫用とされるために「意思への働きかけ」必要としてはいない点で，上述の意思強制不要説に従うものだといえる。

　しかし，電話盗聴事件決定が，形式的に，違法な盗聴は職権行使として行われるものではないとし，あるいは，公務員によるものであることを隠して行えば職権行使ではないとすることは妥当でないと思われる。盗聴事件判例の具体的事実に関していえば，警察官による行為ではないことを装っていたとしても，危険監視作用の一環として行われた以上，盗聴は，単に職務に名を借りた不法行為というべきものではない。それは，実質的に警察活動の一環であり，職権行為と無関係ではありえない。意思制圧作用はなく，事実上の不利益を甘受せざるをえない状況におく行為として，濫用とすべき場合であると考える。

　濫用される「職権」を公務員の法的な「固有の」権限に限定する場合には，違法な行為であるがゆえに職権行使ではないこととなって本罪の成立が否定される場合が生じる。このときに職権行使として許されない行為が別途処罰される場合はともかく，一般に違法な職権行使が本罪の処罰対象から除かれる結論には，疑問がある。権限の濫用と逸脱とが連続的（行きすぎた職務遂行）であると考えられるような職権行使においては，それを職権濫用と認めるべきであろう。

（4）既遂・他罪との関係

　なお，本罪が既遂に達するためには，職権濫用行為により「義務のない行為が行われる」か，または「権利の行使が妨害される」という事実の発生が必要である。本罪の未遂処罰規定はない。

　職権濫用が暴行・脅迫を手段として行われるときは，強要罪も成立しうる。国家法益を第一次的法益とする本罪と強要罪とは，保護法益が完全に重なるもので

---

[4]　この点で，いわゆる限定説を採用する。

はないので，両罪の成立を認めて観念的競合とすべきである．

32.2.3 特別公務員職権濫用罪

特別公務員職権濫用罪（194条）は，裁判，検察，もしくは，警察の職務を行う者，または，これらの職務を補助する者が，その職権を濫用して，人を逮捕し，または，監禁したときに，6月以上10年以下の懲役または禁錮に処するものである．

本罪を行い，よって死傷結果が生じた場合には結果的加重犯として加重処罰される（196条）．

特別公務員職権濫用罪は，職権濫用罪に該当するものの一態様をその職務の性質からとくに重く処罰する趣旨の規定であるが，逮捕・監禁罪（220条）の特別罪という性質をも有する．本罪は，逮捕・監禁という特別の職務権限を付与された公務員の行為が，職務の適正な遂行という国家的法益を害する場合であると同時に，個人の自由に対する違法な侵害にあたる類型である．形式的には，職権濫用罪，逮捕・監禁罪のいずれを基準にみても，それぞれの加重類型にあたるが，他面で，一方のみからは本罪の不法を把握することができないので，本罪は真正身分犯と解される．すなわち，特別公務員の身分は，本罪の固有の不法を構成する構成的身分（65条1項の身分）である．

主体は，裁判・検察・警察の職務を行う者，またはその補助者（職務上の補助者）である．「**職務を行う者**」としては，裁判官・検察官・司法警察員，「**補助者**」としては，裁判所書記官・検察事務官・司法巡査（検察事務官・司法巡査については，本来の「職務を行う者」だとする説も有力である）がこれにあたる．警察署長の嘱託を受けた少年補導員は本罪の主体にあたらないとする判例（最決平成6・3・29刑集48巻3号1頁）がある．

行為は，職権を濫用して逮捕・監禁することである．逮捕・監禁罪の不法内容を必然的に含む構成要件であるから，逮捕・監禁罪は本罪の評価の中に包含され，別途成立することはない．

32.2.4　特別公務員暴行陵虐罪

　裁判，検察，もしくは，警察の職務を行う者，または，これらの職務を補助する者が，その職務を行うにあたり，被告人，被疑者，その他の者に対して，暴行，または，陵辱もしくは加虐の行為をしたときは，7年以下の懲役または禁錮に処せられる（195条1項）。また，法令により拘禁された者を看守し，または，護送する者が，その拘禁された者に対して，暴行，または，陵辱もしくは加虐の行為をしたときも，同様に処せられる（同条2項）。

　本罪を行い，よって死傷結果が生じた場合には結果的加重犯として加重処罰される（196条）。

　本罪は，人の自由等に制約を与える特別の職務権限を与えられた公務員による行為を加重処罰するものである。「職権を濫用して」行うことを文言上要件としておらず，犯罪を構成する暴行等はもはや公務員の一般的職務権限に属するものではないとはいえ，所定の特別公務員の職務内容自体が職務ないしそれに密接に関連する抑止等としてある程度の実力行使を許容するものであり，「行き過ぎた職権行使」として行われる場合を処罰しようとする職権濫用罪の一類型と位置づけられる。

　主体は，裁判・検察・警察の職務を行う者，またはその補助者（194条の特別公務員），および，法令により拘禁された者の看守・護送者（101条の逃走援助罪における看守者等）である。

　客体は，1項においては，「被告人」・「被疑者」・「その他の者」である。その他の者としては，証人・参考人等が挙げられる。2項の類型の客体は，「法令により拘禁された者」で，101条の客体と同じである。他罪と共通する主体・客体については，それらにおける場合と同じに解される。

　行為は，（1項の場合には，「その職務を行うに当たり」）「暴行」または「陵辱」もしくは「加虐」の行為をすることである。「暴行」は，人の身体に対する有形力の行使を意味する。「陵辱」は，精神的に苦痛を与える行為，「加虐」は，暴行以外の手段により肉体的に苦痛を与える行為とされるが，両者は明確に区別しがたく，一般に，包括的に「精神的・肉体的に苦痛を与える行為」と説明される。このこともあり，しばしば両者を合わせて「陵虐」とよぶ。捜査官が取調べに際し被疑者等に暴行を加える場合，自白させるため食事を与えないなどの場合にも本罪が成立しうる。強制わいせつ・姦淫行為も陵虐にあたる。警察官が留置場の看

守の職務についていた際，留置されている者の承諾を得て7回にわたり姦淫したという事案で，本罪の保護法益は公務の適正に対する国民の信頼であるから，被拘禁者が承諾し，精神的肉体的苦痛を被らなかったとしても，本罪は成立するとした裁判例（東京高判平成15・1・29判時1835号157頁）がある。

行為が暴行であるときには暴行罪にも該当しうるが，本罪は暴行罪の不法を必然的に包括評価するものと解されるので，別に暴行罪を構成しない。陵虐の内容が強制わいせつ・姦淫行為の場合には，強制わいせつ罪・強姦罪にも該当し，個人的法益に対する罪の不法内容と国家的法益に対する不法内容とをいずれも評価する観点から，それらの罪と本罪とは観念的競合となろう。なお，このとき，強制わいせつ罪・強姦罪については告訴が必要であるが，本罪については告訴がなくても処罰できると解される。

32.2.5　特別公務員職権濫用等致死傷罪

特別公務員職権濫用等致死傷罪（196条）は，194条（特別公務員職権濫用）・195条（特別公務員暴行陵虐）の罪を犯し，よって，人を死傷させた者を，傷害の罪と比較して，重い刑により処断するものである。

本罪は，特別公務員職権濫用致死傷罪，特別公務員暴行陵虐致死傷罪という結果的加重犯2類型を規定するものである。殺意のある場合は，本罪ではなく，殺人罪の適用があるものと解される。

32.2.6　付審判請求・裁判上の準起訴手続

193条から196条までの罪について告訴・告発をした者は，検察官の公訴を提起しない処分に不服があるときは，その検察官所属の検察庁の所在地を管轄する地方裁判所に，事件を裁判所の審判に付することを請求することができる（刑訴法262条）。合議体の審理の結果，請求に理由のあるときは，事件を管轄地方裁判所の審判に付するとの決定（付審判決定）をする（同法266条2号）。付審判決定により，公訴提起があったものとみなされ（同法267条），弁護士が検察官の職務を行うこととなる（同法268条）。これを**準起訴手続**という。国民の人権保障の見地から設けられた制度である。

32.3 賄賂の罪

32.3.1 保護法益

　賄賂の罪（197条-198条）には，公務員が賄賂を受け取る収賄罪と，その賄賂を贈る贈賄罪の類型があるが，日本の刑法は，贈賄行為の類型を複数規定し（197条から197条の4まで），それぞれに対応する贈賄行為については，まとめて198条に処罰規定を置いている。立法の態度としては，公務員が不正な職務行為を行うことを要件としない（不正な報酬の授受自体で犯罪を構成する）単純収賄罪（197条1項）が規定されているので，職務行為の不可買収性を旨とするいわゆるローマ法主義を基礎とするものといえる。ただし，不正な職務行為が行われた場合にはさらに加重した処罰が予定されている（たとえば197条の3第1項）点で，職務の不可侵性を旨とし，職務の不正を要件とするいわゆるゲルマン法主義を補充的に採用する[5]。
　賄賂罪の保護法益について，判例は，**公務員の職務の公正とそれに対する社会の信頼**であるとする。たとえば，大審院時代には，「職務執行の公正を保持せんとするに止らず職務の公正に対する社会の信頼をも確保せんとする」（大判昭和6・8・6刑集10巻412頁）とされ，最高裁判所は，「公務員の職務の公正とこれに対する社会一般の信頼を保護法益とする」（最大判平成7・2・22刑集49巻2号1頁）という。学説の多くもこれを支持する。この立場は，一般に**信頼保護説**[6]といわれる。
　賄賂罪が国家の作用の適正を保護するものだという前提からすれば，本来は，公務員の職務行為の公正それ自体を保護法益とするのが自然である。しかし，それでは，現行法が具体的な職務行為の不正を要件としない単純収賄罪を規定しているので，これとの関係が説明しにくくなる。すなわち，単純収賄罪は，職務に関し賄賂を得ればそれだけで成立するだけでなく，賄賂の要求・約束の段階でも処罰対象とするものであり，実際に不公正な職務行為が行われることまでは要件とされていないのである。もっとも，他方では，実際に不公正な職務が行われた

---

[5]　保護法益についても，ローマ法主義に対応して，公務の不可買収性（金で左右されてはならない）を保護するとする説，ゲルマン法主義に対応して，公務員の廉潔性を保護するとする説などが説かれた。ただし，これらは多分に理念的なため，現在では，これらを土台としつつも，本文で説明するように，国家の作用に対する犯罪としての実質から説明する方向が有力化している。

[6]　団藤・129頁，大谷・635頁，中森・273頁，西田・489頁，高橋・675頁等。

場合に重く処罰される加重（枉法（おうほう））収賄罪の類型が存在するので，職務行為の公正も保護法益に含まれないというわけではない。信頼保護説は，この両側面を保護法益として考慮する見解である。

ただ，社会一般の公務遂行の公正に対する信頼は，職務行為の公正を疑わせる（公正を損なう危険のある）行為によって危殆化されるのであり，単純収賄の場合にもそのような意味で公正に対する危険は既に生じていると解することもできる。「社会一般の信頼」のような認識の難しい要素を法益として考慮するよりは，むしろ端的に，賄賂罪は，職務の公正を損なう危険を含む行為を処罰するものであるとし，保護法益を対象化する方が明確性を確保できる意味合いがある。このような観点から，賄賂罪の保護法益は，公務員の職務行為の公正，ないし職務行為がその公正に対する疑義を含まないという意味の「純粋性」であるとする説も有力である。これを**純粋性説**[7]という。

わたくしは，結論として信頼保護説を支持するが，ここで社会一般の「**信頼**」とされている事情は，信頼という社会構成員個々人の心理（を集成したもの）ではなく，「信頼に値する公務が現実に遂行がなされている状況」というべきものであると考える[8]。もう少し厳密にいえば，社会構成員が一般的な信頼を抱くに足りる適正な職務が行われている状況を保護法益と捉えることが妥当であろう。このような状況があるとき，「公務に対する信頼」が存在すると捉えれば，信頼保護説の考え方になるであろう。このとき，「信頼に足りる適正さ」を「公正」と置き換えて純粋性説的に理解することもできる。しかし，純粋性説が「職務の公正」というときには，個々の職務が公正であることが重視されるように思われる。賄賂罪の諸類型は，個々の職務の公正そのものを直接の保護対象とするというより，個別の不公正な職務の遂行が公務一般に与える影響を考慮するものと解されるのである。

32.3.2　贈収賄罪と必要的共犯

贈収賄罪は，賄賂を贈る側と得る側とが存在してはじめて成り立つので，贈賄罪と収賄罪とは必要的共犯（対向犯）とされることがある。収賄側の行為としては，収受・要求・約束，贈賄側の行為としては，供与・申込・約束が規定されて

---

[7] 曽根・317頁，林・440頁以下，山口・612頁等。
[8] 伊東・406頁。

いる。たしかに，賄賂の「供与」・「収受」，意思の合致を意味する「約束」という類型は，片面的にはありえない行為態様であるから，対向的必要的共犯である。しかし，収賄罪の主体は公務員であって，職務上の義務違反が問題とされているのに対し，贈賄罪の主体には限定がないという点，賄賂の「申込み」・「要求」は，一方のみの行為で成立する点，などを考慮すると，両罪が原理的・形式的に必要的共犯の関係にあるわけではない。

なお，必要的共犯について総則の共犯規定（60条以下）の適用があるかが問題になる。たとえば，収賄者が賄賂を要求する行為は，贈賄者の贈賄罪を教唆したことになるのか，ということである。しかし，そのような行為は，まさに収賄罪（賄賂要求罪）として構成要件化されているのであるから，論理解釈により収賄罪が贈賄罪の共犯とされることはないとすべきである。また，収賄に関与する行為のうちでも必要不可欠な（立法上当然共犯関係が考慮されたとみなければならない）贈賄行為は，別罪として規定されている。こうしたことから，贈賄罪に総則の共犯規定は適用されない（収賄罪の共犯とはならない）と解される。他方，贈賄者以外が公務員に対し収賄を教唆するなどの形で共犯となること，贈賄以外の態様で収賄罪に対する共犯的関与を行えば共犯となることは，肯定されるであろう。

32.3.3 収賄罪の主体（贈賄罪の相手方）

収賄罪の主体は，「公務員」である。主体が公務員でなければ収賄罪は成立しないので，公務員の身分は構成的身分（65条1項）であり，収賄罪は真正身分犯となる。「公務員」の意義は，7条1項に従う。ただし，公務員「になろうとする者」を収賄主体とする事前収賄罪（197条2項），公務員「であった者」を収賄主体とする事後収賄罪（197条の3第3項）の類型もある。なお，収賄については，7条1項の公務員以外にも，いわゆる「みなし公務員」として収賄罪が処罰される場合がある（日銀法30条，国立大学法人法19条など）。また，刑法上の収賄罪の主体に含まれていない者による収賄罪を処罰する規定が，仲裁法50条，会社法967条・968条，金融商品取引法203条などにもある。

32.3.4 客体——賄賂

授受の対象となる「賄賂」とは，職務に関する不正な報酬としての利益をいう。

複数類型に共通する客体であるところから，各罪の説明に先立って述べておく。

(1) 職務との対価関係

「賄賂」は，職務に関する報酬であるから，職務（あっせん収賄罪にあっては「あっせん行為」）との対価関係がなければならない。ただし，具体的な個々の職務行為と賄賂との間の対価関係は不要である（最決昭和33・9・30刑集12巻13号3180頁）。職務関連性については，別項で後述する。

> **設例3** 文部科学省事務次官Eは，R社の代表取締役Fから，①R社が自社の進学情報誌を配布するに際し，高校の教育職員が高校生の名簿を収集提供するなどの便宜を与えていることにつき種々好意的な取り計らいを受けたことに対するする謝礼の趣旨，および②R社の事業遂行にとって有利になるような各種審議会・会議の委員等に同社の役職員の選任につき種々好意的な取り計らいを受けたことに対する謝礼の趣旨で，店頭登録後は値上がり確実なR社関連G社の株式1万株を，店頭登録後に見込まれる価格より明らかに低い価格で譲り受けた。

(2) 利　益

「賄賂」には，物質的・非物質的，有形・無形を問わず，人の需要・欲望を満たすに足りる一切の利益が含まれる。裁判例に現れたものを挙げると，金銭・物品・芸妓の演芸・飲食物の饗応・就職のあっせん・情交・ゴルフクラブの会員権・債務弁済・担保提供等々，その種類は問われていない（大判明治43・12・19刑録16輯2239頁，芸妓の演芸の例。最決昭和63・7・18刑集42巻6号861頁，殖産住宅事件。値上がりが確実視される株式を公開価格で取得する利益の例）。早期に売却したいが売却できないでいる土地を時価相当額で買い取ってもらい代金の支払いを受けた場合に，当該土地の売買による換金の利益が賄賂にあたるとした例（最決平成24・10・15刑集66巻10号990頁）もある。

(3) 社 交 儀 礼

設例4 公立中学校教諭Hは，①新たに学級担任となった直後に，その学級の生徒の親Iから贈答用小切手1通（額面5千円）を受け取った。また，②それまで2年間にわたり学級担任としてだけでなく時間外の教育指導をしてきた生徒の親Jから，卒業時に贈答用小切手1通（額面1万円）を受け取った。なお，この学校では以前から担任が代わる際に親が挨拶に行く例が多かった。

　贈答文化は多かれ少なかれどの社会にも存在する。とくに日本では，中元・歳暮のような季節的なものをはじめ，祝意・謝意を示すために，あるいは見舞いなどの意味で行われる儀礼的な物品・利益の授受が一般的に行われているので，**社交儀礼**と賄賂との関係が問題となる。判例は，「職務との対価関係」の有無によって賄賂性を判断する態度を基本とする（大判昭和4・12・4刑集8巻609頁）。すなわち，社交儀礼程度の贈物も，職務に関して授受される限り収賄罪となる。

　ただし，形式的な判断は必ずしも相当とはいえず，一般的には，賄賂と職務行為との対価関係のあり方を信頼保護説の観点から評価すべきであろう。さしあたり，大きくは次のような枠組で判断されるべきであると考える。まず，賄賂とされるためには，もちろん職務行為との対価関係が認められなければならない。対価関係がない場合，たとえば，記念植樹のための贈物や，対価の対象となる職務行為が想定されない季節見舞などは賄賂にはならない。次に，職務の公正とそれに対する一般の信頼に影響しうるものである必要がある。名目によらず，餞別，恩師への記念品，公務員への病気見舞，教員の特別指導に対する謝礼などは，事情によって賄賂性如何が異なるものとして，職務執行の公正を疑わせるものかという実質的な考慮によって判断すべきである。判例には，設例4のような事例で，新しく担任となった教員に贈答用小切手を贈った行為について，中学校教諭の時間外指導等には私的な面もあると解する余地があること，行為者が年度始めの儀礼的贈与についてもこれを慣行的に行っていたことなどを理由に，当該贈与について，直ちに担任としての教育指導という職務行為そのものとの対価関係を認めることはできないとして，賄賂罪の成立を否定したもの（最判昭和50・4・24判時774号119頁）がある。

(4) 職 務 権 限

　賄賂は，「職務に関し」て授受される必要がある。これは，対価関係に関連する

要件であるが，究極的には職務執行の公正を疑わせるか否かという判断に関わる。したがって，そもそもの「職務」の意義，およびその公正を疑わせる関連性の範囲はどこまでか，が問題となる。

「**職務**」とは，一般的には，公務員がその地位に伴い公務員として取り扱うべき一切の事務である（最判昭和28・10・27刑集7巻10号1971頁）。公務員の職務権限は，元来，法令に基づくものであるが，具体的に当該職務が法令に根拠をもつ場合だけに限らず，公務員としての任務遂行のため公務員としての立場で行われるものであればよい。また，賄賂の対価行為が違法な行為であることを要しない。適切な行為（職務執行）が行われることについて賄賂が授受される場合も，職務関連性は認められる。逆に，対価関係にある職務が違法であって，そもそも公務員の職務たりえないことであっても，職務に名を借りて行われ，職務の公正への信頼を損なうおそれがある以上は，違法であるというだけで職務性が否定されることはないとすべきである。

賄賂の対価となる職務は，**公務員の一般的・抽象的職務権限に属しているもの**であれば足り，具体的職務権限があることや現に担当している職務であることは不要である。現に担当していなくても，内部的職務分担・分掌の問題にとどまり，担当の可能性のある職務であれば，それについて賄賂が授受されることにより，職務の公正に対する信頼を損なう危険があると考えられるからである。

職務権限に関しては，広範な職務が想定される大臣の事例が問題になった。運輸大臣（当時）または内閣総理大臣の職務権限をめぐっては，民間航空会社が購入する航空機の機種選択に関与することは，所管大臣による運輸行政上の行政指導として運輸大臣の一般的職務権限に属し，さらに内閣総理大臣の憲法上・内閣法上の行政各部への指揮監督権限に基づくものとして内閣総理大臣の一般的職務権限に属するとされた（最大判平成7・2・22刑集49巻2号1頁，ロッキード事件）。また，内閣官房長官の職務権限について，就職情報誌の発行者が国家公務員の採用に際し民間の就職協定の趣旨に添って適切な対応をするよう尽力することを依頼して賄賂の授受が行われた例で，国家公務員の採用という国の行政機関全体にわたる事項について適切な措置をとることは，内閣官房長官の職務権限に属するとされた（最決平成11・10・20刑集53巻7号641頁，リクルート事件）。その判断にあたっては，法令・内部所掌規程をも考慮しつつ，実質的な評価を行う必要があると考えられる。

(5) 職務関連性

　職務に「関し」の意義について，判例・通説は，賄賂と職務行為との間に直接的関連性のある場合だけでなく，「その職務に密接な関係を有するいわば準職務行為又は事実上所管する職務行為に関して」賄賂の授受が行われる場合にも，賄賂罪の成立を認めている。すなわち，職務執行行為に関する場合に加え，職務密接関連行為（準職務行為）と対価関係がある場合をも職務関連性のある場合としている。たとえば，村長を補助して外国人登録に関する事務を取り扱う村の書記の外国人登録証明書作成（最決昭和31・7・12刑集10巻7号1058頁），県衛生部予防課長事務代理の精神病床整備費の国庫補助に関する事務（最決昭和38・5・21刑集17巻4号345頁），大学設置審議会委員であり歯科大学専門課程における教員の資格等を審査する同審議会内の歯学専門委員会委員である者が教員予定者の適否を委員会における審査基準に従ってあらかじめ判定し，あるいは中間的審査結果を正式通知前に知らせる場合（最決昭和59・5・30刑集38巻7号2682頁，大学設置審事件），衆議院議員の，自己の所属しない委員会の審議事項への関与（最決昭和63・4・11刑集42巻4号419頁，大阪タクシー事件），警視庁の警察官であるが，属する警察署および課（地域課と刑事課）が異なり具体的事件の捜査に関与していなかった場合（最決平成17・3・11刑集59巻2号1頁），県立医科大学の教授兼同大学附属病院診療科部長が，教育指導している医師を他の病院へ派遣をすること（最決平成18・1・23刑集60巻1号67頁），北海道開発庁長官が，職員に対する服務統督権限を背景に職員に対する指導の形を借りて，担当者に特定企業が工事受注できるよう働きかけること（最決平成22・9・7刑集64巻6号865頁），などである。

　ただし，裁判例において職務密接関連行為とされたもののうちには，本来の一般的職務権限に属する場合との限界がはっきりしない（考え方によっては職務行為そのものともみることもできる）ものもあり，他方，職務性が薄く付随的な便宜供与行為にすぎないとみるべきものもある。職務密接関連行為にあたるか否かの判断の基準については，学説上，その行為の公務的性格を基準とする立場，行為の本来職務への影響を基準とする立場，行為の相手方への影響力を基準とする立場などがあるが，いずれによっても，それだけでは実態に即した判断を行うことは難しいように思われる。職務関連性の有無を形式的に判断することには限界があり，結局，当該行為に関して賄賂が授受されることが，本来の公務の公正な遂行についての国民一般の信頼を害する危険性があるかどうかという実質的考慮が決定的であるというほかはない。

実質判断における概略的な判断枠組を示すならば，①本来の職務の円滑な遂行のためなど，事実上それと一体として把握することのできる行為，②本来の職務とは相対的に独立したものではあるが，公務員としての立場による特別の役割に基づく場合などについては，公務員でなければしにくい行為であって，その濫用につながれば不適正な職務遂行への疑いを生じうると解されるので，関連性を肯定すべきであるように思われる。他方，③本来の職務行為との独立性が高く，職務遂行の便宜をはかるなどの目的で事実上・慣習上，職務に付随して行われるものについては，賄賂罪の成立を肯定すべきほどの職務関連性がないとすべきであるように思われる。なお，このように実質的考慮に基づいて「職務」との関連範囲を規定するときは，職務密接関連行為という独自のカテゴリーは不要であろう。

　公務員の不作為についての職務関連性は，具体的職務としての外形的把握が難しく，作為の場合以上に問題がある。進学・就職情報誌の発行・配布事業に関し，高等学校の教員が高校生の名簿収集提供の便宜を提供していることについて批判が高まっていた折，それにもかかわらず，文部省が不利益な行政措置をとらなかった，という不作為に対する謝礼の趣旨で賄賂の授受があった事件で，何らかの行政措置をとるべき具体的作為義務が存在する場合に限らず，単純収賄においては，賄賂と対価関係に立つ職務行為が明確な作為義務で特定される必要はない，とした判例（最決平成14・10・22刑集56巻8号690頁，リクルート事件文部省ルート）がある。しかし，「特別の措置をとらない」ことが職務（密接関連）行為であるという判断は，特別の措置をとることが法的に義務づけられるときならともかく，政策遂行に関係するものにとどまり法的義務づけとはいえない場合には職務関連性があると判断することは難しい。したがって，当該判例の結論はともかく，一般論としてこのような考え方をとることが妥当であるかは，疑問である。不作為の職務関連性についての判断においても，当該不作為に対応する作為義務の内容（期待される作為）を明らかにした上で，作為義務懈怠と賄賂との関係を，上述のような実質的考慮に基づいて吟味すべきであろう。

（6）将来・過去の職務

　職務関連性は，**将来の職務**との関係でも認めうる。現職市長が再選後に担当することになる職務に関して請託を受けて賄賂を収受した場合にも職務関連性は肯定される（最決昭和61・6・27刑集40巻4号369頁）。

　過去の職務は，公務員の転職があった場合に問題となる。まず，転職後も公務

員であり，かつ一般的職務権限が変わらないときは，一般的職務権限に属する公務に関して賄賂の収受が行われたことに帰着する。すなわち，個々の職務行為との対価関係がなくとも一般的職務権限の同一性があれば足りるのであるから，転職が介在しても対価関係は否定されない。そこで，問題になるのは，転職後に一般的職務権限が変わる場合の収賄行為における職務関連性である。

この点に関する**消極説**[9]は，一般的職務権限を異にすれば職務関連性が失われるとする立場である。根拠としては，①一般的職務権限が関連性判断の外枠であることは転職を問題にする場合も同様と考えるべきであること，②事後収賄罪の類型が存在する以上，通常の類型では，「現在」の職務と賄賂との対価関係が要求されるはずであること，③過去の職務に関する収賄が公務への信頼を害するのは，それが現在または将来の職務に影響する場合のみであると考えられること，④仮に，そうではなく過去の職務行為のみの信頼が問題だとすれば，一般に，退職した場合も同様に信頼を損なう可能性があるのに，そのような類型は処罰対象とされないこと，などが挙げられる。

これに対し，**積極説**[10]は，転職しても収受の当時公務員である以上は収賄罪が成立するとするものである。こちらの根拠としては，①賄賂にとっては職務行為と報酬との間に対価関係があれば足り，現在の職務との関連性は不要であるはずであること，②文言上も「その職務」とは，現在担当している職務ではなく，「自己の職務」であると解されること，③消極説には，このような事例では197条の3第3項を適用すればよいとするものがあるが，それは「公務員であった者」の文理に反すること，④過去の公務の公正についてはもはや危険はないが，信頼保護のためには事後的であれ外見的に不可買収性が保持されるべきであること，⑤収賄時に公務員である以上，一般的職務権限を異にするとはいえ現在の職務への信頼にも影響すること，⑥公務員については配置換も多く，転職後に賄賂を授受することによって処罰を免れるのを許すべきでないこと，などが挙げられる。

消極説の方が一貫する面はあるが，積極説の根拠には，問題となっている職務への信頼だけでなく一体的な公務全般に対する信頼の保護という見地から，実質的に無視できないものがあるように思われる。最高裁判例は，積極説の立場をとる。たとえば，A税務署直税課からB税務署直税課への転職の例（最決昭和28・

---

[9] 団藤・135頁，大塚・631頁，大谷・639頁，町野・359頁，曽根威彦『刑法の重要問題 各論』（第2版・2006，成文堂）366頁以下。

[10] 平野・296頁，中森・275頁，西田・497頁，山口・619頁，高橋・682頁等。

4・25刑集7巻4号881頁)，県建築部建築振興課宅建業係長から県住宅供給公社開発部参事兼開発課長への転職の例（最決昭和58・3・25刑集37巻2号170頁）などが挙げられる。

32.3.5 賄賂性の認識

授受される賄賂は構成要件要素であるから，賄賂罪の故意を認めるためには，その賄賂としての性質について認識が必要である。すなわち，**賄賂性の認識**は，内容としては「職務行為の対価の意味を含む不正な利益」であることの認識になる。必要的共犯行為については，贈賄者・収賄者の双方に賄賂性についての認識がなければならないと解されるが，要求・申込については一方的な認識で足りる。

賄賂性およびその認識をめぐっては，客体が政治献金として授受された場合に「献金であると認識しており，賄賂性の認識を欠く」との主張がなされることがしばしばある。職務行為との不正な報酬としての対価性があれば賄賂となるので，対価性とそれに関する認識の有無が争点となる。具体的な利益と結びつく特定の職務行為を依頼する趣旨である場合は賄賂となるが，「献金者の利益にかなう政治活動を一般的に期待してなされたと認められる」場合には，賄賂性が否定される（前掲・最決昭和63・4・11，大阪タクシー事件）というのが一般的な理解である。なお，名目が政治献金であろうと，政治資金規正法にのっとった処理がなされていようと，それ自体は，賄賂性には影響しない。また，政治献金であるとの認識であっても，賄賂性の認識とは両立しうるので，そのことから直ちに故意が否定されることにはならない。

32.3.6 収 賄 罪

収賄罪（197条1項前段）は，公務員が，その職務に関し，賄賂を収受し，または，その要求もしくは約束をしたときに，5年以下の懲役に処するものである。

本罪は，特定の職務行為を行うことに関する依頼（請託）や現実に特定の職務を行うことなどを要件としない，単純収賄の類型である。その他の収賄類型と区別して「単純収賄罪」とよばれることも多い。

行為は，賄賂の「収受」・「要求」・「約束」である。「**収受**」とは，賄賂を自己のものとする意思で現実に取得することをいう。「**要求**」は，賄賂の供与を求める

意思を表示することをいう。相手が表示された意思内容を認識可能な程度に至れば足り，現に認識する必要はない。また，相手が要求に応じるかどうかも問わない。「約束」とは，賄賂の供与・収受を合意することをいう。「収受」の未遂的段階が「要求」・「約束」であるといえる。なお，既に述べたように，「要求」は相手方の対応に関係なく単独で成立する。これに対し，「収受と供与」および「約束」の場合は贈収賄罪が対向関係の必要的共犯となり，片面的には成立しない。

　非公務員である公務員の配偶者が公務員に代わって情を知りつつ賄賂を受け取ったときの公務員および非公務員たるその配偶者の罪責が問題となる。受け取った者が公務員でなく収賄行為の主体にはなりえない以上，収賄罪は不成立だとも考えられるが，その形態でも収賄罪が成立すると解すべきであると思われる。これは，非公務員である配偶者を道具として利用する間接正犯として収賄罪にあたるとする解釈（「身分のない故意ある道具」を利用する形態になる），あるいは，「収受」・「供与」とは，直接にやりとりすることだけには限られず，媒介者を介して受領する場合を含むと解釈し，このような事例でも公務員自らが直接収受したことになり収賄罪にあたるとする考え方などによるものである。また，仮に，非公務員が公務員の収賄行為に関与する場合に，非公務員に主体性が認められないとしても，公務員と意思を通じていれば，身分犯の共犯（65条1項）として，非身分者も共犯にはなりうる。

　賄賂の「要求」・「約束」・「収受」，「申込」・「約束」・「供与」が一連の行為として行われたときは，同一条文に規定される同一法益侵害に向けられた行為であることから，全体を包括して，それぞれ贈賄罪・収賄罪一罪となる（包括一罪）。

32.3.7　受託収賄罪

　受託収賄罪（197条1項後段）は，公務員が，その職務に関し，賄賂を収受し，または，その要求もしくは約束をした場合において，請託を受けたときは，7年以下の懲役に処せられるものである。

　本罪は，請託を受けて収賄する類型である。一般的に有利な扱いを受けることを期待する場合に比べ，特定の職務行為を行うよう依頼を受ける場合には，明確に賄賂と職務との対価関係が存在し，これを意識して賄賂の授受がなされることとなって，職務の公正に対する信頼が害される危険性がより大きいので，受託収賄罪として単純収賄罪より重く処罰される。

「請託」とは，職務に関し特定の行為を依頼することをいい，明示・黙示を問わない。請託を「受けた」というためには，明示・黙示の承諾が必要であるとされる（最判昭和29・8・20刑集8巻8号1256頁）。上述のとおり，特定された職務行為の依頼が必要であり，一般的に好意ある取り扱いを受けたいという趣旨の依頼は，請託とはいえない（そのような趣旨で対価関係がある場合には単純収賄罪にあたる）。不正な行為を依頼する場合だけでなく正当な行為依頼することも含む。いずれにしても，公務に対する信頼という保護法益の侵害の危険は存在するからである（最判昭和27・7・22刑集6巻7号927頁，正当な職務を依頼した例。前掲・最決昭和61・6・27，任期満了前の一般的職務権限に属する事項に関し，再選後の具体的執行につき請託した例）。請託を受けて職務行為が行われた後に収賄した場合にも受託収賄罪が成立しうる（東京高判昭和61・5・14判時1205号61頁，ロッキード事件全日空ルート）。

32.3.8　事前収賄罪

事前収賄罪（197条2項）は，公務員になろうとする者が，その担当すべき職務に関し，請託を受けて，賄賂を収受し，または，その要求もしくは約束をしたときは，公務員となった場合において，5年以下の懲役に処するものである。

本罪は，**公務員になろうとする者**（収賄時点では公務員ではない）を主体とする。行為は，公務員となった後に担当すべき職務に関し，請託を受けて収賄行為を行うことである。本罪は，その者が「公務員となった場合」に成立する。「公務員となること」は，構成要件該当性とは独立した客観的処罰条件であるようにも読めるが，公務員であるからこそ職務公正（その信頼）への危険が問題となるのであるから，これは，行為の類型的違法性を基礎づける不法実質と目される事実であって，構成要件要素であると解するべきである。したがって，「公務員となる」という事実は，故意における認識対象となる。

32.3.9　第三者供賄罪

第三者供賄罪（197条の2）は，公務員が，その職務に関し，請託を受けて，第三者に賄賂を供与させ，または，その供与の要求もしくは約束をしたときは，5年以下の懲役に処するものである。

本条の類型は，公務員が，請託を受け，自己が収賄行為を行うのではなく，第

三者に賄賂を供与等させる犯罪である。第三者に賄賂を供与させ，自らは別に間接的に利益を得ることによって，受託収賄罪の成立を免れるような場合を許さない趣旨である。ただし，第三者から当該公務員に何らかの利益が実際に回流する必要はない。**第三者**とは，贈賄者と職務行為を行う公務員とを除く者（公務員でなくともよい）である。自然人だけでなく法人・法人格のない団体等も含むとされる。公務員が第三者を通じて自ら職務との対価関係を有する賄賂を収受する場合は，197条1項の収賄罪が成立する。

　本罪では，賄賂と対価関係をもつ職務行為を行う公務員と，賄賂の帰属先の公務員とが異なるので，対価関係を明確にするために請託が要件とされている。賄賂が提供される相手方である第三者において賄賂性の認識をもつ必要はないとされる。第三者と公務員との間で共同正犯が成立する場合や，第三者が単なる公務員の手足のような立場で賄賂を収受したような場合は，全体として公務員自身に対する賄賂提供とすべきであって，本罪にはあたらない。逆に，公務員とまったく無関係の第三者への利益供与がなされる場合は，職務行為と公務員が間接的に得る利益との間の対価性すら存在しないこともあることになり，そもそも賄賂性自体を疑うこともできるかもしれないが，判例は，無関係の第三者への供与の場合にも第三者供賄罪の成立を認める（前掲・最判昭和29・8・20）。このような事例で，公務員にいかなる意味でも供賄に伴う利益が想定されない，ということは考えにくいので，判例の結論は支持できるであろう。

32.3.10　加重収賄罪

　加重収賄罪（197条の3）は，①公務員が，197条（単純収賄・受託収賄・事前収賄）の罪，197条の2（第三者供賄）の罪を犯し，よって，不正な行為をし，または，相当の行為をしなかったときは，1年以上の有期懲役に処せられ（同条1項），②公務員が，その職務上不正な行為をしたこと，または，相当の行為をしなかったことに関し，賄賂を収受し，もしくは，その要求もしくは約束をし，または，第三者にこれを供与させ，もしくは，その供与の要求もしくは約束をしたときは，同様，1年以上の有期懲役に処せられるものである（同条2項）。

　本条は，収賄行為に加えて収賄に関係して実際に不正な行為を行う場合を加重処罰する規定である。本罪は，法を枉（ま）げる実質から**枉法収賄罪**ともいわれる。1項は，収賄行為を行った後に職務違反（枉法）行為が行われる場合，2項

は，職務違反（枉法）行為が行われた後に収賄行為を行う場合である。「不正な行為」には，職務違反にあたる一切の作為・不作為が含まれる。職務違反行為がそれ自体他の犯罪を構成する場合には，1項の類型では，その罪と加重収賄罪との観念的競合，2項の場合には，併合罪とするのが判例である。

32.3.11　事後収賄罪

事後収賄罪（197条の3第3項）は，公務員であった者が，その在職中に，請託を受けて，職務上不正な行為をしたこと，または，相当の行為をしなかったことに関し，賄賂を収受し，または，その要求もしくは約束をしたときに，5年以下の懲役に処するものである。

本罪は，**公務員であった者**が，在職中に請託を受けて不正な職務（作為・不作為）を行ったことに関し，事後に収賄行為を行う類型である。「公務員であった」との文言は，現に公務員ではないことを含意すると解されるので，公務員が退職後に，**在職中の職務に関し収賄した場合**の規定であることになる。在職中に要求・約束等の行為があれば既にその行為が加重収賄罪に該当するので，退職後に実際の収受があってもその収受はその加重収賄罪に含めて評価される。

なお，かつて当時の防衛庁調達実施本部副本部長等の職にあった者が，退職後私企業の関連会社の非常勤の顧問となり顧問料として金員の供与を受けたことにつき，この金員供与は現在の職務に対する顧問料という報酬であって在職中の不正な職務に関する報酬ではないとの主張に対し，現に顧問としての実態がまったくなかったとはいえない（顧問としての正当な報酬の意味もあった）としても，供与を受けた金員は在職中の不正な行為と対価関係があり，事後収賄罪が成立するとされた判例（最決平成21・3・16刑集63巻3号81頁）がある。

32.3.12　あっせん収賄罪

あっせん収賄罪（197条の4）は，公務員が，請託を受け，他の公務員に職務上不正な行為をさせるように，または，相当の行為をさせないように，あっせんをすること，または，したことの報酬として，賄賂を収受し，または，その要求もしくは約束をしたときに，5年以下の懲役に処するものである。

本罪は，公務員が請託を受けて，他の公務員の職務違反行為が行われるように

「あっせん」すること（したこと）に関し収賄行為を行う類型である。本罪でも主体（収賄者）は公務員であるが，収賄者にとっては他の公務員の職務に関する収賄罪であって，自己の職務との関連性は不要である。すなわち，不正職務についての自己の「あっせん行為」の対価としての賄賂を収受する類型である。そこで，本罪の場合，請託とは，不正の作為・不作為を「あっせん」する行為を依頼することである。「あっせん」は，行為者（あっせん者）が，職務権限をもつ公務員との間を仲介し贈賄者の便宜をはかることをいう。過去のあっせん行為・将来のあっせん行為のいずれについても成立しうる。

　判例によると，独禁法違反の告発について公正取引委員会が調査中の審査事件に関し，公取委がこれを告発しないように衆議院議員が公取委委員長に働きかけることは，最終的に告発されるべきものかどうかにかかわらず，「相当な行為をさせないように」あっせんすることに該当する（最決平成15・1・14刑集57巻1号1頁）。本罪にいう「あっせん」は，公務員としての積極的な地位利用であることは不要だが，公務員としての立場で行為することが必要であり，単なる私人としての行為は含まない（最決昭和43・10・15刑集22巻10号901頁）[11]。

32.3.13　贈 賄 罪

　贈賄罪（198条）は，197条から197条の4までに規定する賄賂を，供与し，または，その申し込み，もしくは，約束をした者を，3年以下の懲役または250万円以下の罰金に処するものである。

　贈賄罪は，各収賄罪に対応する贈賄行為を処罰する類型である。贈賄側の行為が，収賄罪の共犯行為とみられる場合（たとえば収賄教唆）であっても，贈賄罪によって処罰される。

　「供与」とは，収受させることをいう。「申込」とは，収受を促す意思表示をすることをいう。公務員の配偶者に賄賂をさし出すのは，賄賂の申込に該当するであろう。要求の場合と同様，相手方に認識可能となれば足り，相手が現に認識することも，承諾する必要もない。

　「供与」の未遂的段階が「申込」・「約束」であるといえる。なお，既に述べた

---

[11] なお，「公職にある者等のあっせん行為による利得罪の処罰に関する法律」により，あっせん利得罪が設けられている。これは，政治家が公務員にいわゆる「口利き」をすることの報酬を得る行為を処罰するもので，刑法のあっせん収賄罪の補充的規定といえる。

ように,「申込」は相手方の対応に関係なく単独で成立する。これに対し,「収受と供与」および「約束」の場合は贈収賄罪が対向関係の必要的共犯となり,片面的には成立しない。

32.3.14 賄賂罪と恐喝・詐欺罪

収賄者が恐喝・詐欺などの行為によって賄賂を供与させる場合について,収賄側には財産罪と収賄罪のいずれが成立するか,または,いずれもが成立するのかという問題がある。さらに,そのとき贈賄者に贈賄罪が成立するかも問題となる。

まず,収賄者に職務執行の意思がない場合は,交付させる財物や利益との対価関係を考慮すべき職務行為が存在しないこととなるので,収賄者には恐喝罪・詐欺罪のみが成立する(最判昭和25・4・6刑集4巻4号481頁,その意思がないのに検挙すると告げて現金を交付させた場合に恐喝罪のみの成立を認めた例)。このような場合は,財物等の取得に際し賄賂的対価に名を借りただけだとみられ,収賄罪にあたる事実がないので,贈賄者にあたる者は実際には財産罪の被害者にすぎず,贈賄罪は成立しない。

これに対し,収賄者に職務執行の意思がある場合は,その行為は,収賄罪にも該当し,恐喝罪・詐欺罪との観念的競合となる。このとき,判例は供与側に贈賄罪の成立を認める(最決昭和39・12・8刑集18巻10号952頁)。しかし,このような事例における贈賄者は,任意に財物や利益を賄賂として交付しているわけではないというべきであるように思われるし,前の類型と同様,職務執行に名をかりただけで,「職務執行の対価として」受け取る意思があったとはいえないのではないか,といった疑問がある。わたくしは,恐喝・詐欺等の悪質性と贈賄行為の不法性とを比較し,贈賄が処罰に値する不法性を有するときに贈賄罪の成立を認めるべきであると思う。

判例は,賄賂要求に応じた贈賄行為において,要求行為が恐喝となるときでも贈賄罪の成立は否定されないとする(大判昭和10・12・21刑集14巻1434頁)。たしかに,もとから贈賄の意図を有していたような場合も考えられるので,構成要件該当性の問題としては贈賄罪にあたるとするのが妥当であるように思われる。ただし,このような事例においては,事情によって,贈賄が不本意なものであったとみることができ,贈賄行為について期待可能性を欠くことから,責任を阻却すると考えるべき場合も存在するであろう[12]。

32.3.15 没収・追徴

　犯人または情を知った第三者が収受した賄賂は，没収する。その全部または一部を没収することができないときは，その価額を追徴する（197条の5）。
　197条の5により，賄賂は，必要的な没収・追徴の対象とされている。「没収」とは，物の所有権を剥奪して国庫に帰属させる処分をいい，財産刑の一種であるが，付加刑（9条）であり，主刑に加えて言い渡される。「追徴」は，没収に代えてこれと問う価値の金員の納付を命じる処分であり，刑罰ではない（9条に挙げられていない）が，それに類似した機能を有する一種の換刑処分の性質をもつとみられる。任意的な没収・追徴は，19条・19条の2に規定がある[13]ので，本条はその特則にあたる。ただし，賄賂以外の物について19条・19条の2を適用することは妨げない。
　このような扱いがなされるのは，不正な報酬としての利益を保持させないという趣旨である。そこで，収賄者から没収することが基本であり，収賄者が任意に贈賄者に返還した場合には，贈賄側から没収すべきである。判例も贈賄側からの没収を認める。贈賄側から没収する根拠について，判例は，この場合にも197条の5としている。しかし，贈賄側からの没収は，もはや「収賄者の利益」の没収とはいいがたく，本条の本来の趣旨とは一致しないので，19条による任意的没収として行うべきであるように思われる。なお，収賄者が賄賂を費消後同額の金銭を贈賄者に返還したときに収賄側から追徴するという判例（最判昭和24・12・15刑集3巻12号2023頁）があるのは，このような事情では，賄賂そのものが返還されたわけではなく利益は収賄側に留保されているので，依然として収賄側から追徴すべきであるという理由による。
　没収・追徴の対象は，犯人または第三者が収受した賄賂である。ここにいう「犯人」には共犯（共同正犯・狭義の共犯）者を含み，起訴されていなくとも賄賂

---

[12] ただし，判例は，期待可能性のみを根拠として犯罪の成立を否定することには慎重である。
[13] 197条の5は，必要的没収・追徴を定めるが，一般法に位置づけられる19条の没収の言渡しは，任意的である（裁判所の裁量による）。対象となるのは，犯罪組成物件（19条1項1号），犯罪供用物件（2号），犯罪生成物件・犯罪取得物件・犯罪報酬物件（3号），対価物件（4号）である。対象は有体物に限り，動産・不動産を問わない。犯人以外の者に属する物は没収できないが（2項本文），その場合でも犯罪後に情を知って取得した物は没収できる（2項ただし書＝第三者没収）。
　19条1項3号・4号の物の全部または一部を没収することができないときは，その価額を追徴することができる（19条の2）。19条の2の追徴も，任意的である。

事件関係の事実認定で犯人と認められていればよい。第三者には法人等の団体を含む（最判昭和29・8・20刑集8巻8号1256頁）。法人の場合，「情を知った」とは，代表者が賄賂であるとの認識をもっていた場合を意味する。申込みはあったが収受されなかった賄賂については，19条（1項1号）による任意的没収が可能であると解される。

　なお，数人共同して収賄した場合（共同正犯）には，各自の分配額により，分配額が不明なときは，平等に分割して負担させることとなろう。公務員と非公務員とが収賄罪の共同正犯とされた事例に関する判例（最決平成16・11・8刑集58巻8号905頁）では，収賄の共同正犯者が共同して収受した賄賂については，共犯者各自に対し，公務員の身分の有無にかかわらず，それぞれその価額全部の追徴を命じることができるとした。ただし，収賄犯人等に不正な利益の保有を許さないという要請が満たされる限りにおいて，相当と認められる場合には，裁量により，各自にそれぞれ一部の額の追徴を命じ，あるいは一部の者にのみ追徴を科することも許される。さらに，収賄の共同正犯者が収受した賄賂について，その間における分配，保有及び費消の状況が不明であるときは，賄賂の総額を均分した金額を各被告人から追徴することができるとする。

　追徴が行われるのは，その全部または一部が没収できないときである。「没収することができない」には，いわゆる事後的不能，すなわち，没収の対象となる有体物である賄賂が収賄者のもとから失われた場合（犯人による費消・紛失など）がある。善意の第三者への譲渡がなされた場合，賄賂たる金銭が公務員所有の金銭と混同して同一性が失われ特定物でなくなったとき，預金されて債権となったときも追徴の対象となる。さらに，いわゆる原始的不能，すなわち，賄賂がもともと有体物でなく「サービス」や「利益」（供応・債務弁済など）であって，その性質上没収が不能である場合（原始的不能）も含まれる。

　追徴価額を決定する基準としては，賄賂が授受された当時の価額によるとする説（最大判昭和43・9・25刑集22巻9号871頁），追徴の裁判時の価額によるとする説，没収不能となった時点の現実の取引価額によるとする説がある。追徴時に価値変動が生じている場合，利益の帰属との関係で実質的考慮が必要であるようにも思われるが，金銭なら貨幣価値が変動しても過去の事実として得た金額によるべきものであるから，収受時説が相当であり，これが多数説である。

事項索引

あ 行

悪徳の栄え事件　448
「欺く」行為　244
あっせん　532
あっせん収賄罪　531
あへん　377
あへん煙吸食及び場所提供罪　380
あへん煙吸食器具輸入等罪　379
あへん煙等所持罪　380
あへん煙に関する罪　377
あへん煙輸入等罪　378
あへん法　378
有体性説　173
安楽死　23

遺棄　46
遺棄等致死傷罪　54
遺棄の罪　45
医師　140
意思侵害説　137
意思説　393
遺失物　294
遺失物等横領罪　294
委託信任関係　279
委託物横領　188
委託物横領罪　276, 278
移置　46
一時使用　289
一部損壊説　345
一部露出説　20
一身の刑罰阻却事由　499
一般的な正当業務行為　156
囲繞地　136
違法一元論　5
違法状態維持説　311
違法性　10
医薬品販売業者　140
威力　165
威力業務妨害罪　160
因果関係　13
淫行　452
淫行勧誘罪　452
印章　422
隠匿　321, 327, 365
飲料水に関する罪　377

営利目的等買受け罪　109
営利目的等拐取罪　103
営利目的等幇助罪　111
営利目的等誘拐罪　104
営利目的等略取罪　104
越権行為説　286
延焼罪　354
延焼の危険　338

枉法収賄罪　530
往来危険罪　369
往来危険による汽車転覆等罪　373
往来妨害罪　368
往来妨害致死傷罪　369
往来を妨害する罪　367
横領　277
横領後の横領　290
横領罪　278
大槌郵便局事件　134
置去り　46

か 行

カード偽造　441
害悪の告知　271
外患援助罪　471
外患誘致罪　470
外国国章損壊等罪　471
外国通貨偽造等罪　429
解散　335
解釈　3, 8
拐取　100
拐取者身の代金要求等罪　106
外傷後ストレス障害　63, 99
外部的名誉　142, 144, 147
解放減軽　112
加害目的　303
拡張解釈　9
拡張手段説　221
科刑上一罪　15
加減的身分　51, 211
瑕疵ある意思　230
過失　13, 78
　──の競合　84
　重大な──　81, 358
過失運転致死傷アルコール等影響発覚免脱罪

　　　　　　87
過失運転致死傷罪　87
過失往来危険罪　376
過失激発物破裂罪　360
過失建造物等浸害罪　364
過失傷害罪　80
過失致死罪　80
過失名誉毀損罪説　155
加重買受け罪　109
加重事後幇助罪　111
加重収賄罪　530
加重逃走罪　491
加重封印等破棄罪　488
ガス漏出等罪　360
ガス漏出等致死傷罪　360
可能的自由　95, 97
牙保　312
姦淫　120
監禁　96
監護者であることによる影響力　127
看守者等逃走援助罪　494
間接正犯　15, 407
間接暴行　480
艦船　136, 323, 348, 351
完全性説　61
観念説　392
観念的競合　15, 27
管理可能性説　174

機会説　221
毀棄　321
毀棄及び隠匿の罪　320
毀棄罪　172
毀棄説　345
偽計　159, 165
偽計業務妨害罪　160
既決　491
危険運転　86
危険運転致死傷罪　86
危険性説　374
危険犯　13, 45
危険犯説　160
汽車　348
汽車転覆等罪　371
汽車転覆等致死罪　367, 372
偽証罪　504
キセル乗車　261
寄蔵　312
偽造　388, 395, 428, 433
偽造公文書行使等罪　411
偽造罪　385

偽造私文書等行使罪　415
偽装心中事件　34
偽造通貨等収得罪　430
偽造有価証券行使等罪　435
毀損（名誉）　146
期待可能性　499
祈祷，祭祀の職にある者　140
機能的一体性　349
規範的意思説　393
器物損壊罪　325
基本犯　66
欺罔行為　245
客体の不能　26
客観説　140
境界損壊罪　328
境界標　328
恐喝　200
恐喝罪　270
凶器　76
凶器準備結集罪　76
凶器準備集合罪　74, 75
教唆　29
教唆犯　15
強制執行関係売却妨害罪　487
強制執行行為妨害等罪　486
強制執行妨害目的財産損壊等罪　485
強制わいせつ罪　116, 117
強制わいせつ等致死傷罪　123
共同正犯　14, 71
脅迫　90, 91, 200, 203, 271, 481
脅迫罪　89, 91
共罰（不可罰）的事後行為　185, 290, 292
共犯　14
業務　82, 161, 293, 358
　──と公務　162
業務者　83
業務上横領罪　276, 292
業務上過失致死傷罪　81
業務上失火罪　358
業務上堕胎罪　42
業務上堕胎致死傷罪　42
業務妨害罪　160
供用　418, 421
強要罪　89, 93
虚偽　505, 506, 509
虚偽鑑定等罪　506
虚偽記入　433
虚偽公文書作成等罪　405
虚偽告訴等罪　508
虚偽診断書等作成罪　414
虚偽性の認識　509

事項索引　539

虚偽の風説　159
虚偽文書作成　388
御璽偽造及び不正使用等罪　423
禁制品　177

具体的危険犯　48, 341, 357
クレジットカード　268, 436
　　――の不正使用　256

傾向犯　119
経済的財産　171
形式主義　387
形式的個別財産説　234
継続犯　75, 94, 101
刑の減軽　14
刑の免除　27
激発物破裂罪　359
決壊　365
結果的加重犯　43
結合犯　200, 210
厳格責任説　154
権限濫用説　297
現在性　351
現実的自由　95, 97
現住建造物等浸害罪　363
現住建造物等放火罪　347
現住性　348, 351
建造物　136, 323, 348, 351
　　――の一体性　349
建造物等以外　353
建造物等以外放火罪　352
建造物等損壊罪　322
建造物等損壊致死傷罪　325
限定背信説　298
限定列挙　50
現場助勢罪　69
原本性　389
謙抑性　170
権利行使　264, 273
牽連犯　15

五・一五事件　467
故意犯処罰の原則　78
公印偽造及び不正使用等罪　423
効果帰属説　393
強姦罪　116, 119
強姦等致死傷　128
公記号偽造及び不正使用等罪　424
公共危険罪　334, 362
公共の安全　339
公共の危険　338, 342, 353

公共の平穏　332
公共の利害　149
抗拒不能　122
拘禁作用　490
口腔性交　126
公契約関係競売等妨害罪　488
鉱坑　348, 351
行使　411, 428
強取　205
公証人　140
公正証書原本等不実記載罪　408
構成的身分　51, 211
構成要件　8, 11
　　――の重なり合い　35
構成要件該当性　10
構成要件的結果　12
構成要件標準説　26
構成要件要素　11
公然　145
公然わいせつ罪　116, 446
公電磁的記録　416
強盗強姦及び同致死の罪　129
強盗強姦罪　227
強盗強姦致死罪　227
強盗強姦未遂罪　129
強盗罪　199
強盗致死罪　219
強盗致傷罪　219
強盗予備罪　229
　　――の中止　229
公図画　404
交付　250
交付意思　251
公文書　321, 389, 404
公文書偽造等罪　403
公務　477
公務員　475, 520
公務員職権濫用罪　512
公務執行妨害罪　474
公務所　321
公務振分け説　163
肛門性交　126
効用喪失説　344
公用文書　321
公用文書等毀棄罪　320
国外移送目的拐取罪　104, 108
国際航業事件　289
個人の法益　6
　　――に対する性犯罪　116
個人の秘密　138
国家的法益　6

540　事項索引

国家の作用　465
国家の利益　232
故買　312
誤振込金　248, 283
個別財産　231
　——に対する罪　171
昏睡強盗罪　218
コンピューター・ウィルス　419
コンピューター・プログラム　418

さ　行

罪刑法定主義　2, 9
財産移転罪　172
財産罪　169
財産上の損害　306
財産上の利益　169, 179, 201, 239, 240
財産侵害罪　172
財産的価値　176
財産的処分行為　251, 270, 272
財産に対する罪　314
サイバーポルノ　447
財物　169, 170, 173, 201, 239
財物交付行為　272
財物罪　170
債務免脱説　243
詐欺行為　245
詐欺罪　171, 186, 230
作為　12, 24
作為義務　47
錯誤　245, 249
作成責任説　393
殺人罪　18, 23
殺人未遂罪　23
殺人予備罪　23, 27
三角詐欺　255

私印偽造及び不正使用等罪　425
自己決定　32
事後強盗罪　209, 217
事後収賄罪　531
自己堕胎罪　42
自己の財物に関する特則　196, 230, 270, 322
自己庇護行為　500
事後幇助罪　110
自殺　32
　——の違法性　30
自殺関与罪　18, 25
自殺教唆罪　29
自殺幇助罪　29
事実証明による違法性阻却　148
事実説　392

事実的意思説　393
事実的支配　281
事実の公共性　149
　——の特則　151
「事実の真実性」説　153
事実の摘示　146
死者の占有　190
死者の名誉　147
自首による刑の免除　469, 473
自傷行為　72
事前収賄罪　529
私戦予備・陰謀罪　472
死体損壊罪　20, 27
死体損壊等罪　458
失火　357
失火罪　357
実行行為　11
実行の着手　19
実質主義　387
実質的個別財産説　234
私電磁的記録　416
私電磁的記録不正作出罪　440
自動車運転死傷処罰法　85
自白　507
　——による刑の減免　507, 510
支払用カード電磁的記録情報取得及び提供罪　440
支払用カード電磁的記録不正作出準備罪　440
支払用カード電磁的記録不正作出等罪　437
私文書　413
私文書偽造等罪　412
社会的相当性　73
社会的法益　6
社交儀礼　522
自由　94, 116
重過失致死傷罪　81
宗教の職にある者　140
住居権説　132
住居侵入等罪　131
集合的犯罪　332
重婚罪　452
重失火罪　358
修正本権説　184
集団強姦罪　122
集団強姦等罪　116
集団強姦等致死傷の罪　128
集団準強姦罪　122
集団犯　332
収得後知情行使等罪　431
終末期医療　21
重要部分燃焼開始説　344

収賄罪　527
主観説　140
主観的名誉　142
縮小解釈　9
受託収賄罪　528
手段説　220
手段の不能　26
出生　19
出水　363
出水危険罪　364
出水に関する罪　362
出水の罪　363
準起訴手続　517
準強制わいせつ罪　116, 121
準強姦罪　116, 121
準強盗罪　209
準詐欺罪　268
準職務行為　524
純粋性説　519
傷害　58, 61, 63
傷害罪　20, 58, 62, 67
傷害致死罪　20, 58, 68
消火妨害罪　356
消極的動機説　304
証拠隠滅等罪　497
常習賭博罪　454
詔書偽造等罪　402
浄水汚染罪　381
浄水汚染等致死傷罪　382
浄水毒物等混入罪　382
使用窃盗　193
焼損　343
状態犯　75, 185
証人等威迫罪　502
私用文書等　322
私用文書等毀棄罪　321
情報の財物性　175
情報の不正取得　306
証明可能な程度の真実性　154
嘱託　33
嘱託殺人罪　18
嘱託傷害罪　74
職務　477
　──を執行するに当たり　476
職務関連性　524
職務強要罪　482
職務権限　523
職務の適法性　478
　──についての錯誤　479
職務密接関連行為　524
所在国外移送目的人身売買罪　110

所在国外移送目的の略取及び誘拐罪　108
助産師　140
所持説　182
助勢　69
職権濫用　512
職権濫用の罪　511
処分意思　251
署名　404, 423
自力執行力　477
浸害　362, 363
侵害犯　45
人格の同一性　397, 399
人工妊娠中絶　39
新効用喪失説　347
親告罪　80, 113, 117, 125, 139, 141, 157
真実性の証明　150
信書　139, 327
信書隠匿罪　326
信書開封罪　139, 327
心神耗弱　268
心神喪失　121
人身売買罪　108
真正不作為犯　24, 335
真正身分犯　51
親族間の犯罪に関する特例　197, 230, 269, 270, 278, 292, 294
親族等の間の犯罪に関する特例　319
親族による犯罪に関する特例　498
侵奪　196
陣痛開始説　20
侵入　134
信任関係　302
人民電車事件　371
信用　158
信用毀損罪　158
信頼の原則　79
信頼保護説　518

水害　365
水道汚染罪　381
水道損壊及び閉塞罪　383
水道毒物等混入罪　383
水道毒物等混入致死罪　383
水防妨害罪　365
水防用の物　365
水門　365
水利妨害罪　366
水路　368
スキミング　436, 441

性交　126

542　事項索引

成人買受け罪　109
請託　529, 530, 531
性的自己決定　116
正当行為としての違法性阻却　156
性犯罪に関する改正　126
税務職員によるあへん煙輸入等罪　379
生理的機能説　61
責任原理説　155
責任主義　78
責任追及説　393
説教等妨害罪　458
積極的動機説　304
窃取　191
窃盗罪　181
窃盗の機会　215
宣誓　504
全体財産に対する罪　171, 296
全部露出説　20
占有　182, 186
　──の有無　187
　──の帰属　188
占有説　182
占有屋　486
占有離脱物横領　187
占有離脱物横領罪　276, 294

臓器移植　21, 22
総合判定説　21
騒擾罪　332
相対的わいせつ概念　446
相当因果関係　68
贓物　312
騒乱罪　332, 333
贈賄罪　532
訴訟詐欺　255
損壊　324, 368
尊厳死　23
尊属殺人罪　18, 24
尊属傷害致死罪　68

た　行

対価関係　521
対向犯　519
第三者供賄罪　529
胎児　19, 36, 37
胎児性傷害　40
胎児性水俣病　40
逮捕　96
逮捕及び監禁罪　96
逮捕等致死傷罪　98
代理名義・代表名義　400

多衆不解散罪　332, 335
堕胎　37
堕胎後の殺害　38
堕胎罪の共犯　43
堕胎の罪　19, 36
他人の事務　301
他人名義のクレジットカード　259
他人予備　28
談合　489
単純遺棄罪　49
単純横領罪　276, 278
単純事後幇助罪　111
単純逃走罪　491
単純賭博罪　453

チャタレー事件　448
注意義務　78, 81
抽象的危険犯　48, 139, 340, 357, 387, 481
中立命令違反罪　473
沈没　371
陳列　449

追求権説　311
追徴　534
通貨　427
通貨偽造等罪　427
通貨偽造等準備罪　431
通称　397
つり銭詐欺　246

邸宅　135
堤防　365
適正手続の原則　2
適法性の判断　479
デュープロセス　2
電気　173, 198, 230, 270, 279
電子計算機　167, 168, 267
電子計算機使用詐欺罪　267
電子計算機損壊等業務妨害罪　167
電磁的記録　167, 267, 321, 395, 416, 436, 447, 449
電磁的記録不正作出罪　416
電車　348
転覆　371

同意殺人罪　32
同意傷害　72
同意堕胎罪　42
同意堕胎致死傷罪　42, 43
統括的職務　477
同時傷害の特例　70

逃走援助罪　493
盗品等　314
盗品等運搬・保管・有償譲受・有償処分あっせ
　　ん罪　315
盗品等に関する罪　310
盗品等に対する追求権　311
盗品等保管罪　281
盗品等無償譲受罪　315
図画　388, 395, 414, 449
特別公務員職権濫用罪　515
特別公務員職権濫用等致死傷罪　517
特別公務員暴行陵虐罪　516
特別背任罪　300
特別弁護人　140
独立呼吸説　20
独立燃焼説　343
賭博罪　453
賭博場開張図利罪　455
富くじ発売等罪　456
取引慣行　249
取引目的の不達成　237
図利目的　303
取り戻し行為　183

な　行

内部的名誉　142
内乱陰謀罪　469
内乱罪　466
内乱幇助罪　469
内乱予備罪　469

新潟鉄工事件　289
二重抵当　238, 301
任務違背　305
任務違背行為　305
任務に背く　288

脳死説　21

は　行

ハードコア・ポルノ　445
胚　37
背信説　297, 299, 305, 307
背信的悪意者　285
背信的権限濫用説　298
背任罪　171, 296
破壊　365, 371
博徒結合図利罪　455
橋　368
犯罪構成要件　8
犯罪の競合　15

――個数　15
犯罪論　10
反対解釈　9
犯人蔵匿等罪　495
頒布　449

被害者特定事項の秘匿　117
被害者の意思　117
被害者の承諾　33
被拐取者収受者身の代金要求罪　108
被拐取者の自由　100
非現住建造物等浸害罪　363
非現住建造物等放火罪　350
被拘禁者奪取罪　492
ひったくり　204
必要的共犯　15, 468, 519
必要的減免　28
人の売渡し罪　109
人の終期　19
人の住居　134
人の身体　177
人の生命　19
人の秘密　140
非破廉恥罪　31, 81, 333, 466
秘密漏示罪　139
秘密を侵す罪　138
漂流物　294
被略取者等所在国外移送罪　110

封印等破棄罪　483
不可罰的事後行為　185
副葬品　177
不作為　12, 24, 246
侮辱罪　142, 147
不真正不作為犯　24
不真正身分犯　51, 82
付審判請求　517
不正作出電磁的記録供用罪　417
不正取得支払用カード電磁的記録情報保管罪
　　441
不正指令電磁的記録供用罪　420
不正指令電磁的記録作成罪　419
不正指令電磁的記録取得等罪　421
不正電磁的記録カード所持罪　440
物理的一体性（建造物）　349
不同意堕胎罪　43
不同意堕胎致死傷罪　43
不同意堕胎未遂罪　43
不動産侵奪罪　195
不能犯　25
不法原因給付　265, 274, 280, 314

544　事項索引

不法利得　207
不法領得の意思　192, 206, 231, 286
プライヴァシー　143
プリペイドカード　268, 436
文書　388
　──の作成者　392
　──の名義人　391
文書偽造の罪　385
墳墓発掘罪　458
墳墓発掘死体損壊等罪　460
文理解釈　9

平穏侵害説　137
平穏説　132
平穏占有説　184
併合罪　27
閉塞　368
弁護士　140
弁護人　140
変死者密葬罪　460
変造　402, 428, 433

法益　4
法益関係的錯誤　34, 238
法益三分説　5
放火　343
放火及び失火の罪　337
放火予備罪　356
暴行　58, 91, 200, 203, 271, 480
暴行罪　58, 59, 62, 67, 70, 90
幇助　28, 29
法条競合　85
幇助犯　15
法定刑　15
法的財産　171
法的三段論法　8
暴動　468
法律効果　8
法律的支配　281
法律要件　8
保護義務　47
保護責任　51
保護責任者　47, 51
保護責任者遺棄致死罪　55
保護責任者遺棄等罪　50
北海道拓殖銀行事件　305
没収　534
本権説　182
本犯　310

ま　行

マルウエア　419
丸正名誉毀損事件　156
未決　491
未遂犯　14
未成年者　103
未成年者買受け罪　109
未成年者略取及び誘拐罪　103
三鷹事件　367, 372, 374, 375
密接関連行為　123
密接関連性説　221
身の代金目的拐取罪　102, 104, 105
身の代金目的幇助罪　112
身の代金目的誘拐罪　105
身の代金目的略取罪　105
身の代金目的略取等予備罪　112
身の代金要求罪　102
未必の故意　26
身分犯　51, 209, 227
民事法　169

無形偽造　387
無印公文書等偽造及び同変造罪　403
無印私文書偽造罪・無印私文書変造罪　413
無銭飲食　253
無免許運転　88

名義人の承諾　401
名誉　142, 144
名誉毀損罪　142, 144, 152
名誉に対する罪　142
免状等不実記載罪　408

燃え上がり説　344
目的　14
目的の公益性　149
　──の特則　151
目的犯　29
目的論的解釈　9
物の他人性　284, 323

や　行

薬剤師　140

有印公文書等偽造罪　403
有印公文書等変造罪　403
有印私文書偽造罪　412
有印私文書変造罪　413
誘拐　103
有価証券　432

事項索引　545

有価証券偽造罪　433
有価証券虚偽記入罪　433
有形偽造　387
有形力　60
有償役務説　242
有責性　10
有体物説　173

預金　282
預金の占有　189
四畳半襖の下張り事件　448
予備　27
　　──の中止　28
予備罪　19

ら　行

利益窃盗　178
陸路　368
利得罪　170, 179
利得目的　303
略取　103
略取・誘拐罪　100
量刑　15
利用・処分意思　193

領得　294
領得行為説　285
領得罪　172

類推解釈　9

例示列挙　50
礼拝所不敬罪　457
歴史的解釈　9

論理的解釈　9

わ　行

わいせつ　444, 445, 448
わいせつ，姦淫及び重婚の罪　116
わいせつな行為　119, 446
わいせつ物　448
わいせつ物頒布等罪　116, 447
賄賂　520
賄賂罪　311
賄賂性の認識　527

英　字

PTSD　→外傷後ストレス障害

判例索引

【～明治45年】
大判明治36・5・21刑録9輯874頁（電気窃盗事件）　173
大判明治41・9・4刑録14輯755頁　429
大判明治42・3・25刑録15輯324頁　412
大判明治42・4・16刑録15輯452頁　326
大判明治42・6・8刑録15輯735頁　505
大判明治42・10・19刑録15輯1420頁　37
大判明治43・5・23刑録16輯906頁　265
大判明治43・6・30刑録16輯402頁　429
大判明治43・9・22刑録16輯1531頁　280
大判明治43・9・30刑録16輯1569頁　100
大判明治43・10・4刑録16輯1608頁　459
大判明治43・10・11刑録16輯1689頁　455
大判明治43・12・2刑録16輯2129頁　294
大判明治43・12・16刑録16輯2188頁　323
大判明治43・12・19刑録16輯2239頁　521
大判明治44・2・27刑録17輯197頁　326
大判明治44・4・17刑集17輯601頁　478
大判明治44・4・17刑録17輯605頁　410
大判明治44・4・24刑録17輯655頁　338
大判明治44・5・5刑録17輯768頁　255
大判明治44・8・15刑録17輯1488頁　176
大判明治44・11・16刑録17輯1987頁　362
大判明治45・6・20刑録18輯896頁　63
大判明治45・7・16刑録18輯1087頁　268

【大正元～4年】
大判大正元・10・8刑録18輯1231頁　282
大判大正元・11・25刑録18輯1421頁　176
大判大正2・1・20刑録19輯9頁　176
大判大正2・6・12刑録19輯714頁　318
大判大正3・4・6刑録20輯465頁　454
大判大正3・4・29刑録20輯654頁　505
大判大正3・7・28刑録20輯1584頁　456
大判大正3・10・16刑録20輯1867頁　304
大判大正3・11・3刑録20輯2001頁　509
大判大正3・11・13刑録20輯2095頁　460
大判大正3・11・28刑録20輯2277頁　435
大判大正4・5・21刑録21輯663頁　192
大判大正4・5・21刑録21輯670頁　45, 48, 49
大判大正4・8・24刑録21輯1244頁　496
大判大正4・12・11刑録21輯2088頁　124

【大正5～9年】
大判大正5・6・26刑録22輯1153頁　158
大判大正5・6・26刑録22輯1179頁　415
大判大正5・12・21刑録22輯1925頁　431

大判大正6・4・13刑録23輯312頁　352
大判大正6・10・15刑録23輯1113頁　294
大判大正7・2・6刑録24輯32頁　188
大判大正7・2・26刑録24輯121頁　424
大判大正7・11・25刑録24輯1425頁　372
大判大正7・12・6刑録24輯1506頁　132
大判大正8・2・27刑録25輯261頁　43
大判大正8・4・4刑録25輯382頁　187
大判大正8・8・30刑録25輯963頁　51
大判大正8・12・13刑録25輯1367頁　20
大判大正9・3・5刑録26輯139頁　381
大判大正9・5・8刑録26輯348頁　247, 253

【大正10～15年】
大判大正11・3・31刑集1巻186頁　360
大判大正11・7・12刑集1巻393頁　311
大判大正11・10・9刑集1巻534頁　303
大連判大正11・10・20刑集1巻558頁　401
大判大正11・11・28刑集1巻705頁　36, 38
大判大正11・12・15刑集1巻763頁　239
大連判大正11・12・15刑集1巻763頁　263
大連判大正11・12・22刑集1巻815頁　224
大判大正13・6・10刑集3巻473頁　186
大判大正13・10・22刑集3巻749頁　118
大判大正14・1・22刑集3巻921頁　455
大判大正14・12・8刑集4巻739頁　53
大判大正15・4・20刑集5巻136頁　288
大判大正15・5・22刑集5巻185頁　156
大判大正15・6・19刑集5巻267頁　449
大判大正15・7・5刑集5巻303頁　143
大判大正15・9・28刑集5巻383頁　352
大判大正15・9・28刑集5巻387頁　51

【昭和元～4年】
大判昭和3・10・9刑集7巻683頁　423
大判昭和3・10・15刑集7巻665頁　383
大決昭和3・12・21刑集7巻772頁　234
大判昭和4・5・16刑集8巻251頁　225
大判昭和4・12・4刑集8巻609頁　522
大判昭和4・12・24刑集8巻688頁　101

【昭和5～9年】
大決昭和5・2・4刑集9巻32頁　507
大判昭和6・7・2刑集10巻303頁　342
大判昭和6・8・6刑集10巻412頁　518
大判昭和7・2・29刑集11巻141頁　98
大判昭和7・3・24刑集11巻296頁　480
大判昭和7・3・31刑集11巻311頁　382

判例索引　547

大判昭和 7・4・21 刑集 11 巻 407 頁　136
大判昭和 7・7・11 刑集 11 巻 1250 頁　146
大判昭和 8・6・5 刑集 12 巻 736 頁　381
大判昭和 8・7・8 刑集 12 巻 1195 頁　460
大判昭和 8・10・18 刑集 12 巻 1820 頁　500, 501
大判昭和 9・8・4 刑集 13 巻 1059 頁　498
大判昭和 9・12・22 刑集 13 巻 1789 頁　321

【昭和 10 〜 14 年】
大判昭和 10・2・7 刑集 14 巻 76 頁　44
大判昭和 10・5・13 刑集 14 巻 514 頁　227
大判昭和 10・6・6 刑集 14 巻 631 頁　342
大判昭和 10・10・24 刑集 14 巻 1267 頁（五・一五事件）　467
大判昭和 10・12・21 刑集 14 巻 1434 頁　533
大判昭和 11・3・24 刑集 15 巻 307 頁　139
大判昭和 11・11・12 刑集 15 巻 1431 頁　280
大判昭和 12・7・5 刑集 16 巻 1176 頁　404
大判昭和 13・2・28 刑集 17 巻 141 頁　144
大判昭和 13・9・1 刑集 17 巻 648 頁　281
大判昭和 14・7・26 刑集 18 巻 444 頁　404

【昭和 15 〜 19 年】
大判昭和 15・8・22 刑集 19 巻 540 頁　348

【昭和 20 〜 24 年】
最判昭和 22・11・26 刑集 1 巻 28 頁　204
最判昭和 22・11・29 刑集 1 巻 40 頁　216
最判昭和 22・12・17 刑集 1 巻 94 頁　426
最判昭和 23・3・16 刑集 2 巻 3 号 227 頁　317
最判昭和 23・6・5 刑集 2 巻 7 号 641 頁　280, 286
最判昭和 23・6・12 刑集 2 巻 7 号 676 頁　225
最判昭和 23・6・26 刑集 2 巻 7 号 748 頁　205
最判昭和 23・7・8 刑集 2 巻 8 号 822 頁　454
最判昭和 23・10・23 刑集 2 巻 11 号 1396 頁　191
最判昭和 23・11・2 刑集 2 巻 12 号 1443 頁　344
最判昭和 23・11・16 刑集 2 巻 12 号 1535 頁　459
最判昭和 23・11・18 刑集 2 巻 12 号 1614 頁　203
最判昭和 23・11・25 刑集 2 巻 12 号 1649 頁　137
最判昭和 24・2・8 刑集 3 巻 2 号 75 頁　203, 205
最判昭和 24・2・8 刑集 3 巻 2 号 83 頁　271
最判昭和 24・3・8 刑集 3 巻 3 号 276 頁　285, 288
最判昭和 24・4・9 刑集 3 巻 4 号 511 頁　402
最判昭和 24・5・10 刑集 3 巻 6 号 711 頁　120
最判昭和 24・5・17 裁判集刑 10 号 177 頁　229
最判昭和 24・5・21 刑集 3 巻 6 号 858 頁　198
最判昭和 24・5・28 刑集 3 巻 6 号 873 頁　221
最判昭和 24・6・14 刑集 3 巻 7 号 1066 頁　206
最判昭和 24・6・18 刑集 3 巻 7 号 1094 頁　455
最判昭和 24・6・30 刑集 3 巻 7 号 1129 頁　348
最判昭和 24・7・9 刑集 3 巻 8 号 1188 頁　217
最判昭和 24・7・12 刑集 3 巻 8 号 1237 頁　72
最大判昭和 24・7・22 刑集 3 巻 8 号 1363 頁　137
最判昭和 24・7・29 刑集 3 巻 8 号 1193 頁　316

最判昭和 24・7・30 刑集 3 巻 8 号 1418 頁　318
最判昭和 24・8・9 刑集 3 巻 9 号 1440 頁　496
最判昭和 24・10・20 刑集 3 巻 10 号 1660 頁　313
最判昭和 24・11・26 刑集 3 巻 11 号 1850 頁　459
最判昭和 24・12・15 刑集 3 巻 12 号 2023 頁　534
最判昭和 24・12・22 刑集 3 巻 12 号 2070 頁　191

【昭和 25 〜 29 年】
最判昭和 25・2・28 刑集 4 巻 2 号 268 頁　475
最大判昭和 25・3・15 刑集 4 巻 3 号 355 頁　124
最判昭和 25・3・10 裁判集刑 16 号 767 頁　454
最判昭和 25・3・31 刑集 4 巻 3 号 469 頁　68
最判昭和 25・4・6 刑集 4 巻 4 号 481 頁　533
広島高松江支判昭和 25・7・3 高刑集 3 巻 2 号 247 頁　92
最判昭和 25・7・4 刑集 4 巻 7 号 1168 頁　265
最判昭和 25・8・29 刑集 4 巻 9 号 1585 頁　176
最大判昭和 25・9・27 刑集 4 巻 9 号 1783 頁　136
広島高判昭和 25・10・27 特 14 号 128 頁　491
最大判昭和 25・11・9 刑集 4 巻 11 号 2239 頁　66
最大判昭和 25・11・22 刑集 4 巻 11 号 2380 頁　453
最判昭和 25・12・5 刑集 4 巻 12 号 2475 頁　265
最判昭和 25・12・12 刑集 4 巻 12 号 2543 頁　315
最判昭和 26・1・30 刑集 5 巻 1 号 117 頁　313, 316
最判昭和 26・3・20 刑集 5 巻 5 号 794 頁　481
最判昭和 26・5・25 刑集 5 巻 6 号 1186 頁　285
最判昭和 26・7・13 刑集 5 巻 8 号 1437 頁　193
最判昭和 26・8・9 裁判集刑 51 号 363 頁　178
最判昭和 26・9・20 刑集 5 巻 10 号 1937 頁　72
最判昭和 26・12・14 刑集 5 巻 13 号 2518 頁　252
最判昭和 27・3・28 刑集 6 巻 3 号 546 頁　478
最判昭和 27・7・6 刑集 6 巻 7 号 795 頁　63
最決昭和 27・7・10 刑集 6 巻 7 号 876 頁　312, 315
最判昭和 27・7・22 刑集 6 巻 7 号 927 頁　529
東京高判昭和 27・8・5 高刑集 5 巻 8 号 1364 頁　457
札幌高判昭和 27・11・20 高刑集 5 巻 11 号 2018 頁　266
東京高判昭和 27・12・18 高刑集 5 巻 12 号 2314 頁　446
最判昭和 27・12・25 刑集 6 巻 12 号 1387 頁　232, 407
最判昭和 28・1・22 刑集 7 巻 1 号 8 頁　482
最判昭和 28・1・23 刑集 7 巻 1 号 46 頁　509
最判昭和 28・1・30 刑集 7 巻 1 号 128 頁　165, 166
東京高判昭和 28・2・21 高刑集 6 巻 4 号 367 頁　150
最判昭和 28・4・2 刑集 7 巻 4 号 750 頁　234
最決昭和 28・4・25 刑集 7 巻 4 号 881 頁　526
最判昭和 28・5・8 刑集 7 巻 5 号 965 頁　307
最決昭和 28・5・14 刑集 7 巻 5 号 1042 頁　135
最判昭和 28・5・21 刑集 7 巻 5 号 1053 頁　334
最判昭和 28・10・2 刑集 7 巻 10 号 1883 頁　474

最決昭和28・10・19刑集7巻10号1945頁　498,
　504
最判昭和28・10・27刑集7巻10号1971頁　523
最判昭和28・11・13刑集7巻11号2096頁　392
最決昭和28・12・10刑集7巻12号2418頁　489
最決昭和28・12・15刑集7巻12号2436頁　151
最判昭和29・4・6刑集8巻4号407頁　271
最決昭和29・4・15刑集8巻4号508頁　402
最決昭和29・4・28刑集8巻4号596頁　486
最決昭和29・6・1刑集8巻6号787頁　176
最決昭和29・8・20刑集8巻8号1256頁　529,
　530,535
最判昭和29・8・20刑集8巻8号1277頁　61

【昭和30～34年】
最判昭和30・1・11刑集9巻1号25頁　424
広島高判昭和30・2・5高刑特2巻4号60頁　149
最判昭和30・4・8刑集9巻4号827頁　262
最大判昭和30・6・22刑集9巻8号1189頁（三鷹事件）　367,372,374
東京地判昭和30・6・27東高刑時報6巻7号211頁　149
最決昭和30・7・1刑集9巻9号1769頁　446
最決昭和30・7・7刑集9巻9号1856頁　253,263
広島高判昭和30・9・6項刑集8巻8号1021頁　251
最判昭和30・10・14刑集9巻11号2173頁　273
最判昭和30・10・24刑集9巻11号2173頁　264
最決昭和30・12・3刑集9巻13号2596頁　475
最判昭和30・12・9刑集9巻13号2633頁　151
最決昭和30・12・26刑集9巻14号3053頁　282
最判昭和31・1・19刑集10巻1号67頁　188
最判昭和31・4・13刑集10巻4号554頁　484
最判昭和31・6・26刑集10巻6号874頁　290
最決昭和31・7・12刑集10巻7号1058頁　524
最判昭和31・8・22刑集10巻8号1237頁　138
最決昭和31・12・7刑集10巻12号1592頁　239,
　301,303
最判昭和32・1・17刑集11巻1号23頁　434
最判昭和32・1・22刑集11巻1号50頁　489
最決昭和32・1・24刑集11巻1号270頁　187
最決昭和32・2・21刑集11巻2号877頁　165
最大判昭和32・3・13刑集11巻3号997頁（チャタレー事件）　448,452
最決昭和32・4・4刑集11巻4号1327頁　324
最決昭和32・4・11刑集11巻4号1360頁　82
仙台高判昭和32・4・18高刑集10巻6号491頁　122
最決昭和32・4・23刑集11巻4号1393頁　63
最判昭和32・4・25刑集11巻4号1427頁　189
最判昭和32・5・22刑集11巻5号1526頁　446
最判昭和32・7・16刑集11巻7号1829頁　187
最判昭和32・7・25刑集11巻7号2037頁　432
最判昭和32・8・1刑集11巻8号2065頁　224

最判昭和32・9・13刑集11巻9号2263頁　207
最判昭和32・10・4刑集11巻10号2464頁　407
最判昭和32・11・8刑集11巻12号3061頁　187
最判昭和32・11・19刑集11巻12号3073頁　293
最判昭和33・3・6刑集12巻3号452頁　271
最決昭和33・3・19刑集12巻4号636頁　97
最判昭和33・4・10刑集12巻5号743頁　395
最判昭和33・4・18刑集12巻6号1090頁　82
最判昭和33・7・25刑集12巻12号2746頁　358
最判昭和33・7・31刑集12巻12号2805頁　509
最判昭和33・9・1刑集4巻12号2475頁　265
最判昭和33・9・9刑集12巻13号2882頁　343
最判昭和33・9・16刑集12巻13号3031頁　413,
　414
最判昭和33・9・30刑集12巻13号3151頁　481
最判昭和33・10・8刑集12巻13号3180頁　521
最決昭和33・10・10刑集12巻14号3246頁　288
最判昭和33・10・14刑集12巻14号3264頁　481
最決昭和33・10・24刑集12巻14号3368頁　315
最決昭和33・11・21刑集12巻15号3519頁（偽装心中事件）　34
最判昭和34・3・23・刑集13巻3号391頁　217
最判昭和34・5・7刑集13巻5号641頁　145
最判昭和34・6・30刑集13巻6号985頁　428
最判昭和34・7・24刑集13巻8号1163頁　52
最判昭和34・8・27刑集13巻10号2769頁　481
最判昭和34・8・28日刑集13巻10号2906頁　231
最判昭和34・9・28刑集13巻11号2993頁　234
最判昭和34・12・4刑集13巻12号3127頁　432

【昭和35～39年】
東京高判昭和35・2・22東高刑判特11巻2号43頁　261
最判昭和35・3・1刑集14巻3号209頁　475
最判昭和35・3・18刑集14巻4号416頁　92
最判昭和35・4・26刑集14巻6号748頁　185
最判昭和35・6・24刑集14巻8号1103頁　485
佐賀地判昭和35・6・27下刑集2集5=6号938頁　492
最判昭和35・11・18刑集14巻13号1713頁　162
最判昭和35・12・8刑集14巻13号1818頁　335
最決昭和36・3・30刑集15巻3号605頁　408
最決昭和36・8・17刑集15巻7号1244頁　123
最決昭和36・8・17刑集15巻7号1293頁　497
最決昭和36・9・8刑集15巻8号1309頁　381
最判昭和36・9・26刑集15巻8号1525頁　433
最決昭和36・10・10刑集15巻9号1580頁　280
最決昭和36・12・1刑集15巻11号1807頁（人民電車事件）　370
最決昭和37・2・13刑集16巻2号68頁　306
最決昭和37・3・27刑集16巻3号326頁　75
最決昭和37・8・21裁判集刑144号13頁　222
東京高判昭和37・11・9下刑集4巻11=12号980

頁　481
最決昭和37・11・21刑集16巻11号1570頁　105
最決昭和38・4・18刑集17巻3号248頁　97
最決昭和38・5・13刑集17巻4号279頁　513
最決昭和38・5・21刑集17巻4号345頁　524
最決昭和38・11・8刑集17巻11号2357頁　319
最判昭和38・12・24刑集17巻12号2485頁
　　321, 389
最決昭和39・1・28刑集18巻1号31頁　60
最決昭和39・3・11刑集18巻3号99頁　458
最決昭和39・12・8刑集18巻10号952頁　533

【昭和40〜44年】
最判昭和40・2・26刑集19巻1号59頁　501
東京高判昭和40・3・29高刑集18巻2号126頁
　　498
最決昭和40・3・30刑集19巻2号125頁　119
最決昭和40・4・16刑集19巻3号143頁　472
最決昭和40・5・27刑集19巻4号396頁　299
大阪高判昭和40・9・9判時449号64頁　479
最判昭和41・3・24刑集20巻3号129頁　481
最決昭和41・4・8刑集20巻4号207頁　190
最決昭和41・4・14判時449号64頁　479
最決昭和41・6・10刑集20巻5号374頁　324
最大判昭和41・11・30刑集20巻9号1076頁（摩周丸事件）　162
大阪高判昭和42・5・12高刑集20巻3号291頁　196
最大判昭和42・5・24刑集21巻4号505頁　479
最決昭和42・12・19刑集21巻10号1407頁　483
最決昭和42・12・21刑集21巻10号1453頁　251
最決昭和43・1・18刑集22巻1号7頁　150
最決昭和43・4・12刑集22巻4号324頁　324
最決昭和43・6・5刑集22巻6号427頁　457
最決昭和43・6・25刑集22巻6号490頁　434
最決昭和43・6・28刑集22巻6号569頁　329
最決昭和43・9・17刑集22巻9号862頁　123
最大判昭和43・9・25刑集22巻9号871頁　535
最決昭和43・10・15刑集22巻10号901頁　532
最決昭和43・11・7判時541号83頁　50
最決昭和43・12・11刑集22巻13号1469頁　272
最決昭和44・5・1刑集23巻6号907頁　322
最大判昭和44・6・18刑集23巻7号950頁　412
最大判昭和44・6・25刑集23巻7号975頁　148, 152
大阪高判昭和44・8・7判時527号96頁　261
最大判昭和44・10・15刑集23巻10号1239頁（悪徳の栄え事件）　448

【昭和45〜49年】
最決昭和45・1・29刑集24巻1号1頁　119
最判昭和45・3・26刑集24巻3号55頁　251, 255
最決昭和45・3・27刑集24巻3号76頁　288
最決昭和45・7・28刑集24巻7号585頁　121

最決昭和45・9・4刑集24巻10号1319頁　400
京都地判昭和45・10・12判時614号104頁　94
最大判昭和45・10・21民集24巻11号1560頁　265
最決昭和45・12・3刑集24巻13号1707頁　75, 76
最判昭和45・12・22刑集24巻13号1812頁　476
最判昭和45・12・22刑集24巻13号1862頁　326
最判昭和45・12・22刑集24巻13号1882頁　204
最判昭和46・4・22刑集25巻3号530頁　372
最決昭和46・9・22刑集25巻6号769頁　123
福岡高判昭和46・10・11判時655号98頁　59
最決昭和47・3・14刑集26巻2号187頁　76
最決昭和48・2・28刑集27巻1号68頁　455
最決昭和48・3・15刑集27巻2号115頁　408
東京高判昭和48・3・26高刑集26巻1号85頁　204
最大判昭和48・4・4刑集27巻3号265頁　24
東京高判昭和48・8・7高刑集26巻3号322頁　165
最決昭和49・7・5刑集28巻5号194頁　68
最決昭和49・9・26刑集28巻6号329頁　68
東京地判昭和49・11・5判時785号116頁　151

【昭和50〜54年】
東京高判昭和50・3・11高刑集28巻2号121頁　414
最判昭和50・4・24判時774号119頁　522
最決昭和50・6・12刑集29巻6号365頁　315
最決昭和50・6・13刑集29巻6号375頁（千円札変造事件）　428
東京高判昭和51・1・23判時818号107頁　361
最判昭和51・3・23刑集30巻2号229頁（丸正名誉毀損事件）　156
最判昭和51・4・1刑集30巻3号425頁　232
東京高判昭和51・4・1判タ345号314頁　135
最判昭和51・4・30刑集30巻3号453頁　390
最判昭和51・5・6刑集30巻4号591頁　397, 405
最決昭和52・3・25刑集31巻2号96頁　197
最判昭和52・5・6刑集31巻3号544頁　75
最決昭和52・12・22刑集31巻7号1176頁　451
最決昭和53・6・29刑集32巻4号816頁（長田電報局事件）　477, 478
最決昭和53・9・4刑集32巻6号1077頁　334, 335
最決昭和54・1・10刑集33巻1号1頁（小牛田駅事件）　476
東京高判昭和54・5・21高刑集32巻2号134頁　135
最決昭和54・6・26刑集33巻4号364頁　113
東京地判昭和54・8・10判時943号122頁　63, 64
最判昭和54・11・19刑集33巻7号710頁　229
最判昭和54・12・25刑集33巻7号1105頁　492

550　判例索引

【昭和55〜59年】

最決昭和55・10・30刑集34巻5号357頁　193
最判昭和55・11・28刑集34巻6号433頁（四畳半襖の下張り事件）　445, 448
最決昭和55・12・9刑集34巻7号513頁　372
最決昭和55・12・22刑集34巻7号747頁　433
最決昭和56・2・20刑集35巻1号15頁　294
最決昭和56・4・8刑集35巻3号57頁　401
最決昭和56・4・16刑集35巻3号107頁　401
最判昭和56・4・16刑集35巻3号84頁（月刊ペン事件）　149
福井地判昭和56・8・31判時1022号144頁　261, 262
福岡高判昭和56・9・21刑月13巻8=9号527頁　257
最決昭和56・12・22刑集35巻9号953頁　401
最判昭和57・1・28刑集36巻1号1頁（宮本身分帳事件）　513
最判昭和57・6・24刑集36巻5号646頁　321
旭川地判昭和57・9・29刑月14巻9号713頁　501
旭川地判昭和57・9・29判時1070号157頁　501
最判昭和58・2・25刑集37巻1号1頁　390, 391
最判昭和58・3・8刑集37巻2号15頁　449
最決昭和58・3・25刑集37巻2号170頁　527
最判昭和58・4・8刑集37巻3号215頁（大槌郵便局事件）　134, 135
最決昭和58・5・9刑集37巻4号401頁　489
最決昭和58・5・24刑集37巻4号437頁　306
東京地判昭和58・6・10判時1084号37頁　149
最判昭和58・6・23刑集37巻5号555頁　74
横浜地判昭和58・7・20判時1108号138頁　343
最決昭和58・9・27刑集37巻7号1078頁　102, 107
最判昭和58・10・27刑集37巻8号1294頁　444
最決昭和58・11・1刑集37巻9号1341頁　147
最決昭和58・11・24刑集37巻9号1538頁　409
最決昭和59・2・17刑集38巻3号336頁　397
最決昭和59・3・23刑集38巻5号2030頁　165
最決昭和59・4・12刑集38巻6号2107頁　369
最決昭和59・4・27刑集38巻6号2584頁　165
最決昭和59・5・30刑集38巻7号2682頁（大学設置審事件）　524
東京地判昭和59・6・15判月16巻5=6号459頁　193
東京地判昭和59・6・22刑裁月報16巻5=6号467頁　350
東京地判昭和59・6・28判月16巻5=6号476頁（新薬産業スパイ事件）　193
東京地判昭和59・6・28判時1126号6号　175
東京高判昭和59・10・30刑月16巻9=10号679頁　189
東京高判昭和59・11・19判タ544号251頁　257
最判昭和59・12・18刑集38巻12号3026頁　135, 136
最決昭和59・12・21刑集38巻12号3071頁　333

【昭和60〜63年】

大阪高判昭和60・2・6高刑集38巻1号50頁　223
東京地判昭和60・2・13判月17巻1=2号22頁（新潟鉄工事件）　289
東京地判昭和60・3・6判時1147号162頁（総合コンピューター事件）　306
最判昭和60・3・28刑集39巻2号75頁　342
最判昭和60・7・16刑集39巻5号245頁　513
最決昭和60・10・21刑集39巻6号362頁　358
東京高判昭和61・3・31高刑集39巻1号24頁　329
東京高判昭和61・4・17高刑集39巻1号30頁　215
東京高判昭和61・5・14判時1205号61頁（ロッキード事件全日空ルート）　529
最決昭和61・6・27刑集40巻4号369頁　525, 529
最決昭和61・7・18刑集40巻5号438頁　323
最決昭和61・11・18刑集40巻7号523頁　201, 202
大阪高判昭和61・12・16高刑集39巻4号592頁　89
仙台地石巻支判昭和62・2・18判時1249号145頁　73
最決昭和62・3・12刑集41巻2号140頁　163
最決昭和62・3・24刑集41巻2号173頁　106
最決昭和62・4・10刑集41巻3号221頁　187
広島高松江支判昭和62・6・18高刑集40巻1号71頁　120
最決昭和62・9・30刑集41巻6号297頁　484
東京地判昭和62・10・6判時1259号137頁　194
最決昭和63・1・19刑集42巻1号1頁　36, 52
最決昭和63・2・29刑集42巻2号314頁　40
最決昭和63・4・11刑集42巻4号419頁（大阪タクシー事件）　524, 527
最決昭和63・7・18刑集42巻6号861頁（殖産住宅事件）　521
最決昭和63・11・21刑集42巻9号1251頁　304

【平成元〜4年】

東京高判平成元・2・27高刑集42巻1号87頁　208
大阪高判平成元・3・3判タ712号248頁　204
最決平成元・3・10刑集43巻3号188頁（熊本県議会委員会事件）　477
最決平成元・3・14刑集43巻3号283頁　514
福岡高宮崎支判平成元・3・24高刑集42巻2号103頁　31
最決平成元・5・1刑集43巻5号405頁　496
最決平成元・7・7刑集43巻7号607頁　185

判例索引　551

最決平成元・7・7判時1326号157頁　347, 350
最決平成元・7・14刑集43巻7号641頁（平安神宮事件）　349
東京地判平成元・10・31判時1363号158頁　228
最決平成元・12・15刑集43巻13号879頁　52
最決平成3・4・5刑集45巻4号171頁　436
東京地八王子支判平成3・8・28判タ768号249頁　252
最決平成4・2・18刑集46巻2号1頁　262
東京地判平成4・6・19判タ806号227頁　106
大阪地判平成4・9・22刑集49巻2号828号281頁　205
東京高判平成4・10・28判タ823号252頁　192
平成4・11・27刑集46巻8号623頁　165

【平成5～9年】
東京高判平成5・6・29高刑集46巻2号189頁　267
最決平成5・10・5刑集47巻8号7頁　397
浦和地判平成5・11・16判タ835号243頁　106
最決平成6・3・29刑集48巻3号1頁　515
最決平成6・7・19刑集48巻5号190頁　198
東京高判平成6・9・12判時1545号113頁　189
最決平成6・11・29刑集48巻7号453頁　414
東京地判平成7・2・13判時1529号158頁　267
最大判平成7・2・22刑集49巻2号1頁（ロッキード事件）　518, 523
千葉地判平成7・6・2判時1535号144頁　498
最決平成8・2・6刑集50巻2号129頁　306
最判平成8・4・26民集50巻5号1267頁　248
最判平成8・4・26民集50巻5号1267頁　283
広島高岡山支判平成8・5・22判時1572号150頁　390
大阪高判平成8・7・8判タ960号293頁　396
最決平成9・10・21刑集51巻9号755頁　348
岡山地判平成9・12・15判時1641号158頁　449

【平成10～14年】
最決平成10・7・14刑集52巻5号343頁　488
最決平成10・11・4刑集52巻8号542頁　488
最決平成10・11・25刑集52巻8号570頁（平和相互銀行事件）　305
大阪高判平成11・8・26高刑集52巻42頁　450
最決平成11・10・20刑集53巻7号641頁（リクルート事件）　523
最決平成11・12・9刑集53巻9号1117頁　196
最決平成11・12・20刑集53巻9号1495頁　398
最決平成12・2・17刑集54巻2号38頁　163
東京高判平成12・2・21判時1740号107頁　124
最決平成12・3・27刑集54巻3号402頁　233, 240
東京高判平成12・8・29判時1741号160頁　252
福岡高判平成12・9・21判時1731号131頁　168
最決平成12・12・15刑集54巻9号923頁　196
最決平成12・12・15刑集54巻9号1049頁　196

最決平成13・7・16刑集55巻5号317頁（アルファーネット事件）　450
最判平成13・7・19刑集55巻5号371頁　241
最決平成13・11・5刑集55巻6号546頁（国際航業事件）　289
福岡地判平成14・1・17判タ1097号305頁　350
最決平成14・2・14刑集56巻2号86頁　215
最決平成14・7・1刑集56巻6号265頁　313, 315
最決平成14・9・30刑集56巻7号395頁　162
最決平成14・10・21刑集56巻8号670頁　240
最決平成14・10・22刑集56巻8号690頁（リクルート事件文部省ルート）　525

【平成15～19年】
最決平成15・1・14刑集57巻1号1頁　532
東京高判平成15・1・29判時1835号157頁　517
東京高判平成15・1・29判時1838号155頁　245
最決平成15・2・18刑集57巻2号161頁　308
最決平成15・3・11刑集57巻3号293頁　158
最決平成15・3・12刑集57巻3号322頁　190, 248, 283
最決平成15・3・18刑集57巻3号356頁　302, 303
最決平成15・3・18刑集57巻3号371頁　104, 108
最決平成15・4・14刑集57巻4号445頁　339, 353
最大判平成15・4・23刑集57巻4号467頁　285
最判平成15・4・23刑集57巻4号467頁　290
最決平成15・6・2刑集57巻6号749頁　370
最決平成15・10・6刑集57巻9号987頁　398
最決平成15・12・9刑集57巻11号1088頁　250
最決平成16・1・20刑集58巻1号1頁　31
最決平成16・2・9刑集58巻2号89頁　259
東京高判平成16・6・17東京高等裁判所刑事判決時報55巻1-12号48頁　442
最決平成16・7・7刑集58巻5号309頁　263
最決平成16・8・25刑集58巻6号515頁　187
最決平成16・11・8刑集58巻8号905頁　535
最決平成16・11・30刑集58巻9号1005頁　231
最判平成16・12・10刑集58巻9号1047頁　216
最決平成17・3・11刑集59巻2号1頁　524
最決平成17・3・29刑集59巻2号54頁　64
神戸地判平成17・4・26判時1904号152頁　209
札幌高判平成17・8・18判時1923号160頁　496
最決平成17・11・29判時1937号138頁　309
最決平成17・12・6刑集59巻10号1901頁　104
最決平成18・1・17刑集60巻1号29頁　324
最決平成18・1・23刑集60巻1号67頁　524
最決平成18・2・14刑集60巻2号165頁　268
最決平成18・3・27刑集60巻3号382頁　99
最決平成18・8・21判タ1227号184頁　233
最決平成18・8・30刑集60巻6号479頁　197
最決平成19・3・20刑集61巻2号66頁　323

最決平成 19・3・26 刑集 61 巻 2 号 131 頁　82
最決平成 19・7・2 刑集 61 巻 5 号 379 頁　134, 135
最決平成 19・7・17 刑集 61 巻 5 号 521 頁　240

【平成 20 〜 24 年】
最決平成 20・1・22 刑集 62 巻 1 号 1 頁　123
最判平成 20・4・11 刑集 62 巻 5 号 1217 頁（立川自衛隊宿舎立入事件）　134, 136
東京高判平成 21・3・6 高刑集 62 巻 1 号 23 頁　247
最決平成 21・3・16 刑集 63 巻 3 号 81 頁　531
最決平成 21・3・26 刑集 63 巻 3 号 291 頁　288
最決平成 21・7・7 刑集 63 巻 6 号 507 頁　451
最決平成 21・7・13 刑集 63 巻 6 号 590 頁　136
最決平成 21・7・14 刑集 63 巻 6 号 613 頁　486
最決平成 21・11・9 刑集 63 巻 9 号 1117 頁（北海道拓殖銀行事件）　305
最判平成 21・11・30 刑集 63 巻 9 号 1765 頁　134
東京高判平成 21・12・22 判タ 1333 号 282 頁　192
最決平成 22・3・15 刑集 64 巻 2 号 1 頁　152

最決平成 22・5・31 刑集 64 巻 4 号 447 頁（明石歩道橋事故事件）　84
最決平成 22・7・29 刑集 64 巻 5 号 829 頁　240
最決平成 22・9・7 刑集 64 巻 6 号 865 頁　524
最決平成 22・10・26 刑集 64 巻 7 号 1019 頁　84
最決平成 24・1・30 刑集 66 巻 1 号 36 頁　63
最決平成 24・2・8 刑集 66 巻 4 号 200 頁　84
最決平成 24・2・13 刑集 66 巻 4 号 405 頁　140
最決平成 24・7・9 裁判集刑 308 号 53 頁　450
最決平成 24・7・24 刑集 66 巻 8 号 709 頁　63, 99
最決平成 24・10・9 刑集 66 巻 10 号 981 頁　278
最決平成 24・10・15 刑集 66 巻 10 号 990 頁　521

【平成 25 年 〜】
東京高判平成 25・6・11 判時 2214 号 127 頁　88
東京高判平成 25・9・4 判時 2218 号 134 頁　247
最判平成 26・3・28 刑集 68 巻 3 号 582 頁　242
最判平成 26・3・28 刑集 68 巻 3 号 646 頁　242
最判平成 26・3・28 裁判集刑 313 号 329 頁　242
最決平成 26・4・7 刑集 68 巻 4 号 715 頁　242
最決平成 28・3・24 刑集 70 巻 3 号 349 頁　71

著者略歴

橋本　正博（はしもと　まさひろ）

1958年　東京都生まれ
1982年　一橋大学法学部卒業
1987年　一橋大学大学院法学研究科博士後期課程単位修得退学
2003年　一橋大学博士（法学）
現　在　一橋大学大学院法学研究科教授

主要著書・論文

『「行為支配論」と正犯理論』（有斐閣，2000年）

『法学叢書　刑法総論』（新世社，2015年）

『刑法基本講義　総論・各論』（佐久間修・上嶌一高との共著。有斐閣，初版 2009 年，第 2 版 2013 年）

高橋則夫編『ブリッジブック刑法の考え方』（第 4・11・12・18 講義。信山社，初版 2009 年，第 2 版 2014 年）

『日本法への招待』（松本恒雄・三枝令子・青木人志との共編著。有斐閣，初版 2004 年，第 3 版 2014 年）

「目的的行為論と行為支配論」（『刑事法学の総合的検討（下）―福田平・大塚仁博士古稀祝賀―』有斐閣，1993 年）

「刑法における違法性と社会的相当性」（『変動期における法と国際関係（一橋大学法学部創立五十周年記念論文集）』有斐閣，2001 年）

「『共謀共同正犯』概念再考―行為支配説に基づく制約論―」（『神山敏雄先生古稀祝賀論文集第一巻〔過失犯論・不作為犯論・共犯論〕』成文堂，2006 年）

「不能犯における危険の意義とその判断」（『村井敏邦先生古稀記念論文集　人権の刑事法学』日本評論社，2011 年）

法学叢書 = 13

法学叢書　刑法各論

2017年2月25日 ©　　　　　　初 版 発 行

著　者　橋本正博　　　発行者　森平敏孝
　　　　　　　　　　　印刷者　小宮山恒敏

【発行】　　　株式会社　新世社
〒151-0051　東京都渋谷区千駄ヶ谷1丁目3番25号
編集☎(03)5474-8818(代)　　サイエンスビル

【発売】　　　株式会社　サイエンス社
〒151-0051　東京都渋谷区千駄ヶ谷1丁目3番25号
営業☎(03)5474-8500(代)　　振替　00170-7-2387
FAX☎(03)5474-8900

印刷・製本　小宮山印刷工業(株)
《検印省略》

本書の内容を無断で複写複製することは，著作者および
出版者の権利を侵害することがありますので，その場合
にはあらかじめ小社あて許諾をお求め下さい。

ISBN978-4-88384-247-6
PRINTED IN JAPAN

サイエンス社・新世社のホームページのご案内
http://www.saiensu.co.jp
ご意見・ご要望は
shin@saiensu.co.jp　まで．